全—本—全—注—全—译

說苑

〔上〕

〔汉〕刘向　编纂

萧祥剑　等注译

团结出版社

图书在版编目（CIP）数据

说苑 / (汉) 刘向编纂；萧祥剑等注译. -- 北京：
团结出版社, 2021.11

（谦德国学文库）

ISBN 978-7-5126-6786-0

Ⅰ.①说… Ⅱ.①刘… ②萧… Ⅲ.①笔记—中国—
西汉时代②《说苑》—注释③《说苑》—译文 Ⅳ.
①K234.106.6

中国版本图书馆CIP数据核字(2018)第280660号

出版：团结出版社

（北京市东城区东皇城根南街84号 邮编：100006）

电话： （010）65228880　　65244790 （传真）

网址：www.tjpress.com

Email：65244790@163.com

经销：全国新华书店

印刷：三河市富华印刷包装有限公司

开本：148×210　1/32

印张：24.75

字数：514千字

版次：2021年11月　第1版

印次：2021年11月　第1次印刷

书号：978-7-5126-6786-0

定价：88.00元（全二册）

《谦德国学文库》出版说明

　　人类进入二十一世纪以来，经济与科技超速发展，人们在体验经济繁荣和科技成果的同时，欲望的膨胀和内心的焦虑也日益放大。如何在物质繁荣的时代，让我们获得内心的满足和安详，从经典中获取智慧和慰藉，或许是我们不二的选择。

　　之所以要读经典，根本在于，我们应当更好地认识我们自己从何而来，去往何处。一个人如此，一个民族亦如此。一个爱读经典的人，其内心世界必定是丰富深邃的。而一个被经典浸润的民族，必定是一个思想丰赡、文化深厚的民族。因为，文化是民族之灵魂，一个民族如果不能认识其民族发展的精神源泉，必定就会失去其未来的生机。而一个民族的精神源泉，就保藏在经典之中。

　　今日，我们提倡复兴中华优秀传统文化，当自提倡重读经典始。然而，读经典之目的，绝不仅在徒增知识而已，应是古人所说的"变化气质"，进一步，是要引领我们进德修业。《易》曰："君子以多识前言往行，以蓄其德。"实乃读经典之要旨所在。

基于此理念，我们决定出版此套《谦德国学文库》，"谦德"，即本《周易》谦卦之精神。正如谦卦初六爻所言："谦谦君子，用涉大川"，我们期冀以谦虚恭敬之心，用今注今译的方式，让古圣先贤的教诲能够普及到每一个人。引导有心的读者，透过扫除古老经典的文字障碍，从而进入经典的智慧之海。

作为一套普及型的国学丛书，我们选择经典，不仅广泛选录以儒家文化为主的经、史、子、集，也将视野开拓到释、道的各种经典。一些大家所熟知的经典，基本全部收录。同时，有一些不太为人熟知，但有当代价值的经典，我们也选择性收录。整个丛书几乎囊括中国历史上哲学、史学、文学、宗教、科学、艺术等各领域的基本经典。

在注译工作方面，版本上我们主要以主流学界公认的权威版本为底本，在此基础上参考古今学者的研究成果，使整套丛书的注译既能博采众长而又独具一格。今文白话不求字字对应，只在保证文意准确的基础上进行了梳理，使译文更加通俗晓畅，更能贴合现代读者的阅读习惯。

古籍的注译，固然是现代读者进入经典的一条方便门径，然而这也仅仅是阅读经典的一个开端。要真正领悟经典的微言大义，我们提倡最好还是研读原本，因为再完美的白话语译，也不可能完全表达出文言经典的原有内涵，而这也正是中国经典的古典魅力所在吧。我们所做的工作，不过是打开阅读经典的一扇门而已。期望藉由此门，让更多读者能够领略经典的风采，走上领悟古人思想之路。进而在生活中体证，方能直趋圣贤之境，真得圣贤典籍之大用。

　　经典，是一代代的古圣先贤留给我们的恩泽与财富，是前辈先人的智慧精华。今日我们在享用这一份财富与恩泽时，更应对古人心存无尽的崇敬与感恩。我们虽恭敬从事，求备求全，然因学养所限、才力不及，舛误难免，恳请先贤原谅，读者海涵。期望这一套国学经典文库，能够为更多人打开博大精深之中华文化的大门。同时也期望得到各界人士的襄助和博雅君子的指正，让我们的工作能够做得更好！

团结出版社

2017年1月

前　言

　　《说苑》（又名《新苑》）作为我国较早的一部历史杂著类编，它以儒家为主体，兼顾道、墨、法三家思想，既有对已有文化典籍体例架构的继承，又为后世编撰此类著作发凡起例。它成书于鸿泰四年（前17年），全书共20卷，700余章。分类记述春秋战国至汉代的遗闻轶事，每类之前列总说，事后加按语。其中以记述诸子言行为主，不少篇章中有关于治国安民、家国兴亡的哲理格言。在它由被誉为"中国目录学鼻祖"的刘向所编撰。

　　刘向（？—前6年），原名更生，字子政，沛县（在今江苏省徐州市）人。西汉经学家、目录学家、文学家。他是汉高祖刘邦同父异母的弟弟楚元王刘交的第四代玄孙。作为汉朝宗室大臣，他的一生可谓是起起落落。汉宣帝时，他任谏大夫。汉元帝时，任宗正，但因反对宦官弘恭、石显，两度被捕入狱，后被贬为庶人。直到汉成帝时被任命为光禄大夫，这是当时文臣当中的最高官阶，相当于现在的国策顾问。河平三年（前26年），汉成帝诏命刘向校勘经传诸子诗赋。受命后的刘向，就此开始了长达二十年的校书工作。

　　说到刘向校书，可以说是特定历史时期下的必然需求。校书的源起，还要从春秋时期说起。

　　春秋时期是中国历史上思想、文化最为鼎盛、进步的时代。这一时期出现了以孔子、老子、墨子为代表的中国古代三大哲学体系，以及其他大大小小一百余家不同学术流派，他们著书立说，阐述各自不同的思想和政治主张，形成了百家争鸣的繁荣局面。然而经过战国纵横，以及秦朝的兴亡，直到西汉时期，正统的诸子百家经典书籍命运多舛，且来源混杂不纯，真伪难辨。面对国家藏书濒临散亡的状况，汉成帝特命刘向主持并开展校书工作。在校书过程中，刘向广集众本，将濒临亡佚的散乱残篇与当时珍藏宫中的各种版本的经典古籍进行对照校勘，找出它们之间的差异，去掉重复内容，审定章节篇目，确定书名，最终完成定本。在此期间，刘向还创立出一套完整而合理的典籍校雠流程，前后共整理出五百多家、共一万多卷从先秦到西汉的典籍，构建了我国古代文献典籍的基础框架，使我国文献学史进入一个全新时代。是当之无愧的中国古文献学学科奠基人

　　《说苑》就是在那个时期收集、选择、校理、编撰完成的。它以《说苑杂事》《新序》为创作底本，经过去重归类，重新整理编定而成。在校书过程中，刘向有机会接触到大量丰富、珍贵的经史典籍，这使《说苑》在选材与内容编定上具有无可比拟的先天优势。本书以史实故事为主体，采用对话式体裁，借助大量有情节、有背景的人物对话展开论述，这种独特的对话体叙述手法，不仅使文章结构清晰、层次分明，而且语言生动灵活，寓意深刻，已初具小说的雏形，具

有极高的文学价值。

《说苑》内容丰富，书中保存了大量佚失文献和先秦诸子佚说。例如道家《伊尹》、小说家《尹子说》，二者见于《汉书·艺文志》著录，却久已亡佚。但《说苑》在《君道》《臣术》二篇中载有伊尹论政四则，很可能就是《伊尹》的佚文；又如《政理》中载有"成王问政于尹逸"，或即史载墨家尹佚之佚说。又如《政理》中的"鲁国之法"章，故事情节则散见于《孔子家语》的《致思》篇和《淮南子》的《道应训》篇，是刘向自己根据史料撰写的。

可令人遗憾的是，虽然《说苑》一书在《隋书·经籍志》《新唐书·艺文志》中均有著录，记为二十卷，但流传至宋朝初期，却已佚失大半，仅残留五卷。后经曾巩搜辑，又得到高丽足本的补充，复为二十卷。

《说苑》不仅是一部系统整理百年文化典籍的佳作，还是试图劝诫汉元帝、承担着刘向深远治国理念的心血结晶。全书分《君道》《臣术》《建本》《立节》《贵德》《复恩》《政理》《尊贤》《正谏》《敬慎》《善说》《奉使》《权谋》《至公》《指武》《谈丛》《杂言》《辨物》《修文》《反质》等二十章，涵盖了忠君爱臣、敬天保民、尊贤斥佞、知恩图报、奖功罚罪、加强修养、重视治术、不辱使命、修文尚乐、戒奢倡简等主题，形成最适宜西汉政治需要的完整哲学理论和政治主张。该书的创作初衷是刘向以著述为"谏书"，专给帝王阅览，但由于本书具有极强的实用性与可操作性，对于后世历代帝王治国理政、举贤任能同样具有非常重要的借鉴意义。

刘向编撰此书后，首先呈给了汉成帝。史载："上虽不能尽用，然内嘉其言,常嗟叹之。"唐太宗李世民曾下令,命魏徵、虞世南、褚遂良编辑《群书治要》,收入《说苑》的精要内容。魏徵在奏章中也大段引用《说苑·臣术》中"六正六邪"的内容,深受唐太宗重视;唐太宗作《帝范》也是受了《说苑》的影响。宋代苏易简《文房四谱》转引唐代武平一《景龙文馆记》记载,唐中宗李显"令诸学士入甘露殿,其北壁列书架。架上之书学士等略见,有《新序》《说苑》《盐铁》《潜夫》等论。"这说明,在唐代,《说苑》一书曾受到统治者高度重视,是治国理政的重要参考文献。到了明代,《说苑》的地位得到进一步提升。洪武十四年,《说苑》一书由皇帝御批列为太学课程,是国子监生员必修课。清代《四库全书荟要》是乾隆皇帝下令编辑的丛书,是在《四库全书》基础上遴选的菁华,收书473种,其中收录有《说苑》,是乾隆皇帝的常读书目。现在,《说苑》的部分章节被收入中小学教材,也是近年来中高考文言文试题的常选内容之一。

不仅如此,书中还有很多成语被人们广泛应用于学习、生活当中。如"齿亡舌存",出自《说苑·敬慎》:"夫舌之存也,岂非以其柔耶? 齿之亡也,岂非以其刚耶?"意思是说,太过刚硬的较易折断,相反,柔软的反而更能长久保全。如"福无双至",出自《说苑·权谋》:"此所谓福不重至,祸必重来者也。"意思是说,幸运的事情不会连续到来。如"耳闻不如目见",出自《说苑·政理》:"耳闻之,不如目见之;目见之,不如足践之。"意思是说,耳朵听到的,不如眼睛看到的真实可靠。

同时,书中流传至今的经典名言,寓意深刻透彻。如:"败军之将,不可言勇;亡国之臣,不可言智。"(《说苑·谈丛》)意思是说不要和打了败仗的将领谈论勇敢；也不能和亡国的臣子谈论才智。又如："欲人勿知，莫若勿为；欲人勿闻，莫若勿言。"（《说苑·谈丛》）意思是说不想让别人知道的事，莫过于自己不去做；不想让别人听到的话，莫过于自己不去说。

时隔两千多年，《说苑》对于现代人而言，依然具有不可忽视的深远影响。大到经世致用，小到修身怡情，无不开卷有益，清心醒脑，更是学习文言文、承继五千年华夏文明的重要契入点。

此次译注以宋本《说苑》为底本，并以向宗鲁《说苑校证》（文中简称《校证》）、《四部丛刊》影印明钞本等互为参校。底本中出现讹字、脱字、衍字、倒字等情况，或与参校书目存在差异之处，均根据前人校勘中的正确成果加以修改，并在注释中加以说明。除个别具有特殊含义的繁体字、异体字得以保留，并在注释中加以说明外，其余均根据文意统改为简体字。原文中保留通假字，并在注释中标注本字。各卷卷首有"题解"阐明大义，以每一个完整故事为单元，并在开篇编有序号，采用"原文+注释+译文"的简短篇幅，以方便读者对照注释、译文阅读。本书注释以明晰、精简为原则，译文采用最大限度贴近原文的直译法，同时根据现代人语言习惯进行适当调整，力求在保持作品原意和语体风格的基础上，使读者更好地理解文意。

本书译注者始终以"尊重原典"为宗旨，以译注语言更加便于现代人理解、阅读为目标，反复斟酌、修正，力求准确畅达，符合读者阅读习惯。但限于学力水平，书中必定存在谬误、疏漏等不尽如人意之处，还望广大读者批评指正。

目 录

卷一　君道……………………………………………………… 1

卷二　臣术……………………………………………………… 49

卷三　建本……………………………………………………… 82

卷四　立节……………………………………………………… 111

卷五　贵德……………………………………………………… 139

卷六　复恩……………………………………………………… 171

卷七　政理……………………………………………………… 206

卷八　尊贤……………………………………………………… 248

卷九　正谏……………………………………………………… 295

卷十　敬慎……………………………………………………… 335

卷一 君道

【题解】君道，顾名思义，旨在为最高统治者提供历史借鉴。本卷共采集自夏朝至春秋战国时期的四十六则轶事，从不同侧面阐明为君之道：即为君者，需严于律己，重视教化，善于自省，广开言路，举贤任能，赏罚分明，居安思危，关注百姓疾苦，方可治国安邦。这不仅体现了历代明君的治国智慧，对于现代的国家及企业管理同样有着积极的引导和示范作用。

1-1晋平公问于师旷曰①："人君之道如何？"对曰："人君之道清净无为，务在博爱，趋在任贤②；广开耳目，以察万方；不固溺于流俗，不拘系于左右；廓然远见，踔然独立；屡省考绩，以临臣下。此人君之操也。"平公曰："善！"

【注释】①晋平公（？—前532）：姬姓，名彪，晋悼公之子，春秋时期晋国国君，公元前557年至公元前532年在位。晋平公即位之初，与楚国发生湛阪之战，获得胜利。公元前552年，同宋、卫等国结盟，再度恢复晋国的霸业。师旷：字子野，今河北省南和县迓祜村人。春秋时著名乐师。他博学多才，尤精音乐，善弹琴，辨音力极强，以"师旷之聪"闻名于后世。②趣（cù）：同"促"，催促，急速。

【译文】晋平公问师旷："为君之道是什么？"师旷答："作为国君要清静无为，一定做到博爱，当务之急是任用贤能；广泛开拓视听，以此明察四方情况；不拘泥于一般的世俗习惯，不受周围人的约束和控制；目光远大，有独到卓越的见解；时常考核官员政绩，以此监察臣下。这就是作为国君的德行。"晋平公说："对！"

1-2 齐宣王谓尹文曰①："人君之事何如？"尹文对曰："人君之事，无为而能容下。夫事寡易从，法省易因，故民不以政获罪也。大道容众，大德容下，圣人寡为而天下理矣。《书》曰②：'睿作圣③。'诗人曰：'岐有夷之行，子孙其保之④！'"宣王曰："善！"

【注释】①齐宣王（约前350—前301）：妫姓、田氏，名辟彊，战国时代齐国国君，齐威王之子。尹文（约前360—前280）：尊称"尹文子"。齐国人。战国时代著名的哲学家。于齐宣王时居住在稷下，为稷下学派的代表人物。他与宋钘、彭蒙、田骈同时，都是当时有名的学者，并且同学于公孙龙。公孙龙是当时有名的名家，能言善辩，"白马非马"为代表性的论点，以诡辩著称。尹文的学说，当时很受公孙龙的称赞。②《书》：古书名，《尚书》的简称。③睿（ruì）：通达事理的才智。④岐有夷之行，子孙其保之：语出先秦佚名的《天作》，岐山大道平坦易通，子孙应当保住它。这里以岐山坦途比喻周文王清明的政治。

【译文】齐宣王对尹文说："国君处理政务该怎么做？"尹文答："国君处理政务要以德化民，不采政刑，容耐臣民。政务少了便于依顺，法令精简容易沿袭，百姓便不会因为繁杂的政务而犯罪。正确的道理可容纳众人，盛美之德能包容天下百姓，圣人顺其自然，少事施为，天下就得到了治理。《尚书》上说'思路深明通达，就可达到圣人的境界了。'诗人也说：'岐山大道平坦易通，子孙应当保住它。'"齐宣王说："对！"

1-3 成王封伯禽为鲁公①，召而告之曰："尔知为人上之道乎？凡处尊位者必以敬下，顺德规谏，必开不讳之门，撙节安静以藉之②，谏者勿振以威，毋格其言，博采其辞，乃择可观。夫有文无武，无以威下；有武无文，民畏不亲；文武俱行，威德乃成。既成威德，民亲以服，清白上通，巧佞下塞，谏者得进，忠信乃畜。"伯禽再拜受命而辞。

【注释】①成王（？—前1021）：姬姓，名诵，岐周（今陕西省岐山县）人。周朝第二位君主，周武王姬发的儿子，太师姜子牙的外孙，母为王后邑姜。公元前1021年，因病驾崩，在位22年。周成王与其子周康王统治期间，社会安定、百姓和睦、"刑错四十余年不用"，史称"成康之治"。伯禽：生卒年不详，姬姓，名禽，伯是其排行，尊称禽父，周文王姬昌之孙，周公旦长子，周武王姬发之侄，周朝诸侯国鲁国第一任国君。当时周公旦受封鲁国，但因周公旦在镐京辅佐周成王，故派伯禽代其受封鲁国。伯禽在位时期，平定徐戎叛乱，坚持以周礼治国，使鲁国政治经济出现新局面。其辖区北至泰山，南达徐淮，东至黄海，西抵阳谷一带，成为周王朝控制东方的一个重要邦国。②撙(zǔn)节：抑制、节制。

【译文】成王封伯禽为鲁国国君，召见并告教他说："你知道成为国君的道理吗？凡是身居帝位之人，一定要尊重下属，顺从道德，以善言劝诫，必须打开直言无隐的进谏大门，有所节制，气度沉稳地抚慰进谏之人，不以权势震慑他们，不阻止他们进言，广泛采纳他们的建议，挑选有价值的内容。只有文才而缺乏武艺的治理之道，则不能威慑臣民；只有武艺而缺乏文才的治理之道，臣民又会因畏惧而不敢亲近；只有文武并举，威势和德政才能树立。威德一旦树立，臣民就会亲近顺服，廉洁奉公之人得到升迁，巧言奸佞之人被遏止，进谏之人得到任用，忠诚信实之人被培养。"伯禽再拜成王，领受封命告辞而去。

1-4陈灵公行僻而言失①，泄冶曰②："陈其亡矣！吾骤谏君，君不吾听，而愈失威仪。夫上之化下，犹风靡草：东风则草靡而西；西风则草靡而东。在风所由，而草为之靡。是故人君之动不可不慎也。夫树曲木者，恶得直景③？人君不直其行，不敬其言者，未有能保帝王之号，垂显令之名者也。《易》曰④：'夫君子居其室，出其言，善则千里之外应之，况其迩者乎？居其室，出其言，不善则千里之外违之，况其迩者乎？言出于身，加于民，行发乎迩，见乎远。言行君子之枢机。枢机之发，荣辱之主，君子之所以动天地，可不慎乎？'天地动而万物变化。《诗》曰⑤:'慎尔出话,敬尔威仪,无不柔嘉。'此之谓也。今君不是之慎而纵恣焉,不亡必弑。"灵公闻之,以泄冶为妖言而杀之。后果弑于徵舒。

【注释】①陈灵公(?—前599):妫姓,陈氏,名平国,陈共公之子,陈成公之父,春秋时期陈国第十九任国君,公元前613年至公元前599年在位。陈灵公为人荒淫无道,竟和大夫孔宁、仪行父三人同与司马夏徵舒之母夏姬通奸,三人甚至在朝堂上穿着夏姬的汗衫炫耀嬉戏。大夫泄冶劝谏,陈灵公不听,并纵容孔宁、仪行父杀害泄冶。公元前599年,陈灵公与孔宁、仪行父在夏徵舒家喝酒,酒兴正浓时,陈灵公跟仪行父开玩笑,互说夏徵舒长得像对方,因此激怒夏徵舒,夏徵舒便设伏兵射杀陈灵公。失,同"佚",放纵不羁。②泄冶(?—前600):春秋时期陈国大夫,因谏陈灵公与夏姬私通之事而被陈灵公所杀。③景:同"影"。④易:古书名,《易》即《易经》,也称《周易》。⑤诗:古书名,《诗经》的简称。

【译文】陈灵公行为邪避且言语放荡,泄冶说:"陈国要亡国了!我屡次劝谏国君,国君不听我的,而且越来越丧失了威武仪表。国君对臣民的教化,就如同风吹草低一样:东风吹,则草倒向西方;西风吹,则草倒向东方。风吹向哪边,草就倒向哪边。所以国君不可不谨言慎行。如果培植了弯曲的木头,哪会有笔直的影子?国君不端正自己的行为,不谨慎自己的言语,就不可能保住自己的帝王称号,也无法留下显赫美好的名声。《易经》上说:'国君深居宫闱所讲的话是善意的,即使千里之外都会有所响应,何况身边之人?如果国君所讲的话不是善意的,那么千里之外都会有人

忤逆，更何况身边之人？言语出于自身，施加于百姓，近处发生的
行为，能够显效于远方。言行是国君的根本。根本上的生发，关乎
荣辱，决定国君是否能感天动地，怎能不谨慎呢？'感天动地万物
才会变化。《诗经》上说：'言语谨慎，敬慎威仪，无不柔和美顺。'
说的就是这个。如今国君不谨言慎行，反而恣意妄为，这样即使不
亡国也会被弑杀。"陈灵公听后，以妖言惑众的罪名把泄冶杀了。后
来，他果真被夏徵舒所杀。

1-5 鲁哀公问于孔子曰①："吾闻君子不博②，有之乎？"孔
子对曰："有之。"哀公曰："何为其不博也？"孔子对曰："为
其有二乘。"哀公曰："有二乘则何为不博也？"孔子对曰：
"为行恶道也。"哀公惧焉。有间曰："若是乎君子之恶恶道
之甚也③！"孔子对曰："恶恶道不能甚，则其好善道亦不能
甚；好善道不能甚，则百姓之亲之也，亦不能甚。"《诗》云：
'未见君子，忧心惙惙，亦既见止，亦既觏止④，我心则说⑤。'
《诗》之好善道之甚也如此。哀公曰："善哉！吾闻君子成人
之美，不成人之恶。微孔子，吾焉闻斯言也哉？"

【注释】①鲁哀公（前521—前468）：姬姓，名将，鲁定公之
子，春秋时期鲁国第二十六任君主，公元前494年至公元前468年
在位。孔子（前551—前479）：子姓，孔氏，名丘，字仲尼，鲁国陬
邑（今山东曲阜市）人，中国古代思想家、政治家、教育家，儒家学
派创始人、"大成至圣先师"。孔子倡导仁义礼智信，有弟子三千，
其中贤人七十二。曾带领部分弟子周游列国十四年，晚年修订六

经（《诗》《书》《礼》《乐》《易》《春秋》）。②博：古代的一种棋戏；后泛指赌财物。③恶（wù）恶（è）：前"恶"，讨厌，憎恨。后"恶"，凶狠，不好。④觏（gòu）：遇见。⑤说：同"悦"。

【译文】鲁哀公问孔子说："我听说君子不下棋，可有此事？"孔子答："有。"哀公说："君子为何不下棋呢？"孔子答："因为下棋有黑白二道，"哀公说："为何有黑白二道就不下棋呢？"孔子答："因为会走邪恶之道。"哀公震惊，隔了一会儿说："如此说来，君子是特别憎恶走邪路啊！"孔子答："不特别憎恶走邪路，就不能执着地走正路；不执着地走正路，百姓就不会特别亲近他们。《诗经》上说：'未见君子，心中忧郁。已经见到又与之结交，心中就非常喜悦。'《诗经》里也是如此崇尚正道啊！"哀公说："好啊！我听闻君子具有成全他人的美德，不助长他人恶行。没有孔子，我怎能听到此番言论呢？"

1-6河间献王曰①："尧存心于天下②，加志于穷民，痛万姓之罹罪③，忧众生之不遂也。有一民饥，则曰：'此我饥之也。'有一人寒，则曰：'此我寒之也。'一民有罪，则曰：'此我陷之也。'仁昭而义立，德博而化广，故不赏而民劝，不罚而民治。先恕而后教，是尧道也。"

【注释】①河间献王（前170—前130）：西汉宗室成员、大臣、藏书家，汉景帝刘启第二子。前155年，刘德以皇子身份受封河间王，为王二十六载，始终未被卷入政治漩涡，而是将毕生精力投入对中国文化古籍的收集与整理，对古文化宝贵遗产的保存和延续做出巨大贡献。②尧：复姓伊祁，名放勋，"五帝"之一，中国上古时期的部落联盟首领。③罹：遭受苦难或不幸。

【译文】河间献王说："尧帝心系天下，关注贫苦百姓，因百姓遭受苦难而痛苦，担忧百姓生活不如意。有人挨饿，他就说：'因为我使他挨饿了。'有人受冻，他就说：'因为我使他受冻了。'有人犯罪，他就说：'因为我使他堕落了。'如果一个国家仁义和正义之风树立，道德广博而且教化普遍，那么不用奖赏也会使百姓得到鼓励，不用惩罚也会使百姓得到治理。先宽仁再教化，这就是尧帝的治国之道。"

1-7当舜之时①，有苗氏不服②，其所以不服者，大山在其南③，殿山在其北④，左洞庭之波⑤，右彭蠡之川⑥，因此险也，所以不服。禹欲伐之⑦，舜不许，曰："谕教犹未竭也。"究谕教焉，而有苗氏请服，天下闻之，皆非禹之义，而归舜之德。

【注释】①舜：中国传说中父系氏族社会后期部落联盟领袖，姚姓，有虞氏，名重华，史称虞舜。相传因四岳推举，尧命他摄政。他巡行四方，除去鲧、共工、饯兜和三苗等四人。尧去世后继位，又咨询四岳，挑选贤人治理民事，并选拔治水有功的禹为继承人。②有苗氏：即三苗，尧、舜、禹时代我国大的部族，传说舜时被迁到三危。③大山：同"太山"。即泰山，位于山东省泰安县北。④殿山：即指衡山。为中国"五岳"之一，位于中国湖南省中部偏东南部。⑤洞庭：湖泊名。在湖南省北部，即今洞庭湖。⑥彭蠡（lǐ）：湖泊名。在江西省北境，长江以南，即今鄱阳湖。⑦禹：姒姓，名文命，鲧之子, 远古夏部落领袖。

【译文】虞舜在位期间, 有苗氏不肯归顺, 之所以不肯归顺, 是因为他们地处泰山之南, 衡山之北, 左有洞庭湖水域, 右有鄱阳湖平原, 凭借这些要隘, 所以不肯归顺。禹打算出兵讨伐, 虞舜不同意, 说:"还没尽全力使他们领受教化。"通过深入贯彻, 有苗氏愿意归顺。所有人听说后, 都认为禹不义, 而归向虞舜的德泽。

1-8 周公践天子之位①, 布德施惠, 远而逾明。十二牧②, 方三人, 出举远方之民。有饥寒而不得衣食者, 有狱讼而失职者, 有贤才而不举者, 以入告乎天子。天子于其君之朝也, 揖而进之, 曰:"意朕之政教有不得者与? 何其所临之民, 有饥寒不得衣食者, 有狱讼而失职者, 有贤才而不举者也?"其君归也, 乃召其国大夫告用天子之言, 百姓闻之皆喜曰:"此诚天子也, 何居之深远, 而见我之明也, 岂可欺哉!"故牧者所以辟四门, 明四目, 达四聪也。是以近者亲之, 远者安之。《诗》曰:"柔远能迩, 以定我王。"此之谓矣。

【注释】①周公(? 一前1105): 姓姬名旦, 周文王之子, 武王之弟。辅佐武王伐纣, 封于鲁。武王崩, 又佐成王摄政, 东征平定三叔之乱, 灭五十国, 奠定东南, 归而制礼作乐, 天下大治。②十二牧: 即十二州及其长官。

【译文】周公登基, 广施恩德, 越是偏远的地方政治越清明。他任命十二州官员, 每州分四方, 每方指派三人, 外出巡察远方驻民。如果有饥寒交迫缺吃少穿的, 涉及官司无家可归的, 贤德之士不被推举的情况，要回朝禀告天子。天子就在各国国君觐见时，一边作揖一边规劝说："是朕的政治教化有不得当的地方吗？为何你所管辖的百姓，有饥寒交迫缺吃少穿的，有涉及官司无家可归的，有贤德之士不被推举的情况呢？"国君返回属地，便召集本国大夫并把天子的话转告他们。百姓听说后，都欢喜地说："果真是天子啊，远居深宫却了解我们的情况。怎么可以欺骗他！"之所以设置州牧，就是为了开四方门，明察四方，了解四方情况。这样才能使睦邻友好，远方百姓稳定。《诗经》上说："怀柔远方，优抚近地，以使皇权稳定。"说的就是这个道理。

1-9河间献王曰："禹称：'民无食，则我不能使也。功成而不利于人，则我不能劝也。'故疏河以导之①，凿江通于九派②，酾五湖而定东海③。民亦劳矣，然而不怨苦者，利归于民也。"

【注释】①河：即指黄河。②江：即指长江。九派，江西九江境内长江一段的九个支流。③酾（shī）：疏导，分流。

【译文】河间献王说："禹说：'百姓没有吃的，我就不能差遣他们。功业成就不利于百姓，我就不能勉励他们。'所以，他以疏导的方法疏通黄河，开凿长江使它与九条支流连通，疏导五湖之水注入东海。百姓虽然辛苦，却不报怨，是因为百姓从中受益。"

1-10禹出见罪人，下车问而泣之。左右曰："夫罪人不顺道①，故使然焉，君王何为痛之至于此也？"禹曰："尧、舜之人，皆以尧、舜之心为心。今寡人为君也，百姓各自以其心为心，是以痛之也。"《书》曰："百姓有罪，在予一人。"

【注释】①顺道：顺从道义，遵循规律。

【译文】禹外出时遇见一个罪犯，就下车询问并为之哭泣。随从说："罪犯不走正道，所以成了这个样子，君王何必替他如此伤痛呢？"禹说："尧、舜时期的百姓，都以尧、舜的思想为宗旨。如今我作君王，百姓却以各自的心思为主导，因此我感到痛心啊。"《尚书》上说："如果百姓有罪过，那责任完全在我。"

1-11虞人与芮人质其成于文王①。入文王之境，则见其人民之让为士大夫，入其国则见其士大夫让为公卿。二国者相谓曰②："其人民让为士大夫，其士大夫让为公卿，然则此其君亦让以天下而不居矣。"二国者，未见文王之身，而让其所争，以为闲田而反。孔子曰："大哉文王之道乎！其不可加矣！不动而变，无为而成，敬慎恭己而虞、芮自平。"故《书》曰："惟文王之敬忌。"此之谓也。

【注释】①虞：中国周代诸侯国名，在今山西省平陆县东北。芮（ruì），中国周代诸侯国名，在今陕西省大荔县。②二国者：虞、芮两国的使臣。

【译文】虞、芮两国因土地之争请求周文王裁决。两国使臣进入周文王疆界，就见那里的百姓谦让为士大夫，进入周文王国都，就见那里的士大夫谦让为公卿。两国使臣相互议论说："这里的百姓谦让为士大夫，士大夫谦让为公卿，那这里的国君也会谦让天下而不自居了。"两国使臣还未见周文王，就彼此让出他们所争之地，作为闲田，然后各自回国了。孔子说："周文王的道德真是超乎寻常啊！没有比这更伟大的了！周文王没有举动就能改变事物，没有作为却有所成就，恭敬谨慎严于律己，使虞、芮之争自然平定。因此《尚书》上说：'大家都敬畏周文王。'说的就是这个意思。"

1-12成王与唐叔虞燕居①，剪梧桐叶以为珪②，而授唐叔虞曰："余以此封汝。"唐叔虞喜，以告周公。周公以请曰："天子封虞耶？"成王曰："余一与虞戏也。"周公对曰："臣闻之，天子无戏言，言则史书之，工诵之，士称之。"于是遂封唐叔虞于晋。周公旦可谓善说矣，一称而成王益重言，明爱弟之意，有辅王室之固。

【注释】①唐书虞：姬姓，名虞，字子于，岐周（今陕西岐山）人。生卒年不详。西周时期晋国始祖、三晋文化创始人，周武王姬发之子。在封地唐国，史称唐叔虞。②珪（guī）：同"圭"。

【译文】成王和唐叔虞退朝后闲处，成王把一片梧桐树叶剪成珪的形状交给唐叔虞说："我用这个封你。"唐叔虞很高兴，把这事告诉了周公旦。周公旦因此请求觐见成王说："天子封虞了吗？"成王说："我和他开了个小玩笑而已。"周公旦对成王说："我知道君无戏言，天子之言史官要记录，乐工要吟诵，士大夫要赞扬。"于是成王就真的封唐叔虞为晋国国君。周公旦可以说是很会讲话，他这样一说使成王更加谨言慎行，既彰显了爱护兄弟的情意，又巩固了王室的根基。

1-13当尧之时，舜为司徒^①，契为司马^②，禹为司空^③，后稷为田畴^④，夔为乐正^⑤，倕为工师^⑥，伯夷为秩宗^⑦，皋陶为大理^⑧，益掌驱禽^⑨。尧体力便巧不能为一焉，尧为君而九子为臣，其何故也？尧知九职之事，使九子者各受其事，皆胜其任以成九功，尧遂成厥功以王天下。是故知人者王道也，知事者臣道也。王道知人，臣道知事，毋乱旧法而天下治矣。

【注释】①司徒：司徒是我国古代的一个重要官职名，由《周礼》地方官司徒演变而来。掌民事，郊祀掌省牲视濯，大丧安梓官。②契（xiè）：子姓，名契，生卒年不详。高辛氏的儿子，尧时为司徒，主管火正，契成为商始祖，是商朝建立者商汤的先祖。后世尊称其为"商祖""火神"。司马：职官名，古代中央政府中掌管军政和军赋的长官。③司空：职官名。周时有冬官大司空，为六卿之一，掌水土营建之事。④后稷（hòu jì）：姬姓，名弃。后稷出生于稷山（今山西省稷山县），被称为稷王（也做稷神或者农神）。农耕始祖，五谷之神。尧舜之相，司农之神。田畴：泛指田地，这里特指掌管农事的长官。⑤夔（kuí）：人名。相传为尧、舜时乐官。乐（yuè）正：职官名。乐官之长，掌管国子之教。⑥倕（chuí）：人名。相传为中国上古尧舜时代的一名巧匠，善作弓、耒、耜等。工师：职官名。上受司空领导，下为百工之长。专掌营建工程和管教百工等事。⑦伯夷：人名。舜的臣子，生卒年不详。秩宗：职官名。古代掌管宗庙祭祀的官。⑧皋陶（yūu yóu）：人名。中国上古传说中的伟大政治家、思想家、教育家，被史学界和司法界公认为中国司法鼻祖。皋陶是一位贤臣，以正直闻名天下。皋陶的主要功绩有制定刑法和教育，帮助尧和舜推行

"五刑""五教"。大理：职官名。古代掌管刑法的官。⑨益：人名。虞舜的臣子，为东夷部落的首领。

【译文】尧帝执政期间，舜担任司徒，契担任司马，禹担任司空，后稷掌管农事，夔为乐官，倕为工匠之长，伯夷担任秩宗，皋陶担任大理，益负责驱赶役使禽兽。尧帝身体灵便敏捷，却并不从事其中任何一项具体工作，可是尧帝作了君王，这九个人作他的大臣，这是为什么呢？因为尧帝通晓这九种职务的情况，使这九个人各司其职，他们都能胜任并完成任务，于是，尧帝称霸天下的大业就成功了。所以说知人善任是君王之道，恪尽职守是臣子之道。君王善于用人，臣子善于执行，不违反自古以来的法制，天下就治理好了。

1-14汤问伊尹曰①："三公九卿、二十七大夫、八十一元士，知之有道乎？"伊尹对曰："昔者，尧见人而知，舜任人然后知，禹以成功举之。夫三君之举贤，皆异道而成功，然尚有失者，况无法度而任己，直意用人，必大失矣。故君使臣自贡其能，则万一之不失矣。"

【注释】①汤（前1670—前1587）：子姓，成氏，名汤。商国（今河南商丘市）人。商朝开国君主，帝喾十五世孙，契第十四代孙，主癸的儿子。伊尹（前1649—前1549）：伊姓，名挚。夏朝末年生于空桑（今河南杞县）人。为商朝初年著名政治家、思想家，是已知最早的道家人物之一，也是中华厨祖。

【译文】汤问伊尹说："三公九卿，二十七大夫，八十一元士，选拔这些人才有什么方法吗?"伊尹答:"过去,尧帝看到本人就知晓他是否贤能,舜帝要启用后才知道他是否贤能,大禹凭借功绩任用贤能。这三位君王举贤任能,采用不同的方法都取得了成功,然而失误也在所难免,更何况无法可循仅凭主观臆断用人,必定造成重大失误。所以,君王要让臣子毛遂自荐,则万无一失。"

　　1-15王者何以选贤?夫王者得贤材以自辅,然后治也。虽有尧、舜之明,而股肱不备,则主恩不流,化泽不行。故明君在上,慎于择士,务于求贤,设四佐以自辅,有英俊以治官。尊其爵,重其禄,贤者进以显荣,罢者退而劳力①,是以主无遗忧,下无邪慝②。百官能治,臣下乐职,恩流群生,润泽草木。昔者,虞舜左禹右皋陶,不下堂而天下治,此使能之效也。

　　【注释】①罢(bà):品行不端。②:邪慝(tè):邪恶。
　　【译文】君王为何要举贤任能?因为君王只有得到贤能之人的辅佐,才能治理好天下。即使具有尧、舜的睿智,但是,如果缺乏贤能的辅佐,那么君王的恩惠也无法传播,教化德泽也不能施行。所以,英明的君王应居高临下,谨慎挑选官员,求贤若渴,设立四佐来辅佐朝政,任用才华出众的人来管理百官。给他们尊贵的地位,丰厚的俸禄,贤能出仕必显赫而荣华,隐退品行不端的官员并让他从事体力劳动,这样,君王再无后顾之忧,属下也没有邪恶之人。百官便于管理,臣下安于职守,恩泽传布于百姓,象雨露滋润草木。过去,虞舜称帝,禹和皋陶是他的左膀右臂,他即使不出朝堂,天下也能得到治理,这就是任用贤能的功效。

1-16武王问太公曰①:"举贤而以危亡者,何也?"太公曰:"举贤而不用,是有举贤之名,而不得真贤之实也。"武王曰:"其失安在?"太公望曰:"其失在君好用小善而已,不得真贤也。"武王曰:"好用小善者何如?"太公曰:"君好听誉而不恶谗也,以非贤为贤,以非善为善,以非忠为忠,以非信为信。其君以誉为功,以毁为罪;有功者不赏,有罪者不罚;多党者进②,少党者退③。是以群臣比周而蔽贤,百吏群党而多奸;忠臣以诽死于无罪,邪臣以誉赏于无功。其国见于危亡。"武王曰:"善!吾今日闻诽誉之情矣。"

【注释】①武王:姓姬名发,文王之子,生卒年不详。因商纣暴虐无道,乃率领诸侯伐商,大战于牧野,败纣而代有天下,都镐京。在位十九年崩,谥曰武。太公(约前?—约前1015):姜姓,吕氏,名尚,字子牙,号飞熊,商末周初政治家、军事家、韬略家,周朝开国元勋,兵学奠基人。②多:赞许,推崇。③少:轻视,看不起。

【译文】武王问太公说:"推举的贤才往往处于被灭亡的危险处境,是什么原因?"太公说:"举贤而不用贤,只是徒有举贤的虚名,并没得到用贤的实效。"武王问:"那失误在哪里呢?"太公说:"失误在于君王好用小善而已,没得到真正的贤人。"武王又问:"好用小善会怎样呢?"太公答:"君王爱听溢美之词,不忌讳谗言,把不贤视为贤,把不善视为善,把奸人视为忠臣,把不诚信视为诚信。君王把赞美视为功绩,把批评视为罪过;有功之人不被奖赏,有罪之人不被处罚;结党营私之人被任用,孑然一身之人被排斥。所以,群臣相互勾结,排挤贤能,百官拉帮结派,邪僻多奸；忠臣无罪被诽谤致死；奸臣无功因谄媚受赏。那样，国家就显现出危亡之相了。"武王说："对。我今天听到了毁谤和赞誉的实情。"

1-17武王问太公曰："得贤敬士，或不能以为治者，何也？"太公对曰："不能独断，以人言断者殃也。"武王曰："何为以人言断①？"太公对曰："不能定所去，以人言去；不能定所取，以人言取；不能定所为，以人言为；不能定所罚，以人言罚；不能定所赏，以人言赏。贤者不必用，不肖者不必退，而士不必敬。"武王曰："善，其为国何如？"太公对曰："其为人恶闻其情，而喜闻人之情；恶闻其恶，而喜闻人之恶；是以不必治也。"武王曰："善。"

【注释】①为：同"谓"。

【译文】武王问太公说："得到贤能并敬重他们，有些君王还是不能以此治理好国家，是什么原因呢？"太公答："君王不能独立决断政事，根据别人的意见做决断，必是祸患。"武王问："何谓根据别人的意见决断政事？"太公答："不能决断该除掉的，听别人的话除掉；不能决断该采用的，听别人的话采用；不能决断该做的，听别人的话去做；不能决断该处罚的，听别人的话处罚；不能决断奖赏，听别人的话奖赏。贤能之人未必被任用，不贤之人未必被隐退，贤士未必被敬重。"武王说："对！这种人治国如何呢？"太公答："这种人不关注自己的情况，只喜欢打听别人的情况；不喜欢听到自己的不足，只喜欢打听别人的过错；所以，这种人未必能治理好国家。"武王说："对！"

1-18齐桓公问于宁戚曰^①："筦子今年老矣^②，为弃寡人而就世也，吾恐法令不行，人多失职，百姓疾怨，国多盗贼。吾何如而使奸邪不起，民足衣食乎？"宁戚对曰："要在得贤而任之。"桓公曰："得贤奈何？"宁戚对曰："开其道路，察而用之，尊其位，重其禄，显其名，则天下之士骚然举足而至矣。"桓公曰："既以举贤士而用之矣，微夫子幸而临之，则未有布衣屈奇之士^③，踵门而求见寡人者！"宁戚对曰："是君察之不明，举之不显；而用之疑，官之卑，禄之薄也。且夫国之所以不得士者，有五阻焉：主不好士，谄谀在旁，一阻也；言便事者，未尝见用，二阻也；壅塞掩蔽，必因近习，然后见察，三阻也；讯狱诘穷其辞，以法过之，四阻也；执事适欲，擅国权命，五阻也。去此五阻，则豪俊并兴，贤智来处；五阻不去，则上蔽吏民之情，下塞贤士之路。是故明王圣主之治，若夫江海无不受，故长为百川之主；明王圣君无不容，故安乐而长久。因此观之，则安主利人者，非独一士也。"桓公曰："善！吾将著夫五阻以为戒本也。"

【注释】①齐桓公（？—前643）：姜姓，齐氏，名小白。姜姓齐国第十六位国君（前685—前643在位），春秋五霸之首，姜太公吕尚的第十二代孙。宁戚：春秋卫惠公时人（前686—前669在位），姬姓，宁氏，名戚，是现代宁姓始祖，卫国（今河南卫辉）人，早年怀经世济民之才而不得志。公元前680年，齐桓公拜宁戚为大夫。后长期任齐国大司田，为齐桓公主要辅佐者之一。②筦（guǎn）：同"管"。管子（约前723—前645）：姬姓，管氏，名夷吾，字仲，谥敬，颍上（今安徽省颍上县）人。中国著名的经济学家、哲学家、政治家、军事家。春秋时期法家代表人物，周穆王的后代。③屈奇：音义同"崛崎（jué qí）"，本意为陡峭，峭拔。

【译文】齐桓公问宁戚："管子如今年事已高，也许会弃我辞世，我担心法令不能推行，官员疏于职守，百姓怨恨，国中盗贼会多起来。我该如何才能使奸邪不闹事，百姓丰衣足食呢？"宁戚答："关键是得到贤人并任用他们。"桓公说："怎样得到贤人呢？"宁戚答："广开纳贤之路，考察后予以任用，给他们尊贵的地位，丰厚的俸禄，显赫的名声，那么天下的贤人就会纷至沓来。"桓公说："我已经选拔贤人并任用他们，除了先生您惠临外，就再没有平民百姓中的杰出人才亲自上门来见我啊！"宁戚答："这就是您考察得不够清楚，推举不够显扬；用人又心存疑虑，再加上官位低，俸禄微薄的缘故。况且，国家之所以得不到贤人还有五种阻力：君王不注重贤人，身旁又多是阿谀奉承的人，这是第一种阻力；提供便民利国建议的人，从未被启用过，这是第二种阻力；消息蔽塞，一定要依靠近臣亲信才能了解情况，这是第三种阻力；审理案件时深究其罪，然后施刑过度，这是第四种阻力；执事官员徇私舞弊，任意专权，这是第五种阻力。根除掉这五种阻力，智勇双全出类拔萃的人物会同时出现，贤能智仕也会来追随；五种阻力不根除，那么，向上对君王蔽塞了官员和百姓的实情，向下堵塞了招贤纳士的渠道。英明的君王治理国家，犹如海纳百川，所以才能长久主宰天下；英明的君王无所不容，所以才能长治久安。由此看来，要使国泰民安，不仅仅是一个贤士就能办到的。"桓公说："对！我将铭记那五种阻力，把它作为警戒自己的根本。"

1-19齐景公问于晏子曰①："寡人欲从夫子而善齐国之政。"对曰："婴闻之，国具官而后政可善。"景公作色曰："齐国虽小，则何为不具官乎？"对曰："此非臣之所复也。昔先君桓公，身体堕懈，辞令不给，则隰朋侍②；左右多过，刑罚不中，则弦章侍③；居处肆纵，左右慑畏，则东郭牙侍④；田野不修，人民不安，则甯戚侍；军吏怠，戎士偷⑤，则王子成父侍⑥；德义不中，信行衰微，则筦子侍。先君能以人之长续其短，以人之厚补其薄，是以辞令穷远而不逆，兵加于有罪而不顿，是故诸侯朝其德而天子致其胙⑦。今君之失多矣，未有一士以闻者也，故曰未具。"景公曰："善。吾闻高缭与夫子游，寡人请见之。"晏子曰："臣闻为地战者不能成王，为禄仕者不能成政。若高缭与婴为兄弟久矣⑧，未尝干婴之过，补婴之阙，特禄仕之臣也，何足以补君？"

【注释】①齐景公（？—前490）：姜姓，吕氏，名杵臼，齐灵公之子，齐庄公之弟，春秋时期齐国君主。晏子：即晏婴（？—前500），姬姓，晏氏，字仲，谥平，史称"晏子"，夷维（今山东省高密市）人，春秋时期齐国著名政治家、思想家、外交家。②隰（xí）朋

（？—前644）：姜姓，出身于齐国公族。春秋时期著名的齐国大夫，朋氏鼻祖。他是齐庄公曾孙。与管仲、鲍叔牙等共同辅佐齐桓公，使齐国大治。③弦章：或称弦商、弦宁。春秋时齐国人，字子旗。④东郭牙：春秋时期齐国著名的谏臣，是齐桓公时期的五杰之一，由齐国名相管仲所推举。⑤偷：苟且敷衍。⑥王子成父（前717—？）：又称姬成父，周桓王（姬林）第二子，原为东周都城洛邑王城的城父（古文通假称为成父），故尊称为"王子成父"。⑦胙（zuò）：古代祭祀时供的肉。⑧高缭：晏子的属臣。生平未详。

【译文】齐景公对晏子说："我打算依从先生的建议改善齐国的国政。"晏子答："我听说，国家官员配备齐全，国政才能改善。"齐景公严肃地说："齐国虽小，可怎会没有配备齐全的官员？"晏子答："这本不该由我答复。过去，先君桓公萎靡不振，言辞不敏捷时，有隰朋向他进言；身边侍从经常犯错，刑罚不当时，有弦章向他进言；身居内宫行为恣意放纵，令周围人畏惧时，有东郭牙向他进言；农田荒废，百姓不安时，有宵戚向他进言；士官懈怠，兵卒贪生怕死时，有王子成父向他进言；行为不合道义，不守诚信时，有管仲向他进言。先君桓公能取长补短，用别人的优点弥补自己的不足，所以，他的号令传达到远方也无人违抗，出兵讨伐有罪之人不会遭受挫折，因此，诸侯们因为他的美德来拜见他，天子也赏赐他祭肉。现在君王您的过失很多，却没有一位贤士向您进言，所以我说官员配备不齐。"景公说："对！我听说高缭与先生素有往来，我想见见他。"晏子说："我听说，为争夺土地而发起战争的人不能成为君王，为俸禄而做官的人不能取得政绩。高缭和我结识已久，从未指出我的过错，修正我的失误，他只是求取俸禄官职的臣子，怎能辅佐君王呢？"

　　1-20燕昭王问于郭隗曰①："寡人地狭人寡，齐人取蓟八城，匈奴驱驰楼烦之下②，以孤之不肖，得承宗庙，恐危社稷，存之有道乎？"郭隗曰："有，然恐王之不能用也。"昭王避席曰："愿请闻之。"郭隗曰："帝者之臣，其名臣也，其实师也；王者之臣，其名臣也，其实友也；霸者之臣，其名臣也，其实宾也；危国之臣，其名臣也，其实虏也。今王将东面目指气使以求臣，则厮役之材至矣；南面听朝，不失揖让之礼以求臣，则人臣之材至矣；西面等礼相亢，下之以色，不乘势以求臣，则朋友之材至矣；北面拘指，逡巡而退以求臣③，则师傅之材至矣。如此则上可以王，下可以霸，唯王择焉。"燕王曰："寡人愿学而无师。"郭隗曰："王诚欲兴道，隗请为天下之士开路。"于是燕王常置郭隗上坐南面。居三年，苏子闻之④，从周归燕；邹衍闻之⑤，从齐归燕；乐毅闻之⑥，从赵归燕；屈景闻之⑦，从楚归燕。四子毕至，果以弱燕并强齐。夫燕齐非均权敌战之国也，所以然者，四子之力也。《诗》曰："济济多士，文王以宁。"此之谓也。

　　【注释】①燕昭王（？—前279）：姬姓燕氏，名职，燕国蓟城（今北京市）人，战国时燕国第39任国君（前311—前279）。郭隗（约前351—前297）：燕（今河北省涞水县隗家庄村，一说河北省满城县）人，战国时期燕国大臣、贤者，纵横家代表人物。②楼烦：

古代北方部族名，精于骑射。因以代指善射的将士。是北狄的一支，约在春秋之际建国，其疆域大致在今山西省西北部的保德、岢岚、宁武一带。③逡巡：因为有所顾虑而徘徊不前。④苏子：即苏代（生卒年不详），战国时期纵横家，东周洛阳人，纵横家苏秦的族弟。⑤邹衍（约前324—前250）：战国末期齐国人（今山东省济南市章丘区相公庄街道郝庄村）。阴阳家代表人物、五行创始人。⑥乐（yuè）毅：生卒年不详，子姓，乐氏，名毅，字永霸。中山灵寿人，战国后期杰出的军事家、战略家，魏将乐羊后裔，拜燕上将军，受封昌国君，辅佐燕昭王振兴燕国。⑦屈景：生平未详。《战国策·燕策》《史记》《新序》中记此事皆有剧辛，而无苏子、屈景二人。

【译文】燕昭王问郭隗："我国国土狭窄人口稀少，齐国夺取了蓟地八座城池，匈奴已进犯到楼烦边境，以我这样平庸的人继承王位，恐怕会危及江山社稷，有什么办法能保留国家吗？"郭隗答："有，只怕您不愿采纳。"燕昭王离座恭敬地说："我愿采纳，请先生讲给我听。"郭隗说："帝王的臣子，名义上是臣子，实则是帝王的老师；国君的臣子，名义上是臣子，实则是国君的朋友；霸主的臣子，名义上是臣子，实则是霸主的宾客；危亡国君的臣子，名义上是臣子，实际上是奴仆。如今君王若东向傲慢地寻求臣佐，那么奴仆之类的人就来了；如果南向临朝，不失礼节谦让地寻求臣佐，那么能胜任臣子的人就来了；如果君王西向和颜悦色，不仗权势平等地去寻求臣佐，那么像朋友一样又有才华的人就来了；如果大王北向谦恭谨慎地寻求臣佐，那么愿为人师的人就来了。这样，进可称王，退可称霸，只看君王的选择了。"燕昭王说："我愿意学习，却没有老师。"郭隗说："君王真心想振兴正道，郭隗愿为天下贤士开辟道路。"于是燕昭王经常请郭隗上坐面向南面听朝。过了三年，苏子听说这事，从东周来到燕国；邹衍听说这事，从齐国来到燕国；乐毅听说这事，从赵国来到燕国；屈景听说这事，从楚国来到燕国。四位贤士齐聚燕国，最终果然以弱小的燕国吞并了强大的齐国。燕国和齐国并非势均力敌，燕国之所以吞并齐国，是凭借苏子、邹衍、乐毅、屈景四人的智慧。《诗经》上说："拥有众多有才能的人，文王便得以安宁。"说的就是这个意思。

1-21楚庄王既服郑伯^①，败晋师，将军子重^②，三言而不当，庄王归，过申侯之邑^③，申侯进饭，日中而王不食，申侯请罪，庄王喟然叹曰："吾闻之，其君贤者也，而又有师者王；其君中君也，而又有师者霸；其君下君也，而群臣又莫若君者亡。今我，下君也，而群臣又莫若不谷恐亡，且世不绝圣，国不绝贤；天下有贤而我独不得，若吾生者，何以食为？"故战服大国义从诸侯，戚然忧恐圣知不在乎身，自惜不肖，思得贤佐，日中忘饭，可谓明君矣。

【注释】①楚庄王（？—前591）：又称荆庄王（出土战国楚简作臧王），芈姓，熊氏，名旅（一作侣、吕），楚穆王之子，春秋时期楚国国君，楚庄王元年（前613）到楚庄王二十三年（前591）在位，春秋五霸之一。郑伯（？—前587）：即郑襄公，姬姓郑氏，名坚，郑国新郑（今河南省新郑市）人，郑穆公之子，春秋时期郑国第13任国君（前604—前587），在位18年。②子重（？—前570）：芈姓，熊氏，名婴齐，字子重，楚穆王之子，楚庄王之弟，楚共王的叔父。春秋时期楚国令尹。当：同"挡"。阻拦，遮蔽。③申侯：即屈申，字子夷。生卒年不详，春秋时楚国大夫，又称申公巫臣。

【译文】楚庄王降服了郑襄公，又打败了晋国的军队，将军子重曾三次进言都没能阻挡。楚庄王凯旋，路过申侯的封地，申侯向楚庄王进献饭食，已经到了正午，庄王还不吃饭。申侯向楚庄王请罪，楚庄王叹息道："我听说，英明而又有老师指点的君主可以称王；德才中等而有老师指点的君主可以称霸；德才低下，而群臣又不如君主的必定亡国。现在我就是那德才低下的君主，而群臣又不如我，恐怕是要亡国了。再说世上不会断绝圣人出现，国家也不会断绝贤士出现，天下有贤之士唯独我得不到，若我想生存，靠什么吃饭啊！"所以用武力降服大国，以道义使诸侯顺从，还惶恐忧虑，唯恐自身不具有圣贤的才智，自愧无德无才，想得到圣贤之士的辅佐，废寝忘食，可算得上明君了。

1-22明主者有三惧：一曰处尊位而恐不闻其过；二曰得意而恐骄；三曰闻天下之至言而恐不能行。何以识其然也？越王勾践与吴人战①，大败之，兼有九夷②。当是时也，南面而立，近臣三，远臣五，令群臣曰："闻吾过而不告者其罪刑。"此处尊位而恐不闻其过者也。昔者晋文公与楚人战③，大胜之，烧其军，火三日不灭，文公退而有忧色，侍者曰："君大胜楚，今有忧色，何也？"文公曰："吾闻能以战胜而安者，其唯圣人乎！若夫诈胜之徒，未尝不危也，吾是以忧。"此得意而恐骄者也。昔齐桓公得筦仲、隰朋，辩其言，说其义。正月之朝，令具大牢④，进之先祖，桓公西面而立，筦仲、隰朋东面而立，桓公赞曰："自吾得听二子之言，吾目加明，耳加聪，不敢独擅⑤，愿荐之先祖。"此闻天下之至言而恐不能行者也。

【注释】①越王勾践（？—前464）：姒姓，本名鸠浅（越国与中原各国语言不同，音译为勾践），会稽（今浙江省绍兴市）人，《史记索隐》引《纪年》作菼执，春秋时期越国君主（前496年—前464年），春秋五霸之一。②九夷：古代称东方的九种民族。亦指其所居之地。③晋文公（前697—前628）：姬姓晋氏，名重耳，是中国春秋时期晋国的第二十二任君主，公元前636年至公元前628在位，晋献公之子，母亲为狐姬。晋文公文治武功卓著，是春秋五霸中第二位霸主，也是上古五霸之一，与齐桓公并称"齐桓晋文"。④大牢：祭祀时并用牛、羊、豕三牲的叫作"大牢"，也称"太牢"。大牢用于隆重的祭祀，按古礼规定，一般只有天子、诸侯才能用大牢。⑤擅（shàn）：独揽，占有。

【译文】英明的君王有三怕：一怕身居高位而听不到别人批评自己的过失；二怕得意忘形；三怕听到天下至理名言却不能实施。怎么知道他们是这样的呢？越王勾践与吴人交战，击败吴军，吞并九夷。与此同时，他坐北朝南称霸一方，亲近和疏远的大臣不相上下，他对群臣发布命令说："知道我的过失却不进言的人，其罪当杀。"这就是身居高位而害怕听不到自己过失的例子。从前，晋文公与楚人交战，大胜楚军，火烧连营，三天三夜都没熄灭，文公收兵，愁容满面，侍卫说："先生大胜楚军，为何满面愁容呢？"文公说："我听说能通过战争胜利获得安宁的，恐怕只有圣人吧！如果只是取得短暂的胜利，不见得没有威胁，我忧虑此事。"这就是得意而不忘形的例子。从前，齐桓公得到管仲、隰朋的辅佐，采用他们的建议，欣赏他们的论断。当农历正月朝拜天地时，桓公下令准备大牢祭祀祖先。桓公面向西边站立，管仲、隰朋面向东面站立，桓公祭告祖先说："自从我听从二位先生的教诲，更加耳聪目明了，我不敢独占，愿把二位先生举荐给祖先。"这就是听到天下至理名言恐怕不能实施的例子。

1-23齐景公出猎，上山见虎，下泽见蛇。归召晏子而问之曰："今日寡人出猎，上山则见虎，下泽则见蛇，殆所谓之不祥也？"晏子曰："国有三不祥，是不与焉。夫有贤而不知，一不祥；知而不用，二不祥；用而不任，三不祥也。所谓不祥乃若此者也。今上山见虎，虎之室也；下泽见蛇，蛇之穴也。如虎之室，如蛇之穴而见之，曷为不祥也？"

【译文】齐景公外出打猎，上山碰到虎，下泽遇见蛇。回来后召见晏子说："今天我出去打猎，上山碰到虎，下泽遇到蛇，大概这就是所谓的不祥之兆吧？"晏子说："国家有三种不祥之兆，您说的这些不在其中。国内存在贤人，国君却不知道，这是第一种不祥之兆；知道有贤人却不起用他，这是第二种不祥之兆；启用了却不信任他，这是第三种不祥之兆。所谓的不祥之兆就是这些了。您今天上山碰到虎，深山本就是老虎的居所；下泽遇到蛇，沼泽本就是蛇的洞穴。深入虎穴蛇窝，看见了虎和蛇，何为不吉利呢？"

1-24楚庄王好猎，大夫谏曰："晋楚敌国也，楚不谋晋，晋必谋楚，今王无乃耽于乐乎？"王曰："吾猎将以求士也，其榛薮刺虎豹者①，吾是以知其勇也；其攫犀搏兕者②，吾是以知其劲有力也；罢田而分所得③，吾是以知其仁也。"因是道也而得三士焉，楚国以安。故曰："苟有志则无非事者"，此之谓也。

【注释】①榛薮（zhēn cóng）：丛生的草木。②攫（jué）：抓取。兕（sì）：象形。本义雌性犀牛。③田：同"畋"，打猎。

【译文】楚庄王酷爱打猎，大夫们劝谏说："晋、楚两国为敌，楚国不算计晋国，晋国也必定谋算楚国，如今君王岂不是沉溺于享乐吗？"庄王说："我打猎在于发掘人才，那些跳入榛丛刺杀虎豹的人，我因此了解他的勇猛；那些与犀牛搏击的人，我因此了解他强劲有力；狩猎结束与人分享猎物的人，我因此了解他的恩惠。"庄王依靠这种打猎方法而得到了三位贤士，楚国因此而安定。所以说："如果有志向，就没有不好的行为"，说的就是这个道理。

1-25汤之时大旱七年，洛坼川竭①，煎沙烂石。于是使人持三足鼎，祝山川。教之祝曰："政不节耶？使人疾耶？苞苴行耶②？谗夫昌耶？宫室营耶？女谒盛耶？何不雨之极也，盖言未已而天大雨。故天之应人，如影之随形，响之效声者也。《诗》云："上下奠瘗③，靡神不宗。"言疾旱也。

【注释】①洛：即洛河，又称雒水，发源于陕西省定边县，黄河右岸重要支流。因河南境内的伊河为重要支流，亦称伊洛河，即上古时期河洛地区的洛水。洛河在中华文明的发展中占有重要地位，与黄河交汇为中心的地区被称为"河洛地区"，是华夏文明发祥地，河洛文化被称为中华民族的根文化。坼，裂开。②苞苴：本意指包装鱼肉等用的草袋，也指馈赠的礼物。因古代行贿恐怕为人所知，故以草苇包裹掩饰，后引申为贿赂。③瘗（yì）：埋物祭地。

【译文】商汤时期，连续七年大旱，洛河等许多河流都枯竭开裂，烈日把沙石煎烤得滚烫。于是商汤派祭师捧着三足鼎去向山川神灵祈福，他令祭师祈祷时说："是我的政事存在不当吗？是我使百姓生活疾苦吗？是贪污贿赂盛行吗？是进谗言的人猖獗吗？是宫殿建造得太奢华吗？是女人干预朝政盛行吗？为何旱得如此严重啊！"话音未落，天就下起大雨。所以上天顺应人心，就像影子紧跟着身体，就像回声紧跟着声音一样。《诗经》上说："祭天祭地奠酒埋牲，没有神灵不被尊崇的。"说明人们痛恨旱灾。

1-26殷太戊时有桑穀生于庭^①，昏而生，比旦而拱，史请卜之汤庙^②，太戊从之，卜者曰："吾闻之，祥者福之先者也，见祥而为不善，则福不生；殃者祸之先者也，见殃而能为善，则祸不至。"于是乃早朝而晏退^③，问疾吊丧，三日而桑穀自亡。

【注释】①太戊：亦作大太戊、天戊，子姓，名伷，是商王太甲之孙，太庚之子，小甲和雍己的弟弟。桑穀生于庭：古时迷信以桑穀生于庭院为不祥。②史：在王左右的史官，担任祭祀、星历、卜筮、记事等职。③晏：迟，晚。

【译文】殷王太戊在位期间，庭院里长出桑榖，傍晚长出来，次日天亮已经长成合抱那么粗了，史官请求到商汤的祖庙去占卜，太戊同意了。占卜者说："我听说，祥瑞之物是福佑的先兆，见到祥瑞之物而做了坏事，则福佑就不会降临；不祥之物是灾祸的先兆，见到不祥之物却能做好事，那么灾祸也就不会发生。"于是，太戊就早早上朝，很晚退朝，关心百姓疾苦，慰问丧家，祭奠逝者，三天后，庭院中的桑榖自己枯死了。

1-27高宗者，武丁也①，高而宗之，故号高宗。成汤之后，先王道缺，刑法违犯，桑榖俱生乎朝，七日而大拱。武丁召其相而问焉。其相曰："吾虽知之，吾弗得言也。闻诸祖己②：'桑榖者野草也，而生于朝，意者国亡乎？'"武丁恐骇，饬身修行，思先王之政，兴灭国，继绝世，举逸民，明养老。三年之后，蛮夷重译而朝者七国③，此之谓存亡继绝之主，是以高而尊之也。

【注释】①武丁（？—前1192）：子姓，名昭，商王盘庚之侄，商王小乙之子，商朝第二十三任君主。武丁在位时期，勤于政事，任用刑徒出身的傅说及甘盘、祖己等贤能之人辅政，励精图治，使商朝政治、经济、军事、文化得到空前发展，史称"武丁盛世"。公元前1192年，武丁去世，庙号高宗，死后由其子祖庚继位。②祖己：即孝己。武丁之长子，祖庚之兄。中国商朝武丁时期的政治人物，曾劝谏父王武丁，留下孔雀鸣鼎等典故。③蛮夷：古代泛指华夏族以外的其他民族，包括南蛮、北狄、西戎和东夷。多数情况下，蛮夷戎狄统称蛮夷或四夷。

【译文】高宗就是商王武丁，他品德高尚，天下人都尊崇他，所以称为高宗。商朝自成汤以后，先王昏庸失道，违犯刑法，桑穀都长到朝廷里，七天就长得一人环抱那么粗了。武丁召见国相询问此事。国相说："我虽知道，但我也说不清楚。听祖己说：'桑穀属于野生树木，生长在朝廷里，难道是预示着国家要灭亡吗？'"武丁惊恐万分，他自我约束，修养德行，回顾古代圣王的政绩，使灭亡的国家复兴，延续将要断绝的朝代，选拔隐遁的贤士，显扬尊老敬贤的礼节。三年后，远方的蛮、夷部落经过辗转商洽，前来朝贡的就有七个国家，这就是所谓的复兴灭亡国家，使朝代得以延续的君主，所以人们推崇他尊敬他。

1-28宋大水，鲁人吊之曰："天降淫雨，豁谷满盈，延及君地，以忧执政，使臣敬吊。"宋人应之曰："寡人不佞，斋戒不谨，邑封不修，使人不时，天加以殃，又遗君忧①，拜命之辱。"君子闻之曰："宋国其庶几乎！"问曰："何谓也？"曰："昔者夏桀殷纣不任其过②，其亡也忽焉；成汤文武知任其过，其兴也勃焉。夫过而改之，是犹不过。故曰其庶几乎！"宋人闻之，夙兴夜寐，早朝晏退，吊死问疾，戮力宇内③。三年，岁丰政平。向使宋人不闻君子之语，则年谷未丰而国未宁。《诗》曰："弗时仔肩④，示我显德行。"此之谓也。

【注释】①遗（wèi）：给予，馈赠。②夏桀殷纣：桀和纣，相传都是暴君，桀纣后泛指暴君。桀：桀是夏朝最后一个国王，名履癸，是中国历史上有名的暴虐、荒淫的国君之一。履癸文武双全，赤手可以把铁钩拉直，但荒淫无度，暴虐无道。他骄奢淫逸，生活腐化，动用大量人力、财力建造寝宫、瑶台，从各地搜罗美女充填后官。纣：中国商代最后一位君主。中国历史上有名的暴君。殷帝辛名受，"天下谓之纣"，人称殷纣王。稍长又材力过人，有倒曳九牛之威，具抚梁易柱之力，深得帝乙欢心。时帝乙都沬已十有七载，帝乙崩，帝辛继位。③戮（lù）力：协力，通力合作、合力、尽力。④弗：同"弼"。辅助，特指臣下辅佐君王。时：同"是"。

【译文】宋国发大水，鲁国派使臣慰问说："老天久雨不断，谿谷涨满了水，洪水泛滥，我国君王很担忧，特派我前来慰问。"宋君答："我无才无德，斋戒做得不够郑重，封地也没整治好，役使百姓也没顺应时令，所以老天降下灾祸，又导致贵国君王担忧，承蒙关照，实不敢当。"孔子听闻此事说："宋国也许要兴起啊！"有人请教说："此话怎讲？"孔子答："从前，夏桀和殷纣不承认自己的过错，灭亡得就很快；成汤、周文王和周武王了解自己的过错，他们兴盛得就很快。知错能改，就如同没有过错一样。所以说宋国也许要兴起了！"宋君听闻这些话，起早贪黑，早早上朝，很晚退朝，关心百姓疾苦，祭奠逝者，致力于政事。三年后，五谷丰登，国泰民安。如果当初宋君不听孔子那番话，则不会有丰收太平的景象。《诗经》上说："辅佐我担负使命，昭示我彰显德行。"说的就是这个意思。

1-29楚昭王有疾^①，卜之曰："河为祟。"大夫请用三牲焉。王曰："止，古者先王割地制土，祭不过望。江、汉、睢、漳，楚之望也，祸福之至，不是过也。不穀虽不德^②，河非所获罪也。"遂不祭焉。仲尼闻之曰："昭王可谓知天道矣，其不失国，宜哉！"

【注释】①楚昭王（约前523—前489）：芈姓，熊氏，名壬，又名轸（珍），楚平王之子，春秋时期楚国国君。公元前516年，楚平王去世，不满十岁的太子壬继位，是为楚昭王。楚昭王是楚国的一位中兴之主。②不穀：是先秦诸侯之长的谦称，今人简化为"不谷"。

【译文】楚昭王生病，占卜者说："是河神作祟。"大夫们请求用三牲祭祀河神。昭王说："不要这么做，古代先王分封疆土，也不过采用望祭。长江、汉水、睢水和漳水都是楚国望祭的代表，祸福降临，也不会超越它们。我虽没什么德行，但也没得罪河神。"于是，不祭河神。孔子听闻此事说："昭王算得上是通晓天道之人，他没丧失国家，是必然的啊！"

1-30楚昭王之时，有云如飞鸟，夹日而飞三日，昭王患之，使人乘驲东而问诸太史州黎^①。州黎曰："将虐于王身，以令尹、司马说焉则可^②。"令尹、司马闻之，宿斋沐浴，将自以身祷之焉。王曰："止，楚国之有不穀也，由身之有匈胁也^③，其有令尹、司马也，由身之有股肱也。匈胁有疾，转之股肱，庸为去是人也？"

【注释】①驲（rì）：古代驿站专用的车，后亦指驿马。太史：职官名。编载史事兼掌天文历法。②令尹：职官名。春秋时，楚国的执政官，相当于宰相。③由：同"犹"。如同，好像。

【译文】楚昭王在位期间，云朵像鸟一样夹拥着太阳飞了三天，昭王为此担心，就派人骑马去东方请教太史州黎。州黎说："将有灾祸侵害君王，可以让令尹、司马两位官员前去平息此事。"令尹、司马听说后，斋戒沐浴，祈祷以自己代替昭王承受灾祸。昭王说："不要那么做，对于楚国而言，我犹如身体的胸胁一样，而令尹、司马，则犹如胳膊大腿一样。胸胁患了病，转移到大腿胳膊上，难道疾病就祛除了吗？"

1-31邾文公卜徙于绎①，史曰："利于民不利于君。"君曰："苟利于民，寡人之利也。天生烝民而树之君②，以利之也，民既利矣，孤必与焉！"侍者曰："命可长也，君胡不为？"君曰："命在牧民，死之短长，时也，民苟利矣，吉孰大焉。"遂徙于绎。

【注释】①邾文公（前？—前614）：名籧篨（qú chú），子爵，邾国国君，在位时间52年，曾三次迁都，最后迁至绎。《左传·文公十三年》记载：（前614）"邾文公卜迁于绎"。绎：同"嶧"。山名，在中国山东省邹县东南。亦称"邹山"。②烝民：众民、百姓。烝，同"蒸"。

【译文】邾文公为了迁徙到邹山之事而占卜，史官说："迁徙对百姓有益，对于君王不利。"邾文公说："对百姓有利，就是对我有利。上天生万民并确立君王，就是为了造福他们，既然对百姓有利，那我也一定会受益！"侍卫说："不迁徙的话，能延长寿命，您为何不那么做呢？"邾文公说："我的使命就是治理百姓，寿命长短，取决于时间，只要百姓能受益，就是最大的吉祥。"于是迁往邹山。

1-32楚庄王见天不见妖，而地不出孽，则祷于山川曰："天其忘予欤？"此能求过于天，必不逆谏矣，安不忘危，故能终而成霸功焉。

【译文】楚庄王见上苍没有出现灾祸异象，大地也未见祸患端倪，便向山川神灵祷告说："上天是忘了我吗？"像这样敢于向上苍寻求过失的人，一定能听取逆耳忠言，居安思危，所以霸业终成。

1-33汤曰："药食先尝于卑，然后至于贵；药言先献于贵①，然后闻于卑②。"故药食尝乎卑，然后至乎贵，教也；药言献于贵，然后闻于卑，道也。故使人味食然后食者，其得味也多；使人味言然后闻言者，其得言也少。是以明上之于言③，必自他听之④，必自他闻之，必自他择之，必自他取之，必自他聚之，必自他藏之，必自他行之。故道以数取之为明，以数行之为章，以数施之万物为藏。是故求道者不以目而以心，取道者不以手而以耳。

【注释】①药言：使人改过迁善的话。比喻含有规劝意味的言辞。②卑：本应为"卑"，原文误作"乎"，根据上下文意修改。③王：据明钞本"王"作"上"。④"必自他听之……"七句：七个"他"字皆作"也"，据《校证》案："'也'与'他'古通用。"此处读为"也"。

【译文】商汤说："药食让地位低微的人先尝，然后献给尊贵的人；规劝人的言辞先献给尊贵的人，然后再告诉地位低微的人。"所以药食先让地位低微的人尝试，然后献给尊贵之人，这是规矩。规劝人的言辞先献给尊贵的人，然后再告诉地位低微的人，这是法则。所以，让人先尝过味道，自己后食用的人，获得的滋味也更多；让人先体味言语的意味，自己再听取这些言论的人，他收获的内容会很少。所以，英明的君王对于言论，一定要亲自听取，一定要亲自知晓，一定要亲自择取，一定要亲自收存，一定要亲自施行。所以，道理法则因多次提炼而显明，因为多次施行而彰显，因多次运用于万物之上而得以留存。所以，寻求真理的人不是用眼睛看而是用心去体会，获取真理的人不是用手去拿取而是用耳去收纳。

1-34楚文王有疾①，告大夫曰："管饶犯我以义②，违我以礼，与处不安，不见不思，然吾有得焉，必以吾时爵之③。申侯伯，吾所欲者，劝我为之，吾所乐者，先我行之，与处则安，不见则思，然吾有丧焉，必以吾时遣之。"大夫许诺，乃爵筦饶以大夫，赠申侯伯而行。申侯伯将之郑，王曰："必戒之矣，而为人也不仁，而欲得人之政④，毋以之鲁、卫、宋、郑。"不听，遂之郑。三年而得郑国之政，五月而郑人杀之。

【注释】①楚文王(? —前675)：芈姓，熊氏，名赀，是春秋时期楚国国君，公元前689年至公元前675年在位。公元前690年，楚武王死于伐随途中。次年，熊赀继位，是为楚文王。楚文王早年受过严格教育，他的师傅是从申国请来的，史称"保申"。②管饶：生平事不详。③以：即"为"。爵之：加封他爵位。④而欲得人之政：原文无"而"，根据明钞本修改。

【译文】楚文王患病，告诉大夫们说："管饶用仪制礼教制约我，和他交往我心神难安，不见面也不会思念他，然而他使我受益匪浅，适时务必替我加封他爵位。申侯伯，鼓励我随心所欲，我所喜好的他会事先安排好，和他相处内心安然，不见面会想念他，然而他使我有了过失，适时务必替我打发他走。"大夫们应允，于是加封管饶为大夫，赠给申侯伯财物让他离开。申侯伯将投奔郑国，楚文王说："一定要留神，你为人仁德不足，且觊觎别人国政，不要去鲁、卫、宋、郑这些国家。"申侯伯不接受，于是去了郑国。三年就篡夺了郑国的政权，不过五个月就被郑人所杀。

1-35赵简子与栾激游①，将沉于河，曰："吾尝好声色矣，而栾激致之；吾尝好宫室台榭矣，而栾激为之；吾尝好良马善御矣，而栾激求之。今吾好士六年矣，而栾激未尝进一人，是进吾过而黜吾善也。"

【注释】①赵简子(? —前476)：春秋时期晋国赵氏的领袖，原名赵鞅，又名志父，亦称赵孟。晋昭公时，公族弱，大夫势力强，赵简子为大夫，专国事，致力于改革，为后世魏文侯李悝变法、秦孝公商鞅变法和赵武灵王改革首开先河。

【译文】赵简子与栾激一起游泳，要将栾激沉入河中，赵简子说："我曾经喜好淫靡的音乐与美色，栾激就会送给我；我曾经喜好亭台楼阁，栾激就为我建造；我曾经喜好驯服的宝马良驹，栾激就替我四处寻求。如今我渴慕得到贤士已六年之久，栾激却从未推荐一人，这是增加我的过错而摈除我的长处啊。"

1-36或谓赵简子曰："君何不更乎？"简子曰："诺①。"左右曰："君未有过，何更？"君曰："吾谓是'诺'，未必有过也，吾将求以来谏者也，今我却之，是却谏者，谏者必止，我过无日矣。"

【注释】①诺：答应的声音，表示同意。

【译文】有人对赵简子说："您为何不改正呢？"赵简子说："诺。"左右臣僚说："您无过错，改正什么呢？"赵简子说："我说的'诺'，未必真的有过错，我希望以此寻求前来进谏的人，如果我拒绝了他的建议，就是拒绝了进谏的人，能够直言进谏的人必定就此止步了，我的过错也就不远了。"

1-37韩武子田①，兽已聚矣，田车合矣，传来告曰："晋公薨②。"武子谓栾怀子曰③："子亦知君好田猎也，兽已聚矣，田车合矣，吾可以卒猎而后吊乎？"怀子对曰："范氏之亡也④，多辅而少拂⑤，今臣于君，辅也；晶于君⑥，拂也，君胡不问于晶也？"武子曰："盈而欲拂我乎？而拂我矣，何必晶哉？"

遂辍田。

【注释】①韩武子（？—前409）：韩启章，是战国时代韩国的君主，韩康子之子。康子死，武子即位。武子二年，伐郑，杀死了郑幽公，十六年，武子死，子韩景侯即位。②晋公：全称晋国公，古代公爵之一。薨（hōng）：古代称诸侯或有爵位的大官死去。③栾怀子（？—前550）：姬姓，栾氏，名盈，一作“逞”（避讳汉惠帝），栾黡之子，栾书之孙，谥怀，称栾怀子。④范氏：即晋国范氏，显赫卿族，晋国六卿之一。⑤拂：同“弼”，矫正过失。⑥畾（léi）：人名。生平事不详。

【译文】韩武子外出狩猎，野兽已驱赶在一起，狩猎的车子已合拢，这时信使来报：“晋公去世了。”武子对栾怀子说：“你也知道我爱好打猎，现在，野兽已赶在一起，猎车已合拢，我可以狩猎结束再去吊唁吗？”栾怀子答：“范氏之所以灭亡，是因为辅佐的人多，而直言匡正的人太少，如今我之于您是辅佐的臣子，畾之于您是直言匡正的臣子，您何不去问问畾呢？”武子说：“怀子，你是想劝诫我吗？你已经纠正了我的过失，又何必去问畾呢？”于是停止了狩猎。

1-38师经鼓琴[①]，魏文侯起舞[②]，赋曰[③]：“使我言而无见违。”师经援琴而撞文侯不中，中旒溃之[④]。文侯谓左右曰：“为人臣而撞其君，其罪如何？”左右曰：“罪当烹。”提师经下堂一等，师经曰：“臣可一言而死乎？”文侯曰：“可。”师经曰：“昔尧舜之为君也，唯恐言而人不违，桀纣之为君也，唯恐言而人违之。臣撞桀纣，非撞吾君也。"文侯曰："释之，是寡人之过也。悬琴于城门以为寡人符，不补旒以为寡人戒。"

【注释】①师经：我国战国时期魏文侯的乐师，激励魏文侯励精图治，曾劝魏文侯改过，是战国魏文侯时期的贤臣。②魏文侯（前472—前396）：姬姓魏氏，名斯，一名都，安邑（今山西省夏县）人，魏桓子之孙。公元前445年继承晋国魏氏领袖。是魏国百年霸业的开创者，战国时期魏国开国君主。③赋：诵读，吟咏。④旒（liú）：古代帝王礼帽前后悬垂的玉串

【译文】乐工师经在弹琴，魏文侯闻乐起舞，吟诵道："让我的话不要被人违背。"师经抱起琴就去撞魏文侯，没有撞上，只撞到了文侯冕冠前的玉串，玉串被撞散了。文侯回视左右臣僚问："作为臣子竟敢撞击他的君王，该当何罪？"左右的臣僚说："罪当受烹杀之刑。"于是武士将师经带下朝堂，刚下了一级台阶，师经说："臣可以说一句话再死吗？"文侯说："可以。"师经说："从前尧、舜做君王时，唯恐自己的话没有人反对，而桀、纣做君王时，却唯恐自己的话被人违背。我撞的是像桀、纣这样的暴君，而不是撞我的君主。"文侯说："放开他吧，这是我的过错。把这张琴悬挂在城门上，用来作为我知错改过的凭证，也不要修补冕冠上的玉串，以此作为我的鉴诚。"

1-39齐景公游于菑①，闻晏子卒，公乘舆素服，驿而驱之，自以为迟，下车而趋，知不若车之速，则又乘，比至于国者四下而趋。行哭而往矣，至伏尸而号曰："子大夫日夜责寡

人，不遗尺寸，寡人犹且淫佚而不收，怨罪重积于百姓。今天降祸于齐国，不加寡人而加夫子，齐国之社稷危矣，百姓将谁告矣？"

【注释】①菑：原文"菑"误作"菱"。菑同"淄"，今山东省内的淄河。源出莱芜东北，流经临淄市东，过广饶县境，汇合小清河入海。

【译文】齐景公在菑河巡游，听说晏子去世了，他立即身着素服驱车赶去吊唁，途中他觉得车子缓慢，就下车奔跑，下车后又觉得奔跑还是不如车子快，就又坐上车，抵达国都时，已上下车四次了。他边哭边赶路，到了晏子灵前，便伏在尸体上号啕大哭，说："您不遗余力日夜督责我，我还是恣意放纵，百姓怨声载道。如今上苍降祸于齐国，没降到我身上，却降到您身上，齐国社稷不稳，百姓该向谁诉说啊？"

1-40晏子没，十有七年，景公饮诸大夫酒，公射出质，堂上唱善①，若出一口。公作色太息，播弓矢。弦章入②，公曰："章，自吾失晏子，于今十有七年，未尝闻吾过不善。今射出质，而唱善者若出一口。"弦章对曰："此诸臣之不肖也，知不足以知君之不善，勇不足以犯君之颜色。然而有一焉，臣闻之：'君好之，则臣服之；君嗜之，则臣食之。夫尺蠖食黄③，则其身黄，食苍则其身苍。'君其犹有食谄人言乎？"公曰："善！今日之言，章为君，我为臣。"是时海人入鱼，公以五十乘赐弦章。章归，鱼乘塞涂，抚其御之手，曰："曩之唱善者，皆欲若鱼者也。昔者晏子辞赏以正君，故过失不掩；今诸臣谄谀以干利，故出质而唱善如出一口。今所辅于君，未见于众而受若鱼，是反晏子之义，而顺谄谀之欲也。"固辞鱼不受。君子曰："弦章之廉，乃晏子之遗行也。"

【注释】①唱善：称善，叫好。②弦章：即弦商、弦宁。春秋时齐国人，字子旗。③尺蠖（huò）：动物名。昆虫纲鳞翅目尺蠖蛾科。尺蠖蛾的幼虫，寄生于树木间，以枝叶花果为食。行动时身体上拱，屈伸而行，似人以手丈量距离，故名。

【译文】晏子去世十七年后，齐景公和大夫们一起饮酒，齐景公射箭助兴脱了靶，堂上的人却异口同声地称赞。齐景公沉着脸，叹息着把弓箭丢弃在一边。这时，弦章走进来，齐景公说："弦章，自从我失去晏子，至今已有十七年了，从未听别人批评我的过失。今天射箭脱靶，臣子们却异口同声地称赞。"弦章答："这是臣子们不才，他们的能力无法洞察君王的过失，也没有勇气冒犯君王。然而有一点，臣听说：'君王喜好的，臣子就会顺应；君王爱好的，臣子就会接受。就像尺蠖一样，吃了黄色的东西身体就变黄，吃了青色的东西身体就变青。'君王有时还是爱听阿谀奉承的话吧？"齐景公说："对！今日之言，弦章是君子，我臣服。"正在这时，渔夫进献鲜鱼，齐景公就赏赐了弦章五十车鱼。弦章回去，鱼车塞满道路，弦章按着车夫的手说："那些称赞君王的人都想得到这些鱼。从前，晏子为了匡正君王而拒绝赏赐，所以君王有过失从不遮盖；现在，臣子们为追逐名利而阿谀奉承，所以齐景公箭脱靶心，却异口同声地称赞。今天，我辅佐君王的功效还未在众人面前显现，却接受这些鱼，是违背了晏子的原则，而趋顺于阿谀奉承的贪欲。"因此弦章坚决地拒绝了赏赐。君子说："弦章的廉洁，是继承了晏子的品行啊。"

1-41夫天之生人也，盖非以为君也；天之立君也，盖非以为位也。夫为人君，行其私欲而不顾其人，是不承天意，忘其位之所以宜事也。如此者，《春秋》不予能君而夷狄之①。郑伯恶一人而兼弃其师②，故有"夷狄不君"之辞。人主不以此自省惟③，既以失实，心奚因知之④？故曰："有国者不可以不学《春秋》。"此之谓也。

【注释】①《春秋》：古书名。孔子据鲁史修订而成，为编年体史书。所记起自鲁隐公元年，迄鲁哀公十四年，共二百四十二年。②郑伯恶一人而兼弃其师：《左传》闵公二年载：郑伯因厌恶高克，派他率领部队驻守河上，很久都不闻不问，部队溃散，高克出奔陈国。郑伯，即郑文公捷，公元前672年至公元前627年在位。③自省惟：自我反省、思考。④奚：因何缘故。

【译文】上天创造人，并不是单纯让他来做君王的；上天设立君王之位，也不是为了让他占据权位。作为君王，为一己私欲而不顾百姓疾苦，就是没有顺承天意，忘记了君王的职责使命。这样的人，《春秋》不会记载他的功德，反而视他为夷、狄一样的野蛮人。郑文公因厌恶高克一人而对他所率领的军队都不闻不问，所以有"连夷、狄之辈都不认可他作君王"的说法。君王不为此自我反省，就已丧失了作为君王原本的状态，内心又怎能知道？所以说：
"国之君王不可不读《春秋》。"说的就是这个道理。

1-42齐人弑其君，鲁襄公援戈而起曰①："孰臣而敢杀其
君乎？"师惧曰②："夫齐君治之不能，任之不肖，纵一人之欲
以虐万夫之性，非所以立君也。其身死，自取之也。今君不爱
万夫之命，而伤一人之死，奚其过也！其臣已无道矣，其君亦
不足惜也。"

【注释】①鲁襄公（前575—前542）：姬姓，名午，鲁成公之
子，春秋时期鲁国第二十二任君主。②师：即师襄，亦称师襄子，我国
春秋时期音乐大师，圣人孔子的老师，擅击磬，也称磬襄。

【译文】齐国人杀了他们的君王，鲁襄公执戈而起说："哪有
臣子敢杀自己君王的？"师襄畏惧地说："齐国君王治国无方，任用
无能之辈，放纵己欲，残害了上万人的性命，这不是该成为君王的
人。他的死是咎由自取。如今，君王您不爱惜万夫性命，却为一人之
死伤神，这是多么过分啊！齐国的臣子已无道义可遵循，齐国君王
被杀也就不值得叹惜了。"

1-43孔子曰："文王似'元年'，武王似'春王'，周公似
'正月'。文王以王季为父①，以太任为母②，以太姒为妃③，以
武王周公为子，以泰颠、闳夭为臣④，其本美矣。武王正其身
以正其国，正其国以正天下。伐无道，刑有罪，一动而天下正，
其事正矣！春致其时，万物皆及生；君致其道，万人皆及治。周

公戴己而天下顺之,其诚至矣。"

【注释】①王季:姬姓,名历。季是排行,所以称季历,尊称公季、王季、周王季。周太王之少子,周文王之父,周武王和周公旦之祖父。②太任:生卒年不详,任姓,又称大任,汝南平舆(今河南平舆县北)人。商朝时期西伯侯季历之正妃。周文王姬昌之母,历史上有记载的胎教先驱。③太姒:生卒年不详,有莘国(今陕西合阳县东南)人,姒姓,周文王的正妃,周武王之母。太姒天生姝丽,聪明淑贤,分忧国事,严教子女,尊上恤下,深得文王厚爱和臣下敬重,被人们尊称为"文母",在《诗经》和《列女传》中都有对太姒的赞美。④泰颠:泰又作大、太。西周开国大臣。泰氏,名颠。相传原以捕猎为业,周文王闻其贤,用以辅政。闳夭(hóng yāo):西周开国功臣,西伯昌的"四友"之一。

【译文】孔子说:"文王好像'开国第一年',武王好像'第一个春天',周公好像'第一个月'。文王的父亲是王季,母亲是太任,正妃是太姒,武王和周公是他的儿子,泰颠和闳夭是他的臣子,他根基纯美。武王首先端正自己的品行,然后治理国家,治理好国家,再治理天下。讨伐无道昏君,惩罚有罪之人,他一有所举动,天下就得到治理,因为他做的是正义之事!春天如约而至,万物按时令生长;君王致功于政,万民都得到治理。周公以身作则,天下的人都顺从他,这是他精诚所至。"

1-44尊君卑臣者,以势使之也。夫势失则权倾,故天子失道,则诸侯尊矣;诸侯失政,则大夫起矣;大夫失官,则庶人兴矣。由是观之，上不失而下得者，未尝有也。

【译文】君王尊贵而臣子卑微，是权利地位使然。如果势力丧失，则权力荡然无存，所以天子若昏庸无道，诸侯就显得尊贵了；诸侯若失去道义，大夫就会兴起；如果大夫失职，则百姓就会造反。由此可见，上面的人不丧失道义，下面的人想篡夺权位，是前所未有的。

1-45孔子曰："夏道不亡，商德不作①；商德不亡，周德不作；周德不亡，《春秋》不作；《春秋》作而后君子知周道亡也。"故上下相亏也，犹水火之相灭也，人君不可不察。而大盛其臣下，此私门盛而公家毁也，人君不察焉，则国家危殆矣。管子曰："权不两错②，政不二门。"故曰："胫大于股者难以步，指大于臂者难以把。本小末大，不能相使也。"

【注释】①德：古代五行之说。指一种相生相克循环不息，当运时能主宰天道人事的天然势力，即气运。②错（cù）：同"措"，施行，用。

【译文】孔子说："夏朝不灭亡，商朝就不会建立；商朝不灭亡，周朝就不会建立；周朝不灭亡，《春秋》所讲述的时代就不会开始；《春秋》著成后君子就知道周朝的衰亡原因了。"所以上下相克，犹如水火相克，国家君王不可不明察。臣子势力盛极一时，就会导致私门强盛而国家毁弃，如国家君王不能明察此事，则国家就面临危险了。管子说："权力不能分散到两方执掌，政令不能出自两家之堂。"所以说："小腿比大腿粗壮的人难以行走，手指比手臂粗壮的人难以抓握。"根基小而枝末大，就不能支配它了。

1-46司城子罕相宋①。谓宋君曰："国家之危定，百姓之治乱，在君之行赏罚也。赏当则贤人劝，罚得则奸人止。赏罚不当，则贤人不劝，奸人不止。奸邪比周，欺上蔽主，以争爵禄，不可不慎也。夫赏赐让与者，人之所好也，君自行之；刑罚杀戮者，人之所恶也，臣请当之。"君曰："善，子主其恶，寡人行其善，吾知不为诸侯笑矣②。"于是宋君行赏赐而与子罕刑罚。国人知刑戮之威，专在子罕也，大臣亲之，百姓附之。居期年，子罕逐其君而专其政。故曰："无弱君无强大夫。"《老子》曰③："鱼不可脱于渊，国之利器不可以借人。"此之谓也。

【注释】①司城子罕：生卒年不详，子姓，乐氏，名喜，字子罕，春秋时期宋国（今河南商丘）人，宋国贤臣。在宋平公（前575—前532）时任司城，位列六卿。②知：同"智"。聪明，见识。③《老子》：古书名。春秋时老聃（dān）撰，分上下篇。阐述道、德的意义。亦称为《道德经》《道德真经》。

【译文】司城子罕担任宋国国相。他对宋君说："国家的危定，百姓的治乱，在于君王的赏罚政策。奖赏得当则可勉励圣贤之人，刑罚得当则可杜绝奸猾之人。如果赏罚不当，则无法勉励圣贤之人，也无法杜绝奸猾之人。奸邪之人结党营私，欺蒙君王，以此谋求高官厚禄，不能不小心啊。赏赐和让与，世人都喜欢，君王可亲自施行；刑罚和杀戮，世人都抵触，臣请求充任。"宋君说：
"好，你掌管人们厌恶之事，我来做人们喜欢之事，我的能力就不
会被诸侯取笑了。"于是，宋君负责赏赐之事，而让子罕掌管刑罚之
职。国人都知道刑罚和杀戮的威力掌握在子罕手中，大臣们都亲近
他，百姓们都附庸他。这样持续了一年，子罕就驱逐了宋君篡夺了
政权。所以说："不可削弱君王的威仪而使大夫强势专横。"《老
子》上说："鱼儿不可脱离深潭，国家的权柄不可依靠他人。"说的
就是这个道理。

卷二　臣术

【题解】臣术，指为人臣的方法，即作为臣子应掌握的原则、应具备的才能以及应坚持的操守。本卷共采集了25则商汤至春秋战国时期的轶事与文献，阐述了臣子的行为——"六正""六邪"，"行六正则荣，犯六邪则辱"。为人臣子之道，固当"处六正之道"而"不行六邪之术"，如此方可上安下治，不失为贤明之臣。臣子的职位不同，所掌之事亦不同；三公、九卿、大夫、士之责，分别在于道、德、仁、义，此四者若能确定，则天下自正。

2-1人臣之术①，顺从而复命，无所敢专，义不苟全，位不苟尊，必有益于国，必有补于君，故其身尊而子孙保之。故人臣之行有"六正""六邪"，行"六正"则荣，犯"六邪"则辱，夫荣辱者，祸福之门也。何谓"六正""六邪"？"六正"者：一曰萌芽未动，形兆未见，昭然独见存亡之机，得失之要，预禁乎未然之前，使主超然立乎显荣之处，天下称孝焉，如此者，圣臣也。二曰虚心白意^②，进善通道，勉主以礼义，谕主以长策，将顺其美，匡救其恶，功成事立，归善于君，不敢独伐其劳，如此者，良臣也。三曰卑身贱体，夙兴夜寐，进贤不解^③，数称于往古之行事，以厉主意^④，庶几有益，以安国家社稷宗庙，如此者，忠臣也。四曰明察幽，见成败，早防而救之，引而复之，塞其间，绝其源，转祸以为福，使君终以无忧，如此者，智臣也。五曰守文奉法，任官职事，辞禄让赐，不受赠遗，衣服端齐，饮食节俭，如此者，贞臣也。六曰国家昏乱，所为不谀，然而敢犯主之严颜，面言主之过失，不辞其诛，身死国安，不悔所行，如此者，直臣也。是为"六正"也。"六邪"者：一曰安官贪禄，营于私家，不务公事，怀其智，藏其能，主饥于论，渴于策，犹不肯尽节，容容乎与世沉浮^⑤，上下左右观望，如此者，具臣也。二曰主所言皆曰善，主所为皆曰可，隐而求主之所好，即进之以快主之耳目，偷合苟容，与主为乐，不顾其后害，如此者，谀臣也。三曰中实颇险，外貌小谨，巧言令色，又心嫉贤，所欲进则明其美而隐其恶，所欲退则明其过而匿其美，使主妄行过任，赏罚不当，号令不行，如此者，奸臣也。四曰智足以饰非，辩足以行说，反言易辞而成文章，内离骨肉之亲，外妒乱朝廷，如此者，谗臣也。五曰专权擅势，持抔国事^⑥，以为轻重于私门，成党以富其家，又复增加威势，擅矫主命，以自贵显，如此者，贼臣也。六曰谄主以邪，坠主不义，朋党比周，以蔽主明，入则辩言好辞，出则更复异其

50 | 说 苑

言语，使白黑无别，是非无间，伺侯可推，因而附然，使主恶布于境内，闻于四邻，如此者，亡国之臣也。是谓"六邪"。贤臣处"六正"之道，不行"六邪"之术，故上安而下治，生则见乐，死则见思，此人臣之术也。

【注释】①术：方法，策略。②虚心白意：指心胸坦荡，没有私心杂念。③解：同"懈"，懈怠，松懈。④厉：同"励"，勉励。⑤容容：苟且敷衍，随众附和。⑥抔（póu）：用双手捧物。

【译文】作臣子的方法，是服从君王的命令而且要及时复命，凡事不能独断专行，不能为了保全自己而苟且敷衍，不能身居高位而妄自尊大，一定要有利于国家和君王，这样即使地位显赫，子孙也能保得住。所以为人臣子的操行有"六正""六邪"，奉行"六正"就会享受尊荣，触犯"六邪"就会遭受耻辱。而荣辱正是祸福的门户。什么叫"六正""六邪"？所谓"六正"：一是事情的萌芽未发，形迹征兆尚未显现，唯独他能清楚地看到存亡的关键，得失的要害，在尚未形成事实之前预先制止，使君王能超脱地居于显赫荣耀的位置，使天下人都称赞他品德高尚，像这样的臣子，就是圣臣。二是谦虚卑下，心胸坦荡，进奏善言，通达道义，用礼义来勉励君王，用良策来启示君王，顺势促成君王的美德，匡正补救君王的过恶，大功告成，事业建成后，不独占功劳，像这样的臣子，就是良臣。三是早起晚睡勤勉辛劳，进荐贤才从不懈怠，常常称引古圣先王的行为事迹来激励君王的意志。希望能有所补益，以此安定国家政权和宗庙社稷，像这样的臣子，就是忠臣。四是能观察入微，预见成败，及早预防并加以补救，堵塞漏洞，杜绝致乱的根源，转祸为福，让君王最终没有忧患，像这样的臣子，就是智臣。五是能遵循先王法度，奉行法令，胜任所在官位的职责，不接受馈赠，衣冠端庄整齐，饮食节俭，像这样的臣子，就是贞臣。六是当国家混乱无道时，他的行为不阿谀奉承，敢于冒犯君主的威严，当面指出君王的过失，不怕被诛杀，即使自己身死，只要国家安定也决不后悔，像这样的臣子，就是直臣。以上这些就称为"六正"。

"六邪"有：一是安享官位，贪图俸禄，不致力于公务，隐藏自己的才能，当君王急需建议和对策时，依然不愿尽职尽责，随波逐流，附和世俗，做事左右观望，犹豫不定，像这样的臣子，就是具臣。二是对君王所说的话都称好，对君王所做的事都赞同；暗自探求君王所喜好的并进献给君王，以愉悦君王的耳目，苟且迎合，屈从附和以求安身，一味与君王寻欢作乐，全不考虑后患，像这样的臣子，就是谀臣。三是内心实际阴险邪僻，外表却装得谨小慎微，用花言巧语和媚态伪情取悦他人，而心里又妒忌贤人，对他想要推荐的人就宣扬他的优点，隐瞒其恶行，对他想要排挤的人就宣扬他的缺点，掩盖其优点，使得君王赏罚不当，号令不能施行，像这样的臣子，就是奸臣。四是他的聪明足以掩饰自己的错误，他的辩才足以进行游说，言辞反复变化而强词夺理，在宫内则离间王室骨肉之亲，在宫外则嫉妒贤人，扰乱朝廷，像这样的臣子，就是谗臣。五是独揽权势，把持国事，以自己的好恶决定是非轻重，与权贵者结党营私，使自己的家族富有，擅自假托君王的命令，以使自己显达尊贵，像这样的臣子，就是贼臣。六是用邪僻之事来谄媚君王，使君王陷于不义之地，结党营私，排斥异己，来蒙蔽君王的英明，入朝能言善辩，出朝则改变言辞，使黑白混淆，是非不分，伺机推卸责任，把罪过归于君王，使君王的恶名流布全国，传扬于邻国，像这样的臣子，就是亡国之臣。以上这些就称作"六邪"。贤臣以"六正"的原则立身处世，不走"六邪"之路，所以国家安定而百姓得到治理，这样的臣子活着时受人爱戴，死后也会被人怀念，这就是为人臣子的方法。

2-2汤问伊尹曰："三公九卿大夫列士^①，其相去何如？"伊尹对曰："三公者，知通于大道^②，应变而不穷，辩于万物之情^③，通于天道者也。其言足以调阴阳，正四时，节风雨，如是者举以为三公。故三公之事，常在于道也。九卿者，不失四时，通沟渠，修堤防，树五谷，通于地理者也。能通不能通，能利不能利，如此者举以为九卿。故九卿之事，常在于德也。大夫者，出入与民同众，取去与民同利^④，通于人事，行犹举绳^⑤，不伤于言，言足法于世，不害于身，通于关梁^⑥，实于府库，如是者举以为大夫。故大夫之事常在于仁也。列士者，知义而不失其心，事功而不独专其赏，忠正强谏而无有奸诈，去私立公而言有法度，如是者举以为列士。故列士之事，常在于义也。故道德仁义定而天下正，凡此四者，明王臣而不臣。"汤曰："何谓臣而不臣？"伊尹对曰："君之所以不名臣者四：诸父臣而不名，诸兄臣而不名，先生之臣臣而不名，盛德之士臣而不名，是谓大顺也。"

【注释】①三公：古代中央三种最高官衔的合称。九卿：古代中央政府的九个高级官职。大夫：古代官名。西周以后的诸侯国中，国君下有卿、大夫十三级，"大夫"世袭，且有封地。后来大夫成为一般任官职者的称呼。列士：周代上士、中士、下士的统称。职在献诗以劝谕天子。②知：同"智"。③辩：同"辨"，分别，分析，明察。④取去：取舍。⑤绳：木工用的墨线，引申为标准、法则，又引申为按一定的标准去衡量、纠正。⑥关梁：关口和桥梁。泛指水陆交通必经之处。

【译文】商汤问伊尹说："三公、九卿、大夫、列士，这些职位有什么区别呢？"伊尹答："作为三公，他的智慧能通晓大道，能随机应变而不会陷入困境，明辨万事万物的实情，通晓天地自然的规律。他的言论可以使阴阳调和，四季有序，风雨有节，像这样的人可以推举为三公。所以三公的职责每每在于把握大道。位列九卿的人，不违背四季节令，疏通沟渠，修建堤防，种植五谷，通达地理。能使不通的变得通畅，能把不利的变得有利，像这样的人可以推举为九卿。九卿的职责每每在于造福谋利。位居大夫的人，出入与百姓同乐，取舍与百姓同利，精通世间百事，行为如同工匠弹墨线一样端正，言辞方面不会有失误，他的言论足可以为世人仿效，不劳损身心。他能疏通水陆交通要道，充实国家府库，像这样的人可以推举为大夫。大夫的职责就在于仁爱。身为列士，要知晓道义而不丧失本性，建功立业却不独占奖赏，忠诚正直，敢于直言进谏而没有奸诈之心，去除私欲而树立公义，言语合乎法度，像这样的人可以推举为列士。列士的职责就在于忠义。所以道德仁义确定之后，天下便能走向正道。大凡这四种人，圣明的君王虽然以他们为臣，但却不称他们为臣。"商汤问："什么叫以他们为臣，但却不称他们为臣呢？"伊尹答："君王不称为臣的有四种人：属于父辈而作为臣子的不称其为臣，众兄长作为臣子的不称其为臣，做过先王大臣的臣子不称其为臣，品德高尚之人作为臣子的不称其为臣，这就叫作顺乎伦常大道。"

2-3汤问伊尹曰："古者所以立三公、九卿、大夫、列士者，何也？"伊尹对曰："三公者，所以参王事也；九卿者，所以参三公也；大夫者，所以参九卿也；列士者，所以参大夫也。故参而有参①，是谓事宗②，事宗不失，外内若一。"

【注释】①有：同"又"。②事宗：事情的根本、主旨。

【译文】商汤问伊尹："古时候为什么要设置三公、九卿、大夫、列士？"伊尹答："设置三公，是为了辅佐君王，参议国事的；设置九卿，是为了辅助三公的；设置大夫，是为了辅助九卿的；设置列士是为了辅助大夫。所以辅助中有辅助，这就是国政的根本。国政的根本没有缺失，朝廷内外就像一个整体了。"

2-4子贡问孔子曰①："今之人臣孰为贤？"孔子曰："吾未识也。往者齐有鲍叔②，郑有子皮③，贤者也。"子贡曰："然则齐无管仲，郑无子产乎④？"子曰："赐，汝徒知其一，不知其二，汝闻进贤为贤耶，用力为贤耶？"子贡曰："进贤为贤。"子曰："然，吾闻鲍叔之进管仲也，闻子皮之进子产也，未闻管仲子产有所进也。"

【注释】①子贡（前520—前？）：孔子弟子。姓端木，名赐，字子贡，春秋卫国人。善于经商，有口才，列于孔门四科中的言语科，料事多中。②鲍叔：即鲍叔牙。春秋时齐国大夫。以知人并笃于友谊称于世。后常以"鲍叔"代称知己好友。③子皮（？—前529）：姬姓，罕氏，名虎，字子皮。郑国七穆之一罕氏的宗主，郑穆公曾孙。郑公子喜之孙，公孙舍之之子。④子产：春秋郑大夫公孙侨的字。生卒年不详。其人博洽多闻，长于政治，历简公、定公、献公、声公执政大夫。

【译文】子贡向孔子请教："现在大臣当中哪一个算得上是贤能之人？"孔子说："我不清楚。从前，齐国有鲍叔牙，郑国有子皮，他们都属于贤能之人。"子贡说："那么齐国的管仲，郑国的子产算不算贤能之人呢？"孔子说："子贡，你只知其一，不知其二，你知道引进人才的人是贤能，还是为国出力的人是贤能呢？"子贡说："引进人才的人是贤能。"孔子说："对，我听说鲍叔牙推荐管仲，子皮推荐子产，却没有听说管仲、子产为国家推荐过什么人才。"

2-5 魏文侯且置相①，召李克而问焉②，曰："寡人将置相，置于季成子与翟触③，我孰置而可？"李克曰："臣闻之，贱不谋贵，外不谋内，疏不谋亲。臣者疏贱，不敢闻命。"文侯曰："此国事也，愿与先生临事而勿辞。"李克曰："君不察故也，可知矣。贵视其所举，富视其所与，贫视其所不取，穷视其所不为，由此观之，可知矣。"文侯曰："先生出矣，寡人之相定矣。"李克出，过翟黄。翟黄问曰："吾闻君问相于先生，未知果孰为相？"李克曰："季成子为相。"翟黄作色不说曰④："触失望于先生。"李克曰："子何遽失望于我？子之言我于子之君也，岂与我比周而求大官哉？君问相于我，臣对曰：'君不察故也。贵视其所举，富视其所与，贫视其所不取，穷视其所不为，由此观之可知矣。'君曰：'出矣，寡人之相定矣。'以是知季成子为相。"翟黄不说曰："触何遽不为相乎？西河之守⑤，触所任也；计事内史⑥，触所任也；王欲攻中山⑦，吾进乐羊⑧；无使治之臣，吾进先生；无使傅其子，吾进屈侯鲋⑨。触何负于季成子？"李克曰："不如季成子。季成子食菜千钟，什九居外一居中，是以东得卜子夏⑩、田子方⑪、段干木⑫。彼其所举人主之师也。子之所举，人臣之才也。"翟黄逡然而惭曰⑬："触失对于先生，请自修，然后学。"言未卒，而左右言季成子立为相矣。于是翟黄默然变色，内惭不敢出，三月也。

【注释】①魏文侯（前472—前396）：姬姓魏氏，名斯，一名都，安邑（今山西夏县）人，魏桓子之子。战国时期魏国开国君主。公元前445年即位。公元前403年，韩、赵、魏三家分晋，被周威烈王正式承认为诸侯，成为封建国家。魏文侯在位时礼贤下士，师事儒门子弟卜子夏、田子方、段干木等人，任用李悝、翟璜为相，乐羊、吴起等为将。这些出身于小贵族或平民的士开始在政治、军事方面发挥其作用，标志着世族政治开始为官僚政治所代替。②李克（前455—前395）：即李悝（lǐ kuī），魏国安邑人。中国战国时期的政治改革家。法家重要代表人物。曾任魏文侯相，主持变法。经济上推行"尽地力"和"善平籴"的政策，鼓励农民精耕细作，增强产量。

③季成子：即楼季，魏文侯之弟。翟触：即翟黄，一作璜。生卒年不详，战国初期魏国国相，辅佐魏文侯，爵至上卿。翟璜为相三十余年，为魏文侯推荐大量栋梁之材。推荐吴起守西河，推荐西门豹为邺令防备赵国，北门可为酸枣令抵御齐国，推荐乐羊灭中山国，推荐李悝改革变法，使魏国大治。④说：同"悦"。高兴，愉快。⑤西河之守：即西河郡的郡守。西河：战国时魏国黄河以西之地，今陕西东部黄河西岸的一段。⑥内史：职官名。西周始置，协助天子管理爵、禄、废、置等政务。春秋时沿置。⑦中山：周代诸侯国名。今河北正定县东北，战国时为赵武灵王所灭。⑧乐羊：生卒年不详，魏国安邑（今山西夏县）人，乐毅先祖，战国时期魏国名将。乐羊初为魏相翟璜门客，后因大败中山国而成名。⑨屈侯鲋（fù）：屈侯复姓，名鲋。战国时魏国人。魏文侯时翟璜荐为文侯子之傅。⑩卜子夏（前507—前400）：姒姓，卜（bǔ）氏，名商，字子夏，南阳郡温邑（今河南温县黄庄镇卜杨门村）人。春秋末期思想家、教育家，名列"孔门七十二贤"和"孔门十哲"之一，尊称卜子。⑪田子方：姓田，名无择，字子方，儒家学者，魏国人，魏文侯的友人，拜孔子学生子贡为师，于道德学问闻名于诸侯。⑫段干木：（约前475—前396），名克，封于段，为干木大夫，故称段干木。魏国安邑（今山西省运城市夏县）人。春秋末战国初晋籍魏人，故里今邱县郝段寨（现"段干木故里"碑尚存）。⑬迮（zé）：仓促。

【译文】魏文侯将要设置国相，召见李克，问他说："我打算设置国相，李成子和翟触，任用哪个比较合适？"李克说："臣听说，地位低微的人不能为权贵谋划事情，外臣不能为君王谋划内事，关系疏远的人不能为关系亲近的人谋划事情。臣不仅和您关系疏远且地位低微，不敢发表意见。"文侯说："这是国家大事，希望和先生一同商议，请不要推辞。"李克说："这是君王没有调查的缘故。显赫时看他推举什么人，富足时看他结交什么人，贫贱时看他不屑于什么，穷困时看他不做什么，通过这些方面观察，便知道了。"文侯说："先生去吧，我已确定国相人选了。"李克出来后，去探望翟黄。翟黄问："我听说君王请教先生关于国相人选的事，不知最后确定谁为国相？"李克说："季成子为国相。"翟黄沉着脸不悦地说："翟触对先生很失望。"李克说："你为何忽然对我失望？你把我推荐给君王，难道是为了和我勾结一起做大官吗？关于国相人选之事，君王征求我的意见，我答道：'这是君王没有调查的缘故。显赫时看他推举什么人，富足时看他结交什么人，贫贱时看他不屑于什么，穷困时看他不做什么，通过这些方面观察，便知道了。'君王说：'可以走了，我已确定国相人选了。'凭这个知道季成子做国相。"翟黄不悦地说："翟触为何不能为国相？西河太守是我推荐的；计事内史是我推荐的；君王想要进攻中山，我推荐乐羊；没有治国之臣，我推荐先生；君王的儿子没有老师，我推荐屈侯附；我哪里不如季成子？"李克说："您确实不如季成子。季成子虽俸禄丰厚，但他把十分之九都用于外联，十分之一用于家中，所以从东方请到卜子夏、田子方、段干木。他所推荐的这些人，都是君王的老师；您所推荐的只具有臣子的才干。"翟黄惭愧局促地说："我对先生失礼了，请允许我提高自身修养，然后再向先生学习。"话音未落，侍卫来报告说季成子做了国相。于是翟黄默不作声，脸色难看，惭愧得三个月不敢出门。

2-6楚令尹死①，景公遇成公乾曰："令尹将焉归？"成公乾曰:"殆于屈春乎!"景公怒曰:"国人以为归于我。"成公乾曰:"子资少,屈春资多。子义获,天下之至忧也,而子以为友;鸣鹤与刍狗,其知甚少,而子玩之。鸱夷子皮日侍于屈春,损颇为友,二人者之智,足以为令尹,不敢专其智而委之屈春,故曰政其归于屈春乎!"

【注释】①令尹:职官名。春秋时,楚国的执政官,相当于宰相。

【译文】楚国令尹死了,景公遇到成公乾说:"令尹将由谁来担任?"成公乾说:"大概是屈春吧!"景公发怒说:"国人都以为由我担任。"成公乾说:"你资质有限,屈春更有天赋。你爱索取,这是天底下最令人担忧的,你却与之为伍;鸣鹤和刍狗没有智慧,你却把玩他们。鸱夷子皮每天陪侍屈春,损颇是他的朋友,这两人的智慧,足够担任令尹一职,他们却不敢独专自己的智慧,而托付于屈春,所以说政事还是归于屈春啊!"

2-7田子方渡西河,造翟黄。翟黄乘轩车,载华盖,黄金之勒,约镇簟席,如此者其驷八十乘。子方望之以为人君也,道狭,下抵车而待之。翟黄至而睹其子方也,下车而趋,自投下风,曰:"触。"田子方曰:"子与!吾向者望子,疑以为人君也,子至而人臣也,将何以至此乎?"翟黄对曰:"此皆君之所以赐臣也,积三十岁故至于此。时以闲暇,祖之旷野,正逢先生。"子方曰:"何子赐车舆之厚也?"翟黄对曰:"昔者西河无守,臣进吴起①,而西河之外宁;邺无令②,臣进西门豹而魏无赵患③;酸枣无令,臣进北门可而魏无齐忧④;魏欲攻中山,臣进乐羊而中山拔;魏无使治之臣,臣进李克而魏国大治。是以进此五大夫者,爵禄倍,以故至于此。"子方曰:"可,子勉之矣,魏国之相不去子而之他矣。"翟黄对曰:"君母弟有公孙季成者,进子夏而君师之,进段干木而君友之,进先生而君敬之。彼其所进师也、友也、所敬者也。臣之所进者,皆守职守禄之臣也,何以至魏国相乎?"子方曰:"吾闻身贤者,贤也;能进贤者,亦贤也。子之五举者尽贤,子勉之矣,子终其次也。"

【注释】①吴起(前440—前381):姜姓,吴氏,名起,卫国左氏(今山东曹县)人。战国初期军事家、政治家、改革家,兵家代表人物。②邺:古地名,在今中国河北省临漳县西。③西门豹:战国时期魏国(今山西省运城市盐湖区安邑一带)人。魏文侯时任邺令,是著名的政治家、水利家,历史治水名人。曾立下赫赫功勋。④北门可:战国时魏国大臣。魏文侯时以翟璜之荐任酸枣(今河南延津西南)令。酸枣与齐国相邻,他治理有方,使魏国消除了来自齐国的威胁。

【译文】田子方渡过西河,去拜访翟黄。翟黄乘坐着带帷幕的车子,车上有华盖,黄金装饰马缰绳,玉坠镇压竹席,这种四匹马拉的车子有八十辆。田子方远远望去以为是君王,路窄,就下车避让等待。翟黄米到近前,看见是田子方,连忙下车谦恭地小跑,说:"翟黄冒犯了。"田子方说:"原来是您!看起来还以为是君王,到了近前,我才知道是臣子,怎会有如此的排场?"翟黄答:"这都是君王赏赐的，积蓄了三十年，所以才是今天的样子。我闲来无事，到郊外走走，正遇上先生。"田子方说："为何赏赐你这么多车子呢？"翟黄答："从前，西河没有郡守，我推荐吴起，西河以外就安宁了；邺城没有县令，我推荐西门豹，魏国就不再受赵国侵犯；酸枣没有县令，我推荐北门可，使魏国不再担忧齐国的侵犯；魏国打算进攻中山，我推荐乐羊，结果占领中山；魏国没有治国的大臣，我推荐李克，使魏国得到治理。我因推荐这五位大夫，爵禄倍增，所以就是现在这样。"田子方说："好，您尽力而为，魏国的国相非您莫属了。"翟黄答："君王的母弟公孙季成，推荐子夏为君王的老师，推荐段干木为君王的朋友，推荐先生，君王也是十分敬重。他所推荐的都是君王的老师、朋友、所敬重的人。而我所推荐的，都是做事拿俸禄的人臣，我怎能担任魏国的国相呢？"田子方我听说本身贤能的人就是贤人，能够推荐贤能的也是贤人。您推荐的五位都是贤人，您尽力而为，最终会在季成子之后成为魏国国相的。"

2-8齐威王游于瑶台①，成侯卿来奏事②，从车罗骑其众。王望之谓左右曰："来者何为者也？"左右曰："成侯卿也。"王曰："国至贫也，何出之盛也？"左右曰："与人者有以责之也，受人者有以易之也，王试问其说。"成侯卿至，上谒曰："忌也。"王不应。又曰："忌也。"王不应。又曰："忌也。"王曰："国至贫也，何出之盛也？"成侯卿曰："赦其死罪，使臣得言其说。"王曰："诺"。对曰："忌举田居子为西河③，而秦梁弱④；忌举田解子为南城⑤，而楚人抱罗绮而朝；忌举黔涿子

为冥州⑥，而燕人给牲，赵人给盛；忌举田种首子为即墨⑦，而
于齐足究；忌举北郭刁勃子为大士⑧，而九族益亲，民益富。
举此数良人者，王枕而卧耳，何患国之贫哉？"

【注释】①齐威王（？—前343）：名因齐，齐桓公田午之子。战
国时齐国国君。曾起兵西击赵、卫，败魏于浊泽，齐国大治。②成侯
卿（约前385—前319）：即邹忌，尊称"驺子"，中国战国时期齐国
人。《史记》亦作驺忌，齐桓公田午时的大臣；齐威王田因齐时期，
以鼓琴游说齐威王，被任相国，封于下邳县（今江苏省邳州市），号
成侯；后又侍齐宣王田辟疆。他曾劝说齐威王奖励群臣吏民进谏，
主张革新政治，修订法律，选拔人才，奖励贤臣，处罚奸吏，并选荐
得力大臣坚守四境，从此齐国渐强。公元前360年前后，齐威王起用
邹忌实行改革，"谨修法律而督奸吏"。③田居子：即田忌。妫姓，
田氏，名忌，字期，又作陈忌、田臣思、田期思，中国战国时期齐国公
子。④梁：中国战国时期国名，魏国于公元前361年迁都大梁（今河
南省开封市）后，改称"梁"。⑤田解子：战国时齐国人。威王时名
大夫。守国之南境，楚人不敢为寇，泗上十二诸侯皆来朝。威王于魏
惠王前美之为齐国宝。⑥黔涿子：战国时齐国大臣。甚得齐威王信
重，被视为"宝"。曾守徐州（今河北大城），燕、赵二国畏之。冥州：
徐州（今河北大城）。⑦田种首子：即田种首，是齐威王时期著名的
即墨大夫。即墨：山东省青岛市辖区。秦代置县，隋朝建城，建城史
1400余年。位于中国山东半岛西南部，东临黄海，与日本、韩国隔海
相望，南依崂山，近靠青岛。战国时期，即墨城是一个富庶繁华可与
齐国都城临淄媲美的地方。⑧北郭刁勃子：北郭为复姓，刁勃为名。
大士：职官名。古代掌刑法的官。

【译文】齐威王在瑶台游玩，成侯卿邹忌前来启奏，随从车骑众多。齐威王见状，问左右侍卫："来人是做什么的？"侍卫答："是成侯卿。"齐威王说："国家这么贫穷，为何出行如此排场？"侍卫说："授人东西的人有权责问，接受东西的人应当报答，君王可以试探问问，看他作何解释。"成侯卿觐见齐威王说："邹忌拜见。"齐威王没应声。他又说："邹忌拜见。"齐威王还是没应声。他又说："邹忌拜见。"齐威王说："国家还这么贫穷，你为何出行如此排场？"成侯卿说："请君王先赦免我不死，使我阐明理由。"齐威王说："诺。"成侯卿说："我推荐田居子镇守西河，削弱秦、魏两国力量；我推荐田解子驻守南城，楚国人进贡来丝织品；我推荐黔涿子治理冥州，燕国人就进贡来牲畜，赵国人进贡来黍稷；我推荐田种首子到即墨，齐国因此国泰民安；我推荐北郭刁勃子担任大士，使九族更加亲近，百姓更加富庶。我推荐这些贤人，君王便可高枕无忧，何必担心国家贫穷呢？"

2-9 秦穆公使贾人载盐①，征诸贾人，贾人买百里奚以五羖羊之皮②，使将车之秦。秦穆公观盐，见百里奚牛肥，曰："任重道远以险，而牛何以肥也？"对曰："臣饮食以时，使之不以暴；有险，先后之以身，是以肥也。"穆公知其君子也，令有司具沐浴，为衣冠与坐，公大悦。异日与公孙支论政③，公孙支大不宁曰："君耳目聪明，思虑审察，君其得圣人乎？"公曰："然。吾悦夫奚之言，彼类圣人也。"公孙支遂归，取雁以贺曰："君得社稷之圣臣，敢贺社稷之福。"公不辞，再拜而受。

明日，公孙支乃致上卿以让百里奚曰："秦国处僻民陋，以愚无知，危亡之本也。臣自知不足以处其上，请以让之。"公不许，公孙支曰："君不用宾相而得社稷之圣臣④，君之禄也；臣见贤而让之，臣之禄也。今君既得其禄矣，而使臣失禄可乎？请终致之。"公不许。公孙支曰："臣不肖而处上位，是君失伦也⑤；不肖失伦，臣之过；进贤而退不肖，君之明也。今臣处位，废君之德而逆臣之行也，臣将逃。"公乃受之。故百里奚为上卿以制之⑥，公孙支为次卿以佐之也⑦。

【注释】①秦穆公（前683—前621）：春秋时代秦国国君。嬴姓，名任好，秦德公少子，春秋时期秦国国君，在位三十九年（前659—前621），谥号穆，被《史记索隐》等书认定为春秋五霸之一。②百里奚（？—前621）：姜姓，百里氏，名奚，字子明，号五羖大夫，虞国（今山西省平陆县）人。春秋时期著名政治家、思想家。③公孙支：嬴姓，名支，字子桑，岐州（今陕西凤翔南）人，为现今桑姓之先祖，春秋时期秦国大夫。向秦穆公举荐了百里奚。④宾相：即傧相。古时称替主人接引宾客和赞礼的人。⑤伦：同"抡"。挑选，选拔。⑥上卿：古代官阶。三代时，天子、诸侯国皆设卿，分上、中、下三等，上卿为最高的等级。战国时作为爵位的称谓，一般授予劳苦功高的大臣或贵族。相当于丞相（宰相）的位置，并且得到王侯、皇帝的青睐。⑦次卿：低于正卿的政务官。

【译文】秦穆公派商人运盐，要征召很多商人，商人用五张黑公羊的皮买下了百里奚，派他把盐车赶到秦国。秦穆公察看盐时，发现给百里奚拉车的牛，都很肥壮，于是问："负重路远又危险，可是拉车的牛为何如此肥壮呢？"百里奚答："我按时饲喂，不粗暴使唤它们，遇到危险我会在前后保护它们，所以牛才如此肥壮。"秦穆公因此得知百里奚是一位君子，就命令官吏为百里奚准备沐浴更衣，赐座和他一起交谈，秦穆公非常高兴。过了几天，秦穆公和公孙支商讨政务，公孙支非常不安地说："君王耳聪目明，思虑审慎明察秋毫，难道是有圣人辅佐吗？"秦穆公说："是的。我非常欣赏百里奚的言论，他就类似圣人。"公孙支回去，拿了一只大雁表示祝贺说："君王得到治国良臣，我祝贺国运之福。"秦穆公没有推辞，拜谢后收下贺礼。第二天，公孙支要把上卿一职让给百里奚说："秦国地处偏僻，百姓缺乏见识，愚昧无知，这是国家危亡的根源。我自知不配处于上卿之位，请允许我让贤。"秦穆公不同意。公孙支说："君王没通过傧相引荐，就得到治国贤臣，这是君王的福分；我能见到贤人并让贤给他，这是我的福分。现在君王已得福分，却使我失去这个福分，可以吗？请让我也得到吧。"秦穆公还是不答应。"公孙支臣不才而居于高位，是君王选拔人才的失误；臣不才让君王失误，这是臣的过错；任用贤人，辞退不贤之人，是君王的英明。现在我身居高位，败坏了君王的美德，违背了人臣的德行，臣打算逃走了。"秦穆公这才接受了他的请求。任用百里奚为上卿治理政务，公孙支做次卿协助他工作。

2-10赵简主从晋阳之邯郸①，中路而止。引车吏进问："君何为止？"简主曰："董安于在后②。"吏曰："此三军之事也，君奈何以一人留三军也？"简主曰："诺。"驱之百步又止，吏将进谏，董安于适至。简主曰："秦道之与晋国交者，吾忘令人塞之。"董安于曰："此安于之所为后也。"简主曰："官之宝璧吾忘令人载之。"对曰："此安于之所为后也。"简主曰："行人烛过年长矣③，言未尝不为晋国法也，吾行忘令人辞且聘焉。"对曰："此安于之所为后也。"简主可谓内省外知人矣哉，故身佚国安。御史大夫周昌曰④："人主诚能如赵简主，朝不危矣。"

【注释】①赵简主（？—前476）：春秋时期晋国赵氏的领袖，原名赵鞅，又名志父，亦称赵孟。杰出的政治家、军事家、外交家、改革家，是赵国基业的开创者，郡县制社会改革的积极推动者，先秦法家思想的实践者，对春秋战国的历史发展起了推波助澜的作用。②董安于（？—前496）：字阏于，平阳翼城人。春秋时期晋国正卿赵鞅心腹家臣，古代晋阳城的始创者。出色的建筑家，超群的战略家和政治家。③行人：职官名。掌朝觐聘问，接待宾客之事。烛过：春秋时晋国人。④御史大夫：职官名。秦汉御史府的长官。地位仅次于丞相，主管弹劾、纠察及掌管图籍秘书。周昌（？—前192）：沛郡人，西汉初期大臣。秦时为泗水卒史。秦末农民战争中，随刘邦入关破秦，任御史大夫，封汾阴侯。耿直敢言。刘邦欲废太子，他直言谏止。后为赵王刘如意相，刘如意为吕后所杀，周昌自觉辜负刘邦，郁闷不乐，三年后去世，谥号悼。

【译文】赵简主从晋阳到邯郸去，中途停下来。引车的官吏上前问："君王为何停下来？"简主说："董安于还在后边。"官吏说："这是关乎三军的大事，君王何必因一人而滞留三军呢？"简主说："诺。"驱车行进了百十步又停下来，引车的官吏正要上前劝说，刚好董安于赶到。简主说："秦国与晋国相通的道路,我忘派人堵塞它了。"董安于说："这就是我落后的原因。"简主说："官家的美玉我忘派人把它运来了。"董安于答："这就是我落后的原因。"简主说："行人烛过年事已高,他的言论没有不被晋国人效法的,我出发时忘派人去辞行并拜访他了。"董安于答："这就是我落后的原因。"赵简主可以说是对内善于自省,对外知人善任,所以身心安逸,国家稳定。御史大夫周昌说:"君王若真能像赵简主那样,那么朝政就没有危机了。"

2-11晏子侍于景公,公曰①:"朝寒请进热食。"对曰:"婴非君之厨养臣也②,敢辞。"公曰:"请进服裘。"对曰:"婴非君田泽之臣也,敢辞。"公曰:"然,夫子于寡人奚为者也?"对曰:"社稷之臣也。"公曰:"何谓社稷之臣?"对曰:"社稷之臣,能立社稷,辨上下之宜,使得其理;制百官之序,使得其宜;作为辞令,可分布于四方。"自是之后,君不以礼不见晏子也。

【注释】①公曰:根据向宗鲁《校证》据《晏子春秋》补"公曰"二字,原文脱。②厨养臣:掌理供奉膳食的臣仆。

【译文】晏子陪侍齐景公,景公说:"早晨冷,请送点热食来吃。"晏子答:"我不是负责君王饮食的臣子,难以从命。"景公说:"请送裘皮衣服来。"晏子答:"我不是负责君王服装的臣子,难以从命。"景公说:"那你是为寡人做什么的?"晏子答:"我是国家的大臣。"景公说:"什么是国家的大臣?"晏子答:"国家的大臣，能管理国家，明察上下尊卑的标准，使它恰当合理；制订百官等级次序，使各方适宜；编撰条例法令，传播到四方。"从此之后，齐景公都用君臣的礼节召见晏子。

2-12齐侯问于晏子曰："忠臣之事其君何若？"对曰："有难不死，出亡不送。"君曰："裂地而封之，疏爵而贵之，君有难不死，出亡不送，可谓忠乎？"对曰："言而见用，终身无难，臣何死焉？谋而见从，终身不亡，臣何送焉？若言不见用，有难而死之，是妄死也；谋而不见从，出亡而送，是诈为也。故忠臣者能纳善于君而不能与君陷难者也！"

【译文】齐景公问晏子："忠臣侍奉他的君王是什么样的？"晏子答："君王有难不牺牲自己，君王逃亡不相送。"齐景公说："分封土地赏赐他，加官进爵使他显赫，君有危难不牺牲自己，逃亡也不相送，算得上是忠臣吗？"答："臣子谏言能被采用，君王终生不会有难，臣为何要牺牲！臣子的谋略能被听从，君王终生不会逃亡，臣为何要送！如果臣子谏言不被采纳，君王有难臣为之牺牲，这是妄死；直言劝谏不被听从，逃亡时相送，这是欺骗虚伪的举动。所以忠臣要能向君王进纳善言，而不能和君王一同陷入灾难。"

2-13晏子朝，乘弊车，驾驽马。景公见之曰："嘻！夫子之禄寡耶？何乘不任之甚也？"晏子对曰："赖君之赐，得以寿三族及国交游,皆得生焉。臣得暖衣饱食,弊车驽马,以奉其身,于臣足矣。"晏子出,公使梁丘据遗之辂车乘马^①,三返不受。公不悦,趣召晏子^②。晏子至,公曰:"夫子不受,寡人亦不乘。"晏子对曰:"君使臣临百官之吏,臣节其衣服饮食之养,以先齐国之人,然犹恐其侈靡而不顾其行也。今辂车乘马,君乘之上,臣亦乘之下,民之无义,侈其衣食而不顾其行者,臣无以禁之。"遂让不受也。

【注释】①梁丘据:齐侯姜尚后裔,春秋时期齐国的大夫,深受齐景公的赏识,后受封地于山东梁丘(今山东成武),以封地为姓,为梁丘姓始祖。按文献记载,梁丘据为人热情开朗,虚心好学,温顺和善,且善于揣摩齐景公的心思,所以齐景公对其关爱有加,让他办理了许多事情皆出色完成。梁丘据精通《易学》,崇尚自然科学,其后人也一脉相承《易学》之精髓。②趣(cù):同"促",近,时间紧迫。

【译文】晏子上朝,坐着破旧的马车,驾着疲弱的劣马。景公见了说:"嘻!先生的俸禄少吗?为何车马如此不堪?"晏子答:"依赖君王的赏赐,我的三族得以保全,以及列国交友游历都能维持。我能吃饱穿暖,还有弊车驽马供我使用,于我而言,已经很满足了。"晏子出朝,景公派梁丘据送给晏子高车良马,晏子退回三次不肯接受。景公不悦,立即召见晏子。晏子到来,景公说:"先生不接受车马,那我今后也不乘车了。"晏子答:"君王派我监督文武百官,我节衣缩食,在齐国百姓面前作表率,即使这样还怕自己奢侈浪费行为不检点。现在华丽的车马,君王为上,乘坐它,我为臣下也乘坐它，则百姓中不讲道义，衣食奢侈，行为不检点的人，我就无法禁止他们。"于是谢绝车马没有接受。

2-14景公饮酒，陈桓子侍①，望见晏子而复于公曰："请浮晏子②。"公曰："何故也？"对曰："晏子衣缁布之衣③，糜鹿之裘，栈轸之车，而驾驽马以朝，是隐君之赐也。"公曰："诺。"晏子坐，酌者奉觞而进之曰："君命浮子。"晏子曰："何故也？"陈桓子曰："君赐之卿位以尊其身；宠之百万，以富其家。群臣之爵，莫尊于子，禄莫厚于子。今子衣缁布之衣，糜鹿之裘，栈轸之车而驾驽马以朝，则是隐君之赐也，故浮子。"晏子避席曰："请饮而后辞乎？其辞而后饮乎？"公曰："辞然后饮。"晏子曰："君赐卿位以显其身，婴不敢为显受也，为行君令也；宠之百万以富其家，婴不敢为富受也，为通君赐也。臣闻古之贤君，臣有受厚赐而不顾其国族，则过之④；临事守职不胜其任，则过之。君之内隶⑤，臣之父兄，若有离散在于野鄙者，此臣之罪也；君之外隶⑥，臣之所职，若有播亡在四方者，此臣之罪也；兵革不完，战车不修，此臣之罪也。若夫敝车驽马以朝，意者非臣之罪也！且臣以君之赐，臣父之党无不乘车者，母之党无不足于衣食者，妻之党无冻馁者，国之简士，待臣而举火者数百家。如此为隐君之赐乎，彰君之赐乎？"公曰："善！为我浮桓子也。"

【注释】①陈桓子："陈"亦作"田"，陈与田古音近。妫姓，田氏，名无宇，谥号桓，故称田桓子。田无宇是春秋时期齐国田氏家族首领之一，是陈厉公妫跃之子陈完四世孙，承袭父亲田文子担任田氏家族首领。②浮：用满杯酒罚人。③衣（yì）缁（zī）布之衣：穿着黑色布衣。第一个"衣"字，动词，穿衣。④过：怪罪，责难。⑤内隶：臣民。⑥外隶：朝臣。

【译文】齐景公饮酒，陈桓子陪侍，望见晏子来了，就对齐景公说："请罚晏子饮酒。"齐景公说："是何缘故？"答："晏子身穿黑色布衣，粗糙兽皮，乘坐竹木栈车，驾着疲弱的劣马上朝，隐匿了君王的赏赐。"齐景公说："诺。"晏子落座后，斟酒的人将酒捧到晏子面前说："君王下令罚你饮酒。"晏子说："是何缘故？"陈桓子说："君王赏赐官位，使你身份尊贵；赏赐钱财使你家族富庶。群臣的爵位没有比你更高的，俸禄没有比你更丰厚。如今你身穿黑布衣，粗糙皮衣，乘着竹木的栈车，驾着疲弱的劣马来上朝，这是隐匿君王的恩赐，所以罚你饮酒。"晏子恭敬起身说："是先饮酒然后解释呢？还是先解释再饮酒呢？"齐景公说："说完再饮酒。"晏子说："君王赐官位使我地位显融，但我不敢为了显融接受官职，而是为了执行君王的命令；君王赏赐钱财使我家族富庶，我不敢为了富庶接受钱财，而是为了通达君王的恩赐。我听说古代明君，臣子中有接受丰厚赏赐却不顾国家公族的，则要处罚他；在岗位上处理政事，不能胜任本职的，则要处罚他。君王的内臣，臣子的父兄，若有流散在外的，这是臣的罪过；君王的外臣，臣子的属下，若有流亡四方的，这是臣的罪过；兵器不充足，战车没修理，这是臣的罪过。至于乘坐栈车劣马上朝，恐怕不是我的罪过！而且臣仗恃君王的赏赐，我父辈的亲眷没有不乘车的，母系亲眷没有不丰衣足食的，妻族姊妹没有挨冻受饿的，国内的学士，需要我资助才有饭吃的有数百家。这些是隐匿了君王的恩赐，还是彰显了君王的恩赐呢？"齐景公说："好！替我罚陈桓子饮酒。"

2-15晏子方食，君之使者至，分食而食之①，晏子不饱。使者返，言之景公，景公曰："嘻，夫子之家若是其贫也！寡人不知也，是寡人之过也。"令吏致千家之县一于晏子，晏子再拜而辞，曰："婴之家不贫，以君之赐，泽覆三族，延及交游，以振百姓，君之赐也厚矣，婴之家不贫也。婴闻之，厚取之君而厚施之人，是代君为君也，忠臣不为也；厚取之君而藏之，是筐箧存也②，仁人不为也；厚取之君而无所施之，身死而财迁于他人，是为宰藏也③，智者不为也。婴也闻为人臣，进不事上以为忠，退不克下以为廉，八升之布④，一豆之食，足矣。"使者三返，遂辞不受也。

【注释】①分食而食(sì)：分食物给他吃。第一个"食"为名词，吃的东西。第二个"食"为动词，拿东西给人吃。②箧(qiè)：小箱子，藏物之具。大曰箱，小曰箧。③是为宰藏也：这是为他人积蓄财物啊。为，表被动。宰，这里指官员。藏，收藏，积攒。④八升之布：粗布。

【译文】晏子正吃饭，君王的使者到了，晏子把食物分给使者吃，晏子就没吃饱。使者回来，把这事告诉齐景公，齐景公说："嘻，晏子家这么贫穷！我竟然不知，这是我的失误。"派人把一个千户县的税收送给晏子，晏子再三拜谢拒绝说："我家不贫穷，君王的赏赐，使我三族蒙受恩泽，还扩展到我的朋友，还可以救济百姓，君王的赏赐很丰厚，我家真不贫穷啊。我听说，从君王那里获得很多财物，又大量施舍给别人，这是代替君王施恩，忠臣不会那么做；从君王那里获得很多，都收藏起来，那无异于筐篋收纳，仁德之人不会那么做；从君王那里获得很多，而没有施舍给他人，人死后财产便转移他人，这是为他人积蓄财物，聪明人不会那么做。我还听说，做臣子的，在朝堂上不奉承君王的是忠诚，退朝后不克扣部下的是廉洁，粗布衣服，一盘食物，足够了。"使者往返了三次，晏子还是谢绝不肯接受。

2-16陈成子谓鸱夷子皮曰①："何与常也②？"对曰："君死吾不死，君亡吾不亡。"陈成子曰："然子何以与常？"对曰："未死去死，未亡去亡，其有何死亡矣！"

【注释】①陈成子：即田成子，因其家族出自陈国，也称为陈恒，汉朝为汉文帝刘恒避讳，改称"田常"。是齐国田氏家族第八任首领。公元前485年承袭父亲田乞之位，而后唆使齐国大夫鲍息弑杀齐悼公，立齐简公。田成子和阚止（又名监止，字子我）任齐国的左右相。公元前481年，田成子发动政变，杀死了阚止和齐简公，拥立齐简公的弟弟为国君，就是齐平公。之后，田恒独揽齐国大权，尽诛鲍、晏诸族。②与：随从，随着。

【译文】陈成子问鸱夷子皮说："何为常道？"答："君王死，我不死，君王逃亡，我不逃亡。"陈成子说："那么你如何做到常道？"答："未死时先消除死的隐患，没逃亡时先排除逃亡的威胁，哪还有什么死和逃亡！"

2-17从命利君谓之顺，从命病君谓之谀，逆命利君谓之忠，逆命病君谓之乱。君有过不谏诤，将危国殒社稷也。有能尽言于君，用则留之，不用则去之，谓之谏；有能尽言于君，用则可生，不用则死，谓之诤；有能比和同力，率群下相与强矫君，君虽不安，不能不听，遂解国之大患，除国之大害，成于尊君安国，谓之辅；有能亢君之命，反君之事，窃君之重以安国之危，除主之辱，攻伐足以成国之大利，谓之弼。故谏诤辅弼之人，社稷之臣也，明君之所尊礼，而暗君以为己贼；故明君之所赏，暗君之所杀也。明君好问，暗君好独，明君上贤使能而享其功；暗君畏贤妒能而灭其业。罚其忠而赏其贼，夫是之谓至暗，桀纣之所以亡也。《诗》云："曾是莫听，大命以倾。"此之谓也。

【译文】服从君命做对他有利的事情，叫作顺；服从君命做对他有害的事情，叫作谀；忤逆君命却做出对他有利的事情，叫作忠；忤逆君命又做出对他有害的事情，叫作乱。国君有过错，不直言劝谏的，将危害国家社稷。能够对君王直言不讳，采纳就保留，不采纳则去除，叫作谏；能够对君王直言不讳，采纳就创新生发，不采纳也要坚持到底，叫作诤；有能够联合大家，同心协力硬性矫正君王过失的，君王虽心有不甘，却不得不听，因此消除了危害国家的巨大隐患，成功使君王受到尊敬，国家安稳太平的，叫作辅；有能够违抗君命，反对君王决议，窃取君王权力使国家安定不受威胁，驱除君王蒙受的耻辱，讨伐征战别国使本国利益最大化，叫作弼。所以能做到谏、诤、辅、弼的人，是国家需要的人才，明君应尊重礼待他们，而昏君却把他们当成自己的敌人，所以明君赏识的人，昏君就要杀掉他们。明君遇事喜欢请教别人，昏君遇事喜欢独断专行。明君尊重使用贤人而坐享其成；昏君妒贤嫉能所以事业毁灭。惩处忠良而赏赐奸佞，是昏庸至极，桀、纣就是这样亡国的。《诗经》上说："因不接受合理化建议，所以国运才会倾塌。"说的就是这个道理。

2-18简子有臣尹绰、赦厥①。简子曰："厥爱我②，谏我必不于众人中；绰也不爱我，谏我必于众人中。"尹绰曰："厥也爱君之丑而不爱君之过也，臣爱君之过而不爱君之丑。"孔子曰："君子哉，尹绰！面訾不誉也③。"

【注释】①简子：即赵简子。尹绰、赦厥：尹绰和赦厥同在赵简子手下为官，尹绰性格率直，对主子忠心耿耿，尽职尽责。赦厥为人圆滑，会见风使舵，看主人的脸色行事，从来不说让主子不高兴的话。②爱：重视而加以保护。③訾：指责。

【译文】赵简子有尹绰和赦厥两位家臣。赵简子说："赦厥尊重我，从不在众人面前直言进谏；尹绰不尊重我，经常当着众人面直言进谏。"尹绰说："赦厥顾虑您当众难堪，而不顾惜您的失误，我更注重您的失误，不怕您当众难堪。"孔子说："尹绰是君子啊！他能当面指责而不是当面赞谕恭维。"

2-19高缭仕于晏子^①，（三年无故^②）晏子逐之。左右谏曰：“高缭之事夫子三年，曾无以爵位，而逐之，其义可乎？”晏子曰：“婴仄陋之人也^③，四维之然后能直^④。今此子事吾三年，未尝弼吾过，是以逐之也。”

【注释】①高缭：晏子的家臣。其他事迹不详。②三年无故：此四字原文无。根据向宗鲁《校证》引《北堂书钞》补充。③仄陋：指有才德而地位卑微的人。④四维：语出《管子·牧民》：“何谓四维？一曰礼，二曰义，三曰廉，四曰耻。”指礼、义、廉、耻四种中国立国的纲维。

【译文】高缭在晏子属下任职，三年没出过差错，晏子打发他走了。周围人劝谏说：“高缭侍奉您三年，没给他一官半职，反而打发他走，从道义上讲合适吗？”晏子说：“晏婴是卑微之人，需用四维标准来约束自己才能为人正直。如今他侍奉我三年，从未匡正过我的过错，所以打发他走。”

2-20子贡问孔子曰：“赐为人下，而未知所以为人下之道也。”孔子曰：“为人下者，其犹土乎！种之则五谷生焉，掘之则甘泉出焉，草木植焉，禽兽育焉，生人立焉，死人入焉，多其功而不言。为人下者，其犹土乎！”

【译文】子贡问孔子：“我居于人下，却不知居于人下的方法。”孔子说：“居于人下就如同泥土一般！播种则五谷生长，向下深挖则甘泉涌现，草木在上面生长，禽兽在上面繁衍，活人靠它生存, 死人入土为安, 而它却功成不居。居于人下, 就如同泥土一般! ”

2-21孙卿曰①: “少事长, 贱事贵, 不肖事贤, 此天下之通义也。有人贵而不能为人上, 贱而羞为人下, 此奸人之心也。身不离奸心, 而行不离奸道, 然而求见誉于众, 不亦难乎? ”

【注释】①孙卿 (约前313—前238): 即荀子, 名况, 字卿, 著名思想家、文学家、政治家, 世人尊称“荀卿”。西汉时“荀”与“孙”二字古音相通, 故又称孙卿。

【译文】荀子说: “青年侍奉长辈, 地位卑微之人侍奉权贵, 无才之人侍奉贤人, 这是天下常规。有人地位显贵, 却不能成为人上人, 有人地位卑微, 却认为居于人下是耻辱, 这是奸人的扭曲心态。如果一个人居心不良, 行为邪恶, 想得到众人赞誉, 岂不是太难了吗? ”

2-22公叔文子问于史叟曰①: “武子胜事赵简子久矣②, 其宠不解③, 奚也? ”史臾曰: “武子胜博闻多能而位贱。君亲而近之, 致敏以逊; 藐而疏之, 则恭而无怨色。入与谋国家, 出不见其宠。君赐之禄, 知足而辞, 故能久也。”

【注释】①公叔文子: 名拔, 或作发, 单谥为“文”, 全谥为“贞惠文”, 乃卫献公之孙, 又称公孙拔。史臾: 名佗, 字子鱼, 也称史鳅。春秋时卫国 (都于濮阳西南) 大夫。臾, 原文误作“叟”, 根据向宗鲁《校证》依卢文弨、刘文典之说改。②武子胜：赵简子家臣。
③解：同"懈"。松懈；懒散，做事不抓紧。

【译文】公叔文子问史叟："武子胜侍奉赵简子很久了，然而赵简子对他的恩宠一点没减，这是什么原因？"史叟说："武子胜见多识广，但是地位卑微。君王亲近他时，他行事更加敏捷而且态度谦逊；君王忽视疏远他时，他始终恭敬而不抱怨。入朝就参政议政，出朝也看不出他被君王宠爱。君王赏赐的财物，他知足地推却不受，因此受宠持久。"

2-23《泰誓》曰①："附下而罔上者死，附上而罔下者刑，与闻国政而无益于民者退，在上位而不能进贤者逐。"此所以劝善而黜恶也。故传曰②："伤善者国之残也；蔽善者国之谗也；愬无罪者国之贼也③。"

【注释】①《泰誓》：《尚书》中的篇章，为武王伐纣至孟津会盟誓师之文。②传：解说经义的文字。一说此处指《尚书大传》。③愬（sù）：诋毁、诬陷别人。

【译文】《尚书·泰誓》说："附和属下蒙蔽上级的人应该处死，附和上级陷害属下的人应该惩罚，参与国政却无益于百姓的人应该辞退，身居高位而不能举贤任能的人应该驱逐。"这就是惩恶扬善。所以《尚书大传》上说："陷害忠良的，是国家的祸害；蔽匿贤明的，是国家的谗人；诬陷无罪的，是国家的贼殃。"

2-24《王制》曰①："假于鬼神、时日、卜筮以疑于众者，杀也。"

【注释】①《王制》：出自《礼记》，是较早的对国家法律制度进行阐述的篇章之一，为我国古代君主治理天下的规章制度。

【译文】《礼记·王制》上说："假借鬼神、时辰、占卜等手段妖言惑众的人，应该处死。"

2-25子路为蒲令①，备水灾，与民春修沟渎，为人烦苦，故予人一箪食②，一壶浆。孔子闻之，使子贡复之。子路忿然不悦，往见夫子曰："由也以暴雨将至，恐有水灾，故与人修沟渎以备之，而民多匮于食，故与人一箪食一壶浆，而夫子使赐止之③，何也？夫子止由之行仁也。夫子以仁教而禁其行仁也，由也不受。"子曰："尔以民为饿，何不告于君，发仓廪以给食之，而以尔私馈之，是汝不明君之惠，见汝之德义也④。速已则可矣，否则尔之受罪不久矣。"子路心服而退也。

【注释】①子路（前542—前480），仲由，字子路，又字季路，孔子的弟子，春秋时卞地人。蒲：春秋卫地，战国属魏。在今河南省长垣县。②箪（dān）：古代盛饭的圆竹器。③赐：即子贡。④见：同"现"，显露。

【译文】子路任蒲县地方官，为预防水灾，春天帮助百姓修沟渠，因为大家都很疲劳辛苦，所以分发给每人一小筐饭和一壶水。孔子听说后，派子贡去倒掉这些食物。子路很愤怒，去见孔子，说："我担心暴雨将至发生水灾，所以帮助百姓修沟渠做防御工事，然而百姓大多食物匮乏，所以分发给每人一小筐饭一壶水，可老师却派子贡来制止此事，是什么缘故？老师是阻止我做仁德之事啊。老师教导大家施仁政，却制止我做仁德之事，我不能接受。"孔子说："你认为百姓挨饿，为何不禀告君王，打开国库发放粮食，而用你私人的粮食送给百姓，你这么做并没有彰显君王的恩惠，只是显露了你的仁德。赶快停止为宜，否则你不久将受到惩罚。"子路口服心服地离开。

卷三　建本

【题解】建本，是指无论国家或个人，首先要确立的根本大事。本卷共采集30则从春秋至战国初期的轶事与文献，阐述了要想"修身、齐家、治国、平天下"，首先应做好的一些根本大事——立身以孝为本、居丧以哀为本、战阵以勇为本、治政以农为本、居国以嗣为本、生财以力为本。使读者通过阅读本卷，了解和掌握做人及治国首先应确立的根本大事。

3-1孔子曰："君子务本，本立而道生。"夫本不正者末必陭①，始不盛者终必衰。《诗》云："原隰既平②，泉流既清！"本立而道生，春秋之义，有正春者无乱秋，有正君者无危国。《易》曰："建其本而万物理，失之毫厘，差以千里。"是故君子贵建本而重立始。

【注释】①陭（yī）：不正。②原隰（xí）：广大平坦和低洼潮湿的地方。

【译文】孔子君子致力于事物的根本,根本确立则做人的方法和原则就会产生。"根基不正,末梢必定是歪斜的,根基不深厚,最终必定衰落。《诗经》上说:"高原湿地既已平整,泉水溪流就清澈了。"根本确立则做人的方法和原则就会产生。《春秋》阐述的道理,春季如常则秋季便不会错乱,有英明的君王,就不会有危亡的国家。《周易》上说:"建立了根本,万事万物便有秩序,开始有细微的失误,结果会导致巨大的差错。"所以君子注重建立根本,特别重视确立良好的开端。

3-2 魏武侯问"元年"于吴子①,吴子对曰:"言国君必慎始也。""慎始奈何?"曰:"正之。""正之奈何?"曰:"明智。智不明,何以见正?"多闻而择焉,所以明智也。是故古者君始听治,大夫而一言,士而一见,庶人有谒必达;公族请问必语;四方至者勿距;可谓不壅蔽矣。分禄必及,用刑必中,君心必仁,思民之利②,除民之害,可谓不失民众矣。君身必正,近臣必选,大夫不兼官,执民柄者不在一族,可谓不(失③)权势矣。此皆《春秋》之意,而'元年'之本也。"

【注释】①魏武侯(?—前370):姬姓,魏氏,名击,魏文侯之子,战国初期魏国国君,公元前395年至公元前370年在位。元年:我国旧日以人君即位的第一年或改元的第一年为元年。②思民之利:原文作"君"。根据《四部丛刊》影印明钞本改。卢文弨《说苑拾补》在"君"字下加注:疑为"民"。③不(失)权势:原文作"不权势",

译意不通。"不"后疑脱"失"字。

【译文】魏武侯询问吴子,"元年"的意义,吴子答:"意思是说君王必须谨慎地开始。""如何谨慎地开始呢?"答:"要端正自己。""怎样才能端正自己呢?"答:"要明智。""智识不明如何端正自己?"答:"要广开言路并加以选择,自然就会明智。所以历代君王开始治国,大夫如有进言,士人若要求觐见,或者百姓求见都必须满足他们;公族求教必须回复;四面八方前来投奔的人都不拒绝;这才算得上没有隔绝蒙蔽。赏赐爵禄必须周到,量刑必须恰当,君王必须怀有仁慈之心,考虑百姓的利益,为民除害,这才算得上不失民心。君王自身必须正直,近臣必须经过选拔,大夫不可兼任官职,对臣民施行赏罚之权的大臣不能集中在一个宗族,这才算得上不丧失权势。这都是《春秋》阐释的道理,也是'元年'的本意。"

3-3 孔子曰:"行身有六本,本立焉,然后为君子。立体有义矣[①],而孝为本;处丧有礼矣,而哀为本;战阵有队矣,而勇为本;治政有理矣,而农为本[②];居国有礼矣,而嗣为本;生才有时矣[③],而力为本。置本不固,无务丰末;亲戚不悦,无务外交;事无终始,无务多业;闻记不言,无务多谈;比近不说[④],无务修远。是以反本修迩,君子之道也。"

【注释】①立体:立身。②而农为本:农,原文作"能"。因"农"与"能"音近而误,此处改为"农"。③才:同"财"。④说:同"悦"。

【译文】孔子说:"立身处世有六件根本大事,根本确立后才能成为君子。立身要有标准，孝道是根本；服丧期间要有礼节，哀悼是根本；作战排兵布阵，勇猛是根本；治理国家要有秩序，农业是根本；统治国家要有礼制，立嗣是根本；创造财富要把握时机，勤奋努力是根本。根本建立得不牢固，就不要追求细枝末节的繁茂；连亲戚都相处不愉快，就不必和外人打交道；如果做一件事都有始无终，就不必贪图更多活动；知识见闻再多却不能准确表达的，就不要过多发表言论；连亲近的人都不高兴，就不必追求与远方修好。所以要回归根本，把身边的事做好，这是君子立身处世的原则。"

3-4 天之所生，地之所养，莫贵于人。人之道，莫大于父子之亲、君臣之义。父道圣，子道仁，君道义，臣道忠。贤父之于子也，慈惠以生之，教诲以成之，养其义，藏其伪，时其节，慎其施。子年七岁以上，父为之择明师，选良友，勿使见恶，少渐之以善，使之早化。故贤子之事亲，发言陈辞，应对不悖乎耳；趣走进退，容貌不悖乎目；卑体贱身，不悖乎心。君子之事亲，以积德。子者，亲之本也，无所推而不从命。推而不从命者，惟害亲者也。故亲之所安，子皆供之。贤臣之事君也，受官之日，以主为父，以国为家，以士人为兄弟。故苟有可以安国家、利人民者，不避其难，不惮其劳，以成其义。故其君亦有助之，以遂其德。夫君臣之与百姓，转相为本，如循环无端。夫子亦云："人之行莫大于孝。"孝行成于内而嘉号布于外，是谓建之于本而荣华自茂矣。君以臣为本，臣以君为本；父以子为本,子以父为本,弃其本者,荣华槁矣。

【译文】上天创造,大地孕育,没有比人更尊贵的。为人之道最重要的莫过于父子之情、君臣之义。为父之道是圣明,为子之道是仁德,为君之道是正义,为臣之道是忠诚。贤明的父亲对于儿子,以仁爱之心养育他,教诲他成材,教养他的品行,收敛他的天性,培养他的节操,教导他谨慎行事。孩子七岁以后,父亲要替他挑选明智之师,选择有德行的朋友,不让他接触坏的事情,从小用美善熏陶他,使他早日开化。所以贤良之子侍奉父亲,言语交流,回应时不使父母听着不顺耳;出入行走,容颜相貌,不使父母看着不顺眼,即使委屈自己,也不能违背父母的心意。君子侍奉父母,以此积德。孩子是父母的根本,父母吩咐的事,不可推托而不听从。推托而不从命便是伤害了父母。所以父母安居所需,孩子应全部提供。贤臣侍奉君王,从为官之日起,要视君为父,视国为家,视同僚为兄弟。所以若有安邦定国、利于百姓的事,应当不逃避困难,不辞辛苦地去完成。他的君王也会助他培养德行。君臣和百姓,则是互为根本,循环往复。孔子也说过:"人的行为没有比孝道更重要的了。"孝道从内心养成,而美名却传播在外,好比草木,根本确立牢固了,自然花繁叶茂。君以臣为根本,臣以君为根本,父以子为根本,子以父为根本,若舍弃了根本,花儿就会枯萎。

3-5 子路曰:"负重道远者,不择地而休;家贫亲老者,不择禄而仕。昔者,由事二亲之时,常食藜藿之实①,而为亲负米百里之外。亲没之后,南游于楚,从车百乘,积粟万钟,累茵而坐，列鼎而食。愿食藜藿为亲负米之时，不可复得也。枯鱼衔索，几何不蠹^②? 二亲之寿，忽如过隙! 草木欲长，霜露不使；贤者欲养，二亲不待! 故曰：家贫亲老，不择禄而仕也。"

【注释】①藜藿(lí huò)：一般百姓所吃的野菜。指粗劣的饭菜。②蠹(dù)：蛀蚀。

【译文】子路说："背着重东西走远路的人，休息不挑地方；家境贫寒且父母年迈的人，工作不挑待遇。从前，侍奉父母时，我总是吃粗劣的饭菜，而为父母到百里以外去背米。父母过世后，我游历到南方去了楚国，随从车辆众多，积蓄的粮食上万钟，坐垫重叠着坐，饭菜陈列在面前选着吃。想念粗茶淡饭为父母背米的日子，再也得不到了。绳索串起的鱼干，多久不腐烂呢? 父母的寿命，如白驹过隙! 草木要生长，霜露却不给机会；孝子想侍奉父母，而双亲已不能等待! 所以说：家境贫寒且父母年迈的人，工作不挑别待遇。"

3-6伯禽与康叔封朝于成王^①，见周公，三见而三笞^②。康叔有骇色，谓伯禽曰："有商子者^③，贤人也，与子见之。"康叔封与伯禽见商子曰："某某也^④，日吾二子者朝乎成王，见周公，三见而三笞，其说何也? "商子曰："二子盍相与观乎南山之阳? 有木焉，名曰桥。"二子者往观乎南山之阳，见桥竦焉实而仰，反以告乎商子，商子曰："桥者父道也。"商子曰："二子盍相与观乎南山之阴? 有木焉，名曰梓。"二子者往观乎南山之阴，见梓勃焉实而俯。反以告商子，商子曰："梓者，子道也。"二子者明日见乎周公，入门而趋，登堂而跪。周公拂其首⑤，劳而食之曰："安见君子？"三子对曰："见商子。"周公曰："君子哉! 商子也。"

【注释】①伯禽：姬姓，名禽，伯是其排行，尊称禽父，周朝诸侯国鲁国第一任国君。康叔封：姬姓，卫氏，卫国第一代国君。周文王姬昌与正妻太姒所生第九子，周武王姬发同母弟，因获封畿内之地康国（今河南禹州西北），故称康叔或康叔封。成王：姬姓，名诵，武王之子。年幼时即位，由周公摄政，制礼乐，立制度，营建东都雒邑，七年后还政成王。在位三十七年，谥曰成。②笞(chī)：古代用竹板或荆条打人脊背或臀腿的刑罚。③商子：即商容。商末殷纣王时期主掌礼乐的大臣，著名贤者，因为不满纣王的荒唐暴虐，多次进谏而被黜。④某某也：古人自称。意为"我们是姬封、伯禽"。⑤拂：同"抚"。

【译文】伯禽和康叔封觐见周成王，叩见周公，觐见三次，三次受到杖击。康叔封带着害怕的神情，对伯禽说："有位叫商子的贤能之人，我和你去拜见他。"康叔封和伯禽见到商子说："我们是姬封和伯禽，前日我们朝见成王，叩见周公，见三次，三次都受到杖击，这怎么解释？"商子说："你们二人为何不同去看看南山的南面？那里有种树叫桥木。"二人便去南山南面，见桥木高耸挺拔，回来告诉商子，商子说："桥木就像为人父的样子。"商子说："你们二人为何不一同再去看看南山的北面？那上面有种树叫梓树。"二人便又去南山北面，看见梓树生机勃勃地俯伏着。回来告诉商子，商子说："梓树就像为人子的样子。"伯禽和康叔封次日又叩见周公，进门后就一路小跑，上堂后便跪拜。周公抚摸着他们的头，拿食物慰劳他们，说："你们是见到了哪位君子吧？"二人答："见过商子。"周公说："商子真是一位君子啊。"

3-7曾子芸瓜而误斩其根①。曾皙怒②，援大杖击之。曾子仆地，有顷乃苏，蹶然而起，进曰："曩者参得罪于大人，大人用力教参，得无疾乎！"退屏鼓琴而歌，欲令曾皙听其歌声，令知其平也。孔子闻之，告门人曰："参来勿内也③。"曾子自以无罪，使人谢孔子④。孔子曰："汝不闻瞽瞍有子名曰舜⑤？舜之事父也，索而使之，未尝不在侧；求而杀之，未尝可得。小棰则待，大棰则走，以逃暴怒也。今子委身以待暴怒，立体而不去，杀身以陷父不义，不孝孰是大乎？汝非天子之民耶？杀天子之民罪奚如？"以曾子之材，又居孔子之门，有罪不自知，处义难乎！

【注释】①曾子（前505—前435）：名参（shēn），字子舆，春秋末年鲁国南武城人（山东嘉祥县）。是中国著名的思想家，孔子的晚期弟子之一，与其父曾点同师孔子，是儒家学派的重要代表人物。芸：同"耘"。②曾皙：又称曾点，字子皙，春秋末年鲁国南武城（今属山东嘉祥）人。他是宗圣曾参之父，孔子早期弟子，笃信孔子学说。③参（shēn）：即曾参。④谢：告诉，询问。⑤不闻：原文脱"不"字。根据向宗鲁《校证》引《太平御览》补。瞽瞍（gǔ sǒu）：传说为舜的父亲。因其屡次欲杀舜，后世讥其有眼不识贤愚，故称为"瞽瞍"。

【译文】曾子在瓜田锄草，不小心把瓜秧斩断了。曾皙发怒，抡起大棒打他。曾子扑倒在地上，过了一会儿才苏醒，他马上爬起，上前说："刚才我冒犯了父亲大人，父亲奋力管教我，有没有受伤啊？"曾子告退后便弹琴唱歌，想让曾皙听到他的歌声，知道自己一切安好。孔子听说后，吩咐弟子说："如果曾参来，不要让他进来。"曾子自以为没错，便托人请教孔子。孔子说："你没听说瞽叟有个儿子名叫舜？舜侍奉父亲，凡是要差使他时，舜没有不在父亲身边的；如果是要杀他，从未得逞。小棒子打几下就受着，大棒子打就赶快跑开，以此避开父亲的一时冲动。如今你等着父亲暴怒主动挨打，站着不离开，以身死来陷父亲于不义，还有比这更严重的不孝吗？你不是天子的臣民吗？杀害天子的臣民应为何罪？"以曾子这样的人，又拜在孔子门下学习，自己有罪还不知道，看来要想处世有分寸，难啊！

3-8伯俞有过①，其母笞之，泣。其母曰："他日笞子未尝见泣，今泣何也？"对曰："他日俞得罪，笞尝痛；今母之力衰②，不能使痛，是以泣也③。"故曰：父母怒之，不作于意，不见于色，深受其罪，使可哀怜，上也；父母怒之，不作于意，不见于色，其次也；父母怒之，作于意，见于色，下也。

【注释】①伯俞：汉代人，姓韩。古代有名的孝子。②今母之力衰：原文脱"衰"字。根据向宗鲁《校证》据卢文弨引《太平御览》补。③是以泣也：原文脱："也"字。根据向宗鲁《校证》据《法苑珠林》及《太平御览》补。

【译文】伯俞犯错，母亲杖打他，他哭了。他母亲说："从前打你，从不曾见你哭，今天为何哭泣？"答："从前我冒犯母亲，杖打得很疼；如今母亲的力量衰弱，不能使我感到疼痛，因此哭泣。"所以说：父母发怒，不怀恨在心，不流露出不满的情绪，态度诚恳地承认错误，使父母哀怜，是最好的认错方式；父母发怒，不怀恨在心，不流露出不满的情绪，是中较好的认错方式；父母发怒，怀恨在心，并流露出不满的情绪，是最差的认错方式。

3-9成人有德，小子有造。大学之教也①，时禁于其未发之曰预，因其可之曰时，相观于善之曰磨，学不陵节而施之曰驯②。发然后禁，则扞格而不胜③；时过然后学，则勤苦而难成；杂施而不逊，则坏乱而不治；独学而无友，则孤陋而寡闻。故曰：有昭辟雍，有贤泮宫，田里周行④，济济锵锵，而相从执质⑤，有族以文⑥。

【注释】①大学：即太学。我国古代设立在京城，用以培养人才、传授儒家经典的最高学府。西周时已有太学之名，汉武帝立五经博士，为西汉设太学之始。之后历代名称不一，制度亦有变化。②陵节：超越制度规定之范围。③扞（hàn）格：互相抵触。④周行（háng）：大道、大路。⑤执质：即执贽。持礼物作为相见之礼，多指谒见师长。质，同"贽"。⑥族：同"奏"，节奏。

【译文】成年人要有德行，年轻人要有成就。太学的教育理念，是在事情没发生之前就禁止它，叫作预防；在恰当的时机进行教育，叫作适时；相互切磋，学习对方的优点，叫作磨砺；按部就班地施行教育，叫作循序渐进。事情发生然后去禁止，则会格格不入；错过学习的时机再去学习，就算勤苦也难有成就；杂乱无章地学习而没有秩序，知识就混乱而没有条理；一人独学而没有朋友，就会见识浅薄。所以说：有为天子设的学堂，有为诸侯设的学堂，宽广的大道上，人才济济，大家互相切磋学习，优雅而从容。

3-10 周召公年十九①，见正而冠，冠则可以为方伯诸侯矣。人之幼稚童蒙之时，非求师正本，无以立身全性。夫幼者必愚，愚者妄行，愚者妄行，不能保身。孟子曰②："人皆知以食愈饥，莫知以学愈愚。"故善材之幼者，必勤于学问以修其性。今人诚能砥砺其材，自诚其神明，睹物之应，通道之要，观始卒之端，览无外之境，逍遥乎无方之内③，彷徉乎尘埃之外，卓然独立，超然绝世，此上圣之所以游神也。然晚世之人莫能。闲居静思④，鼓琴读书；追观上古，友贤大夫；学问讲辩，日以自虞⑤；索援世事⑥，分明利害；筹策得失，以观祸福；设义立度，以为法式；穷追本末，究事之情；死有遗业，生有荣名；此皆人材之所能逮也⑦。然莫能为者，偷慢懈堕，多暇日之故也，是以失本而无名。夫学者，崇名立身之本也，仪状齐等而饰貌者好；质性同伦而学问者智。是故砥砺琢磨非金也，而可以利金；诗书辟立，非我也，而可以厉心。夫问讯之士，日夜兴起，厉中益知，以别分理，是故处身则全，立身不殆。士苟欲深明博察，以垂荣名，而不好问讯之道，则是伐智本而塞智原也，何以立躯也？骐骥虽疾，不遇伯乐，不致千里；干将虽利，非人力不能自断焉；乌号之弓虽良，不得排檠不能自正⑧；人才虽高，不务学问，不能致圣。水积成川，则蛟龙生焉；土积成山，则豫樟生焉；学积成圣，则富贵尊显至焉。千金之裘，非一狐之皮；台庙之榱⑨，非一木之枝；先王之法，非一士之智也。故曰：讯问者智之本；思虑者智之道也。《中庸》曰⑩："好问近乎智，力行近乎仁，知耻近乎勇。"积小之能大者，其惟仲尼乎！学者所以反情治性，尽才者也；亲贤学问，所以长德也；论交合友，所以相致也。《诗》云："如切如磋，如琢如磨。"此之谓也。

【注释】①周召公：姬姓，名奭，是与周室同姓的贵族，因食邑于召（今陕西岐山西南），称为召公。②孟子（约前371—前289）：姬姓，孟氏，名轲，字号不详。战国时期著名哲学家、思想家、政治家、教育家，儒家学派的代表人物之一，地位仅次于孔子，与孔子并称"孔孟"。宣扬"仁政"，最早提出"民贵君轻"的思想。③无方：无限、无极。④静思：原文作"心思"，根据向宗鲁《校证》依《淮南子》改。⑤虞：同"娱"。⑥索援：探寻援引。原文作"疏远"，根据《淮南子·修务训》改。⑦此皆人材之所能逮也：原文"逮"误作"建"。根据向宗鲁《校证》依《淮南子》改。⑧排檠（qíng）：矫正弓弩的工具，此指用排檠矫正。自正：原文"正"作"任"，根据向宗鲁《校证》引《管子》《荀子》《淮南子》等文改。⑨榱（cuī）：即椽，放在檩上支持屋面和瓦片的木条。⑩《中庸》：礼记篇名。相传为子思所作，阐述中庸之道。宋朱熹将其从礼记中抽出，与《大学》《论语》《孟子》合为四书。

【译文】周召公十九岁时，三观纯正可以加冠，加冠后他就可以做方伯诸侯了。人在年幼无知时，不拜师进行启蒙教育，就难以建立自身为人处世的基础，完善性格。年幼的人必定愚昧，愚昧就会胡作非为，胡作非为就不能保全自己。孟子人们都知道食物可以充饥，却不知道学习可以治愈愚昧。"所以天性纯良的人年幼时，务必要在做学问上下功夫，以此来修身养性。若现代人真的能磨炼自己的才干，精神高度集中，洞察万物的变化规律，掌握其中要领，观察事物由始而终的端序，便可达到游览广袤无垠的境界，无边无际任逍遥，遨游在尘俗之外，特立独行，超凡脱俗，这也是圣人心神自由的缘故。但是现代人却做不到。闲居静思，弹琴读书；追溯上古，与圣贤大夫为友；研习学问，明辨事理，以此为乐；远离世俗，分清利害；计算得失，用以观察今后的祸福；建立法制，作为标准；深挖事情来龙去脉，推究事物情理；死后有留传下来的功业，在世时有荣耀的名誉；这都是有才干的人所具备的。而做不到这些的人，是由于偷懒、懈怠、太过空闲，所以缺失根本而没有成就。学问是有所成就立身处世的根本，容貌相似的，会修饰的就更美丽；素质相差不大，有学问的就更睿智。所以磨石不是金属的，却可以使金属锋利；诗书上的言论不是我写的，但却可以磨炼我的意志。勤学好问的人，起早贪黑，磨砺自己增长智慧，以此明辨是非，因此立身处世才会完整而不失败。读书人如果想要深明大义、通晓一切，名垂千古，然而不勤学好问则是摒弃了智慧的根本，阻塞了智慧的本源，又怎能立身处世呢？千里马虽然跑得快，不遇到伯乐，就无法获得千里马的美誉；干将宝剑虽然锋利，不依靠人力也不能自己砍断东西；乌号宝弓再精良，不经过校正，它也不能自我矫正；人的才能再高，不致力于做学问，也不能成为圣贤。积水成河，就会有蛟龙出现；积土成山，就会有豫樟生长；积学成圣，就会富贵显荣。价值千金的皮草，不是一只狐皮能拼成的；庙堂的屋椽，不是一棵树建成的；先王的法令制度，不是一位学者的智慧。所以说勤学好问是智慧的根本；善于思考是增长智慧的方法。《中庸》上说："好问便接近智慧，力行便接近仁义，知耻便接近勇敢。"积小善则可成就大善，非孔子莫属吧！做学问可使人回归本真，修身养性，极尽才能；亲近并求教于圣贤之人，可修养自己的德行；结交志趣相投的人，可以彼此促进。《诗经》上说："如同牛骨象牙经过切磋，如同美玉宝石经过琢磨。"说的就是这个道理。

3-11今夫辟地殖谷，以养生送死；锐金石，杂草药以攻疾苦；知构室屋以避暑雨；累台榭以避润湿。入知亲其亲，出知尊其君；内有男女之别，外有朋友之际，此圣人之德教，儒者受之传之，以教诲于后世。今夫晚世之恶人，反非儒者曰："何以儒为？"如此人者，是非本也。譬犹食谷衣丝，而非耕织者也；载于船车，服而安之，而非工匠者也；食于釜甑①，须以生活，而非陶冶者也。此言违于情而行蒙于心者也。如此人者，骨肉不亲也，秀士不友也，此三代之弃民也②，人君之所不赦也。故《诗》云："投畀豺虎③，豺虎不食，投畀有北，有北不受，投畀有昊。"此之谓也。

【注释】①釜甑（fǔ zèng）：釜和甑。皆古炊煮器名。②三代：对中国历史上的夏、商、周三个朝代的合称。弃民：被社会屏弃之人。③投畀（bì）：抛弃，放逐。

【译文】现代人开疆扩土种植五谷，以此供养生命安置亡灵；磨砺金石，混杂草药，以此治疗疾病解除痛苦；懂得建造房屋，以此遮蔽风雨寒暑；搭建亭台楼阁，以免潮湿。在家孝顺父母，在外尊敬君王；对内保持男女有别，对外把握交友分寸，这些都是圣人的道德教化，儒生要领受并传承下去，用来教诲后代子孙。近现代一些品质恶劣之人，抵触并诋毁儒学说："儒学有什么用？"这样的人是违背了做人的根本。譬如吃着饭穿着衣，却责怪耕地纺织的人；乘坐着平稳的车船，却责怪造车船的工匠；生活中少不了用釜甑煮饭，却责怪制陶、炼铁的人。这种言论既违背情理又蒙昧于心。像这样的人，至亲骨肉不亲近他，优秀的人不和他交友，这是三代所遗弃的人，君王也不会赦免他。所以《诗经》上说："拿他喂豺虎，豺虎都弃而不食，把他丢到寒冷的极北地区，那里也嫌弃不肯接受他，只有把他交给上天了。"就是这个意思。

3-12孟子曰："人知粪其田，莫知粪其心。粪田莫过利苗得粟，粪心易行而得其所欲。何谓粪心？博学多闻。何谓易行？一性止淫也。"

【译文】孟子说："人们知道为田地施粪，不知道为心灵施肥。以粪沃田，不过是利于禾苗生长，收获粮食，滋养心灵，改变行为，则可得到想要的一切。什么叫滋养心灵？就是博学多才。什么叫作改变行为？就是持守本性，杜绝邪恶。"

3-13子思曰①："学所以益才也，砺所以致刃也。吾尝幽处而深思，不如学之速；吾尝跂而望，不如登高之博见。故顺风而呼，声不加疾而闻者众；登丘而招，臂不加长而见者远。故鱼乘于水，鸟乘于风，草木乘于时。"

【注释】①子思（前483—前402）：孔伋，字子思，鲁国人，孔子的嫡孙、孔子之子孔鲤的儿子。大约生于周敬王三十七年（前483），卒于周威烈王二十四年（前402），享年82岁。

【译文】子思说："学习可以增长才智，磨石可以锋利刀刃。我尝试隐幽深思，却不如学习收效快；我尝试踮脚远眺，却不如站在高处视野宽广。顺风呼喊，即使音调没有提高，听到的人也会更多；登上山顶招手，即使手臂没有加长，但更远处的人也能看见。所以鱼凭水游，鸟趁风飞，草木生长也要趁着时令。"

3-14孔子曰："可以与人终日而不倦者，其惟学乎！其身体不足观也，其勇力不足惮也，其先祖不足称也，其族姓不足道也。然而可以闻四方而昭于诸侯者，其惟学乎！《诗》曰：'不愆不亡①，率由旧章。'夫学之谓也。"

【注释】①愆（qiān）：同"謇"，亏，损。亡：同"忘"，不记得，遗漏。

【译文】孔子说："可以使人整天不觉疲倦的，恐怕只有学习吧！人的身体不值得观赏，勇力不一定使人畏惧，祖辈的功业不值得炫耀，名门望族也不必向人称道，但是，能够闻名四方，显扬于诸侯的，恐怕只有学习吧！《诗经》上说：'不损失，不遗忘，遵循原有的典章制度。'说的就是学习啊。"

3-15孔子曰："鲤①，君子不可以不学，见人不可以不饰。不饰则无貌②，无貌则失理；失理则不忠，不忠则失礼，失礼则不立。夫远而有光者饰也；近而逾明者学也。譬之如洿邪③，水潦注焉④，菅蒲生之⑤，从上观之，谁知其非源也⑥。"

【注释】①鲤（前532—前483）：即孔鲤。子姓，孔氏，名鲤，字伯鱼，春秋末期鲁国陬邑（今山东曲阜）人，孔子唯一的儿子。因其诞时鲁昭公赐孔子一尾鲤鱼而得名。②无貌：原文作"无根"，《大戴礼记·劝学》作"无貌"，据此改。③洿邪（wū xié）：指地势低洼、容易积水的劣田。同"污邪"。原文作"污池"，根据向宗鲁《校证》认为当从《大戴礼记》及《尚书》作"洿邪"。④潦（lǎo）：路上的流水，积水。⑤菅蒲（jiān pú）：水草。⑥谁知其非源也：原文脱"谁"字，根据向宗鲁《校证》引《大戴礼记》。

【译文】孔子说："鲤，君子不可以不学习，见人不可以不修饰，不修饰则仪容不整，仪容不整则违背常理，违背常理则没有尽心做事，不尽心做事则不守礼法，不守礼法则不能安身立命。远观其人光彩照人，那是修饰的结果；通过接触更觉得其充满智慧，那是学习的结果。譬如污水池，各种水都流注进去，里面也生长着菅蒲，从表面上看，谁知道它不是源头。"

3-16公扈子曰①："有国者不可以不学《春秋》，生而尊者骄，生而富者傲；生而富贵，又无鉴而自得者鲜矣。《春秋》，国之鉴也。春秋之中，弑君三十六，亡国五十二，诸侯奔走不得保其社稷者甚众，未有不先见而后从之者也。"

【注释】①公扈子：人名。其事未详。公扈即公户，历史上罕见的复姓。

【译文】公扈子说："执掌国家的人不可不学《春秋》，生来尊贵的人骄横，生来富足的人傲慢；生来富贵，没有借鉴而能自我修为的人太少了。《春秋》就是国家的借鉴。《春秋》当中，被杀的君王有三十六位，亡国的有五十二位，诸侯出逃，不能保守封地的很多，没有不重蹈覆辙的。"

3-17晋平公问于师旷曰："吾年七十欲学，恐已暮矣。"师旷曰："暮何不炳烛乎？"平公曰："安有为人臣而戏其君乎？"师旷曰："盲臣安敢戏其君乎？臣闻之，少而好学，如日出之阳；壮而好学，如日中之光；老而好学，如炳烛之明。炳烛之明，孰与昧行乎？"平公曰："善哉！"

【译文】晋平公问师旷："我年过七十想学习，恐怕已经晚了。"师旷说："晚了，为何不点蜡烛？"平公说："哪有臣子和君王开玩笑的？"师旷说："盲臣岂敢与君王开玩笑？我听说，少年好学，好像早上初升的太阳；壮年好学，好像中午的太阳；老年好学，好像点燃蜡烛的明亮。在烛光中行走和在黑暗中行走哪个更好呢?"平公说:"你说得对!"

3-18河间献王曰:"汤称学圣王之道者,譬如日焉;静居独思,譬如火焉。夫舍学圣王之道,若舍日之光,何乃独思若火之明也?可以见小耳,未可用大知,惟学问可以广明德慧也。"

【译文】河间献王说:"商汤称赞学习圣王之道,譬如阳光一样;居静处独自思考,譬如火光一样。舍弃学习圣王之道,譬如舍弃了太阳的光明,何必独自思考,只拥有像火一样的光亮?这样所见便很有限,无法获得更多知识,只有勤学好问才能彰显德行,增长智慧。"

3-19梁丘据谓晏子曰①:"吾至死不及夫子矣。"晏子曰:"婴闻之,为者常成,行者常至。婴非有异于人也,常为而不置,常行而不休者,故难及也。"

【注释】①梁丘据:复姓梁丘,名据。齐侯姜尚后裔,春秋时期齐国的大夫,深受齐景公的赏识,后受封地于山东梁丘(今山东成武),以封地为姓,为梁丘姓始祖。

【译文】梁丘据对晏子说:"我到死也赶不上先生。"晏子说:"我听说,付诸行动的人往往成功,不断行走的人总会到达终点。我和别人没什么不同,只是付诸行动且不停歇,经常行走且不休止，所以难赶得上。"

3-20甯越①，中牟鄙人也②，苦耕之劳，谓其友曰："何为而可以免此苦也？"友曰："莫如学，学三十年则可以达矣。"甯越曰："请十五岁。人将休，吾将不休；人将卧，吾不敢卧。"十五岁学而周威公师之③。夫走者之速也，而过二里止；步者之迟也，而百里不止。今以甯越之材而久不止④，其为诸侯师，岂不宜哉！

【注释】①甯越：战国时周臣，相传他发愤读书，十五学成。②中牟：曾为赵国首都达38年，是赵国由弱到强、由小到大的重要转折时期。为以后赵国进取河北平原、攻灭中山国、开拓西北边陲疆域，乃至最后定鼎邯郸，打下了坚实的基础。③周威公（？—前367）：姓姬，名灶，谥号威，是中国战国时期小国西周的第二任国君，西周桓公姬揭之子。④今以甯越之材而久不止：原文脱"以"字，根据向宗鲁《校证》引《吕氏春秋》补。

【译文】甯越是中牟的乡野草民，他觉得耕种太辛苦，对他的朋友说："怎样可以免受这种苦呢？"朋友说："莫过于学习，读三十年书，就可以实现。"甯越说："我用十五年。别人休息，我不休息；别人睡觉，我不睡觉。"他学了十五年后，周威公拜他为师。那些走路快的人，走两里路就停下来；走路慢的人走一百里路也不停止。如今凭借甯越的资质，通过不懈地学习，竟成为诸侯的老师，难道不应该吗？

3-21孔子谓子路曰:"汝何好?"子路曰:"好长剑。"孔子曰:"非此之问也。谓以汝之所能^①,加之以学,岂可及哉!"子路曰:"学亦有益乎?"孔子曰:"夫人君无谏臣则失政;士无教友^②,则失听。狂马不释其策,操弓不反于檠^③。木受绳则直,人受谏则圣。受学重问,孰不顺成?毁仁恶士,且近于刑。君子不可以不学。"子路曰:"南山有竹,弗揉自直,斩而射之,通于犀革,又何学为乎?"孔子曰:"括而羽之,镞而砥砺之^④,其入不益深乎?"子路拜曰:"敬受教哉!"

【注释】①谓以汝之所能:原文"谓"作"请",根据向宗鲁《校证》引卢文弨说改。②教友:指能给予教导的朋友。③檠(qíng):矫正弓弩的器具。④镞(zú):箭头。

【译文】孔子对子路说:"你爱好什么?"子路说:"爱好长剑。"孔子说:"我问的不是这个。我是想说以你的能力,再加强学习,岂是别人能超越的!"子路说:"学习也有益处吗?"孔子说:"一位君王如果没有直言进谏的臣子,就会失去政权;一位学者如果没有良师益友,就会孤陋寡闻。狂奔的马不能放松马鞭,使用弓箭离不开矫正器。木材通过墨绳可以取直,人听取劝谏就能开明。掌握知识,勤学好问,哪有不顺利成功的?毁弃仁义品质恶劣的人,则处于刑罚边缘。君子不能不学习。"子路说:"南山有竹,不用揉自然长得笔直,砍下来做成弓箭,可以射穿犀牛的皮,又学习什么呢?"孔子说:"在箭尾装上羽毛,把箭头磨锋利,射击不是更深吗?"子路拜谢说:"恭敬地领受老师的教诲!"

3-22子路问于孔子曰："请释古之学而行由之意,可乎?"孔子曰:"不可。昔者,东夷慕诸夏之义^①,有女,其夫死,为之内私婿,终身不嫁。不嫁则不嫁矣,然非贞节之义也。苍梧之弟,娶妻而美好,请与兄易,忠则忠矣,然非礼也。今子欲释古之学而行子之意,庸知子用非为是,用是为非乎?不顺其初,虽欲悔之,难哉!"

【注释】①东夷:是先秦时代中原王朝对中原以东各部落的称呼。诸夏:周代分封的中原各个诸侯国。泛指中原地区。

【译文】子路向孔子请教:"如果放下古义随心所欲行事,可以吗?"孔子说:"不可。从前,东夷人仰慕中原的礼义,女子死了丈夫,替她纳个娇夫,她就终身不嫁。不嫁归不嫁,但缺失贞节的意义。苍梧的弟弟,娶了个漂亮老婆,请求和他的哥哥交换,忠心归忠心,但不合乎礼数。现在你要放弃古义为所欲为,怎么确定你不以错为对,以对为错呢?事情开端不谨慎,一旦出现失误,即使想悔改,也很难啊!"

3-23丰墙硗下^①,未必崩也;流潦至^②,坏必先矣。树本浅,根垓不深^③,未必撅也^④;飘风起,暴雨至,拔必先矣。君子居于是国,不崇仁义,不尊贤臣,未必亡也;然一旦有非常之变,车驰人走,指而祸至,乃始干喉燋唇^⑤,仰天而叹,庶几焉天其救之,不亦难乎?孔子曰:"不慎其前,而悔其后,虽悔无及矣。"《诗》云:"啜其泣矣,何嗟及矣!"言不先正本而成忧于末也。

【注释】①碗（qiāo）：薄的。②流潦至：流水到。原文作"流行潦至"，根据向宗鲁《校证》引俞樾说删。③根垓（gāi）：植物的根。④撅：原文作"橛"，根据向宗鲁《校证》引《韩诗外传》卷二改。⑤燋：同"焦"。

【译文】墙体厚墙基薄，未必会倒塌；有了积水，墙基必定先坏。树木扎根不深，未必会被拔起；狂风暴雨来临，树根必定先被拔起。君王所在的国家，如果不崇尚仁义，不尊重贤能，国家未必会灭亡；然而一旦出现意外事变，车驰人走，灾祸陡然降临，于是才口干舌燥，仰天长叹，指望上天来救他，岂不是太难了吗？"孔子说："开端不谨慎，后来就会懊悔，可即使后悔也来不及了。"《诗经》上说："呜咽哭泣，后悔也来不及了！"这就是说不先确立根本，而终成后患啊。

3-24 虞君问盆成子曰①："今工者久而巧，色者老而衰。今人不及壮之时，益积心技之术，以备将衰之色。色者必尽乎老之前，知谋无以异乎幼之时。可好之色，彬彬乎且尽，洋洋乎安托无能之躯哉②！故有技者不累身而未尝灭，而色不得以常茂。"

【注释】①虞君：向宗鲁《校证》引日人关嘉云："虞君非虞国之君。"并在文后加案云："此虞君疑是虞卿。"虞卿，名信，卿是他的官职，舜帝后代，卿姓的得姓始祖，赵国中牟（今河南鹤壁）人，战国时期名士。盆成子：人名。名括，复姓盆成，战国时人。孟子听说盆成括到齐国作官，认为他虽小有才能，却不知修身立德的道理，所以是自寻死路。后来果然被杀（此处，"适""括"同）。②洋洋：忧思。《尔雅·释训》："悠悠、洋洋，思也。"《邶风·二子乘舟》云："中心养养。"此皆想念忧思也。洋、养音义同。

【译文】虞君对盆成子说："手艺人操业越久手艺越精良，但是容颜却越老越衰退。如果人不趁着精壮之时，多积累心机智谋，用来防备将要衰退的容颜。容颜必定会在人老去之前消退殆尽，心计智谋却与年轻时无太大差别。那么，美丽的容貌与气质衰退后，碌碌无为的躯壳该如何安排托付真是令人忧心啊！所以拥有技能既不会带累自身且不可磨灭，但容颜却不能青春永驻。"

3-25齐桓公问管仲曰："王者何贵？"曰："贵天。"桓公仰而视天。管仲曰："所谓天者，非谓苍苍莽莽之天也，君人者以百姓为天，百姓与之则安；辅之则强；非之则危；背之则亡。"《诗》云："人而无良，相怨一方。"民怨其上，不遂亡者①，未之有也。

【注释】①遂：此同"坠"。

【译文】齐桓公请教管仲说："君王以什么最为尊贵？"管仲答："以天最为尊贵。"齐桓公抬头看天。管仲说："我所说的天，指的不是苍天，君王要把百姓当作天。百姓拥戴，则天下安定；百姓辅佐，则国富民强；百姓非怨，则国运危存；百姓背弃，则国家灭亡。"《诗经》上说："统治者如果不贤良，一方百姓都会怪怨他。"百姓怨恨君王，国家不灭亡的，还从未有过。

3-26河间献王曰："管子称：'仓廪实，知礼节；衣食足，知荣辱。'夫谷者，国家所以昌炽，士女所以姣好，礼义所以行，而人心所以安也。《尚书》五福以'富'为始。子贡问为政，孔子曰：'富之。既富乃教之也。'此治国之本也。"

【译文】河间献王说："管仲说：'粮仓满了，人们才知道礼节；丰衣足食后，才知道荣辱。'粮食，使国家得以昌盛富强，使姑娘小伙容貌美好，使礼义得以施行，所以人心得以安定。《尚书》中的'五福'，就以'富'开头。子贡请教如何治理政事，孔子说；'富庶。百姓富足了，才能接受教化。'这是治理之本啊。"

3-27文公见咎季①，其庙傅于西墙，公曰："孰处而西②？"对曰："君之老臣也。"公曰："西益而宅。"对曰："臣之忠，不如老臣之力，其墙坏而不筑。"公曰："何不筑？"对曰："一日不稼，百日不食。"公出而告之仆，仆顿首于轸曰："《吕刑》云③：'一人有庆，兆民赖之。'君之明，群臣之福也。"乃令于国曰："毋淫宫室，以妨人宅。板筑以时，无夺农功。"

【注释】①文公：即晋文公。春秋晋国之君，姓姬，名重耳，献公次子，太子申生之弟。咎季（前697—前622）：即臼季、胥臣。字季子,中国春秋时代晋国政治家、教育家。由于封地于臼(在今山西运城),曾任司空,所以又称司空季子。②孰处而西:谁住在你的西侧。而,同"尔",你或你的。③《吕刑》:《尚书》篇名。周穆王时有关刑法的文书,由于吕侯的请命,故名。

【译文】晋文公去见咎季,咎季家的前厅靠近西墙,晋文公说:"谁住在你的西边?"答:"君王的老臣。"晋文公说:"西边可以再加盖一些房子。"答:"我的尽心竭力,远不如君王的老臣,他家院墙坏了,还没有修。"晋文公说:"为什么不修理?"答:"农忙时一日不耕种,百日就没饭吃。"晋文公出来告诉他的仆人,仆人在车后的横木上叩头说:"《吕刑》上说:'君王有了善行,百姓都依赖他。'君王的英明,是群臣的福分。"于是,晋文公昭告天下不准过分修建宫室,以免妨碍了百姓的住宅。修建宫室要看时候,不可占用农忙季节。"

3-28楚恭王多宠子①,而世子之位不定。屈建曰②:"楚必多乱。夫一兔走于街,万人追之;一人得之,万人不复走。分未定,则一兔走,使万人扰;分已定,则虽贪夫知止。今楚多宠子而嫡位无主,乱自是生矣。夫世子者,国之基也,而百姓之望也。国既无基,又使百姓失望,绝其本矣。本绝则挠乱,犹兔走也。"恭王闻之,立康王为太子③。其后犹有令尹围、公子弃疾之乱也④。

【注释】①楚恭王(前600—前560):芈姓,熊氏,名审,楚庄王之子,春秋时期楚国国君。②屈建(?—前545):屈氏,名建,字子木。春秋时任楚国令尹。③康王（？—前545）：芈姓，熊氏，名昭，春秋时楚国国君。④令尹围、公子弃疾之乱：公元前541年，楚令尹围杀王（郏敖）自立，是为楚灵王。楚灵王灭陈五年后，楚国的公子弃疾靠诈骗的方法取代了王位，是为楚平王。

【译文】楚恭王有很多宠爱的儿子，但谁做世子还没定下来。屈建说："楚国必定有很多内乱。好比一只兔子在街上跑，上万人都去追赶；一个人追到手之后，这上万人就不再追赶了。名分未定，则一只兔子在街上跑，使上万人受到干扰；名分已定，即使是贪婪的人也知道停止。现在楚恭王有很多宠爱的儿子，但世子之位无主，内乱将从这里产生。世子是国家政权的继承者，也是众望所归。国家既无确权的继承者，又使百姓失望，这是断绝了国家的根本。根本断绝就会产生纷乱，好像兔子在街上跑一样。"恭王听后，立康王为太子。后来还是发生了令尹围和公子弃疾的内乱。

3-29晋襄公薨①，嗣君少②，赵宣子相③，谓大夫曰："立少君，惧多难，请立雍④，雍长，出在秦，秦大，足以为援。"贾季曰⑤："不若公子乐⑥。乐有宠于国，先君爱而仕之翟⑦，翟足以为援。"穆嬴抱太子以呼于庭曰⑧："先君奚罪？其嗣亦奚罪？舍嫡嗣不立而外求君子乎？"出朝抱以见宣子曰："恶难也，故欲立长君，长君立而少君壮，难乃至矣。"宣子患之，遂立太子也。

【注释】①晋襄公（？—前621）：姬姓，名驩，晋国国君，政治家，军事家，是晋文公和逼姞的儿子。②嗣君：继位的国君。③赵宣子（前655—前601）：嬴姓，赵氏，名盾，谥号"宣"，时人尊称其赵孟或宣孟。春秋中前期晋国卿大夫，赵衰之子，杰出的政治家、战略指挥家。④雍：晋文公之子，名雍。长期居住在秦，晋襄公死亡，因太子年幼，赵盾从秦国请送公子雍归国即位，但由于穆嬴（太子母）每日抱太子啼于朝，赵盾反复，最终拥立晋灵公。⑤贾季：即狐射姑，姬姓，狐氏，字季，一作狐夜姑。晋国大夫狐偃的儿子，晋文公的表弟，晋文公即位后，封狐射姑到贾，所以狐射姑也叫贾季。贾姓始祖之一。⑥公子乐（前7世纪—前621）：中国春秋时期晋国的公子。公子乐是晋文公和辰嬴的儿子。晋文公即位后，公子乐出仕于陈国。晋襄公死后，狐射姑建议立公子乐为君，赵盾说公子乐其母出身低贱，不得立。狐射姑执意迎立公子乐，公子乐在回国途中被赵盾派人杀死。⑦翟：同"狄"，称中国北方的民族。⑧穆嬴：穆嬴，著名春秋时期晋襄公夫人。晋灵公的母亲。

【译文】晋襄公去世，太子年幼，赵宣子作为国相，对大夫们说："拥立年幼的太子做君王，恐怕多有危难，请拥立雍，雍年纪大一些，在秦国做人质，秦国强大，可以做后援。"贾季说："不如拥立公子乐。公子乐在国内受到偏爱，先王喜欢他，而且他又在翟做过官，翟也可以做后援。"穆嬴抱着太子在朝廷上呼喊："先王有什么过错？太子又有什么过错？为何抛开嫡嗣不立，而到外面寻求君王呢？"退朝后，她抱着太子去见赵宣子说："因怕有祸难，所以拥立年长的做君王，拥立了年长的，年少的正进入壮年，祸难就要降临了。"赵宣子也担心如此，就拥立了太子。

3-30赵简子以襄子为后①，董安于曰②："无恤不才，今以为后，何也？"简子曰："是其人能为社稷忍辱。"异日，智伯与襄子饮而灌襄子之首③，大夫请杀之，襄子曰："先君之立我也，曰能为社稷忍辱，岂曰能刺人哉！"处十年④，智伯围襄子于晋阳，襄子疏队而击之，大败智伯，漆其首以为饮器。

【注释】①襄子（？—前425）：嬴姓，赵氏，名无恤。春秋末叶晋国卿，赵氏家族首领，战国时期赵国奠基人。谥号为"襄子"，故史称"赵襄子"。与其父赵鞅（即赵简子）并称"简襄之烈"。②董安于（？—前496）：字阏于，平阳翼城人。春秋时期晋国正卿赵鞅（即赵简子）心腹家臣，古代晋阳城的始创者。出色的建筑家，超群的战略家和政治家。③智伯（前506—前453）：姬姓，智氏，名瑶，即智瑶，因智氏源自荀氏，亦称荀瑶，又称智伯、智伯瑶。谥号"襄"，史称智襄子。是春秋末期晋国执政大臣。④处十年：原文作"处十月"，向宗鲁《校证》案："十月"乃"十年"之误，据改。

【译文】赵简子把襄子作为继承人，董安于说："襄子没什么才能，现在立为继承人，是何缘故？"简子说："他能为国家忍辱负重。"一天，智伯和襄子共饮，智伯把酒灌在襄子头上，大夫们请杀智伯，襄子说："先王立我为嗣，说我能为国家忍辱负重，哪里说我可以杀人啊！"过了十年，智伯将襄子围困在晋阳，襄子分兵攻打，大败智伯，并把他的头漆了做酒器。

卷四　立节

【题解】所谓立节，是指树立个人的名节。本卷共采集了春秋战国时期的24则轶事与文献，阐明了君子若想千古流芳，就必须坚守与遵循的道德准则——安贫乐道、临危不惧、见利思义、舍生取义等。这些高尚的气节恰好与儒家一贯推崇的"礼、义、廉、信、忠、勇、孝"相吻合，它不仅是封建士大夫的道德准则，同时也是现代人继承和发扬中华民族传统美德的行动指南。

4-1士君子之有勇而果于行者①，不以立节行义，而以妄死非名，岂不痛哉！士有杀身以成仁，触害以立义，倚于节理而不议死地，故能身死名流于来世。非有勇断，孰能行之？

【注释】①士君子：泛指读书人。

【译文】既有勇气且行为果敢的读书人，不以树立名节，躬行仁义为目标，而是不合名分地轻生，怎能不令人痛惜！读书人有杀身成仁，舍生取义的，为坚守气节和义理，不畏惧死亡的威胁，所以他们死后可以名垂千古。没有果敢的精神，谁能做到呢？

4-2子路曰：“不能（甘）勤苦①，不能恬贫穷，不能轻死亡，而曰我能行义，吾不信也。”昔者，申包胥立于秦庭，七日七夜哭不绝声，遂以存楚②。不甘勤苦③，安能行此？曾子布衣缊袍未得完，糟糠之食、藜藿之羹未得饱，义不合则辞上卿。不恬贫穷，安能行此？比干将死而谏逾忠④，伯夷、叔齐饿死于首阳而志逾彰⑤。不轻死亡，安能行此？故夫士欲立义行道，毋论难易而后能行之；立身著名，无顾利害而后能成之。《诗》曰：“彼其之子，硕大且笃。”非良笃修激之君子⑥，其谁能行之哉！

【注释】①甘勤苦：甘愿辛苦。甘，原文脱，根据向宗鲁《校证》并依上下文意及《太平御览》补。②“申包胥立于秦庭”四句：《申包胥哭秦庭》是一篇春秋时候的典故，出自《春秋左传》。申包胥是春秋后期楚国的大夫，此人品德高尚，讲信义，他与伍子胥是好朋友。当年伍子胥因父遭谗被害而出逃至吴国，并于楚昭王十五年（前506）用计助吴攻破楚国。申包胥赴秦国求助，但秦哀公犹豫不决，申包胥就“哭秦庭七日，救昭王返楚”，最终秦哀公被他的诚意所感而出兵救楚。楚复国后，要重奖申包胥，他却拒而不受，隐居起来。后来他的子孙就以其名字中的“包”为姓，称为包氏。③不甘勤苦：原文“甘”作“能”，根据文意修改。④比干：人名。商王纣的

叔父，与微子、箕子称殷之三仁。因谏纣不听而被杀。⑤伯夷、叔
齐：伯夷、叔齐是商末孤竹君的两位王子。是历代中华仁人志士、诚
信礼让、忠于祖国、抱节守志、清正廉明的典范。⑥良笃：贤良而笃
实。修激：有操守且言行激切果决。

【译文】子路说："不能心甘情愿地辛苦劳动，不能坦然对
待贫穷，不能视死如归的人，却说自己能实行仁德道义，我不相
信。"从前，楚国的申包胥立于秦廷，七天七夜哭声不止，于是才保
全了楚国。如果不是因为他甘愿勤苦，怎能做得到？曾子连粗布衣
裳都衣不蔽体，糟糠之食、清汤野菜都不能果腹，但道义不合他
却辞去上卿官职不做。如果不是因为他安于贫穷，怎能做得到？比
干在即将被处死时，劝谏更加忠诚，伯夷、叔齐饿死在首阳山上，
但志向更加彰显。如果不是他们视死如归，怎能做得到？所以读书
人要想奉行大义、践行道德，首先不顾虑事情的难易，然后才能勇
敢地实现它；要使自己功成名就，首先不顾虑个人的利弊，然后才
能有所收获。《诗经》上说："像他那样的人，伟大且忠厚。"不是
贤良笃定，有操守且果敢的君子，哪能做得到！

4-3王子比干杀身以成其忠，（尾生杀身以成其信①），
伯夷、叔齐杀身以成其廉，此四子者，皆天下之通士也②，岂
不爱其身哉？以为夫义之不立，名之不著，是士之耻也，故杀
身以遂其行。因此观之，卑贱贫穷，非士之耻也。夫士之所
耻者，天下举忠而士不与焉，举信而士不与焉，举廉而士不与
焉。三者在乎身，名传于后世，与日月并而不息，虽无道之世
不能污焉。然则非好死而恶生也，非恶富贵而乐贫贱也。由

其道，遵其理，尊贵及已，士不辞也。孔子曰："富而可求，虽执鞭之士吾亦为之；富而不可求，从吾所好。"大圣之操也。《诗》云："我心匪石，不可转也。我心匪席，不可卷也。"言不失己也。能不失己，然后可与济难矣。此士君子之所以越众也。

【注释】①尾生杀身以成其信：原文此句脱，宋本有。承周案：无此句则与下"天下举信"句不合，明钞本亦有此句，今增。尾生：人名。传说中古代的守信之士，和女子约定在桥梁相会，久候女子不到，水涨，乃抱桥柱而死。后用尾生抱柱一词比喻坚守信约。②通士：通达事理的人。

【译文】王子比干舍生忘死成就了他的忠诚，尾生牺牲性命成就了他的诚信，伯夷、叔齐舍弃生命成就了自己的廉洁，这四个人都是天下最知书达理的人，难道他们不爱惜自己的生命吗？他们认为不树立正义，不彰显名节，是士人的耻辱，所以舍生取义。由此看来，卑微贫穷不是士人的耻辱。士人认为的耻辱是天下推举忠良之人，自己却不在其列，天下推举诚信之人，自己却不在其列，天下推举廉洁之人，自己却不在其列。兼具忠、信、廉三者于一身，将名垂千古，与日月同辉，即使世道昏暗，也不能玷污他。然而，这并非爱好死亡厌恶生存，也不是厌恶富贵喜欢贫贱。经由正义之道，遵循事理，尊贵坐落在自己身上，士人也不会推辞。孔子如果富贵可以求得，即使是替人驾车牵马，我也愿意去做；如果富贵不可求得，还是遵从我的意愿吧。"这是大圣人的操守。《诗经》上说："我心不是石头，不可转动。我心不是席子，不可卷起。"说的是人不可迷失自己。能不迷失自己，然后才可与他共患难。这就是士人的过人之处。

4-4楚伐陈^①，陈西门燔^②，因使其降民修之。孔子过之，不轼。子路曰："礼，过三人则下车，过二人则轼。今陈修门者人数众矣，夫子何为不轼？"孔子曰："丘闻之，国亡而不知，不智；知而不争，不忠；忠而不死，不廉；今陈修门者，不（能）行一于此^③，丘故不为轼也。"

【注释】①陈：中国周代诸侯国名，在今河南省淮阳县一带。②燔：焚烧。③不（能）行一于此：原文脱"能"字。根据向宗鲁《校证》依《韩诗外传》卷一补。

【译文】楚国讨伐陈国，焚烧了陈国西门，因此派陈国降民去修理它。孔子经过，没在车上行礼。子路说："按照礼节，路遇超过三人就要下车行礼，超过两人在车上行礼，现在修理城门的人数众多，老师为何不在车上行礼？"孔子说："我听说，亡国了还不自知这是不智；知道了而不抗争，这是不忠；知道尽忠但不肯为国牺牲，这是不廉。现在陈国修门的降民，一条也没做到，所以我不向他们行礼。"

4-5孔子见齐景公，景公致廪丘以为养^①，孔子辞不受，出，谓弟子曰："吾闻君子当功以受禄，今说景公^②，景公未之行而赐我廪丘，其不知丘亦甚矣！"遂辞而行。

【注释】①廪丘：春秋齐地，在今山东菏泽市郓城县西北水堡。公元前548年齐大夫乌馀以廪丘叛归晋国赵氏，齐与晋国发生廪丘之战。②说（shuì）：用话劝说别人，使他听从自己的意见。

【译文】孔子拜见齐景公，景公把廪丘送给孔子以此供养他，孔子辞谢不肯接受，出了门告诉学生们说："我听说君子按功劳接受俸禄，如今游说齐景公，齐景公还未付诸行动，就把廪丘送给我，他太不了解我了。"于是告辞离开。

4-6曾子衣弊衣以耕，鲁君使人往致邑焉，曰："请以此修衣。"曾子不受，反，复往，又不受。使者曰："先生非求于人，人则献之，奚为不受？"曾子曰："臣闻之，受人者畏人，予人者骄人。纵君有赐①，不我骄也②，我能勿畏乎？"终不受。孔子闻之曰："参之言，足以全其节也。"

【注释】①纵君有赐：原文"君"作"予"，疑为"子"字形误。因曾子不该称鲁君为子，故根据向宗鲁《校证》据《孔子家语·在厄》改。②不我骄也：即"不骄我也"。

【译文】曾子身着破旧衣服耕田，鲁国君王派人去送他一块封地，说："请用这些收入添置衣物。"曾子不肯接受。使者返回，又再次前来，曾子还是不肯接受。使者说："并非先生向人索取，是人家恭敬地赠送，为何不肯接受？"曾子说："我听说接受了别人的东西就会敬畏施者，赠送给别人东西，就会显露出骄傲的样子。即使君王赏赐我，也没在我面前骄傲，可我能不惧怕吗？"终究还是不肯接受。孔子听说这件事后说："曾参的话，足以保全他的气节。"

4-7子思居于卫^①，缊袍无表，二旬而九食^②。田子方闻之^③，使人遗狐白之裘^④，恐其不受，因谓之曰："吾假人，遂忘之；吾与人也，如弃之。"子思辞而不受，子方曰："我有子无，何故不受？"子思曰："伋闻之，妄与不如弃物于沟壑，伋虽贫也，不忍以身为沟壑，是以不敢当也。"

【注释】①子思（前483—前402）：孔伋，字子思，孔子的嫡孙、孔子之子孔鲤的儿子。中国春秋时期著名的思想家。②二旬而九食：二十天中只能吃九顿饭。形容家境贫困。③田子方：姓田，名无择，字子方，儒家学者，魏国人，魏文侯的友人，拜孔子学生子贡为师，于道德学问闻名于诸侯。④遗（wèi）：给予，馈赠。

【译文】子思住在卫国，身上的破棉袍连外罩也没有，二十天只吃九顿饭。田子方听说后，派人送去白狐裘皮，怕他不肯接受，就对他说："我借出东西，总是忘记；我送给别人东西，如同丢弃了一样。"子思推辞不肯接受，田子方说："我有你没有，为何不肯接受？"子思说："我听说随意送人东西，不如把东西丢到沟壑里。我虽贫穷，也不能忍受把自己当作沟壑，所以不敢接受。"

4-8宋襄公兹父为桓公太子^①，桓公有后妻子，曰公子目夷^②，公爱之。兹父为公爱之也，欲立之，请于公曰："请使目夷立，臣为之相以佐之。"公曰："何故也？"对曰："臣之舅在卫，爱臣，若终立则不可以往，绝迹于卫，是背母也。且臣自知不足以处目夷之上。"公不许，强以请公，公许之。将立公子目夷，目夷辞曰："兄立而弟在下，是其义也。今弟立而兄在下, 不义也。不义而使目夷为之, 目夷将逃。" 乃逃之卫, 兹父从之。三年, 桓公有疾, 使人召兹父: "若不来, 是使我以忧死也。" 兹父乃反, 公复立之以为太子, 然后目夷归也。

【注释】①宋襄公兹父 (? —前637): 春秋时宋国的君主。名兹父, 宋桓公之子。好言仁义, 为春秋五霸之一, 与楚战于泓, 受伤而卒。谥襄。桓公 (? —前651), 子姓宋氏, 名御说, 宋国商丘 (今河南省商丘市) 人, 宋庄公之子, 宋闵公之弟, 春秋时期宋国第19任国君。②公子目夷: 子姓, 名目夷, 字子鱼, 因担任司马, 故称司马子鱼, 春秋时期宋国宗室、大臣。

【译文】宋襄公兹父是宋桓公的太子, 宋桓公的后妻生有一子名叫目夷, 宋桓公很疼爱他。兹父因为父亲喜爱目夷, 想让目夷做太子, 于是向父亲请示说, "请立目夷为太子, 我愿做国相辅佐他。" 宋桓公说: "什么原因呢? " 答: "我的舅父在卫国, 很喜爱我, 如果立我为太子, 就不能去他那里, 我和卫国断绝往来, 这是背叛母亲的行为。更何况我自知才能不足以居于目夷之上。" 宋桓公不同意, 兹父再三请求, 宋桓公才答应。宋桓公准备立目夷为太子, 目夷推辞说: "兄长立为太子而弟居其下, 合情合理。如今弟弟立为太子, 而兄长位居弟之下, 这不合情理。让目夷做不合情理的事, 我就只能逃走。" 于是就逃到卫国, 兹父也跟着去了。三年后, 宋桓公生病, 派人召回兹父说: "如果兹父不回来, 就会使我忧郁而死。" 于是兹父回来, 宋桓公再次立他为太子, 然后目夷才回来。

4-9晋骊姬谮太子申生于献公①，献公将杀之。公子重耳谓申生曰②："为此者非子之罪也，子胡不进辞？辞之必免于罪。"申生曰："不可，我辞之，骊姬必有罪矣。吾君老矣，微骊姬寝不安席，食不甘味，如何使吾君以恨终哉？"重耳曰："不辞则不若速去矣。"申生曰："不可。去而免于死，是恶吾君也，夫彰父之过而取美，诸侯孰肯内之？入困于宗，出困于逃，是重吾恶也。吾闻之，忠不暴君③，智不重恶，勇不逃死。如是者，吾以身当之。"遂伏剑死。君子闻之曰："天命矣夫，世子！"《诗》曰："萋兮斐兮，成是贝锦。彼谮人者，亦已太甚！"

【注释】①骊姬（前？—前651）：春秋时晋献公的夫人。晋献公攻打骊戎时，获骊姬，立为夫人。生子奚齐。后因欲立奚齐为太子而陷害申生，公子重耳、夷吾逃亡国外。谮（zèn）：诋毁，诬陷。申生（？—前656）：姬姓，名申生，晋献公与夫人齐姜所生之子，春秋时期晋国太子。②重耳（？—前628）：即晋文公。姬姓晋氏，名重耳，是中国春秋时期晋国的第二十二任君主，公元前636年至公元前628年在位，晋献公之子，母亲为狐姬。晋文公文治武功卓著，是春秋五霸中第二位霸主，也是上古五霸之一，与齐桓公并称"齐桓晋文"。③暴（pù）：暴露。

【译文】晋国的骊姬在晋献公面前诋毁太子申生，晋献公打算杀申生。公子重耳对申生说："这件事不是你的错，你为何不向父王解释？解释清楚，必定会免除罪过。"申生说："不可。我解释清楚了，骊姬必定有罪。父王年迈，没有骊姬他将寝食难安，怎能让父王带着怨恨去世呢？"重耳说："你不解释，就不如早点离开。"
申生说："不可。离开虽能免于一死，但这是伤害君王的行为，张扬
父王的过错换取美名，哪个诸侯肯收留我？回国受宗族阻阻，出走
陷入逃亡的困窘，是加重了我的罪过。我听说，忠臣不暴露君王的
过错，智者不加重自己的罪过，勇者不逃避死亡。这样的话，我会不
惜生命来担当。"于是自刎。君子听说后说："这是天意啊，太子！"
《诗经》上说："花纹交错，织成贝锦。那些诬陷之词，也太过分
了！"

4-10晋献公之时，有士焉，曰狐突①，傅太子申生。公立
骊姬为夫人，而国多忧，狐突称疾不出。六年，献公以谮诛太
子。太子将死，使人谓狐突曰："吾君老矣，国家多难，傅一出
以辅吾君，申生受赐以死不恨。"再拜稽首而死。狐突乃复事
献公。三年，献公卒，狐突辞于诸大夫曰："突受太子之诏，今
事终矣，与其久生乱世也，不若死而报太子。"乃归自杀。

【注释】①狐突（？—前637）：姬姓，狐氏，字伯行，中国春秋
时代晋国大夫，晋文公的外祖父。狐突是唐叔虞的后代沦落于狄族
的枝属，有先见之明。

【译文】晋献公时，有位士子名叫狐突，是太子申生的老师。
晋献公册封骊姬为夫人，国内忧患很多，狐突称病不出仕。过了六
年，晋献公听信谗言要杀太子。太子临死时，派人告诉狐突说："君
王年迈，国家又多灾难，若老师能出仕辅佐君王，则申生死而无
憾。"再三叩谢后自杀身亡。狐突再次侍奉晋献公。三年后，晋献公

去世，狐突辞别诸大夫说："我接受太子命令，如今事情结束，与其久活于乱世，不如以死报效太子。"于是回家自杀了。

4-11 楚平王使奋扬杀太子建^①，未至而遣之，太子奔宋。王召奋扬，使城父人执之以至^②。王曰："言出于予口，入于尔耳，谁告建也？"对曰："臣告之。王初命臣曰：'事建如事余。'臣不佞，不能贰也。奉初以还，故遣之。已而悔之，亦无及也。"王曰："而敢来，何也？"对曰："使而失命，召而不来，是重过也^③。逃无所入。"王乃赦之。

【注释】①楚平王（？—前516）：芈姓，熊氏，名弃疾，继位后改名居，又称陈公、蔡公，是楚共王幼子，楚灵王弟，春秋时期楚国国君，公元前528年至公元前516年在位。奋扬：春秋末期楚国人，任楚城父邑（在今河南宝丰县东）。太子建（？—前522）：芈姓，熊氏，名建，字子木，春秋时期楚平王的嫡长子。②城父：地名。城父镇位于安徽省亳州市谯城区东南边陲，古称"夷"，是春秋时期楚王"陪都"。③重（chóng）过：两重罪过。

【译文】楚平王派奋扬去杀太子建，奋扬还未到达就已派人通风报信，太子建逃到宋国。楚平王召回奋扬，奋扬叫城父镇的人绑着自己去见楚平王。楚平王说："话从我口说出，传入你耳，是谁告诉了太子建？"答："是臣告诉的。君王当初命令我说：'侍奉太子建要像侍奉我一样。'臣不才，但绝无二心。我依然尊奉当初的命令，所以派人通风报信。后来也后悔这么干，但已来不及了。"楚平王说："你为何还敢来？"答："让我做事，没完成任务，召我再不回来，是罪上加罪。我就算逃也无处藏身。"楚平王于是赦免了他。

4-12晋灵公暴①，赵宣子骤谏，灵公患之，使鉏之弥贼之②。鉏之弥晨往，则寝门辟矣，宣子盛服将朝，尚早，坐而假寝，之弥退，叹而言曰："不忘恭敬，民之主也。贼民之主不忠，弃君之命不信，有一于此，不如死也。"遂触槐而死。

【注释】①晋灵公（前624—前607）：姬姓，名夷皋，晋文公之孙，晋襄公之子，春秋时期晋国国君。②鉏（chú）之弥：又作沮麛、鉏麑。春秋时晋国力士。事晋灵公。

【译文】晋灵公残暴，赵宣子屡次进谏，晋灵公厌烦他，派鉏之弥去刺杀他。鉏之弥早上前去，赵宣子寝室的门已打开，赵宣子衣着整齐准备上朝，时间还早，就坐着打盹，鉏之弥离开，叹息说："在家都不忘恭敬君王，百姓的当家人。刺杀百姓的当家人，属于不忠，违背君王的命令，属于不信，触犯了其中一条，就不如去死。"于是，鉏之弥撞死在槐树上。

4-13齐人有子兰子者，事白公胜①。胜将为难，乃告子兰子曰："吾将举大事于国，愿与子共之。"子兰子曰："我事子而与子杀君，是助子之不义也。畏患而去子，是遁子于难也。故不与子杀君，以成吾义；契领于庭②，以遂吾行。"

【注释】①子兰：芈姓，熊氏，名子兰。白公胜（？—前479）：芈姓，熊氏，名胜，号白公，楚平王之孙，太子建之子。②契领：断颈。

【译文】齐国有个子兰子,事奉白公胜。白公胜准备发动政变,就告诉子兰子说:"我准备在国内办一件大事,愿与您合作。"子兰子说:"我事奉您又和您共同谋杀君王,是助你做了不义之事。若因害怕患难而离开您,是在您危难时逃避。所以,我不同您谋杀君王,以保全我的正义;我将在你庭前自尽,来成就我的品行。"

4-14楚有士申鸣者①,在家而养其父,孝闻于楚国。王欲授之相,申鸣辞不受。其父曰:"王欲相汝,汝何不受乎?"申鸣对曰:"舍父之孝子而为王之忠臣,何也?"其父曰:"使有禄于国,立义于庭,汝乐吾无忧矣。吾欲汝之相也。"申鸣曰:"诺。"遂入朝,楚王因授之相。居三年,白公为乱②,杀司马子期③,申鸣将往死之,父止之曰:"弃父而死,其可乎?"申鸣曰:"闻夫仕者身归于君,而禄归于亲。今既去父事君,得无死其难乎?"遂辞而往,因此兵围之。白公谓石乞曰④:"申鸣者,天下之勇士也,今以兵围我,吾为之奈何?"石乞曰:"申鸣者,天下之孝子也,往劫其父以兵,申鸣闻之必来,因与之语。"白公曰:"善。"则往取其父,持之以兵,告申鸣曰:"子与吾,吾与子分楚国。子不与吾,子父则死矣。"申鸣流涕而应之曰:"始吾父之孝子也,今吾君之忠臣也。吾闻之也,食其食者死其事,受其禄者毕其能。今吾已不得为父之孝子矣,乃君之忠臣也,吾何得以全身?"援桴鼓之,遂杀白公,其父亦死,王赏之金百斤。申鸣曰:"食君之食,避君之难,非忠臣也。定

君之国, 杀臣之父, 非孝子也。名不可两立, 行不可两全也,
如是而生, 何面目立于天下? "遂自杀也。

【注释】①申鸣 (? —前479), 春秋末期楚国人。家居于澧。为
原楚国大夫。成语"因与之语"即出自申鸣的故事。②司马子期 (? —
约前479): 子期, 战国时期中山国大夫, 复姓司马。③白公: 即白公
胜。④石乞 (? —约前479): 春秋时楚国人。有勇力。楚惠王时助白
公胜袭杀令尹于西, 劫持惠王为乱。

【译文】楚国有位读书人叫申鸣, 在家奉养父亲, 他的孝顺闻
名楚国。楚王想封他做国相, 申鸣推辞不肯接受。其父说: "楚王
想让你做国相, 你为何不做? "申鸣答: "为何不做父亲的孝子, 却
要去为君王做忠臣呢? "其父说: "如果能享受国家俸禄, 在朝堂
上有地位, 你快乐我就没有忧愁啊。我希望你做国相。"申鸣说:
"诺。"于是入朝, 楚王任命他为国相。过了三年, 白公胜作乱, 杀
了司马子期, 申鸣也准备为国捐躯, 其父制止说: "丢下父亲自己去
死, 可以这样吗? "申鸣说: "听说为官者, 身体属于君王, 俸禄归
于亲人。如今既然已离开父亲去侍奉君王, 怎能不为之做出牺牲
呢? "于是辞别前往, 派兵包围白公胜。白公胜对石乞说: "申鸣是
天下的勇士, 如今包围我, 我该如何对付他? "石乞说: "申鸣是天
下的大孝子, 以武力劫持其父, 申鸣知道后必定会来, 我们可借机
与他谈判。"白公胜说: "好。"就以武力劫持了其父, 并告诉申鸣
说, "你援助我, 我和你瓜分楚国。你不援助我, 你的父亲就会被
杀。"申鸣涕泪横流, 答: "当初我是父亲的孝子, 如今我是君王的
忠臣。我听说, 吃谁的饭就要为谁的事去牺牲, 接受谁的俸禄就

要使出浑身解数为他做事。如今我已不可能做父亲的孝子，而是做君王的忠臣，我怎能保全自己呢？"于是拿起鼓槌击鼓，杀了白公胜，其父也因此而死，楚王赏赐他百斤黄金。申鸣说："吃君王的饭，躲避君王的祸难，不是忠臣。为安定国家，父亲被杀，不是孝子。忠孝之名不可同时树立，忠孝不可两全，像这样活着，有何颜面立身于天下？"于是自尽。

4-15齐庄公且伐莒①，为五乘之宾，而杞梁、华舟独不与焉②，故归而不食。其母曰③："汝生而无义，死而无名，则虽五乘④，孰不汝笑也？汝生而有义，死而有名，则五乘之宾尽汝下也。"趣食乃行。杞梁、华舟同车，侍于庄公而行至莒。莒人逆之，杞梁、华舟下斗，获甲首三百。庄公止之曰："子止，与子同齐国。"杞梁、华舟曰："君为五乘之宾。而舟、梁不与焉，是少吾勇也；临敌涉难，止我以利，是污吾行也。深入多杀者，臣之事也；齐国之利，非吾所知也。"遂进斗，坏军陷阵，三军弗敢当。至莒城下，莒人以炭置地，二人立有间，不能入。隰侯重为右曰⑤："吾闻古之士，犯患涉难者，其去遂于物也，来，吾逾子⑥！"隰侯重仗楯伏炭⑦，二子乘而入，顾而哭之，华舟后息。杞梁曰："汝无勇乎？何哭之久也？"华舟曰："吾岂无勇哉！是其勇与我同也，而先吾死，是以哀之。"莒人曰："子毋死，与子同莒国。"杞梁、华舟曰："去国归敌，非忠臣也；去长受赐，非正行也；且鸡鸣而期，日中而忘之，非信也。深入多杀者，臣之事也。莒国之利非吾所知也。"遂

进斗，杀二十七人而死。其妻闻之而哭，城为之弛，而隅为之
崩。此非所以起也⑧。

【注释】①齐庄公（？—前548）：姜姓，吕氏，名光，齐国临淄
（今山东省淄博市临淄区）人，为了区别吕购亦称齐后庄公，齐灵公
之子。莒（jǔ）：中国周代诸侯国名，在今山东省莒县一带。②杞梁
（？—前550）：春秋时期齐国大夫。公元前550年，先伐卫、晋，回师
袭莒。他与华周率少数甲士夜出隧险，打到莒国城门处时遇弓箭手伏
击，手刃二十七人而死。华舟（？—前550）：春秋时齐国大夫，随齐
庄公伐莒阵亡。③其母：这里"其"与下文"其妻"皆指代不清，根据
《太平御览》引《烈女传》，则此处"其"应指杞梁。④则虽五乘：原
文"虽"字下衍"非"字，根据文意，依向宗鲁《校证》删。⑤隰（xí）
侯重（？—前550）：春秋时期齐庄公时小将。在齐庄公伐莒之战中，
莒国黎比公在狭道以炭置地，隰侯重主动倚着盾牌伏在炭上，令
齐将华周、杞梁成功越过火沟，杀至莒国城门之前。自己却以被火
炭烤焦，壮烈牺牲。右：即车右。古代执兵器立于车子右边的武士。
⑥逾：越过，超过。⑦仗楯：仗，拿着兵器。楯，同"盾"。古代用来
抵御敌人兵刃及保护自己的兵器。⑧此非所以起也：向宗鲁《校证》
引日人关嘉引太室云："言宠勇士而杀勇士，非所以振起勇士也。"此
句存疑，不译。

【译文】齐庄公将要伐莒，为勇士设立了五乘爵禄的职位，唯
独杞梁、华舟两人不在其中，所以回家后不想吃饭。其母说："活
着不讲道义，死后没有威名，即使是五乘勇士，哪个不讥笑呢？活
着注重道义，死后威名远扬，那些五乘勇士，全在你之下。"催促他
赶紧吃饭启程。杞梁、华舟同乘一辆车，侍奉齐庄公前行到了莒。

莒人迎战, 杞梁、华舟下车格斗, 俘虏三百名披甲战士。齐庄公制止他们说:"你们停止杀戮吧, 我和你们共同享有齐国。"杞梁、华舟说:"君王设立五乘勇士, 华舟、杞梁不在其中, 这是小看我们的勇气; 危难关头面对敌人, 又拿利益诱惑制止我们, 是污辱了我们的行为。深入敌营, 多歼灭敌人, 是我们的使命; 至于齐国的利益, 我们不了解。"于是又投身战斗, 冲破敌军阵营, 使三军无力抵挡。攻到莒城下, 莒人用火炭铺地, 二人站立片刻, 进不去。车右隰侯重说:"我听说古代的勇士, 赴汤蹈火, 为的是遵循内心的选择, 来, 我帮你们跨越火炭!"隰侯重倚着盾牌伏在火炭上, 二人踩着他的背攻入城内, 一边回头看一边哭, 华舟很久才平息下来。杞梁说:"你没有勇气了吗? 为何哭这么久?"华舟说:"我怎会没有勇气! 是他的勇气和我一样, 而先于我死去, 所以我才感到哀伤。"莒人说:"不要以死相拼, 我们可以与你们共享莒国。"杞梁、华舟说:"弃国投敌, 不是忠臣的做法; 弃主求荣, 也不是正义的行为; 更何况鸡叫时约好的事, 中午就忘了, 这是不守信用。深入敌营, 多歼灭敌人, 是我们的使命, 莒国的好处, 我们不想知道。"于是继续投身战斗, 杀了二十七个人后牺牲。杞梁的妻子听说后伤心痛哭, 哭得城墙崩裂, 墙角也倒塌了。

4-16 越甲至齐①, 雍门子狄请死之②。齐王曰:"鼓铎之声未闻③, 矢石未交, 长兵未接, 子何务死之? 为人臣之礼邪?"雍门子狄对曰:"臣闻之, 昔者王田于圃, 左毂鸣④, 车右请死之, 而王曰:'子何为死?'车右对曰:'为其鸣吾君也。'王曰:'左毂鸣者工师之罪也, 子何事之有焉?'车右曰:'臣不见工师之乘而见其鸣吾君也。'遂刎颈而死。知有之乎?"齐王曰:"有之。"雍门子狄曰:"今越甲至,其鸣吾君也,岂左毂之下哉?车右可以死左毂,而臣独不可以死越甲也?"遂刎颈而死。是日越人引甲而退七十里,曰:"齐王有臣,钧如雍门子狄⑤,拟使越社稷不血食⑥。"遂引甲而归。齐王葬雍门子狄以上卿之礼。

【注释】①越甲:越国的军队。甲:指军人、兵士。②雍门子狄:战国时齐国大夫。雍门,复姓,出自姜姓,以地名为氏。春秋时齐国(今山东省临淄)齐顷公的儿子公子胜住在雍门(用以掩蔽城门的墙垣),其后遂以雍门为氏,称雍门氏,世代相传。③铎(duó):大铃,形如铙、钲而有舌,古代宣布政教法令用的,亦为古代乐器。盛行于中国春秋至汉代。④毂(gǔ):车轮中心,有洞可以插轴的部分,借指车轮或车。⑤钧:通"均"。相等,均匀。⑥血食:谓受享祭品。古代杀牲取血以祭,故称。

【译文】越军兵至齐国,雍门子狄请求赴死迎战。齐王说:"还没听到战鼓声,没有兵戎相见,你为何一定要赴死?这难道是作为臣子的礼节吗?"雍门子狄答:"臣听说,从前君王在园囿打猎,左车轴发出声响,车右就请求赐死,君王问:'你为何要死?'车右答:'因为车轴声惊动了君王。'君王说:'左车轴有声响是造车人的罪过,与你何干?'车右说:'臣没见造车人造车,只听到车轴声惊动了君王。'于是自刎了。知道这事吗?"齐王说:"有这事。"雍门子狄说:"如今越国兵至齐国,惊动了君王,难道还不及左车轴异响严重吗?车右可为左车轴异响牺牲,臣难道不能为越国来犯而牺牲吗？"于是刎颈自杀。这天，越人率兵后退七十里，说："若齐国的臣子都像雍门子狄，那越国的宗庙恐怕得不到祭祀了。"于是率兵回国。齐王用上卿的礼节安葬雍门子狄。

4-17 楚人将与吴人战，楚兵寡而吴兵众。楚将军子囊曰[1]："我击此国必败，辱君亏地，忠臣不忍为也。"不复于君，黜兵而退。至于国郊，使人复告于君曰："臣请死！"君曰："子大夫之遁也，以为利也。而今诚利[2]，子大夫毋死！"子囊曰："遁者无罪，则后世之为君臣者，皆入不利之名而效臣遁。若是则楚国终为天下弱矣。臣请死。"退而伏剑。君曰："诚如此，请成子大夫之义。"乃为桐棺三寸，加斧质其上[3]，以徇于国。

【注释】①子囊（？—前559）：即公子贞。春秋时楚国人，字子囊。庄王之子。②诚利：确实有好处。诚：实在，的确。③斧质：古刑法。置人于铁砧上，以斧砍之。斧质指诛戮之事。

【译文】楚国即将与吴国交战，楚军人少而吴军人多。楚国将军子囊说："我攻打吴国必定会失败，既辱没君王又损失土地，忠臣不肯这样做。"于是没向君王请示，就罢兵撤退。走到都城郊外，派人禀告君王说："臣请求赐死！"楚王说："你逃避是为了国家的利益。现在看来的确有利，你不必死！"子囊说："若逃兵无罪，那么后世的君臣，都会以对国家不利的名义，效仿我逃跑。如果真是这样，那么楚国终将成为天下弱国。臣请求赐死。"告退后自杀了。楚王说："若真是这样，我会成全你的深明大义。"于是就用三寸厚的下等桐木做棺材，并在上面放置斧质，在全国巡行示众。

4-18宋康公攻阿①，屠单父②。成公赵曰③："始吾不自知，以为在千乘则万乘不敢伐，在万乘则天下不敢图。今赵在阿而宋屠单父，则是赵无以自立也，且往诛宋王。"赵遂入宋，三月不得见。或曰："何不因邻国之使而见之？"成公赵曰："不可，吾因邻国之使而刺之，则使后世之使不信，符节之信不用④，皆曰：'赵使之然也。'不可！"或曰："何不因群臣道徒处之士而刺之⑤？"成公赵曰："不可。吾因群臣道徒处之士而刺之，则后世之忠臣不见信，辩士不见顾，皆曰：'赵使之然也。'不可！吾闻古之士怒则思理，危不忘义，必将正行以求之耳。"期年⑥，宋康公病死，成公赵曰："廉士不辱名，信士不惰行⑦。今吾在阿，宋屠单父，是辱名也，事诛宋王，期年不得，是惰行也。吾若是而生，何面目而见天下之士？"遂立槁于彭山之上。

【注释】①宋康公（？—前286）：亦称宋王偃、宋献王，子姓，戴氏，名偃。战国时期宋国最后一任国君。阿：地名。即今山东省东阿县。②单父：春秋鲁国邑名。故址在今山东省单县南。③成公赵：复姓成公，名赵。本姬姓，卫成公之后。④符节：原文作"荷节"。向宗鲁《校证》引俞樾云："'荷'疑为'符'字之误"据改。符节：古代派遣使者或调兵时用做凭证的东西。分成两半，一半存朝廷，一半给外任官员或出征将帅。⑤道：同"导"。向导，引路人。徒处之士：即处士，古时候称有德才而隐居不愿做官的人。⑥期（jī）年：一年。⑦惰行：在行为上有所怠忽。向宗鲁《校证》引卢文弨曰："'惰'疑为'堕'，下同。"

【译文】宋康公攻打阿县，屠杀单父城。成公赵说："开始我没有自知之明，以为在千乘之国，那么万乘之国就不敢讨伐，在万乘之国，则天下人都不敢有所图谋。如今我在阿县，而宋康公将单父屠城，使我无法自立，我要前去征讨宋康公。"成公赵就到了宋国，等了三个月没见到宋王。有人说："为何不趁邻国使臣觐见之机刺杀宋王？"成公赵说："不可。我趁邻国使臣觐见之机刺杀他，就会使后世使臣失去信义，符节也不可靠了，都说：'是成公赵搞成这样的。'不可！"还有人说："为何不趁群臣引见处士时刺杀宋王？"成公赵说："不可。我趁群臣引见处士时刺杀他，那么后代的忠臣将不被君王信任，辩士将不被君王雇用，都说：'是成公赵搞成这样的。'不可！我听说古代贤士，发怒时也考虑情理，危难时不忘道义，一定要以正当的言行实现目的。"过了一年，宋康公病逝，成公赵说："廉洁之人不玷污名节，诚信之人不损毁操行。如今我在阿县，宋王屠城单父，是玷辱了我的名节，我决心杀宋王，一年都没成功，这是损毁了我的操行。我若这样活着，有何颜面见天下之士？"于是在彭山上站立，枯槁而死。

4-19 佛肸用中牟之县畔①，设禄邑炊鼎曰②："与我者受邑③，不与我者其烹。"中牟之士皆与之。城北余子田基独后至④，祛衣将入鼎曰⑤："基闻之，义者，轩冕在前，非义弗乘；

斧钺于后，义死不避。"遂祛衣将入鼎。佛肸播而（止）之⑥。
赵简子屠中牟，得而取之，论有功者，用田基为始。田基曰：
"吾闻廉士不耻人。如此而受中牟之功，则中牟之士终身惭
矣。"襁负其母⑦，南徙于楚，楚王高其义，待以司马。

【注释】①佛肸（bì xì）：人名。春秋末年晋大夫范氏、中行
氏的家臣，为中牟的县宰。中牟（mù）：春秋战国时期赵国首都。赵
国于公元前423年由都城山西晋阳迁至河南中牟（今河南鹤壁山城
区一带），后于公元前386年迁至河北邯郸。畔：通"叛"。背叛，叛
变。②禄邑：古代君主分封给臣下的城邑。受封者在封地有收取赋
税的权力。③与：随从，随着。④余子：指百姓家庭中服役正卒以
外的子弟。古代军制，家致一人为正卒，馀皆为羡卒，称"余子"。田
基：春秋时晋国中牟人。⑤祛（qū）：摆脱，去掉。⑥播而止之：播：
通"簸"。摇动。此句原文脱"止"字，根据向宗鲁《校证》从《太平
御览》补。⑦襁（qiǎng）：包婴儿的被、毯等。

【译文】佛肸凭借中牟县叛变，并设置了封赏用的城邑和烧
饭的大鼎，说："归顺我的封赏城邑，不归顺我的就烹煮他。"中牟
县的士子都归顺于他。只有城北余子田基最后才到，脱掉衣服准
备跳入鼎内，说："我听说，正义之人，即使华美的车子和官服摆
在眼前，不合道义的也不接受；刑罚斧钺就在身后，合乎道义的死
也不避。"于是脱掉衣服准备跳入鼎内。佛肸摇手制止。后来，赵
简子讨伐中牟城，取得胜利，奖赏功臣，第一个就奖赏田基。田基
说："我听说廉洁之士不羞辱别人。我就这样领受平定之功，那么
中牟的士子将终身感到惭愧啊。"于是背着母亲，南迁至楚国，楚王

崇尚他的道义，给他司马的待遇。

4-20齐崔杼弑庄公^①，邢蒯瞆使晋而反^②，其仆曰："崔杼弑庄公，子将奚如？"邢蒯瞆曰："驱之，将入死而报君。"其仆曰："君之无道也，四邻诸侯莫不闻也。以夫子而死之，不亦难乎？"邢蒯瞆曰："善能言也，然亦晚矣！子早言我，我能谏之；谏不听，我能去。今既不谏，又不去。吾闻食其禄者死其事。吾既食乱君之禄矣，又安得治君而死之？"遂驱车入死。其仆曰："人有乱君，人犹死之。我有治长，可毋死乎？"乃结辔自刭于车上^③。君子闻之曰："邢蒯瞆可谓守节死义矣。死者人之所难也，仆夫之死也，虽未能合义，然亦有志之意矣。《诗》云：'夙夜匪懈，以事一人，'邢生之谓也。《孟子》曰：'勇士不忘丧其元。'仆夫之谓也。"

【注释】①崔杼（？—前546）：姜姓，崔氏，名杼，谥武，又称崔子、崔武子，春秋时期齐国大夫，后为齐国执政。②邢蒯瞆（kuǎi kuì）：春秋时齐国大夫，其他事迹不详。③辔（pèi）：驾驭牲口的嚼子和缰绳。

【译文】齐国崔杼弑杀齐庄公。邢蒯瞆出使晋国回来，他的仆人说："崔杼杀了齐庄公，您准备怎么办？"邢蒯瞆说："驱车前往，我要以死报答君王。"他的仆人说："君王无道，四邻诸侯没有不知道的。您为他而死，这不难为您吗？"邢蒯瞆说："你的话讲得好，不过为时已晚！如果你及早告诉我，我可以进谏君王；如果他不听劝，我能离开。如今既不能进谏也不能离开。我听说，接受人家俸禄就要为人家出生入死。我既然接受了乱君的俸禄，又怎能遇上英明的君王而为他效力呢？"于是驱车前去以死报答君王。他的仆人说："别人遇乱君尚且以死报答，我遇到明主，怎能不以死报答呢？于是结好鞍辔，在车上自刎了。君子听说后，说："邢蒯聩称得上是为坚守气节道义而死啊。死，对于人来说是最难的事，仆人的死虽不合道义，但也算是仁人志士了。"《诗经》上说："早晚都不松懈，尽心侍奉一人。"邢生就是如此。《孟子》上说："勇士不忘随时随地牺牲生命。"仆人就是如此。

4-21燕昭王使乐毅伐齐①，闵王亡②。燕之初入齐也，闻盖邑人王歜贤③，令于军曰："环盖三十里毋入。"以歜之故。已而使人谓歜曰："齐人多高子之义，吾以子为将，封子万家。"歜固谢燕人，燕人曰："子不听，吾引三军而屠盖邑。"王歜曰："忠臣不事二君，贞女不更二夫。齐王不听吾谏，故退而耕于野。国既破亡，吾不能存。今又劫之以兵，为君将，是助桀为暴也。与其生而无义，固不如烹。"遂悬其躯于树枝，自奋绝脰而死④。齐亡大夫闻之曰："王歜布衣义犹不背齐向燕，况在位食禄者乎？"乃相聚如莒，求诸公子，立为襄王。

【注释】①燕昭王（？—前279）：帝号。名平。战国时燕王哙之子。时燕为齐所破，即位后，筑黄金台以招纳贤士。其后以乐毅为上将军，伐齐，入临淄，下齐七十余城，燕乃复强，在位三十三年，卒谥昭。乐毅（yuè yì）：子姓，乐氏，名毅，字永霸。中山灵寿人，战国后期杰出的军事家、战略家，魏将乐羊后裔，拜燕上将军，受封昌国君，辅佐燕昭王振兴燕国。②闵王（？—前284）：即齐湣王，妫姓，田氏，名地。战国时期齐国君主。公元前300年即位，即位后，掀起秦齐争霸的斗争。发动垂沙之战，大败楚国。函谷关之战，大败秦国。吞并富有的宋国，自称东帝。南割楚之淮北，西侵三晋，欲并周室，自称天子。前284年，乐毅带领五国联军攻破齐国七十二城，齐湣王出逃莒城，被楚国将领淖齿所杀。③盖邑：旧址在今沂源县东里店以西的盖冶村。春秋战国时齐邑。战国时齐国大夫王欢被封食采于盖邑，所以子孙以邑为姓，而姓了盖。王歜（chù）：生平如文述。④绝脰（dòu）：断颈。

【译文】燕昭王派乐毅征讨齐国，闵王逃亡。燕军刚到齐国，听说盖邑人王歜有才德，燕王号令三军说："围绕盖邑三十里之内不要进入。"因为王歜的缘故。不久，燕王派人对王歜说："齐人都尊敬您的道义，我任用您为将军，并封给您万家的土地。"王歜坚决推辞，燕王说："你不服从，我就派三军屠戮盖邑。"王歜说："忠臣不侍奉两个君王，贞女不嫁两个丈夫。齐王不接受我的规劝，所以我退隐，回家种地。国家既已破亡，我也不能苟活。现在您又以武力威逼，让我做您的将军，这是助桀为暴，帮助坏人施暴。与其丧失道义地苟活，还不如死。"于是就把自己的身体悬挂在树枝上，用力自断颈项而死。齐国逃亡的大夫听说后，说："王歜是个平民，都不肯背叛齐国投降燕国，何况我们享受国家俸禄在朝为官的人？"于是，大家在莒相聚，设法寻找齐闵王的子嗣，立为齐襄王。

4-22左儒友于杜伯①,皆臣周宣王②。宣王将杀杜伯而非其罪也,左儒争之于王,九复之而王弗许也。王曰:"别君而异友,斯汝也!"左儒对曰:"臣闻之,君道友逆,则顺君以诛友;友道君逆,则率友以违君。"王怒曰:"易而言则生,不易而言则死。"左儒对曰:"臣闻古之士不枉义以从死③,不易言以求生。故臣能明君之过,以死杜伯之无罪。"王杀杜伯,左儒死之。

【注释】①左儒:周宣王时的下大夫,与杜伯同为周宣王时重臣。杜伯:名恒,字平浓,周宣王的大夫,尧之九子的后裔,杜氏始祖。②周宣王:姓姬,名静,厉王之子,西周国君。曾南征北伐,重振周室声威,完成中兴大业。在位四十六年,谥宣。③从(zòng):通"纵",放任,不拘束。

【译文】左儒和杜伯是好朋友,同为周宣王时重臣。周宣王打算杀死杜伯,并且毁谤他有罪,左儒便与周宣王辩解,争取多次,周宣王都没有应许。周宣王说:"你为了袒护朋友而与君王离心离德!"左儒答:"我听说,君王讲道义而朋友忤逆的,就服从君王的旨意诛杀朋友;若朋友讲道义而君王无道的,就带领朋友脱离君王。"周宣王大怒,说:"你若改变主意就可活,不改变主意就死。"左儒答:"我听说古代的志士不会为了逃避死亡而屈就道义,不会为了求生而改变主意。所以臣能明谏君王的过失,并以死来证明杜伯无罪。"周宣王杀死杜伯,左儒也死了。

4-23莒穆公有臣曰朱厉附①,事穆公,不见识焉。冬处于山林食杼栗；夏处于洲泽食菱藕。穆公以难死，朱厉附将往死之。其友曰："子事君而不见识焉，今君难，吾子死之，意者其不可乎？"朱厉附曰："始我以为君不吾知也，今君死而我不死，是果知我也。吾将死之，以激天下不知其臣者。"遂往死之。

【注释】①莒穆公（？—前403）：己姓，西周时莒国国君。朱厉附：西周莒人。相传侍奉莒穆公而不被重用。

【译文】莒穆公有位臣子名叫朱厉附，侍奉穆公，却不被莒穆公赏识。朱厉附便退隐山林，冬天住在山里，吃橡果；夏天住在水边，吃菱藕。穆公罹难去世，朱厉附打算殉葬。他的朋友说："你侍奉穆公不被赏识，如今君王罹难，你要殉葬，想来不必如此吧？"朱厉附说："当初我认为穆公不了解我，如今穆公去世我不死，便是证明他果然了解我。我要去殉葬，以此来激励天下不了解臣子的君王。"于是前去殉葬。

4-24楚庄王猎于云梦①，射科雉得之②，申公子倍攻而夺之③，王将杀之。大夫谏曰："子倍自好者也④，争王雉必有说，王姑察之。"不出三月，子倍病而死。邲之战⑤，楚大胜晋，归而赏功。申公子倍之弟进，请赏于王曰："人之有功也于军旅，臣兄之有功也于车下⑥。"王曰："奚谓也？"对曰："臣之兄读故记曰：'射科雉者，不出三月必死。'臣之兄争而得之，故夭死也。"王命发乎府而视之，于记果有焉，乃厚赏之。

【注释】①云梦：古地名。借指古代楚地。②科雉：刚出窠之雉。③申公子倍：申公，复姓。名子倍。楚庄王的大夫。④子倍自好者也：原文脱"者"字，根据向宗鲁《校证》依《吕氏春秋》及《孟子》补。⑤邲（bì）：古地名，中国春秋时属郑，在今河南省郑州市东。⑥人之有功也于军旅，臣兄之有功也于车下：原文作"人之有功也赏于车下"，与文意不符，译义难通，显有脱文。现据向宗鲁《校证》引《吕氏春秋》《太平御览》及卢文弨说补。

【译文】楚庄王在云梦打猎，射中了一只幼雉，申公子倍上前抢走，庄王要杀他。大夫规劝说："子倍是洁身自好之人，抢走君王的幼雉，必定有原因，君王不妨观察观察。"不出三个月，子倍生病去世。在邲县一战中，楚国大胜晋国，回朝论功行赏。申公子倍的弟弟觐见向楚庄王请赏，说："别人是在战斗中取得功绩，我的兄长是在猎车下取得功绩。"楚庄王说："你所言何意？"答："我的兄长读古书时，书上面说：'射中幼雉的人，不出三月必死。'我的兄长抢走幼雉，所以夭亡。"楚庄王命人从府库找来古书查看，书上果真有记载，于是厚赏申公子倍。

卷五　贵德

【题解】贵德，指重视德行。本卷共采集31则从春秋战国至西汉初期的轶事、文献，说明圣君治理天下，当为政以德，其核心在于"仁爱万民"，君主施政当对百姓一视同仁，使人人皆得安乐。本卷内容不仅为历代帝王提供了仁政爱民的历史借鉴，同时，也为后世从政者提出了应有的道德标准。

5-1圣人之于天下百姓也，其犹赤子乎①！饥者则食之，寒者则衣之；将之养之，育之长之，唯恐其不至于大也。《诗》曰："蔽芾甘棠②，勿剪勿伐，召伯所茇③。"《传》曰④："自陕以东者⑤，周公主之；自陕以西者，召公主之。"召公述职，当桑蚕之时，不欲变民事，故不入邑中，舍于甘棠之下而听断焉。陕间之人皆得其所，是故后世思而歌咏之。善之故言之，言之不足，故嗟叹之；嗟叹之不足，故歌咏之。夫诗，思然后积，积然后满，满然后发，发由其道而致其位焉。百姓叹其美而致其敬,甘棠之不伐也,政教恶乎不行⑥? 孔子曰:"吾于《甘棠》,见宗庙之敬也。甚尊其人,必敬其位,顺安万物,古圣之道几哉⑦!"

【注释】①赤子:刚生的婴儿。②蔽芾(bì fèi)甘棠:茂盛的棠梨树。蔽芾,茂盛的样子。甘棠,木名。即棠梨。③召伯所茇(bá):召伯,姬姓,名奭(shì),又称召公(一作邵公)、召伯、召康公、召公奭,西周宗室、大臣,与周武王、周公旦同辈。茇,在草丛中休息住宿。④《传》:此即指《公羊传》。⑤陕:古地名。西周陕邑,在今河南省陕县。⑥恶(wū)乎:疑问代词。犹言何所。⑦几(jì):通"冀",希望。

【译文】君王对待天下百姓,好比初生婴儿一般!饿了给他饭吃,冷了给他衣穿;保养他抚育他,栽培使他成长,就怕长不大。《诗经》上说:"茂盛的甘棠树,不要剪,不要砍,这里曾是召伯居住的小草房。"《公羊传》上说:"陕以东的地域,由周公掌管;陕以西的地域,由召公掌管。"召公到任,正当桑蚕之时,为了不影响农事,所以没进城邑,住在甘棠树下的草房里,并在那里听讼断狱。陕地百姓都能各得其所,所以后世之人怀念且歌颂他。他的善举为人称道,称道不足以表达就赞叹;赞叹不足以表达,于是就歌颂他。诗歌,就是思念之情的堆积,积累到一定程度,并以某种形式爆发出来,产生预期的效果。百姓赞美他的仁政而向他致敬,甘棠树都不忍砍伐,还有什么政教行不通呢? 孔子说:"我从《甘棠》这首诗,看到了对先祖至高的崇敬。尊敬某人,必定尊敬他的居处,顺从事理,使万物安定,弘扬古代圣贤之道就有希望了!"

5-2 仁人之德教也，诚恻隐于中，悃愊于内^①，不能已于其心。故其治天下也，如救溺人。见天下强凌弱，众暴寡，幼孤羸露^②，死伤系虏，不忍其然。是以孔子历七十二君，冀道之一行，而得施其德，使民生于全育，丞庶安土，万物熙熙，各乐其终。卒不遇，故睹麟而泣^③，哀道不行，德泽不洽，于是退作《春秋》，明素王之道，以示后人，思施其惠，未尝辍忘。是以百王尊之，志士法焉，诵其文章，传今不绝，德及之也。《诗》曰："载驰载驱，周爰咨谋^④。"此之谓也。

【注释】①悃愊（kǔn bì）：至诚，诚实。②羸（léi）：瘦弱。③故睹麟而泣：《公羊传·哀公十四年》记载哀公西狩得麒麟，孔子见而流泪，并表示"吾道穷矣"。后以此比喻世道衰微。④周爰（yuán）咨谋：忠实地商议。周，诚，忠信 。

【译文】仁爱者的道德教化，确实是心存怜悯，满腔赤诚，在心中永不磨灭。所以他治理天下时，好比救溺水之人一般。看到天下强势欺凌弱小，多数施暴于少数，以及老幼病残，死伤或被拘虏的，都无法接受。所以孔子游历了七十二个国家，说服君王，希望得到一次机会，实行他的德政，切实恩泽百姓，使他们安居乐业，万物昌盛，各得其所。最终怀才不遇，所以看到麒麟出现孔子悲泣，感叹他的政治理想没有实现，德泽没有施与天下百姓，于是退隐还家编著《春秋》，显扬远古帝王治国之道，以此昭示后人，时刻考虑施恩惠及百姓，从未停止和忘记。所以后世的帝王以他为尊，志士效仿他，读他的文章，传到现在还没被人忘记，这是他的德泽所致。《诗经》上说："车马劳顿，只为忠实地询问和筹谋。"

说的就是这个意思。

5-3圣王布德施惠，非求报于百姓也；郊望禘尝①，非求报于鬼神也。山致其高，云雨起焉；水致其深，蛟龙生焉；君子致其道德而福禄归焉。夫有阴德者必有阳报，有隐行者必有昭名。古者沟防不修，水为人害，禹凿龙门，辟伊阙②，平治水土，使民得陆处。百姓不亲，五品不逊，契教以君臣之义③，父子之亲，夫妇之辨，长幼之序。田野不修，民食不足，后稷教之辟地垦草④，粪土树谷，令百姓家给人足。故三后之后⑤，无不王者，有阴德也。周室衰，礼义废，孔子以三代之道，教导于后世，继嗣至今不绝者，有隐行也。

【注释】①郊望禘（dì）尝：郊，古代祭天地的典礼。望，遥祭，指古代帝王祭祀山川、日月、星辰。禘，宗庙四时祭之一。每年夏季举行。尝，秋季祭祀曰尝。这里以四种祭祀名泛指一年之中四季的祭祀。②伊阙：是洛阳南面的天然门户，这里两岸香山、龙门山对立，伊水中流，远望就像天然的门阙一样。③契：古人名，中国商朝的祖先，传说是舜的臣，助禹治水有功而封于商。④后稷：周朝的先祖。相传姜原因践天帝迹而怀后稷，因初欲弃之，故取名曰弃。及长，帝尧举为农师；有功，遂封于邰，号曰后稷，别姓姬氏。⑤三后：指禹、契、后稷。《淮南子·人间训》："古者沟防不修……有阴德也"，如此文。

【译文】圣明的君王施布德泽，不图百姓报答；祭祀祖先，也不图鬼神报答。山到一定高度，就会兴起云雨；水到一定深度，就会出现蛟龙；君子德行有一定修为，福禄自然降临。暗中帮助别人必有明显的回报；不显露善行的必定有显著的名声。古时候，不修整沟渠堤防，导致洪水泛滥，大禹开凿龙门和伊阙，平治水患，使百姓能生活在陆地上。当百姓不睦，五伦不顺时，契传授给百姓君臣之义，父子之情，夫妇之别，长幼之序。当农田缺乏保养，粮食产量不足时，后稷教导百姓开垦荒地，施粪土、种庄稼，使百姓自给自足，家家富裕。所以禹、契、后稷的后代，没有不称霸天下的，这是有阴德的缘故。周王室衰落，礼义废止，孔子用夏、商、周三代的治国之道教导百姓，所以他的后代至今没有断绝，这是有隐行的原因。

5-4《周颂》曰①："丰年多黍多稌②，亦有高廪，万亿及秭③，为酒为醴④，烝畀祖妣⑤，以洽百礼，降福孔偕。"《礼记》曰⑥："上牲损则用下牲，下牲损则祭不备物。"以其舛之为不乐也⑦。故圣人之于天下也，譬犹一堂之上也。今有满堂饮酒者，有一人独索然向隅而泣，则一堂之人皆不乐矣。圣人之于天下也，譬犹一堂之上也，有一人不得其所，则孝子不敢以其物荐进。

【注释】①《周颂》：是《诗经》篇章之总名，为先秦时代的诗歌，共三十一篇。多为西周初年的作品。因祭祀的对象包括祖先、天地、农神等。②稌(tú)：特指糯稻。③秭(zǐ)：计量单位。旧称一万亿为秭。④醴(lǐ)：甜酒。⑤烝畀(zhēng bì)祖妣(bǐ)：烝，进献。畀，给与。祖妣，先祖父母。⑥《礼记》：又名《小戴礼记》《小戴记》，成书于汉代，为西汉礼学家戴圣所编。是中国古代一部重要的典章制度选集，是研究先秦社会的重要资料，是一部儒家思想的资料汇编。⑦舛（chuǎn）：错误，错乱。

【译文】《周颂》上说："丰收年稻和谷产量高，粮仓也堆得高高的，多得不计其数，酿酒酿醴，祭献先祖父母，以配合各种礼仪，希望天降福祉给众生。"《礼记》上说："祭祀的牛羊不足，就用猪代替，猪也没有了，那么祭祀时就不准备东西。"因为违背天意，会引起不好的事。圣人治理天下就如同处在厅堂之上，假如满堂都是饮酒的人，但有一个人独自对着墙角哭泣，那么满堂的人都会不愉快了。圣人治理天下就好像处在厅堂之上，如果堂上有一个人不能得到适当的位置，那么孝子也不敢将他的物品进献上来。

5-5魏武侯浮西河而下①，中流顾谓吴起曰②："美哉乎！河山之固也，此魏国之宝也！"吴起对曰："在德不在险。昔三苗氏左洞庭③，右彭蠡④，德义不修，（而）禹灭之⑤。夏桀之居⑥，左河济⑦，右太华⑧，伊阙在其南，羊肠在其北⑨，修政不仁，而汤放之。殷纣之国，左孟门而右太行⑩，常山在其北⑪，大河经其南⑫，修政不德，武王伐之。由此观之，在德不在险。若君不修德，船中之人尽敌国也。"武侯曰："善！"

【注释】①魏武侯（？—前370）：姬姓，魏氏，名击，魏文侯之子，战国初期魏国国君，公元前395年至公元前370年在位。西河：河川名。古称黄河在西部地方南北流的一段。②吴起（前440—前381）：姜姓，吴氏，名起，卫国左氏（今山东曹县）人。中国战国初期军事家、政治家、改革家，兵家代表人物。③三苗氏：古国名。我国少数民族之一。洞庭：湖名。即洞庭湖。④彭蠡：湖泊名。即今鄱阳湖。⑤而禹灭之：原文脱"而"字，根据向宗鲁《校证》依《太平御览》补。下文"而汤放之"中"而"字亦同。⑥夏桀：夏朝末位君主，名履癸，谥号桀，约于公元前1818年左右即位，荒淫无度，暴虐无道，于公元前1766年左右为成汤所败，死于南巢，夏亡。⑦河济：黄河与济水的并称。⑧太华：山名。即西岳华山，在陕西省华阴市南，因其西有少华山，故称太华。⑨羊肠：羊肠坂的省称。⑩孟门：地名，在今山西省吕梁市柳林县西北23公里处的黄河之滨。北接碛口，南临军渡，东靠柳林，西隔黄河与陕西吴堡相望。因洪荒时期，大禹在此凿开蛟龙壁，疏通黄河第一个洪水出口，故有"天下黄河第一门"之称，也因此得名"孟门"。⑪常山：山名。五岳中的北岳，位于山西省与河北省境内。主峰在河北省曲阳县西北，在五岳中高度居第三。⑫太河：特指黄河。

【译文】魏武侯乘船沿西河顺流而下，船至中游，魏武侯回头对吴起说："美啊！河山险要坚固，是魏国的国宝呀！"吴起答，"魏国的国宝在于德政，不在于地势险要。从前，三苗氏左有洞庭湖，右有鄱阳湖，但因其不重视培养仁德教化，而被大禹所灭。夏桀所居之处，左有黄河、济水，右有太华山，伊阙在南，羊肠据北，但由于他施政残暴不仁，而被商汤驱逐。殷纣王的国都，左有孟门山，右有太行山，北有常山，大河流经南境，但也由于他施政残暴不仁，而被周武王伐罪。可见，魏国的国宝在于德政而不在于地势险要。如果君王不注重培养自己的德行，那么同船的人都有可能是您的敌人。"武侯说："你说得对！"

5-6武王克殷,召太公而问曰:"将奈其士众何?"太公对曰:"臣闻爱其人者,兼屋上之乌;憎其人者,恶其余胥①。咸刘厥敌②,使靡有余,何如?"王曰:"不可。"太公出,邵公入③,王曰:"为之奈何?"邵公对曰:"有罪者杀之,无罪者活之,何如?"王曰:"不可。"邵公出,周公入,王曰:"为之奈何?"周公曰:"使各居其宅,田其田,无变旧新,惟仁是亲,百姓有过,在予一人。"武王曰:"广大乎,平天下矣。"凡所以贵士君子者,以其仁而有德也。

【注释】①余胥:也作"储胥",指墙壁,围栏,藩篱。②咸:全,都。刘:杀,戮。厥:其他的,那个的。③邵公:即召公。

【译文】周武王战胜殷商,召见姜太公问:"该怎么处置殷商的士兵和百姓?"太公答:"我听说爱某人,则爱屋及乌;憎恶某人,连他家的藩篱也厌恶。将他们斩尽杀绝,一个不留,如何?"武王说:"不可。"姜太公退下,邵公觐见,武王问:"如何处置那些人是好?"邵公答:"杀掉有罪之人,无罪之人让他活命,如何?"武王说:"不可。"邵公退下,周公觐见,武王问:"如何处置那些人是好?"周公说:"让他们各自安居家中,种自己的田,对他们一视同仁,只亲近仁人志士,百姓若有过错,责任在于君王一人。"武王说:"心胸如此宽广,可平定天下。"士君子被尊重的原因,是因为他们的仁德啊。

5-7孔子曰:"里仁为美,择不处仁,焉得智?"夫仁者,必恕然后行。行一不义，杀一无辜，虽以得高官大位，仁者不为也。夫大仁者，爱近以及远，及其有所不谐，则亏小仁以就大仁。大仁者，恩及四海；小仁者，止于妻子。妻子者，以其知营利，以妇人之恩抚之，饰其内情，雕画其伪①，孰知其非真？虽当时蒙荣，然士君子以为大辱。故共工、驩兜、符里、邓析②，其智非无所识也，然而为圣王所诛者，以无德而苟利也。竖刁、易牙，毁体杀子以干利③，卒为贼于齐。故人臣不仁，篡弑之乱生；人臣而仁，国治主荣；明主察焉，宗庙大宁。夫人臣犹贵仁，况于人主乎？故桀纣以不仁失天下，汤武以积德有海土，是以圣王贵德而务行之。《孟子》曰："推恩足以及四海④，不推恩不足以保妻子。古人所以大过人者无他焉，善推其所有而已。"

【注释】①雕画：引申为文饰。②共工：古史传说人物。为尧臣，和驩兜，三苗，鲧并称为"四凶"，被流放于幽州。驩（huān）兜：相传为尧舜时的部落首领，四凶之一。符里：即付里乙，春秋时期齐国人，被管仲所杀。邓析（前545—前501）：郑国人，郑国大夫，春秋末期思想家，"名辨之学"倡始人。第一个提出反对"礼治"思想。③竖刁：春秋时齐桓公的宦官寺人貂谀事桓公，颇受宠信。易牙：春秋时齐国人。为齐桓公的内侍，擅烹调，善逢迎，甚得桓公的宠爱。④推恩：施恩惠于他人。

【译文】孔子说："居住在有仁德的地方才完美，选择居所，不住在仁德之地，怎能算是明智？"仁德之人，必存有宽容之心，然后才行事。做一件不义之事，杀一个无罪之人，即使能换来显赫的地位，仁德之人也不屑于做。真正仁厚的人，由近及远善待身边每个人，遇到不和谐之处，则牺牲小我，顾全大局。极尽仁义的人可使恩泽惠及天下；一般仁义的人仅限于恩泽老婆、孩子。仅恩泽老婆、孩子的人，只知道谋取私利，以妇人的手段安抚人，掩藏内心的真实情感，文饰虚伪的行为，谁能知道他不是真的呢？即使当时享受荣宠，但士君子认为这是奇耻大辱。共工、骥兜、符里、邓析，以他们的智慧不是不明白这个道理，然而之所以被英明的君王杀掉，还是因为他们缺乏高尚的品德，一味谋取私利。竖习、易牙为了谋利不惜自残身体、杀死儿子，最终祸乱齐国。所以臣子不仁德，篡权弑主的叛乱就会发生；臣子仁德，则国家安定，君王荣逸；英明的君王深谙此理，则江山稳固。臣子都要如此注重仁德，更何况一国之君呢？所以夏桀、商纣因为不施仁德而失去政权，商汤、武王因厚积仁德而坐拥天下，因此英明的君王注重仁德，并身体力行。《孟子》上说："广施恩德能惠及天下百姓，否则连自己的老婆、孩子也无法保全。先古圣贤之所以超越常人，没有其他原因，只是因为他们善于施行仁德给所有人而已。"

5-8晏子饮景公酒，令器必新。家老曰："财不足，请敛于民。"晏子曰："止！夫乐者，上下同之，故天子与天下，诸侯与境内，自大夫以下各与其僚，无有独乐。今上乐其乐，下伤其费，是独乐者也，不可。"

【译文】晏子请齐景公喝酒，命人务必准备新的酒具。家中老臣说："钱不够，请允许我向百姓征收。"晏子说："不可！喜悦应该上下共同享受，天子与庶民同乐，诸侯和国民同乐，自大夫以下都与僚属同乐，没有独自享乐的。如今居高位者只顾自己享乐，下面的百姓却为了费用而伤神，这是独自享乐，不能这么做。"

5-9齐桓公北伐山戎氏^①，其道过燕^②，燕君逆而出境^③。桓公问管仲曰："诸侯相逆^④，固出境乎？"管仲曰："非天子不出境。"桓公曰："然则燕君畏而失礼也。寡人不道，而使燕君失礼。"乃割燕君所至之地，以与燕君。诸侯闻之，皆朝于齐。《诗》云："靖恭尔位，好是正直，神之听之，介尔景福^⑤。"此之谓也。

【注释】①山戎氏：山戎是春秋时期北方的一支较强大的少数民族，匈奴的一支。②其道过燕：原文"过"误作"遇"，据明钞本修改。③燕君（？—前658）：姬姓，燕桓侯之子，是春秋时期燕国君主。④诸侯相逆：原文"逆"误作"道"，据明钞本修改。⑤介：佐助。

【译文】齐桓公向北征讨山戎氏，行军时途经燕国，燕庄公出境欢迎。齐桓公问管仲："诸侯彼此相迎，可以出境吗？"管仲说："不是迎接天子，则不可出境。"齐桓公说："那么燕君是因畏惧齐国势力而失礼了。因为我不按常理行事，致使燕君失礼。"于是就将燕君所到之地划分给他。诸侯们听说后，都来齐国朝拜。《诗经》上说："恭敬谨慎地忠于职守，这正是事物正确运行的规律，神明听到后，会赐予你洪福。"说的就是这个意思。

5-10景公探爵鷇①，鷇弱，故反之。晏子闻之，不待请而入见。景公汗出惕然。晏子曰："君胡为者也？"景公曰："我采爵鷇，鷇弱，故反之。"晏子逡巡北面再拜而贺之②："吾君有圣王之道矣。"景公曰："寡人入探爵鷇，鷇弱故反之，其当圣王之道者何也？"晏子对曰："君探爵鷇，鷇弱故反之，是长幼也。吾君仁爱，禽兽之加焉，而况于人乎？此圣王之道也。"

【注释】①爵鷇（jué kòu）：雏雀。②逡巡（qūn xún）：因为有所顾虑而徘徊不前。

【译文】景公去掏取小鸟，小鸟太弱小，所以又放回窝里。晏子听说后，没等召见就径直去觐见景公。景公惶恐得直冒汗。晏子说："君王为何这样？"景公说："我去掏取小鸟，可是小鸟太弱小，所以我又放回窝里。"晏子徘徊至北面行礼贺道："吾君具有英明君王的仁德啊。"景公说："我去掏取小鸟，小鸟太弱小，所以又放回窝，这和英明君王的仁德有何关系？"晏子答："君王去掏取小鸟，小鸟太弱小，所以又放回窝里，是为了让幼鸟长大。吾君宅心仁厚，连禽兽都受到恩惠，何况百姓呢？这就是英明君王的仁德。"

5-11景公睹婴儿有乞于途者，公曰："是无归乎？"晏子对曰："君存，何为无归？使养之，可立而以闻。"

【译文】景公看到幼儿在大路上乞讨，景公问："这孩子无家可归吗？"晏子答："有君王在，怎会无家可归？（景公）派专人抚养他，可马上因此而闻名。"

5-12景公游于寿宫，睹长年负薪而有饥色①。公悲之，喟然叹曰："令吏养之。"晏子曰："臣闻之，乐贤而哀不肖，守国之本也。今君爱老而恩无不逮②，治国之本也。"公笑有喜色。晏子曰："圣王见贤以乐贤，见不肖以哀不肖。今请求老弱之不养，鳏寡之不室者③，论而供秩焉④。"景公曰："诺。"于是老弱有养，鳏寡有室。

【注释】①长（zhǎng）年：指老年人。②逮（dài）：到，及。③鳏（guān）寡：老而无妻或无夫的人。引申指老弱孤苦者。④论：通"伦"。条理，次序。

【译文】齐景公在寿宫游玩，看到老者背着柴，面露饥色。景公感到难过，叹息道："命官吏供养他。"晏子说："我听说，喜欢贤士，同情不才之人，这是守住国家的根本。如今君王怜爱老者且恩无不及之处，这是治理国家的根本。"景公笑而面带喜色。晏子说："英明的君王看到贤士就喜欢贤士，看到不才之人就同情他们。如今我请求对无人供养的老弱孤苦者，按不同等级供养他们。"景公说："诺。"于是老弱有人供养，孤苦者有了家室。

5-13桓公之平陵①，见家人有年老而自养者，公问其故。对曰："吾有子九人，家贫无以妻之②，吾使佣而未返也。"桓公取外御者五人妻之③。管仲入见曰："公之施惠，不亦小矣?"公曰:"何也?"对曰:"公待所见而施惠焉,则齐国之有妻者少矣。"公曰:"若何?"管仲曰:"令国丈夫二十而室,女子十五而嫁。"

【注释】①平陵:春秋时齐邑。位于齐国故都临淄以西,是连接齐地与中原的要塞。②妻(qì):娶女子为配偶。③外御:特指后宫未正式册封的宫女。

【译文】齐桓公来到平陵城,看到有一家人,年迈的老者自己煮饭,桓公问他原因。答:"我有九个儿子,因家境贫寒无法给他们娶妻,我让他们出去做帮工,还没回来。"桓公就把五名宫女赐婚给老者的儿子。管仲觐见说:"君王所施的恩惠,岂不太小了?"桓公问"为什么?"管仲答:"等到君王看见再施恩惠,那齐国能娶妻的人就太少了。"桓公说:"那怎么办?"管仲说:"命令全国男子二十岁娶妻,女子十五岁出嫁。"

5-14孝宣皇帝初即位①,守廷尉史路温舒②,上书言尚德缓刑。其词曰:"陛下初即至尊,与天合符,宜改前世之失,正始受之统。涤烦文,除民疾,存亡继绝,以应天德,天下幸甚。臣闻往者秦有十失,其一尚存,治狱吏是也③。昔秦之时,灭文学,好武勇,贱仁义之士,贵治狱之吏。正言谓之诽谤,谒过谓之妖言。故盛服先生,不用于世,忠良切言,皆郁于胸;誉谀之声,日满于耳;虚美熏心,实祸蔽塞,此乃秦之所以亡天下也。方今海内赖陛下厚恩,无金革之危,饥寒之患;父子夫妇，戮力安家，天下幸甚。然太平之未洽者，狱乱之也。夫狱，天下之命，死者不可生，断者不可属。《书》曰：'与其杀不辜，宁失不经④。'今治狱吏则不然，上下相驱，以刻为明，深者获公名，平者多后患。故治狱吏皆欲入死。非憎人也，自安之道，在人之死。是以死人之血，流离于市；被刑之徒，比肩而立；大辟之计⑤，岁以万数。此圣人所以伤太平之未洽，凡以是也。人情安则乐生，痛则思死，捶楚之下，何求而不得？故囚人不胜痛，则饰诬词以示之；吏治者利其然，则指道以明之；上奏恐却，则锻炼而周内之⑥；盖奏当之成，虽皋陶听之，犹以为死有余罪。何则？成炼之者众⑦，而文致之罪明也。是以狱吏专为深刻残贼而无理，偷为一切，不顾国患，此世之大贼也。故俗语云：'画地作狱，议不可入；刻木为吏，期不可对。'此皆疾吏之风⑧，悲痛之辞也。故天下之患，莫深于狱；败法乱政，离亲塞道，莫甚乎治狱之史。此臣所谓一尚存也。臣闻鸟鷇之卵不毁，而后凤皇集；诽谤之罪不诛，而后良言进。故《传》曰：'山薮藏疾⑨，川泽纳污，国君含垢，天之道也。'臣昧死上闻，愿陛下察诽谤，听切言，开天下之口，广箴谏之路，改亡秦之一失，遵文武之嘉德，省法制⑩，宽刑罚，以废烦狱，则太平之风可兴于世，福履和乐，与天地无极，天下幸甚。"书奏，皇帝善之，后卒为临淮⑪太守。

【注释】①孝宣皇帝（前91—前48）：原名刘病已，字次卿。西汉第十位皇帝。②廷尉史：官名，秦置，为九卿之一。掌刑狱。秦汉至北齐主管司法的最高官吏。③治狱吏：旧时掌管讼案、刑狱的官吏。④不经：不合于常规。⑤大辟：死刑。古代五刑的一种。⑥锻炼：此处指酷吏故意加罪于人。⑦成炼：经罗织、锻炼，罪名成立。⑧风：通"讽"。用含蓄的话劝告或讥刺。⑨薮（sǒu）：生长着很多草的湖泽。⑩省法制：原文"省"误作"者"，根据明钞本修改。⑪临淮：公元前117年，置临淮郡，郡治徐县（今苏北泗洪县南）。

【译文】孝宣皇帝即位之初，代理廷尉史路温舒上书，主张推崇德政，宽缓刑罚。书中写道："陛下即位之初，顺应天意，应当纠正前朝过失，端正刚接受的纲纪。祛除繁文缛节，解除百姓疾苦，保存即将消亡的侯国，延续即将断绝的世卿，顺应上天的旨意，便是百姓的福祉。臣听说从前秦朝有十宗罪，其中之一遗留至今，那就是狱官。秦朝时，销毁文字古籍，崇尚功夫勇力，轻视仁人志士，器重狱官。忠言被说成是诽谤，揭发罪过被说成是妖言。所以行为端正的儒生不被任用，忠诚恳切的肺腑之言都郁积于胸；阿谀奉承之声终日不绝于耳；浮夸的溢美之词浸染心灵，真实的灾祸被隐藏阻塞，这是秦朝灭亡的原因。当今天下仰仗陛下的恩德，无战乱威胁，无饥寒之忧，妻儿老小共同努力，安家立业，这是百姓的福祉。然而太平景象还未遍及的原因，就是由于刑狱祸乱。刑狱，是天下之根本，人死不可复生，砍断的肢体不可再接。《尚书》上说："与其杀害无辜，宁可违犯常理。'如今的狱官则不是这样，他们上下勾结，把苛刻视作严明；过分苛刻者反而获得公正之名，真正公正之人反而后患无穷。因此狱官都想置人于死罪。不是憎恨犯人，而是使自己安稳的方法，就是处死犯人。所以死人的血在街市刑场横流；被判刑的人，并肩站着；每年判处死刑的人，数以万计。

令英明的君王感伤，太平景象还未遍及，大抵是因为此事。人之常情是生活安定就乐意活着，痛苦就想死去，在鞭子棍棒之下，什么样的口供得不到呢？所以囚犯忍受不了痛苦，就呈上虚假供词；狱官觉得这样有利办案，就按律治罪；又怕上报的案宗被驳回，就弥补漏洞，使其更加周密；所有审理完并上报的案件，即使皋陶来审理，也认为死有余辜。为什么会这样？因为罪名成立的人多，而且舞文弄法罪证清晰。所以狱官为了过分苛刻案件而无所不用其极，苟且敷衍，不顾国家忧患，这是世间最大的危害。所以俗话说：'画地为牢，切不可入；刻木为吏，切不可对。'这都是痛恨狱官作风而发生的悲痛言辞。因此天下的祸患，没有比刑狱更严重的了；败坏国法，扰乱朝纲，叛离亲情，蔽塞正义，没有比狱官危害更大的了。这就是我所说的遗留至今的秦朝十宗罪之一。我听说不损毁幼鸟之卵，然后凤凰才会来栖；不治罪诽谤之人，然后人们才敢进言。所以《左传》上说：'山林河泽隐藏疾患，大河湖沼容纳污秽，一国之君忍辱负重，这是自然规律。'臣冒死进谏君王，希望陛下明察诽谤，听取忠言，广开言路，扩大进谏的渠道，纠正亡秦遗毒，尊崇文王、武王之美德，精简法制，宽缓刑罚，废黜烦琐的狱讼，那么太平景象便可在世间兴盛，福禄和合，福与天齐，那真是百姓的福祉啊。"呈上奏书，皇帝赞许他，后来他去世时位居临淮太守。

5-15晋平公春筑台[①]，叔向曰[②]："不可。古者圣王贵德而务施，缓刑辟而趋民时[③]。今春筑台，是夺民时也。夫德不施，则民不归，刑不缓，则百姓愁。使不归之民，役愁怨之百姓，而又夺其时，是重竭也。夫牧百姓，养育之而重竭之，岂所以定命安存, 而称为人君于后世哉? "平公曰: "善!"乃罢台役。

【注释】①晋平公(? —前532): 姬姓, 名彪, 晋悼公之子, 春秋时期晋国国君。②叔向: 复姓。春秋晋大夫羊舌肸(xī), 字叔向, 后以其字为姓。③刑辟(pì): 刑法, 刑律。

【译文】春季晋平公要修筑楼台, 叔向说: "不可。古代的明君注重仁德并尽力施行, 宽缓刑律并以民时为当务之急。如今春季筑台, 就是占用了民时。仁德不施则百姓不愿归顺, 刑罚不宽缓则百姓产生愁怨。差使不愿归顺的百姓, 奴役愁怨的百姓, 又占用他们耕种的时间, 这是加倍压榨他们。治理百姓, 本该养育却加倍压榨他们, 难道这是使百姓安居乐业, 且被后世称颂的国君吗?"平公说: "对!"于是停止征集筑台的仆役。

5-16赵简子春筑台于邯郸, 天雨而不息, 谓左右曰: "可无趋种乎?"尹铎对曰①: "公事急, 厝种而悬之台②。夫虽欲趋种, 不能得也。"简子惕然, 乃释台罢役曰: "我以台为急, 不如民之急也, 民以不为台故, 知吾之爱也。"

【注释】①尹铎: 少昊的后裔, 晋卿赵鞅的家臣。今南梁镇东尹村人。②厝(cuò): 安置, 措置。

【译文】春季赵简子在邯郸修筑楼台, 结果雨水不断, 他对周围人说: "没有急着种田的人吗?"尹铎答: "公事要紧, 他们已经把种子安置在高台之上。即使他们想抢种, 也办不到。"简子警醒过来, 于是停止筑台, 解散劳役, 说: "我筑台紧急, 不如百姓种田紧急。百姓因为不再筑台的原因，便可知我对他们的爱护。"

5-17中行献子将伐郑①，范文子曰②："不可。得志于郑，诸侯仇我，忧必滋长。"郤至又曰③："得郑是兼国也。兼国则王，王者固多忧乎？"文子曰："王者盛其德而远人归，故无忧。今我寡德而有王者之功，故多忧。今子见无土而欲富者乐乎哉？"

【注释】①中行献子（？—前554）：姬姓，中行氏，名偃，字伯游，谥号"献"，春秋中期晋国卿大夫。②范文子（？—前574）：祁姓，士氏，名燮（xiè），谥号"文"。春秋时期晋国大夫。为人道德高尚，才能卓越。③郤（xì）至（？—前574）：姬姓，步氏，名至，谥"昭"，故称郤昭子。晋国唐叔虞十七世孙。春秋时期晋国外交家、军事家。

【译文】中行献子将要去征讨郑国，范文子说："不可。如果征讨成功，诸侯仇视我们，必定会加深忧怨。"郤至又说："得到郑国，属于兼并别国。兼并别国则可称王天下，称王者本来就忧怨多吗？"范文子说："称王者怀有深厚的恩德，远方的百姓都愿归顺，所以没有忧怨。如今我们缺少恩德，却想称王天下，所以忧怨多。你见过没有土地却想富庶的人能安乐吗？"

5-18季康子谓子游曰①："仁者爱人乎？"子游曰："然。""人亦爱之乎？"子游曰："然。"康子曰："郑子产死②，郑人丈夫舍玦佩③，妇人舍珠珥，夫妇巷哭，三月不闻竽琴之声。仲尼之死，吾不闻鲁国之爱夫子，奚也？”子游曰：“譬子产之与夫子，其犹浸水之与天雨乎！浸水所及则生，不及则死。计民之生也^④，必以时雨，既以生，莫爱其赐。故曰：譬子产之与夫子也，犹浸水之与天雨乎！”

【注释】①季康子：姬姓，季氏，名肥。谥康，春秋时期鲁国的正卿。子游（前506—前443）：即言偃，字子游，吴郡常熟（今江苏省常熟市虞山镇）人。春秋时期思想家、"孔门七十二贤"中唯一的南方弟子。②子产（？—前522）：春秋时期著名政治家、思想家。姬姓，公孙氏，名侨，字子产，又字子美，谥成子。③玦（jué）佩：环形而有缺口的玉佩。④计民之生也："计"字，明钞本作"斯"，据改。

【译文】季康子问子游说："仁德之人爱别人吗？"子游说："是的。"季康子又问："别人也爱他吗？"子游说："是的。"季康子说："郑国的子产去世，郑国男人都摘下玉饰，女人都摘下耳坠，夫妇在街巷里痛哭，三个月听不到器乐演奏声。孔子去世时，我没听说鲁国人如此爱戴孔子，什么原因呢？"子游说："子产和孔子，好比沟渠之水和天降雨水！沟渠之水所到之处，作物就能生长；未及之处作物就枯死。百姓的生存之计，一定要有及时雨，既然能够生存，便不会珍爱上天所赐。所以说：子产和孔子，就好比沟渠之水和天降雨水啊！"

5-19 中行穆子围鼓^①，鼓人有以城反者，不许。军吏曰："师徒不勤^②，可得城，奚故不受？"曰："有以吾城反者，吾所甚恶也，人以城来，我独奚好焉？赏其所甚恶，有失赏也，若所好何? 若不赏, 是失信也, 奚以示民? "鼓人又请降, 使人视之, 其民尚有食也, 不听。鼓人告食尽力竭, 而后取之。克鼓而反, 不戮一人。

【注释】①中行穆子(? —前519): 姬姓, 中行氏, 名吴, 谥穆, 春秋后期晋国名将。鼓: 古国名。春秋时鼓国, 在今河北省晋州, 白狄的一支, 为晋国所灭。②师徒: 士卒、军队。

【译文】中行穆子围攻鼓国, 鼓国有人想献城叛变, 中行穆子不答应。军吏们说: "军队不动一兵一卒, 就可得到城池, 为何不接受呢? "中行穆子说: "若有人以出卖我的国家叛变, 我是非常憎恨的; 有人献城叛变, 我为何要喜欢呢? 赏赐自己憎恨的人, 就违背了奖赏的意义, 对于喜欢的人又该如何? 如果不赏, 就失去了信用, 该如何向百姓交代? "鼓国人又请求投降, 中行穆子派人去察看, 发现鼓国的百姓还有饭吃, 仍然没答应。直到鼓国人说食物吃光, 力量也用尽了, 然后才俘获鼓国。战胜鼓国班师回朝, 没杀一个人。

5-20孔子之楚, 有渔者献鱼甚强, 孔子不受, 献鱼者曰: "天暑市远①, 卖之不售, 思欲弃之, 不若献之君子。"孔子再拜受, 使弟子扫除, 将祭之, 弟子曰: "夫人将弃之, 今吾子将祭之, 何也? "孔子曰: "吾闻之, 务施而不腐余财者, 圣人也。今圣人之赐, 可无祭乎? "

【注释】①市远: 原文作"远市", 此处根据卢文弨校语乙正。

【译文】孔子到楚国, 有位渔夫执意献鱼给孔子, 孔子不肯接受。献鱼之人说："天热，距离市场又远，卖也卖不掉，想着扔掉它，不如送给先生。"孔子行礼后接受了鱼。他叫弟子洒扫庭除，准备祭祀。弟子说："渔夫将要扔掉的，先生却要拿来祭祀，是何原因？"孔子说："我听说，为了不使多余的财物变质，而尽力施舍的人是圣人。如今我接受圣人的赏赐，能不献祭吗？"

5-21郑伐宋，宋人将与战，华元杀羊食士①，其御羊斟不与焉②。及战，曰："畴昔之羊羹，子为政；今日之事，我为政。"与华元驰入郑师，宋人败绩。

【注释】①华元（？—前573）：子姓，华氏，名元，宋戴公五世孙，春秋时期宋国大臣，官至大夫，成为宋国六卿之一。②羊斟：春秋时期宋大夫华元的车夫。留下"羊斟惭羹"的故事，被史学家作为以私害公的典型写入史册。

【译文】郑国征讨宋国，宋国将要迎战。华元杀羊给士兵们吃，却没分给为他驾车的羊斟。打仗时，羊斟说："过去分羊羹，是你做主。今天打仗驾车之事，是我做主。"便驾车驰入郑国的军营，宋国大败。

5-22楚王问庄辛曰①："君子之行奈何？"庄辛对曰："居不为垣墙，人莫能毁伤；行不从周卫②，人莫能暴害。此君子之行也。"楚王复问："君子之富奈何？"对曰："君子之富，假贷人③，不德也，不责也；其食饮人，不使也，不役也；亲戚爱之，众人善之，不肖者事之，皆欲其寿乐而不伤于患。此君子之富也。"楚王曰："善!"

【注释】①楚王(？—前263)：即楚顷襄王，出生于湖北宜城东南，芈姓，熊氏，名横，楚怀王之子，战国时期楚国国君。庄辛：庄氏，名辛。纪郢人。战国时楚封君。曾劝诫襄成君，改正不能以礼待人的毛病。②周卫：禁卫兵士。③假贷：借贷。④众人善之：原文"善"作"喜"，根据向宗鲁《校证》依卢文弨校与《后汉书》等改。

【译文】楚王问庄辛："君子的行为是什么样？"庄辛答："住宅四周不筑围墙，别人不能伤害他；走路不带侍卫，别人不能以暴力伤害他。这就是君子的行为。"楚王又问："君子的富有是什么样？"答："君子的富有，借钱给别人，不要对方感恩，也不向对方追讨；给别人吃喝，不差使对方，也不奴役对方。亲戚爱戴他，众人称赞他，不才之人侍奉他，都希望他长寿喜乐，不为祸患所累。这就是君子的富有。"楚王说："说得对!"

5-23丞相西平侯于定国者①，东海下邳人也②。其父号曰于公，为县狱吏，决曹掾③，决狱平法，未尝有所冤。郡中离文法者④，于公所决，皆不敢隐情。东海郡中为于公生立祠，命曰："于公祠"。东海有孝妇，无子，少寡，养其姑甚谨，其姑欲嫁之，终不肯。其姑告邻之人曰："孝妇养我甚谨，我哀其无子，守寡日久，我老累丁壮奈何？"其后母自经死。母女告吏曰："孝妇杀我母。"吏捕孝妇，孝妇辞不杀姑，吏欲毒治⑤，孝妇自诬服，具狱以上府⑥。于公以为养姑十年以孝闻，此不杀姑也。太守不听，数争不能得，于是于公辞疾去吏，太守竟杀孝妇,郡中枯旱三年。后太守至,卜求其故,于公曰:"孝妇不当死,前太守强杀之,咎当在此。"于是杀牛祭孝妇冢,太守以下自至焉,天立大雨,岁丰熟。郡中以此益敬重于公。于公筑治庐舍,谓匠人曰:"为我高门,我治狱未尝有所冤,我后世必有封者,令容高盖驷马车。"及子,封为西平侯。

【注释】①于定国(?—前40):字曼倩,东海郡郯县人。西汉时期官员。②东海下邳(pī):公元前221年秦统一六国,于邳地置县,下邳县治下邳城,属东海郡。③决曹掾(yuàn):专职的司法官吏,审理一般案件,最后由郡守裁决。④离文法:触犯法律。离,通"罹"。文法:古时指法令条文。⑤毒治:严惩。⑥具狱:狱讼资料完全,据以定罪。

【译文】丞相西平侯于定国,东海郡下邳县人士。他的父亲名叫于公,是县狱吏、郡决曹掾,他执法公正无私,从未出现冤案。郡中触犯法律之人,经由于公审判,都不敢隐瞒真相。东海郡中在于公生前就为他建立祠堂,名为"于公祠"。东海郡有位孝顺媳妇,没有子嗣,年轻守寡,赡养婆婆十分勤谨,婆婆想让她改嫁,她始终不肯。婆婆对邻居说:"孝顺媳妇十分勤谨地照顾我,可怜她没儿子,守寡时间又长,我总这么拖累年轻人,如何是好?"之后,婆婆自杀死了。婆婆的女儿到官府告状,说:"这妇人杀死我母亲。"官吏逮捕孝妇,孝妇矢口否认杀了婆婆,官吏打算给她用刑,她只得编造谎言认罪,狱讼资料完备后定罪,上报官府。于公认为赡养婆婆十年,以孝闻名,她不可能杀害婆婆。太守不接受他的意见,几次争论都不能翻案,于是于公称病辞官,太守最终处死孝妇,郡中大旱三年。后任太守到任，占卜寻找原因，于公说："孝妇不该被处死，前任太守执意把她杀了，原因应该就在这里。"于是杀牛在孝妇坟前祭奠，太守以下的官吏也主动前来，老天立刻下起大雨，岁稔年丰。郡中的人因此更加敬重于公。于公修筑庐舍，对匠人说："替我把门修得高大些，我办案从未出现冤狱，我的子孙一定有人被封赏，要让大门能通行高车大马。"到了于公的儿子，果然被封为西平侯。

5-24 孟简子相梁并卫[①]，有罪而走齐。管仲迎而问之曰："吾子相梁并卫之时，门下使者几何人矣？"孟简子曰："门下使者有三千余人。"管仲曰："今与几何人来？"对曰："臣与三人俱。"仲曰："是何也？"对曰："其一人父死无以葬，我为葬之；一人母死无以葬，亦为葬之；一人兄有狱，我为出之。是以得三人来。"管仲上车曰："嗟兹乎！我穷必矣！吾不能以春风风人；吾不能以夏雨雨人，吾穷必矣。"

【注释】①梁并卫：公元前254年，梁国兼并卫国。梁，即战国时期魏国。

【译文】孟简子作为梁国国相兼并了卫国，后因有罪逃往齐国。管仲迎接并问他："你做梁国国相兼并卫国时，有多少门客？"孟简子答："门客三千多人。"管仲说："如今有多少人与你同来？"答，"只有三人。"管仲说："是怎样的人？"答："一人死了父亲没钱安葬，我替他安葬的；一人死了母亲没钱安葬，我也替他安葬了；还有一人，兄长摊了官司，是我为他脱罪。因此与三人同来。"

管仲上车时说:"可叹啊!我不得志是必然的。我不能像春风般温暖他人;也不能像夏雨般滋润他人,我不得志是必然的。"

5-25凡人之性,莫不欲善其德,然而不能为善德者,利败之也。故君子羞言利名。言利名尚羞之,况居而求利者也?

【译文】大凡人之本性,没有不想具备高尚品德的,可是不能具备高尚品德的人,是私利败坏了他。所以君子因谈论名利而感到羞耻。谈利尚觉羞耻,何况存心谋求私利呢?

5-26周天子使家父、毛伯(求赙)求金于诸侯①,《春秋》讥之。故天子好利则诸侯贪,诸侯贪则大夫鄙,大夫鄙则庶人盗,上之变下,犹风之靡草也。故为人君者,明贵德而贱利以道下②,下之为恶尚不可止。今隐公贪利③,而身自渔济上④,而行八佾⑤,以此化于国人,国人安得不解于义⑥?解于义而纵其欲,则灾害起,而臣下僻矣!故其元年始书螟,言灾将起,国家将乱云尔。

【注释】①周天子使家父、毛伯求赙求金:此句中的"周天子"应该是泛指。将"周大夫家父求车、毛伯求金"两件相距近百年的相提并论,是为了概言周天子好利。家父、毛伯,事未详。赙(fù):拿钱财帮助别人办理丧事。原言无"求赙"二字,根据向宗鲁《校证》补。②道:同"导"。引导。③隐公:即鲁隐公,名息姑,谥号隐。鲁国第十四代国君,在位十一年。④济:古水名,发源于今河南,流经山

东入渤海。现在黄河下游的河道就是原来的济水的河道。⑤八佾
（yì）：周代天子用的舞乐。舞队由纵横各八人，共六十四人组成。
⑥解：通"懈"。怠惰，弛缓不振。

【译文】曾有周天子派大夫、毛伯向诸侯索取治丧金银财物
之事，《春秋》上也讥讽地记载着。所以说天子好利，则诸侯就贪
财；诸侯贪财，则士大夫就鄙吝；士大夫鄙吝，则庶民就会偷窃。
上梁不正下梁歪，好比风把草吹倒。所以作为君王，要懂得注重仁
德，轻视利益，以引导下面的人。即使如此，下面的人仍作恶多端，
屡禁不止。如今鲁隐公为贪图私利亲自在济水捕鱼，还举行专供
天子欣赏的八佾舞，以此教化百姓，百姓怎能对正义不懈怠？正义
懈怠了就会欲壑难填，那么灾害即将发生，且臣子就会品行不端。
所以隐公元年开始记载螟灾，这是灾害发生的预兆，预示国家将
有变乱。

5-27孙卿曰①："夫斗者忘其身者也，忘其亲者也，忘其
君者也。行须臾之怒，而斗终身之祸，然乃为之，是忘其身
也；家室离散，亲戚被戮，然乃为之，是忘其亲也；君上之所
致（恶②），刑法之所大禁也，然乃犯之，是忘其君也。今禽兽
犹知近父母，不忘其亲也。人而（下）忘其身③，内忘其亲，上
忘其君，是不若禽兽之仁。凡斗者皆自以为是，而以他人为
非，己诚是也，人诚非也，则是己君子而彼小人也。夫以君子
而与小人相贼害，是人所谓以狐白补犬羊④，身涂其炭，岂不
过甚矣哉！以为智乎？则愚莫大焉；以为利乎？则害莫大焉；
以为荣乎？则辱莫大焉。人之有斗何哉？比之狂惑疾病乎？

则不可。面目人也，而好恶多同。人之斗，诚愚惑失道者也。《诗》云：'式号式呼，俾昼作夜⑤。'言斗行也。"

【注释】 ①孙卿：即荀况，又称荀子。②君上之所致恶：原文脱"恶"字，据明钞本补。③人而下忘其身：原文脱："下"字，根据向宗鲁《校证》依上下文意补。④以狐白补犬羊：狐狸腋下的白毛皮补狗皮衣和羊皮衣。狐白皮极珍贵，狗皮羊皮极贱。⑤俾（bǐ）昼作夜：把白昼当成夜晚。

【译文】 孙卿说："好斗之人，忘记了他自己，忘记了他的父母，忘记了他的君王。因为一时冲动，酿成终身祸患，但仍然这么做，是忘记了他自己；即使妻离子散，亲人朋友被害，仍然这么做，是忘记了他的父母亲朋；争斗是君王厌恶至极之事，也是刑法明令禁止之事，然而仍敢触犯，是忘记了他的君王。如今禽兽还懂得亲近父母，不忘血亲。而作为人向下忘记了他自己，向内忘记了他的亲情，向上忘记了他的君王，还不如禽兽的仁义。凡是好斗之人，都认为自己正确，别人错误，自己正确无误，别人一无是处，自己是君子，别人是小人。作为君子和小人相残，这就是人们所说的，用狐白皮补缀犬羊皮，自我抹黑，岂不大错特错啊！认为这是聪明？实则没有比这更愚蠢的了；认为这是有利？实则没有比这危害更大的了；认为这是荣耀？实则没有比这更为耻辱的了。那么人们为何还要争斗呢？把他们比作癫狂惑乱的病人吗？也不行。表面看起来都是人，好恶也大致相同。人们争斗，真是被愚惑而不明事理的缘故。《诗经》上说：'不停地呼号，使昼夜颠倒。'谈的就是争斗。"

5-28子路持剑，孔子问曰："由，安用此乎？"子路曰："善吾者^①，固以善之；不善吾者，固以自卫。"孔子曰："君子以忠为质，以仁为卫，不出环堵之内，而闻千里之外。不善以忠化，寇暴以仁圉^②，何必持剑乎？"子路曰："由也请摄齐以事先生矣^③。"

【注释】①善吾者：原文"吾"字作"古"。卢文弨校语改作"吾"。下文"不善吾者"，亦同。②圉（yǔ）：防御。原文作"围"，根据向宗鲁《校证》改。③摄齐：提起衣摆。古时官员升堂时谨防踩着衣摆，跌倒失态。表示恭敬有礼。

【译文】子路持剑，孔子问："仲由，为什么要持剑呢？"子路说："待我友善的人，我当然也友善地待他；待我不友善的人，我便可用剑自卫。"孔子说："君子以忠诚为根本，以仁德为防御，不出家门，便可天下闻名。遇到不友善的人就用忠诚感化他，遇到残暴的贼寇，就用仁德教化他，何必持剑呢？"子路说："仲由请求恭恭敬敬地侍奉先生。"

5-29乐羊为魏将以攻中山。其子在中山，中山悬其子示乐羊，乐羊不为衰志，攻之愈急。中山因烹其子而遗之（羹^①），乐羊食之尽一杯。中山见其诚也，不忍与之战，果下之，遂为魏文侯开地。文侯赏其功而疑其心。

孟孙猎得麑^②，使秦西巴持归^③，其母随而鸣，秦西巴不忍，纵而与之。孟孙怒而逐秦西巴。居一年，召以为太子傅^④。

左右曰:"夫秦西巴有罪于君,今以为太子傅,何也?"孟孙曰:
"夫以一麑而不忍,又将能忍吾子乎?"故曰:"巧诈不如拙诚。
乐羊以有功而见疑,秦西巴以有罪而益信,由仁与不仁也。"

【注释】①羹:原文脱"羹"字,根据向宗鲁《校正》据《韩非子·说林上》《战国策·魏策一》补。②孟孙:是鲁国三桓之一,鲁桓公生公子庆父,其后为孟孙氏,为孟子先辈。麑(ní):幼鹿。③秦西巴:孟孙氏的家臣。④太子傅:春秋战国辅导太子的官。

【译文】乐羊作为魏国将军,带兵攻打中山。他儿子在中山,于是中山人就把他儿子悬挂起来展示给乐羊看,乐羊并没因为此事意志衰减,反而加紧进攻。因此中山人烹煮了他儿子,且送给他一份肉汤,乐羊把一杯都吃光了。中山人见到他一片赤诚,不忍再与他交战,结果乐羊攻下中山,顺利为魏文侯开拓了土地。文侯虽然奖赏他的功绩,但却怀疑他的居心。

孟孙狩猎得到一头小鹿,派秦西巴牵回来,母鹿跟在后面鸣叫,秦西巴不忍心,就把小鹿还给母鹿。孟孙一怒之下赶走秦西巴。过了一年,又把他召回来做太子傅。周围人说:"秦西巴在您面前犯过错,如今让他做太子傅,为什么呢?"孟孙说:"连一头小鹿都不忍伤害,又怎么忍心对我儿子不好呢?"所以说:"巧诈不如拙诚。乐羊因功而被魏文侯猜疑,秦西巴因过失而博得孟孙信任,这就是仁与不仁的区别呀。"

5-30智伯还自卫①,三卿燕于蓝台②。智襄子戏韩康子而侮段规③。智伯国闻之④,谏曰:"主弗备难,难必至。"曰:

"难将由我。我不为难，谁敢兴之？"对曰："异于是。夫郤氏有车辕之难，赵有孟姬之谗，栾有叔祁之诉，范、中行有函冶之难，皆主之所知也。《夏书》有之曰：'一人三失，怨岂在明，不见是图。'《周书》有之曰：'怨不在大，亦不在小。'夫君子能勤小物，故无大患。今主一谋而愧人君相，又弗备，曰'不敢兴难'，毋乃不可乎？嘻，不可不惧！蚋蚁蜂虿皆能害人⑤，况君相乎？"不听，自是五年而有晋阳之难，段规反，而杀智伯于师，遂灭智氏。

【注释】①智伯（前506—前453）：姬姓，智氏，名瑶，即智瑶，因智氏源自荀氏，亦称荀瑶，又称智伯、智伯瑶。谥号"襄"，史称智襄子。是春秋末期晋国执政大臣。②三卿：此即指智襄子、韩康子、魏桓子。燕：通"宴"。③韩康子：姬姓，韩氏，讳虎，原名韩虎。是中国春秋战国时期晋国韩氏的领袖，韩庄子之子。段规：为韩康子的家臣。④智伯国：即智果。智宣子兄弟，智文子之子，春秋晋国大夫，智氏家族军师，智氏六世祖。⑤蚋（ruì）：小蚊。又名沙蚊。蜂虿（chài）：蜂和虿。都是有毒刺的螫虫。

【译文】智伯从卫国回来，三卿在蓝台设宴款待他。智伯在席间戏弄韩康子并轻辱他的家臣段规。智伯国听说后就规劝智伯说："君王不防备灾难，灾难一定会来。"答："灾难的兴起由我掌控。我不兴起灾难，哪个敢兴起灾难？"智伯国说："我不赞成您的说法。郤氏有车辕之难，赵有孟姬谗言之难，栾盈有叔祁诬告之难，范氏、中行氏有函冶之难，这些事君王都有耳闻。《尚书·夏书》上说：'人都会有很多过失，怨恨怎会摆在明处，要顾及那些不易察觉的'。《尚书·周书》上又说:'怨恨不分大小'。君子能随时关注细节,才没有大灾难。如今您的一次会见,就羞辱了别人和他的属下,又不做防范,还说'他人不敢兴难',似乎不可吧? 唉,不能不有所顾虑啊! 蚋蚁蜂虿,都能害人,何况是君王和大臣呢?"智伯不听劝谏,从这之后五年,就有了晋阳之难,段规造反并在军中杀死智伯,就这样灭了智氏。

5-31智襄子为室美,士茁夕焉①。智伯曰:"室美矣夫!"对曰:"美则美矣,抑臣亦有惧也。"智伯曰:"何惧?"对曰:"臣以秉笔事君,《记》有之曰②:'高山峻原③,不生草木;松柏之地,其土不肥。'今土木胜人,臣惧其不安人也。"室成三年而智氏亡。

【注释】①士茁:春秋时期晋国政治人物,士氏,智氏家臣。②《记》:记载事物的书册或文章。此指古代宫廷中记载往事之册。③峻原:地势峭拔的高原。原文作"浚源",《太平御览》引此文作"峻原",据改。

【译文】智伯建造的宫殿非常奢华,傍晚时士茁觐见。智伯说:"我的宫殿多么华丽啊!"士茁答:"华丽的确很华丽,但臣有顾虑。"智伯问:"顾虑什么?"答:"臣以文书记事侍奉君王,古《记》上说:'高山高原,草木不生;松柏生长的地方,土壤不会肥沃。'如今兴建土木已超过人力,臣顾虑这会使人不得安宁。"宫殿建成后三年,智氏灭亡。

卷六 复恩

【题解】复恩，意谓报恩。本卷记载了春秋战国时期至西汉的轶事27则。本卷以孔子的言论及《周易》的内容开卷，阐明了全卷的主旨——报恩。"报恩"思想不仅是封建伦理中至关重要的一部分，对于现代人而言，怀有感恩之心，"知恩图报"，也是我们每个人所应具备的优良品质。

6-1孔子曰："德不孤，必有邻。"夫施德者贵不德，受恩者尚必报。是故臣劳勤以为君，而不求其赏；君持施以牧下，而无所德。故《易》曰①："劳而不怨②，有功而不德，厚之至也。"君臣相与，以市道接，君悬禄以待之，臣竭力以报之。逮臣有不测之功，则主加之以重赏；如主有超异之恩，则臣必死以复之。孔子曰："北方有兽，其名曰蟨③，前足鼠，后足兔，是兽也，甚矣！其爱蛩蛩、巨虚也④！食得甘草，必啮以遗蛩蛩、巨虚，蛩蛩、巨虚见人将来，必负蟨以走。蟨非性之爱蛩蛩、巨虚也，为其假足之故也。二兽者，亦非性之爱蟨也，为其得甘草而遗之故也。夫禽兽昆虫犹知比假而相有报也，况于士君子之欲兴名利于天下者乎？夫臣不复君之恩，而苟营其私门，祸之源也；君不能报臣之功而惮行赏者，亦乱之基也。夫祸乱之原基，由不报恩生矣。"

【注释】①《易》：古书名，《易》即《易经》，也称《周易》。②怨：卢文弘校曰："怨本作'伐'。"伐，即自夸。③蟨（jué）：古书上说的一种兽。④蛩蛩（qióng）：传说中的一种异兽。巨虚：即距虚。古代传说中的兽名。

【译文】孔子说："有德行的人不孤独，必定有志趣相投之人接近他。"施恩于人，最可贵的是不要求别人感激，领受别人恩德的人，最高尚的是有恩必报。所以臣子为侍奉君王而辛劳，并非为求君王赏赐；君王施恩于臣子，并非要求臣子报答。《周易》上说："辛劳却不居功自傲，有功却不贪图赏赐，这是极致的厚道。"君臣之间，以市场上交易的方式相处，君王为臣子设立爵禄，臣子竭力报答君王。等到臣子立下奇功，君王就重重赏他；如果君王给予臣子超乎寻常的赏赐，那么臣子就必定以死相报。孔子说："北方有种野兽，名叫蟨，前脚像老鼠，后脚像兔子，这种野兽非常爱护蛩蛩、巨虚！它吃到甘草，必定咬碎喂给蛩蛩、巨虚吃，蛩蛩、巨虚看有人过来，必定背着蟨一起跑。蟨不是天生爱护蛩蛩、巨虚，而是因为要借助它们的脚行走。蛩蛩和巨虚也不是天生爱护蟨，而是因为蟨有甘草会喂给它们。禽兽昆虫都知道彼此借力，相互报答，何况是打算扬名立业的士君子呢？"臣子不报答君王的恩德，反而蝇营狗苟图谋私利，这是祸之根源；君王不赏赐臣子的功劳，不愿赏赐人，这是乱之根源。所以祸乱的根源，在于知恩不报。

6-2赵襄子见围于晋阳①，罢围，赏有功之臣五人。高赫无功而受上赏②，五人皆怒，张孟谈谓襄子曰③："晋阳之中，赫无大功，今与之上赏，何也？"襄子曰："吾在拘厄之中，不失臣主之礼，唯赫也。子虽有功，皆骄寡人。与赫上赏，不亦可乎？"仲尼闻之曰④："赵襄子可谓善赏士乎！赏一人而天下之人臣，莫敢失君臣之礼矣。"

【注释】①赵襄子（？—前425）：嬴姓，赵氏，名无恤（亦作"毋恤"）。春秋末叶晋国卿，赵氏家族首领，战国时期赵国的奠基人。②高赫：战国时期赵国人，赵襄子家臣。③张孟谈：姬姓，张氏，名孟谈，战国初年晋国人，赵襄子的家臣。④仲尼闻之曰：孔子卒于公元前479年，赵襄子晋阳解围发生于公元前453年，时间不符，故不该是孔子所言。《孔丛子·答问》载孔鲋已辨此事不实。

【译文】赵襄子在晋阳城被围，解围后，奖赏五位有功之臣。高赫并无战功，却获得重赏，五位功臣都很气愤，张孟谈对襄子说："晋阳城之战，高赫并无战功，如今你重赏他，为什么呢？"襄子说："在我被困之时，只有高赫与我不失君臣之礼。你们虽立战功，但都很骄傲，我重赏高赫，难道不应该吗？"孔子知道后说："赵襄子真可谓会奖赏人啊！赏一人而天下之臣子再没有敢忽视君臣之礼的。"

6-3 晋文公亡时，陶叔狐从①。文公反国，行三赏而不及陶叔狐。陶叔狐见咎犯曰②：“吾从君而亡，十有三年，颜色黎黑，手足胼胝③。今君反国，行三赏而不及我也，意者君忘我与？我有大故与？子试为我言之君。”咎犯言之文公。文公曰：“嘻，我岂忘是子哉？夫高明至贤，德行全诚，耽我以道④，说我以仁，暴浣我行⑤，昭明我名，使我为成人者，吾以为上赏。防我以礼，谏我以谊⑥，蕃援我，使我不得为非（者⑦），数引我而请于贤人之门，吾以为次赏。夫勇壮强御，难在前则居前，难在后则居后，免我于患难之中者，吾又以为之次。且子独不闻乎？死人者，不如存人之身；亡人者，不如存人之国。三行赏之后，而劳苦之士次之。夫劳苦之士，是子固为首矣！（吾）岂敢忘子哉⑧？”周内史叔兴闻之曰⑨：“文公其霸乎！昔圣王先德而后力，文公其当之矣！”《诗》云：“率礼不越”，此之谓也。

【注释】①陶叔狐：陶氏，名狐，排行叔，也称陶狐。晋文公的小臣，跟随流亡十九年。②咎犯（约前715—前629）：姬姓，狐氏，字子犯，大戎（今山西交城）人。晋国重臣，晋文公舅舅，狐突之子。③胼胝（pián zhī）：手脚因长期劳动摩擦而生的厚茧。④耽：通“湛”。深厚。⑤暴浣（pù huàn）：曝晒洗涤。谓除污去恶，使之纯洁。⑥谊：通“义”。公正合宜的道理或举动。⑦者：原文脱“者”字，依向宗鲁《校证》据《群书治要》所引补。⑧吾：原文脱“吾”字，依向宗鲁《校证》据卢文弨说补。⑨内史：职官名。周礼春官之属，掌爵、禄、废、置、杀、生、予、夺之法。叔兴：春秋时期周内史。

【译文】晋文公逃亡时，陶叔狐跟随着。文公回到晋国，三次奖赏跟随他的有功之人，都没奖赏陶叔狐。陶叔狐拜见咎犯说："我跟随君王逃亡十三年，脸色黝黑，手脚长满老茧。如今君王回国，三次奖赏都没我的份，是君王忘了我吗？或者我犯了大过错？请先生替我跟君王说说。"于是，咎犯向文公报告了此事。文公说："唉，我怎会忘了这人呢？那些高超明智的贤德之人，德行完备，用道义使我精神专注，用仁爱的道理来说服我，纠正我的品行，显扬我的名声，使我成为德才兼备之君，我认为他们应该受到最高的赏赐。那些用礼义来规范我，用德义来劝谏我，支持我援助我，使我不至于做错事，多次引荐我登门向贤士请教之人，我认为应该受到第二等的赏赐。那些勇猛强壮的保卫者，危难在前就奋身向前，危难在后就断后保护，使我可以从患难中得以解脱的人，我认为应该受到第三等的赏赐。况且他难道没听说过吗？为人殉死，不如保护那个人的性命；跟人逃亡，不如保存那个人的国家。三次奖赏之后，就该轮到有劳苦功绩的人了。而有劳苦功绩的人当中，陶叔狐当然是头一个了！我怎么敢忘记他呢？"东周的内史叔兴听到这件事后说："文公大概要称霸了！从前，圣王都是将德行摆在首位，而将勇力放在其后，文公或许堪当这样的评价吧！"《诗经》上说："遵守礼法而不逾越。"说的就是这个意思。

6-4 晋文公入国，至于河，令弃笾豆茵席①，颜色黎黑、手足胼胝者在后。咎犯闻之，中夜而哭。文公曰："吾亡也十有九年矣，今将反国，夫子不喜而哭，何也？其不欲吾反国乎？"对曰："笾豆茵席，所以官者也②，而弃之；颜色黎黑，手足胼胝，所以执劳苦（者也③），而皆后之。臣闻国君蔽士，无所取忠臣；大夫蔽游，无所取忠友；今至于国，臣在所蔽之中矣，不胜其哀，故哭也。"文公曰："祸福利害不与咎氏同之者，有如白水④。"祝之⑤，乃沉璧而盟。

介子推曰⑥："献公之子九人，唯君在耳。天未绝晋，必将有主，主晋祀者，非君而何？唯二三子者以为己力，不亦诬乎？"文公即位，赏不及推。推母曰："盍亦求之？"推曰："尤而效之，罪又甚焉。且出怨言，不食其食。"其母曰："亦使知之。"推曰："言，身之文也。身将隐，安用文？"其母曰："能如是，与若俱隐。至死不复见。"推从者怜之，乃悬书宫门曰："有龙矫矫，顷失其所。五蛇从之，周遍天下。龙饥无食，一蛇割股。龙反其渊，安其壤土。四蛇入穴，皆有处所。一蛇无穴，号于中野。"文公出见书曰："嗟！此介子推也！吾方忧王室未图其功。"使人召之，则亡。遂求其所在，闻其入绵上山中⑦。于是文公表绵上山中而封之，以为介推田，号曰介山。

【注释】①笾（biān）豆：笾和豆。古代祭祀及宴会时常用的两种礼器。竹制为笾，木制为豆。②官：通"馆"。招待宾客或旅客食宿的房舍。③以执劳苦（者也）：原文脱"者也"二字。根据向宗鲁《校证》据《太平御览》所引补。④白水：古代神话传说中的河川。⑤祝（zhòu）：通"咒"。诅咒。⑥介子推：春秋时晋国隐士。从晋文公出亡，历经各国十九年。返国后，文公赐禄不及，而介之推亦不求功名，与母隐于绵山，文公屡次寻求不得，焚山以求之，竟不出而焚死。⑦绵上：古地名。春秋晋地。在今山西省介休东南四十里介山之下。公元前636年，介之推隐于绵上山中而死，晋文公求之不获，遂以绵上之田作为介之推的祭田。

【译文】晋文公回国，走到黄河边，叫人丢弃竹筐木盘和坐垫草席，让面色黝黑、手脚长满老茧的人在后面走。咎犯听说后，半夜哭泣。文公说："我逃亡十九年，如今即将回国，先生不高兴反而哭泣，为什么？难道先生不希望我回国吗？"咎犯答："竹筐木盘和坐垫草席，是居舍中日常所用之物，而您丢弃它；面色黝黑、手脚长满老茧的人，是跟随辛勤苦作之人，而您安置他们走在后面。我听说君王蔽塞士人，就得不到忠臣；大夫蔽塞交游，就无法结交忠实的朋友；如今您即将回国，我也在蔽塞之列，无法承受哀痛，所以哭泣。"文公说："我誓与先生荣辱与共，如滚滚黄河水，永不改变。"起完誓就把白璧沉入水中为盟。

介子推说："献公九个儿子，只有君王健在。天不灭绝晋国，必定会产生君王，主持晋国的祭祀，除了君王还有谁呢？上天已注定一切，而跟随逃亡的人以为是自己的功劳，这不是欺骗吗？"文公即位后，没有赏赐介子推。介子推的母亲说："为何不去请赏呢？"介子推说："请赏之人本就是错误的，我还去效仿，岂不错上加错。况且我曾口出怨言，就不该再吃国家的俸禄。"他的母亲说："那也该让君王知道此事。"介子推说："言语，好比身上的文饰。我即将退隐，还需要文饰什么？"他的母亲说："既然如此，那我和你一起隐居。至死不再见他们。"介子推的随从觉得惋惜，就写了几句话挂在宫门口，说："有条勇敢的龙，顷刻没了住所。五蛇跟随，游遍天下。龙饥饿无食，便有蛇割股献肉供养它。龙回到自己的潭渊,在那里安逸地生活。四蛇进入洞穴,各得其所。唯独割股之蛇没有洞穴,在荒郊野外号叫。"文公出门看见那几句话,说:"唉!这是介子推啊!我操劳国事,没考虑他的功劳。"派人召见介子推,他已流亡了,于是寻找他的容身之所,听说他已进入绵上的山中。文公把山中土地作了标记,作为祭田封赏给介子推,取名介山。

6-5晋文公出亡,周流天下,舟之侨去虞而从焉①。文公反国,择可爵而爵之,择可禄而禄之,舟之侨独不与焉。文公酾诸大夫酒,酒酣,文公曰:"二三子盍为寡人赋乎?"舟之侨进曰:"君子为赋,小人请陈其辞,辞曰:'有龙矫矫,顷失其所。一蛇从之,周流天下。龙反其渊,安宁其处。一蛇耆干②,独不得其所。'"文公瞿然曰③:"子欲爵耶?请待旦日之期;子欲禄邪④?请今命廪人⑤。"舟之侨曰:"请而得其赏,廉者不受也;言尽而名至,仁者不为也。今天油然作云,沛然下雨,则苗草兴起,莫之能御。今为一人言施一人⑥,犹为一块土下雨也,土亦不生之矣。"遂历阶而去。文公求之不得,终身诵《甫田》之诗。

【注释】①舟之侨(?—前632):春秋时期的晋国大夫。本是虢国大夫,在假虞伐虢之战中看到虢国大势已去,遂由虢国入晋。②耆(qí)干:枯干。③瞿(jù)然:惊恐的样子。④邪:同"耶"。句末语气词。⑤廪人:官名。西周始置,或简称廪,掌粮仓。⑥人言:此二字原文作"信",据明钞本改。

　　【译文】晋文公逃亡在外，周游天下，舟之侨脱离虞国一直追随他。文公回国后，选择可以封爵位的人给他们爵位，选择应该得到俸禄的人赏赐他们俸禄，只有舟之侨不在其列。文公宴请各位大夫饮酒，酒意正浓时，文公说："你们几位缘何不为寡人即兴赋诗呢？"舟之侨上前说："君子作诗赋，请让小人陈辞几句，内容说：'有条勇敢的龙，顷刻间没了住所。一蛇追随，游遍天下。龙回到自己的深渊里，安逸地生活在那里。而那蛇快枯干了，仍居无定所。'"文公吃惊地注视着他说："你想加封爵位？请等到明天早朝；你想要俸禄？让我现在就命令粮官赏赐你。"舟之侨说："求来的赏赐，廉洁之人不会接受；靠充分表达得来的名位，仁德之人不会索要。假如天空云气上升，大雨倾盆，则苗草都能生长，谁也不能阻挡。如今为一人所讲的话施恩一人，好像只为一块土地下雨一样，整个大地苗草并不会生长。"说完顺着台阶走下去，离开了。后来，文公四处寻找都没有找到，一辈子经常吟诵《甫田》这首诗。

　　6-6 邴吉有阴德于孝宣皇帝微时①，孝宣皇帝即位，众莫知，吉亦不言。吉从大将军长史转迁至御史大夫②，宣帝闻之，将封之，会吉病甚，将使人加绅而封之，及其生也。太子太傅夏侯胜曰："此未死也。臣闻之，有阴德者必飨其乐③，以及其子孙。今此未获其乐而病甚，非其死病也。"后病果愈，封为博阳侯④，终飨其乐。

　　【注释】①邴吉（？—前55）：字少卿。鲁国（今属山东）人。西汉名臣。孝宣皇帝（前91—前48）：原名刘病已，字次卿，西汉第十位皇帝。②大将军长史：西汉官名。大将军幕府中的幕僚长。御史大夫：职官名。秦汉御史府的长官。地位仅次于丞相，主管弹劾、纠察及掌管图籍秘书。③飨（xiǎng）：同"享"。享受。④博阳侯：以博阳县作封邑的侯爵。博阳，今河南商水县东南。

【译文】孝宣皇帝执政前，还未贵显，邴吉曾暗中帮助过他，后来，孝宣皇帝即位，大家都不知道，邴吉也没说。邴吉从大将军长史调任御史大夫时，孝宣帝知道了过去的事，打算封赏他，正赶上邴吉病危，孝宣帝准备趁他还活着，派人加封他官爵。太子太傅夏侯胜说："他不会死。我听说，暗中帮助他人的人，必定会享受到安乐，福泽还会绵延给他的子孙。如今邴吉还没有享受到安乐就病得如此严重，这不是致死的病。"后来邴吉果然痊愈了，被封为博阳侯，最终享受到安乐。

6-7魏文侯攻中山，乐羊将。已得中山，还，反报文侯，有喜功之色。文侯命主书曰①："群臣宾客所献书，操以进。"主书者举两箧以进，令将军视之，尽难攻中山之事也。将军还走，北面而再拜曰："中山之举也，非臣之力，君之功也。"

【注释】①主书：主管文书的官吏。

【译文】魏文侯攻打中山，乐羊为主将。攻占中山后，乐羊回朝向文侯报告战果，脸上流露出喜功的神情。文侯命令主书官说："把群臣和宾客们的奏章都拿进来。"主书官捧着两箱奏章进来，拿给乐羊看，内容都是诘责攻打中山这件事的。乐羊转身而走，朝着北方拜了再拜说："占领中山，不是我的能力，完全是君王的功劳。"

6-8平原君既归赵^①，楚使春申君将兵救赵^②，魏信陵君亦矫夺晋鄙军往救赵^③。未至，秦急围邯郸^④，邯郸急且降，平原君患之。邯郸传舍吏子李谈谓平原君曰^⑤："君不忧赵亡乎？"平原君曰："赵亡即胜虏，何为不忧？"李谈曰："邯郸之民，炊骨易子而食之，可谓至困。而君之后宫百数，妇妾荷绮縠^⑥，厨余梁肉。士民兵尽，或剡木为矛戟^⑦，而君之器物、钟磬自恣。若使秦破赵，君安得有此？使赵而全，君何患无有？君诚能令夫人以下编于士卒间，分工而作之，家所有尽散以飨食士，方其危苦时，易为惠耳。"于是平原君如其计，而勇敢之士三千人皆出死，因从李谈赴秦军，秦军为却三十里。亦会楚、魏救至，秦军遂罢。李谈死，封其父为李侯^⑧。

【注释】①平原君（？—前351）：战国赵武灵王的儿子。名胜，封于平原，故称为"平原君"。②春申君（？—前238）：战国楚人黄歇的封号。考烈王元年出为相，封为春申君，赐淮北地十二县，后改封于江东。③信陵君：战国魏无忌的称号。因其封地在信陵，故称为"信陵君"。信陵，魏地名，故城在今河南省宁陵县西北。晋鄙（？—前257）：战国时期魏国将领。④邯郸：赵国都城，位于河北省南端。⑤传舍吏：官名。战国置。管理驿馆的小吏。李谈（？—前257）：苦县（河南鹿邑）人，战国时期赵国舍人子。⑥绮縠（qǐ hú）：绫绸绉纱之类。丝织品的总称。⑦剡（yǎn）：削，刮。⑧李侯：以李城作为封邑之城的侯爵。原文"李"字作"孝"，根据向宗鲁《校证》

引《史记正义》改。

【译文】平原君回到赵国,楚国派春申君带兵援救赵国,魏国信陵君也假借圣意强夺了晋鄙的兵权前去援救赵国,他们还未抵达赵国,秦国加紧围攻邯郸,邯郸战事危急,将要投降,平原君十分担忧。邯郸传舍吏之子李谈对平原君您不忧惧赵国灭亡吗?"平原君说:"赵灭亡,我必定是俘虏,怎能不忧惧呢?"李谈说:"邯郸百姓,拿人骨当柴烧,交换子女作为食物,可以说困苦到了极点。而您后宫有上百名妃嫔,都穿着丝绸衣裙,厨房里还有多余的食物。士兵的武器都磨损完了,有的就砍削木棒作为矛戟,而您的器物、钟磬仍可尽情玩乐。如果秦国攻破赵国,您哪能如此享受?如果保全了赵国,您还怕没有这些吗?您如果真能把夫人以下的人,都编制进军队里,分工合作,把家中的财物全部赏赐给士卒,危难关头,最容易施行恩惠。"平原君依计行事,于是,三千名勇士都愿为他出生入死,跟从李谈迎战秦军,秦军因此退兵三十里。正好与楚、魏两国援兵相遇,秦军只好停战。李谈死后,便封他的父亲为李侯。

6-9秦缪公尝出①而亡其骏马,自往求之,见人已杀其马,方共食其肉。缪公谓曰:"是吾骏马也。"诸人皆惧而起。缪公曰:"吾闻食骏马肉,不饮酒者杀人。"即以次饮之酒。杀马者皆惭而去。居三年,晋攻秦缪公,围之。往时食马肉者相谓曰:"可以出死报食马得酒之恩矣。"遂溃围,缪公卒得以解难,胜晋,获惠公以归②。此德出而福反也。

【注释】①秦缪公（？—前621）：即秦穆公。嬴姓，赵氏，名任好，雍城（今陕西省宝鸡市凤翔县南郊）人。春秋时期政治家，秦国第九位国君，"春秋五霸"之一，秦德公少子。②惠公（？—前637）：即晋惠公。姬姓晋氏，名夷吾，晋国绛（今山西省翼城县）人，晋献公之子，晋文公之弟，春秋时期晋国第20任君主。

【译文】秦穆公曾在出巡时丢了马，他亲自去找，结果发现马已经被别人杀了，正在分吃马肉。穆公对他们说："这是我的马。"吃马肉的人都害怕得起身。穆公说："我听说吃马肉不喝点酒很伤身体。"于是拿酒让他们依次饮用。杀马吃肉的人都惭愧地离开了。过了三年，晋国攻打秦国，包围了秦穆公。从前那些吃马肉的人议论："愿拼死报答吃马肉得酒的恩惠。"于是突破重围，解救穆公于危难之中，且战胜晋国虏获晋惠公而归。这就是以恩德待人而得到福报啊。

6-10 楚庄王赐群臣酒①，日暮酒酣。灯烛灭，乃有人引美人之衣者。美人援绝其冠缨②，告王曰："今者烛灭，有引妾衣者，妾援得其冠缨持之，趣火来上③，视绝缨者。"王曰："赐人酒，使醉失礼，奈何欲显妇人之节而辱士乎？"乃命左右曰："今日与寡人饮，不绝冠缨者不欢。"群臣百有余人皆绝去其冠缨而上火，卒尽欢而罢④。

居二年，晋与楚战，有一臣常在前，五合五获首，却敌，卒得胜之。庄王怪而问曰："寡人德薄，又未尝异子，子何故出死不疑如是？"对曰："臣当死，往者醉失礼，王隐忍，不暴而诛也。臣终不敢以荫蔽之德而不显报王也。常愿肝脑涂地，用颈血湔敌⑤，久矣。臣乃夜绝缨者也。"遂斥晋军，楚得以强。此有阴德者必有阳报也。

【注释】①楚庄王（？—前591）：又称荆庄王，芈姓，熊氏，名旅（一作侣、吕），楚穆王之子，春秋时期楚国国君，春秋五霸之一。②援绝：扯断。③趣：同"取"。④卒尽欢而罢：原文"罢"误作"罪"，根据明钞本改。⑤湔（jiān）：溅洒、溅污。

【译文】楚庄王赏赐群臣共饮，黄昏时分，大家酒兴正浓。忽然灯烛熄灭，有人拉扯美人的衣服。美人就扯断了此人的帽缨，禀告庄王说："现在烛火熄灭，有人拉扯我的衣服，我手中握着那人的帽缨，把蜡烛点上，查找没有帽缨的人。"庄王说："赏赐大家喝酒，酒醉失礼，何必为了彰显你的节操而侮辱将士呢？"于是命令侍卫说："今晚和我共饮，不把帽缨扯断的人表示不快乐。"群臣百余人都扯断帽缨，然后才点燃烛火，结果大家都尽兴而归。

过了两年，晋与楚交战，有位大臣总冲杀在阵前，与敌交锋五次，五次都摘取敌人首级，逼退敌军，取得胜利。楚庄王奇怪地问："我德行浅薄，又从未优待过你，你为何毫不犹豫地为我出生入死？"答："我该死。之前我酒醉失礼，君王隐忍了我的恶行并且没有杀我。我始终不敢因暗中承蒙了君王的恩惠，而不公开报答。我平素的愿望就是能肝脑涂地，用颈血飞溅敌人，已经很久了。我正是那晚被美人扯断帽缨的人。"于是击败晋军，楚国得以强大。这就是施行阴德之人必定收获阳报啊。

6-11赵宣孟将上之绛①，见翳桑下有卧饿人不能动②。宣孟止车，为之下飧③，自含而餔之④。饿人再咽而能视。宣孟问：
"尔何为饥若此？"对曰："臣宦于绛，归而粮绝，羞行乞而憎
自取，以故至若此。"宣孟与之壶飧、脯二胸⑤，再拜顿首受
之，不敢食。问其故，对曰："向者食之而美，臣有老母，将以
贡之。"宣孟曰："子斯食之，吾更与汝。"乃复为之箪食，以
脯二束与钱百，去之绛。

居三年，晋灵公欲杀宣孟⑥，置伏士于房中，召宣孟而饮
之酒。宣孟知之，中饮而出。灵公命房中士疾追杀之，一人
追疾，先及宣孟，见宣孟之面曰："吁，固是君耶！请为君反
死。"宣孟曰："子名为谁？"反走且对曰："何以名为？臣是
夫桑下之卧人也。"还斗而死，宣孟得以活。此所谓德惠也。
故惠君子，君子得其福；惠小人，小人尽其力。夫德一人犹活
其身，而况置惠于万人乎？故曰德无细，怨无小。岂可无树德
而除怨？务利于人哉。利出者福返，怨往者祸来，刑于内者应
于外，不可不慎也。此《书》之所谓"德无小"者也。《诗》云：
"赳赳武夫，公侯干城。""济济多士，文王以宁。"人君胡可
不务爱士乎？

【注释】①赵宣孟（前655—前601），即赵宣子，嬴姓，赵氏，
名盾，谥号"宣"，时人尊称其赵孟或宣孟。春秋中前期晋国卿大
夫，赵衰之子，杰出的政治家、战略指挥家。②翳桑（yì sāng）：古
地名。③飧（sūn）：以水泡饭。④餔（bū）：给予食物、喂食。⑤胸
（qú）：屈曲的干肉。⑥晋灵公（前624—前607）：姬姓，名夷皋，晋

文公之孙，晋襄公之子，春秋时期晋国国君。

　　【译文】赵宣孟打算到绛这个地方去，路见翳桑有个饿得不能动的人。宣孟停车，下车给他泡饭，还亲自含着食物喂他。饥饿之人吃了两口，便睁开眼睛看。宣孟问："你为何饿成这样？"答："我前往绛求仕，归途中粮食吃光了，既羞于乞讨又憎恶不告自取，所以成了现在这样。"宣孟给他一壶水泡饭和两块风干肉，他拜了再拜，叩头接受，但不敢吃。问他原因，说："刚才的食物很美味，我还有老母亲，我打算把食物留给她。"宣孟说："你先把这些吃掉，我再给你。"于是又替他盛了一篮食物，外加两束干肉和一百钱，然后前往绛。

　　过了三年，晋灵公想杀宣孟，在房中埋伏了杀手，然后召宣孟共饮。宣孟有所察觉，酒席中间溜出去。灵公命房中的杀手赶紧去追杀他，其中一人追得很快，先追上宣孟，看见宣孟的面孔后说："果真是您！请让我替您反戈拼死。"宣孟说："你叫什么名字？"那人转身折返回去并答道："知道名字做什么？我是翳桑饿倒的那人。"说完返回去拼杀而死，宣孟得以活命。这就是所说的施行仁德，获得恩惠。因此，把恩惠施给君子，君子能得到福佑；把恩惠施给小人，小人能为你尽心竭力。把恩德施给一人便能保全性命，何况把恩德施给万民呢？所以说恩德没有微小的，怨仇也没有微小的。怎么可以不积仁德而消除怨仇？务必把好处让给别人。把好处让给别人，自己会得到福佑，与别人结怨的，自己会招来灾祸，意识会反应在行动上，不可不小心啊。这就是《尚书》上所说的"德没有微小"的说法。《诗经》上说："英勇的武士，是公侯的捍卫者。""这么多贤士，文王的天下得以太平。"一国之君怎可不重视爱护士人呢?

6-12孝景时①,吴、楚反,袁盎以太常使吴②。吴王欲使将,不肯,欲杀之,使一都尉以五百人围守盎③。盎为吴相时,从史与盎侍儿私通④,盎知之,不泄,遇之如故。人有告从史,从史惧,亡归。盎自追,遂以侍儿赂之,复为从史。及盎使吴,见围守,从史适为守盎校司马⑤。夜引盎起曰:"君可去矣,吴王期旦日斩君。"盎不信,曰:"公何为者也?"司马曰:"臣故为君从史,盗侍儿者也。"盎乃敬谢曰:"公有亲,吾不足以累公。"司马曰:"君去,臣亦且亡,避吾亲,君何患?"乃以刀决帐,率徒卒道出,分背去。盎遂归报。

【注释】①孝景(前188—前141):即汉景帝刘启。西汉第六位皇帝。②袁盎(àng)(?—前148):字丝,西汉楚人。文帝时为郎中,以建言有名。太常:职官名。掌理宗庙礼仪。秦时置奉常,汉更名为太常,历代沿用之。③都尉:官名,次于将军的军官。④从史:或称"从吏"。汉代官名。⑤校司马:武官名。掌领一校之兵的司马。"校"是秦汉将军所领兵分部的编制单位,相当于部。

【译文】孝景帝执政时期,吴楚两国造反,袁盎以太常的身份出使吴国。吴王打算任用他为将军,袁盎不肯,于是吴王要杀他,就派一名都尉带领五百人将袁盎围守。袁盎任吴国国相时,有个从史和袁盎的侍女私通,袁盎得知后,并未泄露,对待那个从史还和过去一样。有人告诉从史,从史害怕,逃回去。袁盎亲自追赶,并把侍女送给他,继续让他做从史。等到袁盎出使吴国被围困时，过去那个从史恰巧担任监守袁盎的校司马。夜里拉袁盎起身说："您现在可以离开，吴王决定明日处斩您。"袁盎不信说："你是什么人？"司马说："我过去是您的从史，和您的侍女私通的那人。"于是袁盎恭敬地谢绝说："你有亲人，我不能连累你。"司马说："你走了，我也准备逃走，让我的亲人都躲避起来，您还担心什么？"于是用刀割破帐篷，领着袁盎穿过醉酒的士卒，逃出地道，分道扬镳。袁盎最终回朝禀告朝廷。

6-13智伯与赵襄子战于晋阳下而死。智伯之臣豫让者怒①，以其精气能使襄主动心，乃漆身变形，吞炭更声。襄主将出，豫让伪为死人，处于梁下。驷马惊不进，襄主动心，使使视梁下，得豫让。襄主重其义不杀也。

又盗为抵罪，被刑人赭衣②，入缮宫。襄主动心，则曰："必豫让也。"襄主执而问之曰："子始事中行君，智伯杀中行君，子不能死，还反事之。今吾杀智伯，乃漆身为厉③，吞炭为哑，欲杀寡人，何与先行异也？"豫让曰："中行君众人畜臣，臣亦众人事之；智伯朝士待臣，臣亦朝士为之用。"襄子曰："非义也，子壮士也！"乃自置车库中，水浆毋入口者三日，以礼豫让。（让）自知④，遂自杀也。

【注释】①豫让：战国时晋人。之前事奉范中行氏，不被重用，后事奉知伯，知伯以国士待之。②赭（zhě）：红褐色。③厉：通"癞"，表皮凹凸不平或有斑点的。④让自知：原文脱"让"字，根据明钞本补。

【译文】智伯与赵襄子在晋阳交战，智伯阵亡。他的家臣豫让很气愤，因为他的气质易被赵襄子察觉，于是他就把漆涂在身上改变外貌，吞火炭改变声音。赵襄子打算外出，豫让装死躲在桥下。驾车的马受惊不敢前进，赵襄子派人下桥察看，将豫让抓获。赵襄子很欣赏他的义气，没杀他。

再一次，豫让假扮成服罪的强盗，穿着赭红色的囚服，进入赵府修缮宫室。赵襄子又有所察觉，就说："那人必定是豫让。"襄子把他捉来质问："你起初事奉中行君，智伯将中行君杀死，你不但没有为中行君赴死，反而事奉智伯。如今我杀了智伯，你却漆身装癞，吞炭做哑巴，要杀我，为什么和过去的做法不一样呢？"豫让说："中行君对待我如同一般人，我就用一般人的态度侍奉他；智伯拿我当朝臣般礼待，我自然用朝臣的态度为他尽忠。"襄子说："你对我的态度是不仁义的，不过，你还算是一位壮士。"于是襄子把自己关进车库，三天滴水未进，以此向豫让表达敬意。豫让明白他的用意，于是自杀了。

6-14 晋逐栾盈之族①，命其家臣有敢从者死。其臣曰："辛俞从之②。"吏得而将杀之。君曰："命女无得从③，敢从何也？"辛俞对曰："臣闻三世仕于家者，君之；二世者，主之。事君以死，事主以勤，为其赐之多也。今臣三世于栾氏，受其赐多矣，臣敢畏死而忘三世之恩哉？"晋君释之。

【注释】①栾盈（？—前550）：姬姓，栾氏，名盈，一作"逞"。

春秋时期晋国下军佐。②辛俞: 栾盈家臣。③女: 同"汝"。你。

【译文】晋国驱逐栾盈一族, 并下令给栾盈的家臣, 有谁敢追随栾盈的就处死。栾盈的家臣说: "辛俞追随他。"官吏找到辛俞准备杀他。晋君问: "我命令你们不得追随栾盈, 你竟敢那么做, 是何原因?"辛俞答: "我听说, 三代为人家臣的, 应当把主人当君王对待; 两代为人家臣的, 应当把主人当主人对待。侍奉君王要不怕死, 侍奉主人要做事勤快, 因为所受的恩赐太多了。如今我家三代侍奉栾氏, 所受的恩赐实在太多, 我怎敢因为怕死而忘了三代所受的恩惠呢?"于是晋君将他释放。

6-15 留侯张良之大父开地①, 相韩昭侯、宣惠王、襄哀王②; 父平, 相釐王、悼惠王③; 悼惠王二十三年, 平卒。二十岁, 秦灭韩, 良年少, 未宦事韩。韩破, 良家童三百人, 弟死不葬, 良悉以家财求刺客, 刺秦王, 为韩报仇。以大父、父五世相韩。遂学礼淮阳④, 东见沧海君⑤, 得力士, 为铁椎重百二十斤。秦皇帝东游, 良与客狙击秦皇帝于博浪沙⑥, 误中副车。秦皇帝大怒, 大索天下, 求购甚急⑦。良更易姓名, 深亡匿, 后卒随汉报秦。

【注释】①留侯张良(?—前189): 字子房, 颍川城父人。秦末汉初杰出谋臣, 西汉开国功臣, 政治家, 与韩信、萧何并称为"汉初三杰"。大父开地: 张良的祖父名开地。②韩昭侯(?—前333): 姬姓韩氏, 韩懿侯之子, 战国时期韩国第6位国君。宣惠王(?—前312): 亦称韩威侯、韩宣王, 姬姓, 韩氏, 名康, 韩昭侯之子, 战国时期韩国国君。襄哀王（？—前296）：姬姓，韩氏，名仓，战国时期韩国君主。③釐（xī）王（？—前273）：姬姓，韩氏，名咎，韩襄王之子，战国时期韩国国君。悼惠王（？—前239）：姬姓，韩氏，名然，韩厘王之子，战国时期韩国国君。④淮阳：秦县名，即今河南淮阳，秦时为陈郡的郡治所在地。⑤沧海君：史记作"仓海君"，秦时东夷秽人的一个君长。⑥博浪沙：地名。秦阳武故城之南，在今河南省阳武县东南。张良令力士操铁椎狙击秦始皇于此。⑦求购：悬赏缉捕。

【译文】留侯张良的祖父张开地，曾任韩昭侯、宣惠王、襄哀王的国相；他的父亲张平任釐王、悼惠王的国相。悼惠王二十三年，张平去世。二十年后秦国灭韩国，那时张良年少，未在韩国做官。韩国灭亡后，张良带着家丁三百余人，连弟弟死也没按旧礼下葬，他用全部家当寻求刺客，谋刺秦王，为韩国报仇。因为他祖父、父亲任韩国五世君王的国相。于是张良就到淮阳学习礼法，还一路向东拜见沧海君，得到一个大力士，制作了一个重达一百二十斤的大铁锤。秦始皇到东方巡视，张良与刺客在博浪沙伺机袭击秦始皇，误中了秦王的副车。秦始皇大怒，在全国搜捕，十分紧急地悬赏缉拿张良。张良改名换姓，深深藏匿起来，后来终于追随汉高祖灭亡秦国，为韩国报了仇。

6-16 鲍叔死①，管仲举上衽而哭之，泣下如雨。从者曰："非君父子也，此亦有说乎？"管仲曰："非夫子所知也。吾尝与鲍子负贩于南阳，吾三辱于市，鲍子不以我为怯，知我之欲有所明也；鲍子尝与我有所说王者，而三不见听，鲍子不以我为不肖，知我之不遇明君也。鲍子尝与我临财分货，吾自取多者三,鲍子不以我为贪,知我之不足于财也。生我者父母,知我者鲍子也。士为知己者死,而况为之哀乎?"

【注释】①鲍叔:即鲍叔牙(?—前644),姒姓,鲍氏,名叔牙,颍上(今安徽省)人,春秋时期齐国大臣,大夫鲍敬叔的儿子。

【译文】鲍叔死了,管仲揭起衣襟痛哭,泪如雨下。侍卫说:"死者既不是您的父亲,也不是您的儿子,您哭得这样伤心,有这种说法吗?"管子说:"这不是你们所能理解的。我曾和鲍子在南阳做生意,我多次在街上被人欺辱,鲍子却不认为我懦弱,他相信我总会扬眉吐气的;鲍子曾多次与我游说君王,都没被接受,鲍子不认为我无能,他知道我是没遇到明君;鲍子曾和我分摊财货,我常自己多拿一些,鲍子不认为我贪财,他知道我财物不够用。父母亲生养我的身体,但真正了解我的人只有鲍子啊!士人愿意为知己去死,何况为他哀吊呢?"

6-17晋赵盾举韩厥①,晋君以为中军尉②。赵盾死,子朔嗣为卿。至景公三年,赵朔为晋将③,朔取成公姊为夫人④。大夫屠岸贾欲诛赵氏⑤。初,赵盾在时,梦见叔带持龟要而哭⑥,甚悲,已而笑,拊手而歌。盾卜之,占兆绝而后好。赵史援占曰:"此甚恶,非君之身,乃君之子,然亦君之咎也。"至子赵朔世益衰。屠岸贾者,始有宠于灵公,及至于晋景公,而贾为司寇⑦,将作难,乃治灵公之贼,以致赵盾。遍告诸将曰:"赵穿弑灵公⑧,盾虽不知,犹为首贼。臣杀君,子孙在朝,何以惩罪? 请诛之。"韩厥曰:"灵公遇贼, 赵盾在外, 吾先君以为无罪⑨, 故不诛。今诸君将诛其后, 是非先君之意而后妄诛, 妄诛谓之乱臣。有大事而君不闻, 是无君也。"屠岸贾不听。厥告赵朔趋亡, 赵朔不肯, 曰:"子必不绝赵祀, 朔死且不恨。"韩厥许诺, 称疾不出。贾不请, 而擅诸将攻赵氏于下宫, 杀赵朔、赵括、赵婴齐⑩, 皆灭其族。朔妻成公姊, 有遗腹, 走公宫匿, 后生男, 乳, 朔客程婴持亡⑪, 匿山中居十五年, 晋景公疾, 卜之曰:"大业之后不遂者为祟。"景公疾问韩厥, 韩厥知赵孤在, 乃曰:"大业之后, 在晋绝祀者, 其赵氏乎? 夫自中衍皆嬴姓也, 中衍人面鸟喙, 降佐殷帝大戊及周天子⑫, 皆有明德; 下及幽、厉无道, 而叔带去周适晋, 事先君文侯⑬, 至于成公, 世有立功, 未尝有绝祀。今及吾君, 独灭之赵宗, 国人哀之, 故见龟策。唯君图之。"景公问曰:"赵尚有后子孙乎? "韩厥具以实对。于是景公乃与韩厥谋立赵孤儿, 召而匿之宫中。诸将入问疾, 景公因韩厥之众, 以胁诸将而见赵孤, 孤名曰武。诸将不得已, 乃曰:"昔下官之难, 屠岸贾为之, 矫以君令, 并命群臣, 非然, 孰敢作难? 微君之疾, 群臣固且请立赵后, 今君有令, 群臣之愿也。"于是召赵武、程婴, 遍拜诸将军。将军遂返与程婴、赵武攻屠岸贾, 灭其族。复与赵武田邑如故。故人安可以无恩? 夫有恩于此, 故复于彼⑭。非程婴则赵孤不全, 非韩厥则赵后不复。韩厥可谓不忘恩矣。

【注释】①韩厥: 姬姓, 韩氏, 名厥, 谥号献, 故也称韩献子。

②中军尉：春秋时晋国设置的军官名。③赵朔（前637—前595）：即赵庄子。嬴姓，赵氏，名朔，谥号为"庄"。春秋时期晋国大夫。④成公姊：又称孟姬、赵庄姬。姬姓，名字不详。是晋成公的姐姐，晋国赵朔的夫人。⑤屠岸贾（gǔ）：屠岸姓，名贾，出自《史记·赵世家》，然而《左传》不曾提及。⑥叔带：嬴姓，赵氏，赵氏始祖造父的七世孙。因周幽王无道，叔带去周入晋，事晋文侯，自此始建赵氏于晋国。龟要：要，同"腰"。根据向宗鲁《校证》引俞樾说，"龟"字为衍文，《史记·赵世家》作"持腰而哭"，无龟字。译文从。⑦司寇：职官名。《周礼》秋官有大司寇，为六卿之一，掌理刑狱。⑧赵穿弑灵公：公元前607年，晋灵公想杀赵盾，赵盾逃跑，但没逃离国境，赵盾的堂弟赵穿将灵公杀死后，赵盾返回。⑨先君：指晋景公之父晋成公。⑩赵括、赵婴齐：此二人均为赵盾同父异母弟。⑪程婴（？—约前583）：赵朔的门客。春秋时晋国义士，千百年来为世人称颂。⑫大戊：殷商第九代国君，又称太戊。⑬文侯（前805—前746）：姬姓，名仇，晋穆侯之子，曲沃桓叔之兄，西周末年至春秋初年晋国第十一任国君。⑭故复于彼：原文"故"字作"攻"，明钞本亦同。根据《万有文库》卢文弨说改。

【译文】晋国赵盾举荐韩厥，晋君任用他为中军尉。赵盾死后，儿子赵朔继承了上卿的职位。到景公三年，赵朔任晋国主将，娶晋成公的姐姐为妻。大夫屠岸贾想要谋害赵氏。起初，赵盾在世时，曾梦见先祖叔带扶腰痛哭，不久，又破涕而笑，且击掌而歌。赵盾占卜解梦，卦象显示先灭绝而后又好转。赵史根据卦象说："这卦很凶，但灾祸不是降临在您身上，而是降临在您儿子身上，但也是因为您的过错。"到赵盾之子赵朔时，国运日渐衰落。屠岸贾这人，起初受灵公宠爱，到了景公时，当上了司寇，他准备在国内作乱, 就以惩治谋刺灵公的事为由, 牵扯到赵盾。他遍告诸将说: "赵穿谋杀灵公, 即使赵盾不知情, 但他仍是罪魁祸首。大臣弑杀君王, 子孙还在朝中为官, 如何严惩罪犯? 请求处死他们。"韩厥说: "灵公遇害时, 赵盾身在外面, 先君认为他无罪, 所以没有处死他。如今你们将要处死他的后代, 是违背先君的旨意, 随意杀人, 这样的臣子叫作乱臣。重大的事件不告知君王, 是目无君王啊。"屠岸贾不理会。韩厥告诉赵朔赶快逃跑, 赵朔不肯, 说: "您务必保全赵家的香火, 我死而无憾。"韩厥答应并许下承诺称病不出。屠岸贾未请示君王而擅自率诸将围攻赵氏祖庙, 杀了赵朔、赵同、赵括、赵婴齐, 诛灭全族。赵朔之妻是成公的姐姐, 身怀有孕, 跑到景公宫院里躲起来, 后生一男婴, 还在吃奶, 赵朔的家臣程婴就带着男婴逃到山中藏匿起来。

过了十五年, 晋景公患病, 卜卦说: "建立大业后, 冤魂鬼祟在作乱。"景公急忙问韩厥, 韩厥知道赵氏有遗孤, 就说: "建立大业后, 在晋国断绝香火的, 不会是赵氏吧? 他们从中衍氏起都姓赢, 中衍人人面鸟嘴, 辅佐殷朝太戊及周天子, 都有显扬的德行; 再往后到了周幽王、厉王昏庸无道时, 叔带离开周朝到了晋国, 侍奉先君文侯, 直到成公, 世代都有功绩, 不曾断绝香火。如今到了君王执政, 唯独诛灭了赵氏一族, 国人为他们感到悲哀, 所以反映在龟板上。希望君王仔细考虑。"景公问: "赵氏还有后人吗?"韩厥道出实情。于是景公就和韩厥商议立赵氏孤儿, 把赵氏孤儿召回藏在宫中。诸将进宫探望景公的病情, 景公凭借韩厥的威势, 裹胁诸将与赵氏孤儿见面, 孤儿名叫赵武。诸将不得已, 就说: "从前赵氏祖庙之乱, 是屠岸贾所为, 他假传圣旨并号令群臣, 不然, 谁敢发难？即使君王不生病，我们也打算请君立赵氏之后。如今君王有令，正是众望所归。"于是召来赵武、程婴遍拜诸将。众将便反戈与程婴、赵武攻打屠岸贾，灭了他的宗族。重新赏赐赵武和从前一样多的田邑。所以，人怎能不施恩德？在此处施恩于人，必会在彼处得到回报。不是程婴，赵氏孤儿则无法保命性命，不是韩厥则赵氏子孙也不会复兴。韩厥可算得上是不忘恩情之人了。

6-18 蘧伯玉得罪于卫君①，走而之晋。晋大夫有木门子高者，蘧伯玉舍其家。居二年，卫君赦其罪而反之。木门子高使其子送之至于境，蘧伯玉曰："鄙夫之，子反矣。"木门子高后得罪于晋君，归蘧伯玉。伯玉言之卫君曰："晋之贤大夫木门子高得罪于晋君，愿君礼之。"于是卫君郊迎之，竟以为卿。

【注释】①蘧（qú）伯玉（约前585—前484以后）：姬姓，蘧氏，名瑗，字伯玉，卫国（今河南省卫辉市）人。春秋时卫国人。相传他"年五十而知四十九年非"，是一个求进甚急并善于改过的贤大夫。

【译文】蘧伯玉得罪了卫君，逃到晋国。晋国有个叫木门子高的大夫，蘧伯玉就住在他家。过了二年，卫君赦免蘧伯玉的罪，并可返回卫国。木门子高就派儿子护送蘧伯玉到国境，蘧伯玉说："鄙人走了，你也请回吧！"木门子高后来得罪了晋君，就投靠了蘧伯玉，伯玉对卫君说："晋国的贤大夫木门子高得罪了晋君，希望君王可以以礼相待。"于是卫君亲自到郊外迎接木门子高，最后任命他为上卿。

6-19北郭骚踵（门）见晏子曰①："窃悦先生之义，愿乞所以养母者。"晏子使人分仓粟府金而遗之，辞金而受粟。有间②，晏子见疑于景公，出奔。北郭子召其友而告之曰："吾悦晏子之义而尝乞所以养母者。吾闻之曰：'养及亲者，身更其难。'今晏子见疑，吾将以身死白之③。"遂造公庭，求复者曰："晏子，天下之贤者也，今去齐国，齐国必侵矣。方必见国之侵也，不若先死。请绝颈以白晏子。"逡巡而退，因自杀也。公闻之大骇，乘驲而自追晏子④，及之国郊，请而反之。晏子不得已而反⑤，闻北郭子之以死白己也，太息而叹曰："婴不肖，罪过固其所也，而士以身明之，哀哉！"

【注释】①北郭骚：复姓北郭，名骚。春秋时齐国的隐士。踵门：亲自上门。"门"字原文脱，根据向宗鲁《校证》补。②有间（jiàn）：片刻，有一会儿。③死白：拼死为他洗刷冤屈。原文"白"上脱"死"字，根据向宗鲁《校证》据《晏子春秋·内篇杂上》《吕氏春秋·士节》补。④驲（rì）：古代驿站专用的车，后亦指驿马。⑤反：原文此字之下有"之"字，向宗鲁《校证》引卢文弨说以为衍文，据删。

【译文】北郭骚上门拜见晏子，说："我内心很欣赏先生的仁义，想向您讨一些东西来供养母亲。"晏子派人分一些粮食和钱给他，北郭骚谢绝了钱而收下了粮食。过了不久，晏子因被景公猜忌而出逃。北郭骚喊来他的朋友，告诉他们："我很欣赏晏子的仁义，曾向他讨要供养母亲的东西。我听说：'供养过我父母的人，我该舍身替他受难。'如今晏子被景公猜忌，我将舍身为他辩白。"

于是就来到宫廷，恳求通报的侍卫说："晏子是天下的圣贤，如今他离开齐国，齐国必定会遭受侵犯，与其将来亲眼看到国家被侵，不如现在先死，请允许我断颈为晏子辩白。"说完，后退几步自尽身亡。景公听闻，非常震惊，快马加鞭追赶晏子，一直追到国都郊外，请晏子返回。晏子不得已返回国都，听说北郭骚以死为自己辩白，叹息说："晏婴不才，罪有应得，却连累贤士舍生为我辩白。悲伤啊！"

6-20吴赤市使于智氏①，假道于卫。南文子具纻绤三百制②，将以送之。大夫豹曰③："吴虽大国也，不壤交，假之道，则亦敬矣，又何礼焉？"南文子不听，遂致之。吴赤市至于智氏，既得事，将归吴，智伯命造舟为梁④。吴赤市曰："吾闻之，天子济于水，造舟为梁，诸侯维舟，大夫方舟。方舟，臣之职也。且敬大甚，必有故。"使人视之，则用兵在后矣，将以袭卫。吴赤市曰："卫假吾道而厚赠我，我见难而不告，是与为谋也。"称疾而留，使人告卫，卫人警戒。智伯闻之，乃止。

【注释】①赤市：春秋时期吴国大夫。智氏：即智伯瑶。②南文子：一作宁文子。即公孙弥牟。战国时人。字子之，卫国公子南之子。纻（zhù）：苎麻纤维织成的布。绤（chī）：细葛布。③大夫豹：卫国大夫。④造舟为梁：将船排列整齐，在上面统一铺上木板，连成浮桥。

【译文】吴国的赤市出使晋国智氏，借道卫国。南文子备下三百匹苎麻布和细葛布，准备送给赤市。大夫豹说："吴国虽是大国，却并不与我国接壤，借道让他们通过，也算客气了，何必再送礼呢？"南文子并不接受，还是把麻布送给赤市。赤市抵达智氏，办完事，准备回吴国时，智伯命人把船铺上木板搭成浮桥。赤市说："我听说，天子过河，造船铺就浮桥，诸侯过河，把船连在一起，大夫过河，把两条船相接。两条船相接，才符合我的职位。过分的恭敬，必定有原因。"于是派人察看，发现身后有将要袭击卫国的军队。赤市说："卫国借道让我通行，且送我很多礼物，我岂能见到卫国有难而不告知，那就相当于同谋。"于是，他称病滞留，派人通知卫国，卫军便加强了防范。智伯听说，只得作罢。

6-21 楚魏会于晋阳①，将以伐齐。齐王患之，使人召淳于髡曰②："楚魏谋欲伐齐，愿先生与寡人共忧之。"淳于髡大笑而不应。王复问之，又复大笑而不应，三问而三不应。王怫然作色曰："先生以寡人国为戏乎？"淳于髡对曰："臣不敢以王国为戏也，臣（笑臣）邻之祠田也③。以奁饭与一鲋鱼，其祝曰：'下田洿邪④，得谷百车，蟹堁者宜禾⑤。臣笑其所以祠者少，而所求者多。"王曰："善。"赐之千金，革车百乘⑥，立为上卿。

【注释】①晋阳：中国古代北方著名的大都会之一，在今山西省太原市晋源区的古城营村、东城角村、南城角村、南北瓦窑村、罗城村以及附近区域一带。最早出现在史书中的年代是公元前497年。②淳于髡（kūn）（约前386—前310）：齐国黄县（今山东省龙口市）人，战国时期齐国政治家、思想家，齐之赘婿，齐威王拜其为政卿大夫。③臣（笑臣）邻之祠田也：原文脱"笑臣"二字，根据明钞本补。

④洿（wū）邪：指地势低洼、容易积水的劣田。⑤蟹堁（kè）：高地。
⑥革车：古代兵车的一种。

【译文】楚魏两国在晋阳会晤，准备共同攻打齐国。齐王为此
担忧，便派人召淳于髡觐见，说："楚、魏两国谋划攻打齐国，希望
先生与寡人共患难。"淳于髡笑而不答。齐王又问，他还是笑而不
答，连问三次都未作答。齐王发怒变了脸色说："先生把寡人的国
家当儿戏吗？"淳于髡答："臣不敢把您的国家当儿戏，我是笑我
那向田地祈祷的邻居。他用一盒饭和一条鲋鱼，祷告说：'希望低
洼的下等田可收获一百车谷子，高地多收粟米。'我笑他所用的祭
品太少，但所求又太多了。"齐王说："好吧。"于是赏赐他千金财物
和百辆兵车，封他为上卿。

6-22阳虎得罪于卫①，北见简子曰："自今以来，不复树
人矣。"简子曰："何哉？"阳虎对曰："夫堂上之人，臣所树
者过半；朝廷之吏，臣所立者亦过半矣；边境之士，臣所立者
亦过半矣。今夫堂上之人，亲却臣于君；朝廷之吏，亲危臣于
（法②）；边境之士，亲劫臣于兵。"简子曰："唯贤者为能报
恩，不肖者不能。夫树桃李者，夏得休息，秋得食焉。树蒺藜
者，夏不得休息，秋得其刺焉。今子之所树者，蒺藜也，非桃
李也。自今以来，择人而树，毋已树而择之。"

【注释】①阳虎：姬姓，阳氏，名虎。春秋后期鲁国人。他原为
鲁国季孙氏（季平子、季桓子）家臣，通过控制季孙氏把持了鲁国的
朝政。②亲危臣于（法）：原文脱"法"字，根据明钞本补。

【译文】阳虎获罪于卫国，于是北上拜见赵简子说："从今天起，我不再培养人才了。"简子问："为什么？"阳虎答："朝中大臣，半数以上都是我培养的；朝廷官员，我培养的也超过一半；戍边将士，我培养的也超过一半。可是，如今朝中大臣，亲自在君王面前排斥我；朝廷官员，亲自以刑法危害我；戍边将士，亲自带兵胁迫我。"简子说："只有贤德之人才懂得报恩，无能之人是做不到的。栽种桃李的人，夏季能庇荫休息，秋季有硕果可食。栽种蒺藜的人，夏季无庇荫可休息，秋季只能得到棘刺。如今你所栽培的都是蒺藜，不是桃李。从今往后，要先挑选人才再加以培养，不要培养后再选择。"

6-23东闾子尝富贵而后乞，人问之曰："公何为如是？"曰："吾自知。吾尝相六七年，未尝贵一人也；吾尝富三千万者再，未尝富一人也。不知士出身之咎然也。"孔子曰："物之难矣，小大多少各有怨恶，数之理也，人而得之，在于外假之也。"

【译文】东闾子曾经富贵，后来却向人行乞，有人问他："你为何变成这样？"答："我自己清楚。我曾做过六七年的国相，却未推荐过一人；我曾两次拥有超过千万的财富，却未使一人富足。这应归罪于我不懂得士人献身的道理。"孔子说："事物复杂难辨，大小多少，各有怨恶，这是命运的规律，人想掌握这个规律，必须借助外物。"

6-24魏文侯与田子方语①，有两僮子衣青白衣而侍于君前。子方曰："此君之宠子乎！"文侯曰："非也，其父死于战，此其幼孤也，寡人收之。"子方曰："臣以君之贼心为足矣，今滋甚！君之宠此子也，又且以谁之父杀之乎？"文侯愍然曰②："寡人受令矣。"自是以后，兵革不用。

【注释】①魏文侯（前472—前396）：姬姓魏氏，名斯（一名都），安邑（今山西省夏县）人，魏桓子之孙。公元前446年继承晋国魏氏领袖。是魏国百年霸业的开创者，战国时期魏国开国君主。田子方：姓田，名无择，字子方，儒家学者，魏国人，魏文侯的友人，拜孔子学生子贡为师，于道德学问闻名于诸侯。②愍（mǐn）然：怜悯貌。

【译文】魏文侯和田子方谈话，有两位少年身穿青白色衣衫，侍立在文侯面前。田子方说："这是君王的爱子吗？"魏文侯说："不是，他们的父亲死于战乱，这是他的遗孤，我收养了他们。"田子方说："我以为您的贪婪欲望已经得到满足，如今却变本加厉了！君王宠爱这些孩子，又打算让他们杀死谁的父亲呢？"文侯悲悯地说："我接受你的指教。"从此之后，不再发动战争。

6-25 吴起为魏将①，攻中山②。军人有病疽者，吴子自吮其脓。其母泣之，旁人曰："将军于而子如是③，尚何为泣？"对曰："吴子吮此子父之创而杀之于泾水之战，战不旋踵而死；今又吮之，安知是子何战而死，是以哭之矣！"

【注释】①吴起（前440—前381）：姜姓，吴氏，名起，卫国左氏(今山东曹县)人。中国战国初期军事家、政治家、改革家,兵家代表人物。②中山:国名。位于今河北省定县一带。战国时为魏所灭。③而子:你的儿子。而,同"尔"。

【译文】吴起做魏国将军,进攻中山。军中有士兵生了痈疮,吴起亲自为他吸脓。士兵的母亲因此哭泣,旁边的人说:"将军这样对你的儿子,你为何哭泣?"答:"吴将军曾为这孩子的父亲吸脓,他父亲在泾水之战中,毫不退缩,壮烈牺牲了;如今又为这孩子吸脓,不知他将死于哪场战斗,所以我才痛哭!"

6-26齐懿公之为公子也①,与邴歜之父争田②,不胜。及即位,乃掘而刖之③,而使歜为仆。夺庸织之妻④,而使织为参乘。公游于申池,二人浴于池,歜以鞭抶织⑤,织怒,歜曰:"人夺女妻⑥,而不敢怒,一抶女,庸何伤⑦?"织曰:"与刖其父而不病奚若⑧?"乃谋杀公,纳之竹中。

【注释】①齐懿公(?—前609):姜姓吕氏,齐国第21位国君,齐桓公之子。②邴歜(bǐng chù):春秋时期齐国人。由于其父邴原之尸被齐懿公砍去双足,因此与庸织将齐懿公杀害。田,古同"畋",打猎。③刖(yuè):古代的一种酷刑,把脚砍掉。④庸织:《史记·齐太公世家》作"阎职",春秋时齐人。⑤抶(chì):用鞭、杖或竹板之类的东西打。⑥女:同"汝",你。⑦庸:同"用"。⑧与刖其父而不病奚若:句首原文有"孰"字,因与"奚若"意同,根据向宗鲁《校证》据《左传》删。

【译文】齐懿公做公子时,与邴歜的父亲打猎,争夺猎物时没能取胜。到他即位后，就挖出邴歜父亲的尸体，砍去他的双脚，还差使邴歜作他的车夫。懿公还抢夺庸织的妻子，而差使庸织作他的车右。懿公在申池游玩，邴歜和庸织二人在池中洗澡，邴歜鞭打庸织，庸织发怒，邴歜说："人家夺走你妻子，你不敢发怒。我打你一下，又有何妨？"庸织说："这跟砍断你父亲的脚而不敢怨恨相比又怎样呢？"于是二人谋杀懿公，把尸体藏在竹林里。

6-27楚人献鼋于郑灵公①。公子家见公子宋之食指动②，谓公子家曰③："（他日）我如是必尝异味④。"及食大夫鼋，召公子宋而不与。公子宋怒，染指于鼎，尝之而出。公怒欲杀之。公子宋与公子家谋先，遂弑灵公。子夏曰⑤："《春秋》者，记君不君，臣不臣，父不父，子不子者也。此非一日之事也，有渐以至焉⑥。"

【注释】①鼋（yuán）：大鳖。郑灵公（？—前605）：姬姓，郑氏，名夷，春秋时郑国君主，郑穆公之子，故称公子夷，郑襄公之兄。前606年冬十月，郑穆公去世后继任国君，公元前605年夏，因为开玩笑惹恼了公子宋而被后者所杀。在位不足1年，谥灵，故称郑灵公。②公子家（？—前599）：名归生，字子家。郑灵公时为卿。公子宋：字子公。郑国贵族。③谓公子家：此句必是公子宋对公子家说话，主语承前省略。④（他日）我如是必尝异味：原文脱"他日"二字，根据向宗鲁《校证》补。⑤子夏（前507—前400）：字子夏，春秋时卫国人，为孔子弟子，擅长文学、孔门诗学，由子夏六传而至荀卿，荀卿授浮丘伯，为《鲁诗》之祖，复授毛亨，为《毛诗》之祖。又《春秋》公羊、谷梁二传，皆传自子夏。孔子殁后，子夏讲学于西河，魏文侯师事之。⑥有：同"由"。

【译文】楚人献给郑灵公一只鼋。公子家见公子宋的食指抽动，公子宋告诉公子家："以往我的食指这样抽动，必定会尝到珍稀的美味。"到了郑灵公请大夫们吃鼋时，邀请了公子宋却不给他吃。公子宋很生气，就伸出食指在鼎里蘸蘸，尝完后才告退。郑灵公发怒要杀他。因公子宋和公子家预谋在先，于是灵公被杀。子夏说："《春秋》这本书，记载的多是君王不像君王，臣子不像臣子，父亲不像父亲，儿子不像儿子之类的事。并非一两天的事情，而是逐渐演变成这样的。

卷七　政理

【题解】政理，即为政之道。政治有三个层面：一为王道政治，二为霸道政治，三为强国政治。德教与刑罚是治国的两个关键，尚德简刑为王者之治，德刑并用为霸者之治，先刑后德为强国之治。本卷共采集了从周文王至春秋战国时期，君臣执政治国的轶事49则。从不同侧面展示了作者刘向崇尚“礼治”“仁政”的政治意图——“德者养善而进阙”，“刑者惩恶而禁后”，更辅之以诛赏，如此教化便可大行于天下。

7-1政有三品：王者之政化之，霸者之政威之，强国之政胁之①。夫此三者各有所施，而化之为贵矣。夫化之不变，而后威之；威之不变，而后胁之；胁之不变，而后刑之。夫至于刑者，则非王者之所贵已也。是以圣王先德教而后刑罚，立荣耻而明防禁；崇礼义之节以示之，贱货利之弊以变之；修近理内，政橛机之礼②，壹妃匹之际③；则（下）莫不慕义礼之荣^④，而恶贪乱之耻。其所由致之者，化使然也。

【注释】①强国之政胁之：原文"国"字作"者"字，根据向宗鲁《校证》改。②政橛机之礼：政，同"正"。橛机（jué jī），指门内，亦指内室。③妃匹：配偶。④则（下）莫不慕义礼之荣：原文脱"下"字。根据向宗鲁《校证》补。下，指属下臣民。

【译文】政治有三种品级：以王道治天下的君主，其政治靠的是教化；以霸道治天下的君主，其政治靠的是威严；强暴之国的政治，靠的是威胁。这三种政治各有所用，而以教化最为可贵。如果德政教化无效，就用威慑的方式；如果威慑也无效，再以武力胁迫；如果武力仍然无效，最后就只能通过刑罚惩治。动用刑罚，并不是君王所推崇的。所以明君总是先以德政教化百姓，不得已时才动用刑罚，为百姓树立荣辱观念，并明确需要防范和禁止的事项；推崇礼义节操为百姓作示范，蔑视货物财利以改变他们的贪欲；与睦邻修好，加强内部治理，肃正内部礼节，明确专一的夫妻关系；这样百姓无不向往礼义的荣耀，厌恶贪乱的耻辱。能使百姓具备这种素质的，都是德政教化的结果。

7-2季孙问于孔子曰^①："如杀无道以就有道，何如？"孔子曰："子为政，焉用杀？子欲善而民善矣。君子之德，风也；小人之德，草也；草上之风必偃。"言明其化而已也。

【注释】①季孙：即季康子，季孙肥。春秋时期鲁国的正卿。
【译文】季孙问孔子："通过诛杀不讲道义的坏人来成就注重

道义的好人，怎么样？"孔子说："先生治理国家，哪用得着杀人？
你若想行善，百姓自然也会友善。君子的品德犹如风；百姓的品德
犹如草；风吹过，草就必然倒伏。"就是说要显明德政教化而已。

7-3治国有二机^①，刑德是也。王者尚其德而希其刑，霸
者刑德并凑，强国先其刑而后德。夫刑德者，化之所由兴也。
德者，养善而进阙者也^②；刑者，惩恶而禁后者也。故德化之
崇者至于赏，刑罚之甚者至于诛。夫诛赏者，所以别贤不肖，
而列有功与无功也，故诛赏不可以缪^③。诛赏缪则善恶乱矣。
夫有功而不赏，则善不劝；有过而不诛，则恶不惧。善不劝，
（恶不惧^④），而能以行化乎天下者，未尝闻也。《书》曰："毕
协赏罚。"此之谓也。

【注释】①机：事物的关键，枢纽。本则原文接上文，今根据
向宗鲁《校证》改另起。②阙（quē）：空缺，缺少。③缪（miù）：通
"谬"，错误。④恶不惧：原文脱此三字，根据向宗鲁《校证》补。

【译文】治理国家有两个关键，就是刑罚与教化。行王道的
君主崇尚教化而少用刑罚，行霸道的君主刑罚和教化并用，强暴之
国则是先使用刑罚而后施行教化。刑罚与教化是转变社会风气的
必由之路。所谓德化，就是培养良好品行，弥补其不足之处；所谓
刑罚，就是惩罚邪恶行为，以禁止后来者效仿。所以受道德教化而
修养高的应该得到赏赐，受刑罚惩处最严厉的就是被诛杀。诛杀和
奖赏可区别圣贤与不才之人，分辨功臣与无功之人，所以刑罚和奖
赏不可出错。一旦刑罚奖赏错乱，善恶就会错乱。若不奖赏有功之

人，善良的人就得不到勉励；若不惩戒有罪之人，作恶的人便会无所畏惧。善良的人得不到勉励，作恶的人无所畏惧，而能用德行教化天下的事，从未听说过。《尚书》上说："尽力做到赏罚得当。"说的就是这个意思。

7-4 水浊则鱼困，令苛则民乱，城峭则必崩，岸竦则必阤①。故夫治国，譬若张琴，大弦急则小弦绝矣。故曰：急辔衔者非千里御也②。有声之声，不过百里；无声之声，延及四海。故禄过其功者损，名过其实者削；情行合而名副之③，祸福不虚至矣。《诗》云："何其处也？必有与也；何其久也④？必有以也。"此之谓也。

【注释】①阤（zhì）：崩塌。②辔衔（pèi xián）：控制马匹的缰绳和衔勒。③名：原文"名"作"民"，根据向宗鲁《校证》改。④何其久也：原文"久"作"亡"，根据明钞本、《四库全书》及《诗经》原文径改。

【译文】水太混浊，鱼就无法生存；政令太苛刻，百姓难免动乱；城墙太陡峭，必定容易倒塌；河岸太耸立，必定容易崩溃。所以治理国家好比调琴一般，大弦太紧小弦就易绷断。所以说：匆忙赶快车的人，不是行千里路的驭手。能听到的声音，不过百里之内；听不到的声音，才可以传遍天下。所以俸禄超出功劳的，应减少俸禄，名声超出实际的，应削弱名声；德行名副其实的，祸福便不会无故降临。《诗经》上说："为何能够安居？必定是有人相助；为何能够持久？必定有原因啊。"说的就是这个意思。

7-5公叔文子为楚令尹三年[①]，民无敢入朝。公叔子见曰："严矣。"文子曰："朝廷之严也，宁云妨国家之治哉？"公叔子曰："严则下喑[②]，下喑则上聋，聋喑不能相通，何国之治也？盖闻之也：顺针缕者成帷幕[③]，合升斗者实仓廪，并小流而成江海。明主者，有所受命而不行，未尝有所不受也。"

【注释】①公叔文子：春秋时卫（都城在濮阳西南）大夫，即公叔发，卫献公之孙，名拔，谥号"文"，故称公叔文子。令尹：春秋战国时楚国执政官名，相当于宰相。②喑（yīn）：缄默，不说话。③幕：原文作"暮"。明钞本、《四库全书》本均作"幕"，故改。

【译文】公叔文子担任楚国令尹，任职三年，没有一个百姓敢入朝。公叔子见此情形说："太严酷了。"文子说："朝廷的严厉，难道说还能妨碍治理国家吗？"公叔子说："太过严酷会使下面的人不敢说话，下面的人不敢说话，则执政者就变成聋子，聋哑之人无法交流，何谈治理国家？我曾听说：顺着针缕可以织成帷幕，积累升斗的粮食可以堆满粮仓，汇合支流形成江海。明君接受建议未必都施行，但从未有不接受建议的。"

7-6卫灵公谓孔子曰[①]："有语寡人：'为国家者，谨之于庙堂之上而国家治矣。'其可乎？"孔子曰："可。爱人者则人爱之，恶人者则人恶之。知得之己者，亦知得之人。所谓不出于环堵之室而知天下者，知反之己者也。"

【注释】①卫灵公（前540—前493）：姬姓，名元，春秋时期卫国第二十八代国君。

【译文】卫灵公问孔子：“有人对我说：‘治国之人只要在朝政上谨言慎行，就能治理好国家。’这样可行吗？”孔子说：“可行。能爱护别人的人，别人也会爱戴他；嫌恶别人的人，别人也会嫌恶他。知道如何对待自己，也就知道如何对待别人。所谓不出斗室，便知天下大事的人，就是懂得自我反省的人。”

7-7子贡问治民于孔子，孔子曰：“懔懔焉[1]，如以腐索御奔马。”子贡曰：“何其畏也？”孔子曰：“夫通达之国皆人也，以道导之，则吾畜也；不以道导之，则吾仇也。若何而毋畏？”

【注释】[1]懔懔（lǐn lǐn）：劲烈严正的样子。

【译文】子贡向孔子请教治理百姓的方法，孔子说：“要严正谨慎，好比用腐朽的绳索驾驭奔跑的快马。”子贡说：“为何要那样严正谨慎呢？”孔子说：“通达之国人口众多，以道义引导，百姓就会顺服；不以道义引导，百姓就会怨恨执政者。如此说来怎能不严正谨慎呢？”

7-8齐桓公谓管仲曰：“吾欲举事于国，昭然如日月，无愚夫愚妇皆曰善，可乎？”仲曰：“可，然非圣人之道。”桓公曰：“何也？”对曰：“夫短绠不可以汲深井，知鲜不可以与圣人之言；惠士可与辨物，智士可与辨无方，圣人可与辨神明。

夫圣人之所为，非众人之所及也。民知十己，则尚与之争，曰'不如吾也'；百己则疵其过；千己则谁而不信。是故民不可稍而掌也，可并而牧也；不可暴而杀也，可麾而致也①；众不可户说也，可举而示也。"

【注释】①麾：同"挥"，指挥。

【译文】齐桓公对管仲说："我打算在国内兴办事业，如日月般分明，无论愚夫妇孺都说好，你认为可行吗？"管仲说："可行，但这并非圣人的做法。"齐桓公说："为什么？"管仲答："绳短的水桶不能在深井取水，见识浅薄之人无法领受圣人的言论；可以与聪明人探讨是非，与智者探讨一切事物，与圣人探讨精神层面的道理。圣人的所作所为，不是一般人所能企及的。百姓对待超过自己见识十倍的人，尚且与之争辩，说'他不如我'；对于超过自己百倍的人，便会挑剔对方的过失；对于超过自己千倍的人，就讥讽并质疑对方。所以对百姓不能过分称赞抬举，只能合并起来治理；不能残暴地诛杀他们，只能指挥差使；民众不可挨家挨户地说服，只能示范给他们看。"

7-9 卫灵公问于史鳅曰①："政孰为务？"对曰："大理为务。听狱不中，死者不可生也，断者不可属也②，故曰大理为务。"少焉，子路见公，公以史鳅言告之。子路曰："司马为务。两国有难，两军相当，司马执枹以行之③。一斗不当，死者数万。以杀人为非也，此其为杀人亦众矣！故曰司马为务。"少焉，子贡入见，公以二子言告之。子贡曰："不识哉！昔禹与有扈氏战④，三陈而不服，禹于是修教一年而有扈氏请服。故曰：'去民之所事，奚狱之所听？兵革之不陈，奚鼓之所鸣？'故曰教为务也。"

【注释】①史鳅（qiū）：字子鱼，春秋时期卫国大臣。他为官忠诚、正直，立志为国家推荐贤才。②属（zhǔ）：连缀，接连。③枹（fú）：鼓槌。④有扈（hù）：夏初的一个部落名，和夏同姓，皆为姒姓部族，位于今河南原阳一带，另说在陕西户县一带，或说为东夷少昊族的九扈部落。

【译文】卫灵公问史鳅说："治理国家哪项工作是当务之急？"答："司法工作为当务之急。若断案不公，枉死者不可复生，致残者不可康复，所以说司法工作为当务之急。"过了片刻，子路觐见卫灵公，灵公把史鳅的话告诉他。子路说："军事工作为当务之急。两国发生战乱，两军势力旗鼓相当，司马擂鼓号令三军。一场战争失利，就会有数万人丧生。杀人是错误之举，战争失利会荼毒众多生灵！所以说军事工作是当务之急。"又过了片刻，子贡觐见卫灵公，卫灵公又把他二人的话告诉子贡。子贡说："真是见识浅薄啊！从前禹和有扈氏交战，三次交锋有扈氏都不投降，禹于是修养文治一年，有扈氏就主动请求归顺。所以说：'消除百姓纷争，哪还有官司要判决？兵器都不陈列，哪还有战鼓之声？'所以说施行教化为当务之急。"

7-10齐桓公出猎，逐鹿而走，入山谷之中，见一老公而问之曰:"是为何谷?"对曰:"为愚公之谷。"桓公曰:"何故?"对曰:"以臣名之。"桓公曰:"今视公之仪状,非愚人也,何为以公名(之^①)?"对曰:"臣请陈之:臣故畜牸牛^②,生子而大,卖之而买驹。少年曰:'牛不能生马。'遂持驹去。傍邻闻之,以臣为愚,故名此谷为愚公之谷。"桓公曰:"公诚愚矣!夫何为而与之?"

桓公遂归,明日朝,以告管仲,管仲正衿再拜曰:"此夷吾之过也^③。使尧在上,咎繇为理^④,安有取人之驹者乎?若有见暴如是叟者,又必不与也。公知狱讼之不正,故与之耳。请退而修政。"孔子曰:"弟子记之:桓公,霸君也,管仲,贤佐也,犹有以智为愚者也,况不及桓公、管仲者也。"

【注释】①何为以公名之:原文脱"之"字。根据向宗鲁引《群书治要》《艺文类聚》《太平御览》等书补。②牸(zì)牛:母牛。③此夷吾之过也:原文"过"作"愚",根据向宗鲁《校证》引《群书治要》《艺文类聚》《太平御览》等书改。④咎繇(gāo yáo):即皋陶。舜之贤臣。咎,通"皋"。

【译文】齐桓公外出狩猎,因追赶野鹿而进入山谷之中,遇见一位老者,就问他:"这山谷叫什么名字?"老者答:"叫愚公谷。"桓公问:"为何叫愚公谷?"答:"是因臣而命名的。"桓公说:"看你的样貌,并非愚蠢之人,为何说因你命名的呢?"答:"请听臣禀告:我曾养了一头母牛,生了小牛长大后,把它卖掉买了匹小马。有位少年说:'牛不能生马。'就把小马牵走了。邻居听说后,都认为我愚蠢,所以就命名这个山谷为愚公谷。"桓公说:"你确实愚蠢!

你为何把小马给他呢？"

桓公回宫后，次日早朝，把这事告诉管仲，管仲整理好衣裳拜了拜说："这是我的失职。假如尧作君王，皋繇负责司法工作，怎会发生夺取别人小马的事呢？即使有老者被暴力侵犯，也必定不会让他得逞。老者深知我国狱讼不公，所以才让他牵走。请让我退下反省，修整法政。"孔子说："弟子切记：齐桓公是称霸天下的君王，管仲是贤明的辅臣，他们尚且把聪明人当成愚者，何况不如齐桓公、管仲的人呢！"

7-11鲁有父子讼者，康子曰："杀之！"孔子曰："未可杀也。夫民不知子父讼之不善者久矣，是则上过也。上有道，是人亡矣。"康子曰："夫治民以孝为本，今杀一人以戮不孝①，不亦可乎？"孔子曰："不教而诛之②，是虐杀不辜也。三军大败，不可诛也；狱讼不治，不可刑也；上陈之教而先服之，则百姓从风矣；躬行不从而后俟之以刑，则民知罪矣。夫一仞之墙，民不能踰；百仞之山，童子升而游焉，陵迟故也。今是仁义之陵迟久矣，能谓民弗逾乎？《诗》曰：'俾民不迷。'昔者君子导其百姓不使迷，是以威厉而不试，刑错而不用也③。"于是讼者闻之，乃请无讼。

【注释】①戮（lù）：羞辱，侮辱。②教：原义"教"作"孝"，根据向宗鲁《校证》依崇文局本改。③刑错：错，通"措"，弃置。弃置刑法不用。

【译文】鲁国的一对父子打官司，康子说："处死他们！"孔子说："不可处死。长久以来百姓不懂得父子间打官司的危害，这是执政者的过失。如果执政者遵循道义，就不会有这样的人。"康子说："治理百姓以孝为本，如今杀一人来羞辱所有不孝之人，也不行吗？"孔子说："不教化就处死不孝之人，这是残杀无辜。三军战败，不能都处死；案件没审理好，不能都用刑罚；执政者所推崇的教化，应由执政者身先士卒，百姓才会跟从；若执政者身先士卒，百姓仍不跟从的，再以刑罚惩治他，百姓才会知罪。七尺高墙，百姓无法逾越；近百丈的高山，小孩却可以攀登游玩，是因为山势逐渐升高的缘故。如今仁义道德衰落已久，百姓能不触犯吗？《诗经》上说：'要使百姓不迷茫。'以往的君王教化百姓，不让他们产生迷茫，所以不必发威，刑罚也弃置不用。"打官司的人听到此番言论，便撤诉了。

7-12鲁哀公问政于孔子^①，对曰："政在使民富且寿^②。"哀公曰："何谓也？"孔子曰："薄赋敛则民富，无事则远罪，远罪则民寿。"公曰："若是，则寡人贫矣。"孔子曰："《诗》云：'恺悌君子^③，民之父母。'未见其子富而父母贫者也。"

【注释】①鲁哀公（前521—前468）：姬姓，名将，鲁定公之子，春秋时期鲁国第二十六任君主。②政在：原文作"政有"，根据向宗鲁《校证》引俞樾、关嘉说改。③恺悌（kǎi tì）：和乐平易。

【译文】鲁哀公请教孔子执政之事，孔子答："执政关键在于让百姓富足且长寿。"哀公说："此话怎讲？"答："减免赋税，则百姓富足；没有纷争，百姓就会远离犯罪。远离犯罪自然能长寿。"哀公说："如此一来，那寡人就贫穷了。"孔子说："《诗经》上说：'平易近人的君王，是百姓的父母。'从未见过子女富足而父母贫穷的。"

7-13文王问于吕望曰①："为天下若何？"对曰："王国富民，霸国富士，仅存之国富大夫，亡道之国富仓府，是谓上溢而下漏。"文王曰："善！"对曰："宿善不祥。"是日也，发其仓府，以振鳏寡孤独②。

【注释】①吕望：即姜子牙。②振：同"赈"，救济。

【译文】文王问吕望说："怎样治理天下？"答："遵循王道的国家百姓富庶，遵循霸道的国家将士富足，勉强维持的国家大夫富有，无道的国家国库充盈，这就是所谓的上富下贫。"文王说："对！"吕望又说："善念延迟施行视为不祥。"当天，文王就打开国库，救济那些无依无靠的孤寡之人。

7-14武王问于太公曰："治国之道若何？"太公对曰："治国之道，爱民而已。"曰："爱民若何？"曰："利之而勿害，成之勿败，生之勿杀，与之勿夺，乐之勿苦，喜之勿怒，此治国之道。使民之义也，爱之而已矣。民失其所务，则害之也；农失其时，则败之也；有罪者重其罚，则杀之也；重赋敛者，则夺之也；多徭役以罢民力①，则苦之也；劳而扰之，则怒之也。故善为国者，遇民如父母之爱子，兄之爱弟，闻其饥寒为之哀，见其劳苦为之悲。"

【注释】①罢：通"疲"，使劳累。

【译文】周武王问姜太公说："治国之道是什么？"姜太公答："治国之道，不过是爱护百姓而已。"又问："如何爱护百姓呢？"答："执政要利于民而不要危害他们，成就而不是败坏他们，使之生存而不是杀害他们，要多给予而不是掠夺他们，使他们快乐免受痛苦，使他们高兴避免产生怨恨，这就是治国之道。治理百姓的原则，无非就是爱护他们而已。市民失业则损害了他的利益；农夫错失农时则损失了他的收成；罪犯加重刑罚则害了他的性命；增加赋税则是对他们的掠夺；劳役繁重，民力疲累便会使他们痛苦；劳役且扰乱他们的生活，就会使他们产生怨恨。所以，善于治国的君王，对待百姓犹如父母疼爱子女，兄长爱护兄弟一般，听闻他们挨饿受冻，就感到哀怜，见到他们受苦就感到伤心。"

7-15武王问于太公曰："贤君治国何如？"对曰："贤君之治国，其政平，其吏不苛，其赋敛节，其自奉薄。不以私善害公法，赏赐不加于无功，刑罚不施于无罪，不因喜以赏，不因怒以诛。害民者有罪，进贤举过者有赏。后宫不荒，女谒不听。上无淫慝①，下不阴害。不幸宫室以费财，不多观游台池以罢民，不雕文刻镂以逞耳目。官无腐蠹之藏，国无流饿之民，此贤君之治国也。"武王曰："善哉！"

【注释】①淫慝（tè）：邪恶。

【译文】周武王问姜太公说："明君如何治国？"答："明君治国，政治平和，官吏执法不苛刻，有节制地征收赋税，君王生活节俭。不因个人喜好损害国家利益，不赏无功之人，不惩治无罪之人，不因高兴行赏，不因发怒杀人。治罪残害百姓的人，奖赏推荐贤能、检举过错的人。后宫不荒淫无度，也不偏信宠妃的话。居高位者没有残暴的行为，属下也不会暗中作恶。不劳民伤财兴建宫室，不多建游乐的台池奴役百姓，不雕梁画栋以满足享乐。官府没有腐烂生虫的储藏，国内没有流离失所的灾民，这就是明君治国的景象。"武王说："很好！"

7-16武王问于太公曰："为国而数更法令者何也？"太公曰："为国而数更法令者，不法法①，以其所善为法者也，故令出而乱，乱则更为法，是以其法令数更也。"

【注释】①不法法：不依法行事。

【译文】周武王问姜太公说："治国频繁更改法令是为什么？"太公说"治国频繁更改法令，是因为执法者不依法办事，把他的个人喜好作为法令，所以颁布法令后国家发生动乱，动乱后又更换新的法令，因此他的法令就频繁更改。"

7-17成王问政于尹逸曰①："吾何德之行而民亲其上？"对曰："使之以时而敬顺之，忠而爱之，布令信而不食言。"王曰："其度安至？"对曰："如临深渊，如履薄冰。"王曰："惧哉！”对曰：“天地之间，四海之内，善之则畜之，不善则仇也。夏、殷之臣，反仇桀、纣而臣汤、武；夙沙之民^②，自攻其主而归神农氏。此君之所明知也，若何其无惧也？”

【注释】①尹逸：即尹佚，文王、武王时大史。著有《尹佚》二篇，已佚。②夙沙：古部落名，在今山东胶东地区。传说中远古炎帝时的诸侯国，煮海水为盐，后为炎帝所灭。

【译文】成王请教尹逸治国之道说：“我该具备怎样的德行，才能让百姓爱戴？”答：“想差使百姓要在农闲之时，要敬重他们，顺应民意，忠于职守并爱护他们，颁布法令要守信用不可食言。”成王说：“如何做到这一点呢？”答：“如临深渊，如履薄冰般小心谨慎。”成王说：“好恐怖啊！”尹逸说：“天地之间，四海之内，君王善待百姓，则万民顺服，不善待他们就会成为仇敌。夏、殷的臣民把桀、纣视作仇敌，而臣服于商汤、周武王；夙沙的百姓自己攻击他们的君王而归顺神农氏。这些历史您都知晓，怎能不小心谨慎呢？”

7-18仲尼见宋君^①，宋君问仲尼曰：“吾欲长有国，吾欲列都之得，吾欲使民安不惑，吾欲使士竭其力，吾欲使日月当时，吾欲使圣人自来，吾欲使官府治，为之奈何？”仲尼对曰：“千乘之君，万乘之主，问于丘者多矣，未尝有如主君问丘之术也，然而尽可得也。丘闻之，两君相亲^②，则长有国；君惠臣忠，则列都之得；毋杀无辜，毋释罪人，则民不惑；益士禄赏，则竭其力；尊天敬鬼，则日月当时；善为刑罚，则圣人自来；尚贤使能,则官府治。"宋君曰:"岂有不然哉!"

【注释】①梁君:根据向宗鲁《校证》引俞樾说,仲尼时期并无梁君,依《孔子家语》应作"宋君",径改。②两君:依《孔子家语》作"邻国"讲。

【译文】仲尼拜见宋国君王,宋君问孔子:"我想永保国家,我想永保封都,我想使百姓长治久安,我想使将士效忠于我,我想使日月适时交替,我想使圣人主动来投,我想使官府得到治理,该怎么做呢?"仲尼答:"诸侯、君王向我咨询的人太多了,还从未有像您这样问我治国之术的,不过您完全可以实现。我听说,睦邻友好,就能永保国家;君王贤德,臣子忠诚,就能永保封都;不乱杀无辜,不纵容罪人,百姓就会长治久安;增加将士的禄赏,他们就会为您效忠;敬天礼神,日月就会适时交替;刑罚得当,圣人就会不请自来;举贤任能,官府就会得到治理。"宋君说:"哪有不这么做的道理!"

7-19子贡曰:"叶公问政于夫子①,夫子曰:'政在附近而来远。'鲁哀公问政于夫子,夫子曰:'政在于谕臣②。'齐景公问政于夫子,夫子曰:'政在于节用。'三君问政于夫子,夫子应之不同,然则政有异乎?"孔子曰:"夫荆之地广而都狭③,民有离志焉,故曰在于附近而来远。哀公有臣三人,内比周以惑其君,外障距诸侯宾客以蔽其明④,故曰政在谕臣。齐景公奢于台榭,淫于苑囿,五官之乐不解⑤,一旦而赐人百乘之家者三,故曰政在于节用。此三者政也,《诗》不云乎:'乱离斯瘼⑥，爰其适归⑦'，此伤离散以为乱者也；'匪其止共，惟王之邛⑧'，此伤奸臣蔽主以为乱者也；'相乱蔑资，曾莫惠我师'，此伤奢侈不节以为乱者也。察此三者之所欲，政其同乎哉！"

【注释】①叶（shè）公：春秋时楚国贵族，名子高，封于叶（古邑名，今河南叶县）。曾因平定白公之乱，担任楚国令尹。②谕：根据向宗鲁《校证》引诸说，此"谕"应作"论"。论，衡量，评定。③荆之地：指楚国的邻土。春秋时期楚国称为荆。④障距：阻塞，隔绝。⑤五官：指后宫女乐。根据《汉书·元后传》记载，后宫有女乐五官。故向宗鲁《校证》以"此虽汉事，齐景公之时，后官为女乐者，已当有五官之名。"解，同"懑"。⑥瘼（mò）：痛苦，疾苦。⑦爰（yuán）：何处。引自《诗经·小雅·巧言》。⑧邛（qióng）：劳，病。

【译文】子贡说："叶公向先生请教治国之道，先生说：'治国的关键是使周围的人亲近，使远方的人归顺。'鲁哀公向先生请教治国之道，先生说：'治国的关键是挑选贤臣。'齐景公向先生请教治国之道，先生说：'治国的关键是生活节俭。'三位君王同样请教治国之道，您的回答却不一样，难道治国之道有差异吗？"孔子说："楚国疆域辽阔，但都城狭小，百姓盘算着迁离他，所以说治国的关键是使周围的人亲近，使远方的人归顺。哀公有三位权臣，他们对内结党营私迷惑君王，对外阻隔诸侯宾客，遮蔽君王耳目，所以说治国的关键是挑选贤臣。齐景公巨斥巨资兴建亭台楼榭，在苑圃里行为放纵，声色享乐不断，一天之内多次赏赐封邑给人，所以说治国的关键是生活节俭。这三种都是治国之道，《诗经》上不也说：'离乱使百姓痛苦，何处才是归宿。'这是伤感离散造成的祸乱；'事实是他们没有尽忠职守，却认为都是君王的过错。'这是伤感奸臣蒙蔽君王造成的祸乱；'社会动荡，国库空虚，没有财物抚恤百姓。'这是伤感奢靡浪费开支无度造成的祸乱。分析这三种国情下百姓的诉求，治国之道岂能相同！"

7-20公仪休相鲁^①，鲁君死，左右请闭门^②。公仪休曰："止！池渊吾不税，蒙山吾不赋^③，苛令吾不布，吾已闭心矣，何闭于门哉！"

【注释】①公仪休：春秋时期鲁国人，官至鲁国宰相。因为清正廉洁而不收礼物、遵纪守法被流传后世。②闭：原文"闭"误作"闲"，根据上下文意改。③蒙山：古称"东蒙""东山"，地处山东省临沂市西北、沂蒙山区腹地。

【译文】公仪休担任鲁国国相时，鲁君去世，侍卫请示关闭宫门。公仪休说："不必关！鱼塘我不曾收税，蒙山我不曾征赋，苛刻的法令我不曾颁布，我对外已无欲求，又何必关闭宫门啊！"

7-21子产相郑，简公谓子产曰^①："内政毋出，外政毋入。夫衣裘之不美，车马之不饰，子女之不洁^②，寡人之丑也^③。国家之不治，封疆之不正，夫子之丑也。"子产相郑，终简公之身，内无国中之乱，外无诸侯之患也。子产之从政也，择能而使之。冯简子善断事^④；子太叔善决而文^⑤；公孙挥知四国之为而辨于其大夫之族姓^⑥，变而立至，又善为辞令；裨谌善谋⑦,于野则获,于邑则否。有事乃载裨谌与之适野,使谋可否,而告冯简子断之,使公孙挥为之辞令。成,乃受子大叔行之⑧,以应对宾客,是以鲜有败事也。

【注释】 ①简公(前570—前530):姬姓,郑氏,名嘉,周代郑国第十六位国君。②子女:这里特指女子。不洁:不守贞洁。③丑:可厌恶的,可耻的,不光荣的。④冯简子:春秋时郑国人。大夫。善断大事。⑤子太叔(?—前506):姬姓,游氏,名吉。春秋时期郑国正卿,郑定公八年接替子产担任郑国国相。⑥公孙挥:字子羽,名挥,春秋时期郑国人。曾担任行人一职,协助子产治理郑国,在子产的支持下参与处理外交事务。而:通"能"。⑦裨谌(bì chén):春秋时郑国大夫,博学多谋,曾大力协助国相子产处理国政。⑧受:同"授",给予,交给。

【译文】 子产担任郑国国相,郑简公对子产说:"宫廷内政不劳您处理,宫外朝政我不干涉。凡是衣袍不华美,车马不修饰,女眷不守节操,都是寡人的耻辱。凡是国家治理得不好,疆界不稳定,都是先生的耻辱。"子产担任郑国国相,直到简公去世,国内都没发生动乱,国外都无诸侯侵犯。子产执政治国期间,举贤任能并重用他们。冯简子善于决断大事;子太叔执行力强又有文采;公孙挥通晓四方邻国的状况,并能分辨他国卿大夫的族姓、官爵,又善于外交辞令;裨谌善于谋划,在野外就能想出好计策,在城里却不灵光。于是郑国有重大国事时,子产就带裨谌到野外去,让他谋划是否可行,然后把结果告知冯简子让他做决断,再让公孙挥准备发布的辞令。一切准备就绪,便交给子太叔执行,用以应对宾客，所以很少有失误的时候。

7-22董安于治晋阳①，问政于蹇老②。蹇老曰："曰忠、曰信、曰敢。"董安于曰："安忠乎？"曰："忠于主。"曰："安信乎？"曰："信于令。"曰："安敢乎？"曰："敢于不善人③。"董安于曰："此三者足矣。"

【注释】①董安于（？—前496）：字阏于，平阳翼城人。春秋时期晋卿赵鞅心腹家臣，古代晋阳城的始创者。出色的建筑家，超群的战略家和政治家。晋阳：今山西省太原市晋源区的古城营村、东城角村、南城角村、南北瓦窑村、罗城村以及附近区域一带。②蹇（jiǎn）老：战国时魏人。蹇，跛足。③不善人：不做老好人。

【译文】董安于治理晋阳，向一位跛足老者请教如何理政。跛足老者说："忠、信、敢。"董安于说："何为忠？"答："忠于君王。"又问："何为信？"答："政令要取信于民。"又问："何为敢？"答："敢于不做老好人。"董安于说："做到这三点足矣。"

7-23魏文侯使西门豹往治于邺①，告之曰："必全功成名布义。"豹曰："敢问全功成名布义，为之奈何？"文侯曰："子往矣！是无邑不有贤豪辩博者也，无邑不有好扬人之恶、蔽人之善者也。往必问豪贤者，因而亲之；其辩博者，因而师之；问其好扬人之恶，蔽人之善者，因而察之，不可以特闻从事。夫耳闻之不如目见之，目见之不如足践之，足践之不如手辨之。人始入官，如入晦室，久而愈明，明乃治，治乃行。"

【注释】①西门豹：战国时期魏国（今山西省运城市盐湖区安邑一带）人。魏文侯时任邺令，是著名的政治家、水利家。

【译文】魏文侯派西门豹去治理邺县，告诉他："一定要功成名就传布仁义。"西门豹说："请问如何才能功成名就传布仁义？"文侯说："你去吧！哪座城市也不乏圣贤豪杰及雄辩博识之人，哪座城市也不缺爱宣扬别人缺点、隐蔽别人优点的人。你此去，务必要寻访圣贤豪杰，多与他们亲近；那些雄辩博识之人，要向他们学习；那些爱宣扬别人缺点，隐蔽别人优点的人，要多观察他们的言行，切不可凭借传闻办事。耳听不如眼见，眼见不如亲自实践，亲自实践不如亲手揣摩。初入官场，犹如走进黑暗的房间，越久看得越清楚，感到心明眼亮时才能治理，治理了才能功成名就传布仁义。"

7-24宓子贱治单父①，弹鸣琴，身不下堂而单父治②。巫马期亦治单父③，以星出，以星入，日夜不处，以身亲之，而单父亦治。巫马期问其故于宓子贱，宓子贱曰："我之谓任人，子之谓任力；任力者固劳，任人者固佚④。"人曰："宓子贱则君子矣，佚四肢，全耳目，平心气而百官治，任其数而已矣。巫马期则不然，弊性事情，劳烦教诏，虽治犹未至也。"

【注释】①宓（fú）子贱（前521或502—前445）：名不齐，字子贱，春秋末年鲁国人（一说宋国人），孔子的得意门生，孔门七十二贤之一。曾任单父（今山东省菏泽市单县）宰。单父（shàn fǔ）：尧舜时期九夷族部族首领单卷所居而得名。今山东省菏泽市单县。②弹鸣琴,身不下堂而单父治:即"琴鸣而治"的典故,典出《吕氏春秋·察贤》。指以礼乐教化百姓,表现"政简刑清"的政治,或用于官吏善于管理的表彰之词。③巫马期(前521—?):姓巫马,名施,字子期,汉族,春秋末年鲁国人,一说陈国人,孔子弟子,七十二贤之一,以勤奋著称。④佚:同"逸",安闲,安乐。

【译文】宓子贱治理单父,一天到晚弹琴鸣曲,从不离开朝堂,却把单父治理得很好。巫马期也治理过单父,他披星戴月,日夜无法安居,事必躬亲,单父也被治理得很好。巫马期问宓子贱轻松治理单父的原因,宓子贱说:"我这个叫作用人,你那个叫作用力。劳力者必然辛苦,善于用人者,当然轻松。"人们说:"宓子贱是位君子!四肢轻松、耳目完备,平心静气,且百官都得到管理,他只是顺其自然罢了。巫马期则不然,他劳心劳力,事必躬亲,不厌其烦地进行宣传教导,虽然单父也得到治理,但还是达不到宓子贱那样。"

7-25孔子谓宓子贱曰:"子治单父而众说^①,语丘所以为之者^②。"曰:"不齐^③父其父,子其子,恤诸孤而哀丧纪。"孔子曰:"善,小节也,小民附矣,犹未足也。"曰:"不齐也,所父事者三人,所兄事者五人,所友者十一人。"孔子曰:"父事三人,可以教孝矣;兄事五人,可以教弟矣^④;友十一人,可以教学矣。中节也,中民附矣,犹未足也。"曰:"此地民有贤于不齐者五人,不齐事之,皆教不齐所以治之术。"孔子曰:"欲其大者,乃于此在矣。昔者尧、舜清微其身,以听观天下,务来贤人。夫举贤者,百福之宗也,而神明之主也。(惜乎^⑤)!不齐之所治者小也!不齐所治者大,其与尧、舜继矣。"

【注释】①说：同"悦"。②丘：原文误作"立"，根据明钞本改。③不齐：宓子贱名不齐，此为自称。④弟：通"悌"，敬爱兄长。⑤惜乎：原文脱二字，根据向宗鲁《校证》据诸书所载补。

【译文】孔子对宓子贱说："你治理单父得到大家的称赞，和我说说你是怎么做到的。"答："我对待他们的父亲像对待自己的父亲一样，对待他们的子女像对待自己的子女，体恤孤寡，悲悯死伤。"孔子说："好，这是细微的节操，能使小民亲附你，但还不够。"宓子贱又说："我视为父亲侍奉的有三人，视为兄长尊敬的有五人，视为朋友相处的有十一人。"孔子说："视为父亲侍奉的三人，可教化百姓恪守孝道；视为兄长尊敬的五人，可教化百姓敬爱兄长；视为朋友相处的十一人，可教化百姓相互学习。这是中等的节操，中等阶层的人会亲附你，但是还不够。"宓子贱又说："此地有五位比我贤能的人，我很敬重他们，他们都传授我治理单父的方法。"孔子说："要成就大业就在于此。从前，尧帝舜帝，卑微谦恭地通晓天下，努力寻访贤能之人。举贤任能是百福的根本，是神明的主体。可惜啊！你治理的单父太小了！如果治理天下，就能继承尧舜了。"

7-26宓子贱为单父宰，辞于夫子。夫子曰："毋迎而距也，毋望而许也①。许之则失守，距之则闭塞。譬如高山深渊，仰之不可极，度之不可测也。"子贱曰："善，敢不承命乎！"

【注释】①望：通"妄"，胡乱，荒诞不合理。

【译文】宓子贱担任单父宰，与孔子告别。孔子说："执政不要任用贤人又不听他们的建议，也不要随意许诺。轻易许诺就会丧失原则立场，不听建议就会闭塞耳目。你要犹如高山深渊，使人望尘莫及，又深不可测。"子贱说："老师说得对，我岂敢不接受教诲！"

7-27宓子贱为单父宰，过于阳昼曰："子亦有以送仆乎？"阳昼曰："吾少也贱，不知治民之术。有钓道二焉，请以送子。"子贱曰："钓道奈何？"阳昼曰："夫投纶错饵①，迎而吸之者，阳桥也②，其为鱼（也③），薄而不美。若存若亡，若食若不食者，鲂也，其为鱼也，博而厚味。"宓子贱曰："善。"于是未至单父，冠盖迎之者交接于道。子贱曰："车驱之，车驱之，夫阳昼之所谓阳桥者至矣。"于是至单父，请其耆老尊贤者而与之共治单父④。

【注释】①投纶：投放钓具，指垂钓。②阳桥：亦作"阳鳝"，鱼名。③其为鱼（也）：原文脱"也"字，根据上下文补。④耆（qí）老：年老而又德高望重的人。

【译文】宓子贱担任单父宰，拜访阳昼说："您有何高见送给我吗？"阳昼说："我从小贫贱，不懂治理百姓的方法。只有两个钓鱼的方法送给你。"子贱说："钓鱼的方法是什么？"阳昼说："放置好装饵的鱼钩，迎钩吃食的鱼，是阳桥，它的肉质薄，味道也不好。如果似有非有，似吃非吃的，这是鲂鱼，它的肉质厚，味道也鲜美。"宓子贱说："说得好。"宓子贱还未到达单父，路上就挤满前来迎接的达官贵人。子贱说："快点赶车，快点赶车，阳昼所说的

阳桥来了。"到了单父,他请当地德高望重的老者与他共同治理单
父。

7-28孔子兄子有孔蔑者①,与宓子贱皆仕。孔子往过孔
蔑,问之曰:"自子之仕者,何得何亡?"孔蔑曰:"自吾仕者,
未有所得,而有所亡者三。曰:王事若袭,学焉得习,以是学
不得明也,所亡者一也;奉禄少,饘粥不足及亲戚②,亲戚益
疏矣,所亡者二也;公事多急,不得吊死视病,是以朋友益疏
矣,所亡者三也。"孔子不说,而复往见子贱曰:"自子之仕,何
得何亡?"子贱曰:"自吾之仕,未有所亡而所得者三:始诵之
文,今履而行之,是学日益明也,所得者一也;奉禄虽少,饘粥
得及亲戚,是以亲戚益亲也,所得者二也;公事虽急,夜勤吊
死视病,是以朋友益亲也,所得者三也。"孔子谓子贱曰:"君
子哉若人! 君子哉若人! 鲁无君子也,斯焉取斯③!"

【注释】①兄子:原文作"弟子",根据向宗鲁《校证》据《史
记·仲尼弟子列传》《孔子家语·弟子行》改。孔蔑:姓孔,名忠,字
子蔑,春秋时期鲁国(今山东)人。②饘(zhān)粥:稀饭。③斯焉取
斯:引自《论语·公冶长》,前"斯"指"此人",后"斯"指"这种品
德"。

【译文】孔子哥哥有个儿子叫孔蔑,和宓子贱一同做官。孔子
从孔蔑处经过,问他:"你为官以来,得到了什么? 损失了什么?"孔
蔑说:"自我为官以来,没得到什么,却损失了三样东西。即:公事
繁忙,所学的没时间温习,因此领悟得不透彻,这是一失;俸禄少,

喝粥都不够，无法周济亲戚，亲戚日渐疏远，这是二失；总有紧急公务，使我没时间哀悼亡者、探望病人，所以朋友也日渐疏远，这是三失。"孔子不悦，前去见子贱，说："你为官以来，得到了什么？损失了什么？"子贱说："自我为官以来，没损失什么，反而有三大收获：当初读过的书，如今都得以实践，所以领悟得更加透彻，这是一得；俸禄虽少，但稀饭总能周济亲戚，所以亲戚更加亲近，这是二得；虽然总有紧急公务，但可夜间哀悼亡者，探望病人，所以朋友也日渐亲近，这是三得。"孔子对子贱你这人是位君子啊！你这人是位君子！若鲁国没有君子，那么你是从哪里学的好品德啊！"

7-29晏子治东阿三年①，景公召而数之曰："吾以子为可，而使子治东阿。今子治而乱，子退而自察也，寡人将加大诛于子。"晏子对曰："臣请改道易行而治东阿，三年不治，臣请死之。"景公许之。于是明年上计，景公迎而贺之曰："甚善矣！子之治东阿也。"晏子对曰："前臣之治东阿也，属托不行，货赂不至；陂池之鱼，以利贫民。当此之时，民无饥者，而君反以罪臣。今臣后之治东阿也，属托行，货赂至；并会赋敛②，仓库少内③，便事左右；陂池之鱼，入于权家。当此之时，饥者过半矣，君乃反迎而贺。臣愚不能复治东阿，愿乞骸骨，避贤者之路。"再拜便僻④。景公乃下席而谢之曰："子强复治东阿。东阿者，子之东阿也，寡人无复与焉。"

【注释】①东阿：隶属山东省聊城市，位于山东省西部。②并会：向宗鲁《校证》疑"会"为"曾"字之误，并引《说文解字》云："曾，益也。"其说可从。③少内：收入减少。内，同"纳"。④便（pián）僻：本义为善于迎合他人。此句上下文不通，依张纯一《晏子春秋校注》以为"僻"当为"避"，译文且作"退避"解。

【译文】晏子治理东阿三年，景公将他召回并数落他说："原以为你可以，才派你治理东阿。如今你治理混乱，回去好好反省吧，我将加重惩罚你。"晏子答："臣请求换种方式来治理东阿，如果三年还是治理不好，请将我处死。"景公应允。于是当第二年东阿的统计帐册呈报给景公时，景公迎接并祝贺晏子说："你把东阿治理得非常好！"晏子答："从前臣治理东阿，不准托请人情，不可行贿受贿；塘里的鱼都用来造福贫民。那时，百姓没有挨饿的，君王反而治罪于臣。如今臣治理东阿，人情托请盛行，贿赂随处可见；赋税繁重，国库收入减少，用来孝敬君王的侍卫随从；塘里的鱼都被权贵之人占有。这时，半数百姓挨饿，君王反而迎接祝贺我。臣愚钝不能再治理东阿，打算告老还乡，为贤能之人让路。"说完行礼退避。于是景公起身谢罪说："请你继续尽力治理东阿。东阿是你的东阿，寡人再不干涉。"

7-30 子路治蒲①，见于孔子曰："由愿受教。"孔子曰："蒲多壮士，又难治也。然吾语汝：恭以敬，可以摄勇；宽以正，可以容众；恭以洁，可以亲上。"

【注释】①蒲：春秋卫地，战国属魏。在今河南省长垣县。

【译文】子路治理蒲地，前去拜见孔子说："我愿领受先生的教诲。"孔子说："蒲地勇士多，难于治理。然而我告诉你：只要你待人谦卑恭敬，就能统领勇者；执政宽缓公正，就能容纳百姓；品行恭谨廉洁，就能与上司亲近。"

7-31 子贡为信阳令①，辞孔子而行。孔子曰："力之顺之②，因天之时③，无夺无伐，无暴无盗。"子贡曰："赐少而事君子，君子固有盗者邪？"孔子曰："夫以不肖伐贤④，是谓夺也；以贤伐不肖，是谓伐也；缓其令，急其诛，是谓暴也；取人善以自为己⑤，是谓盗也。君子之盗，岂必当财币乎？吾闻之曰：知为吏者，奉法利民；不知为吏者，枉法以侵民。此皆怨之所由生也。临官莫如平，临财莫如廉。廉平之守，不可攻也。匿人之善者，是谓蔽贤也；扬人之恶者，是谓小人也；不内相教而外相谤者，是谓不足亲也。言人之善者，有所得而无所伤也；言人之恶者，无所得而有所伤也。故君子慎言语矣，毋先己而后人；择言出之，令口如耳。"

【注释】①信阳：西周时期是申伯的封邑地，春秋时为楚邑，故城在今河南信阳南。②顺：通"慎"。③天：原文作"子"，根据向宗鲁《校证》据卢文弨校、关嘉校改。④以不肖伐贤：向宗鲁《校证》引卢文弨说，此句当依《孔子家语·辨政》作"以贤代贤"。译文依此说。⑤取人善以自为己：原文"善"作"吾"，诸本皆作"善"，从诸本改。

【译文】子贡就任信阳令，向孔子辞行。孔子说："要努力谨慎地做事，顺应天时，不要抢夺、攻伐，不要施暴、窃取。"子贡说："我年少就侍奉君子，君子难道有窃取的行为吗？"孔子说："用贤能之人代替贤能之人，这叫夺；用无能之人代替贤能之人，这叫伐；政令松缓，但诛杀仓促，这叫暴；把别人的善行当成自己所为，这叫盗。君子的窃取，难道一定是金钱吗？我听说：通晓为官之道的人，遵循法令，做有利于人民的事；不懂为官之道的人，破坏法令，侵犯人民利益，这都是产生怨恨的根源。面对官职公平最重要，面对金钱清廉最重要。公平清廉的品行，别人是无法攻破的。隐藏别人的善行，这叫蔽贤；宣扬别人的缺点，这叫小人；私下不相互劝谏，公开场合却相互诽谤，这种人不可亲近。夸别人的优点，会有所收获，自己也没有损伤；宣扬别人缺点，不会得到什么反而会有所损伤。所以君子要谨言慎行，不要先己后人；选择该说的话出口，使所说和所听一致。"

7-32 杨朱见梁王①，言治天下如运诸掌然。梁王曰："先生有一妻一妾不能治，三亩之园不能芸，言治天下如运诸掌，何以？"杨朱曰："臣有之②。君不见夫羊乎？百羊而群，使五尺童子荷杖而随之，欲东而东，欲西而西。君且使尧牵一羊，舜荷杖而随之，则乱之始也。臣闻之，夫吞舟之鱼不游渊；鸿鹄高飞不就污池，何则？其志极远也。黄钟大吕③，不可从繁奏之舞，何则？其音疏也。将治大者不治小，成大功者不小苟，此之谓也。"

【注释】①杨朱（约前395—约前335，一说约前450—约前370）：杨姓，字子居，魏国（一说秦国）人，战国初期伟大的思想家、哲学家。②臣：此句中作"诚"。③黄钟大吕：指声音宏大的乐器。

【译文】杨朱拜见梁王，说治理天下易如反掌。梁王说："先生有一妻一妾都管理不好，三亩田地草还没有除尽，却说治理天下易如反掌，怎么可能？"杨朱说："我有理由。您见过牧羊吗？一百只羊的羊群，派个小孩持鞭跟随，让它们往东就往东，往西就往西。如果尧帝牵一只羊，舜帝持鞭跟从，则开始出乱子。我听说，能够吞舟的大鱼，不在水池里游；鸿鹄高飞，不会在污池边停歇，为什么呢？因为它们的志向远大。黄钟大吕，不能为复杂的舞蹈伴奏，为什么呢？因为它的音节疏阔。将成大事者，不过问小事，成就大功者，不拘泥于小节，说的就是这个意思。"

7-33 景差相郑，郑人有冬涉水者，出而胫寒。后景差过之，下陪乘而载之，覆以上衽。晋叔向闻之曰①："景子为人国相，岂不固哉！吾闻良吏居之，三月而沟渠修，十月而津梁成，六畜且不濡足，而况人乎？"

【注释】①叔向：姬姓，羊舌氏，名肸，字叔向（一作叔响，又字叔誉），春秋时期晋国大夫、政治家，与郑国的子产、齐国的晏婴齐名。

【译文】景差任郑国国相，郑国有人冬天涉水，出水后小腿受了寒。后来景差经过，便让侍卫下车载上那人，还用衣服给他盖好。晋国的叔向听闻此事说："景差作为国相，岂不是太缺少见识了! 我听说与他职位相当的优秀官吏, 三月份就修好沟渠, 十月份就架好桥梁, 六畜尚且不会因涉水打湿脚, 何况人呢?"

7-34魏文侯问李克曰①:"为国如何?"对曰:"臣闻为国之道, 食有劳而禄有功②, 使有能而赏必行, 罚必当。"文侯曰:"吾赏罚皆当, 而民不与, 何也?"对曰:"国其有淫民乎③? 臣闻之曰:'夺淫民之禄, 以来四方之士。'其父有功而禄, 其子无功而食之。出则乘车马衣美裘以为荣华; 入则修竽瑟钟石之声而安其子女之乐, 以乱乡曲之教。如此者夺其禄以来四方之士。此之谓夺淫民也。"

【注释】①李克: 即李悝。战国初期魏国著名政治家、儒家子夏的弟子, 魏武侯时期任中山相。编有《法经》一书。②食 (sì): 拿东西给人吃。③淫民: 游乐怠惰的人。

【译文】魏文侯问李克:"如何治国?"答:"我听闻治国之道是, 给劳动者饭吃, 给有功者俸禄, 任用贤能之人, 赏赐必定兑现, 惩罚必定恰当。"文侯说:"我赏罚都恰当, 但百姓却不归顺我, 为什么呢?"答:"国中是否有游手好闲的人? 我听闻:'剥夺他们的俸禄, 分给来投的四方贤士。'那些人父亲因功受禄, 子女无功却可享受, 出门乘车马, 穿华服, 以此显荣; 回家便吹拉弹唱, 安于声色之乐, 扰乱了乡里的教化, 这样的人, 就该剥夺他们的俸禄, 分给四方来投的贤士。这就叫剥夺游手好闲的人。"

7-35齐桓公问于管仲曰:"国何患?"管仲对曰:"患夫社

鼠^①。"桓公曰："何谓也？"管仲对曰："夫社束木而涂之，鼠因往托焉，熏之则恐烧其木，灌之则恐败其涂，此鼠所以不可得杀者，以社故也。夫国亦有社鼠，人主左右是也。内则蔽善恶于君上，外则卖权重于百姓，不诛之则为乱，诛之则为人主所案据^②，腹而有之，此亦国之社鼠也。人有酤酒者^③，为器甚洁清，置表甚长，而酒酸不售。问之里人其故，里人云：'公之狗猛，人挈器而入^④，且酤公酒，狗迎而噬之，此酒所以酸而不售之故也。'夫国亦有猛狗，用事者是也。有道术之士，欲明万乘之主，而用事者迎而龁之^⑤，此亦国之猛狗也。左右为社鼠，用事者为猛狗，则道术之士不得用矣，此治国之患也。"

【注释】①社鼠：社庙中的鼠，比喻有所依恃的小人。②案据：庇护。原文作"察据"，根据向宗鲁《校证》改。③酤（gū）：卖酒。④挈（qiè）器：用手提着打酒器。⑤龁（hé）：咬。

【译文】齐桓公问管仲："治国最怕什么？"管仲答："最怕社鼠。"桓公说："此话怎讲？"管仲答："土地神是用木头捆扎，外边涂上泥巴制成的，老鼠因此寄居其中，用烟火熏它，怕把木头烧掉，若用水灌，又怕冲坏涂在外面的泥巴，这老鼠之所以没被杀掉，是因为土地神的缘故。国家也有社鼠，君王的左右亲信就是。对内遮蔽君王耳目，对外向百姓卖弄权术，不杀他们则会制造祸乱，杀他们又被君王庇护，这就是国家的社鼠。有个卖酒人，酒器洗得很干净，悬挂着长长的幌子，但酒放酸了也没卖掉。问邻居原因，邻居说：'你的狗太凶猛，人家提着酒器来买酒，狗迎上来咬人，这就是酒放酸了也没卖掉的原因。'国家也有猛犬，掌权当事的人就是。有识之士想结交大国君王，掌权当事的人就冲上去破坏，这也是国家的猛犬。左右亲信犹如社鼠，掌权当事的犹如猛犬，有识之士便不被君王任用，这是治国最怕的事。"

7-36齐侯问于晏子曰："为政何患？"对曰："患善恶之不分。"公曰："何以察之？"对曰："审择左右。左右善，则百僚各得其所宜而善恶分。"孔子闻之曰："此言也，信矣！善进①，则不善无由入矣；不善进，则善无由入矣。"

【注释】①善进：善良的人被任用。原文作"善言进"，根据向宗鲁《校证》依《晏子春秋》《群书治要》改。

【译文】齐侯问晏子："执政最担忧什么？"答："最担忧善恶不分。"齐侯说："如何明察呢？"答："谨慎挑选辅臣。辅臣善良，则文武百官各司其职，善恶分明。"孔子闻听此事后说："这话确实可信！善良的人被任用，恶人便无法介入；恶人被任用，那么善良的人便无法介入。"

7-37复槁之君朝齐①，桓公问治民焉，复槁之君不对，而循口操衿抑心。桓公曰："与民共甘苦饥寒乎？夫以我为圣人也，故不用言而谕。"因礼之千金。

【注释】①复槁：古代边远部落小国名。此则原文连上，现依明钞本另起。

【译文】复槁的君王朝拜齐桓公，齐桓公问他治理百姓的情况，复槁的君王不答，只是摸着嘴，捏着衣襟，按住心口。桓公说："这是表示与百姓同甘共苦共抗饥寒吗？他视我为圣人，所以不言而喻。"因此桓公赠他价值千金的礼物。

7-38晋文公时，翟人有献封狐文豹之皮者①，文公喟然叹曰："封狐文豹何罪哉？以其皮为罪也。"大夫栾枝曰②："地广而不平，财聚而不散，独非狐豹之罪乎？"文公曰："善哉！说之。"栾枝曰："地广而不平，人将平之；财聚而不散，人将争之。"于是列地以分民③，散财以赈贫。

【注释】①翟人：翟国人。据《元和姓纂》及《通志·氏族略》所载，上古时候，北方有翟国。翟国是远古时黄帝的后裔建立的，后为周朝的诸侯国。传到春秋时期，翟国被晋国灭。②栾枝（？—前622）：姬姓，栾氏，名枝，谥贞，又被称为栾贞子，是栾共叔之子，晋靖侯之孙栾宾的孙子，春秋时期晋国下军将，后为上军将。③列：同"裂"，分割。

【译文】晋文公时期，有翟人进献来大狐皮和文豹皮，文公长叹一声说："大狐和文豹有什么罪！就因为它们的皮毛好而有罪过啊。"大夫栾枝说："地域辽阔却不均等，财富聚集而不分散，难道不是如同大狐和文豹一样的罪过吗？"文公说："说得好！请讲。"栾枝说："地域辽阔却不均等，别人就会来瓜分；财富聚集而不分散，别人就会来抢夺。"晋文公于是分割土地给百姓，散发财物救济穷人。

7-39晋文侯问政于舅犯^①，舅犯对曰："分熟不如分腥，分腥不如分地。割以分民而益其爵禄，是以上得地而民知富，上失地而民知贫。古之所谓致师而战者^②，其此之谓也。"

【注释】①舅犯（？—前629）：姬姓，狐氏，字子犯，大戎（今山西交城）人。晋国重臣，晋文公舅舅，狐突之子。②致师：挑战。

【译文】晋文侯问舅犯关于执政的事，舅犯答："分熟肉不如分生肉，分生肉不如分土地。分割土地给百姓，增加他们的收入，因此，君王拥有土地，百姓就知道自己也会富有，君王失去土地，百姓就知道自己也会贫穷。古代所说的征兵作战，说的就是这种情况。"

7-40晋侯问于士文伯曰^①："三月朔^②，日有蚀之，寡人学惛焉^③。《诗》所谓：'彼日而蚀，于何不臧'者，何也？"对曰："不善政之谓也。国无政不用善，则自取谪于日月之灾。故（政）不可不慎也^④。政有三而已：一曰因民，二曰择人，三曰从时。"

【注释】①晋侯：此处晋侯应指晋平公（？—前532）：姬姓，名彪，晋悼公之子，春秋时期晋国国君。士文伯：即士伯瑕，名匄（gài），是范宣子士匄的堂弟，与范宣子士匄同族同名。是中国春秋时期晋国的大夫，曾辅佐赵武。②朔（shuò）：农历每月初一。③惛（hūn）：古同"昏"，迷乱，糊涂。④故（政）不可不慎也：原文脱"政"字，根据向宗鲁《校证》补。

【译文】晋侯问士文伯说："三月初一会发生日食，我学识糊涂，《诗经》上说：'发生日食之日，有何事不吉'，这句话是什么意思？"答："这是指执政不力。国政不清明，不任用贤能之人，就会受到上天的谴责，使日月出现异象。所以治国不能不谨慎。执政无非三点：一是顺应民意，二是挑选贤能，三是顺从天时。"

7-41延陵季子游于晋①，入其境曰："嘻，暴哉，国乎！"入其都曰："嘻，力屈哉②，国乎！"立其朝曰："嘻，乱哉，国乎！"从者曰："夫子之入晋境未久也，何其名之不疑也？"延陵季子曰："然。吾入其境，田亩荒秽而不休③，杂增崇高④，吾是以知其国之暴也。吾入其都，新室恶而故室美，新墙卑而故墙高，吾是以知其民力之屈也。吾立其朝，君能视而不下问，其臣善伐而不上谏，吾是以知其国之乱也。"

【注释】①延陵季子(？—前485)：名季札，亦称"公子札"，春秋时吴王寿梦第四子，是一位古代贤人。②力屈：力竭。③休：向宗鲁《校证》引日人关嘉说："休，当作'茠'，与'薅'同，指除草。"④杂增崇高：杂草丛生且长得很高。增，日人关嘉引《史记标注》作"稯"，向宗鲁《校证》案："作'稯'是也。"稯，野生之稻。

【译文】延陵季子游历到晋国，进入晋国国境，说"唉！这是个残暴的国家啊！"进入晋国都城，又说："唉！这是个民力耗尽的国家啊！"他立于晋国朝堂之上，又说："唉！这是个混乱的国家啊！"随从问："先生进入晋国国境时间不长，为何毫不迟疑地做出如此判断？"延陵季子说："是的。我进入国境，看到田地荒芜无人除草，杂草丛生，就知道这个国家对待百姓很残暴。我进入都城，看到新建的房子质量差，旧房子却很华美，新砌的墙低矮，旧墙却高大，就知道这里民力已耗尽。我立于朝堂之上，看到君王来上朝却不过问民情，那些大臣都自吹自擂而不劝谏君王，我就知道他们的国家是混乱的。"

7-42齐之所以不如鲁者，太公之贤不如伯禽。伯禽与太公俱受封而各之国。三年，太公来朝。周公问曰："何治之疾也？"对曰："尊贤，先疏后亲，先义后仁也。此霸者之迹也。"周公曰："太公之泽及五世①。"五年伯禽来朝。周公问曰："何治之难？"对曰："亲亲②，先内后外，先仁后义也。此王者之迹也。"周公曰："鲁之泽及十世。"故鲁有王迹者，仁厚也；齐有霸迹者，武政也。齐之所以不如鲁也，太公之贤不如伯禽也。

【注释】①泽：原文作"择"，诸本皆作"泽"，原文应误为之，径改。②亲亲：亲近父母。第二个"亲"指父母。二字下原有"者"字，向宗鲁《校证》引卢文弨说以为衍文，据删。

【译文】齐国之所以不如鲁国治理得好，是因为姜太公不如伯禽贤能。伯禽和太公同时受封，各自去到封地。过了三年，姜太公还朝。周公问："你为何治理得这么快？"答："尊重贤能之人，先任用疏远的，后任用亲近的，先从道义入手，然后施行仁德，这是遵循霸者的轨迹。"周公说："太公的德泽可荫庇后世五代。"过了五年，伯禽还朝。周公问："你为何治理得如此艰难？"答："亲近自己的父母，由内及外，先施行仁德，然后再讲道义，这是遵循王者的轨迹。"周公说："鲁国的德泽可荫庇后世十代。"所以，鲁国有王者的风范，是因为仁厚；齐国有霸者的风范，是因为武力执政。齐国之所以不如鲁国治理得好，是因为姜太公不如伯禽贤能。

7-43 景公好妇人而丈夫饰者①，国人尽服之②。公使吏禁之曰："女子而男子饰者，裂其衣，断其带。"裂衣断带相望而不止。晏子见，公曰："寡人使吏禁女子而男子饰者，裂其衣，断其带，相望而不止者，何也？"对曰："君使服之于内而禁之于外，犹悬牛首于门而求买马肉也。公胡不使内勿服，则外莫敢为也。"公曰："善！"使内勿服，不旋月③，而国莫之服也。

【注释】①景公：即齐景公。②国人：指国都的女人。③旋：《晏子春秋·内篇杂下》中，"旋"作"逾"。不旋月指不满一个月。

【译文】景公偏好女扮男装，国内女子纷纷效仿。景公让官吏禁止此事，下令说："凡有女扮男装者，便撕破她的衣服，扯断她的腰带。"于是被撕破衣服，扯断腰带的人络绎不绝，但仍无法禁止。晏子觐见，景公问："寡人差官吏禁止女扮男装，被撕破衣服，扯断腰带的人络绎不绝，仍无法禁止此事，这是为什么？"答："君王让宫中女子女扮男装，却在宫外禁止此事，就好比门口挂着牛头，却要求大家来买马肉一样。君王何不先让宫中女子不要如此装扮，那么宫外就没人敢这样做了。"景公说："对！"于是下令宫中女子不得女扮男装，不到一个月，国内再没有女扮男装的人了。

7-44齐人甚好毂击相犯以为乐①，禁之不止。晏子患之，乃为新车良马，出与人相犯也，曰："毂击者不祥。臣其祭祀不顺②，居处不敬乎③？"下车弃而去之。然后国人乃不为。故曰：禁之以制，而身不先行也，民不肯止。故化其心莫若教也。

【注释】①毂（gǔ）击：战国齐人令车交驰，以毂相击为乐的一种活动。②顺：通"慎"。③居处不敬乎：原文"居"作"君"，因本文与"君"无涉，诸本均为"居"，《晏子春秋·内篇杂上》正作"居"，据改。

【译文】齐国人很喜欢通过相互撞击车毂取乐，屡禁不止。晏子担忧此事，就配备了新车良马，出门与人相撞，并且说："车毂相撞不吉利。大概是因为我祭祀时不谨慎，或是日常起居不庄重造成的吧？"于是下车，丢掉车马离开了。从此之后，齐国人便不再以撞击车毂取乐了。所以说：以法令禁止某事，自己却不身先士卒，百姓是不会罢休的。所以要感化人心，不如身先士卒。

7-45鲁国之法，鲁人有赎臣妾于诸侯者①，取金于府。子贡赎人于诸侯，而还其金②。孔子闻之曰："赐失之矣。圣人之举事也，可以移风易俗，而教导可施于百姓，非独适其身之行也。今鲁国富者寡而贫者众，赎而受金则为不廉，不受则后莫复赎。自今以来，鲁人不复赎矣。"孔子可谓通于化矣，故老子曰："见小曰明。"

【注释】①臣妾：称服贱役的男女。②而还其金：此句意不顺，向宗鲁《校证》据《吕氏春秋》《淮南子》等书所引，疑"还"字应为"辞"，译文从。

【译文】鲁国法律规定，鲁人向诸侯赎买奴隶，可到府库领取赎金。子贡向诸侯赎买奴隶，却拒绝领取赎金。孔子听闻后说："子贡错了。圣贤之人做事，可移风易俗，并且可以施与百姓教化和引导，并非只适用于自己。如今鲁国富人少，穷人多，如果赎买奴隶，领取赎金被视为不廉洁，那么不接受补偿，以后就没人会赎买奴隶了。从今往后，鲁国人便不再赎买奴隶了。"孔子可以说是精通教化，所以老子说："能明察秋毫即为明。"

7-46孔子见季康子，康子未说①，孔子又见之。宰予曰②："吾闻之夫子曰：'王公不聘不动。'今吾子之见司寇也少数矣③！"孔子曰："鲁国以众相陵，以兵相暴之日久矣，而有司不治，聘我者孰大乎于是？"鲁人闻之曰："圣人将治，可以不先自为刑罚乎④！"自是之后，国无争者。孔子谓弟子曰："违山十里，蟪蛄之声犹尚存耳⑤，政事无如应之矣⑥。"

【注释】①未说：不高兴。说，同"悦"。原文作"来说"，根据明钞本改。②宰予（前522—前458）：字子我，春秋鲁人。孔子著名弟子，"孔门十哲""言语"科之首（排名在子贡前），"孔门十三贤"之一。《大成通志》记载宰予小孔子二十九岁，能言善辩，曾从孔子周游列国，游历期间常受孔子派遣，使于齐国、楚国。③司寇：古代官名。古代中央政府中掌管司法和纠察的长官。④可以不先自为刑罚乎：此句意不顺。向宗鲁《校证》引诸家说，认为此句应为"何不先自远刑罚乎"，译文从。⑤螗蚗：蝉类。雄体腹部有鸣器，声音响亮。⑥应：应和，响应。原文作"膺"，向宗鲁《校证》引《孔子家语·子路初见》以此字当作"应"，据改。

【译文】孔子拜见季康子，康子不悦，孔子再次求见。宰予说："我听先生说过：'君王诸侯不聘请，我是不会自己登门的。'如今先生求见司寇未免次数多了些吧！"孔子说："鲁国内部仗着人多相互欺侮，凭借武器相互暴凌的情况由来已久，而相关部门却不治理，聘不聘请我能比这事还重要吗？"鲁人听闻后说："圣人将要治理国家，咱们何不先主动远离刑罚呢？"从此之后，国内再无争斗之人。孔子对弟子说："离深山十里，螗蚗的鸣叫声仿佛仍在耳边，执政之事没有不像这样产生反响的。"

7-47 古之鲁俗①：涂里之闾②，罗门之罗③，妆门之渔④，独得于礼，是以孔子善之。夫涂里之闾，富家为贫者出；罗门之罗，有亲者取多，无亲者取少；妆门之渔，有亲者取巨，无亲者取小。

【注释】①古之鲁俗：此条原文连上段，根据向宗鲁《校证》另起。②涂里：地名。闾：里巷的大门。③罗门：地名。罗：用网捕捉。这里指猎物的分配方式。④妆门：地名。渔：这里指分配捕获的鱼。

【译文】古代鲁国的风俗：涂里人看守里巷大门的方式，罗门人的分配猎物，妆门人分配鱼获，这三者特别合乎礼制，所以受到孔子称赞。涂里人雇人看守里巷大门，富户替穷人出钱；罗门人分配猎物，有父母的人多拿一些，没有父母的人少拿一些；妆门人分配鱼获，有父母的人拿大的，没有父母的人拿小的。

7-48《春秋》曰：四民均则王道兴而百姓宁。所谓四民者：士、农、工、商也。

【译文】《春秋》上说：四民收入持平，王道才会兴盛，百姓就会安宁。所谓的四民就是：读书的、种田的、做工的、经商的。

7-49婚姻之道废，则男女之道悖，而淫佚之路兴矣。

【译文】婚姻制度废止了，则男女之间的伦常礼节就违背了，放纵淫荡的风气就兴起了。

卷八　尊贤

【题解】尊贤，即尊敬贤者。尊贤为君主平治天下的关键所在。君王无法以一人之力治理天下，故须谦卑恭敬礼待贤者，依群贤之力方可成就功业。本卷采集了自周公至战国时期的轶事39则。君主尊贤又当先识别贤才，然后任用他，并委以重任，还要对他信而不疑，勿使小人干扰他，否则贤者便不能发挥其作用，就会妨害霸业。本卷以"尊贤"着墨最多，可知此事当为执政者之要务。

8-1人君之欲平治天下而垂荣名者，必尊贤而下士。《易》曰："自上下下，其道大光。"又曰："以贵下贱，大得民也。"夫明王之施德而下下也，将怀远而致近也。夫朝无贤人，犹鸿鹄之无羽翼也，虽有千里之望，犹不能致其意之所欲至矣。是故游江海者托于船，致远道者托于乘，欲霸王者托于贤。伊尹、吕尚、管夷吾、百里奚，此霸王之船乘也。释父兄与子孙,非疏之也;任庖人、钓屠与仇雠、仆虏①,非阿之也②;持社稷、立功名之道,不得不然也。犹大匠之为宫室也,量大小而知材木矣,比功校而知人数矣③。是故吕尚聘,而天下知商将亡,而周之王也;管夷吾,百里奚任,而天下知齐、秦之必霸也。岂特船乘哉!夫成王霸固有人,亡国破家亦固有人。桀用干莘④,纣用恶来⑤,宋用唐鞅⑥,齐用苏秦⑦,秦用赵高⑧,而天下知其亡也。非其人而欲有功,譬其若夏至之日,而欲夜之长也;射鱼指天而欲发之当也;虽舜禹犹亦困,而又况乎俗主哉!

【注释】①庖人:此指伊尹。钓屠:此指吕尚。仇雠(chóu):此指管夷吾。仆虏:此指百里奚。②阿:迎合、偏袒。③比功校:考察劳动量。④干莘:原文作"千莘",根据明钞本改。夏桀的谀臣。⑤恶来:一作"恶来革",姓嬴,蜚廉(又做飞廉)的长子,商纣王宠信的大臣,以勇力而闻名。⑥唐鞅:依《吕氏春秋·淫词》载,唐鞅为宋王相。⑦苏秦(?—前284):己姓,苏氏,名秦,字季子,雒(luò)阳(今河南洛阳市)人。战国时期著名的纵横家、外交家和谋略家。⑧赵高(?—前207):嬴姓,赵氏。秦朝二世皇帝时丞相,任中车府令,兼行符玺令事,"管事二十余年"。

【译文】君王要想平治天下且流芳百世,必须尊重贤能之人,礼贤下士。《周易》上说:"居高位者能谦恭地对待属下,他的事业就能光明远大。"又说:"以尊贵的身份谦恭地对待地位微贱的人,就能大得民心。"明君施行恩德且尊重臣民属下,这样不仅能安抚远方的人,而且还能吸引周边的人。朝中若没有贤臣,犹如鸿鹄没有翅膀，即使有翱翔千里的愿望，也无法抵达心之所向。所以遨游江海的人要依靠船舶，行远路的人要依靠车乘，想称霸天下的人要依靠贤臣。伊尹、吕尚、管夷吾、百里奚都是帝王霸主的车船。不重用父亲兄长和子孙，并非有意疏远他们；任用厨师、渔夫和屠夫、仇人、俘虏，也并非曲意迎合他们；因为要把持朝政，建功立业，不得不任用他们。好比技艺精湛的匠师建造宫室一样，根据房屋的大小就知道用哪种材质，勘察工程量就知道雇佣多少人。所以吕尚受聘，天下人便知商将灭亡，周朝即将兴起；管夷吾、百里奚被任用，天下人便知齐国和秦国必定称霸天下；他们岂止是车船的作用啊！成就王霸大业的固然有人，家破国亡的也固然有人。夏桀任用干莘，商纣任用恶来，宋国任用唐鞅，齐国任用苏秦，秦国任用赵高，天下人便知他们要亡国了。不是贤能之人却想立功，好比夏至之日想把夜晚变长；又好比对天射鱼，想把鱼射中一样；即使是舜禹也很难办到，更何况俗世的君王呢！

　　8-2春秋之时，天子微弱，诸侯力政①，皆叛不朝。众暴寡，强劫弱，南夷与北狄交侵，中国之不绝若线。桓公于是用管仲、鲍叔、隰朋、宾胥无②、甯戚，三存亡国，一继绝世，救中国，攘戎狄，卒胁荆蛮③，以尊周室，霸诸侯。晋文公用咎犯、先轸、阳处父④，强中国，败强楚，合诸侯，朝天子，以显周室。楚庄王用孙叔敖、司马子反、将军子重⑤，征陈从郑，败强晋，无敌于天下。秦穆公用百里子、蹇叔子、王子廖及由余⑥，据有雍州⑦，攘败西戎。吴用延州来季子⑧，并冀州，扬威于鸡父⑨。郑僖公富有千乘之国⑩，贵为诸侯，治义不顺人心而取弑于臣者，不先得贤也。至简公用子产、裨谌、世叔、行人子羽⑪，贼臣除，正臣进，去强楚，合中国，国家安宁，二十余年，无强楚之患。故虞有宫之奇⑫，晋献公为之终夜不寐；楚有子玉得臣⑬，文公为之侧席而坐。远乎贤者之厌难折冲也⑭！夫宋襄公不用公子目夷之言，大辱于楚；曹不用僖负羁之谏，败死于戎。故共维五始之要，治乱之端，在乎审己而任贤也。国家之任贤而吉，任不肖而凶，案往世而视已事，其必然也如合符。此为人君者，不可以不慎也。

【注释】 ①政：通"征"。②宾胥无（前685—前641）：春秋时齐国大夫。③卒胁荆蛮：最终威胁楚国。荆蛮：古代中原人对楚越或南人的称呼。④先轸（？—前627）：晋国原邑（今河南省济源市）人，春秋时期晋国名将、军事家，因采邑在原邑，故又称原轸。阳处父（？—前621），春秋时晋国大夫，因封邑于阳地（今山西省太谷县阳邑村），遂以阳为氏。⑤孙叔敖（约前630—前593）：芈姓，蒍氏，名敖，字孙叔，郢都（今湖北省荆州市）人。春秋时期楚国令尹。历史治水名人。司马子反（？—前575）：芈姓，熊氏，名侧，字子反，楚穆王之子，楚庄王之弟，楚共王的叔父，春秋时期楚国司马。将军子重（？—前570）：芈姓，熊氏，名婴齐，字子重，楚穆王之子，楚庄王之弟，楚共王的叔父。春秋时期楚国令尹。⑥百里子：即百里奚。蹇叔子：即蹇叔。春秋时人，居宋国铚邑（今安徽淮北）。王子廖：向宗鲁《校证》曰："'王子廖'应为'王廖'衍'子'字。"⑦雍州：我国古代九州之一。位于今陕西、宁夏全境及青海、甘肃、宁夏、新疆部分、内蒙古部分。⑧延州来季子（前576—前484）：姬姓，吴氏，名札。春秋时期政治家、外交家、文艺评论家，吴太伯十九世孙，吴王寿梦第四子，史称延陵季子、州来季子。⑨扬威：原文作"杨威"，根据向宗鲁《校证》改。鸡父：春秋时楚地，今河南固始东南。⑩郑僖公（？—前566）：姬姓，郑氏，名恽（yùn），一名髡（kūn）顽，春秋诸侯国郑国第十五位第十八任君主，郑成公子。⑪简公（前570—前530）：即郑简公，姬姓，郑氏，名嘉，周代郑国第十六位国君。世叔：即子太叔游吉。行人子羽：名挥，又称公孙挥，春秋时期郑国人。他曾担任行人一职，协助子产治理郑国，在子产的支持下参与处理外交事务，其事迹见于《春秋左氏传》等。⑫宫之奇：春秋时期政治家，虞国辛官里（今山西省平陆县）人。他明于料事，具有远见卓识，忠心耿耿辅佐虞君，并推荐百里奚，共同参与朝政，对外采取了联虢拒晋的策略，使国家虽小而强盛。⑬子玉得臣（？—前632）：芈姓，成氏，名得臣，字子玉，斗伯比之子，子文之弟。若敖氏后裔。⑭厌难折冲：克服困难，制敌获胜。

【译文】春秋时期，周天子势单力薄，诸侯混战，都背叛周朝而不朝见天子。人多的欺侮人少的，强势的劫持弱势的，南夷和北狄交替来犯，中原王室的国运命悬一线。于是齐桓公任用管仲、鲍叔、隰朋、宾胥无、宵戚等人，保存了三个将要灭亡的诸侯国，一举延续了周天子行将断绝的地位，挽救了中原王室，赶走戎狄，最后威慑荆蛮，使周朝受到尊奉，称霸诸侯。晋文公任用咎犯、先轸、阳处父等人，增强了中原王室的实力，击败了强大的楚国，联合诸侯朝见周天子，使周朝显荣。楚庄王任用孙叔敖、司马子反、将军子重等人，征讨陈国，降伏郑国，击败了强大的晋国而天下无敌。秦穆公任用百里子、蹇叔子、王子廖和由余等人，占据雍州，击败西戎。

吴国任用延州来季子，兼并了冀州，在鸡父的战役中大显神威。郑僖公在拥有千辆兵车的富国，贵为诸侯，却因执政不顺应民意，最终被大臣所杀，就是之前没得到贤臣辅佐的缘故。到了郑简公时期，他任用子产、裨谌、世叔、子羽等人，驱除乱国的奸臣，启用正直的臣子，最终击败强大的楚国，统一了中原，使国家安定，二十多年不必担忧楚国的进犯。所以，虞国有了宫之奇，晋献公因为他而夜不能寐；楚国有了子玉得臣，晋文公因此坐卧不安。贤能之人可以克服困难，制敌获胜，其意义深远啊！宋襄公因不采纳公子目夷的策略而受到楚国的极大侮辱；曹君不听僖负羁的劝谏，与戎交战时阵亡；所以，要兼顾考量"五始"的要领，治乱初期，注意审视自己和任用贤能。国家能任用贤能便会吉祥，任用无能之辈就充满凶险，追溯历史，再对照往事，必定如信符相合。这是作为君王不得不谨慎的事情。

8-3国家惛乱而良臣见①。鲁国大乱，季友之贤见②。僖公即位而任季子③，鲁国安宁，外内无忧，行政二十一年。季子之卒后，邾击其南④，齐伐其北，鲁不胜其患，将乞师于楚以取全耳⑤。故《传》曰："患之起，必自此始也。"公子买不可使戍卫⑥，公子遂不听君命而擅之晋⑦，内侵于臣下，外困于兵乱，弱之患也。僖公之性，非前二十一年常贤，而后乃渐变为不肖也，此季子存之所益，亡之所损也。夫得贤失贤，其损益之验如此，而人主忽于所用，甚可疾痛也。夫智不足以见贤，无可奈何矣；若智能见之，而强不能决，犹豫不用，而大者死亡，小者乱倾，此甚可悲哀也。以宋殇公不知孔父之贤乎⑧？安知孔父死己必死，趋而救之？趋死而救之者，是知其贤也。以鲁庄公不知季子之贤乎⑨？安知疾将死，召季子而授之国政？授之国政者，是知其贤也。此二君知能见贤而皆不能用，故宋殇公以杀死，鲁庄公以贼嗣⑩。使宋殇蚤任孔父⑪，鲁庄素用季子，乃将靖邻国，而况自存乎！

【注释】①惛（hūn）乱：同"混乱"。见：同"现"。此则原文连上，向宗鲁《校证》认为"此当别为一章"，根据文意，别作一则。②季友（？—前644）：姬姓，名友，春秋时期鲁国政治家，鲁桓公最小儿子，鲁庄公之弟。③僖公（？—前627）：即鲁僖公。姬姓，名申，鲁庄公之子，春秋时期鲁国第十八任君主。季子：即季友。④邾（zhū）：古国名，在中国今山东省邹县。⑤取全耳：原文"耳"下小字注"或作身"。⑥公子买：字子丛。鲁宗室。⑦公子遂：春秋时鲁庄公之子。又称"东门遂""东门襄仲""仲遂"。居官为卿。⑧宋殇公（？—前710）：子姓，宋氏，名与夷，宋宣公之子，春秋时期宋国第十五任君主。孔父（？—前710）：即孔父嘉。子姓，名嘉，字孔父。孔子六世祖，官至大司马。⑨鲁庄公（前706—前662）：姬姓，名同，为中国春秋时期鲁国第十六任君主。⑩贼：伤害。⑪蚤：通"早"。

【译文】在国家动荡混乱之时，忠臣就会显现。鲁国动乱，就显现出季友的贤能。僖公即位，重用季子，使鲁国安定，没有内忧外患，执政长达二十一年。季子去世后，邾国从南面进攻，齐国从北面进犯，鲁国经不起这样的祸患，便准备向楚国求援以保全自己。所以《公羊传》上说："祸患，必定从这里开始。"不可派公子买去保卫卫国，公子遂不遵圣命擅自前往晋国，鲁君内受臣子侵侮，外受兵乱困扰，这是国力衰弱引发的祸患。僖公的本性，并非前二十一年一直贤能，之后才渐渐变为无能的，这是季子在世的好处和去世后的损失。得到贤能和失去贤能的损益就是这样灵验，但一国之君往往忽略用人之道，真是令人痛心。若君王因智慧所限不能辨别贤能，那也无可奈何；若君王的智慧足以辨别贤能，却因固执、犹豫，无法决断任用贤能，那么大的危害可能会亡国丧身，小的危害也会导致国家动乱政权倾覆，这都是最令人悲哀的事。以宋殇公的智慧不知道孔父贤能吗？他是怎么知道孔父死了自己也必定会死，于是赶去救他呢？舍身赶去救他，说明他知道孔父的贤能。以鲁庄公的智慧不知道季子贤能吗？那他怎么知道病逝前把国政托付给季子？把国政托付给季子，说明庄公知道季子的贤能。这两位君王的智慧都能辨别贤能，但在世时都没能任用贤能，所以宋殇公被大臣所杀，鲁庄公害了继承王位的子嗣。假如宋殇公尽早启用孔父，鲁庄公一向重用季子，就能使邻邦安定，何况是保全自己呢！

8-4邹子说梁王曰[①]："伊尹故有莘氏之媵臣也[②]，汤立以为三公，天下之治太平。管仲故成阴之狗盗也[③]，天下之庸夫也，齐桓公得之，（以）为仲父[④]。百里奚乞食于路[⑤]，传卖五羊之皮，秦穆公委之以政。宁戚，故将车人也，叩辕行歌于康之衢[⑥]，桓公任以国。司马喜髌脚于宋[⑦]，而卒相中山。范雎折胁拉齿于魏而后为应侯[⑧]。太公望故老妇之出夫也[⑨]，朝歌之屠佐也[⑩]，棘津迎客之舍人也[⑪]，年七十而相周，九十而封齐。故《诗》曰：'绵绵之葛，在于旷野。良工得之，以为絺绤[⑫]；良工

不得, 枯死于野。' 此七士者, 不遇明君圣主, 几行乞丐, 枯死
于中野, 譬犹绵绵之葛矣。"

【注释】①邹子(约前206—前129): 即邹阳。汉族人, 临淄
(今山东淄博)人, 是西汉文学家、散文家。梁王(？—前144):
即梁孝王刘武, 西汉梁国诸侯王, 汉文帝刘恒嫡次子。②有莘: 古
国名。姒姓, 夏禹之后。③成阴: 地名。向宗鲁《校证》引诸家说,
疑"阴"为"阳"字之误。成阳, 故址在今山东菏泽西北胡集镇。译
从。④以为仲父: 原文脱"以"字, 根据向宗鲁《校证》依《太平御
览》补。仲父: 齐桓公对管仲的尊称。⑤乞食: 原文作"道之", 根据
卢文弨校改。⑥康之衢: 大路, 康庄大道。⑦髌(bìn): 古代除去膝
盖骨的酷刑。⑧范雎(？—前255): 字叔, 魏国芮城(今山西省芮城
县)人, 战国时期著名政治家、纵横家、军事谋略家、战略家、外交
家、秦国宰相, 因封地在应城, 所以又称为"应侯"。⑨太公望: 即姜
子牙。⑩朝歌: 地名。殷纣的都城, 在今河南省淇县东北。⑪棘津:
古代黄河津渡名。地在今河南省延津县东北。相传周文王师姜尚未
遇时曾卖食于此。舍人: 官名。战国及汉初王公贵人私门之官。此处
指佣工。⑫绤纻(chī zhù): 麻织物, 细葛布。

【译文】邹阳游说梁王说: "伊尹本是有莘氏的陪嫁家奴, 商
汤封他做三公之一, 天下治理得安定太平。管仲本是成阳的小偷,
普通的庸人, 齐桓公得到他, 尊奉为仲父。百里奚在路边乞讨, 被
人以五张羊皮的价格转卖, 后来秦穆公却把国政委托给他。宁戚
本是赶车人, 在大路上敲击车辕唱歌, 齐桓公却任用他参与国事。
司马喜在宋国遭受髌刑, 结果却做了中山国的国相。范雎在魏国
被打断肋骨、拔掉牙齿, 后来却被封为应侯。太公望本是被老妇逐

出的赘婿，在朝歌城里给屠夫打杂，还在棘津驿站作过迎宾的杂役，七十岁时却成为周朝的国相，九十岁时分封到齐国。所以《诗经》上说：'连绵的葛藤呀，在旷野中生长。技术高超的工匠得到它，就把它织成细葛布；若不被技术高超的工匠发现，就只能枯死在旷野中。'这七位圣贤，如果不是遇到明君，几乎要讨饭了，甚至如连绵的葛藤那样枯死在旷野中。"

8-5 眉睫之微，接而形于色。声音之风，感而动乎心。甯戚击牛角而商歌①，桓公闻而举之②；鲍龙跪石而登嶄③，孔子为之下车；尧舜相是，不违桑阴；文王举太公，不以日久。故贤圣之接也，不待久而亲；能者之相见也，不待试而知矣。故士之接也，非必与之临财分货，乃知其廉也；非必与之犯难涉危④，乃知其勇也。举事决断，是以知其勇也；取与有让，是以知其廉也。故见虎之尾，而知其大于狸也；见象之牙，而知其大于牛也；一节见，则百节知矣。由此观之，以所见可以占未发，睹小节固足以知大体矣。

【注释】①商歌：悲凉的歌。商声凄凉悲切，故称。②闻：原文作"间"，根据明钞本改。③嶄（chǎn）：高耸险峻的样子。④与之：原文误作"举之"，根据明钞本改。

【译文】人的眉毛睫毛虽然很微小，但接近观察可以看出对方的神情。人说话语调的变化，可以使听者领受说者的心思。甯戚敲着牛角唱悲歌，齐桓公听到后起用他；鲍龙跪在石头上攀登陡峭的山，孔子为他下车；尧舜志趣相投，在很短的时间尧禅位给舜；周文王启用姜太公，无须考量很久。所以，圣人与贤人相识，不需很长时间便可彼此亲近；贤能之人相遇，无须测试就知道是人才。所以，士子相处，不一定要和他分财分利，才知晓他的廉洁；不一定要和他经历艰难险阻，才知晓他的勇敢。办事果断，就知道他勇敢；取舍懂得谦让，就知道他廉洁。所以，看见虎尾，就知道这是比狸大的动物；看见象牙，就知道这是比牛大的动物；看见局部，就知道全局了。由此看来，凭借所见可以推测未知，观察细节可以了解整体。

8-6 禹以夏王，桀以夏亡；汤以殷王，纣以殷亡。阖庐以吴战胜[①]，无敌于天下，而夫差以见禽于越[②]。文公以晋国霸，而厉公以见弑于匠丽之宫[③]。威王以齐强于天下[④]，而湣王以弑死于庙梁[⑤]。穆公以秦显名尊号，而二世以劫于望夷[⑥]。其所以君王者同，而功迹不等者，所任异也。是故成王处襁褓而朝诸侯[⑦]，周公用事也；赵武灵王年五十而饿于沙丘，任李兑故也[⑧]。桓公得管仲，九合诸侯，一匡天下；失管仲，任竖刁、易牙[⑨]，身死不葬，为天下笑。一人之身，荣辱俱施焉，在所任也。故魏有公子无忌[⑩]，削地复得；赵任蔺相如[⑪]，秦兵不敢出；鄢陵任唐雎[⑫]，国独特立；楚有申包胥[⑬]，而昭王反位；齐有田单，襄王得国[⑭]。由此观之，国无贤佐俊士，而能以成功立名、安危继绝者，未尝有也。故国不务大，而务得民心；佐不务多，而务得贤俊。得民心者民往之，有贤佐者士归之。文王请除炮烙之刑而殷民从；汤去张网之三面而夏民从；越王不隳旧冢而吴人服⑮；以其所为之顺于民心也。故声同则处异而相应；德合，则未见而相亲；贤者立于本朝，则天下之豪，相率而趋之矣。何以知其然也? 曰：管仲，桓公之贼也，鲍叔以为贤于己而进之桓公⑯，七十言而说乃听，遂使桓公除报仇之心而委国政焉。桓公垂拱无事而朝诸侯，鲍叔之力也。管仲之所以能北走桓公，无自危之心者，同声于鲍叔也。纣杀王子比干，箕子被发而佯狂⑰；陈灵公杀泄冶而邓元去陈⑱。自是之后，殷兼于周，陈亡于楚，以其杀比干、泄冶而失箕子与邓元也。燕昭王得郭隗，而邹衍、乐毅以齐、赵至，苏子、屈景以周楚至，于是举兵而攻齐，栖闵王于莒。燕校地计众，非与齐钧也，然所以能信意至于此者，由得士也。故无常安之国，无恒治之民；得贤者则安昌，失之者则危亡。自古及今，未有不然者也。明镜所以照形也，往古所以知今也。夫知恶往古之所以危亡，而不务袭迹于其所以安昌，则未有异乎却走而求逮前人也。太公知之，故举微子之后而封比干之墓⑲。夫圣人之于死尚如是其厚也，况当世而生存者乎? 则其弗失可识矣！

【注释】①阖庐（前547—前496）：姬姓，名光，又称公子光，吴王诸樊之子，春秋末期吴国君主，军事统帅。②夫差（? —前473）：姬姓，吴氏，姑苏（今江苏省苏州市）人，春秋时期吴国君主（前495—前473），吴王阖闾之子。③厉公（? —前573）：姬姓晋氏，名寿曼（《左传》作名州蒲），晋国新绛（今山西省侯马市）人，晋景公之子，春秋时期晋国第27任君主。匠丽：晋厉公时宠臣，时任大夫。④威王（前378—前320），妫姓，田氏，名因齐，田齐桓公（与春秋五霸之首的姜齐桓公非同一人）田午之子，战国时期齐国（田齐）第四代国君⑤湣（mǐn）王（？—前284），妫姓，田氏，名地，战国时期齐国第六任君主，齐宣王之子。⑥望夷：即望夷宫。秦二世的别宫。故址在今陕西泾阳蒋刘乡五福村，二杨庄之间。⑦成王（？—前1021）：姬姓，名诵，岐周（今陕西省岐山县）人。周朝第二位君主，周武王姬发的儿子，太师姜子牙的外孙，母为王后邑姜。⑧赵武灵王（约前340—前295）：嬴姓赵氏，名雍，赵国邯郸（今河北省邯郸市）人。战国时期赵国第六代君主，先秦时代著名的政治家、军事家，改革家，赵肃侯的儿子。李兑：战国时期赵国权臣，在赵惠文王时担任相邦。⑨竖刁：姜姓，春秋时齐国奸臣，负责掌管内侍及女官的戒令。齐桓公病危时作乱，最终被埋伏的兵甲杀死。易牙：春秋时代一位著名的厨师，也有写成狄牙的。他是齐桓公宠幸的近臣，用为雍人。易牙是第一个运用调和之事操作烹饪的庖厨，好调味，很善于做菜。⑩公子无忌（？—前243）：即信陵君。战国时魏国大梁（今河南省开封市）人。魏安釐王弟。⑪蔺相如：战国时期赵国上卿，赵国著名的政治家、外交家。⑫唐睢：魏国大梁（今河南省开封市）人，战国时期魏国、安陵国的谋士。⑬申包胥：申氏，姓不详，名包胥，因封于申邑，故称申包胥，华夏族，今湖北省京山市人，春秋时期楚国大夫。⑭田单：妫姓，田氏，名单，临淄（今山东省临淄区）人。战国时期齐国名将，齐国远房宗室。襄王（？—前265）：妫姓，田氏，名法章，齐湣王之子，战国时期齐国国君。⑮隳（huī）：毁坏，崩毁。⑯桓公：原文作"为相"，根据赵善诒《疏证》依《大戴礼记·保傅》改。⑰箕子（？—前1082）：子姓，名胥余，殷（今河南省安阳市）人，商王文丁的儿子，商王帝乙的弟弟，商王帝辛的叔父。⑱

泄冶：春秋时期陈国大夫，因谏陈灵公与夏姬私通之事而被陈灵公所杀。邓元：陈国贤士。⑲微子：子姓，宋氏，名启，后世称微子、微子启、宋微子。今河南商丘人。是宋国开国国君，微子是商王帝乙的长子、商纣王帝辛的长兄。

【译文】禹通过夏朝称王天下，桀却因为夏朝灭亡了；汤通过殷朝称王天下，纣却因为殷朝灭亡了。阖庐通过打胜仗而使吴国天下无敌，夫差却因此被越王勾践擒获。文公凭借晋国称霸天下，厉公却被弑杀在匠丽府中。成王凭借齐国成为天下强国，而湣王却因齐国缢死在宗庙的悬梁上。穆公凭借秦国名扬天下，秦二世却因秦国被劫杀在望夷宫。同样都是君王，但他们的功绩却不一样，因为他们所任用的人有差异。所以，成王仍在襁褓中时，各国诸侯都来朝拜，因为有周公主持朝政；赵武灵王五十岁饿死在沙丘，是任用李兑所致。齐桓公得到管仲，九次联合诸侯匡正天下；管仲去世后，齐桓公因任用竖刁、易牙而死无葬身之地，被天下人耻笑。在他身上，荣辱兼具，完全取决于所任用的人。所以，魏国有公子无忌，割地失而复得；赵国有蔺相如，秦国就不敢出兵进犯；鄢陵君任用唐雎，国家便唯独得以保全；楚国有申包胥，使昭王可以复位；齐国有田单，使襄王得以复国。由此看来，国家没有贤能俊杰辅佐，而能成功立名、国泰民安，使即将断绝的朝代延续下去的，从未有过。所以，国家不追求大，务必赢取民心；佐臣不追求多，务必得到贤能俊杰。赢取民心的君王，百姓自然追随；有贤能俊杰辅佐的君王，士人自然归附。周文王请求废止炮烙之刑，因此殷民跟随他；商汤网开三面，因此夏民跟随他；越王不毁吴国人祖坟，而使吴民顺服；因为他们的所作所为顺应民意。所以，志趣相投的人，即使身居异处，也能心有灵犀；德行一致的人，即使从未谋面，也能彼此亲近；朝中任用贤能，那么天下的豪杰便会接踵而来。怎知如此呢？可以这么说：管仲，齐桓公的政敌，鲍叔认为他比自己贤能，便推荐他做国相，进谏七十多次才被齐桓公采纳，最终桓公消除了复仇之心，把国政交付给他。桓公不费力气，诸侯们便纷纷来朝拜，这是鲍叔推荐贤能的功劳。管仲之所以能使败逃的齐桓公毫无自危之心，是因为他与鲍叔同声相应。纣王杀死王子比干，箕子披头散发装疯卖傻；陈灵公杀死泄冶，于是邓元离开陈国。从此之后，西周吞并殷商，楚国消灭陈国，只因他们杀死比干、泄冶，从而失去了箕子和邓元。燕昭王重用郭隗，于是邹衍、乐毅从齐国、赵国投奔而来，苏子、屈景也从东周和楚国赶来，于是举兵进攻齐国，把齐闵王困在莒城。比较土地和人口，燕国与齐国相差悬殊，然而燕国之所以能如愿以偿，是得到贤士辅佐的缘故。所以，没有永远安定的国家，也没有永远顺服的百姓；得到贤能辅佐的国家则国泰民安，失去贤能辅佐的国家则危在旦夕。从古至今，没有例外。明镜能照出人的形象，历史能鉴戒今人的成败。只知嫌恶古人危亡的原因，却不致力于传承前人国泰民安的做法，那无异于一边倒退一边却想追上前面的人。姜太公深知这一点，所以举荐微子的后人，为比干聚土筑坟。圣人对于已逝的贤能尚且如此厚待，何况仍然在世的贤能呢？那么不可流失人才的道理就明白了！

8-7齐景公问于孔子曰："秦穆公其国小，处僻而霸，何也？"对曰："其国小而志大，虽处僻而其政中。其举果，其谋和，其令不偷。亲举五羖大夫于系缧之中①，与之语，三日而授之政。以此取之，虽王可也，霸则小矣。"

【注释】①系缧（xì léi）：捆绑犯人的绳索，借指拘囚，捆绑。

【译文】齐景公问孔子："秦穆公的国家小，地处偏远却能称霸天下，为什么？"答："国家虽小，但是他志向宏大，虽地处偏远，但是他政策得当。他行事果敢，计谋合宜，政令不敷衍。他亲自启用牢狱中的百里奚，和他畅谈三天便把国政交付给他。以这样的方法获取成功，即使称王都有可能，称霸则算是小的成就了。"

8-8或曰："将谓桓公仁义乎①？杀兄而立，非仁义也②。将谓桓公恭俭乎？与妇人同舆，驰于邑中，非恭俭也。将谓桓公清洁乎？闺门之内，无可嫁者，非清洁也。此三者，亡国失君之行也③，然而桓公兼有之，以得管仲、隰朋，九合诸侯，一匡天下，毕朝周室，为五霸长，以其得贤佐也。失管仲、隰朋，任竖刁、易牙，身死不葬，虫流出户。一人之身，荣辱俱施者，何者？其所任异也。"由此观之，则亡佐急矣。

【注释】①将谓：以为，认为。②非：原文误作"善"，根据明钞本改。③失：同"泆"，放纵。

【译文】有人说："能说齐桓公仁义吗？弑杀兄长自立为王，这是不仁义。能说齐桓公恭谨谦逊吗？他与女子同乘一车在都城奔跑，这是不恭谨谦逊。能说齐桓公节操清白吗？在他家内门，没有能出嫁的处女，这是节操不清白。这三点，都是亡国昏君的行为，然而桓公兼而有之，因为得到管仲、隰朋，所以九次联合诸侯一举匡正天下，使所有诸侯都朝奉周王室，他也成为春秋五霸之首，这些皆因他得到贤能的辅佐。失去管仲、隰朋后，他任用竖刁、易牙，导致死无葬身之地，蛆虫从尸体里流出。他一人之身，荣辱都经历过，是何原因？那是因为他任用的人不同造成的。"由此看来，选用贤能佐臣是当务之急。

8-9 周公旦白屋之士^①，所下者七十人，而天下之士皆至。晏子所与同衣食者百人^②，而天下之士亦至。仲尼修道行，理文章，而天下之士亦至矣。

【注释】①白屋之士：指贫寒的士人。②衣：原文作"交"，形近而误，根据诸本径改。

【译文】周公旦屈身下士的贫寒士人有七十多位，于是天下的士人都来投奔。和晏子同衣同食的士人将近百人，于是天下的士人也都来投奔。孔子修养德行，编撰礼乐法度，于是天下的士人也纷至沓来。

8-10 伯牙子鼓琴^①，锺子期听之^②。方鼓而志在太山，锺子期曰："善哉乎鼓琴，巍巍乎若太山！"少选之间^③，而志在流水，锺子期复曰："善哉乎鼓琴，汤汤乎若流水^④！"锺子期死，伯牙破琴绝弦，终身不复鼓琴，以为世无足为鼓琴者。非独鼓琴若此也，贤者亦然。虽有贤者而无以接之，贤者奚由尽忠哉！骥不自至千里者，待伯乐而后至也^⑤。

【注释】①伯牙子：古代传说人物。春秋时民间琴师。善奏《高山流水》。《荀子·劝学篇》有"伯牙鼓琴，而六马仰秣"之句。据《吕氏春秋》记载，伯牙演奏的音乐形象，均为锺子期所理解。锺子期死，伯牙破琴绝弦，终身不再弹琴，后世传为"知音"佳话。②锺子期：春秋时楚人，伯牙鼓琴，意在高山流水，锺子期听而知之。③少选：一会儿。④汤汤（shāng shāng）：大水急流的样子⑤伯乐：相传春秋时秦国人，名孙阳，以善相马著称。后用以指善于发掘培养人才的人。

【译文】伯牙弹琴，他的好友锺子期欣赏。当伯牙的琴音旨在体现高山时，锺子期说："琴弹得太好了！巍峨雄伟好像高山一样！"一会儿，伯牙的琴音旨在展现流水，锺子期又说："琴弹得太好了！浩浩荡荡好像流水一样！"锺子期去世，伯牙摔破了琴，扯断了弦，此生不再弹琴，认为世上再没有值得他为之弹琴的人了。并非只有弹琴是这样，任用贤能也是这样。即使是贤能之人，没人接纳，他又该如何尽忠呢！千里马并不是自己就能跑千里的，要等待伯乐地发掘与培养，然后才能达到。

8-11周威公问于甯子曰①："取士有道乎？"对曰："有。穷者达之，亡者存之，废者起之，四方之士，则四面而至矣。穷者不达，亡者不存，废者不起，四方之士，则四面而畔矣②。夫城固不能自守，兵利不能自保，得士而失之，必有其间。夫士存则君尊，士亡则君卑。"周威公曰："士壹至如此乎！"对曰："君不闻夫楚乎③？王有士，曰楚傒胥、丘负客，王将杀之，出亡之晋。晋人用之，是为城濮之战。又有士曰苗贲皇④，王将杀之，出亡走晋。晋人用之，是为鄢陵之战。又有士曰上解于，王将杀之，出亡走晋。晋人用之，是为两棠之战。又有士曰伍子胥⑤，王杀其父兄，出亡走吴。阖闾用之，于是兴师而袭郢。故楚之大得罪于梁、郑、宋、卫之君，犹未遽至于此也。此四得罪于其士，三暴其民骨，一亡其国。由是观之，士存则国存，士亡则国亡；子胥怒而亡之，申包胥怒而存之，士胡可无贵乎？"

【注释】①周威公（前414—前367）：姬姓，名灶。西周桓公之子。甯子：即甯越，周威公之师。②畔：通"叛"，背叛。③君不闻夫楚乎：原文"乎"误作"平"，此据向宗鲁《校证》改。④苗贲皇：芈姓，斗氏，名贲皇，因至晋国后采邑于苗（今河南济源西），遂以食邑为氏，故称苗贲皇。⑤伍子胥（前559—前484）：名员（一作芸），字子胥，楚国人，春秋末期吴国大夫、军事家。以封于申，也称申胥。

【译文】周威公问甯子："选拔士人有方法吗？"甯子答："有。贫穷之人使他发达，将亡之人使他存活，废弃之人重用他，这样，四方之士就会从四面八方来投奔。如果贫穷之人不使他发达，将亡之人不让他存活，废弃之人不再重用他，那么，四方之士就会向四面八方背离你。城墙坚固却不能自守，兵器锋利却不能自保，得到贤士但又失去他们，一定是自己的失误。拥有贤士，君王就会被尊重，失去贤士，君王就会卑微。"周威公说："贤士竟然重要到如此地步！"甯子答："君王没有听说楚国吗？楚有士人叫楚傒胥、丘负客，楚王打算杀他们，他们逃往晋国。晋国任用他们，这才有了后来的城濮之战。又有士人名叫苗贲皇，楚王打算杀他，他也逃往晋国。晋国任用他，这才有了后来的鄢陵之战。又有士人叫上解于，楚王打算杀他，他也逃往晋国。晋国任用他，这才有了后来的两棠之战。又有士人名叫伍子胥，楚王杀了他的父亲和哥哥，他逃往吴国。吴王阖闾任用他，于是发兵攻打了楚国的都城郢。即使楚国很严重地得罪过梁、郑、宋、卫的国君，形势也没发展到这个地步。这四件事得罪了他的士人，其中三件事导致将士们曝尸荒野，一件事导致直接亡了国。从此可见，拥有贤士，国家就存在，失去贤士，国家就会灭亡；伍子胥一怒灭亡了楚国，申包胥一怒保存了楚国，士人难道不宝贵吗？"

8-12哀公问于孔子曰："人何若而可取也？"孔子对曰："毋取拑者^①，毋取健者，毋取口锐者^②。"哀公曰："何谓也？"孔子曰："拑者大给利，不可尽用；健者必欲兼人，不可以为法也；口锐者多诞而寡信^③，后恐不验也。夫弓矢和调，而后求其中焉；马愿顺^④，然后求其良材焉；人必忠信重厚，然后求其知能焉。今人有不忠信重厚而多智能，如此人者，譬犹豺狼与^⑤，不可以身近也。是故先其仁信之诚者，然后亲之；于是有知能者，然后任之。故曰：亲仁而使能，夫取人之术也，观其言而察其行。夫言者所以抒其匈而发其情者也^⑥，能行之士必能言之，是故先观其言而揆其行。夫以言揆其行，虽有奸轨之人，无以逃其情矣。"哀公口："善。"

【注释】①拑（qián）者：沉默不言之人。②口锐：口齿伶俐，善辩。③诞而寡信：说大话而少信用。④悫（què）愿：谨慎老实。
⑤与：同"欤"。⑥匈：同"胸"。

【译文】哀公问孔子："什么样的人才能任用呢？"孔子答：
"不要任用沉默不语的人，不要任用太过健谈的人，不要任用伶
牙俐齿的人。"哀公问："此话怎讲呢？"孔子说："沉默不语的人
聪明过人，这种人不能完全重用；太过健谈的人总想超过他人，
这样的人不可使他人效法；伶牙俐齿的人往往喜欢夸夸其谈，很
少讲信用，恐怕日后无从兑现。弓和箭事先调整好，然后才能要求
命中率；马首先得忠厚温顺，然后才能要求它是良驹；人必须要
忠信厚道，然后再要求他有学识、有能力。如今，有些人不忠信厚
道，但是有学识、有能力，这样的人，好比豺狼一样，不可以接近。
所以首先确定他是个仁义守信的人，然后才能接近；如果发现他
有学识、有能力，再任用他。所以说：接近仁义守信之人并任用他
的才能，至于选拔人才的方法就是观其言而察其行。言语是抒发人
们胸中真实情感的，能做到的人一定能够表达清楚，所以要先观
察他的言论，再衡量他的行为。通过言论来判断一个人的行为，即
使他想做坏事，也无法掩饰内心的实情。"哀公说："对。"

8-13周公摄天子位七年，布衣之士，执贽所师见者十二
人，穷巷白屋所先见者四十九人，时进善者百人，教士者千
人①，官朝者万人②。当此之时，诚使周公骄而且吝，则天下贤
士至者寡矣；苟有至者，则必贪而尸禄者也③。尸禄之臣，不
能存君矣。

【注释】①教士者：受教化的士人。②官朝者：在馆驿中接见的朝拜者。③尸禄：不做事而空受俸禄。

【译文】周公旦代理朝政七年时间，他拜见过的，以师礼相待的贫寒人士就有十二人，他优先接见的身居陋巷茅屋的人就有四十九位，随时为他献上良策的就有上百人，受教化的士人有上千人，在馆驿里等着朝见他的有上万人。在这个时候，如果周公旦骄傲且吝啬，那么天下贤士前来拜见的就少了；即使有人来投奔，也必定是贪图地位不干事的人。空受俸禄不做事的臣子，无法使君王长存。

8-14齐桓公设庭燎①，为士之欲造见者，期年而士不至②。于是东野鄙人有以九九之术见者，桓公曰："九九何足以见乎？"鄙人对曰："臣非以九九为足以见也，臣闻主君设庭燎以待士，期年而士不至。夫士之所以不至者，（以）君天下贤君也③，四方之士皆自以不及君，故不至也。夫九九薄能耳，而君犹礼之，况贤于九九（者）乎④？夫太山不辞壤石，江海不逆小流，所以成大也。《诗》云：'先民有言，询于刍荛⑤。'言博谋也。"桓公曰："善。"乃因礼之。期月，四方之士，相携而并至。《诗》曰："自堂徂基⑥，自羊徂牛。"言以内及外，以小及大也。

【注释】①庭燎：一种古代礼祀的照明用具。②期（jī）年：一年。③以君天下贤君也：原文脱"以"字，根据向宗鲁《校证》补。④况贤于九九者乎：原文脱"者"字，根据向宗鲁《校证》据诸书引文补。⑤刍荛（chú ráo）：割草打柴，也指割草打柴的人。⑥徂（cú）：往。原文作"祖"，应为形近而误，依诸本及《诗经》原文径改。

【译文】齐桓公为准备前来拜见的士人，设置了照明的火炬，过了一年也没见一个士人来。于是，东野有个乡下人凭借九九算法来求见齐桓公，桓公说："只凭借九九算法怎么有资格来见我？"乡下人答："我不是只凭借九九算法来见您，我听说君王设庭燎来接待士人，经过一年而没有士人来。士人之所以不来，是因为您是天下贤明的君王，四方之士，都自认为不如您，所以不敢来。这九九算法确实是一种很浅显的技能，但您依然很重视，何况那些才能超过九九算法的贤士呢？泰山不拒绝细小的土石，江海不阻挡细小的支流，所以才能汇聚成高山大川。《诗经》上说：'古人曾经说过，要向割草打柴的人请教。'说的就是要听取多方意见。"桓公说："说的好。"于是便礼待他。过了一个月，四方之士便相约而至了。《诗经》上说："从庙堂到庭阶，从小羊到壮牛。"说的就是从内到外，由小及大啊！

8-15齐景公伐宋，至于岐堤之上①，登高以望，太息而叹曰："昔我先君桓公，长毂八百乘②，以霸诸侯；今我长毂三千乘，而不敢久处于此者，岂其无管仲欤？"弦章对曰③："臣闻之，水广则鱼大，君明则臣忠。昔有桓公，故有管仲；今桓公在此，则车下之臣尽管仲也。"

【注释】①岐堤：地名。未详。②长毂（gǔ）：古时一种适于行越山野的兵车。③弦章：春秋时齐人。

【译文】齐景公征讨宋国，来到岐堤之上，他登高观望，叹息地说："过去我的先君桓公，只有八百辆兵车就称霸诸侯；如今我有兵车三千辆，而不敢盘踞于此，难道是因为没有管仲的缘故吗？"弦章答："我听说，水面开阔，鱼儿就长得大，君王圣明，臣子就精忠报国。过去，因有桓公，才有管仲；如今，若桓公在此，那么车下的大臣全都成为管仲了。"

8-16赵简子游于西河而乐之，叹曰："安得贤士而与处焉？"舟人古乘跪而对曰①："夫珠玉无足，去此数千里而所以能来者，人好之也；今士有足而不来者，此是吾君不好之乎？"赵简子曰："吾门左右客千人，朝食不足，暮收市征；暮食不足，朝收市征。吾尚可谓不好士乎？"舟人古乘对曰："鸿鹄高飞远翔，其所恃者六翮也②，背上之毛，腹下之毳③，无尺寸之数，去之满把，飞不能为之益卑；益之满把，飞不能为之益高。不知门下左右客千人者，（亦）有六翮之用乎④？将尽毛毳也？"

【注释】①舟人古乘：名叫古乘的船夫。②六翮（hé）：谓鸟类双翅中的正羽，用以指鸟的两翼。③毳（cuì）：鸟兽的细毛。④亦有六翮之用乎：原文脱"亦"字。根据卢文弨校补。

【译文】赵简子游西河游得很尽兴，忽然叹息说："如何才能拥有贤士并与之相处呢？"船夫古乘跪下答："珠宝玉石没有脚，产地离这里数千里之遥，之所以来到此处，是因为人们喜欢它；如今贤士有脚却不来投奔，是因为您不喜欢他们吧？"赵简子说："我门下左右食客上千人，早饭不够吃，晚上就在市场征税；晚饭不够吃，早上就在市场征税。我还能算不喜欢士人吗？"船夫古乘答："鸿鹄飞得高远，是凭借翅膀上的六根大羽毛。背上的毛，腹部的绒毛，不论长短多少，拔去一大把，也不会因此而飞得太低；增加一大把，也不会飞得更高。不知道您门下左右上千的食客，有才能相当于六根大羽毛的人吗？或者尽是些无关紧要的背毛和腹毛的人呢？"

8-17齐宣王坐，淳于髡侍①。宣王曰："先生论寡人何好？"淳于髡曰："古者所好四，而王所好三焉。"宣王曰："古者所好，何与寡人所好？"淳于髡曰："古者好马，王亦好马；古者好味，王亦好味；古者好色，王亦好色；古者好士，王独不好士。"宣王曰："国无士耳，有则寡人亦说之矣。"淳于髡曰："古者有骅骝骐骥②，今无有，王选于众，王好马矣；古者有豹象之胎③，今无有，王选于众，王好味矣；古者有毛嫱西施④，今无有，王选于众，王好色矣。王必将待尧舜禹汤之士而后好之，则尧舜禹汤之士亦不好王矣。"宣王嘿然无以应⑤。

【注释】①淳于髡（kūn）（约前386—前310）：齐国黄县（今山东省龙口市）人，战国时期齐国政治家、思想家，齐之赘婿，齐威王拜其为政卿大夫。②古者（有）骅骝骐骥：原文脱"有"字，根据向宗鲁《校证》补。骅骝(huá liú)：周穆王八匹骏马之一。后用以泛指红色的骏马。骐骥(qí jì)：千里马。③豹象之胎：豹子、大象的胎盘。意指珍贵的肴馔。④毛嫱：即毛嫱。人名，古代美女，为越王嬖妾，与西施并称。⑤嘿(mò)然：不作声。

【译文】齐宣王闲坐，淳于髡在旁陪侍。宣王说："先生说说我有什么喜好？"淳于髡说："古人所喜欢的有四样，而君王您仅喜欢其中的三样。"宣王说："古人的喜好与我的喜好有何不同？"淳于髡古人喜欢马，君王也喜欢马；古人喜欢美味，君王也喜欢美味；古人喜欢美女，君王也喜欢美女；古人喜欢士人，君王却唯独不喜欢士人。"宣王说："国内没有贤士，如果有，我也会很喜欢的。"淳于髡说："古时候诸如骅骝骐骥之类的千里马，如今没有，但你还在众马当中挑选，说明您喜欢马；古时候有豹象的胎，如今没有，但您仍在各种美味中挑选，说明君王喜欢美味；古时候有毛嫱、西施等美女，如今没有，但君王还在众多美女中挑选，说明您喜欢美女。如果君王一定要等着尧、舜、禹、汤时期的士人出现然后才喜欢，那么尧、舜、禹、汤的士人也不会喜欢君王您的。"宣王沉默不语，无话可说。

8-18卫君问于田让曰："寡人封侯尽千里之地，赏赐尽御府缯帛，而士不至，何也？"田让对曰："君之赏赐，不可以功及也；君之诛罚，不可以理避也。犹举杖而呼狗，张弓而祝鸡矣，虽有香饵而不能致者，害之必也。"

【译文】卫君问田让："我用尽千里的土地封侯，我用尽御府里的丝绸赏赐,但贤士还不来,为什么?"田让答:"君王的赏赐,不是论功行赏的;君王的刑罚,不能理由正当。就好像拿着棍子喊狗,张开弓箭喊鸡,即使有香饵引诱,但仍不能吸引人前来,是因为难免会受伤害。"

8-19宗卫相齐,遇逐,罢归舍。召门尉田饶等二十有七人而问焉,曰:"士大夫谁能与我赴诸侯者乎?"田饶等皆伏而不对。宗卫曰:"何士大夫之易得而难用也?"饶对曰:"非士大夫之难用也,是君不能用也。"宗卫曰:"不能用士大夫何若?"田饶对曰:"厨中有臭肉,则门下无死士。今夫三斗之稷不足于士①,而君雁鹜有余粟;纨素绮绣②,靡丽堂楯③,从风而弊④,而士曾不得以缘衣;果园梨栗,后宫妇人摭以相摘⑤,而士曾不得一尝。且夫财者,君之所轻也;死者,士之所重也;君不能用所轻之财,而欲使士致所重之死,岂不难乎哉?"于是宗卫面有惭色,逡巡避席而谢曰:"此卫之过也。"

【注释】①三斗之稷:三斗粟米。这里指所得俸禄很少。斗,原文误作"外",疑为"升"字之误,明钞本正作"升"。本文根据向宗鲁《校证》引《韩诗外传》改。②纨素绮绣:这里指各种绫罗绸缎。纨素,细致光泽的白绸绢。绮绣,五彩华丽的丝织品。③楯(shǔn):栏杆。④从风而弊:任由风吹坏。从,同"纵"。而,原文作"雨",根据向宗鲁《校正》引《韩诗外传》及《新序》改。⑤摭(zhí)以相摘(zhì):拾取互相投掷。摭,拾取,摘取。摘,古同

"掷"，投掷。

【译文】宗卫担任齐国的国相，被免职只得罢官回家。他召集门卫田饶等二十七人，问他们："哪位士大夫能和我一起投奔诸侯国去？"田饶等都伏在地上不敢回答。宗卫问："为什么士大夫易得而难以任用呢？"田饶答："不是士大夫难以任用，是您不善于任用他们。"宗卫说："为什么说我不善于任用呢？"田饶答："厨房里有变质的臭肉，门下就没有愿为你牺牲的死士。如今三斗小米的俸禄，无法供养一个士人，而你饲养的鹅鸭却有余粮；用绫罗绸缎装饰的堂前栏杆，任由风雨侵蚀，士人却没有一件像样的衣服；果园里的梨子栗子，后宫女眷拿来互相投掷取乐，士人却没尝过一次。况且，钱财，本是你轻视的；性命，却是士人所看重的。你不能用自己所轻视的钱财去换取士人所看重的性命，怎能不困难呢？"这时，宗卫脸上现出惭愧的神情，慢慢地离席向大家表示歉意，说："这是我的过失。"

8-20鲁哀公问于孔子曰："当今之时，君子谁贤？"对曰："卫灵公。"公曰："吾闻之，其闺门之内，姑姊妹无别。"对曰："臣观于朝廷，未观于堂陛之间也。灵公之弟曰公子渠牟，其知足以治千乘之国①，其信足以守之，而灵公爱之。又有士曰王林，国有贤人，必进而任之，无不达也；不能达，退而与分其禄，而灵公尊之。又有士曰庆足，国有大事，则进而治之，无不济也，而灵公说之。史鳅去卫②，灵公邸舍三月③，琴瑟不御，待史鳅之入也而后入。臣是以知其贤也。"

【注释】①知：同"智"，智慧。②史鳍（qiū）：字子鱼，春秋时期卫国大臣。③邸（dǐ）：高级官员的住所（现多用于外交场合）。

【译文】鲁哀公问孔子："当今，哪位君王最贤能？"孔子答："卫灵公。"哀公说："我听说，他的内宫里，他与姑姊妹间淫乱无度。"孔子答："我所见的是朝堂之上的政事，未见堂下的情况。灵公的弟弟叫公子渠牟，他的才智足以治理千乘之国，他的信义足以守住国家，所以灵公很喜欢他。又有个士人叫王林，国内若有贤能之人，他必定会推荐给国君任用，这些贤能之人没有不得志的；若推荐的人没被任用，他就私下把俸禄分给人家，所以灵公很尊敬他。又有个士人叫庆足，国家出现重大事件，就请他来治理，没有不成功的，所以灵公很喜欢他；史鳍离开卫国，灵公的官邸里三个月没有琴瑟之音，直到史鳍回来才恢复。我因此知道他是贤能的国君。"

8-21荆公子行年十五而相荆①，仲尼闻之，使人往视。还曰："廊下有二十五俊士②，堂上有二十五老人。"仲尼曰："合二十五人之智，智于汤武；并二十五人之力，力于彭祖③。以治天下，其固免矣乎！"

【注释】①荆公子：原文作"介子推"，并非春秋时期的晋大夫。根据卢文弨校，向宗鲁《校证》引《孔子家语》《北堂书钞》，以为原作应为"荆公子"，故改。行年，经历的年岁，指当时年龄。②俊士：才智出众的人。③彭祖：传说中的人物。因封于彭，故称。传说他善养生，有导引之术，活到八百高龄。

【译文】荆公子十五岁时就做了楚国国相，孔子听闻此事，便派人前去打听。差人回来说："荆公子廊下有二十五位才智出众的学士，堂上有二十五位德高望重的长者。"孔子说："集合二十五人的智慧，则比商汤、周武王还要高明；合并二十五人的能力，则会超越彭祖。以此来治理天下，可以避免他的见识浅薄！"

8-22孔子闲居，喟然而叹曰："铜鞮伯华而无死^①，天下其有定矣。"子路曰："愿闻其为人也何若？"孔子曰："其幼也，敏而好学；其壮也，有勇而不屈；其老也，有道而能以下人。"子路曰："其幼也，敏而好学，则可。其壮也，有勇而不屈，则可。夫有道又谁下哉？"孔子曰："由，不知也。吾闻之，以众攻寡，而无不消也；以贵下贱，无不得也。昔者周公旦制天下之政，而下士七十人，岂无道哉？欲得士之故也。夫有道而能下于天下之士，君子乎哉！"

【注释】①铜鞮伯华：复姓羊舌，名赤，字伯华，春秋时期晋国大夫。因采邑于铜鞮故称。铜鞮，沁县古县名，也是中国历史上最早的建制县之一。早在春秋时期，铜鞮作为晋国东部政治、经济、军事、文化中心，在晋国完成其霸业过程中，发挥了举足轻重的作用。

【译文】孔子闲居，感叹地假如铜鞮伯华不死的话，天下就能够安定了。"子路说："我想知道他的为人怎样？"孔子说："他年幼时聪明好学；壮年时，英勇不屈；晚年时，有德行且礼贤下士。"子路说："他年幼时聪明好学，不错。壮年时，英勇不屈，也不错。至于晚年，他有德行时，还要谦卑地对待谁呢？"孔子说："子路啊，你有所不知。我听说以多战少，没有攻克不了的；以高贵的身份礼待地位低的人，没有不得民心的。从前，周公治理朝政，礼待的士人有七十人，难道是没有原因的吗？那是想得到人才的缘故。有德行又能礼待天下的士人，才是君子啊！"

8-23魏文侯从中山奔命安邑，田子方从①。太子击遇之②，下车而趋，子方坐乘如故，告太子曰："为我请君，待我朝歌。"太子不说，因谓子方曰："不识贫穷者骄人（乎）③？富贵者骄人乎？"子方曰："贫穷者骄人，富贵者安敢骄人？人主骄人而亡其国，吾未见以国待亡者也；大夫骄人而亡其家，吾未见以家待亡者也。贫穷者若不得意，纳履而去，安往不得贫穷乎？贫穷者骄人，富贵者安敢骄人！"太子及文侯④，道田子方之语。文侯叹曰："微吾子之故，吾安得闻贤人之言⑤！吾下子方以行⑥，得而友之。自吾友子方也，君臣益亲，百姓益附，吾是以得友士之功。我欲伐中山，吾以武下乐羊，三年而中山为献于我，我是以得友武之功⑦。吾所以不少进于此者，吾未见以智骄我者也；若得以智骄我者，岂不及古之人乎？"

【注释】①田子方：姓田，名无择，字子方，儒家学者，魏国人，魏文侯的友人，拜孔子学生子贡为师，于道德学问闻名于诸侯。②太子击（？—前371）：姬姓，魏氏，名击，魏文侯之子，战国初期魏国国君，他是三家分晋后魏国的第二代国君，在位期间将魏国的百年霸业再一次推向高峰。③骄人：傲视他人。乎，原文脱此字，根据向宗鲁《校证》引《群书治要》等补。④太子及文侯：原文"及"作父。译意不通，疑为形近而误。据诸本改。⑤吾安得闻贤人之言：原文"吾"作"君"。译意不通，疑为形近而误。据诸本改。⑥吾下子方以行：原文"下"作"不"。译意不通，疑为形近而误。据诸本改。⑦友武之功：原文"友"作"有"。根据前文，据诸本改。

【译文】魏文侯从中山匆忙赶往安邑，田子方跟随着他。太子击遇见，便下车快步走上前，田子方依旧坐在车上，告诉太子说："替我转告君王在朝歌等我。"太子不悦，因而问田子方："不知是穷人骄傲？还是富人骄傲？"田子方说："当然是穷人骄傲，富人怎敢对人骄傲？一国之君对人骄傲，就要亡国，我没见过以亡国为代价的；大夫对人骄傲就要亡家，我也没见过以亡家为代价的。穷人如果不满意，提起鞋子就走，到哪儿不是一样贫穷吗？穷人能骄傲，富人怎敢对人骄傲！"太子到了文侯面前，转述了田子方的话。文侯叹息地说："没有我儿子的过失，我怎能听闻到圣贤之言！我谦卑地礼待田子方，得以与他成为朋友。从我和田子方成为朋友之后，君臣更加亲近，百姓更加顺服，我这才了解与贤士为友的好处。我准备攻打中山，我因乐羊的英勇而谦卑地礼待于他，三年，乐羊就取得了中山并献给我，我这才了解与武士为友的好处。我之所以不能进步的原因，是我还没遇见因智慧而轻慢我的人；若拥有因智慧而轻慢我的人，岂不是要赶上古人了？"

8-24晋文侯行地登隧，大夫皆扶之，随会不扶①。文侯曰："会，夫为人臣而忍其君者，其罪奚如？"对曰："其罪重死②。"文侯曰："何谓重死？"对曰："身死，妻子为戮焉。"

随会曰："君奚独问为人臣忍其君者，而不问为人君而忍其臣者邪？"文侯曰："为人君而忍其臣者，其罪何如？"随会对曰："为人君而忍其臣者，智士不为谋，辨士不为言③，仁士不为行，勇士不为死。"文侯援绥下车④，辞大夫曰："寡人有腰髀之病⑤，愿诸大夫勿罪也。"

【注释】①随会：祁姓，随氏、范氏，讳会，谥武，其名随会（采邑于随）或范会（采邑于范），又因随氏出于士氏，故史料中多称其士会，史称范武子、随武子。杰出的政治家，先秦时代贤良的典范。②重死：双重的死罪。③辨：同"辩"。④绥（suí）：古代指登车时手挽的绳索。⑤髀（bì）：大腿，亦指大腿骨。

【译文】晋文侯的车子所到之处，每遇登高或隧洞，大夫们都上前扶车，只有随会不扶。晋文侯问："随会，为人臣子却轻慢君王，该如何治罪？"随会答："当为重死之罪。"晋文侯又问："什么是重死之罪？"答："自己被处斩，妻子儿女也因此被诛杀。"随会又说："君王为何只问臣子轻慢君王的罪过，而不问君王轻慢臣子的罪过呢？"晋文侯说："君王轻慢臣子有什么罪过呢？"随会答："君王轻慢臣子，则智士不再为他出谋划策，口才好的士人不再为他游说争辩，仁人志士不再帮他办事，勇士不再为他牺牲。"晋文侯抓住车上的绳索连忙下车，向大夫们谢罪说："我的腰腿有毛病，希望诸位大夫不要怪罪。"

8-25齐将军田聩出将①，张生郊送曰："昔者尧让许由以天下②，洗耳而不受，将军知之乎？"曰："唯然，知之。""伯夷叔齐辞诸侯之位而不为，将军知之乎？"曰："唯然，知之。""於陵仲子辞三公之位而佣③，为人灌园，将军知之乎？"曰："唯然，知之。""智过去君第④，变姓名，免为庶人，将军知之乎？"曰："唯然，知之。""孙叔敖三去相而不悔⑤，将军知之乎？"曰："唯然，知之。""此五大夫者，名辞之而实羞之。今将军方吞一国之权，提鼓拥旗，被坚执锐，旋回十万之师，擅斧钺之诛，慎毋以士之所羞者骄士。"田赟曰："今日诸君皆为赟祖道，具酒脯，而先生独教之以圣人之大道，谨闻命矣。"

【注释】①田赟（kuì）：疑为田齐宗室。生平未详。②许由（约前2323—前2244）：一作许繇，字武仲，一字道开，是上古时代一位高尚清节之士。相传尧帝知其贤德要把君位让给他，他推辞不受，逃于箕山（今河南登封）下，农耕而食。尧帝又让他做九州长官，他到颍水边洗耳，表示不愿听到这些世俗浊言。后世把许由和与他同时代的隐士巢父，并称为巢由或巢许，用以指代隐居不仕者。③於陵仲子：本名陈定，字子终，是战国时期齐国著名的思想家、隐士。其先祖为陈国公族，先祖陈公子完避战乱逃到齐国，改为田氏，所以陈仲子又叫田仲。④智过：即智果。智宣子兄弟，智文子之子，春秋晋国大夫，智氏家族军师，智氏六世祖。⑤孙叔敖（约前630—前593）：芈姓，蔿氏，名敖，字孙叔，郢都（今湖北省荆州市）人。春秋时期楚国令尹。历史治水名人。

【译文】齐将军田赟带兵出征，张生到郊外为他送行，说："从前，尧要把天下让给许由，许由洗耳不受，将军知道此事吗？"

答："是的,我知道。"张生又问:"伯夷、叔齐辞去诸侯的爵位不做,将军知道此事吗?"答:"是的,我知道。"张生又问:"於陵仲子辞去三公的职务,当佣人帮人挑水浇园,将军知道此事吗?"答:"是的,我知道。"又问:"智果离开君弟的高位,改名换姓,自免爵位成为普通百姓,将军知道此事吗?"答:"是的,我知道。"又问:"孙叔敖三次离开相位不后悔,将军知道吗?"答:"是的,我知道。"张生说:"这五位大夫名义上是拒绝名位,实则是感到羞耻。如今将军正掌握一国命运,提战鼓,撑战旗,身穿坚硬的铠甲,手执锋利的武器,指挥十万大军,握有生杀大权,千万不要用令贤士感到羞耻的权势来轻慢士人。"田瞀说:"今天大家都为我饯行,并备了酒肉,但只有先生用圣人的大道理教导我,我愿恭敬地接受。"

8-26魏文侯见段干木①,立倦而不敢息;及见翟黄②,踞堂而与之言③,翟黄不说。文侯曰:"段干木官之则不肯,禄之则不受;今汝欲官则相至,欲禄则上卿。既受吾赏,又责吾礼,毋乃难乎?"

【注释】①段干木(约前475—前396):名克,封于段,为干木大夫,魏国安邑(今山西省运城市夏县)人。②翟黄:出身狄族,战国初期魏国国相,辅佐魏文侯,并帮助其灭了中山国,官拜上卿。③踞堂:伸开腿坐在堂上。古人跪地而坐,伸直腰,表示恭敬;如果伸开腿坐,则是极大的不恭敬。

【译文】魏文侯接见段干木,站累了也不敢休息;等到接见翟黄时，伸腿坐在厅堂里和翟黄说话，翟黄不悦。魏文侯说："让段干木做官他不肯，给他俸禄他不要；现在你想做官就给你相位，要俸禄给你上卿的待遇。既接受了我的赏赐，又要求我礼待你，不是太难为我了吗？"

8-27孔子之郯①，遭程子于涂②，倾盖而语终日。有间，顾（谓）子路曰③："取束帛一以赠先生。"子路不对。有间，又顾（谓）曰："取束帛一以赠先生。"子路屑然对曰："由闻之也，士不中（间）而见④，女无媒而嫁，君子不行也。"孔子曰："由，《诗》不云乎：'野有蔓草，零露溥兮；有美一人，清阳婉兮；邂逅相遇，适我愿兮。'今程子天下之贤士也，于是不赠，终身不见。大德毋逾闲，小德出入可也。"

【注释】①郯（tán）：古国名，在今山东省郯城北。②程子：原名程本，字子华，春秋时期邢地中丘人（现邢台市内丘县人），先秦诸子百家之一，著名哲学家。③顾（谓）子路曰：原文此句及下文"又顾（谓）曰"皆脱"谓"字，根据向宗鲁《校证》依卢文弨校补。④士不中（间）而见：原文脱"间"字，根据向宗鲁《校证》引《太平御览》等书及卢文弨校补。

【译文】孔子去郯国，途中与程子相遇，二人一见如故，停下车，车盖倾斜着长谈了一整天。其间，孔子回头对子路说："拿一束帛来送给程先生。"子路没应声。又过了一会，孔子又回头对子路说："拿一束帛来送给程先生。"子路不屑地说："我听闻，士人无人引荐就相见，女子没有媒人就出嫁，君子是不会这样做的。"孔子说："仲由,《诗经》上不也说:'旷野里遍生蔓草,落下成团的露水;有位美人,长得眉清目秀温婉动人;不期而遇,正合我意啊。'如今程子是天下的贤士,此时不赠送礼物给他,可能终身再见不到他了。大事情不能超过限定,小事情有些出入是可以的。"

8-28齐桓公使管仲治国,管仲对曰:"贱不能临贵。"桓公以为上卿而国不治。桓公曰何故?管仲对曰:"贫不能使富。"桓公赐之齐国市租一年而国不治。桓公曰何故?对曰:"疏不能制亲。"桓公立以为仲父。齐国大安,而遂霸天下。孔子曰:"管仲之贤,不得此三权者,亦不能使其君南面而霸矣。"

【译文】齐桓公派管仲治理国家,管仲答:"地位卑贱的人不能管理地位高的人。"齐桓公就让他做了上卿,而国家仍然没治理好。齐桓公问:"是什么缘故呢?"管仲答:"穷人不能驱使富人。"齐桓公就把齐国一年的市租都赐给他,国家仍然没治理好。齐桓公说:"是什么缘故呢?"答:"关系疏远的人不能制约关系亲近的人。"齐桓公就尊他为仲父,齐国从此太平,并且称霸天下。孔子说:"像管仲这样的贤能,如果没有取得以上这三种权力,也不能使他的君王称霸天下。"

8-29桓公问于管仲曰:"吾欲使酒腐于爵①,肉腐于俎②,得毋害于霸乎?"管仲对曰:"此极非其贵者耳,然亦无害于霸也。"桓公曰："何如而害霸?"管仲对曰："不知贤,害霸;知而不用,害霸;用而不任,害霸;任而不信,害霸;信而复使小人参之,害霸。"桓公："善。"

【注释】①酒腐于爵:原文作"爵腐于酒",依下文"肉腐于俎"改。爵,古代饮酒的器皿,三足,以不同的形状显示使用者的身份。②俎(zǔ):切肉或切菜时垫在下面的砧板。

【译文】齐桓公问管仲说:"我打算让杯中的酒变质,砧板上的肉腐败,这样不会妨害我的霸业吧?"管仲答:"这些事不足挂齿,对霸业也没什么妨害。"齐桓公说:"如何会妨害霸业?"管仲答:"不能识别圣贤,会妨害霸业;识别了而不任用,会妨害霸业;任用了却不能委以重任,会妨害霸业;委以重任了却又不信任,会妨害霸业;信任了却又让小人与之为伍,会妨害霸业。"齐桓公说:"说的好。"

8-30鲁人攻鄪①,曾子辞于鄪君曰:"请出。寇罢而后复来,请姑毋使狗豕入吾舍。"鄪君曰:"寡人之于先生也,人无不闻。今鲁人攻我,而先生去我,我胡守先生之舍?"鲁人果攻鄪而数之罪十,而曾子所争者九②。鲁师罢,鄪君复修曾子舍而后迎之。

【注释】①鄪(bì):中国春秋时鲁邑名,在今山东省费县境。②争:同"诤",劝告。

【译文】鲁人攻打鄪,曾子向鄪君辞行说:"请让我离开,等敌寇撤退我再回来。请暂且不要让猪狗进入我的房子。"鄪君说："我对待先生，无人不知。如今鲁人来犯，先生却离我而去，我为何还要守住先生的房子？"鲁人果然攻伐鄪，并且罗列出鄪君十条罪状，而其中九条就是曾子平日劝告鄪君的。鲁撤兵后，鄪君修复好曾子的房子，然后接回曾子。

8-31宋司城子罕之贵子韦也①，入与共食，出与同衣。司城子罕亡，子韦不从；子罕来，复召子韦而贵之。左右曰："君之善子韦也，君亡不从，来又复贵之，君独不愧于君之忠臣乎？"子罕曰："吾唯不能用子韦，故至于亡；今吾之得复也，尚是子韦之遗德余教也，吾故贵之。且我之亡也，吾臣之削迹拔树以从我者，奚益于吾亡哉？"

【注释】①司城子罕：战国时宋国君。乐氏，名喜，字子罕。司城：官名。春秋时宋国为避宋武公之名，改司空为司城。

【译文】宋司城子罕很敬重子韦，进门与他吃同样的饭菜，出门与他穿同样的衣裳。司城子罕逃亡时，子韦没有跟随；子罕回来后，又召见子韦且依然很敬重他。侍卫说："你善待子韦，但你逃亡时他却没有跟随，回来依然很敬重他，你难道不觉得愧对你的忠臣吗？"子罕说："只因我没有采纳子韦的建议，所以才导致逃亡；如今我能回来，还是蒙受了子韦的德泽与教诲，所以我更加敬重他。况且我逃亡时，我的臣下掩没车迹，拔除标识跟随我，这对逃亡又有什么好处呢？"

8-32杨因见赵简主曰①："臣居乡三逐，事君五去，闻君好士，故走来见。"简主闻之，绝食而叹，跽而行②。左右进谏曰："居乡三逐，是不容众也；事君五去，是不忠上也。今君有士见过八矣③。"简主曰："子不知也。夫美女者，丑妇之仇也；盛德之士，乱世所疏也；正直之行，邪枉所憎也。"遂出见之，因授以为相，而国大治。由是观之，远近之人，不可以不察也。

【注释】①杨因：春秋时晋人。②跽(jì)：长跪，挺直上身两膝着地。③有：通"友"。

【译文】杨因拜见赵简主，说："我在乡下被驱逐过三次，侍奉君王又五次离开，听说您重视士人，所以特来求见。"赵简主听后，停止吃饭，叹息不已，直着身子跪着行走。侍卫们劝谏说："在乡下被驱逐过三次，说明和大家相处得不融洽；五次离开侍奉的君王，说明他对君王不忠心。如今君王想结交的这个人，已出现了八次过错。"赵简主说："你们不知道。美女是丑妇的仇敌；盛德的君子必受到乱世的疏远；正直的行为是恶人所憎恨的。"于是出去见杨因，并授予他国相的职位，使国家得到治理。由此看来，远近之人，不可不明察啊。

8-33应侯与贾午子坐①，闻其鼓琴之声。应侯曰："今日之琴，一何悲也？"贾午子曰："夫张急调下，故使之悲耳。张急者②，良材也；调下者，官卑也。取夫良材而卑官之，安能无悲乎？"应侯曰："善哉！"

【注释】①应侯:春秋时应国国君。②张急者:原文误作"急张"者,根据上下文意径改。

【译文】应侯和贾午子同坐,欣赏他的琴声。应侯问:"今天的琴声,为何这样悲伤?"贾午子说:"因为弦绷得紧,曲调又低沉,所以听起来感到悲伤。琴弦紧象征良材;调子低象征官职低。具备了良材的素质,却只担任卑微的官职,怎能不悲伤?"应侯说:"对啊!"

8-34 十三年,诸侯举兵以伐齐。齐王闻之,惕然而恐,召其群臣大夫,告曰:"有智为寡人用之。"于是博士淳于髡仰天大笑而不应①,王复问之,又大笑不应。三问,三笑不应,王艴然作色不悦曰②:"先生以寡人语为戏乎?"对曰:"臣非敢以大王语为戏也,臣笑臣邻之祠田也,以一奁饭③,一壶酒,三鲋鱼,祝曰:'蟹堁者宜禾④,洿邪者百车⑤,传之后世,洋洋有余。'臣笑其赐鬼薄而请之厚也。"于是王乃立淳于髡为上卿,赐之千金,革车百乘,与平诸侯之事。诸侯闻之,立罢其兵,休其士卒,遂不敢攻齐。此非淳于髡之力乎!

【注释】①博士:职官名。起源于战国,秦、汉时设置。因其掌通古今,以备咨诣,为学术顾问的性质。②艴然(fú):恼怒地。③奁(lián):泛指盛放器物的匣子。④蟹堁(kè):亦作"蟹螺",高地。⑤洿邪(wū xié):指地势低洼、容易积水的劣田。

【译文】十三年,诸侯举兵将要攻齐。齐王听说后,十分恐惧,召集臣子大夫,对他们希望大家发挥才智为我出谋划策。"博士淳于髡却仰面大笑不作回答，齐王又问，他还是大笑不回答。前后问了三次，大笑三次都没有回答，齐王很生气变了脸色说："先生把我的话当儿戏吗？"答："我不敢把大王的话当作儿戏，我是笑我的邻居，祭田仅拿了一盒饭，一壶酒，三条鲫鱼，却祈祷说：'希望高地上稻子丰收，低洼的水田收获上百车谷子，传给后代，多多有余。'我是笑他送给鬼神的太少，但要求的又太多。"于是，齐王就任用淳于髡为上卿，赏赐他千金和百辆战车，让他参与平治诸侯的事情。诸侯听闻，立刻停止进攻，修整士卒，不敢攻打齐国。这不就是淳于髡的力量！

8-35 田忌去齐奔楚^①，楚王郊迎至舍，问曰："楚万乘之国也，齐亦万乘之国也，常欲相并，为之奈何？"对曰："易知耳。齐使申孺将^②，则楚发五万人，使上将军将之^③，至禽将军首而反耳。齐使田居将，则楚发二十万人，使上将军将之，分别而相去也。齐使眄子将^④，（则）楚（悉）发四封之内^⑤，王自出将而忌从，相国、上将军为左右司马，如是则王仅得存耳。"于是齐使申孺将，楚发五万人，使上将军至，擒将军首反。于是齐王忿然，乃更使眄子将，楚悉发四封之内，王自出将，田忌从，相国、上将军为左右司马，益王车属九乘，仅得免耳。至舍，王北面正领齐祛^⑥，问曰："先生何知之早也？"田忌曰："申孺为人，侮贤者而轻不肖者，贤不肖者俱不为用，是以亡也；田居为人，尊贤者而贱不肖者，贤者负任，不肖者退，是以分别而相去也；眄子之为人也，尊贤者而爱不肖者，贤不肖俱负任,是以王仅得存耳。"

【注释】①田忌:妫姓,田氏,名忌,字子期,陈郡(今河南淮阳县人)。战国时期齐国名将,封地于徐州(今山东滕州时),又称徐州子期。②申孺:即申纪。田齐时任将军。③上将军:官名。行军作战时军中的主帅。④盼子:齐宣王时与田忌同为将军。⑤(则)楚(悉)发四封之内:原文无"则""悉"二字,根据向宗鲁《校证》补。⑥祛:同"祛",袖口。

【译文】田忌离开齐国投奔楚国,楚王到郊外迎接并亲自把田忌送到馆舍,问田忌:"楚国是万乘大国,齐国也是万乘大国,两国总想吞并对方,该如何是好?"田忌答:"这事显而易见。如果齐国派申儒当将军,那么楚国就出兵五万前去应战,由上将军领兵,到了战场擒获敌将首级班师回朝。如果齐国派田居当将军,那么楚国要发兵二十万,派上将军领兵,最后难分胜负,分别撤兵。如果齐国派盼子当将军,楚国则要发动全国人马,君王亲自领兵,我也跟随同去,相国、上将军为左右司马,如此,君王才能勉强保全楚国。"正在这时,齐国派申儒为将侵楚,楚国发兵五万人,派上将军领兵迎战,擒获了敌将首级返回。齐王因此发怒,再派盼子领兵,楚国发动了全国的力量,楚王亲自带兵,田忌跟随,相国、上将军为左右司马,增派楚王侍卫车九辆,楚国才勉强得以保全。回到田忌的馆舍,楚王整理好衣领袖口,问田忌说:"为何先生能预知结果呢?"田忌说:"申儒的为人,既欺侮贤能之人,又轻视无能之人,贤能之人和无能之人都不为他所用,所以才会失败;田居的为人,尊敬贤能之人,看不起无能之人,贤能之人为他所用,无能之人被斥退，所以双方难分胜负，分别撤兵；晏子的为人，尊敬贤能之人，爱护无能之人，贤能之人和无能之人都能为他所用，所以君王您才勉强得以保全。"

8-36魏文侯觞大夫于曲阳①，饮酣，文侯喟焉叹曰："吾独无豫让以为臣②！"蹇重举酒进曰③："臣请浮君。"文侯曰"何以？"对曰："臣闻之，有命之父母，不知孝子；有道之君，不知忠臣。夫豫让之君，亦何如哉？"文侯曰："善。"受浮而饮之，釂而不让④，曰："无管仲、鲍叔以为臣，故有豫让之功也。"

【注释】①觞（shāng）：欢饮，进酒。曲阳：地名。河北省保定市辖县，位于华北平原西部，太行山东麓，保定市西南部。②豫让：姬姓，毕氏。春秋战国时期晋国人，是晋国正卿智伯瑶的家臣。③蹇重：战国时魏国大夫。④釂：喝光。

【译文】魏文侯在曲阳与各位大夫畅饮，酒意正酣，魏文侯长叹一声说："我唯独没有豫让那样的臣子！"蹇重举杯敬酒说："臣请求罚君王一杯酒。"魏文侯说："为什么？"答："臣听说，长寿的父母不知儿子是孝子；盛世的君王不知臣子是忠良。那豫让的君王，又怎么样呢？"魏文侯说："说得好。"于是接受了罚酒，毫不推辞，一饮而尽，说："因为没有管仲、鲍叔那样的大臣，所以才有了豫让的功劳。"

8-37赵简子曰："吾欲得范、中行氏良臣①。"史黡曰②：

"安用之?"简子曰:"良臣,人所愿也,又何问焉?"曰:"臣以无为良臣故也。夫事君者,谏过而荐可,章善而替否,献能而进贤,朝夕诵善败而纳之。听则进,否则退。今范、中行氏之良臣也,不能匡相其君,使至于难;出在于外,又不能入。亡而弃之,何良之为?若不弃,君安得之?夫良将营其君,使复其位,死而后止,何由以来③?若未能,乃非良也。"简子曰:"善。"

【注释】①范、中行氏:春秋时两大贵族集团。此处范氏指士吉射,中行氏指荀寅。二人后来败于赵简子而投奔齐国。②史黡(yǎn):春秋末期晋国思想家。姓蔡,名墨,生卒年不可考。长于天文星象、五行术数与筮占长于天文,熟悉各诸侯国内政。③何由:原文作"何曰",向宗鲁《校证》引卢文弨校及诸本,以"曰"为"由"之误,遂改。

【译文】赵简子说:"我想得到范、中行氏的良臣。"史黡问:"要他们做什么用?"赵简子说:"良臣,大家都希望得到,又何必问呢?"史黡说:"我认为范、中行氏没有良臣。侍奉君王的人,要纠正君王的过错,弘扬君王的善行,扬长避短,举荐贤能之人,常把国家兴亡成败的大道理告诉君王,使他采纳。采纳就进用,不采纳就隐退。如今,范、中行氏的良臣,不能匡正他们的君王,使他置身于危难之中;在外逃亡,有家不能回。君王出逃而背弃君王,算什么忠良?如不背弃君王,您又怎能得到他们?忠良,将会谋划营救他的君王,辅助君王复位,尽忠到死为止,君王怎能得到?如果不是这样,那就不是良臣。"赵简子说:"对。"

8-38子路问于孔子曰："治国何如？"孔子曰："在于尊贤而贱不肖。"子路曰："范、中行氏尊贤而贱不肖，其亡何也？"曰："范、中行氏尊贤而不能用也，贱不肖而不能去也；贤者知其不己用而怨之，不肖者知其贱己而仇之。贤者怨之，不肖者仇之，怨仇并前，（范）、中行氏虽欲无亡^①，得乎？"

【注释】①（范）、中行氏虽欲无亡：原文脱"范"，根据上文径补。

【译文】子路向孔子请教说："如何治理国家？"孔子说："在于尊重贤能之人，轻贱无能之人。"子路说："范、中行氏尊重贤能之人且轻贱无能之人，他因何灭亡呢？"孔子答："范、中行氏尊重贤能之人但不任用他们，轻贱无能之人但又离不开他们；贤能之人知道他不任用自己而埋怨他，无能之人知道他看不起自己而仇恨他。贤能之人埋怨他，无能之人仇恨他，埋怨和仇恨都摆在眼前，范、中行氏虽不想败亡，但是能办得到吗？"

8-39晋荆战于邲^①，晋师败绩。荀林父将归请死^②，景公将许之^③，士贞伯曰^④："不可。城濮之役，晋胜于荆，文公犹有忧色，曰：'子玉犹存^⑤，忧未歇也。困兽犹斗，况国相乎？'及荆杀子玉，乃喜曰：'莫予毒也！'今天或者大警晋也。林父之事君，进思尽忠，退思补过，社稷之卫也，今杀之，是重荆胜也。"景公曰："善！"乃使复将。

294 | 说 苑

【注释】①邲（bì）：古地名，中国春秋时属郑，在今河南省郑州市东。②荀林父（？—前593）：姬姓，荀氏，名林父，因曾任中行之将，以官为氏，别为中行氏，谥桓，又称荀伯、荀桓子、中行伯、中行桓子、中行林父。③景公（？—前581）：即晋景公，姬姓，名獳，一名据，是中国春秋时期晋国第二十六代君主。景，原文误作"昭"，根据向宗鲁《校证》引《太平御览》诸书改。④士贞伯（约前660—前583）：祁姓，士氏，名会，字季，因被封于随、范，以邑为氏，别为范氏，谥武，又被称为士季、随会。春秋晋国中军将、太傅，范姓得姓始祖。⑤子玉（？—前632）：芈姓，成氏，名得臣，字子玉，斗伯比之子，子文之弟。若敖氏后裔。春秋时期楚国令尹。

【译文】晋、楚两国在邲交战，晋军战败。荀林父回国后请求以死谢罪，景公正要应允，士贞伯说："不可。城濮之战，晋国战胜楚国，晋文公还面带忧虑地说：'子玉还活着，忧患就不能停止。被围困的野兽尚且会挣扎拼斗，何况是一国之相呢？'等到楚国杀了子玉，晋文公就高兴地说：'再无人能危害晋国了！'如今或许是上天警告晋国。再说荀林父侍奉君王，被进用时，想着尽忠职守，被斥退后又想着补救过失，他是社稷的保卫者，如今若把他杀掉，是增加了楚国的胜算。"景公说："对！"于是让荀林父继续掌握兵权。

卷九　正谏

【题解】正谏,指正言规劝,即臣子谏言匡正君主的言行。本卷共采集从春秋战国时期至西汉,臣子劝谏君主的言论轶事26则。进谏的方式有五种——正谏、降谏、忠谏、戆谏、讽谏。但无论采用何种方式,臣子为君为国而忠言直谏并非为了一己私利,其真正目的在于"匡君之过,矫君之失"。

9-1《易》曰①:"王臣蹇蹇②,匪躬之故。"人臣之所以蹇蹇为难,而谏其君者,非为身也,将欲以匡君之过,矫君之失也。君有过失者,危亡之萌也;见君之过失而不谏,是轻君之危亡也。夫轻君之危亡者,忠臣不忍为也③。三谏而不用则去,不去则亡身④。亡身者,仁人所不为也。是故谏有五:一曰正谏,二曰降谏,三曰忠谏,四曰戆谏⑤,五曰讽谏。孔子曰:"吾其从讽谏矣乎!"夫不谏则危君,固谏则危身,与其危君宁危身。危身而终不用,则谏亦无功矣。智者度君权时⑥,调其缓急而处其宜，上不敢危君，下不以危身。故在国而国不危，在身而身不殆。昔陈灵公不听泄冶之谏而杀之，曹羁三谏曹君不听而去，《春秋》序义虽俱贤而曹羁合礼。

【注释】①《易》曰：以下二句见《周易·蹇卦》六二爻辞。②蹇蹇（jiǎn jiǎn）：刚正不阿的样子。③忠臣不忍为也：原文"忍"作"怨"，根据明钞本改。④亡身：此处与下句"亡身"，原文皆作"身亡"，根据向宗鲁《校证》依《御览》乙转。⑤戆（zhuàng）：刚直。⑥度（duó）：猜测，揣度。

【译文】《易经·蹇卦》上说："为人臣者刚正不阿，不是为一己私利。"为人臣者之所以冒死也要刚正不阿地劝谏君王，不是为一己私利，而是想匡正君王的过错，纠正君王的失误。君王出现过失，那是国家危亡的先兆；发现君王的过失而不劝谏的，是忽视君王的危亡。忽视君王危亡的行为，忠臣是不忍为之的。若进谏三次仍不被采纳，就要离开，不然会有杀身之祸。为此而断送性命的行为，有德行的人是不会那么做的。所以进谏的方法有五种：一是直言进谏，二是和颜悦色，心平气和地进谏，三是忠心耿耿地进谏，四是刚直地进谏，五是以委婉的态度暗示着进谏。孔子说："我比较赞成以委婉的态度进谏啊！"不进谏会危及君王的安危，坚持进谏又有可能会危害自身，与其危害君王，不如自身受损。自身遭受危害而进谏始终没被采纳，那么所谏之言也就没什么作用了。聪明人揣度君王心思，权衡时机，把握节奏，处理得恰到好处，对上不危害君王，对下也不危害自身。所以，这样进谏，既能保证国家不受危害，又能保全自身。从前陈灵公不听泄冶的劝谏并将其杀死，曹羁三次劝谏曹君，曹君都未采纳，于是他便离开。《春秋》评论要义虽然都称他们为圣贤，但曹羁的方法更符合礼数。

9-2齐景公游于海上而乐之，六月不归，令左右曰："敢有先言归者致死不赦。"颜烛趋进谏曰①："君乐治海上，不乐治国，而六月不归，彼傥有治国者②，君且安得乐此海也？"景公援戟将斫之③，颜烛趋进，抚衣待之曰："君奚不斫也？昔者桀杀关龙逢④，纣杀王子比干，君之贤非此二主也；臣之材，亦非此二子也，君奚不斫？以臣参此二人者⑤，不亦可乎？"景公说，遂归，中道闻国人谋不内矣⑥。

【注释】①颜烛趋：春秋时卫国人。孔子的学生。②傥（tǎng）：同"倘"，倘若，或者。③斫（zhuó）：用刀、斧等砍劈。④关龙逢（前1713—前1620）：董姓，中国历史上第一位名相，因为进谏忠言而被杀，享年93岁，做了发、桀两代夏王的相。⑤参：同"三"。此指成为第三人。⑥内：同"纳"。

【译文】齐景公在海上游玩得很高兴，六个月不还朝，他命令随从哪个敢先提还朝，立即处死，绝不赦免。"颜烛趋劝谏说："君王喜欢治理海域，不喜欢治理国家，所以六个月不还朝，倘若国内又出现个治理国家的君王，您又怎能在海上享乐呢？"景公拿起长戟准备砍他，颜烛趋上前，整理好衣服等待说："君王为何不砍呢？从前夏桀杀死关龙逢，商纣杀死王子比干，君王的贤能，比不上这两位国君；我的才能，也比不上关龙逢和比干，君王为何不砍？如果把我列入关龙逢、比干之列，不也可以吗？"听了他这番话，齐景公高兴了，于是动身还朝，途中听说国内有人图谋不让他回去。

9-3楚庄王立为君，三年不听朝，乃令于国曰："寡人恶为人臣而遽谏其君者①。今寡人有国家，立社稷，有谏则死无赦。"苏从曰②："处君之高爵，食君之厚禄，爱其死而不谏其君，则非忠臣也。"乃入谏。庄王立钟鼓之间，左伏杨姬，右拥越姬；左裯衽③，右朝服，曰："吾钟鼓之不暇，何谏之听？"苏从曰："臣闻之，好道者多资，好乐者多迷；好道者多粮，好乐者多亡。荆国亡无日矣，死臣敢以告王。"王曰："善。"左执苏从手，右抽阴刃，刜钟鼓之悬，明日授苏从为相。

【注释】①遽（jù）：急忙，仓促。②苏从：春秋时楚国大夫。③裯衽（dāo rèn）：被褥。

【译文】楚庄王被立为国君后，三年不理朝政，还在国内下令说："我讨厌作臣子的劝谏君王。现在我有国家，立社稷，若有人劝谏我，一定杀无赦。"苏从说："身居高位，拿着君王赏赐的厚禄，如果因为怕死而不劝谏君王，那就不是忠臣。"于是前去进谏。庄王正站在钟鼓之间，左手伏着杨姬，右手拥着越姬；左边是被褥，右边是朝服，说："我都没空欣赏钟鼓音乐，哪有时间听取谏言？"苏从说："我听说，喜欢行正道的人资助多，喜欢享乐的人沉迷多；喜欢行正道的人粮食多，喜欢享乐的人危难多。楚国灭亡的时日不多了，我冒死进谏君王。"楚庄王说："好。"左手抓住苏从的手，右手抽出佩刀，割断悬挂钟鼓的绳子，次日便任命苏从为国相。

9-4晋平公好乐^①，多其赋敛，下治城郭，曰："敢有谏者死。"国人忧之。有咎犯者^②，见门大夫曰^③："臣闻主君好乐，故以乐见。"门大夫入言曰："晋人咎犯也，欲以乐见。"平公曰："内之。"止坐殿上，则出钟磬竽瑟。坐有顷，平公曰："客子为乐。"咎犯对曰："臣不能为乐，臣善隐^④。"平公召隐士十二人。咎犯曰："隐臣窃愿昧死御。"平公曰："诺。"咎犯申其左臂而诎五指^⑤，平公问于隐官曰："占之为何？"隐官皆曰："不知。"平公曰："归之。"咎犯则申其一指曰^⑥："是一也，便游赭画^⑦，不峻城阙。二也，柱梁衣绣，士民无褐^⑧。三也，侏儒有余酒，而死士渴。四也，民有饥色，而马有粟秩。五也，近臣不敢谏，远臣不得达。"平公曰："善。"乃屏钟鼓^⑨，除竽瑟，遂与咎犯参治国。

【注释】①晋平公（？—前532）：姬姓，名彪，晋悼公之子，春秋时期晋国国君，公元前557年至公元前532年在位。②咎犯：晋平公时的隐士，与晋文公舅舅同名。③门大夫：指太子东宫司门之官。④隐：即指隐语，须经猜想推测才能得知。犹今之谜语。⑤申：同"伸"。诎，同"屈"。⑥申其一指：原文"申"误作"曰"，根据明钞本改。⑦赭（zhě）：红褐色。⑧褐（hè）：粗布或粗布衣服。⑨屏（bǐng）：除去，排除。

【译文】晋平公喜好音乐，在国内征收的赋税也多，城池也不修整，并且说："胆敢进谏之人，处死刑。"国人因此很忧虑。

有个叫咎犯的人，求见门大夫说："我听说君王喜好音乐，所以凭借乐技求见。"门大夫进去禀告说："晋国人咎犯，想以乐技求见君王。"晋平公说："让他进来。"咎犯坐在殿上，拿出钟鼓竽瑟。坐了片刻，晋平公说："请你奏乐。"咎犯答："我不会奏乐，我善于隐语。"晋平公召来十二位善于隐语的官员。咎犯说："我愿冒死奉陪。"晋平公说："好。"咎犯伸出左臂弯曲五指，晋平公问那些善于隐语的官员说："你们猜猜这是什么意思？"隐官们都说："不知道。"晋平公说："退下吧。"咎犯就依次伸出手指说："这第一，是说君王所游之处雕梁画栋，但城池却年久失修。第二，是说君王宫殿里梁柱都用锦绣装饰，士民们却连粗布衣裳都穿不上。第三，是说为君王取乐的侏儒都有喝不完的酒，士兵们却忍受饥渴。第四，是说老百姓忍饥挨饿，但君王的马却有粮食吃。第五，是说君王的近臣不敢进谏，远方臣子的意见又无法送达给君王。"晋平公说："说得好。"于是摒弃钟鼓声乐，撤去竽瑟，和咎犯一同治理国家。

9-5孟尝君将西入秦①，宾客谏之百通则不听也②，曰："以人事谏我，我尽知之；若以鬼道谏我③，我则试之④。"谒者入曰⑤："有客以鬼道闻。"曰："请客入。"客曰："臣之来也，过于淄水上⑥，见一土耦人⑦，方与木梗人语⑧。木梗谓土耦人曰：'子先土也，持子以为耦人，遇天大雨，水潦并至⑨，子必沮坏。'应曰：'我沮乃反吾真耳。今子东园之桃也，刻子以为梗，遇天大雨，水潦并至，必浮子泛泛乎不知所止。'今秦，四塞之国也，有虎狼之心，恐其有木梗之患。"于是孟尝君逡巡而退,而无以应,卒不敢西向秦。

【注释】①孟尝君:即田文,战国时期齐国贵族,封于薛(今山东滕州市南),称薛公,号孟尝君。为战国四公子之一,以善养士著称。一度入秦,秦昭王要杀害他,赖门客中擅长狗盗鸡鸣者的帮助而逃归。后卒于薛。②百通:上百次。③鬼道:鬼神邪说。④试之:原文作"杀之",文意不通。向宗鲁《校证》根据《战国策·齐策三》,认为是"试"讹为"弑",故改。⑤谒者:通报与接待宾客的近侍。⑥淄水:河川名。源出山东莱芜,东北流,汇为清水泊,由淄河口入海。⑦土耦人:即泥人。⑧木梗人:即木偶人。⑨水潦:大雨,雨水。

【译文】孟尝君打算向西到秦国去,宾客们劝谏了上百次他也不听,说:"如果用人情事理劝谏我,我全都知道;如果用鬼神之事来劝谏我,我倒是可以听听。"近侍进来禀报:"有位客人想向您报告鬼神之事。"孟尝君说:"请客人进来。"客人进来后说:"我来时经过淄水,见一个泥人正和一个木偶说话。木偶对泥人说:'你先前是土,和水捏成泥人,遇到大雨,各处雨水并至,你必定会被泡坏。'泥人答:'我被泡坏,就返回我本来的面目。你本是东园里的桃树,把你刻成木偶,遇上大雨,各处的雨水并至,必定会把你浮起来,飘呀飘呀不知所踪。'如今的秦国,四面都有天险屏障,又有虎狼之心,您此番前去,恐怕会遭到木偶的祸患。"于是孟尝君迟疑不决地后退,无话可说,结果没敢向西到秦国去。

9-6吴王欲伐荆①,告其左右曰:"敢有谏者,死!"舍人有少孺子者^②，欲谏不敢，则怀丸操弹，游于后园。露沾其衣，如是者三旦，吴王曰："子来，何苦沾衣如此？"对曰："园中有树，其上有蝉，蝉高居悲鸣饮露，不知螳螂在其后也；螳螂委身曲附欲取蝉^③，而不知黄雀在其傍也；黄雀延颈欲啄螳螂，而不知弹丸在其下也。此三者皆务欲得其前利，而不顾其后之有患也。"吴王曰："善哉！"乃罢其兵。

【注释】①吴王（？—前473）：即吴王夫差，姬姓，吴氏，姑苏（今江苏省苏州市）人，春秋时期吴国君主，吴王阖闾之子。②舍人：官名。战国及汉初王公贵人私门之官。③附：同"跗"，脚背。

【译文】吴王打算攻打楚国，告诉他的随从说："有胆敢来劝谏的人，处死。"舍人中有个叫少孺子的人，想进谏但又不敢，于是就怀揣着弹弓和弹丸，在后花园里游荡。一连三天，露水沾湿了他的衣服。吴王问："你过来，你何必把衣服打湿成这样？"答："后花园中有棵树，树上有只蝉，蝉在高枝上悲鸣饮露水，却不知道螳螂在它身后；螳螂弯着身子，屈着前肢准备捕蝉，却不知身旁有只黄雀；黄雀伸长脖子想去啄螳螂，却不知有人拿着弹弓弹丸在它下边。此三者，都是努力想得到眼前的利益，却不顾身后的祸患。"吴王说："说得好！"于是停止出兵。

9-7楚庄王伐阳夏^①，师久而不罢，群臣欲谏而莫敢。庄王猎于云梦^②，椒举进谏曰^③："王所以多得兽者，马也；而王国亡，王之马岂可得哉？"庄王曰："善，不毂知谄强国之可以长诸侯也，知得地之可以为富也，而忘吾民之不用也。"明日饮诸大夫酒，以椒举为上客，罢阳夏之师。

【注释】①伐阳夏：原文"伐"前有欲字，根据向宗鲁《校证》依《太平御览》删。阳夏，地名，今河南太康。②云梦：又称云梦大泽，中国湖北省江汉平原上的古代湖泊群的总称。南以长江为界。③椒举：即春秋楚大夫伍举，为伍子胥祖父。因封于椒邑（今安徽省阜南县焦陂镇），以邑为姓，故又称椒举。

【译文】楚庄王征讨阳夏，军队在外，久战不休。群臣都想劝谏但又谁也不敢。楚庄王在云梦打猎，椒举上前进谏说："您之所以猎获的野兽多，是因为马好，如果君王的国家灭亡了，如何获得良马呢？"楚庄王说："说得对。我只知道战胜强国，可以称霸诸侯，知道获得土地可以富有，却忘记了百姓们不愿那么做。"转天，楚庄王请诸位大夫饮酒，并把椒举作为上宾，同时撤回了进攻阳夏的军队。

9-8秦始皇帝太后不谨，幸郎嫪毐①，封以为长信侯，为生两子。毐专国事，浸益骄奢，与侍中左右贵臣俱博饮，酒醉争言而斗，瞋目大叱曰："吾乃皇帝之假父也②，窭人子何敢乃与我亢③！"所与斗者走行白皇帝，皇帝大怒。毐惧诛，因作乱，战咸阳宫。毐败，始皇乃取毐四支车裂之④。取其两弟囊扑杀之，取皇太后迁之于萯阳宫⑤，下令曰："敢以太后事谏者，戮而杀之！从蒺藜其脊肉干四肢，而积之阙下。"谏而死者二十七人矣。齐客茅焦乃往上谒曰⑥："齐客茅焦愿上谏皇帝。"皇帝使使者出问："客得无以太后事谏也？"茅焦曰：

"然。"使者还白曰:"果以太后事谏。"皇帝曰:"走往告之:若不见阙下积死人邪?"使者问茅焦。茅焦曰:"臣闻之,天有二十八宿,今死者已有二十七人矣,臣所以来者,欲满其数耳。臣非畏死人也,走入白之!"茅焦邑子同食者,尽负其衣物行亡。使者入白之,皇帝大怒曰:"是子故来犯吾禁,趣炊镬汤煮之⑦!是安得积阙下乎?趣召之入!"皇帝按剑而坐,口正沫出,使者召之入,茅焦不肯疾行,足趣相过耳。使者趣之,茅焦曰:"臣至前则死矣!君独不能忍吾须臾乎?"使者极哀之。茅焦至前,再拜谒起,称曰:"臣闻之,夫有生者不讳死,有国者不讳亡。讳死者不可以得生,讳亡者不可以得存。死生存亡,圣主所欲急闻也,不审陛下欲闻之不?"皇帝曰:"何谓也?"茅焦对曰:"陛下有狂悖之行,陛下不自知邪?"皇帝曰:"何等也?愿闻之!"茅焦对曰:"陛下车裂假父,有嫉妒之心;囊扑两弟,有不慈之名;迁母萯阳宫,有不孝之行;从蒺藜于谏士,有桀纣之治。今天下闻之,尽瓦解无向秦者⑧。臣窃恐秦亡,为陛下危之。所言已毕,乞行就质。"乃解衣伏质。皇帝下殿,左手接之,右手麾左右曰:"赦之!先生就衣,今愿受事。"乃立焦为仲父,爵之为上卿。皇帝立驾千乘万骑,空左方⑨,自行迎太后萯阳宫,归于咸阳。太后大喜,乃大置酒待茅焦。及饮,太后曰:"抗枉令直,使败更成,安秦之社稷,使妾母子复得相会者,尽茅君之力也。"

【注释】①嫪毐(lào ǎi)(?—前238):战国时秦人,吕不韦门下的舍人，后以宦官身份入宫，与太后私通，始皇九年被诛，并夷三族。②假父：义父。③窭（jù）：贫穷。④支：同"肢"。下文同。⑤萯（bèi）阳宫：秦汉时皇室离宫之一。⑥茅焦：齐国人。他是秦始皇统治时期最著名的一位"亢直之士"，敢谏之臣。⑦趣炊镬（huò）汤煮之：趣，通"促"，赶快，急促。镬，古代的大锅。⑧瓦解：原文"瓦"误作"厄"，根据明钞本改。⑨空左方：空出左边的位置。先秦以左为尊。

【译文】秦始皇太后生活作风不检点，宠幸侍从嫪毐，还封他为长信侯，为他生了两个儿子。嫪毐专权国事，日渐骄横奢侈，他和宫中侍卫、权贵一起喝酒赌博，酒醉后因口舌冲突与人发生争斗，他睁大眼睛怒叱道："我是皇帝的义父，你们这帮穷小子怎敢和我对抗！"跟他发生冲突的人就把这事告诉了秦始皇，秦始皇大怒。嫪毐害怕被处死，就乘机作乱，攻打咸阳宫。嫪毐以失败告终，秦始皇派人把嫪毐的四肢绑在车上，将他分尸。秦始皇又抓来他的两个弟弟，装在袋子里摔死他们，将皇太后迁到萯阳宫，下令说："哪个敢为太后的事求情，乱刀砍死！还要用蒺藜抽打背脊和四肢，把尸体堆积到城门下面。"于是，因劝谏而被处死的已有二十七人了。齐国人茅焦仍前去拜见秦始皇说："齐人茅焦希望能进谏皇帝。"秦始皇派使者出来问茅焦说："你是否因为太后之事劝谏皇帝？"茅焦说："是的。"使者回来禀说："果真是因太后之事前来。"秦始皇说："去告诉他，难道没看见城门下堆积的死人吗？"使者问茅焦。茅焦说："我听说，天上有二十八个星宿，现在已死二十七人，我之所以要来，是想凑满这个数。我不是怕死的人，请进去禀告皇帝！"茅焦的同乡都收拾了衣物逃走了。使者回禀，秦始皇大怒说："这人是故意来违犯我的禁令，赶快烧锅把他煮了！哪能让他的尸体堆到城门下？快召他进来！"秦始皇按着宝剑而坐，气得口吐白沫，使者喊茅焦进来，茅焦不肯快走，只一步挨一步地向前挪。使者催他快走，茅焦说："我到前面就死了！你难道不能让我多活一会儿吗？"使者很可怜他。茅焦来到秦始皇面前，行礼后起身说："我听说，活人不忌讳死，有国者不忌讳亡国。忌讳死的人未必就能活着，忌讳亡国的人未必能保存。生死存亡的道理是明君所急于想知道的，不知陛下想不想听？"秦始皇说："此话怎讲？"茅焦答："陛下有狂妄悖逆的行为，陛下不自知吗？"秦始皇说："你指什么事？愿闻其详！"茅焦答："陛下车裂义父，有嫉妒之心；囊扑两个弟弟，有不慈的名声；把母亲迁到萯阳宫，是不孝的行为；用蒺藜将进谏之人打死，是桀纣的暴政。如今天下人听闻，皆人心涣散，不再心向秦国，我是担心秦国亡国，担心陛下遭遇危难。我的话讲完了，请处死我吧。"于是解开衣服伏在刑具上。秦始皇走下殿来，左手扶起他，右手示意侍卫，并说："赦免他！请先生穿上衣服，现在我愿意接受先生的意见。"于是封茅焦为仲父，爵位上卿。秦始皇立即驾大批车马，留出左边的上位，亲自到萯阳宫迎接母亲回咸阳。皇太后大喜，大办酒宴款待茅焦，敬酒时，皇太后说："使弯曲的变直，使失败变为成功，使秦国社稷安定，使我们母子再相见，都是茅君的功劳啊。"

9-9 楚庄王筑层台，延石千里①，延壤百里，士有反三月之粮者。大臣谏者七十二人皆死矣。有诸御己者②，违楚百里而耕，谓其耦曰③："吾将入见于王。"其耦曰："以身乎？吾闻之，说人主者，皆闲暇之人也，然且至而死矣。今子特草茅之人耳。"诸御己曰："若与子同耕，则比力也；至于说人主，（则）不与子比智矣④。"委其耕而入见庄王。庄王谓之曰："诸御己来，汝将谏邪？"诸御己曰："君有义之用，有法之行。且己闻之，土负水者平；木负绳者正；君受谏者圣。君筑层台，延石千里，延壤百型，民之�⑤，血成于通涂，然且未敢谏也，己何敢谏乎？顾臣愚，窃闻昔者虞不用宫之奇而晋并之，陈不用子家羁而楚并之，曹不用僖负羁而宋并之，莱不用子猛而齐并之，吴不用子胥而越并之，秦人不用蹇叔之言而秦国危，桀杀关龙逄而汤得之，纣杀王子比干而武王得之，宣王杀杜伯而周室卑。此三天子，六诸侯，皆不能尊贤用辩士之言，故身死而国亡。"遂趋而出。楚王遽而追之曰："己，子反矣！吾将用子之谏！先日说寡人者，其说也不足以动寡人之心，又危加诸寡人，故皆至而死；今子之说，足以动寡人之心，又不危加诸寡人，故吾将用子之谏。"明日令曰："有能入谏者，吾将与为兄弟。"遂解层台而罢民。楚人歌之曰："薪乎，莱乎，无诸御己，讫无子乎⑥！莱乎，薪乎，无诸御己，讫无人乎！"

【注释】①延：引进，运来。②诸御己：春秋时楚国人。事如本文。③耦（ǒu）：两个人在一起耕地。④（则）不与于比智矣：原文脱"则"，根据向宗鲁《校证》补。⑤疥疿：过失，罪过。⑥讫：通"迄"。至今，到现在。

【译文】楚庄王建筑高台，从千里之外运石头，百里之外运土，劳役里有带足三个月粮食的人。为此事进谏的七十二位大臣，都被处死了。有个叫诸御己的人，在距离楚国百里之遥的地方耕种，对他的同伴说："我打算去拜见楚王。"他的同伴说："就凭你？我听说，游说君王的人，都是闲来无事之人，况且去了也是送死。如今你不过是山野村夫而已。"诸御己说："和你一同耕田，比的是力气；至于游说君王，就不是比力气而是比智慧了。"于是丢下耕田的事去拜见楚庄王。楚庄王对他说："诸御己过来，你是打算向我进谏吗？"诸御己说："君王自然有道可循，有法可依。并且我听说，土经过水的冲刷，才能平坦；木经过墨线校正，才能笔直；君王接受劝谏便会更加圣明。君王建筑高台，从千里外运石头，百里外运土，使百姓遭殃，血流成河，都没人敢劝谏君王，我又怎敢进谏呢？但是愚臣听说，从前，虞国不采纳宫之奇的谏言而被晋国并吞；陈国不采纳子家羁的劝谏而被楚国并吞；曹国不听取僖负羁的谏言而被宋国并吞；莱国不听取子猛的劝谏而被齐国并吞；吴国不听取伍子胥的建议而被越国并吞；秦国不听蹇叔的话，而遭受败亡之险；夏桀杀关龙逢，而成汤得天下；商纣王杀王子比干，武王得天下；宣王杀杜伯，而周室从此卑微。这三位天子，六位诸侯都是因为不重视贤能之人、辩士的谏言，所以身死国亡。"诸御己说完就赶快离去。楚王赶紧追赶他说："诸御己回来！我将听取你的谏言！之前来劝谏我的人，他们所说的，不足以打动我的心，又危言耸听，所以我把他们都处死了；如今你的话足以打动我的心，又不是危言耸听，所以我将听取你的劝谏。"转天，楚王下令说，"有谁前来劝谏的，我将和他结为兄弟。"于是停止建筑高台，解散了劳役。楚人作了一首歌谣唱道："砍柴割草啊，若无诸御己，楚人无子孙! 割草砍柴啊，若无诸御己，至今楚无人。"

9-10齐桓公谓鲍叔曰："寡人欲铸大钟，昭寡人之名焉。寡人之行，岂避尧舜哉？"鲍叔曰："敢问君之行？"桓公曰："昔者，吾围谭三年①，得而不自与者②，仁也；吾北伐孤竹刬令支而反者③，武也；吾为葵丘之会，以偃天下之兵者，文也；诸侯抱美玉而朝者九国，寡人不受者，义也。然则文武仁义，寡人尽有之矣。寡人之行，岂避尧舜哉？"鲍叔曰："君直言，臣直对。昔者公子纠在上位而不让，非仁也；背太公之言而侵鲁境，非义也；坛场之上，诎于一剑，非武也；姪娣不离怀衽④，非文也。凡为不善遍于物，不自知者，无天祸必有人害。天处甚高，其听甚下。除君过言，天且闻之。"桓公曰："寡人有过，子幸记之⑤，是社稷之福也。子不幸教，几有大罪，以辱社稷。"

【注释】①谭：古代国名，故址在今山东省济南市东龙山镇附近。②与(yù)：通"誉"，称誉。③孤竹：孤竹国诞生于商朝初期，是冀东辽西地区出现最早的国家。刬(chǎn)：同"铲"，削去，铲平。令支：今河北省迁安、迁西和滦县北部地域，古称令支。春秋时为令支国，曾一度为山戎族统治。④姪娣(zhí dì)：古代诸侯贵族之女出嫁，以侄女和妹妹从嫁为媵妾者。衽(rèn)：衣襟。⑤子幸记之：原文"子"误作"乎"，根据向宗鲁《校证》引《太平御览》改。

【译文】齐桓公对鲍叔说："我打算铸造一口大钟，彰显我的声名。我的行为，难道比尧舜差吗？"鲍叔说："请问君王的行为如何？"齐桓公说："从前，我用三年时间围攻谭国，攻陷之后，并没有据为己有，这是仁的表现；我向北讨伐孤竹，铲除令支后就返回，这是武的表现；我发起葵邱会盟，以平息天下的战争，这是文的表现；诸侯抱着美玉来朝拜的有九个国家，我不接受他们的礼物，这是义的表现。文武仁义我都具备了。我的行为，难道比尧舜差吗？"鲍叔说："君王您直言不讳，我也就坦率地回答。从前，公子纠身居上位，您却不能谦让，这是不仁；违背太公的话侵犯鲁国，这是不义；在盟誓时，迫于一剑之威而屈服，这是不武；姪娣不离怀抱，这是不文。大凡做了坏事，又不自知的，即使上天不降祸患，也必定会有人为的灾害。天虽高远，但他能听到最低处的声音。匡正君王过失的话，上天一定能听到。"齐桓公说："我的过失，幸亏有你记得，这是国家的福运。如果你不指教我，我差点要犯下大错，玷辱了国家。"

9-11楚昭王欲之荆台游^①，司马子綦进谏曰^②："荆台之游，左洞庭之波^③，右彭蠡之水^④；南望猎山，下临方淮，其乐使人遗老而忘死。人君游者尽以亡其国，愿大王勿往游焉。"王曰："荆台乃吾地也，有地而游之，子何为绝我游乎？"怒而击之。于是令尹子西驾安车四马^⑤，经于殿下曰："今日荆台之游，不可不观也。"王登车而拊其背曰："荆台之游，与子共乐之矣。"步马十里，引辔而止曰："臣不敢下车，愿得有道，大王肯听之乎？"王曰："第言之。"令尹子西曰："臣闻之，为人臣而忠其君者，爵禄不足以赏也；为人臣而谀其君者，刑罚不足以诛也。若司马子綦者，忠君也；若臣者，谀臣也。愿大王杀臣之躯，罚臣之家，而禄司马子綦。"王曰："若我能止，听公子，独能禁我游耳。后世游之，无有极时，奈何？"令尹子西曰："欲禁后世易耳，愿大王山陵崩阤，为陵于荆台，未尝有持钟鼓管弦之乐而游于父（祖）之墓上者也⑥。"于是王还车，卒不游荆台，令罢先置。孔子从鲁闻之曰："美哉，令尹子西！谏之于十里之前，而权之于百世之后者也。"

【注释】①楚昭王（约前523—前489）：芈姓，熊氏，名壬，又名珍，楚平王之子，春秋时期楚国国君。②司马子綦（qí）：战国时期中山国大夫，复姓司马。③波：原文"波"作"阪"，根据向宗鲁《校证》引诸书改。④彭蠡（péng lǐ）：即今鄱阳湖。⑤子西：即公子申。子西是公子申的字，芈姓，熊氏，名申，楚国令尹。⑥父（祖）之墓：原文脱"祖"字，根据向宗鲁《校证》引《孔子家语》及《渚官旧事》补。

【译文】楚昭王打算去荆台游玩，司马子綦进谏说："荆台左面有洞庭湖，右面是鄱阳湖；南望猎山，下临方淮，这种欢乐可使人忘却年龄和生死。游玩过那里的君王，都亡了国，希望大王不要去游玩。"楚昭王说："荆台是我的领土，有这样的地方就该去游玩一下，你为何不让我去呢？"他盛怒之下打了司马子綦。正在此时，令尹子西驾着一辆四匹马拉的车子来到殿前，说："今天君王要到荆台游玩，我们不能不去看看。"楚昭王登车并拍拍子西的背说："到荆台去游玩，我们一同欢乐一番。"车子缓行了十里，令尹子西拉住马缰绳停下来，说："臣不敢下车，有几句话想说，君王肯听吗？"楚昭王说："但说无妨。"令尹子西说："我听说，为人臣子忠于君王的，高官厚禄赏赐他也不够；为人臣子谄谀君王的，就是杀死他都嫌轻。像司马子綦，就是一位忠君的大臣；像我这样的人，就是一位谄谀君王的臣子。希望大王杀死我，抄我的家，厚赏司马子綦。"楚昭王说："若我听你的话不去游玩，也只能禁止我去游玩而已。如果后人去游玩，没有节制，又该怎么办呢？"令尹子西说："要禁止后人去游玩很简单，望大王在百年之后，把陵园建在荆台，从未见有人拿着钟鼓管弦乐器到祖坟上游玩的。"于是楚昭王乘车返回，终于决定不去荆台游玩，并且命令撤去先前准备的一切。孔子在鲁国听说这件事，说："令尹子西真好啊！在十里路之前劝谏君王，还考虑到百世之后的得失。"

9-12荆文王得如黄之狗、箘簬之矰①，以畋于云梦，三月不反；得丹之姬②，淫，期年不听朝。保申谏曰③："先王卜，以臣为保吉。今王得如黄之狗，箘簬之矰，畋于云梦，三月不反；及得丹之姬，淫，期年不听朝；王之罪当笞④。"匍伏，将笞王。"王曰："不穀免于襁褓，托于诸侯矣，愿请变更而无笞。"保申曰："臣承先王之命，不敢废；王不受笞，是废先王之命也。臣宁得罪于王，无负于先王。"王曰："敬诺。"乃席王，王伏，保申束细箭五十，跪而加之王背，如此者再，谓王："起矣！"王曰："有笞之名一也，遂致之。"保申曰："臣闻之，君子耻之，小人痛之。耻之不变，痛之何益？"保申趋出，欲自流,乃请罪于王。王曰:"此不穀之过,保将何罪?"王乃变行从保申,杀如黄之狗,折箘簵之矰,逐丹之姬,务治乎荆,兼国三十。令荆国广大至于此者,保申敢极言之功也。萧何、王陵闻之曰⑤:"圣主能奉先世之业而以成功名者,其唯荆文王乎! 故天下誉之,至今,明主忠臣孝子以为法。"

【注释】①荆文王:即楚文王。公元前690年,楚武王卒,其子熊赀立,是为楚文王。箘簵(jùn lù),一种竹子,细长而无节,可以用来制作弓箭。矰(zēng):古代用来射鸟的拴着丝绳的短箭。②丹:即丹阳城。在今湖北秭归县西北归州镇东南。此字原文作"舟",根据向宗鲁《校证》引诸书改。③保申:从申国来的保。保,古代辅导天子及诸侯子弟的官员。④笞(chī):古代用竹板或荆条打人脊背或臀腿的刑罚。⑤萧何(?—前193):沛郡丰邑(今江苏省丰县)人。西汉开国功臣、政治家、丞相。王陵(?—前181):泗水郡沛县(今江苏沛县)人。西汉初年大臣。

【译文】楚文王得到如黄猎犬和箘簵制成的弓箭,用它们到云梦打猎,三个月未归;得到丹阳美女,荒淫享乐,一年不上朝听政。保申劝谏说:"先王曾占卜,选我做保比较吉利。如今您获得如黄猎犬和箘簵弓箭,便到云梦打猎,三个月不还朝;得到丹阳美女,荒淫享乐,一年不上朝。您的过错应当受笞刑。趴下,我将要鞭笞您!"楚文王说:"我已不是小孩了,身为诸侯,请你换个方法,不要鞭笞我。"保申说:"我奉先王之命,不敢废弃;如果您不受鞭笞,则是废弃先王的命令。我宁可得罪您,也不能辜负先王。"楚文王说:"那好吧。"于是铺好席子,让楚文王趴在上面,保申捆好五十根细竹条，跪着放在楚文王的脊背上，反复做了两次，对楚文王说：
"起来吧！"楚文王说："这同样有了受鞭笞的名声，还是真用刑
吧。"保申说："我听说，笞刑令君子感到羞耻，令小人感到疼痛。
如果感到羞耻，但依然不改，那疼痛又有什么用呢？"保申快步跑
出去，打算投河自尽，以此向楚文王谢罪。楚文王说："这是我的过
错，你有什么罪呢？"楚文王于是修正言行，听从保申教导，杀掉如
黄猎犬，折断菌簵弓箭，赶走丹阳美女，努力治理楚国，兼并了三十
个国家。使楚国幅员辽阔，这都是保申敢于直言进谏的功劳。萧何、
王陵听说此事，说："明君能继承祖先的事业并功成名就的，大概
只有楚文王吧！所以天下人称赞他，直到现在，明君、忠臣、孝子还
以他为榜样。"

9-13晋平公使叔向聘于吴①，吴人拭舟以逆之②。左五百
人，右五百人；有绣衣而豹裘者，有锦衣而狐裘者。叔向归以
告平公。平公曰："吴其亡乎！奚以敬舟？奚以敬民？"叔向对
曰："君为驰底之台，上可以发千兵，下可以陈钟鼓，诸侯闻君
者，亦曰：'奚以敬台？奚以敬民？'所敬各异也。"于是平公乃
罢台。

【注释】①聘：古代诸侯国间遣使通问。②拭：通"饰"。逆，
迎。

【译文】晋平公派叔向拜访吴国，吴人装饰了大船前来迎接。
左边五百人，右边五百人；有的穿着豹皮绣衣，有的穿着狐皮锦
衣。叔向回国把此事告诉晋平公。晋平公吴国快要灭亡了吧！是船

重要, 还是百姓重要? "叔向答: "君王修建驰底高台, 上面可指挥千军, 下面可陈设钟鼓器乐, 诸侯听了也会说: '是高台重要, 还是百姓重要? '您与吴人相比, 不过是看重的对象不同罢了。"于是晋平公停止修建高台。

9-14赵简子举兵而攻齐, 令军中有敢谏者罪至死。被甲之士, 名曰公卢, 望见简子大笑。简子曰: "子何笑? "对曰: "臣(乃)有宿笑①。"简子曰: "有以解之则可, 无以解之则死。"对曰: "当桑之时, 臣邻家夫与妻俱之田, 见桑中女, 因往追之, 不能得。还反, 其妻怒而去之。臣笑其旷也。"简子曰: "今吾伐国失国, 是吾旷也。"于是罢师而归。

【注释】①臣(乃)有宿笑: 原文脱"乃", 根据向宗鲁《校证》依《艺文类聚》《太平御览》补。宿笑, 过去的一个笑话。

【译文】赵简子举兵攻打齐国, 下令说军中若有敢进谏之人, 一律处死。在穿着铠甲的将士中, 有个名叫公卢的, 看见赵简子便大笑。赵简子说: "你笑什么? "公卢答: "我想起曾经的一个笑话。"赵简子说: "你能解释清楚就放了你, 解释不清就处死。"公卢答: "在采桑的季节, 我邻居有夫妻二人, 都到田里采桑, 那丈夫看到桑田中有位女子, 便前去追赶, 没追上。回来时, 他妻子也生气走了。我是笑这个人太荒唐了。"赵简子说: "如今我若因攻打其他国家而失去自己的国家, 这便是我的荒唐。"于是撤军还朝。

9-15景公为台, 台成, 又欲为钟。晏子谏曰: "君不胜欲为台, 今复欲为钟, 是重敛于民, 民必哀矣①。夫敛民之哀而以为乐, 不祥。"景公乃止。

【注释】①民必哀矣: 原文 "必" 作 "之", 根据向宗鲁《校证》依《晏子春秋·内篇谏下》改。

【译文】齐景公修筑高台, 高台修好后, 又想铸造大钟。晏子劝谏说: "您不能克制自己修筑高台的欲望, 如今又要铸造大钟, 这必然会加重百姓的赋税, 增加他们的痛苦。聚敛百姓的痛苦, 来为自己取乐, 是不吉利的。"于是景公停止铸钟。

9-16景公有马, 其圉人杀之①, 公怒, 援戈将自击之。晏子曰: "此不知其罪而死, 臣请为君数之, 令知其罪而杀之。"公曰: "诺。"晏子举戈而临之曰: "汝为吾君养马而杀之, 而罪当死②; 汝使吾君以马之故杀圉人, 而罪又当死; 汝使吾君以马故杀人, 闻于四邻诸侯, 汝罪又当死。"公曰: "夫子释之! 夫子释之! 勿伤吾仁也。"

【注释】①圉(yǔ)人: 指养马的人。②而: 古同 "尔", 代词, 你或你的

【译文】齐景公有匹马, 被他的马夫给杀了, 齐景公大怒, 举起长戈想要亲手杀死马夫。晏子说: "这样他到死也不知道自己的罪过, 请让我替您指出, 好让他知道自己所犯的罪, 然后再杀他。"齐景公说: "好。"晏子便举起长戈对着马夫说: "你替君王养马而把马杀掉, 你罪该死; 你使君王因为一匹马的缘故而杀了马

夫，你罪又该死；你使君王因为一匹马而杀死马夫的事被四方诸侯知道，你罪又该死。"齐景公说，"放了他吧！放了他吧！不要伤害我的仁德。"

9-17景公好弋^①，使烛雏主鸟而亡之^②，景公怒而欲杀之。晏子曰："烛雏有罪，请数之以其罪，乃杀之。"景公曰："可。"于是乃召烛雏数之景公前，曰："汝为吾君主鸟而亡之，是一罪也；使吾君以鸟之故杀人，是二罪也；使诸侯闻之以吾君重鸟而轻士，是三罪也。数烛雏罪已毕，请杀之。"景公曰："止。"勿杀而谢之。

【注释】①弋（yì）：用带绳子的箭射鸟。原文误作"戈"，根据上下文改。②烛雏：即颜烛趋。见本书9—2则。主鸟，负责养鸟。

【译文】齐景公喜欢用绳系在箭上射鸟，派颜烛趋负责养鸟，鸟却死了，齐景公大怒打算杀死他。晏子说："颜烛趋有罪，请让我历数他的罪过，然后再杀他。"齐景公说："可以。"于是晏子把颜烛趋招来，在齐景公面前数落他的罪过："你替君王养鸟，鸟却死了，这是第一罪；让君王因为鸟的缘故杀人，这是第二罪；让诸侯们听说君王重视鸟而轻视士人，这是第三罪。"晏子数落完颜烛趋的罪过，请齐景公杀他。齐景公说："罢了。"不仅没杀颜烛趋还向他道歉。

9-18景公正昼被发^①，乘六马，御妇人，以出正闺。刖跪击其马而反之^②，曰："尔非吾君也。"公惭而不朝。晏子睹裔欸而问曰③："君何故不朝？"对曰："昔者，君正昼被发，乘六马，御妇人，出正闺，刖跪击其马而反之，曰：'尔非吾君也。'公惭而反，不果出④，是以不朝。"晏子入见，公曰："昔者，寡人有罪。被发，乘六马以出正闺，刖跪击其马而反之，曰：'尔非吾君也。'寡人以子大夫之赐，得率百姓以守宗庙，今见戮于刖跪⑤，以辱社稷，吾犹可以齐于诸侯乎？"晏子对曰："君无恶焉。臣闻之，下无直辞，上有隐君⑥；民多讳言，君有骄行。古者明君在上，下有直辞；君上好善，民无讳言。今君有失行，而刖跪有直辞，是君之福也，故臣来庆。请赏之，以明君之好善；礼之，以明君之受谏。"公笑曰："可乎？"晏子曰："可。"于是令刖跪倍资无正⑦，时朝无事。

【注释】①正昼：大白天。②刖（yuè）：被砍去双足的人。③裔欸：春秋时齐人。欸，原文作"欶"，根据《校证》依《左传·昭公二十年》《汉书·古今人表》改。④不果出：结果不能外出。⑤戮：羞辱，侮辱。⑥隐君：昏庸的君王。⑦倍资无正：增加一倍财产，不用纳税。

【译文】齐景公大白天披头散发，乘着六匹马拉的车，带着妇人，出后宫小门。一个受刖刑的守门人跪地打他的马并阻止他说："你不是我的君王。"齐景公惭愧得不上早朝。晏子看到裔欸，问他说："君王为何不上朝？"裔欸答："之前，君王大白天披头散发，乘着六匹马拉的车子，带着妇人出后宫小门，一个受刖刑的守门人跪地打他的马，阻止他说：'你不是我的君王。'齐景公感到惭愧返回，最终没出去，所以不上朝。"晏子觐见齐景公，齐景公说："之前我犯了错，披头散发，乘着六匹马拉的车子，带着妇人出后宫小门，一位受刖刑的守门人跪地打我的马，阻止我说：'你不是我的君王。'我因诸位大夫的辅佐，才能带领百姓守住祖先的宗庙，如今受刖刑的守门人羞辱，玷污了国家，我还能与诸侯们齐名吗？"晏子答："君王不必惭愧。我听说，下面没有敢说真话的臣子，上面就会有昏庸的君王；若百姓隐讳不说，君王就会有骄纵的行为。古时候，上有明君，下面就会有讲真话的人；君王好善，百姓说话就没有忌讳。如今君王言行失礼，但受刖刑的守门人能对君王说真话，这是君王的幸运，所以我来庆贺。请君王奖赏他，以彰显君王好善；礼待他，以彰显君王接受了劝谏。"齐景公笑着说："这样可以吗？"晏子说："可以。"于是下令增加守门人一倍的财产，并不得征税。当时朝中安定无事。

9-19景公（夜）饮酒①，移于晏子家，前驱报闾曰②："君至。"晏子被玄端，立于门曰："诸侯得微有故乎③？国家得微有故乎？君何为非时而夜辱？"公曰："酒醴之味，金石之声，愿与夫子乐之。"晏子对曰："夫布荐席、陈簠簋者有人④，臣不敢与焉。"公曰："移于司马穰苴之家⑤。"前驱报闾曰："君至。"司马穰苴介胄操戟⑥，立于门曰："诸侯得微有兵乎？大臣得微有叛者乎？君何为非时而夜辱？"公曰："酒醴之味，金石之声，愿与夫子乐之。"对曰："夫布荐席、陈簠簋者有人，臣不敢与焉。"公曰："移于梁丘据之家⑦。"前驱报闾曰："君至。"梁丘据左操瑟，右挈竽，行歌而至。公曰："乐哉！今夕吾饮酒也。微彼二子者，何以治吾国？微此一臣者，何以乐吾身？"（君子曰⑧）："贤圣之君皆有益友，无偷乐之臣。景公弗能及，故两用之，仅得不亡。"

【注释】①（夜）：原文脱"夜"字，根据文意，依《晏子春秋·内篇杂上》补。②前驱：在前引路、开路。闾（lú）：原指里巷的大门，这里指守门人。③得微：同"得无"。能不、莫非。表测度语气的语气词。④布荐席、陈簠簋（fǔ guǐ）：铺设席子，陈列餐具。簠簋，两种盛黍稷稻粱的礼器。⑤司马穰苴（ráng jū）：春秋末期齐国人。是继姜尚之后一位承上启下的著名军事家。⑥介胄（zhòu）操戟（jǐ）：身穿盔甲，手持长戟。⑦梁丘据：齐侯姜尚后裔，春秋时期齐国的大夫，深受齐景公的赏识，后受封地于山东梁丘（今山东成武），以封地为姓，为梁丘姓始祖。⑧君子曰：原文无此三字，根据向宗鲁《校证》引《晏子春秋·内篇杂上》依文意增。

【译文】齐景公深夜饮酒，移驾到晏子家，前面引路的侍卫向守门人通报说："君王驾到。"晏子穿着黑色礼服，立于门前说："莫非是诸侯有何变故吗？是不是国家出什么事了？君王为何不分时间，深夜屈尊而至？"齐景公说："我想与你共享美酒和音乐。"晏子答："替你铺席摆酒的人大有人在，我不敢参与。"齐景公说："移驾到司马穰苴的家。"前面引路的侍卫向守门人通报说："君王驾到。"司马穰苴身穿盔甲，手拿长戟，立于门前说："莫非是诸侯发生兵变吗？是不是大臣里有叛贼？君王为何不分时间，深夜屈尊而至？"齐景公说："我想与你共享美酒和音乐。"司马穰苴答："替您铺席摆酒的人大有人在，我不敢参与。"齐景公说："移驾到梁丘据家。"前面引路的侍卫向守门人通报说："君王驾到。"梁丘据左手拿瑟，右手持竽，边走边唱地出门迎接。齐景公说："今晚我喝酒多么欢乐！没有晏子、司马穰苴二人，怎能治理好我的国家？没有梁丘据，我又怎能得到欢乐？"君子说："明君都有益友，而没有贪图享乐的臣子。齐景公做不到这点，两种人都任用，所以国家勉强得以不灭亡。"

9-20吴以伍子胥、孙武之谋①，西破强楚，北威齐、晋，南伐越。越王勾践迎击之，败吴于姑苏，伤阖庐指。军却，阖庐谓太子夫差曰："尔忘勾践杀而父乎？"夫差对曰："不敢。"是夕，阖庐死。夫差既立为王，以伯嚭为太宰②，习战射。三年伐越，败越于夫湫。越王勾践乃以兵五千人栖于会稽山上③，使大夫种厚币遗吴太宰嚭以请和④，委国为臣妾，吴王将许之。伍子胥谏曰："越王为人能辛苦，今王不灭，后必悔之。"吴王不听，用太宰嚭计与越平。其后五年，吴王闻齐景公死，而大臣争宠，新君弱，乃兴师北伐齐。子胥谏曰："不可。勾践食不重味，吊死问疾，且能用人。此人不死，必为吴患。今越，腹心之疾，齐犹疥癣耳，而王不先越，乃务伐齐，不亦谬乎？"吴王不听，伐齐，大败齐师于艾陵⑤，遂与邹、鲁之君会以归。益疏子胥之言。其后四年，吴将复北伐齐，越王勾践用子贡之谋，乃率其众以助吴，而重宝以献遗太宰嚭⑥。太宰嚭既数受越赂，其爱信越殊甚，日夜为言于吴王，王信用嚭之计。伍子胥谏曰："夫越，腹心之疾，今信其游辞伪诈而贪齐，（破齐）譬犹石田⑦，无所用之。《盘庚》曰⑧：'有颠越不恭，劓殄灭之[9]，俾无遗育，无使易种于兹邑。'是商所以兴也。愿王释齐而先越，不然，将悔之无及也已。"吴王不听，使子胥于齐。子胥谓其子曰："吾谏王，王不我用，吾今见吴之灭矣，女与吴俱亡，无为也。"乃属其子于齐鲍氏，而归报吴王。太宰嚭既与子胥有隙，因谗曰："子胥为人，刚暴少恩，其怨望猜贼，为祸也深。前日，王欲伐齐，子胥以为不可，王卒伐之而有大功，子胥计谋不用，乃反怨望。今王又复伐齐，子胥专愎强谏，沮毁用事，微幸吴之败[10]，以自胜其计谋耳。今王自行，悉国中武力以伐齐，而子胥谏不用，因辍，佯病不行，王不可不备，此起祸不难。且臣使人微伺之，其使齐也，乃属其子于鲍氏。夫人臣内不得意，外交诸侯，自以先王谋臣，今不用，常怏怏，愿王蚤图之[11]。"吴王曰："微子之言，吾亦疑之。"乃使使赐子胥属镂之剑，曰："子以此死。"子胥曰："嗟乎！谗臣宰嚭为乱，王顾反诛我！我令若父霸，又若立时，诸子弟争立，我以死争之于先王，几不得立。若既立，欲分吴国与我，我顾不敢当。然若之何听谗臣杀长者？"乃告舍人曰："必树吾墓上以梓，令可以为器；而抉吾眼著之吴东门，以观越寇之灭吴也。"乃自刺杀。吴王闻之大怒，乃取子胥尸盛以鸱夷革[12]，浮之江中。吴人怜之，乃为立祠于江上，因名曰胥山。后十余年，越袭吴，吴王还与战，不胜，使大夫行成于越，不许。吴王将死曰："吾以不用子胥之言至于此，令死者无知则已，死者有知，吾何面目以见子胥也！"遂蒙絮覆面而自刎。

【注释】①孙武（约前545—约前470）：字长卿，春秋时期著名的军事家、政治家，尊称兵圣或孙子，又称"兵家至圣"，被誉为"百世兵家之师"、"东方兵学的鼻祖"。②伯嚭（pǐ）：人名。春秋楚人，伯州犁之孙。奔吴，夫差以为太宰，也称为"太宰嚭"。吴越之争中，曾为越所利用，后为越所诛。③会稽山：位于浙江省绍兴县东南。④大夫种（？—前472）：也作文仲，字会、少禽，一作子禽，春秋末期楚之郢（今湖北江陵附近）人，后定居越国。春秋末期著名的谋略家。越王勾践的谋臣，和范蠡一起为勾践最终打败吴王夫差立下赫赫功劳。灭吴后，自恃功高，不听从范蠡功成身退的劝告，后为勾践所不容，最后被勾践赐死。⑤艾陵：古地名。春秋时齐地，在今山东莱芜东北。⑥重宝：原文误作"重实"，根据明钞本改。⑦破齐：原文脱此二字。根据向宗鲁《校证》引《史记·伍子胥列传》补。⑧《盘庚》：《尚书》中的一篇。殷商第十一代君主，迁都于殷，臣皆怨，作书告谕，为《盘庚》三篇。⑨劓（yì）：古代割掉鼻子的一种酷刑。殄（tiǎn），尽，绝。⑩徼（jiǎo）幸：同"侥幸"。⑪蚤（zǎo）：通"早"。⑫鸱（chī）夷：盛酒的革囊。

【译文】吴王采用伍子胥、孙武的计策，向西攻破强大的楚国，北边威慑齐、晋两国，向南征讨越国。越王勾践带兵迎战，在姑苏打败吴军，伤到吴王阖庐的手指。吴军撤兵，阖庐对太子夫差说："你会忘记勾践杀死你父亲的事吗？"夫差答："不敢。"当晚，阖庐死了。夫差继位，立为吴王，他任用伯嚭做太宰，进行军事训练。三年后，吴国又发兵攻打越国，在夫湫战胜越国。于是越王勾践率兵五千人，驻扎在会稽山上，并派大夫文种送厚礼给吴国太宰伯嚭想要请和，表示越国愿以奴仆的身份归顺吴国，吴王即将同意议和。伍子胥进谏说："越王能吃苦，如今君王不铲除他，日后必定会后悔。"吴王不听劝告，采纳太宰伯嚭的建议，与越国议和。五年之后，吴王听说齐景公死了，大臣们互相争权，新君懦弱，于是兴兵北伐，攻打齐国。伍子胥劝谏说："不可以。勾践不讲究吃喝，吊唁丧家，慰问病人，而且善于用人。此人不死，必将成为吴国的祸患。如今的越国，乃心腹大患，齐国不过如同皮肤上的疥癣一样，但是君王不先灭越，却执意攻打齐国，岂不荒唐？"吴王不听劝告，攻打齐国，在艾陵战胜齐军，于是和邹、鲁两国的君王会晤后回国。从此更加忽视伍子胥的建议。四年之后，吴国准备再次北伐齐国，越王勾践采纳子贡的计策，率领他的军队辅助吴国，并以重金献给太宰伯嚭。太宰伯嚭多次受贿，便格外偏爱和信任越国，日夜在吴王面前替越国说情，吴王便完全信用了太宰伯嚭的计划。伍子胥进谏说："越国是吴国的心腹大患，如今轻信那些没有根据的话而贪图齐国，攻下齐国，就好比得到一块石田，没什么用处。《尚书·盘庚》中说：'有狂乱不恭的人，要从根本上灭绝干净，不能让他们留有后代，也不能让他们的种族在其他地方延续。'这是商朝所以兴起的原因。希望君王放弃伐齐，先攻克越国，不然，将来后悔也来不及。"吴王依然不听，派伍子胥出使齐国。伍子胥对他儿子说："我进谏君王，君王不接受，如今我眼看吴国就要灭亡，你和我一起等死没有意义。"于是把儿子托付给齐国的鲍氏，然后回来尽忠吴王。太宰伯嚭已与伍子胥结了怨，因此进谗言伍子胥刚猛暴戾，薄情寡义，怨恨猜忌，日后必为祸不浅。之前，君王打算攻打齐国，伍子胥认为不可，结果您攻克齐国建立大功，伍子胥的计谋没被采用，于是心生怨恨。如今君王又要伐齐，子胥专横武断，极力劝阻，诋毁负责此事的人，侥幸盼着吴国战败，以此来证明自己的计谋更胜一筹。如今君王决定亲征，举全国兵力伐齐，伍子胥却因谏言没被采用，而假装生病不愿随行。君王不可不防备，这是极易发生祸乱的。而且我派人暗中监视他，他出使齐国，把他的儿子托付给鲍氏。身为大臣，在本国不得志，在国外结交诸侯，自以为是先王的谋臣，如今不被重用，心中常闷闷不乐，望君王早做打算。"吴王说："即使你不说，我也有些怀疑他。"于是派使者赐给伍子胥一把属镂剑，说："用这把剑自刎吧。"伍子胥说："唉！谗臣宰嚭祸乱朝政，君王反而要杀我！我辅佐你父亲建立霸业，在立你为太子时，你的兄弟们争位，我在先王面前誓死力荐你，险些没有成功。你被立为太子，打算分让吴国土地给我，我坚决不受，然而你却为何听信谗言要杀害长者？"于是交代门客说："一定要在我的坟上种梓树，让它长成材；同时挖出我的双眼挂在吴国东城门上，让我看那越国人来消灭吴国。"于是自刎。吴王听说后大怒，就把伍子胥的尸体装进鸟形的皮囊里，投入江中。吴国百姓同情伍子胥，就在江边建了一座祠堂，名叫胥山。之后的十多年，越国攻打吴国，吴王回师应战，以失败告终，便派大夫到越国求和，越国不答应。吴王临死前，说："我因不听伍子胥的话才落得如此下场，如果死后无知无觉也就罢了，若死后有知，我有什么脸面去见伍子胥啊！"说完用棉絮盖着脸自刎了。

9-21齐简公有臣曰诸御鞅，谏简公曰①："田常与宰予②，此二人者甚相憎也③，臣恐其相攻。相攻虽叛而危之，不可，愿君去（一）人④。"简公曰："非细人之所敢议也⑤。"居无几何，田常果攻宰予于庭，贼简公于朝。简公喟焉太息，曰："余不用鞅之言，以至此患也。"故忠臣之言，不可不察也。

【注释】①齐简公（？—前481）：姜姓，吕氏，名壬，齐国国君，齐悼公之子，继位前称公子壬。诸御鞅：即田鞅。春秋时齐国人。简公时任大夫。②田常：即田恒，田成子。因其家族出自陈国，也称为陈恒，汉朝为汉文帝刘恒避讳，改称"田常"。宰予（前522—前458）：姬姓，宰氏，名予，字子我，春秋末期鲁国人，孔子著名弟子，"孔门十哲"之一，"孔门十三贤"之一。③此：原文"此"误作"比"，根据向宗鲁《校证》改。④愿君去（一）人：原文脱"一"字，根据明钞本补。⑤细人：见识浅陋、器量狭小或地位卑微之人。

【译文】齐简公有位大臣叫诸御鞅，劝谏简公说："田常和宰予，此二人积怨很深，我担心他们相互攻击。相互攻击会引起叛乱继而危害国家安定，不可如此，望君王从他二人中辞去一人。"简公说："这不是见识浅薄的人该议论的事。"没过多久，田常果然在庭院中攻击宰予，并在朝堂之上将简公杀害。简公长叹一声说："我不听诸御鞅的劝告，所以才遭遇这样的祸患。"因此忠臣的建议，不可不认真对待。

9-22鲁襄公朝荆①，至淮，闻荆康王卒②，公欲还。叔仲昭伯曰③："君之来也，为其威也，今其王死，其威未去，何为还？"大夫皆欲还，子服景伯曰④："子之来也，为国家之利也，故不惮勤劳，不远道涂，而听于荆也，畏其威也。夫义人者，固将庆其喜而吊其忧，况畏而聘焉者乎？闻畏而往，闻丧而还，其谁曰非侮也？芈姓是嗣，王太子又长矣，执政未易，事君任政，求说其侮⑤，以定嗣君，而示后人。其仇滋大，以战小国，其谁能止之？若从君而致患，不若违君以避难。且君子计而后行，二三子其计乎？有御楚之术，有守国之备，则可；若未有也，不如行。"乃遂行。

【注释】①鲁襄公（前575—前542）：姬姓，名午。鲁成公之子，春秋时期鲁国第二十二任君主。②荆康王（？—前545）：即楚康王。芈姓，熊氏，名昭，楚庄王之孙。春秋时期楚国国君。③叔仲昭伯：即叔仲昭子，姬姓，谥号昭，名带，一名虺（huǐ），叔孙氏的别支叔仲氏，叔仲惠伯之孙。春秋时鲁国大夫。④子服景伯：即子服何，中国春秋时期鲁国的大夫。⑤说：通"脱"，离开，落掉。

【译文】鲁襄公去楚国朝拜，走到淮水，听说楚康王去世了，鲁襄公打算回去。叔仲昭伯说："君王来朝拜，是迫于楚国的威望，如今楚康王虽死，但是楚国的威望并未失去，为何要回去呢？"大夫们都想回去，子服景伯说："你们此次前来，是为了国家利益，所以不辞劳苦，不远千里，听命于楚国，迫于楚国的威望。重义气的人，应该为人家的喜事庆贺，为人家的丧事哀悼，何况是因畏惧才要拜访的楚国呢？听说人家的威名就前往，听说人家举丧就回去，谁能说这不是一种侮辱呢？楚国有后嗣，太子也长大了，执政的人没变，他们侍奉君王处理政务，希望消除所受的轻辱，以此来巩固嗣君，昭示后人。这样仇怨便会滋长，若因此事与小国交战，有谁能阻挡呢？如果顺着君王的意愿中途折返，而使鲁国招致祸患，不如违抗君命避免灾难。况且君子应先计划好了再行动，你们几位都计划好了吗？如果有抵御楚国的方法和守卫国家的准备，尚可；

如若没有，不如前去为好。"于是一行人继续前往楚国。

9-23孝景皇帝时，吴王濞反^①，郎中枚乘字叔闻之^②，为书谏王，其辞曰："君王之外臣乘，窃闻得全者全昌，失全者全亡。舜无立锥之地，以有天下；禹无十户之聚，以王诸侯；汤、武之地，方不过百里，上不绝三光之明，下不伤百姓之心者，有王术也。故父子之道，天性也。忠臣不敢避诛以直谏，故事无废业，而功留于万世也。臣诚愿披腹心而效愚忠，恐大王不能用之，臣诚愿大王少加意念恻怛之心于臣乘之言^③。夫以一缕之任，系千钧之重，上悬之无极之高，下垂之不测之渊，虽甚愚之人，且犹知哀其将绝也。马方骇而重惊之，系方绝而重镇之^④。系绝于天，不可复结；坠入深渊，难以复出。其出不出，间不容发。诚能用臣乘言，一举必脱。必若所欲为，危如重卵，难于上天；变所欲为，易于反掌，安于太山。今欲极天命之寿，弊无穷之乐，保万乘之势，不出反掌之易，以居太山之安；乃欲乘重卵之危，走上天之难，此愚臣之所大惑也。人性有畏其影而恶其迹者，却背而走，无益也，不如就阴而止，影灭迹绝。欲人勿闻，莫若勿言；欲人勿知，莫若勿为。欲汤之冷，令一人炊之，百人扬之，无益也，不如绝薪止火而已。不绝之于彼，而救之于此，譬犹抱薪救火也。养由基^⑤，楚之善射者也，去杨叶百步，百发百中。杨叶之小，而加百中焉，可谓善射矣，所止乃百步之中耳。比于臣，未知操弓持矢也。

"福生有基，祸生有胎。纳其基，绝其胎，祸何从来哉？

泰山之溜穿石，引绳久之，乃以挈木。水非石之钻，绳非木之锯也，而渐靡使之然。夫铢铢而称之⑥，至石必差⑦；寸寸而度之，至丈必过。石称丈量，径而寡失。夫十围之木，始生于蘖⑧，可引而绝，可擢而拔，据其未生，先其未形。磨砻砥砺⑨，不见其损，有时而尽；种树畜长，不见其益，有时而大；积德修行，不知其善，有时而用；行恶为非，弃义背理，不知其恶，有时而亡。臣诚愿大王孰计而身行之⑩，此百王不易之道也。"吴王不听，卒死丹徒⑪。

【注释】①吴王濞（bì）（前216—前154）：沛郡丰县（今江苏省丰县）人，西汉宗室，汉高祖刘邦之侄，代顷王刘仲之子，西汉诸侯王，"七国之乱"的发起者。②郎中枚乘字叔闻之：此句原文作"梁孝王中郎枚乘字叔闻之"，因此句与史实不符，根据《汉书·枚乘传》记载，枚乘本是吴王濞郎中，因谏不用而"去而之梁，从孝王游"。故删"梁孝王"三字，并将"郎中"二字纠正。郎中，官名，即帝王侍从的通称。职责为护卫、陪从、进谏、顾问及差遣。枚乘，字叔，西汉淮阴人，汉景帝时任吴王濞郎中。③恻怛（cè dá）：悲忧、哀伤。④重镇之：加重它的压力。⑤养由基：嬴姓，养氏，字叔，名由基，春秋时期楚国将领、神射手。⑥铢：古代重量单位，二十四铢等于旧制一两。⑦石（dàn）：中国市制容量单位，十斗为一石。⑧蘖（niè）：树木砍去后从残存茎根上长出的新芽，泛指植物近根处长出的分枝。⑨磨砻（mó lóng）：磨石。⑩孰计：同"熟计"。周密地谋划。⑪丹徒：江苏省镇江市丹徒区。

【译文】孝景皇帝时，吴王刘濞造反，郎中枚乘听说后，便上书劝谏吴王刘濞，书上说："君王的臣子枚乘，私下听说能保全自己的人便会昌盛，不能自我保全的人便会败亡。舜无立锥之地，但坐拥天下；禹无十户百姓，但统领诸侯；商汤和周武王的领土，方圆不过百里，上不遮蔽日、月、星三光，下不伤害百姓的心，是因为通晓王术啊。所以父子之情是天性。忠臣不逃避诛杀，直言进谏，所以政事不会被荒废，功勋流芳百世。我实在希望以一片赤诚之心为国尽忠，只怕君王不采用我的建议，恳请君王心怀怜悯地稍加留意。用一根细线承受千斤的重物，上端挂在极高的地方，下端垂至无底的深渊，即使是最笨的人，也会担心它的断绝。受惊的马再次惊吓它，承重将断的线再施压给它，一定会很危险。承重的线在空中断绝，无法再接上；重物坠入深渊，难以再取出。能否脱离灾祸就在一念之间，形势万分紧急啊。若能采用臣的建议，一旦执行必定会脱离危险。如果执意照你所想去做，就好比把蛋一个个垒起来那样危险，比登天还难；如果改变你的做法，则易如反掌却稳如泰山。如今君王若想尽享天赋之寿，极尽无穷欢乐，保住万乘之国的威势，轻而易举便可稳如泰山；然而竟想以叠卵的危险，选择比登天还难的道路，这是最令我困惑的。有人生性害怕自己的影子，厌恶自己的足迹，于是倒退着走，这样并无好处，不如停在遮阴的地方，影子也没了，足迹也不见了。想要别人听不到，不如自己不说；想要别人不知道，不如自己不做。想要热水冷却，叫一个人去烧火，百人去扇冷它，没什么用处，不如撤掉柴草，将火熄灭。不从根本上切断祸根，出了事再补救，犹如抱着柴草去救火一般。养由基是楚国善于射箭的人，可以百步穿杨。杨树叶那么小，能够百发百中，可以说是善于射箭了，但他的极限不过百步之内罢了。和我相比，还不知道怎样拿弓用箭。

福的产生有一定的基础，祸的发生也有一定的根源。接受福的基础，断绝祸的根源，祸从何而来呢？泰山上的滴水可以穿石，绳子长久地拉来拉去，可以把木头锯断。水并非凿石的钻头，绳并非锯木的锯子，却渐渐使它这样。若一铢铢地称重，称到一石时，必定会少掉很多；一寸寸地去丈量，量到一丈时，必定会超出很多。以石为单位称重，以丈为单位丈量，差错就会少些。一棵十人怀抱的大树，是从萌芽生发的，那时可以一扯就断，一提就把它拔起，是趁它还未长成，仍未成形。磨石经常使用，看不出磨损，但到一定时候它却会磨尽；种一棵树苗，看不出它增长，但到一定时候就长大了；修养道德品行，虽然看不出它的好处，但到一定时候就发挥作用；为非作歹，违背正义与真理，虽然看不到它的坏处，但终归有灭亡的一天。臣恩请大王深思熟虑，身体力行，这是历代帝王不变的法则。"吴王刘濞不听他的劝告，结果死在丹徒。

9-24吴王欲从民饮酒，伍子胥谏曰："不可。昔白龙下清泠之渊①，化为鱼，渔者豫且射中其目。白龙上诉天帝，天帝曰：'当是之时，若安置而形②？'白龙对曰：'我下清泠之渊化为鱼。'天帝曰：'鱼固人之所射也，若是，豫且何罪？'夫白龙，天帝贵畜也；豫且，宋国贱臣也；白龙不化，豫且不射。今（君）弃万乘之位③，而从布衣之士饮酒，臣恐其有豫且之患矣。"王乃止。

【注释】①清泠之渊：即指清泠池。春秋时宋国的一处名胜，在今河南商丘东。②若安置而形：若，而都指"你"，代词。③今（君）弃万乘之位：原文脱"君"字，根据向宗鲁《校证》依《文选注》及《困学纪闻》卷十补。

【译文】吴王想和百姓一起饮酒，伍子胥劝谏说："不可。从前白龙游到清泠池，化身为鱼，渔夫豫且射中它的眼睛。白龙上天状告到天帝那里，天帝说：'当时，你是什么形状？'白龙答：'我游到清泠池化身为鱼。'天帝说：'鱼本就是人们所射之物，如果是这样，豫且有什么罪？'那白龙是天帝所蓄养的珍贵动物；豫且是宋国卑微的奴仆。白龙不化身为鱼，豫且就不会射它。如今君王放下尊贵的地位，与百姓一起饮酒，我担心君王会遭遇豫且射白龙那样的祸患。"吴王作罢。

9-25孔子曰："良药苦于口利于病，忠言逆于耳利于行。"故武王谔谔而昌①；纣嘿嘿而亡②。君无谔谔之臣，父无谔谔之子，兄无谔谔之弟，夫无谔谔之妇，士无谔谔之友，其亡可立而待。故曰："君失之，臣得之③；父失之，子得之；兄失之，弟得之；夫失之，妇得之；士失之，友得之。故无亡国破家，悖父乱子，放兄弃弟，狂夫淫妇，绝交败友。"

【注释】①谔谔（è）：直言争辩貌。②嘿嘿：不说话、不出声的样子。嘿，同"默"。③得：通"德"，恩惠。

【译文】孔子说："良药苦口利于病，忠言逆耳利于行。"所以周武王有直言不讳的臣子，国家就昌盛；商纣王的臣子缄口不言，国家就灭亡。君王没有直言进谏的大臣，父亲没有直言不讳的儿子，兄长没有直言不讳的弟弟，丈夫没有直言不讳的妻子，士人没有直言不讳的朋友，他们的败亡马上就会降临。所以说："君王有过失，臣子要劝谏他；父亲有失误，儿子要提醒他；兄长有过错，弟弟要告诉他；丈夫有错误，妻子要规劝他；士人有失误，朋友要纠正他。这样才不会有国破家亡的君王，谬误的父亲和忤逆的儿子，放纵的兄长和被遗弃的弟弟，狂暴的丈夫和淫乱的妻子，绝情寡义的朋友。

9-26晏子复于景公曰："朝居严乎^①？"公曰："朝居严，则曷害于治国家哉？"晏子对曰："朝居严，则下无言。下无言，则上无闻矣。下无言则谓之喑^②，上无闻则谓之聋。聋喑，则非害治国家如何也？具合菽粟之微，以满仓廪^③；合疏缕之纬，以成帏幕。太山之高，非一石也，累卑然后高也。夫治天下者，非一士之言也，固有受而不用，恶有距而不入者哉^④？"

【注释】①朝居：处理朝政。②喑（yīn）：缄默，不说话。③菽粟：豆类及谷类。泛指粮食。④恶（wū）：文言叹词，表示惊讶。距，通"拒"，不接受。

【译文】晏子又问齐景公说："处理朝政很威严吗？"齐景公说："处理朝政威严对治国有什么坏处？"晏子答："处理朝政太过威严，臣子就不敢说话。臣子不敢说话，那么君王有很多事就听不到了。属下缄默不语叫作哑，君王听不到消息叫作聋。聋和哑治理国家，那不是危害是什么？颗粒归仓才能够堆满粮仓，聚合每根稀疏的纬线才能织成帷幕。泰山之高不是一块石头堆砌而成的，是从低处积累后才变得高大。治理天下者，不能仅采用一人的建议，当然也有接受意见而未必实行的，但哪有拒绝而不接受建议的？"

卷十　敬慎

【题解】敬慎，意为操身行世要恭敬谨慎。本卷共采集春秋战国时期的三十五则轶事，多角度深层次地阐明"敬慎"对于国家与个人的必要性与关键所在。即修身治国，需时刻自省，保持谨慎，戒骄戒躁，谦恭仁厚，恪守本分，一以贯之，防微杜渐，吐哺握发，在任何情境下君子的态度言行都要坚守"敬慎"。存亡祸福、盈亏损益彼此对立，通过"敬慎"来行事方可转危为安，远祸致福。这不仅体现了古人操身行世的准则，对于现代治国理政、立身处世同样有着警示与教育意义，值得我们借鉴学习。

10-1存亡祸福，其要在身。圣人重诫，敬慎所忽。《中庸》曰："莫见乎隐，莫显乎微，故君了能慎其独也。"谚曰："诚无垢①，思无辱。"夫不诚不思，而以存身全国者，亦难矣。《诗》曰："战战兢兢，如临深渊，如履薄冰。"此之谓也。

【注释】①诚无垢：此"诚"与下文"诚"字，原文皆误作"诚"，根据明钞本改。

【译文】存亡祸福的关键全在自身。圣人很注重自我反省，恭敬谨慎地省察他所忽略的事。《中庸》上说："再隐蔽也会被发现，再细微也会显露出来，所以君子在独处时，要谨慎小心。"俗话说："自我警戒就不会有污点，深思熟虑便不会受污辱。"不自我警戒，不深思熟虑而想保全自身保全国家，也是很难做到的啊。《诗经》上说："战战兢兢，如临深渊，如履薄冰。"说的就是这个意思。

10-2昔成王封周公，周公辞不受，乃封周公子伯禽于鲁。将辞去，周公戒之曰："去矣，子其无以鲁国骄士矣！我，文王之子也，武王之弟也，今王之叔父也，又相天子，吾于天下亦不轻矣。然尝一沐而三握发，一食而三吐哺，犹恐失天下之士。吾闻之曰：'德行广大而守以恭者荣；土地博裕而守以俭者安；禄位尊盛而守以卑者贵；人众兵强而守以畏者胜；聪明睿智而守以愚者益；博闻多记而守以浅者广。'此六守者，皆谦德也。夫贵为天子，富有四海，不谦者，失天下亡其身①，桀纣是也。可不慎乎？故《易》曰②：有一道，大足以守天下，中足以守国家，小足以守其身，谦之谓也。夫天道毁满而益谦；地道变满而流谦；鬼神害满而福谦；人道恶满而好谦。是以衣成则缺衿，宫成则缺隅，屋成而加错，示不成者，天道然也。《易》曰：'谦，亨，君子有终，吉。'《诗》曰：'汤降不迟，圣敬日跻③。'其戒之哉！子其无以鲁国骄士矣！"

【注释】①失天下亡其身：原文"失"误作"先"，根据向宗鲁《校证》据《群书治要》《韩诗外传》改。②"故《易》曰"六句：此六句今本《周易》未见，向宗鲁《校证》以为"乃著者说《易》之词"。③跻（jī）：登，上升。

【译文】从前，周成王分封周公，周公谢绝，不接受封赏，于是周成王就封周公的儿子伯禽去鲁国。伯禽临行时，周公告诫他说："去吧，你可不要依仗鲁国国君的身份对士人骄横啊！我是文王的儿子，武王的弟弟，当今成王的叔父，又辅佐天子，对于天下而言，我的地位也不低了。然而我曾经洗头发时多次握着头发接见客人，吃饭时多次吐出口中的食物去接待宾客，唯恐怠慢天下的士人。我听说：'品德高尚且保持恭谨的人，能获得荣誉；地大物博且保持节俭的人，能获得安乐；地位尊贵且保持谦卑的人，能更加显贵；人强兵壮且保持敬畏的人，能取得胜利；聪明睿智且保持愚拙的人，能收益更多；学识渊博却自觉肤浅的人，能增长更多知识。'这六项操守都是谦虚美德的体现。即使贵为天子，富拥天下，若不谦虚，也会失去所有，败亡自身，夏桀、商纣就是先例。能不谨慎吗？所以《周易》上说：有一条真理，从大的方面说，可以守住天下，从中间层面来说，能保全国家，从小的方面来说足以守住自身，那就是谦虚。上天的规律中，对于盈满的总要亏损一些，对于不足的总要增益一点儿；大地的规律中，盈满的便流向低处；鬼神也是损害盈满的而降福谦逊的；人世的规律通常也是厌恶骄傲自满的喜欢谦虚谨慎的。所以做好的衣服少块衣襟，建成的宫殿缺失一角，建好的房子错落不齐，暗示着不圆满，天道本就如此。《周易》上说：'谦卦，万事亨通，君子善终，主大吉。'《诗经》上说：'商汤谦卑不怠，圣明恭谨的美德日益提升。'你应引以为戒！千万不要依仗鲁国国君的身份对士人骄横啊！"

10-3 孔子读《易》，至于《损》《益》，则喟然而叹。子夏避席而问曰[①]："夫子何为叹？"孔子曰："夫自损者益，自益者缺，吾是以叹也。"子夏曰："然则学者不可以益乎？"孔子曰："否，天之道，成者未尝得久也。夫学者以虚受之，故曰得。苟接知持满，则天下之善言不得入其耳矣。昔尧履天子之位，犹允恭以持之[②]，虚静以待下，故百载以逾盛，迄今而益章。昆吾自臧而满意[③]，穷高而不衰，故当时而亏败，迄今而愈恶。是非损益之征与？吾故曰：'谦也者，致恭以存其位者也。'夫丰明而动，故能大，苟大则亏矣。吾戒之。故曰，天下之善言不得入其耳矣[④]。日中则昃，月盈则食；天地盈虚，与时消息。是以圣人不敢当盛，升舆而遇三人则下，二人则轼，调其盈虚，故能长久也。"子夏曰："善。请终身诵之。"

【注释】①子夏（前507—前400）：春秋时卫国人，孔子的弟子，擅长文学、孔门诗学，由子夏六传而至荀卿，荀卿授浮丘伯，为《鲁诗》之祖，复授毛亨，为《毛诗》之祖。②允恭：信实而恭勤。③昆吾自臧而满意：昆吾自认为很好而满意。昆吾，本名为樊，颛顼曾孙陆终的长子，相传为陶器制造业的发明者。臧，认为好，满意。④天下之善言不得入其耳矣：此句，卢文弨以为因上文衍，于文意不通，译文取此说。

【译文】孔子读《周易》，读到《损卦》和《益卦》，就长叹一声。子夏起身向孔子请教说："老师为何叹息？"孔子说："自认为不足的人会有进步，自满自足的人会有损失，我因此叹息。"子夏说："既然如此，那么求学之人就不能求得进步了吗？"孔子说："不是这样，上天的道理说明，盈满的未必会长久。求学的人以谦虚的态度接受知识，叫做得。假如接受知识却心怀自满，那么天下的善言就听不进去了。从前，尧登上天子之位，尚且保持诚实恭敬的态度，虚心静气地对待属下，所以历经百年而愈加兴盛，迄今功德更加显著。昆吾自认为很好，以为可以极尽高位而不衰退，所以当时就亏败了，到今天名声更加不好。这不就是损益的验证吗？所以我说：'谦虚就是要谨言慎行以保全自己现在所处的位置。'趁日中时行动，才算得上丰大；如果已达到丰大之时，那就要开始亏损了。对于此事我很谨慎。所以说，如果自满，那么天下的善言就听不进去了。太阳过了正午就要偏西，月圆之后就开始亏缺，天地的盈满空虚，会随着时间消长。因此，圣人不敢以盛名自居，乘车时遇到三人就下车致敬，遇到两人就扶着车前横木行礼，这是调和它的盈亏，所以盛名才得以长久。"子夏说："太好了！我将终身牢记。"

10-4孔子观于周庙^①，而有欹器焉^②。孔子问守庙者曰："此为何器？"对曰："盖为右坐之器^③。"孔子曰："吾闻右坐之器，满则覆，虚则欹，中则正，有之乎？"对曰："然。"孔子使子路取水而试之，满则覆，中则正，虚则欹。孔子喟然叹曰：

"呜呼！恶有满而不覆者哉！"子路曰："敢问持满有道乎？"孔子曰："持满之道，挹而损之④。"子路曰："损之有道乎？"孔子曰："高而能下，满而能虚，富而能俭，贵而能卑，智而能愚，勇而能怯，辩而能讷⑤，博而能浅，明而能暗⑥，是谓损而不极。能行此道，唯至德者及之。"《易》曰⑦："不损而益之，故损；自损而终，故益。"

【注释】①周庙：周室的宗庙。②欹器：古代一种倾斜易覆的盛水器。③右坐之器：即宥座之器。指放在座位右边以警戒自己的装置。④挹（yì）：通"抑"，抑制，谦退。⑤讷（nè）：语言迟钝。⑥暗：愚昧，糊涂。⑦《易》曰：以下所引，均不是《周易》原文。

【译文】孔子在周庙里参观，那里有一个倾斜的盛水的容器。孔子问守庙的人说："这是什么器具？"答："大概是君王的右座之器。"孔子说："我听说这个右座之器，装满水就倾覆，空了就歪斜着，装适当的水就立得端端正正。有这事吗？"答："是的。"孔子叫子路拿水来试试，果真装满水就倾覆，装得正好就端正，空了就歪斜。孔子叹息说："唉！哪有装满水而不倾覆的呢！"子路说："有办法保持盈满吗？"孔子说："保持盈满的办法，就是减损一点。"子路说："有办法减损吗？"孔子说："地位高的能放低一些，盈满的能放空一些，富有的能节俭一些，尊贵的能卑微一些，聪明的能愚笨一些，勇敢的能软弱一些，雄辩的能木讷一些，博学的能浅薄一些，明察的能糊涂一些。这就叫减损一点不让它盈满。能实行此法的人，只有品德极高的人才能达到。"《周易》上说："盈满时，不减损反而增益的，最终反而会亏损；自我减损的，最终反而会增益。"

10-5常摐有疾①，老子往问焉，曰："先生疾甚矣，无遗教可以语诸弟子者乎？"常摐曰："子虽不问，吾将语子。"常摐曰："过故乡而下车，子知之乎？"老子曰："过故乡而下车，非谓其不忘故邪？"常摐曰："嘻，是已。"常摐曰："过乔木而趋，子知之乎？"老子曰："过乔木而趋，非谓（其）敬老耶②？"常摐曰："嘻，是已。"张其口而示老子曰："吾舌存乎？"老子曰："然！""吾齿存乎？"老子曰："亡！"常摐曰："子知之乎？"老子曰："夫舌之存也，岂非以其柔邪？齿之亡也，岂非以其刚耶？"常摐曰："嘻，是已。天下之事已尽矣，何以复语子哉！"

【注释】①常摐（chuāng）：老子的恩师。②非谓（其）敬老耶：原文脱"其"字，依向宗鲁《校证》据文例及《太平御览》补。

【译文】常摐患病，老子前去探望，说："先生病重，是否有什么话要教诲众弟子？"常摐说："即使你不问，我也要对你讲。"常摐接着说："经过故乡时要下车，你知道吗？"老子说："经过故乡时要下车，不就是说人不能忘旧吗？"常摐说："嘻！是的。"常摐说："经过乔木时要小步急行，你知道吗？"老子说："经过乔木要小步急行，不就是说人要敬老吗？"常摐说："嘻！是的。"常摐张嘴让老子看，说："我的舌头在吗？"老子说："在！"常摐又问："我的牙齿还在吗？"老子说："不在了！"常摐说："你知道原因吗？"老子说："舌头还在，难道不是因为它柔软吗？牙齿不在了，难道不是因为它坚硬吗？"常摐说："嘻！是的。天下的道理都包含其中了，我也没什么可以再告诉你了！"

10-6韩平子问于叔向曰[①]："刚与柔孰坚？"对曰："臣年八十矣，齿再堕而舌尚存。老聃有言曰[②]：'天下之至柔，驰骋乎天下之至坚。'又曰：'人之生也柔弱，其死也刚强；万物草木之生也柔脆，其死也枯槁。因此观之，柔弱者生之徒也，刚强者死之徒也。'夫生者毁而必复，死者破而愈亡，吾是以知柔之坚于刚也。"平子曰："善哉！然则子之行何从？"叔向曰："臣亦柔耳，何以刚为？"平子曰："柔无乃脆乎？"叔向曰："柔者纽而不折[③]，廉而不缺，何为脆也？天之道，微者胜，是以两军相加，而柔者克之；两仇争利，而弱者得焉。《易》曰[④]：'天道亏满而益谦，地道变满而流谦，鬼神害满而福谦，人道恶满而好谦。'夫怀谦不足之柔弱，而四道者助之，则安往而不得其志乎？"平子曰："善！"

【注释】①韩平子：名须，春秋时期晋国韩氏的领袖。②老聃：即老子，姓李名耳，字聃，一字伯阳，春秋末期人，中国古代思想家、哲学家、文学家和史学家，道家学派创始人和主要代表人物，与庄子并称"老庄"。后被道教尊为始祖，称"太上老君"。③纽：同"扭"，用手拧。④《易》：以下所引，又见本卷第二则，但今本《周易》未见其内容。文中之言，应为解释《周易·谦卦》。

【译文】韩平子问叔向说："刚和柔，哪个更坚固？"叔向答："我八十岁了，牙齿一再脱落，舌头却还在。老子说过：'天下最柔弱的，能驾驭天下最坚固的。'又说：'人活着身体是柔软的，死后身体就变得坚硬；草木万物存活时是柔脆的，死后就变得枯槁。由此可见，柔软的归类于有生命的，坚硬的归类于死亡的。'有生命的事物受损后还能复原，僵死的事物受损后会加速消亡，所以我认为柔软的比坚硬的更坚固。"韩平子说："说得好！既然如此，那么你的行为是属于哪一类呢？"叔向说："我也是柔软的，为何要坚硬？"韩平子说："柔软的会略显脆弱吗？"叔向说："柔软的东西扭曲也不会折断，连边角也不会缺损，怎能算是脆弱？自然规律是微弱者胜。因此两军交战，柔软的一方可以克敌；仇人之间争利，柔软的一方可以获利。《周易》上说：'上天的规律总会亏损太过圆满的而增益不足的，大地的规律是盈满的便会流向低处，鬼神也是损害盈满的降福谦逊的，人世的规律通常也是厌恶骄傲自满的喜欢谦虚谨慎的。'人只要怀有谦虚不自满的态度，天地鬼神都会庇佑他，那么无论做什么还会不得志吗？"平子说："说得好！"

10-7桓公曰："金刚则折，革刚则裂；人君刚则国家灭，人臣刚则交友绝。"夫刚则不和，不和则不可用。是故四马不和，取道不长；父子不和，其世破亡；兄弟不和，不能久同；夫妻不和，家室大凶。《易》曰：'二人同心，其利断金。'由不刚也。"

【译文】桓公说："金属坚硬则易断，皮革坚硬则易裂，君王强硬则国家易灭亡，人臣强硬则友情易断绝。"因为强硬则不和睦,不和睦则不可用。所以四匹马不和,走不了长途;父子不和,他们的世袭就会破亡;兄弟不和,不能长久相处;夫妻不和,家室会有灾祸。《周易》上说:"二人同心,共利断金。"是因为不强硬的缘故。

10-8老子曰:"得其所利,必虑其所害;乐其所成,必顾其所败。人为善者,天报以福;人为不善者,天报以祸。故曰:'祸兮福所倚;福兮祸所伏。'戒之,慎之!君子不务,何以备之?夫上知天则不失时;下知地则不失财,日夜慎之则无害灾①。"

【注释】①日夜慎之则无害灾:原文"夜"作"元",译意不通,根据诸本改。灾,《太平御览》引作"矣"。

【译文】老子说:"获取利益,一定要考虑到危害;追求成功,一定要考虑到失败。做善事的人,上天会福佑他;做坏事的人,上天会降灾祸给他。所以说:'福祸相互依存,相互转化。'要警惕谨慎!君子不致力于此,如何防范呢?要上知天道,不失时机;下知地道不失财利,日夜谨慎,就不会有灾害降临。"

10-9曾子有疾,曾元抱首,曾华抱足①。曾子曰:"吾无颜氏之才②,何以告汝!虽无能,君子务益。夫华多实少者③,天也;言多行少者,人也。夫飞鸟以山为卑,而层巢其巅;鱼鳖以渊为浅,而穿穴其中;然所以得者,饵也。君子苟能无以利害身,则辱安从至乎?"官怠于宦成,病加于少愈④,祸生于懈惰,孝衰于妻子;察此四者,慎终如始。《诗》曰⑤:"靡不有初,鲜克有终。"

【注释】①曾元、曾华:皆为曾参之子。②颜氏:指颜回(前521—前490)。曹姓,颜氏,名回,字子渊,孔子弟子,孔门七十二贤之首,尊称颜子、复圣。③华:同"花",开花。实:结出果实。④少愈:同"稍愈",刚有好转。⑤《诗》曰:以下引诗见《诗经·大雅·荡》。

【译文】曾子患病,他儿子曾元抱着他的头,曾华抱着脚。曾子说:"我没有颜回的学识,用什么告诫你们!即使能力不足,君子也该力求让自己有所长进。开花多结果少,是自然规律;说得多做得少,是世人常态。飞鸟觉得山低,便筑巢在山顶上;鱼鳖觉得潭浅,就挖穴在泥沙中;然而人们之所以能够捕获它们,是凭着诱饵。倘若君子能不因利益而危害自身,那么耻辱又从何而来呢?"仕者一旦功成名就便开始怠惰,患者病情刚有起色又加重了,祸乱萌生于懈怠,孝行由于有了妻儿就减弱了;知晓这四点,直至事情结束仍如开始时一样谨慎。《诗经》上说:"凡事都有开端,但鲜少能有结果。"

10-10单快曰①:"国有五寒,而冰冻不与焉。一曰政外,二曰女厉,三曰谋泄,四曰不敬卿士而国家败,五曰不能治内而务外。此五者一见②,虽祠无福。除祸必得,致福则贷③。"

【注释】①单（shàn）快：周大夫。②见：同"现"，出现，存在。③贷：通"忒（tè）"，错误。

【译文】单快说："国家有五寒，但冰冻不包含在内。一是权柄旁落，二是美色误国，三是谋逆泄密，四是不敬重卿士导致国家败亡，五是不能管理好内政却致力于国外的事务。这五种只要出现一种，就算祭神也不会获得福泽。企图消除祸患却一定会招致灾祸，祈求福泽却会适得其反。"

10-11孔子曰："存亡祸福皆在己而已，天灾地妖亦不能杀也①。昔者殷王帝辛之时②，爵生乌于城之隅③。工人占之曰：'凡小以生巨，国家必祉，王名必倍。'帝辛喜爵之德，不治国家，亢暴无极，外寇乃至，遂亡殷国。此逆天之时④，诡福反为祸。殷王武丁之时⑤，先王道缺，刑法弛，桑、穀俱生于朝，七日而大拱⑥。工人占之曰：'桑穀者，野物也。野物生于朝，意朝亡乎？'武丁恐骇，侧身修行，思昔先王之政，兴灭国，继绝世，举逸民，明养老之道。三年之后，远方之君重译而朝者六国。此迎天时，得祸反为福也。故妖孽者，天所以警天子诸侯也；恶梦者，所以警士大夫也。故妖孽不胜善政，恶梦不胜善行也。至治之极，祸反为福。故太甲曰⑦：'天作孽，犹可违；自作孽，不可逭⑧。'"

【注释】①杀：削减。引申为影响，使改变。②殷王帝辛：即商纣王。③爵：通"雀"。④逆天：原文为"道天"，此处依据明钞本改。⑤殷王武丁：子姓，名昭，商王盘庚之侄，商王小乙之子。⑥大拱：形容粗壮。拱，两手合围。⑦太甲：子姓，名至。商汤嫡长孙，太丁之子，商朝第四代君主。⑧"天作孽"四句：又见《古文尚书·太甲》。违，规避。逭（huàn），躲避。

【译文】孔子说："人的存亡祸福取决于自己，自然界发生的灾害也不能将其杀死。从前殷王帝辛时，有麻雀在城墙角落生出一只乌鸦。卜人占卦说：'通常体型小的生出体型大的，国家必定有福祉，君王的声名必定越发的好。'帝辛洋洋自得于麻雀带来的祥兆，不再治理国事，无休止地暴政，外国的侵犯随之而来，最终使殷灭亡。这是违逆天时，诡异的福祉反而成了灾祸。殷王武丁时，先王缺少德行，刑法松弛，桑、穀一起长在朝中，七天就有一人合抱那么粗。卜人占卦说：'桑、穀，是野生植物。朝中长出野生植物，是亡国的寓意吗？'武丁十分忧惧，以身作则的修养德行，思索先王的政策，振兴已灭亡的国家，让绝嗣的卿大夫有继嗣，推选隐逸的贤士，阐明赡养老人的办法。三年以后，远方的国君指派使者通过反复翻译来朝拜的就有六位。这是逢迎天时，得到祸兆反而成了祯祥。所以诡异天象是天用来警示天子和诸侯的；噩梦是用来警示士大夫的。所以天灾敌不过好的政治，噩梦敌不过好的德行。达到治国理政的佳境，灾祸就会变成福瑞。所以太甲说：'天灾，尚且可以规避；自己酿成的灾祸，就无处可躲避了。'"

10-12 石雒曰①："春秋有忽然而足以亡者，国君不可以不慎也：妃妾不一足以亡，公族不亲足以亡，大臣不任足以亡，国爵不用足以亡，亲佞近谗足以亡，举百事不时足以亡，使民不

节足以亡, 刑罚不中足以亡, 内失众心足以亡, 外嫚大国足以
亡。"

【注释】①石雠: 据梁玉绳《汉书人考表》其人仅见此一处。

【译文】石雠说: "春秋时有骤然亡国的状况, 国君不能不警
惕: 宫中妃妾不睦会亡国, 宗室间不团结会亡国, 大臣不被信任会
亡国, 爵位不被赏赐会亡国, 君王近奸臣信谗言会亡国, 办事不合
时宜会亡国, 驱策民力不加节制会亡国, 量刑不恰当会亡国, 于内
失去民心会亡国, 于外怠慢大国会亡国。"

10-13夫福生于隐约, 而祸生于得意, 齐顷公是也①。齐顷
公, 桓公之子孙也, 地广民众, 兵强国富, 又得霸者之余尊, 骄
蹇怠傲, 未尝肯出会同诸侯, 乃兴师伐鲁, 反败卫师于新筑。
轻小嫚大之行甚。俄而晋、鲁往聘, 以使者戏。二国怒, 归求党
与助, 得卫及曹。四国相辅, 期战于鞌, 大败齐师, 获齐顷公,
斩逢丑父②。于是懍然大恐, 赖逢丑父之欺, 奔逃得归。吊死
问疾, 七年不饮酒, 不食肉, 外金石丝竹之声, 远妇女之色,
出会与盟, 卑下诸侯。国家内得行义, 声问震乎诸侯③。所亡
之地, 弗求而自为来, 尊宠不武而得之, 可谓能讪免变化以致
之④。故福生于隐约, 而祸生于得意, 此得失之效也。

【注释】①齐顷公(? —前582): 姜姓, 吕氏, 名无野。②逢丑
父, 春秋时期齐国大夫。③声问: 声望, 名声。问: 通"闻"。④讪免:

谦虚让步，委曲求全。诎，同"屈"，免，避退。

【译文】福分在不知不觉中萌生，祸患在志足意满中产生，齐顷公是一个例子。齐顷公是齐桓公的孙子，广土众民，国富兵强，承袭齐桓公天下霸主的尊位，蛮横乖逆懒惰倨傲，从不曾出面与诸侯会盟，起兵讨伐鲁国，回程在新筑打败卫军。极过分的轻贱小国、羞辱大国。不久，晋、鲁两国访问修好，使者却被齐顷公戏弄。两国使者大怒，回国找寻同党相助，获得卫、曹两国支持。四国携手同盟，商定在鞌与齐会战，战胜，抓获齐顷公，斩伤逢丑父。齐顷公万分惊惧，依仗逢丑父欺瞒晋军才逃回国。此后，齐顷公凭吊死者，抚慰疾苦，七年不沾酒肉，远离音乐、女色，参加朝会同他国结盟，放低姿态结交诸侯。国内奉行仁义，声望震撼诸侯。过去丢失的国土，不需收复自然有人送还，不依仗武力自然被人尊宠，能说是极尽屈己下人改头换面才换得这样的结果。福分在不知不觉中萌生，祸患在志足意满中产生，这是得与失的验证啊。

10-14 大功之效，在于用贤积道，浸章浸明；衰灭之过，在于得意而怠[1]，浸蹇浸亡；晋文公是其效也。晋文公出亡，修道不休，得至于飨国。飨国之时，上无明天子，下无贤方伯[2]，强楚主会，诸侯背畔，天子失道，出居于郑。文公于是悯中国之微，任咎犯、先轸、阳处父[3]，畜爱百姓，厉养戎士。四年，政治内定，则举兵而伐卫，执曹伯[4]，还败强楚，威震天下。明王法，率诸侯，而朝天子，莫敢不听，天下旷然平定，周室尊显。故曰：大功之效，在于用贤积道，浸章浸明。文公于是霸功立，期至意得，汤、武之心作而忘其众，一年三用师，且弗休息，遂进而围许，兵亟弊，不能服，罢诸侯而归。自此而怠政事，为狄泉之盟不亲至⑤，信衰义缺，如罗不补。威武诎折不信，则诸侯不朝，郑遂叛，夷狄内侵，卫迁于帝丘⑥。故曰：衰灭之过，在于得意而怠，浸蹇浸亡。

【注释】①得意而怠：原文"怠"为"急"。此处依据明钞本改。②方伯：一方诸侯之长。③咎犯、先轸、阳处父：皆为晋文公之臣。④曹伯（？—前618）：即曹共公，姬姓，曹氏，名襄。⑤狄泉之盟：公元前631年，晋与周、齐、鲁、宋、秦、陈等大夫于洛阳翟泉会盟，谋划攻郑。⑥帝丘：原文作"商丘"，形误，此径改。

【译文】功绩的建立，在于选贤举能积存道义，政绩才会逐步显现；衰亡的过错，在于得意后就怠惰下来，国运逐步困苦危亡；晋文公就是例证。晋文公流亡在外时，不忘修习道德品行，所以才能归国任国君。任国君时，上无英明圣哲的天子，下无刚正贤达的方伯，强盛的楚国主持会盟，诸侯背离周王室，周天子失势奔走到郑国居住。晋文公悲悯周王室的衰微，任命咎犯、先轸、阳处父，体恤百姓，操练士兵。四年之后，内政安稳，于是派兵征伐卫国，擒获曹共公，又击败了强盛的楚国，声威震慑天下。晋文公阐明王法，统率诸侯朝见周天子，没人敢不听令，天下前所未有的平定，周王室的尊威又显现出来。正所谓：功绩的建立，在于选贤举能积存道义，政绩才会逐步显现。晋文公霸业已成，志得意满，萌生了商汤、周武王那样的野心，身居上位忘却了子民的辛苦，一年出征三次，不眠不休，紧接着围攻许国，将士疲劳至极，无法应战，不得已解散诸侯的军队回国。此后晋文公懒政，聚集诸侯在狄泉会盟却不

亲自参加, 威信衰微道义亏蚀, 犹如网漏不补。威望凋敝背信弃义,
诸侯不再朝见, 郑国反叛, 夷、狄入侵, 卫国迁都至帝丘。正所谓:
衰亡的过错, 在于得意后就怠惰下来, 国运逐步困苦危亡。

10-15 田子方侍魏文侯坐, 太子击趋而入见[1], 宾客群臣
皆起, 田子方独不起。文侯有不说之色, 太子亦然。田子方称
曰:"为子起欤? 无如礼何。不为子起欤? 无如罪何。请为子
诵楚恭王之为太子也[2]。将出之云梦, 遇大夫工尹, 工尹遂趋
避家人之门中。太子下车, 从之家人之门中, 曰:'子大夫, 何
为其若是? 吾闻之, 敬其父者不兼其子, 兼其子者不祥莫大
焉。子大夫, 何为其若是?'工尹曰:'向吾望见子之面, 今而后
记子之心。'审如此, 汝将何之?"文侯曰:"善!"太子击前诵
恭王之言, 诵三遍而请习之。

【注释】①太子击: 魏武侯, 魏文侯之子。②楚恭王(前600—
前560): 即楚共王。芈姓, 熊氏, 名审。楚庄王之子, 春秋战国时期
楚国国君。

【译文】田子方陪坐在魏文侯旁, 太子击急步入殿觐见, 宾客
群臣赶忙起身行礼, 唯有田子方不起身。魏文侯神色不悦, 太子击
也不高兴。田子方说:"我为您起身呢? 不清楚行什么礼节。不为
您起身呢? 又不清楚何罪之有。我来给您讲讲楚恭王做太子时的
事。楚恭王外出去云梦, 偶遇大夫工尹, 工尹匆忙回避在一户人家
里。楚太子下车, 跟着走进那户人家, 说:'您身为大夫, 为什么这
么做? 我听闻, 尊敬某位父亲不必兼顾他的儿子, 如果一并尊敬他

的儿子, 没什么比这更不好的了。您身为大夫为什么这么做?'工尹说:'过去我只看到您的外表, 此后我了解了您的内心。'审视考量这件事, 您有什么看法呢?'"魏文侯说:"讲得有理!"太子击在殿前重复了三遍楚恭王的话, 并请求跟随田子方学习。

10-16子赣之承或①, 在涂, 见道侧巾弊布拥蒙而衣衰②, 其名曰舟绰。子赣问焉, 曰:"此至承几何?"嘿然不对③。子赣曰:"人问乎己而不应, 何也?"屏其拥蒙而言曰:"望而默人者, 仁乎? 睹而不识者, 智乎? 轻侮人者, 义乎?"子赣下车曰:"赐不仁, 过问。三言可复闻乎?"曰:"是足于子矣, 吾不告子。"于是子赣参偶则轼④, 五偶则下。

【注释】①子赣: 孔子弟子端木赐, 字子贡。承或, 承地。或, 古"域"字。②衰(cuī): 丧服。③嘿(mò)然: 闭口不言的样子。④参: 同"三"。

【译文】子赣去承地, 途中, 见路旁有一人头巾破烂身围破布穿着丧服, 名为舟绰。子赣向他问路:"这到承地多远呢?"那人不与回答。子赣说:"别人向你问话却不回答, 为什么?"那人揭开破布答道:"只看人一眼就无礼待人, 能算仁厚吗? 见过面还不能了解别人, 能算聪明吗? 蔑视辱没别人, 能算仁义吗?"子赣下车说:"我不仁义, 问路多有冒犯。您刚才的指点我能再听些吗?"回答道:"这对你已经够了, 我没什么告诫的了。"于是子赣一路上遇到三人就扶轼行礼, 遇到五人就下车让路。

10-17孙叔敖为楚令尹^①，一国吏民皆来贺。有一老父，衣粗布，冠白冠，后来吊。孙叔敖正衣冠而出见之，谓老父曰："楚王不知臣不肖，使臣受吏民之垢。人尽来贺，子独后来吊，岂有说乎？"父曰："有说。身已贵而骄人者，民去之；位已高而擅权者，君恶之；禄已厚而不知足者，患处之。"孙叔敖再拜曰："敬受命，愿闻余教。"父曰："位已高而意益下，官益大而心益小，禄已厚而慎不敢取。君谨守此三者，足以治楚矣。"

【注释】①孙叔敖：芈姓，蒍氏，名敖，字孙叔，又字艾猎。春秋时期楚国贤臣，楚庄王时官拜令尹。

【译文】孙叔敖任楚国令尹，举国官吏百姓都来道贺。有一老人，身穿布衣，头戴白帽，最后来吊唁。孙叔敖整饬衣帽接见他，对他说："楚王不清楚我无才无德，拜我做官让我受群臣百姓的诟病。世人都来道贺，只有您来吊唁，是有什么说法吗？"老人答："有。身份尊贵以骄傲之态示人的，百姓会弃他而去；身居高位独揽权柄的，君主会厌弃他；俸禄丰厚却贪得无厌的，祸患会紧随着他。"孙叔敖又行礼说："恭顺地领受您的教导，希望继续受教。"老人说："身居高位态度就应更加谦卑，官职越大越要谨慎，俸禄优厚就切勿妄取。你严谨地恪守住这三点，足够治理楚国了。"

10-18魏安釐王十一年^①，秦昭王谓左右曰^②："今时韩、

魏与秦孰强?"对曰:"不如秦强。"王曰:"今时如耳、魏齐
与孟尝、芒卯孰贤③?"对曰:"不如孟尝、芒卯之贤。"王曰:
"以孟尝、芒卯之贤,率强韩、魏以攻秦,犹无奈寡人何也;
今以无能如耳、魏齐,而率弱韩、魏以伐秦,其无奈寡人何亦
明矣!"左右皆曰:"然。"申旗伏瑟而对曰④:"王之料天下
过矣!当六晋之时⑤,智氏最强,灭范、中行氏,又率韩、魏之
兵以围赵襄子于晋阳,决晋水以灌晋阳之城,不满者三板。
智伯行水⑥,魏宣子御⑦,韩康子为骖乘。智伯曰:'吾始不知
水可以亡人国也,乃今知之。汾水可以灌安邑,绛水可以灌平
阳。'魏宣子肘韩康子,康子履魏宣子之足,肘足接于车上,而
智氏分,身死国亡,为天下笑。今秦虽强,不过智氏;韩、魏虽
弱,尚贤其在晋阳之下也。此方其用肘足之时,愿王之必勿易
也!"于是秦王恐。

【注释】①魏安釐(xī)王(?—前243):又作魏安僖王,姬
姓,魏氏,名圉。战国时期魏国君。②秦昭王(前325年—前215):
又称秦昭襄王,嬴姓,名则,又名稷。战国时期秦国君。③如耳、魏
齐与孟尝、芒卯:如耳,战国魏襄王时大夫。魏齐(?—前265),战
国时魏国公子。孟尝,即孟尝君。姓田,名文,齐国人。"战国四公
子"之一。芒卯(?—前282),战国时齐人,又作"孟卯",曾为相,
有贤名。④申旗:战国时秦国辩士。⑤六晋:指先后执晋国之政的智
氏、范氏、中行氏、韩氏、魏氏、赵氏。⑥智伯:智瑶(?—前472),
谥襄。智氏首领。时为晋国正卿。⑦魏宣子(?—前446):又称魏桓
子,姬姓,魏氏,名驹。春秋战国时晋国大夫,魏氏宗族首领。

【译文】魏安釐王十一年，秦昭王问左右近臣："现在韩、魏和秦国哪个国力较强？"答道："都不如秦。"昭王又问："如今的如耳、魏齐和孟尝、芒卯谁更贤能？"答道："那二位不如孟尝、芒卯。"昭王说："凭借孟尝、芒卯的贤能，率领强大的韩、魏军队来攻打秦国，也不能将我怎样；现在让逊色的如耳、魏齐，率领弱小的韩、魏来攻打秦国，当然更不能将我怎样！"左右近臣都说："当然。"申旗低伏在琴上答道："大王推测天下局势有误！晋国六卿当政时，最强盛的智氏，歼灭了范氏、中行氏，又带领韩、魏的军队在晋阳围困赵襄子，引晋水淹没晋阳城，水面距城墙不足六尺。智伯察水，魏宣子驾车，韩康子做右卫士。智伯说：'之前我不知道水可以使他国覆灭，现如今知道了。汾水能湮灭安邑，绛水能湮灭平阳。'魏宣子用手肘顶撞韩康子，韩康子用脚踩魏宣子，手肘和脚在车上交接，智氏的领地就被瓜分了，人去国破，被天下耻笑。现在秦国即使强大，也不敌智氏；韩、魏就算弱小，也比在晋阳城下时强。这正是他们利用肘脚密谋的时机，希望您千万不要麻痹大意！"听完秦王才感到忧惧。

10-19 魏公子牟东行^①，穰侯送之^②，曰："先生将去冉之山东矣，独无一言以教冉乎？"魏公子牟曰："微君言之，牟几忘语君。君知夫官不与势期，而势自至乎？势不与富期，而富自至乎？富不与贵期，而贵自至乎？贵不与骄期，而骄自至乎？骄不与罪期，而罪自至乎？罪不与死期，而死自至乎？"穰侯曰："善！敬受明教。"

【注释】①魏公子牟：又称魏牟，战国时期魏国人。②穰侯：姓魏名冉，秦昭王之舅。

【译文】魏公子牟将去东方，穰侯给他送行，问："先生将离开我去山东，临行前就没一句叮嘱我的话吗？"魏公子牟说："若非您提起，我差点忘了说。您知道官职不与权势相约，但权势自然会来吗？权势不与财富相约，但财富自然会来吗？财富不与尊贵相约，但尊贵自然会来吗？尊贵不与骄奢相约，但骄奢自然会来吗？骄奢不与罪孽相约，但罪孽自然会来吗？罪孽不与死亡相约，但死亡也自然会来吗？"穰侯说："说得好！我恭敬地领受您高明的教诲。"

10-20高上尊贵①，无以骄人；聪明圣智，无以穷人；资给疾速，无以先人；刚毅勇猛，无以胜人。不知则问，不能则学；虽智必质，然后辩之；虽能必让，然后为之。故士虽聪明圣智，自守以愚；功被天下，自守以让；勇力距世②，自守以怯；富有天下，自守以廉。此所谓高而不危，满而不溢者也。

【注释】①尊贵：原文作"尊贤"，此处依据《荀子》《韩诗外传》《邓析子》诸书改。②距：通"拒"，抵拒。

【译文】居高位身份显贵，不要以此骄横待人；聪慧贤达圣明机敏，不要以此发难使他人困窘；资质超凡灵巧迅捷，不要以此抢占他人先机；刚烈坚毅骁勇强悍，不要以此欺压别人。不明白就去请教，不会做就去研习；就算天资聪颖一定要朴实，再明辨是非；就算精明能干，一定要礼让再亲力去做。于是士人尽管聪慧机敏，也需以愚笨自守；功倾寰宇，也需以礼让自守；勇猛天下莫敌，也需以敬畏自守；富甲一方，也需以廉洁自守。这就是所谓的居高却不垂危，充盈却不漫溢的道理。

10-21齐桓公为大臣具酒，期以日中。管仲后至，桓公举觞以饮之，管仲半弃酒。桓公曰："期而后至，饮而弃酒，于礼可乎？"管仲对曰："臣闻'酒入舌出'①，舌出者言失，言失者身弃。臣计弃身不如弃酒。"桓公笑曰："仲父起就坐。"

【注释】①酒入舌出：此为"祸从口出"成语出处。

【译文】齐桓公为群臣办酒宴，商定中午开席。管仲来迟了，齐桓公举杯要他自罚，管仲喝了一半就不喝了。桓公说："约定好的却迟到，罚酒一半就不喝了，这合乎礼节吗？"管仲答道："我听闻'酒从口入话从口出'，言多必失，说错话会致人身死。我考虑身死不如不饮。"齐桓公笑着说："仲父请坐。"

10-22楚恭王与晋厉公战于鄢陵之时①，司马子反渴而求饮②，竖榖阳持酒而进之③。子反曰："退，酒也。"榖阳曰："非酒也。"子反又曰："退，酒也。"榖阳又曰："非酒也。"子反受而饮之，醉而寝。恭王欲复战，使人召子反，子反辞以心疾。于是恭王驾往。入幄，闻酒臭，曰："今日之战，所恃者司马；司马至醉如此，是亡吾国④，而不恤吾众也。吾无以复战矣！"于是乃诛子反以为戮，还师。夫榖阳之进酒也，非以妬子反，忠爱之而适足以杀之。故曰："小忠，大忠之贼也；小利，大利之残也。"

【注释】①楚恭王（？—前560）：芈姓，熊氏，名审。春秋时期楚国君。晋厉公（？—前573）：姬姓，名寿曼。鄢陵：今河南鄢陵。春秋属郑地。②司马子反（？—前575）：春秋时期楚公子侧，字子反，楚庄王时任司马。③竖榖阳：仆榖阳。④亡：通"忘"，忘记。

【译文】楚恭王与晋厉公在鄢陵交锋时，司马子反干渴想喝水，仆人榖阳奉上酒。子反下令："撤走，这是酒。"榖阳答道："这不是。"子反又下令："撤走，这是酒。"榖阳又答："这不是。"子反就喝了，醉酒睡着了。楚恭王计划再战，遣人召见子反，子反推辞说有心病。恭王就亲自探望他。一进帐，就闻到酒味，今天的战役，倚仗的就是司马；司马竟醉成这样，是将我的国家抛在脑后，也不怜惜我的士兵啊。我还怎能再战斗呢！"因此杀了子反陈尸警众，班师回朝。谷阳之所以进酒，不是妬忌子反，而是忠心护主却弄巧成拙正好害了他。所以说："小忠，是大忠的仇敌；小利，是大利的祸患。"

10-23好战之臣①，不可不察也。羞小耻以构大怨，贪小利以亡大众。《春秋》有其戒，晋先轸是也②。先轸欲要功获名，则以秦不假道之故，请要秦师。襄公③曰："不可，夫秦伯与吾先君有结④。先君一日薨而兴师击之，是孤之负吾先君，败邻国之交而失孝子之行也。"先轸曰："先君薨而不吊赠，是无哀吾丧也；兴师径吾地而不假道，是弱吾孤也⑤；且柩毕尚薄屋，无哀吾丧也，兴师。"卜曰："大国师将至，请击之。"
则听先轸兴兵，要之殽，击之，匹马支轮无脱者，大结怨构祸
于秦，接刃流血，伏尸暴骸，糜烂国家，十有余年，卒丧其师
众，祸及大夫，忧累后世。故好战之臣，不可不察也。

【注释】①好战之臣：原文"战"误作"戮"，此处依据明钞本
改。②先轸：又称原轸，春秋时晋国大夫。③襄公：晋襄公（？—前
621），姬姓，名驩。④秦伯：秦穆公任好。先君，晋文公重耳。⑤弱：
原文为"吊"，译意不通，此处依据明钞本改。

【译文】好战的臣子，不能不审查。被轻微的羞辱能结下深仇
大恨，图谋微薄的利益可牺牲集体。《春秋》记录了这种教训，晋
国先轸就是之一。先轸图谋功绩名利，就利用秦军没有事先向晋
借路，要求阻拦秦军。襄公说："不行，秦伯与我国先君有盟约。
先君刚亡故就率兵讨伐秦，是亏负了先君，败坏邦交有失孝道。"
先轸说："先君离世秦国不曾吊唁送礼，是无感我们的哀伤；率兵
借路却不请示，是认为我们孤单薄弱；况且灵柩还未出殡，秦国对
此没有丝毫哀伤，理应出兵。"卦象说："大国的军队即将来临，请
拦截他们。"襄公就听从先轸出兵，在崤山伏击，秦军无一生还，
就此与秦国结下深仇大恨，兵戎相见，尸骸遍野，国家支离破碎，
持续了十多年，损兵折将大败亏输，灾祸殃及大夫，忧患连累后
代。所以好战的臣子，不能不审查。

10-24鲁哀公问孔子曰①："予闻忘之甚者，徙而忘其
妻②，有诸乎？"孔子对曰："此非忘之甚者也，忘之甚者忘其

身。"哀公曰："可得闻与?"对曰："昔夏桀贵为天子，富有天下，不修禹之道，毁坏辟法，裂绝世祀，荒淫于乐，沉酗于酒。其臣有左师触龙者③，谄谀不正④。汤诛桀，左师触龙者身死，四支不同坛而居。此忘其身者也。"哀公愀然变色，曰："善!"

【注释】①鲁哀公：春秋时期鲁国国君。②徙：此字原文误作"徒"，此处依据明钞本改。③左师触龙：此处疑有误，或为另一人。战国时赵有左师触龙。④正：原文为"止"，此处依据《荀子》改。

【译文】鲁哀公求教孔子："我听闻忘性极大的人，搬家忘了妻子，有这种事?"孔子答："这不是忘性最大的，最严重的是忘了自己。"哀公问："能给我讲讲吗?"答道："过去夏桀贵为天子，坐拥天下，但他不实行夏禹的治国之道，败坏法纪，中断代代相传的祭祀，荒淫无度耽于享乐，沉沦酒色。臣子中有左师触龙，助纣为虐阿谀奉承。最终商汤诛锄夏桀，左师触龙也被处死，四肢被分装在四个坛中。这就是连自己都忘记了。"哀公大惊失色，说："讲得有理!"

10-25孔子之周①，观于太庙②。右陛之前有金人焉，三缄其口，而铭其背曰："古之慎言人也。戒之哉! 戒之哉! 无多言，多言多败; 无多事，多事多患。安乐必戒，无行所悔。勿谓何伤，其祸将长; 勿谓何害，其祸将大; 勿谓何残，其祸将然③; 勿谓莫闻，天妖伺人。荧荧不灭，炎炎奈何; 涓涓不壅，将成江河; 绵绵不绝，将成网罗; 青青不伐，将寻斧柯。诚不能慎之，祸之根也；口是何伤，祸之门也。强梁者不得其死，好胜者必遇其敌；盗怨主人，民害其贵。君子知天下之不可盖也，故后之、下之，使人慕之，执雌持下，莫能与之争者。人皆趋彼，我独守此；众人惑惑，我独不从；内藏我知，不与人论技；我虽尊高，人莫害我。夫江河长百谷者，以其卑下也。天道无亲，常与善人。戒之哉！戒之哉！"孔子顾谓弟子曰："记之，此言虽鄙，而中事情。《诗》曰：'战战兢兢，如临深渊，如履薄冰。'行身如此，岂以口遇祸哉！"

【注释】①周：这里指东周洛阳。②太庙：周天子祖庙。③然："燃"的本字，引申为延伸。

【译文】孔子去东周洛阳，游历了周天子祖庙。右边台阶前有铜铸人像，口部被封了多层，背上有篇铭文："这是古代教人讲话严谨的人。要引以为戒啊！要引以为戒啊！切勿多言，说多错多；切勿多事，事情多祸患多。安逸时要警惕，不要做令自己懊悔的事。别说这有什么窒碍，它会留下长远的隐患；别说这有什么危害，它的祸患仍会扩展；别说这有什么妨害，它的祸患将延绵不绝；别说无人知晓，天妖在窥探着人。幽微的小火不扑灭，蔓延至冲天烈火就束手无策了；细微的水流不堵绝，将汇成浩荡江河；缠绵的线不断绝，将结成罗网；细嫩的树苗不砍伐，将只得借助巨斧。如果不能慎言，就会埋下祸根；口属于哪种伤害呢，那是灾祸的大门。蛮横的人不得善终，好斗的人定遭逢劲敌；盗匪埋怨主人，平民嫉妒权贵。君子明白自己难敌天下人，所以退居众人之后、之下，让人钦慕，恪守和顺屈己待人，没人与他相争。众人去往一处，我只留在这里；众人困顿盲从，我不为所动；内心的想法自己清楚，不与他人计较技艺高低；我即便身居高位，也没人来坑害我。江河长于无数溪流，就因为它地势低下。天道公正，常常庇佑好人。要引以为戒啊！要引以为戒啊！"孔子回头对弟子说："切记，这些话虽粗俗，但切合情理。《诗经》说：'小心严谨，如同面临深潭，好似脚踏薄冰。'如此立身处世，怎会遭口舌之灾！"

10-26鲁哀侯弃国而走齐^①，齐侯曰^②："君何年之少而弃国之蚤？"鲁哀侯曰："臣始为太子之时，人多谏臣，臣受而不用也；人多爱臣，臣爱而不近也。是则内无闻而外无辅也。是犹秋蓬恶于根本而美于枝叶，秋风一起，根且拔矣。"

【注释】①鲁哀侯：《晏子春秋·内篇杂上》作"鲁昭公"。鲁昭公（前560—前510）：姬姓，名裯，亦可作稠、袑。春秋时期鲁国国君。②齐侯：依《晏子春秋·内篇杂上》当为齐景公。

【译文】鲁哀侯舍弃国家逃往齐国，齐侯问："您如此年轻为何早早抛弃国家呢？"鲁哀侯说："当初我还是太子时，很多人进谏，我只听着却不实践；很多人爱护我，我也爱护他们却不同他们亲近。以至于内听不到谏言于外无人辅佐。就好像秋天的蓬草一般，底子坏了但枝叶很美，秋风一刮，就连根拔除了。"

10-27孔子行游，中路闻哭者声，其音甚悲。孔子曰："驱之！驱之！前有异人音。"少进，见之，丘吾子也^①，拥镰带索而哭。孔子辟车而下^②，问曰："夫子非有丧也，何哭之悲也?"丘吾子对曰:"吾有三失。"孔子曰:"愿闻三失。"丘吾子曰:"吾少好学问,周遍天下,还后,吾亲亡,一失也;事君奢骄,谏不遂,是二失也;厚交友而后绝,是三失也③。树欲静乎风不定,子欲养乎亲不待。往而不来者,年也;不可得再见者,亲也。请从此辞!"则自刎而死。孔子曰:"弟子记之,此足以为戒也!"于是弟子归养亲者十三人。

【注释】①丘吾子:即丘吾。春秋时期齐国人。②辟:同"避",退避。③是三失也:原文无"是"字,此处根据上文补充。

【译文】孔子出行在外,半路听到有人在哭,哭声凄凉。孔子说:"上前去!上前去!前面有非同寻常的声音。"往前不远,见到泣者,是丘吾子,拿着镰刀系着绳子在哭。孔子在路旁停车下,问:"先生并无丧事,怎么哭得如此悲伤?"丘吾子答:"我做了三件错事。"孔子说:"愿闻其详。"丘吾子答:"我少年时喜爱学问,漫游天下,回来后,双亲亡故,这是其一;追随的君王骄横奢靡,劝谏不被采用,这是其二;忠厚地与朋友相交但最终都断交了,这是其三。树想静止下来但风吹不停,子女想侍奉双亲但双亲却等不到这一天。光阴一去不返;故去的双亲不能再见。就此辞别!"讲完就自刎而死。孔子说:"弟子切记,这足够引以为戒!"此后弟子中回家就侍奉双亲的有十三人。

10-28孔子论《诗》①,至于《正月》之六章②,惧然曰:"不逢时之君子,岂不殆哉!从上依世则废道,违上离俗则危身。世不与善,己独由之,则曰非妖则孽也。是以桀杀关龙

逄, 纣杀王子比干。故贤者不遇时, 常恐不终焉。《诗》曰: '谓
天盖高, 不敢不局; 谓地盖厚, 不敢不蹐。' 此之谓也。"

【注释】①论: 这里意为 "读"。《孔子家语·贤君》作 "读"。
②《正月》之六章:《诗经·小雅·正月》第六章: "谓天盖高, 不敢不
局。谓地盖厚, 不敢不蹐。维号斯言, 有伦有脊。哀今之人, 胡为虺
蜴?"

【译文】孔子读《诗经》, 读到《正月》第六章, 惊觉说: "不逢
时的君子, 怎能不危险! 遵奉君王依从世俗就要舍弃道义, 违逆
君王背离世俗就会危及生命。众生不为善, 唯有自己向善, 就被说
不是妖就是孽。于是夏桀杀了关龙逄, 商纣王杀了王子比干。所以贤
才时运不济, 常惶恐自己结局悲惨。《诗经》上说: '就算天绝世之
高, 人却不敢不拘束; 地绝世之厚, 人却不敢不放小步子。' 正是
这种情况。"

10-29孔子见罗者, 其所得者, 皆黄口也。孔子曰: "黄口
尽得, 大爵独不得①, 何也?" 罗者对曰: "黄口从大爵者, 不
得; 大爵从黄口者, 可得。" 孔子顾谓弟子曰: "君子慎所从,
不得其人, 则有罗网之患。"

【注释】①大爵: 大鸟。爵, 通 "雀"。
【译文】孔子见到拿网捕鸟的人, 他捕到的, 都是黄嘴的幼
鸟。孔子问: "捕的都是小鸟, 偏就抓不到大的, 为什么呢?" 捕鸟
的人回: "小鸟跟着大鸟, 就不会被捕; 大鸟跟着小鸟, 就可以捕

到。"孔子扭头对弟子说："君子要慎重地选择追随的人，倘若选错了，就有被捕获的风险。"

10-30修身正行，不可以不慎。嗜欲使行亏，谗谀乱正心，众口使意回。忧患生于所忽，祸起于细微；污辱难湔洒^①，败事不可复追；不深念远虑，后悔当几何。夫微幸者，伐性之斧也；嗜欲者，逐祸之马也；谩谀者，穷辱之舍也；取虐于人者，趋祸之路也。故曰："去微幸，务忠信，节嗜欲，无取虐于人，则称为君子，名声常存。"

【注释】①湔（jiān）洒：洗涤，洗刷。
【译文】修己养性规矩德行，不能不审慎。嗜好欲望损耗德行，谗言阿谀乱人心志，众口一词扭转意志。忧虑产生于疏漏，祸殃源自细微处；耻辱再难洗刷，失败不可挽救；不深谋远虑，后悔难说有多少。心存侥幸，是摧毁天性的利斧；嗜好欲望，是自找祸殃的快马；欺诳阿谀，是穷窘耻辱的馆舍；待人暴虐，是通往祸殃的道路。所以说："摒除侥幸，致力忠信，控制嗜欲，不暴虐待人，就可称作君子，名垂千古。"

10-31怨生于不报，祸生于多福，安危存于自处，不困在于蚤豫，存亡在于得人。慎终如始，乃能长久；能行此五者，可以全身。"己所不欲，勿施于人。"是谓要道也。

【译文】埋怨产生于有恩不报，祸患产生于沉迷享福，安危取决于如何自持，免于受困在于早做防御，存亡在于用人得当。善始善终，方能长久；做到这五点，就可保全自身。"自己不乐意的，不要强加给别人。"这是切要的道理。

10-32 颜回将西游，问于孔子曰："何以为身？"孔子曰："恭敬忠信，可以为身。恭则免于祸，敬则人爱之，忠则人与之，信则人恃之。人所爱、人所与、人所恃，必免于患矣。可以临国家，何况于身乎？故不比数而比疏，不亦远乎？不修中而修外，不亦反乎？不先虑事，临难乃谋，不亦晚乎？"

【译文】颜回即将往西游历，请教孔子："怎样操身行世？"孔子说："恭敬忠信，能操身行世。为人恭顺不会惹祸上身，为人礼敬会受人敬爱，为人忠厚能广结善缘，为人诚信值得被人信赖。被人敬爱、被人结识、被人信赖，一定能免除祸患。这样的人国家都能治理，何况操身行世呢？所以远离亲近的人却亲近疏远的人，不正是舍近求远吗？忽视内心修养只修饰外表，不恰好背道而驰吗？事前不多作考虑，遇到困难才谋划，不为时过晚吗？"

10-33 凡司其身，必慎五本：一曰柔以仁，二曰诚以信，三曰富而贵毋敢以骄人，四曰恭以敬，五曰宽以静。思此五者，则无凶命。用能治敬以助天时，凶命不至而祸不来。敬人者，非敬人也，自敬也；贵人者，非贵人也，自贵也。昔者，吾尝见天雨金、石与血；吾尝见四月、十日并出，有与天滑^①；吾尝见高山之崩、深谷之窒，大都王宫之破，大国之灭；吾尝见高山之为裂、深渊之沙竭、贵人之车裂；吾尝见稠林之无木、平原为溪谷、君子为御仆；吾尝见江河干为坑，正冬采榆桑^②，仲夏雨雪霜；千乘之君、万乘之主，死而不葬。是故君子敬以成其名，小人敬以除其刑。奈何无戒而不慎五本哉！

【注释】①有：通"又"。②榆桑：原文"桑"作"叶"，韵律不和谐遂改。

【译文】凡是管理自身，务必审慎这五件根本大事：一是柔和仁善，二是诚挚守信，三是富贵不以傲慢示人，四是恭顺礼敬，五是宽容沉静。反思谨遵这五条，就不会有凶兆。所谓能敬畏顺应天时，凶兆厄运灾祸都不会到来。恭敬待人，并非恭敬他人，而是恭敬自己；重视他人，并非高看他人，而是高看自己。过去，我曾看见天降金子石头和血；我曾看见四个月亮、十个太阳同时存在，又同苍穹一道滑落；我曾看见峻岭崩倒、深谷堵塞，都市宫殿损毁，大国消亡；我曾看见峻岭断裂、深潭下沙石干涸、显贵之人遭车裂之刑；我曾看见繁密丛林化为荒野、平原化作谿谷、君子成了车夫奴仆；我曾看见江河枯竭变成坑洼，严冬采榆桑，盛夏降霜雪；诸侯、天子，死无葬身之地。所以君子通过严谨审慎塑造声名，小人借助严谨审慎免除刑罚。怎能不警戒慎重思索这五大根本呢！

10-34鲁有恭士名曰机氾^①，行年七十，其恭益甚，冬日行阴，夏日行阳，市次不敢雁行^②；参行必随^③，坐必危；一食之间，三起不羞④；见衣裘褐之士，则为之礼。鲁君问曰："机氾年甚长矣，不可释恭乎？"机氾对曰："君子好恭，以成其名；小人学恭，以除其刑。对君之坐，岂不安哉？尚有差跌⑤；一食之上，岂不美哉？尚有哽噎。今若氾所谓幸者也，固未能自必。鸿鹄飞冲天，岂不高哉？矰缴尚得而加之⑥；虎豹为猛，人尚食其肉，席其皮。誉人者少，恶人者多，行年七十，常恐斧质之加于氾者⑦，何释恭为？"

【注释】①机氾：事如本文。②雁行：前面的行列。雁，通"颜"。③参：同"三"。④羞：原文作"差"，此处依据明钞本改。⑤差：通"蹉（cuō）"。⑥矰缴（zēng zhuó）：系有绳、戈用来射飞鸟的短剑。⑦斧质：古代杀人刑具。

【译文】鲁国有位恭谨的士人名叫机氾，七十岁了，越发的恭谨，冬天走阴凉处，夏天走烈日下，途经集市不敢走在前面；多人同行一定紧紧跟随，坐姿必定端正；一顿饭间，多次起身行礼；看见贫寒之士，就表示礼敬。鲁国国君询问他："先生如此年迈，不能放松些恭谨吗？"机氾答："君子喜欢恭谨，用来塑造声名；小人学习恭谨，用来免受刑罚。与国君对坐，能不安全吗？但还是有可能跌倒；满桌珍馐，怎会没有美味？但是也有噎着的可能。现在像我这样所谓幸运的人，当然不能自以为是。鸿鹄直飞冲天，飞得难道不高吗？但是系着丝绳的箭仍旧可以把它们射下来；虎豹确实凶猛，但是人还是能吃它们的肉，睡它们的皮。称誉他人的人少，诋毁他人的多，我七十多岁了，时常惶恐刑罚加身，怎敢放松恭谨呢？"

10-35成回学于子路三年^①，回恭敬不已。子路问其故何也，回对曰："臣闻之：行者比于鸟，上畏鹰鹯^②，下畏网罗。夫人为善者少，为谗者多，若身不死，安知祸罪不施？行年七十，常恐行节之亏。回是以恭敬待大命。"子路稽首曰："君子哉！"

【注释】①成回：子路弟子，春秋时人。②鹰鹯（zhān）：老鹰与鹞鹰。

【译文】成回同子路求学三年，态度一如既往地恭敬。子路问他为什么这样做，成回答："我听闻：行人好像飞鸟，上怕老鹰鹞鹰，下怕被捕入罗网。做好事的人少，进谗言的人多，没到离世的那天，怎知祸罪不会找到自己？年至七十，常惶恐品行节操有短亏。于是我持恭敬的态度等待天命。"子路点头称赞说："实属君子！"

全—本—全—注—全—译

說苑

〔下〕

〔汉〕 刘向 编纂

萧祥剑 等注译

团结出版社

目 录

卷十一 善说 …………………………………… 371

卷十二 奉使 …………………………………… 412

卷十三 权谋 …………………………………… 444

卷十四 至公 …………………………………… 491

卷十五 指武 …………………………………… 518

卷十六 谈丛 …………………………………… 548

卷十七 杂言 …………………………………… 588

卷十八 辨物 …………………………………… 637

卷十九 修文 …………………………………… 684

卷二十 反质 …………………………………… 739

卷十一　善说

【题解】善说，就是善于说话。本卷记载关于以善巧的方法让别人接受自己的主张的事例。

第一则"齐庄以立之，端诚以处之，坚强以持之，譬称以谕之，分别以明之，欢欣愤满以送之，宝之珍之，贵之神之"说明了讲话的方法以及神态。最后以"辞者乃所以尊君、重身、安国、全性者也。故辞不可不修而说不可不善"强调善于言语的重要性。

第二至十三则讲述了臣子游说君王，劝谏君王的事例。第十四至二十则讲述了因善于言辞而得以自救、自保的事例。第二十一至二十四则是以"赐譬渴者之饮江海，孔子犹江海""谓天高，高几何"来赞叹孔子的贤德。

本卷综述了言辞的表达以及在待人接物中的重要性，以具体的事例阐明其重要性，对现在有着重要的警醒作用。

11-1孙卿曰①："夫谈说之术，齐庄以立之②，端诚以处之，坚强以持之，譬称以谕之，分别以明之，欢欣愤满以送之。宝之、珍之、贵之、神之，如是，则说常无不行矣。夫是之谓能贵其所贵。传曰：'唯君子为能贵其所贵也。'"《诗》云："无易由言，无曰苟矣。"鬼谷子曰："人之不善而能矫之者，难矣。说之不行，言之不从者，其辩之不明也；既明而不行者，持之不固也；既固而不行者，未中其心之所善也。辩之、明之、持之、固之，又中其人之所善，其言神而珍，白而分，能入于人之心。如此而说不行者，天下未尝闻也。此之谓善说。"子贡曰③："出言陈辞，身之得失，国之安危也。"《诗》云："辞之绎矣，民之莫矣。"夫辞者，人之所以通也。主父偃曰④："人而无辞，安所用之？"昔子产修其辞而赵武致其敬⑤，王孙满明其言而楚庄以惭⑥，苏秦行其说而六国以安⑦，蒯通陈其说而身得以全⑧。夫辞者，乃所以尊君、重身、安国、全性者也。故辞不可不修，而说不可不善。

【注释】①孙卿：指荀子，战国时期赵国人，因避讳汉宣帝刘询，改为孙卿。②齐庄：严肃诚敬。③子贡（前520—？）：孔子弟子。姓端木，名赐，字子贡，春秋时期卫国人。善于经商，有口才，列于孔门四科中的言语科，料事多中。④主父偃（？—前126）：临淄（今山东临淄）人，汉武帝大臣，提出"大一统"的政治主张。⑤子产（？—前522）：春秋时期著名政治家、思想家。姬姓，公孙氏，名侨，字子产，又字子美，谥成。郑穆公之孙，公元前554年为卿，公元前543年执政，先后辅佐郑简公、郑定公，卒于公元前522年。历史典籍以其字"子产"为通称，又称"公孙侨""公孙成子""国侨"等。赵武（前591—前541）：史称赵文子，赵盾之孙，赵朔之子，晋文公外曾孙。春秋中期晋国六卿，赵氏宗主，赵氏复兴的奠基人，后升任正卿，执掌国政，力主和睦诸侯，终促成晋楚弭兵之盟。⑥王孙满：春秋时期周大夫，为周襄王之孙，周公王十四世孙。楚庄（？—前591）：即楚庄王，又称荆庄王（出土战国楚简作臧王），芈姓，熊氏，名旅，一作侣、吕，楚穆王之子，春秋时期楚国国君，春秋五霸之一。⑦苏秦（？—前284）：己姓，苏氏，名秦，字季子，雒阳（今河南洛阳市）人。战国时期著名的纵横家、外交家和谋略家。提出"合纵"六国以抗秦的战略思想，师从鬼谷子，后在齐国被杀。⑧蒯（kuǎi）通：本名蒯彻，因为避汉武帝刘彻之讳而改为通，曾为韩信谋士。韩信死后被刘邦捉拿后因善辩释放。

【译文】孙卿说："说话的艺术，应以严肃地对待，真诚地处理，坚持不懈的保持，用打比方说明，明白地讲清利害，与别人讲话时，要欢喜欣悦，慷慨激昂。使听的人感受到宝贝、珍贵、重视、奇妙，按照这样说，就没有不成功的。这就是能重视自己所珍重的东西。书中说：'只有君子可以做到重视自己所珍重的东西。'"《诗经》中说："不要轻易地讲话，不要讲随便的话。"鬼谷子说："人的不善但要把它矫正过来，那是非常的难。讲话不能执行，说了不能听从的人，他要辩解没听明白；既然听明白而不执行，是坚持的不够；既然坚持而不执行的人，是没有合乎他自己心中的爱好。辨别道理、明白道理、坚持它、坚定它，也合乎这些人的爱好，所说的话奇妙而珍贵，明白而分明，能进入到人的内心。这样说而不执行的人，全天下都没有听说过。这称之为善说。"子贡说："一个人所说的话，关系到自身的得失，国家的安危。"《诗经》中说："说的话言辞动听，百姓安宁。"言辞，是用来人们相互沟通的。主父偃说："一个人如果不善言辞，那有什么用呢？"以前子产善于言辞而赵武对他恭敬，王孙满说明他想表达的而楚庄王感到惭愧，苏秦在中间游说而六国得以安宁，蒯通陈述说明而保住性命。言辞，是能够尊重君长、注重自身、安定国家、保全性命的。所以不可不修饰言辞，不可不善与说话。

11-2赵使人谓魏王曰："为我杀范痤①，吾请献七十里之地。"魏王曰："诺。"使吏捕之，围而未杀。痤自上屋骑危②，谓使者曰："与其以死痤市，不如以生痤市。有如痤死，赵不与王地，则王奈何？故不若与定割地，然后杀痤。"魏王曰："善！"痤因上书信陵君曰③："痤故魏之免相也，赵以地杀痤而魏王听之，有如强秦亦将袭赵之欲，则君且奈何？"信陵君言于王而出之。

【注释】①范痤：战国时期政治家、纵横家、魏国宰相。②危：指屋脊。③信陵君（？—前243）：即魏无忌，战国时期魏国人，魏昭王的儿子，战国时期著名政治家、军事家。

【译文】赵国派人对魏王说："帮我杀了范痤，我将献出七十里的土地。"魏王说："好。"于是派官兵抓范痤，将他包围起来但还没有杀他。范痤爬到屋脊，骑在屋脊上，对使者说："与其把我杀死交换土地，不如用活着的我交换土地。如果我死了，赵王不把土地给大王，那大王该如何？不如先完成割地的约定，再来杀我。"魏王说："好！"范痤因此写信给信陵君说："我是以前魏国罢免的宰相，赵国用土地作为交换，让魏王来杀我，魏王答应了，如果强大的秦国也想像赵国这样，那你该如何？"信陵君将这件事告诉魏王，救出范痤。

11-3吴人入荆①，召陈怀公②。怀公召国人曰："欲与荆者左，欲与吴者右。"逢滑当公而进曰③："吴未有福，荆未有祸。"公曰："国胜君出，非祸而奚？"对曰："小国有是犹复，而况大国乎？楚虽无德，亦不斩艾④其民。吴日弊兵，暴骨如莽，未见德焉。天其或者正训楚也。祸之适吴，何日之有！"陈侯从之。

【注释】①荆：中国古代"九州"之一，春秋时期楚国别称荆州。②陈怀公（？—前502）：名柳，春秋时期陈国国君，陈惠公之子，公元前505至公元前502年的在位。③逢滑：春秋时期陈国大夫。④艾（yì），通"刈"，指割。

【译文】吴人攻入楚国，吴王召见陈怀公。陈怀公召集国人说："想与楚国友好亲近的站左边，想与吴国友好亲近的站右边。"逢滑向陈怀公进言道："吴国未必有福，楚国未必有祸。"陈怀公说："吴国获得胜利，楚国国君出逃，这不是祸患又是什么？"逢滑答："小国有这种状况还可以恢复，更何况大国呢？楚国虽然没有德政，但也没有斩杀百姓。吴国天天有士兵死亡，曝尸荒野，也没有见到什么恩德。上天或许正在教导楚国吧。灾难正要降临吴国，时间不会很长了！"陈怀公听从了逢滑的意见。

11-4桓公立仲父，致大夫曰："善吾者，入门而右；不善吾者，入门而左。"有中门而立者。桓公问焉，对曰："管子之知，可与谋天下；其强，可与取天下。君恃其信乎？内政委焉，外事断焉，驱民而归之，是亦可夺也。"桓公曰："善！"乃谓管仲："政则卒归于子矣。政之所不及，唯子是匡。"管仲故筑三归之台①，以自伤于民②。

【注释】①三归：台观名。相传是管仲为自己修筑的。②自伤：自我悲伤感怀。

【译文】齐桓公要立管仲为仲父，对大夫们说："支持我的，进门靠右边站；不支持我的，进门靠左边站。"有一个人却站在门当中。桓公问他为什么，那个人答："管子的智慧，可以与他共谋天下；他强干的能力，可以与他夺取天下。君王可以依仗他的诚信吗？将内政委托给他，外交事务也交给他决断，让老百姓归顺他，这样就可以夺取天下了。"桓公说："说得好！"于是对管仲说："政事就全部归你负责了。如果政事有不周到的地方，就靠您来匡补了。"所以管仲修建了一座三归之台，以便时时感怀百姓。

11-5齐宣王出猎于社山①，社山父老十三人相与劳王。王曰："父老苦矣！"谓左右："赐父老田不租。"父老皆拜，闾丘先生（独）不拜②。王曰："父老以为少耶？"谓左右："复赐父老无徭役。"父老皆拜，闾丘先生又不拜。王曰："拜者去，不拜者前。"曰："寡人今日来观，父老幸而劳之，故赐父老田不租。父老皆拜，先生独不拜，寡人自以为少，故赐父老无徭役。父老皆拜，先生又独不拜，寡人得无有过乎？"闾丘先生对曰："惟闻大王来游，所以为劳大王。望得寿于大王，望得富于大王，望得贵于大王。"王曰："夫杀生有时③，非寡人所得与也，无以寿先生；仓廪虽实④，以备灾害，无以富先生；大官无缺，小官卑贱，无以贵先生。"闾丘先生对曰："此非人臣所敢望也。愿大王选良富家子有修行者以为吏，平其法度，如此，臣少可以得寿焉；春秋冬夏，振之以时，无烦扰百姓，如是，臣可少得以富焉；愿大王出令，令少者敬长，长者敬老，如是，臣可少得以贵焉。今大王幸赐臣田不租，然则仓廪将虚也；赐臣无徭役，然则官府无使焉。此固非人臣之所敢望也。"齐王曰："善！愿请先生为相。"

【注释】①齐宣王（约前350—前301）：妫姓，田氏，名辟疆，战国时代齐国国君，齐威王之子。在他执政期间，齐国得到快速发展。社山：又称杜山，今在山东省临淄西。②闾丘：指姓氏，原来是春秋时期邾国的一个地名。据《尚友录》上的记载"邾国闾丘氏食邑于此"。独：据向宗鲁《校证》引《群书治要》等书补。③夫：原文误作"天"，意为上天。杀生：宰杀。④仓廪：储藏谷米之所。

【译文】齐宣王外出到社山打猎，当地父老有十三人一起来慰劳齐宣王。齐宣王说："父老们辛苦了！"对左右的人说："赏赐父老们田地免交赋税。"父老们都拜谢，只有闾丘先生不拜谢。齐宣王问："父老们认为这样太少了吗？又对左右的人说："再赐父老们不服徭役。"父老们再次拜谢，闾丘先生还是不拜谢。齐宣王说："拜谢的人可以离开了，没有拜谢的人上前来。"齐宣王说："我今天来巡察，父老高兴的慰劳我，所以赏赐父老们免除赋税。父老们都拜谢，唯独先生不拜谢，我以为赏赐的少，所以又赏赐父老免服徭役。父老们都拜谢，唯有先生您又不拜谢，我莫非有什么过失吗？"闾丘先生答："听说大王要来游猎，所以前来慰劳大王。希望从大王这里得到长寿，希望从大王这里得到富裕，希望从大王这里得到尊贵。"齐宣王说："上天主宰人的生死，不是我所能给予的，无法使先生长寿；粮仓虽然充实，是用来防备灾害的，无法使先生富裕；大的官职没有缺额，小的官职又太卑贱，无法使先生尊贵。"闾丘先生答："这些不是臣所敢期求的。希望大王选择善良富贵的子弟中有美好品行的人做官，使法令制度公平合理，这样，臣便可以稍微多活几年了；春秋冬夏，及时赈济民众，不要烦扰百姓，这样，臣就可以稍微得到富裕了；希望大王发布命令，让年少的人尊敬年长的，让年长的尊敬年老的，这样，臣就可以稍微得到尊贵了。现在大王赏赐臣田地不必纳税，但这样国库将会空虚；赏赐臣不必服徭役，但这样官府就无人可用了。这些本来就不是臣所敢奢望的。"齐王说："说得好！我愿意请先生做宰相。"

11-6 孝武皇帝时①，汾阴得宝鼎而献之于甘泉宫②，群臣贺，上寿曰③："陛下得周鼎。"侍中虞丘寿王独曰④："非周鼎。"上闻之，召而问曰："朕得周鼎，群臣皆以为周鼎，而寿王独以为非，何也？寿王有说则生，无说则死。"对曰："臣寿王安敢无说。臣闻周德始产于后稷⑤，长于公刘⑥，大于太王⑦，成于文、武，显于周公。德泽上洞天，下漏泉，无所不通。上天报应，鼎为周出，故名曰周鼎。今汉自高祖继周，亦昭德显行，布恩施惠，六合和同⑧，至陛下之身逾盛，天瑞并至，征祥毕见。昔始皇帝亲出鼎于彭城而不能得⑨。天昭有德，宝鼎自至，此天之所以予汉，乃汉鼎非周鼎也。"上曰："善！"群臣皆称万岁。是日，赐虞丘寿王黄金十斤。

【注释】①孝武皇帝（前156—前87）：即汉武帝刘彻，西汉第七位皇帝，杰出的政治家、战略家、诗人。提出"罢黜百家，独尊儒术"。谥号孝武皇帝，庙号世宗，葬于茂陵。②汾阴：地名。在今山西省万荣县境内，因在汾水之南而名。③上寿：向人敬酒，祝颂长寿。④虞丘寿王：字子赣，又称吾丘寿王，赵人。⑤后稷：周之先祖。相传姜嫄践天帝足迹，怀孕生子，因曾弃而不养，故名之为"弃"。⑥公刘：古代周族的领袖。传为后稷的曾孙，他迁徙豳地（今陕西旬邑）定居，不贪享受，致力于发展农业生产，后用为仁君的典实。⑦太王：周文王之祖古公亶父的尊号。周人本居豳，自古公始迁居岐山之下，定国号曰周，自此兴盛，故武王克殷，追尊为太王。⑧六合：指上下和四方，泛指天地或宇宙。和同：和睦同心。⑨彭城：县名。春秋时期宋邑，秦置彭城县，在今江苏省铜山县。

【译文】汉武帝时期，汾阳人得到宝鼎把它献到甘泉宫，群臣都向皇帝庆贺，上贺词说："恭喜陛下得到周鼎。"单单侍中虞丘寿王说："这不是周鼎。"皇帝听说了，就召见他问道："我得到周鼎，群臣都认为是周鼎，只有你认为不是，为什么？你说出原因来就让你活着，说不出来就杀了你。"寿王答："我怎敢不说原因呢。我听说周朝的德治开始于后稷，在公刘时发展，在太王时壮大，在文王、武王时完成，在周公时发扬光大。德泽上可通达上天，下可渗

透九泉，没有地方不会通达。上天报应，宝鼎为着周朝出现，所以
名叫周鼎。当今汉朝从高祖继承周德以来，也宣扬善德，显扬良
行，广布恩惠，天地四方和合一气，到了陛下这一代更加兴旺，祥
瑞接连而来，吉庆兆头全部出现。从前秦始皇亲自在彭城祈求得到
宝鼎都没有得到。现在上天显扬有德的君主，宝鼎自然出现，这是
上天恩赐汉朝的，所以是汉鼎不是周鼎。"皇上说："有道理！"群
臣都高呼万岁。这一天，皇上赏赐虞丘寿王黄金十斤。

11-7晋献公之时①，东郭民有祖朝者②，上书献公曰："草
茅臣东郭民祖朝，愿请闻国家之计。"献公使使出告之曰：
"肉食者已虑之矣③，藿食者尚何与焉④？"祖朝对曰："大王
独不闻古之将曰桓司马者⑤，朝朝其君，举而晏。御呼车，骖亦
呼车⑥。御肘其骖曰：'子何越云为乎？何为藉呼车？'骖谓其
御曰：'当呼者呼，乃吾事也。子当御正子之辔衔耳⑦。子今不
正辔衔，使马卒然惊，妄轹道中行人⑧。必逢大敌，下车免剑，
涉血履肝者⑨，固吾事也，子宁能辟子之辔，下佐我乎？其祸亦
及吾身，与有深忧，吾安得无呼车哉？'今大王曰：'食肉者已
虑之矣，藿食者尚何与焉？'设使食肉者一旦失计于庙堂之
上，若臣等之藿食者，宁得无肝胆涂地于中原之野与？其祸亦
及臣之身，臣与有其忧深，臣安得无与国家之计乎？"献公召
而见之，三日与语，无复忧者，乃立以为师也。

【注释】①晋献公（？—前651）：姬姓，名诡诸，晋武公之子，

春秋时期的晋国君主。②祖朝：春秋时期晋国人。③肉食者：比喻享有俸禄的官吏。④藿食者：以豆叶为食的人。后比喻贫苦百姓。⑤大王：晋献公并未称王，不应称"大王"。桓司马：春秋时期卫国人，姓桓，司马为官名。⑥骖（cān）：指陪乘之人和仆从，即骖仆，骖乘。⑦辔衔（pèi xián）：御马的缰绳和嚼子。⑧轹（lì）：车轮碾过。⑨涉血履肝：形容战斗残酷。涉，原文为"步"，据明钞本改。

【译文】晋献公的时候，城东有个叫祖朝的人，上书给晋献公说："草野平民城东人祖朝，希望可以听听国家大计。"晋献公派使者出来告诉他说："官吏们都已经考虑好了，老百姓还为什么要参与呢？"祖朝答："大王没有听说过古代将军叫桓司马的人，他早晨去朝见君王，动身晚了。驾车的人叫备车，骖仆也叫备车。于是驾车的人用肘碰骖仆说：'你为什么超越你的职责呢？为什么重复叫备车呢？'骖仆对驾车的人说：'该叫就叫，这是我的事。你应当控制好你驾马的缰绳和嚼子。你现在不拉正缰绳，假使马突然受惊，马车会胡乱辗到路上行人。如果在战场上遭逢大敌，下车拔剑，涉血履肝，本来就是我的事，你难道扔掉缰绳和嚼子，下来帮助我吗？这时灾难会祸及到我身上，对于我来说会有深深的忧虑，我怎么能不叫车呢？'现在大王说：'官吏们都已考虑好了，老百姓还为什么要参与呢？'假如官吏们在朝廷上一旦有失算的地方，像我们这些老百姓，难道不会在郊野中肝胆涂地吗？这时灾难也会祸及到我身上，我同样也有很深的忧虑，我怎能不参加国家大计呢？"晋献公召见祖朝，与他一起谈论了多日，没有什么忧虑的了，于是就请他做老师。

11-8客谓梁王曰①："惠子之言事也②，善譬。王使无譬，则不能言矣。"王曰："诺。"明日见，谓惠子曰："愿先生言事则直言耳，无譬也。"惠子曰："今有人于此而不知弹者③，曰：'弹之状何若？'应曰：'弹之状如弹。'则谕乎？"王曰："未谕也。"于是更应曰："'弹之状如弓，而以竹为弦。'则知乎？"王曰："可知矣。"惠子曰："夫说者，固以其所知谕其所不知，而使人知之。今王曰'无譬'，则不可矣。"王曰："善。"

【注释】①梁王（前400—前319）：即战国魏惠王，姬姓，魏氏，又称梁惠王，迁都大梁，僭称梁王。②惠子（前390—前317）：姓惠，名施，著名的政治家、哲学家，他是名家学派的开山鼻祖和主要代表人物。③弹：古代指以竹为弦的弓。

【译文】有客人对梁王说："惠子谈论事情，擅长打比喻，君王叫他说话不用比喻，他就没法说了。"梁王说："好。"第二天召见惠子，梁王对惠子说："希望先生谈论事情就直说，不要打比喻。"惠子说："现在有人不知道弹弓是什么，请教'弹弓的形状像什么？'答：'弹弓的形状就像弹弓。'这样回答他是否明白呢？"梁王说："不明白。"于是惠子换了一种回答说："'弹弓的形状像弓，用竹做弦。'这样明白了吗？"梁王说："明白了。"惠子说："讲话的人，本来应该用人们明白的事物来比喻人们不明白的事物，这样才使人们听懂明白。现在您说'不要用比喻'，那做不到啊。"梁王说："好。"

11-9孟尝君寄客于齐王，三年而不见用，故客反谓孟尝君曰："君之寄臣也①，三年而不见用，不知臣之罪也，君之过也？"孟尝君曰："寡人闻之：缕因针而入，不因针而急；嫁女因媒而成，不因媒而亲。夫子之材必薄矣，尚何怨乎寡人哉？"客曰："不然！臣闻周氏之誉、韩氏之卢②，天下疾狗也。见菟而指属③，则无失菟矣；望见而放狗也，则累世不能得菟矣。狗非不能，属之者罪也。"孟尝君曰："不然！昔华舟、杞梁战而死，其妻悲之，向城而哭，隅为之崩，城为之阤④。君子诚能刑于内，则物应于外矣。夫土壤且可为忠，况有食谷之君乎？"客曰："不然！臣见鷦鸚巢于苇苕⑤，著之发毛，建之，女工不能为也，可谓完坚矣。大风至，则苕折卵破子死者，何也？其所托者使然也。且夫狐者，人之所攻也；鼠者，人之所熏也。臣未尝见稷狐见攻⑥，社鼠见熏也⑦，何则？所托者然也。"于是孟尝君复属之齐，齐王使为相。

【注释】①臣：原文为"目"，据明钞本改。②周氏之誉、韩氏之卢：周地的誉狗，韩地的卢狗。③菟：通"兔"。④阤（tuó）：崩塌、毁坏。⑤鷦鸚：动物名。燕雀目鷦鸚科。背及翼均为红褐色，有黑色斑点斑纹，尾短而竖立，善鸣唱。分布于高山区。会用草叶和毛发等构筑整齐舒适的小窝。苇苕：芦苇。⑥臣：原文为"目"，据明钞本改。稷狐：五谷庙中的狐。⑦社鼠：土地庙中的鼠。

【译文】孟尝君向齐王举荐门客，三年还没有任用他，所以门客就回来对孟尝君说："您把我举荐给齐王，三年都没有任用我，不晓得是我的罪过，还是您的过错？"孟尝君说："我听说过：线通过针穿进去，但是不能因为针加快缝补的速度；嫁女儿通过媒人才能成功，但是不能因为媒人使夫妻亲爱。您的能力一定微薄，又为何要埋怨我呢？"门客说："不是这样的！我听说周氏的詧、韩氏的卢，都是跑得飞快的猎犬。看见兔子就指给它，那么兔子总是逃不掉；如果远远看到兔子就放狗，那么好几代也抓不到兔子。狗不是没有能力，而是主人的过错。"孟尝君说："不是这样的！从前华舟和杞梁二人战死沙场，他们的妻子非常悲伤，向着城墙痛哭，墙角因为她们痛哭崩塌了，城墙也因为她们痛哭毁坏了。君子真正能在内心有分寸，那么就会表现在外界中。忠尚且可以感动土壤，何况吃粮食的君主呢？"客人说："不是这样的！我看见鹡鸰在芦苇上做窝，用的是毛发，建造得很精致，女工都做不到，可以说是完美又牢固了。但大风刮来，芦苇折断，蛋破鸟亡，为什么呢？那是它们依托的地方所造成的。况且狐狸，是人们所攻击的；老鼠，是人们所熏捕的。我还没有见过有人会攻击五谷庙中的狐狸，熏捕土地庙中的老鼠，为什么？这是因为它们依托的地方使它们免于受难啊。"于是孟尝君又向齐王举荐他，齐王任命他做宰相。

11-10 陈子说梁王[①]，梁王说而疑之曰："子何为去陈侯之国[②]，而教小国之孤于此乎？"陈子曰："夫善亦有道，而遇亦有时。昔傅说衣褐带索[③]，而筑于秕傅之城[④]，武丁夕梦旦得之[⑤]，时王也；甯戚饭牛康衢[⑥]，击车辐而歌《硕鼠》[⑦]，桓公得之，时霸也；百里奚自卖五羊之皮[⑧]，为秦人虏，穆公得之[⑨]，时强也。论若三子之行，未得为孔子骏徒也。今孔子经营天下，南有陈、蔡之阨，而北干景公，三坐而五立⑩，未尝离也。孔子之时不行，而景公之时怠也。以孔子之圣不能以时行说之怠，亦独能如之何乎？"

【注释】①陈子：即田子，由陈氏分化而来。②陈侯：此出陈侯应为田侯，即齐国田姓国君。③傅说（约前1335—前1246）：殷商时期卓越的政治家、军事家，辅佐殷商高宗武丁安邦治国，被尊称为"圣人"。衣褐带索：穿着粗布衣服，用绳索做腰带。带索，以绳索为衣带。形容贫寒清苦。原文为"带剑"，据向宗鲁《校证》引《墨子》和《帝王世纪》，认为"剑"应为"索"，故改。④秠傅：地名。傅，原文为"傅"，据向宗鲁《校证》改。⑤武丁（？—前1192）：子姓，名昭，即高宗。用傅说为相，使商朝政治、经济、军事、文化得到空前发展，史称"武丁盛世"。在位五十九年。⑥甯戚饭牛康衢：甯戚在大路旁喂牛。甯戚，姬姓，宁氏，名戚，齐国大夫。饭牛，喂牛，饲养牛。康衢，指四通八达的大路。⑦车辐：车的轮辐。《硕鼠》：原文为"顾见"，据向宗鲁《校证》依《吕氏春秋》高诱注文改。⑧百里奚（约前725—前621）：姜姓，百里氏，名奚，字子明，著名的政治家、思想家，秦穆公用五张黑羊皮从市井之中换回的一代名相，号五羖大夫。⑨穆公（前682—前621）：即秦穆公，嬴姓，赵氏，名任好，春秋时期政治家，秦国第九位国君。⑩三坐而五立：指孔子多次受到冷遇。

【译文】陈子游说梁王，梁王虽然高兴但又怀疑说："你为什么要离开齐侯这样的大国，来到这里教导我这个小国的君主呢？"陈子说："做好事有一定的法则，而遇到也讲究时机，从前傅说穿着粗布衣，用绳索做腰带，在秠傅修建城墙，商王武丁晚间梦见他，第二天早上便寻到他，他辅佐武丁成就王业；宁戚在大路旁喂牛，敲着车的轮辐唱着《硕鼠》的歌，齐桓公得到他，他辅佐齐桓公称霸；百里奚以五张羊皮把自己卖给了秦国，做了秦国的奴隶，秦穆公得到他，他使秦国成为强国。评论三个人的德行，还不能做孔子的高徒。现在孔子周游各国，南下在陈国、蔡国遇到困顿，北上追随齐景公，多次遭受冷遇，没有得到信用。这是孔子的时代不好，当时齐景公已经对孔子的学说感到倦怠。凭借孔子的圣明在当时还不能说服齐景公改变倦怠的态度，单单我一个人又能怎么样呢？"

11-11林既衣韦衣而朝齐景公①。齐景公曰："此君子之服也？小人之服也？"林既逡巡而作色曰②："夫服事何足以端士行乎？昔者荆为长剑危冠，令尹子西出焉③；齐短衣而遂沟之冠④，管仲、隰朋出焉⑤；越文身剪发，范蠡、大夫种出焉⑥；西戎左衽而椎结，由余亦出焉⑦。即如君言，衣狗裘者当犬吠，衣羊裘者当羊鸣，且君衣狐裘而朝，意者得无为变乎？"景公曰："子真为勇悍矣！今未尝见子之奇辩也。一邻之斗也，千乘之胜也？"林既曰："不知君之所谓者何也。夫登高临危，而目不眴⑧，而足不陵者，此工匠之勇悍也；入深渊，刺蛟龙，抱鼋鼍而出者⑨，此渔夫之勇悍也；入深山，刺虎豹，抱熊罴而出者⑩，此猎夫之勇悍也；不难断头裂腹，暴骨流血中原者，此武士之勇悍也。今臣居广廷，作色端辩，以犯主君之怒，前虽有乘轩之赏，未为之动也；后虽有斧质之威⑪，未为之恐也。

此既之所以为勇悍也。"

【注释】①韦衣：皮制的上衣，古时多为山野之民所服。②逡巡：因为有所顾虑而徘徊不前。③令尹子西（？—前479）：即公子申，字子西，芈姓，熊氏，名申，楚国令尹。太子建的弟弟。④遂沟之冠：原文为"遂偯之冠"，据向宗鲁《校证》据《太平御览》改。⑤隰（xí）朋（？—前644）：姜姓，春秋时期著名的齐国大夫，朋氏鼻祖。齐庄公曾孙。与管仲、鲍叔牙等共同辅佐齐桓公。⑥大夫种（？—前472）：即文种，也作文仲，字会，少禽，一作子禽，春秋末期著名的谋略家，越王勾践的谋臣，后定居越国。和范蠡一起为勾践最终打败吴王夫差立下赫赫功劳。灭吴后，自恃功高，不听从范蠡的劝告，后为勾践所不容，最后被勾践赐死。⑦由余：春秋时期晋国人。逃亡入戎，后降秦，由余为之出谋划策，帮助秦国攻伐西戎，并国十二，开地千里，称霸西戎，使秦穆公位列春秋五霸之一。⑧晌（xuàn）：古同"眩"，目眩。⑨鼋鼍（yuán tuó）：中国神话传说中是指巨鳖和猪婆龙（扬子鳄）。⑩熊罴（pí）：熊和罴，指猛兽。⑪斧质：即"斧锧"，古代一种腰斩刑具。将人放在砧板上，用斧砍断。

【译文】林既穿着用兽皮做的上衣去朝见齐景公。齐景公说："这是君子的服饰？还是小人的服饰？"林既徘徊不前，神情严肃地说："只看穿戴的服饰怎能衡量读书人的德行呢？从前楚国人佩长剑，戴高高的帽子，却出了令尹子西这样的人；齐国人穿短衣，戴遂沟样的帽子，却出了管仲、隰朋这样的人；越国人纹身还剪着短发，却出了范蠡、文种这样的人；西戎的人衣襟开在左边，盘着像锥一样的发髻，也出了由余这样的人。就像君王所说的，穿狗皮衣服的人应当学狗叫，穿羊皮衣服的人应当学羊叫，那君王是穿着狐皮衣服上朝的,按照您的意思不也应当有所改变吗?"
齐景公说:"你真可算为勇猛强悍的了!到现在还没有见过你这样
的诡辩。你这样是邻里间争斗的呢,还是能够胜过千乘国家的君
主呢?"林既说:"不知道君王说的什么意思。登上高耸危险的地
方两眼不花,两腿不晃,这是工匠的勇猛强悍;潜入深渊,刺杀蛟
龙,拖着巨鳖鳄鱼走出水面,这是渔夫的勇猛强悍;进入深山,刺
杀虎豹,抓住熊罴走出来,这是猎人的勇猛强悍;不怕砍掉脑袋,
撕开胸膛、曝尸荒野,流血郊野,这是武夫的勇猛强悍。现在我站
在宽广的朝廷中,脸上严肃,言辞诡辩,来激怒君王,前面虽有做官
的赏赐,我不为所动;后面虽然有腰斩的危险,我也不会害怕。这
就是我认为的勇猛强悍了。"

11-12 魏文侯与大夫饮酒,使公乘不仁为觞政[①],曰:"饮
不釂者,浮以大白[②]。"文侯饮而不釂[③],公乘不仁举白浮君,
君视而不应。侍者曰:"不仁退,君已醉矣。"公乘不仁曰:"《周
书》曰[④]:'前车覆,后车戒。'盖言其危。为人臣者不易,为君
亦不易。今君已设令[⑤],令不行,可乎?"君曰:"善!"举白而
饮,饮毕,曰:"以公胜不仁为上客。"

【注释】①公乘不仁:战国时期魏文侯时人。觞政:酒令,中国
民间饮酒时一种助兴取乐的游戏。②浮以大白:指罚饮一大杯酒。
浮,罚。大白,指酒杯。③不釂(jiào):原文为"不尽釂",据上文例
删"尽"。釂:饮尽杯中酒,指干杯。④《周书》曰:下引两句不见今
本《尚书·周书》,向宗鲁《校证》认为"周谚"之讹。⑤君:原文为

"吾"，据向宗鲁《校证》改。

【译文】魏文侯和大夫们一同喝酒，叫公乘不仁行酒令，说："喝酒不饮尽的，要罚大杯酒。"魏文侯喝酒没有饮尽，公乘不仁举起酒杯要罚魏文侯，魏文侯看见了却不回应。侍者说："公乘不仁退下，君王已经喝醉了。"公乘不仁说："《周书》中说：'前面的车子翻了，后面的车子要引以为戒。'这是说明危险性，做臣子不容易，做君王也不容易。现在君王已设立了酒令，但又不执行，这样可以吗？"魏文侯说："说的有道理！"举杯一饮而尽，喝完了酒，下令说："让公乘不仁做上宾。"

11-13襄成君始封之日①，衣翠衣，带玉剑，履缟舄②，立于流水之上③。大夫拥钟锤④，县令执桴号令⑤，呼谁能渡君者⑥。于是也，楚大夫庄辛过而说之⑦，遂造托而拜谒，起立曰："臣愿把君之手，其可乎？"襄成君忿（然）作色而不言⑧。庄辛迁延沓手而称曰⑨："君独不闻夫鄂君子皙之泛舟于新波之中也⑩？乘青翰之舟⑪，扱嫚芘⑫，张翠盖，而檎犀尾⑬，班丽袿衽⑭；会钟鼓之音毕，榜枻越人拥楫而歌⑮，歌辞曰：'滥兮抃草，滥予昌枻，泽予昌州，州锄州焉乎，秦胥胥缦予乎，昭澶秦逾，渗惿随河湖。'鄂君子皙曰：'吾不知越歌，子试为我楚说之。'于是乃召越译，乃楚说之曰：'今夕何夕兮，搴舟中流；今日何日兮，得与王子同舟？蒙羞被好兮，不訾诟耻⑯；心几顽而不绝兮，得知王子。山有木兮木有枝，心说君兮君不知。'于是鄂君子皙乃揄修袂⑰，行而拥之，举绣被而覆之。鄂君子皙亲楚王母弟也，官为令尹，爵为执圭⑱，一榜枻越人犹得交欢尽意焉。今君何以逾于鄂君子皙？臣独何以不若榜枻之人？愿把君之手，其不可何也？"襄成君乃奉手而进之曰："吾少之时，亦尝以色称于长者矣，未尝遇僇如此之卒也⑲。自今以后，愿以壮少之礼谨受命。"

【注释】①襄成君：战国晚期楚国人。②缟：指未经染色的绢。舄（xì）：重木底鞋，古时最尊贵的鞋，多为帝王大臣穿。③流水：原文为"游水"，据向宗鲁《校证》引卢文弨说改。④钟锤：原文为"钟种"，据明钞本改。⑤桴：击鼓的槌。原文为"将"，据明钞本改。⑥君：原文作"王"，襄成君不应称王，据上下文例改。⑦庄辛：庄氏，名辛。纪郢人。战国时楚封君。面责楚王："专淫逸侈靡，不顾国政，郢都必自危！"后秦军攻占郢都，顷襄王悔悟，从赵国将他召至城阳。他再陈亡羊补牢之策。顷襄王乃收东境兵10余万，收回江南。顷襄王授庄辛以执圭，赐予淮北之地，封为阳陵君。说，古同"悦"。⑧忩（然）：原文"然"字脱，据向宗鲁《校证》补。⑨迁延：退却，后退。⑩鄂君子皙：即楚共王之子公子黑肱，字子皙，封为鄂城君。⑪青翰之舟：舟名，刻饰鸟形，涂以青色，故称。青翰，亦称"青庄"。信天翁的别称。⑫扱幔芘：挂上帷幔。扱，同"插"。原文为"极蔛芘"，"极"，孙诒让疑为"插"，认为"蔛"当为"幔"，"芘"与"蔽"同，此说可从，故改。⑬班（dá）：插上。⑭班：古同"斑"。袿：古同"褂"，衣后襟。⑮榜枻（bǎng yì）：船桨。引申为使船。⑯不訾：不毁谤，不诋谤。⑰揄：挥动，牵引。原文作"擒"，据向宗鲁《校证》引《史记》改。⑱执圭：亦作"执珪"。先秦楚国爵位名。圭以区分爵位等级，使执圭而朝，故名。泛指封爵。⑲遇僇

(lù)：受辱。

　　【译文】襄成君在开始受封那天，穿着翠鸟羽毛装饰的衣裳，佩带着玉剑，脚上穿着白绢做成的重底鞋子，站在水边。大夫们抱着钟锤，县令们拿着鼓槌在发布号令，呼喊谁能够渡君王过河。在这时，楚大夫庄辛正好经过看到了很高兴，就托词拜见，站起来说："我想握住君王的手，可以吗？"襄成君露出生气的神色，不讲话。庄辛后退几步，双手交叠说："君王难道没有听过鄂君子晳在新波中乘舟游玩的事吗？当时他乘坐着刻有青色鸟形的船，挂着避风的帐幔，张设翠鸟羽毛的伞盖，旗子上插着犀牛的尾巴，服饰斑斓华丽；正当钟鼓的声音停止时，一个越国的船夫抱着船桨唱着歌，歌辞是：'滥兮抃草，滥予昌枑，泽予昌州，州州焉乎，秦胥胥缦予乎，昭澶秦逾，渗惿随河湖。'鄂君子晳说：'我听不懂越歌，请你试着用楚国的话解说一下。'于是就召来了一个越语翻译，用楚国话解说：'今晚是怎样的夜晚，我驾着小舟在河上漫游；今天是个什么日子，我有幸地能和王子同舟？深蒙错爱，不因我的身份而嫌弃我；心绪纷乱不止，因为能够结实王子。山上都有树木，每棵树木都有分枝，我内心喜欢您，您却不知道。'于是鄂君子晳挥动长袖，走过去拥抱船夫，拿着绣被去覆盖在他身上。鄂君子晳是楚王的同母兄弟，官做到令尹，爵位是执珪，一个越国的船夫都能和他一同欢乐尽意。现在君王凭什么能超越鄂君子晳？我又有什么不如一个船夫？希望握住君王的手，为什么不行呢？"于是襄成君伸手向前说："我年少时，也曾经因为容貌受到长者的夸赞，没有像今天这样突然受到羞辱。从今以后，愿以年轻人对成年人的礼节恭敬地接受先生的教导。"

11-14雍门子周以琴见乎孟尝君①。孟尝君曰:"先生鼓琴,亦能令文悲乎?"雍门子周曰:"臣何独能令足下悲哉!臣之所能令悲者:有先贵而后贱,先富而后贫者也;不若身材高妙,适遭暴乱无道之主,妄加不道之理焉;不若处势隐绝,不及四邻,讪折傆厌②,袭于穷巷,无所告愬③;不若交欢相爱,无怨而生离,远赴绝国,无复相见之时;不若少失二亲,兄弟别离,家室不足,忧瘁盈胸。当是之时也,固不可以闻飞鸟疾风之声,穷穷焉固无乐已④。凡若是者,臣一为之,徽胶援琴而长太息⑤,则流涕沾衿矣。今若足下,千乘之君也。居则广厦邃房,下罗帷,来清风,倡优侏儒处前,迭进而诎谀;燕则斗象棋而舞郑女⑥,激楚之切风⑦,练色以淫目,流声以虞耳⑧;水游则连方舟⑨,载羽旗,鼓吹乎不测之渊;野游则驰骋弋猎乎平原广囿⑩,格猛兽;入则撞钟击鼓乎深宫之中。方此之时,视天地曾不若一指,忘死与生,虽有善鼓琴者,固未能令足下悲也。"孟尝君曰:"否,否!文固以为不然。"雍门子周曰:"然臣之所为足下悲者,一事也:夫声敌帝而困秦者,君也;连五国之约南面而伐楚者,又君也。天下未尝无事,不从则横⑪。从成则楚王,横成则秦帝。楚王秦帝,必报仇于薛矣。夫以秦、楚之强而报仇于弱薛,譬之犹摩萧斧而伐朝菌也⑫,必不留行矣⑬。天下有识之士,无不为足下寒心酸鼻者。千秋万岁之后,庙堂必不血食矣。高台既以坏,曲池既已渐⑭,坟墓既已平而青廷矣⑮,婴儿竖子樵采薪荛者,踯躅其足而歌其上⑯。众人见之,无不愀焉为足下悲之⑰,曰:'夫以孟尝君尊贵,乃可使若此乎？'"于是孟尝君泫然⑱，泣涕承睫而未殒⑲。雍门子周引琴而鼓之，徐动宫徵，微挥羽角，切终而成曲。孟尝君涕浪汗增欷⑳，（下）而就之曰㉑："先生之鼓琴，令文立若破国亡邑之人也。"

【注释】①雍门子周：战国时齐国琴家，名周，他居住在齐国的首都西门，当时称"雍门"，故以为号，亦称雍门子或雍门子周。②诎（qū）折：屈曲。傂庡：排斥，摈弃。③告愬（shuò）：诉说，申诉。愬，原文作"忽"向宗鲁《校证》改为"愬"。④穷穷：谓极其困苦。⑤徽胶援琴：调整琴弦弹琴。徽，系琴弦的绳。⑥燕：古同"宴"，宴饮。⑦激楚：高亢凄清。切：原文为"功"，据向宗鲁《校证》依卢文弨校改。⑧虞：古同"娱"，安乐。⑨方舟：两船相并。⑩囿（yòu）：养动物的园子。⑪从：同"纵"，指合纵。横：指连横。⑫摩：古同"磨"，磨擦。萧斧，古代兵器斧钺。⑬留行：指阻挡，阻碍。⑭渐：通"堑"，壕沟。⑮廷：通"庭"，庭院，院子。平：原文为"下"，据向宗鲁《校证》依卢文弨校改。⑯踟蹰（zhí zhú）：同"踯躅"。徘徊不前的样子。⑰愀（qiǎo）：脸色改变，多指悲伤、严肃。⑱泫然：流泪的样子。⑲殒：古同"陨"，坠落。⑳欷：抽泣。㉑下：原文脱，据向宗鲁《校证》引诸书补。

【译文】雍门子周带着琴去见孟尝君。孟尝君说："先生弹琴，也能使我悲伤吗？"雍门子周说："我怎能使您悲伤呢！我能够这些人感到悲伤：有先前贵极一时而后变得低贱，有先前家境富有而后清贫如洗的人；要不就是德才兼备，却遇到暴乱无道的君主，给他乱加一些大逆不道罪名的人；要不就是与世隔绝，不与四邻往来，遭受委屈和摈弃，隐居在陋巷中，无处诉说的人；要不就是两人相亲相爱，相互没有怨恨但活生生的分离，到极远的邦国，彼此没有再相见的机会的人；要不就是少小失去双亲，兄弟分离，家室不全，忧愁悲伤满怀的人。在这个时候，本来就听不到飞鸟疾风的声音，穷困潦倒，没有一点喜乐。像这样的人，我一弹琴，调整固定好琴弦弹奏乐曲，他们就长吁短叹，涕泪横流，沾湿衣襟了。现在像您这样，是千乘国家的君主。住在高大深广的宫房中，放下丝绸的帷幔，吹来徐徐清风，表演歌舞杂技的艺人在您面前，轮番谄媚阿谀；宴饮时就下象棋看着郑国舞女跳舞，歌声高亢凄清而随风飘扬，挑选美色大饱眼福，流转歌声享尽；在水面上游览就把船只连起来，插上羽饰的旌旗，在深不可测的水上鼓吹作乐；野外游玩时就在平原和宽广的园林中骑马奔驰打猎，击杀猛兽；回到宫中就以撞击钟鼓为乐。在这时，看待天地都比不过一个手指，忘却生死，即使有善于弹琴的人，也不能让您感到悲伤啊。"孟尝君说："不对，不对！我认为不是这样。"雍门子周说："我还有一件事为您感到悲伤：名声和帝王相当并使秦国受困的，是您；与五国结盟向南讨伐楚国的，又是您。天下未曾太平无事，要么合纵要么连横。合纵成功则楚国会称王，连横成功则秦王会称帝。不管是楚国称王还是秦王称帝，都必定向薛地报仇。以秦、楚那样的强国向弱小的薛地报仇，就好像用磨得很锋利的斧子去砍朝菌，绝对没有什么可阻挡的了。天下的有识之士，没有不为您心寒流泪的。千万年后，您的庙堂不再会有人祭祀了。高大的楼台已经损坏，曲折婉转的园池已经成壕沟了，坟墓倒塌，庭院里长满青草，小孩或割草砍柴的人，都在上面徘徊采踏唱歌。众人看见这情景，没有谁不为您感到悲伤，说："像孟尝君那样尊贵的人，怎么死后会是这样的呢呢？'"于是孟尝君就像要流泪的样子，热泪盈眶但未掉下来。雍门子周弹起琴来，慢慢拨动宫徵，轻轻弹起羽角，调协音律弹成一曲。孟尝君涕泗横流抽泣着，从座位上下来走向雍门子周说："先生弹琴，使我立刻觉得自己就像一个国破家亡的人。"

11-15蘧伯玉使至楚①，逢公子晳濮水之上②，子晳接草而待③，曰："敢问上客将何之？"蘧伯玉为之轼车④。公子晳曰："吾闻上士可以托色，中士可以托辞，下士可以托财。三者固可得而托身耶？"蘧伯玉曰："谨受命！"蘧伯玉见楚王，使事毕，坐谈语，从容言至于士。楚王曰："何国最多士？"蘧伯玉曰："楚最多士。"楚王大悦。蘧伯玉曰："楚最多士，而楚不能用。"王造然曰："是何言也？"蘧伯玉曰："伍子胥生于楚⑤，逃之吴，吴受而相之，发兵攻楚，堕平王之墓。伍子胥生于楚而吴善用之。釁蚠黄生于楚⑥，走之晋，治七十二县，道不拾遗，民不妄得，城郭不闭，国无盗贼。蚠黄生于楚而晋善用之。今者臣之来，逢公子晳濮水之上，辞言'上士可以托色，中士可以托辞，下士可以托财。三言者，固可得而托身耶⑦？'又不知公子晳将何治也？"于是楚王发使一驷，副使二乘，追公子晳濮水之上。子晳还，重于楚，蘧伯玉之力也。故《诗》曰："谁能烹鱼？溉之釜鬵⑧；孰将西归，怀之好音？"此之谓也。物之相得，固微甚矣。

【注释】①蘧（qú）伯玉（约前585—前484以后）：姬姓，蘧

氏，名瑗，字伯玉，春秋时期卫国大臣，相传他"年五十而知四十九
年非"。后世追封内黄侯。②公子皙：据向宗鲁《校证》疑与前文鄂
君子皙为同一人。濮水：古代水名。流经古菏泽区域的一条重要河
流，是雷夏泽和巨野泽的水源之一。③接草：孙诒让疑为"捽草"，
即拔草。④轼车：在车上凭轼致敬。⑤伍子胥（前559—前484）：
名员，又名芸，字子胥，楚国人，春秋时期吴国大夫、军事家。以封
于申，也称申胥。⑥釁（xìn）蚡黄：即苗贲皇，芈姓，斗氏，名贲皇，
因至晋国后采邑于苗，遂以食邑为氏，故称苗贲皇。春秋时期人物，
楚国令尹斗越椒之子。⑦托身：据上文，"身"字疑衍。⑧釜鬵（fǔ
zèng）：釜和鬵，皆古代炊具。

【译文】蘧伯玉出使到楚国，在濮水边遇到公子皙，子皙边
拔草边等他，说："请问贵客要去哪？"蘧伯玉在车上凭轼向他致
意。公子皙说："我听说上等贤德的人可以用神色委托他，中等
一般人的可以用言辞委托他，下等浅俗的人可以用钱财委托他。
这三种哪一种可以委托您？"蘧伯玉说："我恭谨地接受您的嘱
咐！"蘧伯玉拜见楚王，出使的事情办好后，两人坐下闲谈，自然谈
到了士人。楚王问："哪一个国家士人最多？"蘧伯玉回答："楚国的
士人最多。"楚王非常高兴。蘧伯玉又说："楚国的士人最多，但楚
国不能任用他们。"楚王不安地说："这话什么意思？"蘧伯玉说：
"伍子胥生于楚国，逃到吴国，吴国任命他做国相，后来出兵攻打
楚国，损毁了楚平王的坟墓。伍子胥生于楚国而吴国却能够很好地
任用他。釁蚡黄生于楚国，走到晋国，治理七十二个县，路上没有
人捡别人丢失的东西，老百姓不索要非分的财物，城门不闭，城中
没有盗贼。蚡黄生于楚国而晋国却能够很好地任用他。现在我来
到楚国，在濮水边遇到公子皙，他告诉我说：'上等贤德的人可以

用神色委托他，中等一般人的可以用言辞委托，下等浅俗的人可以用钱财委托。这三种情况，哪一种可以委托您？'又不知公子皙将来有什么计划？"于是楚王派遣使者驾驶一辆四匹马的车子，副使驾着两辆车子，到濮水边追回公子皙。公子皙回到楚国，受到重用，完全是蘧伯玉的力量啊。所以《诗经》上说："谁会煮鱼？我为他洗涤锅铲；谁要西归故乡，为我带回安好的信息？"就是这个意思。事物相互融洽，本来就是很微妙的。

11-16叔向之弟羊舌虎善栾逞①。逞有罪于晋，晋诛羊舌虎，叔向为之奴。既而，祁奚曰②："吾闻小人得位，不争不义③；君子在忧④，不救不祥。"乃往见范桓子而说之曰⑤："闻善为国者，赏不过，刑不滥。赏过则惧及淫人，刑滥则惧及君子。与不幸而过，宁过而赏淫人，无过而刑君子。故尧之刑也，殛鲧于羽山而用禹⑥；周之刑也，僇管、蔡而相周公⑦：不滥刑也。"桓子乃命吏出叔向。救人之患者，行危苦而不避烦辱，犹不能免；今祁奚论先王之德，而叔向得免焉，学岂可已哉！

【注释】①叔向：姬姓，羊舌氏，名肸，字叔向，又字叔誉，又称叔肸、杨肸。春秋后期晋国贤臣，政治家、外交家。出身晋国公族，和晏婴、子产是同时代人。羊舌虎（？—前552）：复姓羊舌，名虎，也称叔虎，春秋时期晋国大夫，因党于栾盈被杀。栾逞（？—前550）：姬姓，栾氏，名盈，一作"逞"，因避讳西汉惠帝，谥怀，称栾怀子。栾逞，原文误作"乐达"。据向宗鲁《校证》仪卢文弨校改。②祁奚（前620—前545）：姬姓，祁氏，名奚，字黄羊，春秋时期晋国人，因食邑于祁（今祁县），遂为祁氏。③争：同"诤"，规劝。④在忧：原文为"所忧"，据向宗鲁《校证》引《吕氏春秋》改。⑤范桓子（？—前548）：祁姓，士氏，按封地又为范氏，名匄（gài），谥号宣。范文子士燮之子，又称范宣子。春秋时期晋国法家先驱，军事人物，政治人物。⑥殛（jí）：一为流放，出自《史记·夏本纪》，一为杀死，出自《书经·舜典》。鲧（gǔn）：传说是夏禹的父亲。⑦僇：通"戮"，杀戮。管、蔡：即管叔蔡叔，都是周初三监之一。管叔（？—前1039），姬姓，名鲜，周文王姬昌与太姒所生第三子，蔡叔，姬姓，名度，世称蔡叔度，周文王姬昌与太姒所生第五子。

【译文】叔向的弟弟羊舌虎和栾逞彼此友好。栾逞在晋国犯了法，晋国杀了羊舌虎，叔向也做了奴隶。不久，祈奚说："我听说小人得势，不规劝就是不义；君子在忧患中，不去相救是不吉祥的。"于是就去拜见范桓子并劝告他说："听闻善于治理国家的人，奖赏不会过度，刑罚不会滥用。如果奖赏过度，怕会赏到邪恶的人，如果刑罚滥用，怕会伤及君子。万一过分了，宁可过度奖赏邪恶的人，也不能过度惩罚君子。所以尧的刑罚，鲧死于羽山，却重用了鲧的儿子禹；周朝的刑罚，杀管叔、蔡叔，却用周公辅佐周天子：这就是不滥用刑罚。"于是范恒子命令官吏放了叔向。救助别人于危难之中，他的行为往往危险艰难还要不怕繁重琐碎，有时还不能解救别人；现在祈奚谈论先王的德政，就在危难中解救了叔向，学习请教怎么能停止呢！

11-17张禄掌门见孟尝君曰①："衣新而不旧，仓庾盈而不虚，为之有道，君亦知之乎？"孟尝君曰："衣新而不旧，则是修也；仓庾盈而不虚，则是富也。为之奈何？其说可得闻乎？"张禄曰："愿君贵则举贤，富则振贫，若是则衣新而不旧，仓庾盈而不虚矣。"孟尝君以其言为然，说其意，辩其辞，明日使人奉黄金百斤，文织百纯②，进之张先生，先生辞而不受。后先生复见孟尝君，孟尝君曰："前先生幸教文曰：'衣新而不旧，仓庾盈而不虚，为之有说，汝亦知之乎？'文窃说教③，故使人奉黄金百斤，文织百纯，进之先生，以补门内之不赡者④，先生曷为辞而不受乎？"张禄曰："君将掘君之偶钱⑤，发君之庾粟以补士，则衣弊履穿而不赡耳，何暇衣新而不旧，仓庾盈而不虚乎？"孟尝君曰："然则为之奈何？"张禄曰："夫秦者，四塞国也，游宦者不得入焉。愿君为吾为丈尺之书⑥，寄我与秦王。我往而遇乎，固君之入也；往而不遇乎，虽人求间谋，固不遇臣矣。"孟尝君曰："敬闻命矣。"因为之书，寄之秦王。往而大遇，谓秦王曰："自禄之来，入大王之境，田畴益辟，吏民益治，然而大王有一不得者，大王知之乎？"王曰："不知。"曰："夫山东有相，所谓孟尝君者，其人贤人。天下无急则已，有急则能收天下英义雄俊之士⑦，与之合交连友者，疑独此耳。然则大王胡不为我友之乎？"秦王曰："敬受命⑧。"奉千金以遗孟尝君。孟尝君辍食察之而寤⑨，曰："此张生之所谓衣新而不旧，仓庾盈而不虚者也。"

【注释】①张禄（？—前255）：即范雎，战国时期秦昭王相。魏国人。字叔。范雎由魏逃至秦，但孟尝君死于范雎入秦之前，与孟尝君无涉，可能是同名的另一人。掌门：向宗鲁《校证》疑为"踵门"，亲自上门。②纯：量词，也可以意为"匹"。③窃：用作表示自己的谦辞。说：同"悦"。④不赡：不足。⑤偶钱：即"寓钱"，纸冥钱。古时祭祀或丧葬时用圭璧币帛，祭毕埋在地下，因常被盗，其后或用范土为钱，以代真钱，魏晋以后又改用纸钱。因以纸替代真钱，故称寓钱。⑥丈尺之书：向宗鲁《校证》引诸说，认为应当作"咫尺之书"。⑦乂（yì）：才德突出的人。⑧命：原文为"令"，据明钞改。⑨寤：古同"悟"，理解，明白。

【译文】张禄亲自登门求见孟尝君说："衣服常新不旧，仓库装满不空，做到这样的办法，您也知道吗？"孟尝君说："衣服常新不旧，是因为修整；仓库装满不空，是因为富有。怎么做到这些？其中道理你可以说给我听听吗？"张禄说："希望您显贵了要举荐贤能之人，富有了要接济穷人，这样就可以使衣服常新不旧，仓库装满不空。"孟尝君认为他说得有道理，赞赏他的用意，分析所说的道理，次日派人奉上黄金百斤，有花纹的丝绸百匹，赠给张禄，张禄推辞不肯接受。后来张禄又拜见孟尝君，孟尝君说："以前有幸遇到先生教导我说：'衣服常新不旧，仓库装满不空，做到这样的办法，您也知道吗？'我自己欣赏您的教导，所以派人奉上黄金百斤，有花纹的丝绸百匹，赠给先生，以弥补先生家里生活不充裕的人，先生为什么推辞不接受呢？"张禄说："如果您要挖出陪葬的钱，打开您的粮仓来救助士人，就算弄到衣服破败，鞋子穿孔也供不上啊，怎么还会顾及衣服常新不旧，仓库装满不空呢？"孟尝君说："那该怎么办呢？"张禄说："秦国，是个四面险要的国家，游学求官的人很难进去。希望您帮我写封信，把我介绍给秦王。我前去如果受到赏识，这是您帮我；我前去如果没有受到赏识，即使用各种方法从中谋划也无效，那就是我不得志了。"孟尝君说："我听从您的请求。"因此就写了封信，将他介绍给了秦王。张禄前往秦国受到重用，张禄对秦王说："自从我来到秦国，进入大王的国家，田地更加宽广了，官吏和百姓治理得更好了，但是大王还有一样东西没有得到，大王知道是什么吗？"秦王说："不知道。"张禄说："齐国有个国相，叫孟尝君，这个人是个贤能之人。天下没有要紧的事情也罢了，如果有要紧的事情，他能召集天下英雄豪杰，并能和这些人联合成为朋友的，我想只有此人吧。那么大王何不为自己跟他交好呢？"秦王说："我恭敬地听从您的意见。"于是派人奉上千金赠给孟尝君。孟尝君正在吃饭，他停下来想了想然后明白了，说："这就是张先生所说的衣服常新不旧，仓库装满不空的道理啊。"

11-18庄周贫者①，往贷粟于魏文侯。曰："待吾邑粟之来而献之。"周曰："乃今者周之来见，道傍牛蹄中有鲋鱼焉②，大息谓周曰③：'我尚可活也！'周曰：'须我为汝南见楚王，决江、淮以溉汝。'鲋鱼曰：'今吾命在盆瓮之中耳④，乃为我见楚王，决江、淮以溉我，汝即求我枯鱼之肆矣。'今周以贫故来贷粟，而曰须我邑粟来也而赐臣，即来，亦求臣佣肆矣⑤。"文侯于是乃发粟百钟⑥，送之庄周之室。

【注释】①庄周（约前369—前286）：庄氏，名周，字子休（一作子沐），汉族，是我国战国中期时期伟大的思想家、哲学家、文学家。庄子原系楚国公族，楚庄王后裔，后因乱迁至宋国，是道家学说的主要创始人。与道家始祖老子并称为"老庄"，他们的哲学思想体系，被思想学术界尊为"老庄哲学"，庄子主张"天人合一"和"清静无为"。代表作《庄子》。②鲋鱼：即鲫鱼。③大息：即太息，长叹。④盆瓮：原文为"瓮甏"，据明钞本改。⑤佣肆：出卖劳力的市场。肆：集市，市场。⑥钟：古容量单位，合六斛四斗。

【译文】庄周贫穷时，去向魏文侯借粮食。魏文侯说："等我封地缴来粮食，我再送给你。"庄周说："今天我来的时候，看见路边牛蹄踩成的水坑中有条鲋鱼，它叹口气告诉我说：'我还可以活命啊！'我说：'等我为你南下拜见楚王，掘开长江、淮水来灌溉你。'鲋鱼说：'现在救我只要一盆水就可以，等你为我拜见楚王，掘开长江、淮水来灌溉我，那你只能到卖干鱼的市场上找我了。'现在我因为贫穷来借粮食，您却说等我封地缴来粮食再赏赐你，即使等到粮食缴上来，也只能到劳力市场上去找我了。"于是魏文侯就拿出百钟粮食，派人送到庄周的家里。

11-19 晋平公问叔向曰："岁饥民疫，翟人攻我①，我将若何？"对曰："岁饥，来年而反矣；疾疫，将止矣；翟人，不足患也。"公曰："患有大于此者乎？"对曰："夫大臣重禄而不极谏②，近臣畏罪而不敢言，左右顾宠于小官而君不知③，此诚患之大者也。"公曰："善！"于是令国中曰："欲有谏者为之隐，左右言及国史，罪。"

【注释】①翟：古同"狄"，北方的民族。②极谏：尽力规劝，多用于臣下对君主。③顾宠: 眷顾宠信, 收买拉拢。

【译文】晋平公请教叔向说:"一年中遭受饥荒, 百姓感染瘟疫, 北方的狄人又来攻打我国, 我将怎么办?"叔向答:"一年中的饥荒, 第二年就能恢复正常; 瘟疫疾病, 不久也将会停止; 狄人进攻, 也不足为患。"晋平公说:"还有比这更可怕的祸患吗?"叔向答:"大臣只贪图爵禄不尽力规劝君主, 近臣怕得罪君主也不敢说话, 左右宦官收买拉拢小官但君上不知道, 这才是最大的忧患。"晋平公说得好!"于是在国中下令说:"故意隐瞒要向我进谏的人, 左右亲近的人挟私议论国家大臣, 都要治罪。"

11-20赵简子攻陶①, 有二人先登, 死于城上。简子欲得之, 陶君不与。承盆疽谓陶君曰②:"简子将掘君之墓以与君之百姓市曰:'蹦邑梯城者, 将赦之; 不者, 将掘其墓, 朽者扬其灰, 未朽者辜其尸③。'"陶君惧, 请效二人之尸以为和④。

【注释】①赵简子(?—前476): 即赵鞅, 春秋时期晋国赵氏的领袖, 原名赵鞅, 又名志父, 亦称赵孟。赵氏孤儿赵武之孙。杰出的政治家、军事家、外交家、改革家, 是赵国基业的开创者。陶邑: 地名, 今在山东菏泽。②承盆疽: 春秋时期晋国人。③辜: 肢解, 分裂肢体。④效: 呈现, 这里指献出。

【译文】赵简子攻打陶邑, 有两个人抢先登上城墙, 死在城上。赵简子想得到这两个人的尸体, 陶君不给。承盆疽告诉陶君说:"赵简子将要以挖您的祖坟为条件和您的百姓交易, 说:'翻越城墙来投降的人, 就赦免他; 否则, 就挖他们祖坟, 已经腐朽的尸体就把骨灰扬掉，没有腐朽的尸体就分裂它。'"陶君害怕了，便献出两人的尸体来谈和。

11-21子贡见太宰嚭^①。太宰嚭问曰："孔子何如？"对曰："臣不足以知之。"太宰曰："子不知，何以事之？"对曰："惟不知，故事之。夫子其犹大山林也，百姓各足其材矣。"太宰嚭曰："子增夫子乎^②？"对曰："夫子不可增也。夫赐其犹一累壤也^③，以一累壤增大山，不益其高^④，且为不知^⑤。"太宰嚭曰："然则子有所酌也^⑥？"对曰："天下有大樽，而子独不酌焉，不识谁之罪也？"

【注释】①子贡（前520—前456）：孔子的弟子。姓端木，名赐，字子贡。春秋时期卫国人。儒商鼻祖，孔门十哲之一，善于雄辩，且有干济才，办事通达，曾任鲁国、卫国的丞相。还善于经商，是孔子弟子中的首富。太宰嚭（pǐ）：伯氏，名嚭（一作否），一作帛喜、白喜，字子馀。春秋时期吴国大臣。楚大夫伯州犁之孙，出亡奔吴，吴以为大夫，后任太宰，故称太宰嚭。②增：增益。③累壤：一堆土。累，堆积，集聚。④高：原文为"而"，据明钞本改。⑤知：古同"智"，智慧。⑥酌：本意为舀取，这里指获取。

【译文】子贡拜见太宰嚭。太宰嚭问他："孔子这个人怎么样？"答："我还不够了解他。"太宰说："你不了解，如何侍奉他呢？"答："正因为不了解，所以要侍奉他。夫子就像广大的山林一样，都能满足百姓所需的东西。"太宰嚭说："你对夫子有没有什么增益呢？"答："夫子是不需要别人增益什么。我就像一堆土，用一堆土去增高大山，不仅不会增高大山，并且是没有智慧的举动。"太宰豁说："那么你从夫子那里能获得什么呢？"答："天下有大酒樽，但只有你不去饮，不知是谁的罪过啊？"

11-22赵简子问子贡曰："孔子为人何如？"子贡对曰："赐不能识也。"简子不说，曰："夫子事孔子数十年，终业而去之①，寡人问子，子曰'不能识'，何也？"子贡曰："赐譬渴者之饮江海，知足而已。孔子犹江海也，赐则奚足以识之②？"简子曰："善哉，子贡之言也！"

【注释】①终业：完成结束学业。②奚：文言疑问代词，相当于"胡""何"。

【译文】赵简子问子贡说："孔子的人品怎么样？"答："我不知道。"赵简子不高兴，说："先生侍奉孔子几十年，结束了学业才离开他，我问你，你说'不知道'，为什么？"子贡说："我就像一个口渴的人去江海里喝水，知道解渴罢了。孔子好像江海，我怎么能了解他呢？"赵简子说："子贡说得有理！"

11-23齐景公谓子贡曰："子谁师？"曰："臣师仲尼。"公曰："仲尼贤乎？"对曰："贤。"公曰："其贤何若？"对曰："不知也。"公曰："子知其贤，而不知其奚若，可乎？"对曰："今谓天高，无少长愚智皆知高。高几何？皆曰不知也。是以知仲尼之贤而不知其奚若。"

【译文】齐景公对子贡说："你的老师是谁？"子贡说："我的老师是仲尼。"齐景公说："仲尼贤能吗？"答："贤能！"齐景公说："他如何贤能呢？"答："我不知道。"齐景公说："你知道他贤能，但不知道如何贤能，这行吗？"答："现在如果说天很高，无论年轻的年长的蠢笨的聪明的都知道天很高，但有多高呢？大家都说不知道。所以我知道仲尼贤能但不知道他如何贤能。"

11-24 赵襄子谓仲尼曰[①]："先生委质以见人主[②]，七十君矣，而无所通。不识世无明君乎？意先生之道固不通乎？"仲尼不对。异日，襄子见子路，曰："尝问先生以道，先生不对。知而不对，则隐也。隐则安得为仁？若信不知[③]，安得为圣？"子路曰："建天下之鸣钟而撞之以梃[④]，岂能发其声乎哉？君问先生，无乃犹以梃撞乎？"

【注释】①赵襄子（？—前425）：嬴姓，赵氏，名无恤，亦作毋恤。春秋末叶晋国卿，赵氏家族首领，战国时期的赵国的奠基人。谥号为"襄子"，故史称"赵襄子"。与其父赵鞅（即赵简子）并称"简襄之烈"。②委质：亦作"委挚""委贽"。向君主献礼，表示献身。③信：果真，的确。④梃：通"莛"，草茎。

【译文】赵襄子对仲尼说："先生卑躬屈膝晋见诸侯，已经有七十位君主了，但是没有国家可以畅通无阻。不晓得是世界上没有贤明的君主？还是先生的学术本来就行不通？"仲尼没有回答。过了几天，赵襄子见到子路，说："我曾经请教先生过他的学术，先生不回答。如果知道不回答，就是刻意隐瞒。隐瞒怎能算是仁爱呢？如果的确不知道，又怎能称作圣人呢？"子路说："建造一口天下鸣钟但用草茎去敲它，怎么能发出响声呢？您这样请教先生，不就像用草茎去敲钟吗？"

11-25卫将军文子问子贡曰①："季文子三穷而三通②，何也？"子贡曰："其穷事贤，其通举穷，其富分贫，其贵礼贱。穷而事贤则不侮，通而举穷则忠于朋友，富而分贫则宗族亲之，贵而礼贱则百姓戴之。其得之固道也，失之命也。"曰："失而不得者，何也？"曰："其穷不事贤，其通不举穷，其富不分贫，其贵不礼贱。其得之命也，其失之固道也。"

【注释】①卫将军文子：即子南弥牟，字子之，又名木，卫灵公幼子卫公子郢之子。公子郢字子南，他的儿子弥牟以子南为氏。弥牟作为公孙，担任卫国的将军，在卫悼公时担任国相，死后谥号文。②季文子（？—前568）：即季孙行父。季孙行父之"孙"为尊称，"季孙"并不是氏称。春秋时期鲁国正卿，姬姓，季氏，谥文，史称"季文子"。公元前601年至公元前568年执政，卒于鲁襄公五年十二月辛未（前568年12月3日）。

【译文】卫将军文子请教子贡说："季文子三次穷苦，三次通达，为什么呢？"子贡说："他穷苦的时候侍奉贤德的人，他通达的时候举荐穷苦的人，他富有的时候布施财物给贫穷的人，他显贵的时候礼待卑贱的人。穷苦的时候不轻慢贤德的人，通达的时候举荐穷苦的人就是忠于朋友，富有的时候布施贫穷的人会使宗族亲近，显贵的时候礼待卑贱的人会受百姓爱戴。他得志是因为道义，失意是因为个人命运。"卫将军文子又说："有失意而终不能得志的，这是为什么？"子贡说："那是因为他穷苦的时候不侍奉贤德的人，他通达的时候不举荐穷苦的人，他富有的时候不布施贫穷的人，他显贵的时候不礼待卑贱的人。他得志是因为命运，他失意是也是因为道义。"

11-26子路问于孔子曰："管仲何如人也？"子曰："大人也。"子路曰："昔者管子说襄公，襄公不说①，是不辩也；欲立公子纠而不能②，是无能也；家残于齐而无忧色，是不慈也；桎梏而居槛车中无惭色③，是无愧也；事所射之君，是不贞也；召忽死之④，管子不死，是无仁也。夫子何以大之？"子曰："管仲说襄公，襄公不说，管子非不辩也，襄公不知说也；欲立公子纠而不能，非无能也，不遇时也；家残于齐而无忧色，非不慈也，知命也；桎梏居槛车而无惭色，非无愧也，自裁也⑤；事所射之君，非不贞也，知权也；召忽死之，管子不死，非无仁也；召忽者，人臣之材也，不死则三军之虏也，死之则名闻天下，夫何为不死哉？管子者，天子之佐，诸侯之相也，死之则不免为沟中之瘠⑥，不死则功复用于天下，夫何为死之哉？由，汝不知也。"

【注释】①襄公（？—前686）：姜姓，吕氏，名诸儿，齐僖公长子，齐桓公异母兄，公元前686年，齐襄公遭连称、管至父、公孙无知等人所杀。②公子纠（？—前685）：春秋时期齐国人。齐僖公之子，齐桓公之兄,于鲁庄公八年(前686)携管仲、召忽奔鲁。齐桓公即位后,威胁入侵庇护公子纠的鲁国,所以在笙渎处死了公子纠。③桎梏:指脚镣和手铐。槛车:囚车。④召忽(shào hū):春秋时期齐国人,与管仲同事齐襄公的弟弟公子纠。齐襄公死后,齐国大乱,从公子纠出奔至鲁国。后护公子纠回齐国,争位。曾参与射杀公子小白,小白诈死,得以先入齐,即位为齐桓公。召忽自杀。⑤自裁:自行裁夺、决定。裁,原文讹作"栽",形近致误,径改。⑥瘠:腐肉,腐烂的尸体。

【译文】子路请请教孔子说:"管仲是什么样的人?"孔子说:"是品行高尚的人。"子路说:"从前管仲游说齐襄公,襄公不高兴,这是不善言辞;要立公子纠为君主没有成功,这是没有才干能力;家室在齐国受到迫害没有忧伤,这是不慈爱;戴上脚镣和手铐关在囚车中不感到羞愧,这是不知耻;侍奉自己射过的君主,这是不忠贞;召忽殉职死难,管仲却没有死,这是不仁义。老师为什么说他品行高尚呢?"孔子说:"管仲游说齐襄公,襄公不高兴,不是管仲不善言辞,而是襄公不知道他的想法;要立公子纠为君主而失败,不是没有才干能力,而是时运不遇;家室在齐国受到迫害而没有忧伤,不是不慈爱,是他知道命运使然;戴上脚镣和手铐关在囚车中不感到羞愧,不是不知耻,而是他心中有数;侍奉自己射过的国君,不是不忠贞,而是懂得权变;召忽殉职死难,管仲却没有死,不是没有仁义;召忽,是做臣子的材料,如果不死就成了军队的俘虏,死了就天下扬名,为什么不死呢?管仲,是天子的辅佐,诸侯的国相,死了难免会成为水沟中的腐尸,不死的话,他可以在天下建立功绩,为什么要死呢?仲由,你不知其中道理。"

11-27晋平公问于师旷曰^①："咎犯与赵衰孰贤^②？"对曰："阳处父欲臣文公^③，因咎犯三年不达，因赵衰三日而达。智不知其士众，不智也；知而不言，不忠也；欲言之而不敢，无勇也；言之而不听，不贤也。"

【注释】①晋平公（？—前532）：姬姓，名彪，谥号"平"，晋悼公之子，春秋时期晋国国君。师旷：字子野，先秦著名教育家，思想家，音乐大师，古人称为乐圣，善卜卦推演，被尊崇为算命先生的祖师爷。他生而无目（一说为专心练琴自己刺瞎眼睛），故自称盲臣，瞑臣，初为晋大夫，后拜为太宰，亦称晋野，博学多才，尤精音律，善弹琴，辨音力极强。②咎犯（约前715—前629）：狐偃，姬姓，狐氏，字子犯，晋国重臣，晋文公舅舅，狐突之子。赵衰（？—前622），即赵成子。嬴姓，赵氏，字子余，谥号"成季"。亦称孟子余。春秋时期的晋国晋文公大夫，战略家、政治家、赵国君主的祖先。造父的后代。是辅佐晋文公称霸的五贤士之一。③阳处父（？—前621）：春秋时期晋国大夫，因封邑于阳地（今山西省太谷县阳邑村），遂以阳为氏。文公（？—前628）：即晋文公，姬姓，晋氏，名重耳，是春秋时期晋国的第二十二任君主，晋献公之子，母亲为狐姬。是春秋五霸中第二位霸主，也是上古五霸之一，与齐桓公并称"齐桓晋文"。

【译文】晋平公问师旷说："咎犯和赵衰哪个比较贤能呢？"答："阳处父想做晋文公的臣子，凭借咎犯三年没有实现，凭借赵衰三天就实现了。智谋不能了解手下的士人民众，那就不是智谋；了解又不举荐，这是不忠诚；想举荐又不敢说，是不勇敢；举荐但没有采纳，是不贤能。"

11-28赵简子问于成抟曰①："吾闻夫羊殖者贤大夫也②，是行奚然？"对曰："臣抟不知也。"简子曰："吾闻之，子与友亲，子而不知，何也？"抟曰："其为人也数变。其十五年也，廉以不匿其过；其二十也，仁以喜义；其三十也，为晋中军尉，勇以喜仁；其年五十也，为边城将，远者复亲。今臣不见五年矣，恐其变，是以不敢知。"简子曰："果贤大夫也，每变益上矣③。"

【注释】①成抟：春秋时期晋国大夫。②羊殖（？—前570）：即羊舌职，春秋时期晋国大夫，羊舌突之子，公元前573年被晋悼公任命为中军尉。③益上：越来越好。

【译文】赵简子问成抟说："我听说羊殖是位贤大夫，他的德行怎么样？"答："臣不知道。"赵简子说："我听说，你和他的关系很亲密，你却说不知道，为什么？"成抟说："他的为人有多次变化。十五岁的时候，廉洁不掩盖自己的过错；二十岁的时候，仁厚喜欢正义；三十岁的时候，做晋国的中军尉，勇敢又富有仁慈之心；五十岁的时候，当边城的将领，远方的人又和他亲近。现在我和他已有五年不见了，恐怕他又有改变，所以我不敢说了解他。"赵简子说："果真是位贤大夫，每次变化都越变越好。"

卷十二　奉使

【题解】奉使，就是奉命出使，本卷记载春秋战国至汉初外交的事例。开篇第一则表明了使臣出使时应把握的两点原则：不得专权和灵活应对。

第四则讲述了"唐且不辱使命"的故事，表现出使臣应有不畏强权、果敢刚毅的品德。这个故事不仅广为流传，更是纳入了小学课本。第九则是本卷唯一一篇汉朝使臣出使的事例，陆贾出使南越，游说南越王，最终是南越俯首称臣。第十二至十六则讲述了晏子出使吴、楚两国的事例，晏子以自己的机敏、不卑不亢维护了国家的利益。

从古至今，外交都是至关重要的，外交官的灵活机敏、随机应变都关系着国家的利益和个人的尊严，对现代的外交活动仍有非常重要的影响。

12-1《春秋》之辞，有相反者四：既曰大夫无遂事①，不得擅生事矣；又曰出境可以安社稷、利国家者，则专之可也；既曰大夫以君命出，进退在大夫矣；又以君命出，闻丧徐行而不反者，何也？曰：此四者各止其科②，不转移也。不得擅生事者，谓平生常经也③；专之可者，谓救危除患也④；进退在大夫者，谓将帅用兵也；徐行而不反者，谓出使道闻亲之丧也⑤。公子结擅生事⑥，《春秋》不非，以为救庄公危也⑦；公子遂擅生事⑧，《春秋》讥之，以为僖公无危事也⑨。故君有危而不专救，是不忠也；若无危而擅生事，是不臣也。传曰："《诗》无通故⑩，《易》无通吉，《春秋》无通义。"此之谓也。

【注释】①遂事：独断专行，专断。②此四者各止其科："四"原文为"义"，"止"原文为"上"，此据向宗鲁《校证》改。③常经：固定不变的法令规章。④救：原文为"枚"，据明钞本改。⑤闻亲之丧：原文为"闻君亲之丧"，向宗鲁《校证》引诸说，认为"君"为衍文，此据删。⑥公子结：姬姓，名结，鲁国公子，鲁庄公时，公子结为卿。原文衍"子"，径删。⑦庄公（前706—前662）：即鲁庄公，姬姓，名同，为春秋时期鲁国第十六任君主。⑧公子遂：公子遂，春秋时鲁庄公之子。又称"东门遂""东门襄仲""仲遂"。居官为卿。⑨僖公：指鲁僖公，姬姓，名申，鲁庄公之子，春秋时期鲁国第十八任君主。⑩故：通"诂"。以今言解释古代语言文字或方言字义，指词语的意义。

【译文】《春秋》的辞句，字面意义相反的有四处：既然说大夫不可独断专行，不得擅自做主；又说大夫出了国境只要可以安定社会、有利国家的事，那也可以专断；既然说大夫奉君王的命令出使其他国家，进退由大夫决定；又说奉君王的命令出使，听到双亲去世的消息只可缓行但不能返回，为什么？实际是这样的：这四个例子各有各的标准，不能随意改变。不得擅自做主，是指一般情况下的法则；可以专断，是指解救危急去除祸患的事；进退由大夫决定，是指将帅带兵打仗；缓行但不能返回，是指出使的路上听到双亲去世的消息。公子结擅自做主，《春秋》不指责他，是因为解救鲁庄公于危险之时；公子遂擅自做主，《春秋》指责他，是因为鲁僖公没有危险。所以君王有危险，臣子不立刻解救，这是不忠的表现；如果君王没有危险，臣子却擅自做主，这是不守臣子的本分。传记上《诗经》没有完全不变的意思，《周易》没有始终吉祥的卦象，《春秋》没有普遍通用的法则。"就是这个道理啊。

12-2赵王遣使者之楚。方鼓瑟而遣之，诫之曰："必如吾言。"使者曰："王之鼓瑟，未尝悲若此也。"王曰："宫商固方调矣。"使者曰："调则何不书其柱耶？"王曰："天有燥湿，弦有缓急，宫商移徙不可知，是以不书。"使者曰："明君之使人也，任之以事，不制以辞①。遭吉则贺之，凶则吊之。今楚、赵相去千有余里，吉凶忧患不可豫知②，犹柱之不可书也。"《诗》云："莘莘征夫③，每怀靡及④。"

【注释】①制：规定，限定，约束，管束。②豫知：事先知道。③莘莘：众多貌。征夫：行人，远行的旅人。④靡及：达不到。

【译文】赵王派遣使者去往楚国。正当弹瑟为使者送行的时候，告诫他说："一定要按我吩咐的去做。"使者说："大王弹瑟，不曾像这样悲伤过。"赵王说："音调本来是刚刚调过的。"使者说："调好了音何不在弦柱上做个记号呢？"赵王说："天气有时干燥有时潮湿，琴弦也会时紧时松，音调的改变是不可预料的，所以不做记号。"使者说："贤明的国君派遣使者出使，只将事务交给他，不用言语限制他。遇事顺利就祝贺他，遇到凶险就安慰他。如今楚国和赵国相距千里有余，吉凶忧患不可预知，如同弦柱不做记号一样。"《诗经》上说："众多赶路的使者们，内心往往担忧不能完成使命。"

12-3楚庄王举兵伐宋①，宋告急，晋景公欲发兵救宋②。伯宗谏曰③："天方开楚，未可伐也。"乃求壮士，得霍人解扬④，字子虎，往约宋毋降⑤。道过郑，郑新与楚亲，乃执解扬而献之楚。楚王厚赐，与约，使反其言，令宋趣降。三要⑥，解扬乃许。于是楚乘扬以楼车⑦，令呼宋使降。遂倍楚约而致其晋君命曰⑧："晋方悉国兵以救宋⑨，宋虽急，慎毋降楚，晋兵今至矣！"楚庄王大怒，将烹之⑩。解扬曰："君能制命为义⑪，臣能承命为信。受吾君命以出，虽死无二。"王曰："汝之许我，已而倍之，其信安在？"解扬曰："所以许王⑫，欲以成吾君命，臣不恨也。"顾谓楚军曰⑬："为人臣无忘尽忠而得死者⑭！"楚王诸弟皆谏王赦之，于是庄公卒赦解扬而归之。晋爵之为上卿。故后世言"霍虎"。

【注释】①楚庄王（？—前591）：又称荆庄王（出土战国楚简

作臧王），芈姓，熊氏，名旅，一作侣、吕，谥号庄，楚穆王之子，春秋时期楚国国君，春秋五霸之一。②晋景公（？—前581）：姬姓，名獳，一名据，是春秋时期晋国第二十六代君主，晋文公之孙，晋成公之子。③伯宗（？—前576）：子姓，春秋时期晋国人。祖父公子遨，伯宗官至晋国大夫，贤而好直言。曾谏止晋攻楚。晋景公六年以"鞭之长，不及马腹"谏止晋攻楚。成语"鞭长莫及"由此而来。④解（xiè）扬：字子虎，原籍是晋国霍邑（今山西繁峙县人）人，所以人称霍虎。他不但武艺高强，而且能言善辩，聪明过人。史载有"解扬守信"的故事。⑤往约宋毋降：原文为"往命宋毋降"，此据文意改。⑥三要：多次强迫要挟。三，表示多次。⑦楼车：古代战车。上设望楼，用以瞭望敌人。⑧倍：古同"背"背弃，背叛。⑨国：原文为"固"，据明钞本改。⑩烹：古代一种以鼎煮人的酷刑。⑪制命：指古代帝王下的命令。⑫所：原文为"死"，据向宗鲁《校证》依《史记·郑世家》改。⑬楚军：原文为"楚君"，据向宗鲁《校证》依《史记·郑世家》改。⑭忠：原文为"您"，据明钞本改。

【译文】楚庄王起兵攻打宋国，宋国向晋国告急求援，晋景公想派兵救援宋国。伯宗进谏说："上天正在使楚国兴盛，不可出兵讨伐。"于是寻找壮士，找到霍人叫解扬的，字子虎，派他去让宋国不要投降。解扬路过郑国，郑国刚和楚国亲近，因此捉住解扬要献给楚国。楚庄王厚赐解扬，和他约定，要他把晋景公的话反过来说，让宋国赶紧投降。经过多次要挟，解扬终于答应了。于是楚国让解扬乘着战车，命令他呼唤宋国投降。这时解扬还是违背与楚国的约定而传达晋景公的命令说："晋国正派全国的兵力来救援宋国，宋国虽然危急，但一定不要向楚国投降，晋军就要到了！"楚庄王大怒，准备要用烹刑杀他。解扬说："君王能发布命令是为了义，臣子能接受命令是为了信。奉我君王的命令出使，即便死了也不能有二心。"楚庄王说："你已经答应我，之后你又背叛我，你的信用在哪里？"解扬说："我答应大王，是因为想要以此来完成我君王的使命，现在我没有遗憾了。"于是回头对楚军说："做臣子的不要忘记为国家尽忠而死！"楚庄王的几位弟弟都劝楚庄王赦免他，于是楚庄王最终赦免了解扬并让他回到晋国。晋国赐给他上卿的爵位。所以后人称他为"霍虎"。

12-4秦王以五百里地易鄢陵①，鄢陵君辞而不受②，使唐且谢秦王③。秦王曰："秦破韩灭魏，鄢陵君独以五十里地存者，吾岂畏其威哉？吾多其义耳。今寡人以十倍之地易之，鄢陵君辞而不受，是轻寡人也。"唐且避席对曰："非如此也！夫不以利害为趣者④，鄢陵也。夫鄢陵君受地于先君而守之，虽复千里不得当，岂独五百里哉？"秦王忿然作色，怒曰："公亦曾见天子之怒乎⑤？"唐且曰："主臣⑥，未曾见也。"秦王曰："天子一怒，伏尸百万，流血千里。"唐且曰："大王亦尝见夫布衣韦带之士怒乎⑦？"秦王曰："布衣韦带之士怒也，解冠徒跣⑧，以头颡地耳⑨。何难知者！"唐且曰："此乃匹夫愚人之怒耳，非布衣韦带之士怒也。夫专诸刺王僚⑩，彗星袭月，奔星昼出；要离刺王子庆忌⑪，苍隼击于台上⑫；聂政刺韩王之季父⑬，白虹贯日。此三人皆布衣韦带之士怒矣，与臣将四。士含怒未发，祲厉于天⑭。士无怒即已，一怒，伏尸二人，流血五步。"即案其匕首，起视秦王曰："今将是矣！"秦王变色长跪曰："先生就坐，寡人喻矣：秦破韩灭魏，鄢陵独以五十里地存者，徒用先生之故耳！"

【注释】①秦王：以下文"破韩灭魏"，指的是嬴政。鄢陵：县名。位于河南省鄢陵西北，春秋时期为郑邑，晋曾败楚于此。②鄢陵君：即安陵君，魏襄王封其弟为安陵君。③唐且：指唐雎，魏国大梁（今河南省开封市）人，战国时期魏国、安陵国的谋士。《战国策》中记载"唐雎不辱使命"的典故。④趣：通"趋"，趋向，奔向。⑤怒：原文为"慈"，据明钞本改。⑥主臣：犹言惶恐。"主"原文作"王"，据卢文弨校说改。⑦布衣韦带：布衣，指粗布衣服。韦带，没有装饰的带子。布衣韦带为隐士或未做官者的服饰。借指贫贱之士。⑧解冠徒跣（xiǎn）：摘掉帽子，赤足步行。跣，光着脚。⑨颡（sǎng）：额头，这里指叩头。⑩专诸刺王僚：春秋末期吴国的公子光欲杀吴王僚而自立，伍子胥把专诸推荐给公子光。前515年，公子光乘吴内部空虚，与专诸密谋，以宴请吴王僚为名，藏匕首于鱼腹之中进献，专诸当场刺杀了吴王僚，但也被其侍卫所杀，此后公子光自立为王，是为吴王阖闾。专诸，春秋时期吴国棠邑（今南京市六合区西北）人。王僚，一名州于，春秋时期吴国国君，吴王余眛之子，公元前526年至公元前515年在位。后被公子光派专诸所杀。⑪要离刺王子庆忌：记载于《吴越春秋·阖闾内传》。讲述了吴王阖闾即位后，得悉王僚的儿子庆忌逃往卫国。担心庆忌报杀父之仇，派刺客要离，以苦肉计获得庆忌的信任，后将其刺杀的历史事件。要离（？—前513），春秋时期吴国人，生活在吴王阖闾时期。后由于成功刺杀庆忌，为春秋时期著名刺客。庆忌（？—前513），春秋时期吴国人，吴王僚的儿子，也称王子庆忌、公子庆忌。⑫隼（sǔn）：鸟名。亦称"鹘",性情敏锐,飞行速度极快。⑬聂政刺韩王之季父:韩国大臣严仲子与国相韩傀廷争结下仇怨,严仲子逃到齐国,听说聂政是个勇士,严仲子便常常登门拜访他,还备办酒席款待他。献黄金百镒为他的母亲祝寿,求其为己报仇。聂政待母死后,刺杀韩傀,但最终寡不敌众倒下来。聂政怕死后连累自己的姐姐,就毁坏面容、挖出眼睛、剖开肚皮,壮烈赴死。聂政(?—前397),战国时侠客,韩国轵(今河南济源东南)人,以任侠著称,为春秋战国四大刺客之一。韩王之季父,即韩傀(?—前397),字侠累。战国初期韩国贵族,韩景侯的弟弟,韩烈侯的叔父。⑭祲:凶兆。厉:同"励",振奋。

【译文】秦王用五百里的土地交换鄢陵,鄢陵君推却不受,派遣唐且向秦王表示歉意。秦王说:"秦国攻破韩国消灭魏国,鄢陵君只以五十里的土地得以保全,我哪里是畏惧他的权势?我是欣赏他的道义罢了。现在我用十倍的土地和他交换,鄢陵君推却不受,这是在轻视我。"唐且离开座位答道:"不是这样的!不以利害作为趋向,是鄢陵君。鄢陵君从先王那接受土地并守护着它,即使用千里的土地也抵不上,何况只有五百里呢?"秦王愤怒得变了脸色,怒气冲冲地说:"你也曾看过天子发怒吗?"唐且说:"惶恐,没有见过。"秦王说:"天子一旦发怒,会死人上百万,流血上千里。"唐且说:"大王也曾见过贫贱之人发怒吗?"秦王说:"贫贱之人发怒,无非是摘下帽子赤着脚,用头撞击地面而已。这有什么难的呀!"唐且说:"这是匹夫愚人发怒而已,不是贫贱之人发怒。专诸刺杀吴王僚时,彗星冲袭月亮,流星在白天出现;要离刺杀王子庆忌时,苍鹰扑击在台上;聂政刺杀韩王的叔父时,白色的长虹穿日而过。这三个人都是贫贱之人发怒,加上我就有四个了。士人们满心愤怒没有发泄，灾象就上动云天。士人们不发怒罢了，一旦发怒，横尸两具，流血五步。"说完立马手执匕首，站起来看着秦王说："现在将会是这样！"秦王被吓得变了脸色，直身而跪说："先生请坐，我明白了：秦国攻破韩国，消灭魏国，鄢陵只以五十里的土地得以保全，只是因为先生的缘故啊！"

12-5齐攻鲁，子贡见哀公①，请求救于吴。公曰："奚先君宝之用？"子贡曰："使吴责吾宝而与我师，是不可恃也②。"于是以杨干麻筋之弓六往③。子贡谓吴王曰："齐为无道，欲使周公之后不血食。且鲁赋五百，邾赋三百④，不识以此益齐，吴之利与，非与？"吴王惧，乃兴师救鲁。诸侯曰："齐伐周公之后，而吴救之。"遂朝于吴。

【注释】①哀公（？—前468）：指鲁哀公，姬姓，名将，鲁定公之子，春秋时期鲁国第二十六任君主，公元前494年至公元前468年在位。②恃：原文为"时"，据明钞本改。③杨干麻筋之弓：向宗鲁《校证》当作"杨杆麋筋之弓"，即用杨木与麋鹿筋制成的弓。④邾：古国名，在今山东邹县，为鲁国的附庸国。

【译文】齐国攻打鲁国，子贡拜见鲁哀公，请求向吴国求救。鲁哀公说："要用先王留下的宝物吗？"子贡说："如果吴国看重了我国的宝物才派兵相救，是不可依仗的。"因此带了六张杨木麋筋做的弓箭前往吴国。子贡对吴王说："齐国做出无道之事，想使周公的后代没办法祭祀祖先。而且鲁国的赋税有五百，邾国的赋税有三百，不知道用这些钱增益齐国，是对吴国有利，还是不利呢？"

吴王听了惧怕起来，于是派兵救援鲁国。诸侯们说："齐国攻打周公的后代，吴国却来救援。"因此都朝见吴王。

12-6魏文侯封太子击于中山^①，三年，使不往来。舍人赵仓唐进称曰^②："为人子，三年不闻父问，不可谓孝；为人父，三年不问子，不可谓慈。君何不遣人使大国乎？"太子曰："愿之久矣，未可得使者。"仓唐曰："臣愿奉使。侯何嗜好？"太子曰："侯嗜晨凫^③，好北犬。"于是乃遣仓唐缘北犬^④、奉晨凫，献于文侯。仓唐至，上谒曰："孽子击之使者，不敢当大夫之朝，请以燕闲^⑤，奉晨凫敬献庖厨，缘北犬敬上涓人^⑥。"文侯悦曰："击爱我，知吾所嗜，知吾所好。"召仓唐而见之，曰："击无恙乎？"仓唐曰："唯，唯！"如是者三，乃曰："君出太子而封之国，君名之，非礼也。"文侯怵然为之变容，问曰："子之君无恙乎？"仓唐曰："臣来时拜送书于庭。"文侯顾指左右，曰："子之君长孰与是？"仓唐曰："《礼》，拟人必于其伦^⑦。诸侯毋偶^⑧，无所拟之。"曰："长大孰与寡人？"仓唐曰："君赐之外府之裘^⑨，则能胜之；赐之斥带，则不更其造。"文侯曰："子之君何业？"仓唐曰："业《诗》。"文侯曰："于《诗》何好？"仓唐曰："好《晨风》《黍离》。"文侯自读《晨风》曰："鴥彼晨风^⑩，郁彼北林；未见君子，忧心钦钦。如何如何，忘我实多。"文侯曰："子之君以我忘之乎？"仓唐曰："不敢，时思耳。"文侯复读《黍离》曰："彼黍离离^⑪，彼稷之苗；行迈靡靡，中心摇摇。知我者谓我心忧，不知我者谓我何求。

悠悠苍天，此何人哉！"文侯曰："子之君怨乎？"仓唐曰："不敢，时思耳。"文侯于是遣仓唐赐太子衣一袭，敕仓唐以鸡鸣时至。太子迎拜受赐⑫，发箧⑬，视衣，尽颠倒。太子曰："趣早驾，君侯召击进。"仓唐曰："臣来时不受命。"太子曰："君侯赐击衣，不以为寒也。欲召击，无谁与谋，故敕子以鸡鸣时至。《诗》曰：'东方未明，颠倒衣裳；颠之倒之，自公召之。'"遂西至谒文侯。大喜，乃置酒而称曰："夫远贤而近所爱，非社稷之长策也。"乃出少子挚⑭，封中山，而复太子击。故曰："欲知其子视其友，欲知其君视其所使。"赵仓唐一使，而文侯为慈父，而击为孝子。太子乃称《诗》曰："'凤凰于飞，哕哕其羽，亦集爰止；蔼蔼王多吉士⑮，维君子使，媚于天子。'舍人之谓也。"

【注释】①太子击（？—前370）：姬姓，魏氏，名击，魏文侯之子，据《竹书纪年》则为公元前396年即位，公元前395年为武侯元年，战国初期魏国国君，为魏武侯。中山：周代诸侯国名。今河北正定县东北，战国时为魏所灭。②赵仓唐：战国时期魏国人，《史记·魏世家》载，为太子击之傅。③晨凫(fú)：野鸭。④緤(xiè)：古同"绁"，系牲口的缰绳，这里的意思为系，拴。北犬：北方的猎犬。⑤燕闲：安闲，闲暇。⑥涓人：古代官中担任洒扫清洁的人。亦泛指亲近的内侍。⑦拟：比拟。伦：同类。⑧毋偶：毋，无也。无与匹比。⑨外府：外库。与王室的仓库称内府相对。⑩鹬(yù)：鸟类疾飞的样子。晨风：动物名。一种猛禽。外形类似老鹰。⑪离离：果实下垂的样子。⑫迎：原文为"起"，据向宗鲁《校证》引《太平御览》改。

⑬发箧（qiè）：打开箱子。箧：小箱子，藏物之具。大曰箱，小曰箧。

⑭少子挚：战国时期魏国人，魏文侯次子。⑮蔼蔼：众多的样子。

【译文】魏文侯封太子击到中山去，经过三年，使者互不往来。舍人赵仓唐进谏说："为人子，三年听不到父亲的音讯，不能叫孝顺；为人父，三年不询问儿子，不能叫慈爱。您为什么不派人出使魏都呢？"太子说："这个愿望已经很久了，但没有找到使者。"仓唐说："我愿意奉命出使。请问君侯有什么嗜好？"太子说："君侯喜爱野鸭和北方的猎犬。"于是就派仓唐牵着北方的猎犬、捧着野鸭，献给魏文侯。仓唐到了以后，请求晋见说："不孝子击的使者，不敢作为大夫列于朝廷，请在您闲暇时，让我奉上野鸭敬献给您的厨房，牵着北方的犬敬献给您的近臣。"魏文侯高兴地说："击爱我，知道我喜爱什么。"于是召见仓唐，说："击身体还好吗？"仓唐说："嗯，嗯！"像这样子多次，仓唐才说："您派出太子并封到中山，您又喊他的名字，这是不合礼的。"魏文侯吃惊地变了脸色，问他说："你的君主还好吗？"仓唐说："我来时他还在朝廷上拜送书信。"魏文侯回头指着左右的人，对仓唐说："你君主的身高和他们相比，如何？"仓唐说："按照《礼》，与人相比必须找他的同类。诸侯无可匹比，没有相比的对象。"魏文侯说："他身高和我相比如何？"仓唐说："您赐给他的外库皮衣，能穿上了；赐给他的尺带，也不需要修改。"魏文侯说："你的君主学了些什么？"仓唐说："学习《诗经》。"魏文侯说："《诗经》中他喜欢哪几首？"仓唐说："喜欢《晨风》《黍离》。"魏文侯自己读《晨风》说："那飞得快的鹯鹰，飞到苍郁的北林；没有见到君子，内心忧愁难忘。怎么办怎么办，难道他早已把我遗忘了吗。"魏文侯说："你的君主以为我忘记他吗?"仓唐说:"不敢,时常想念罢了。"魏文侯又读着《黍离》:"那垂垂的黍子,那稷谷的幼苗;行走缓慢,心神不定。了解我的人说我内心忧愁,不了解我的人说我在要求什么。悠悠苍天啊,这是怎样的人呀!"魏文侯说:"你的君主埋怨我吗?"仓唐说:"不敢,时常想念罢了。"魏文侯于是派仓唐赏赐太子一套衣裳,令他在鸡鸣时送到。太子迎接跪拜,接受赏赐,打开箱子,看到衣裳,都颠倒了。太子说:"赶快早点动身,君侯要召见我了。"仓唐说:"臣回来时,君侯没有下这个命令。"太子说:"君侯赏赐我衣服,不是因为寒冷。是想召见我,没有人和他商量,所以命令你鸡鸣时送到。《诗经》上说:'东方未亮,穿衣颠倒了衣裳;穿倒了上衣,穿反了下裳,因为主公要召见我。'"于是就西去谒见魏文侯。魏文侯非常高兴,设宴并说:"远离贤能之人而亲近自己宠爱的人,不是国家长远的策略。"于是派出次子挚,封到中山,恢复太子击的地位。所以说:"想了解儿子就看他结交的朋友,想了解一位君主就看他派遣的使者。"赵仓唐这一出使,使魏文侯成为慈父,使太子击成为孝子。太子就引用《诗经》说:"'凤凰飞来了,发出翔翔的声音,它们栖息在一起;王室有众多贤能的人,供天子驱使,归顺爱戴天子。'这也是说的舍人赵仓唐啊。"

12-7楚庄王欲伐晋,使豚尹观焉①。反,曰:"不可伐也。其忧在上,其乐在下。且贤臣在焉,曰沈驹。"明年,又使豚尹观。反,曰:"可矣。初之贤人死矣,谄谀多在君之庐者。其君好乐而无礼,其下危处以怨上。上下离心,兴师伐之,其民必先反。"庄王从之,果如其言矣。

【注释】①豚尹: 官名,《左传·襄公十八年》记载:"使杨豚尹宜告子庚。"杜预注:"杨豚邑大夫名宜。"杨豚为地名, 尹为官名, 人名为宜, 又称豚尹。

【译文】楚庄王想攻打晋国, 派豚尹去观察情况。豚尹回来, 说:"不可以攻打。居上位的人忧心国事, 在下位的人安居乐业。而且有个贤明的大臣, 名叫沈驹。"第二年, 又派豚尹去观察。豚尹回来, 说:"可以攻打了。当初的贤能之人死了, 阿谀奉承的人大多在君王的宫里。他们的君王好享乐不讲礼法, 在下位的人处境危险而埋怨居上位的人。上下离心, 如果兴兵攻打, 晋国百姓一定首先造反。"楚庄王听从他的话, 果然像他说的一样。

12-8梁王赘其群臣而议其过①。任座进谏曰②:"主君国广以大, 民坚而众, 国中无贤人辩士, 奈何?"王曰:"寡人国小以狭, 民弱臣少, 寡人独治之, 安所用贤人辩士乎?"任座曰:"不然! 昔者齐无故起兵攻鲁, 鲁君患之, 召其相曰:'为之奈何?'相对曰:'夫柳下惠少好学③, 长而嘉智, 主君试召使于齐。'鲁君曰:'吾千乘主也, 身自使于齐, 齐不听。夫柳下惠特布衣韦带之士也, 使之又何益乎?'相对曰:'臣闻之: 乞火不得, 不望其炮矣④。今使柳下惠于齐, 纵不解于齐兵, 终不愈益攻于鲁矣。'鲁君乃曰:'然乎。'相即使人召柳下惠来, 入门, 祛衣不趋⑤。鲁君避席而立曰:'寡人所谓饥而求黍稷、渴而穿井者, 未尝能以观喜见子。今国事急, 百姓恐惧, 愿藉大夫使齐⑥。'柳下惠曰:'诺。'乃东见齐侯。齐侯曰:'鲁君将惧乎?'柳下惠曰:'臣君不惧。'齐侯忿然怒曰:'吾望而鲁城芒若类夫亡国⑦，百姓发屋伐木以救城郭；吾视若鲁君类吾国子，曰不惧，何也？'柳下惠曰：'臣之君所以不惧者，以其先人出周，封于鲁；君之先人亦出周，封于齐。相与出周南门，刳羊而约⑧，曰自后子孙敢有相攻者，令其罪若此刳羊矣。臣之君固以刳羊不惧矣；不然，百姓非不急也。'齐侯乃解兵三百里。夫柳下惠特布衣韦带之士，至解齐释鲁之难，奈何无贤士圣人乎？"

【注释】①赘：聚集。②任座：战国初期魏国建立者魏文侯的谋士。③柳下惠（前720—前621）：姬姓，展氏，名获，字季禽（展氏族谱记载），又有字子禽一说，鲁国柳下邑（今属山东省新泰市宫里镇西柳）人。中国古代思想家、政治家、教育家，鲁国大夫展无骇之子。谥号为惠。因其封地在柳下，后人尊称其为"柳下惠"。④炮（páo）：烧烤。⑤祛衣不趋：撩起衣服缓步而行。祛，举起，撩起。不趋，不急步而行，以表示恭敬。⑥藉：凭借，依赖。原文为"藉子"，后据明钞本删。⑦芒：通"茫"，茫然。夫：原文为"失"，据向宗鲁《校证》改。⑧刳（kū）：剖，剖开。

【译文】梁王召集群臣讨论他的过错。任座进谏说："君主的国家土地辽阔，人民坚强而众多，国中没有贤能之人和辩士，怎么办？"梁王说："我的国家狭小，民弱臣少，我自己就可以治理，何必用贤人和辩士呢？"任座说："不是这样的！从前齐国无故攻打鲁国，鲁君担心这件事，召见他的相国说：'怎么办呢？'相国答：'柳下惠这个人年从小好学，长大后学识渊博，君主试试召见他，派他出使齐国。'鲁君说：'我是千乘之主，亲自出使到齐国，齐国都不听。柳下惠只是穿布衣系韦带的贫士，派他出使又有什么好处呢？'相国答：'臣听说：乞求不到火种，就不指望烤肉了。现在派柳下惠出使齐国，纵使不能解除齐兵的围困，终不会使齐国更猛烈地攻打鲁国。'鲁君才说：'好吧。'相国立刻派人召见柳下惠，柳下惠进门后，提起衣裳，缓步而行。鲁君离开座位站起来说：'我就是饿了才去找黍稷、口渴了才掘井的人，以前没能在高兴时召见你。现在国事危急，百姓恐惧，希望委托你出使齐国。'柳下惠说：'好。'于是向东去拜见齐侯。齐侯说：'鲁君已经惧怕了吧？'柳下惠说：'我的君王不怕。'齐侯大怒说：'我看你们鲁国茫然得就像要灭亡的国家一样，百姓拆掉房子，砍树来抢修城墙；我看待鲁君就像我的子民一样，你说他不怕，为什么？'柳下惠说：'我的君王之所以不惧怕，是因为祖先出自周朝宗室，封到鲁国；您的祖先也出自周朝宗室，封到齐国。他们一起走出周朝国都的南门，剖羊而约，说此后子孙后代敢有互相攻伐的，让他像这只剖开的羊一样。我的君王因为有剖羊的约定而不惧怕；不然，百姓不会不着急。'齐侯因此撤兵后退三百里。柳下惠只是个穿布衣系韦带的贫士，一到了就解除齐兵的围困，免除鲁国的灾难，怎么能不任用贤士圣人呢？"

12-9 陆贾从高祖定天下①，名为有口辩士，居左右，常使诸侯。及高祖时，中国初定，尉佗平南越②，因王之。高祖使陆贾赐尉佗印，为南越王。陆生至，尉佗椎结箕踞见陆生③。陆生因说佗曰："足下中国人，亲戚昆弟坟墓在真定④，今足下弃反天性，捐冠带，欲以区区之越与天子抗衡为敌国，祸且及身矣！且夫秦失其政，诸侯豪杰并起，惟汉王先入关，据咸阳⑤。项籍倍约⑥，自立为西楚霸王，诸侯皆属，可谓至强。然汉王起巴蜀，鞭笞天下，劫诸侯，遂诛项羽灭之。五年之间，海内平定，此非人力，天之所建也。天子闻君王王南越，不助天下诛暴逆，将相欲移兵而诛王。天子怜百姓新劳苦，且休之，遣臣授君王印，剖符通使⑦。君王宜郊迎北面称臣，乃欲以新造未集之越，屈强于此。汉诚闻之，掘烧君王先人冢墓，夷灭宗族⑧，使一偏将将十万众临越，越则杀王以降汉，如反覆手耳。"于是尉佗乃蹶然起坐，谢陆生曰："居蛮夷中久，殊失礼义。"因问陆生曰："我孰与萧何、曹参、韩信贤⑨？"陆生曰："王似贤。"复问："我孰与皇帝贤？"陆生曰："皇帝起丰沛⑩，讨暴秦，诛强楚，为天下兴利除害，继五帝三王之业，统理中国。中国之人以亿计，地方万里，居天下之膏腴，人众车舆，万物殷富，政由一家，自天地剖判⑪，未尝有也。今王众不过数十万，皆蛮夷，崎岖山海之间，譬若汉一郡，何可乃比于汉王？"尉佗大笑曰："吾不起中国，故王此；使我居中国，何遽不若汉⑫！"乃大悦陆生，留与饮数月⑬。曰："越中无足与语，至生来，令我日闻所不闻。"赐陆生橐中装直千金⑭，佗送亦千金。陆生拜尉佗为南越王，令称臣奉汉约。归报，高祖大悦，拜为太中大夫。

【注释】①陆贾（约前240—前170）：汉族，汉初楚国人，西汉思想家、政治家、外交家。陆贾早年追随刘邦，因能言善辩常出使诸侯。刘邦和文帝时，两次出使南越，说服赵佗臣服汉朝，对安定汉初局势做出极大的贡献。高祖（前256—前195）：即汉高祖刘邦，沛县丰邑中阳里人，汉朝开国皇帝，汉民族和汉文化的伟大开拓者之一、中国历史上杰出的政治家、卓越的战略家和指挥家。②尉佗（？—前137）：真定（今石家庄市东古城）人。公元前218年，奉秦始皇命令征岭南，略定南越后，任为南海郡龙川令。秦二世时，尉佗受南海尉任嚣托，行南海尉事。秦亡后，出兵击并桂林郡、象郡，自立为南越王，汉高祖十一年（前196）下诏赞誉尉佗的政绩，封其为南越王，并派大夫陆贾出使招抚。尉佗接受诏封，奉汉称臣。吕后当朝，对南越实行货物禁运，尉佗三次上书无效，遂于高后五年（前183）愤然独立，自号"南越武帝"。南越：先秦时期南方越人的一支。范围包括两广、海南岛及越南北部。③箕踞：两脚张开，两膝微曲地坐着，形状像箕。这是一种轻慢傲视对方的姿态。④昆弟：兄弟。真定：今河北正定，与北京、保定合称"北方三雄镇"。⑤咸阳：春秋战国时秦国都城，现位于西安以西。⑥项籍（前232—前202）：即项羽，名籍，字羽，泗水下相（今江苏宿迁市区）人。秦末农民起义领袖，杰出军事家，楚国名将项燕之孙。秦亡后称西楚霸王，公元前202年，项羽兵败垓下（今安徽灵璧南），突围至乌江（今安徽和县乌江镇）边自刎而死。⑦剖符通使：剖分信符，互派使者。剖符，古代帝王分封诸侯、功臣时，以竹符为信证，剖分为二，君臣各执其一。⑧夷灭：原文为"夷种"，据《史记·郦生陆贾列传》改。⑨萧何（前257—前193）：沛郡丰邑人。西汉开国功臣、政治家、丞相。早年入仕秦朝，担任沛县主吏掾，辅佐沛公刘邦起义。西汉建立后，担任相国，史称"萧相国"，册封酂侯，名列功臣第一，汉惠帝二年（前193）七月去世，谥号"文终"。曹参（？—前190）：字敬伯，泗水郡沛县人。西汉开国功臣、军事家、政治家，汉朝第二位相国，史称

"曹相国"。刘邦定都长安后后，论功行赏，功居第二，赐爵平阳侯。汉惠帝五年（前190）去世，谥号为懿。韩信（约前231—前196）：汉族，淮阴（原江苏省淮阴县，今淮阴区）人，西汉开国功臣，中国历史上杰出的军事家，与萧何、张良并列为汉初三杰。被后人奉为"兵仙""战神"。⑩丰沛：沛县丰邑，刘邦的故乡。⑪天地剖判：犹言开天辟地。⑫何遽（jù）：亦作"何渠""何讵"，表示反问，可译作"如何，怎么"。⑬留与：原文为"与留"，据向宗鲁《校证》改。⑭橐（tuó）：口袋，袋子。直：价值相当于。

【译文】陆贾随从汉高祖平定天下，被人称为敢言善辩的辩士，平时在汉高祖的左右，也常出使到诸侯国。等到汉高祖称帝，国家刚刚安定，尉佗平定南越，因而自立为王。汉高祖派陆贾赐尉佗印牌，封他为南越王。陆贾到达时，尉佗把头发盘成椎状，两脚张开像簸箕一样接见陆贾。陆贾因而劝说尉佗说："您是中国人，亲戚兄弟祖坟都在真定，现在您抛弃天性，舍弃衣帽，想要以区区南越和天子抗衡，成为敌国，灾难就要祸及自身了！况且秦朝荒失了政权，诸侯豪杰纷纷起义，只有汉王首先入关，占据咸阳。项羽违背盟约，自立为西楚霸王，诸侯都归属于他，可以说是极其强大。但是汉王在巴蜀起兵，攻打天下，威镇诸侯，最终伏诛了项羽。五年之间，天下安定，这不是依靠人的力量，而是上天有意建立汉朝。现在天子听说您在南越称王，不帮助天下人诛讨暴虐忤逆，朝中大臣都要调兵征讨您。天子可怜百姓刚受劳累困苦，暂且让他们休养，派遣我授印给您，剖分符信，互通使节。您应该到郊外迎接向北称臣，竟然要想以刚刚建立还没安定的南越，在这里强硬不屈。汉朝如果听到这事，会挖开焚烧您祖先的坟墓，诛灭您的宗族，派遣一副将带领十万兵马来到南越，南越人就会杀了您而后向汉朝投降，这样做易如反掌。"于是尉佗连忙地站起来，向陆贾道歉说："我在蛮夷住久了，这太失礼了。"尉佗便问陆贾说："我和萧何、曹参、韩信比较，哪个更加贤能？"陆贾说："您好像更贤能。"尉佗又问："我和皇帝比较，哪个更贤能？"陆贾说："皇帝起兵沛县丰邑，讨伐暴虐的秦朝，诛灭强大的西楚，为天下人振兴利益，革除弊害，继承三皇五帝的事业，统理国家。国家人口以亿来计算，方圆万里，处于天下最优沃的地方，人口众多，交通发达，各种物产殷实富饶，政权统一，自从开天辟地以来，从未有过。现在您的人口不过数十万，都是蛮夷，地处崎岖的山海之间，就好像汉朝的一个郡，您怎么能和汉王比较呢？"尉佗大笑说："我不在中原起义，所以在这里称王；假使我也在中原，又怎么不如汉王呢！"尉佗因此特别喜欢陆贾，挽留他数月，和他一起饮酒谈心。尉佗说："南越没有可以交谈的人，直到你来，才使我每天听到一些以前没有听过的事情。"尉佗赏赐陆贾袋子中装着各种价值千金的宝物，另外又赠送千金。陆贾参拜尉佗为南越王，让尉佗向汉朝称臣并奉守汉朝的约束。陆贾回来禀报朝廷，汉高祖非常高兴，任命陆贾做太中大夫。

12-10 晋、楚之君相与为好，会于宛丘之上^①，宋使人往之。晋、楚大夫曰："趣以见天子礼见于吾君^②，我为见子焉。"使者曰："冠虽弊，宜加其上；履虽新，宜居其下。周室虽微，诸侯未之能易也。师升宋城，臣犹不更臣之服也。"揖而去之。诸大夫瞿然，遂以诸侯之礼见之。

【注释】①宛丘：地名，古时又称陈州，今河南淮阳县。②趣：古同"促"，催促，急促。

【译文】晋国和楚国的君王相互结为友邻，在宛丘结盟，宋国派使者参加。晋国和楚国的大夫说："赶紧用进见天子的礼节进见我们君王，我们就为你引见。"使者说："帽子虽是旧的，但应该戴在头上；鞋子虽是新的，但应该穿在脚上。周朝王室虽然衰落，但诸侯也不能取而代之。即便军队爬上宋国的城墙，我也不能改变我所顺服的。"说完作揖离开。晋国和楚国的大夫感到惊讶，最终用进见诸侯的礼节让他进见。

12-11越使诸发执一枝梅遗梁王①，梁王之臣曰韩子，顾谓左右曰："恶有以一枝梅以遗列国之君者乎②？请为二三子惭之③。"出谓诸发曰："大王有命：客冠，则以礼见；不冠，则否。"诸发曰："彼越亦天子之封也，不得冀、兖之州，乃处海垂之际，屏外蕃以为居，而蛟龙又与我争焉，是以剪发文身，斓然成章，以像龙子者，将避水神也。今大国其命冠则见以礼，不冠则否。假令大国之使，时过弊邑④，弊邑之君亦有命矣，曰：'客必剪发文身，然后见之。'于大国何如？意而安之，愿假冠以见；意如不安，愿无变国俗。"梁王闻之，披衣出以见诸发，令逐韩子。《诗》曰："维君子使，媚于天子。"若此之谓也。

【注释】①诸发：战国时期越国大夫。遗（wèi）：给予，馈赠。②恶（wū）：古同"乌"，疑问词，哪，何。③二三子：诸位。④弊邑：

古代对自己的国家以及出生或出守之地的谦称。

【译文】越国派使者诸发拿着一枝梅花赠予梁王，梁王的大臣叫韩子的，他看看左右的官员说："哪有用一枝梅花送给诸侯国君主的道理呢？我愿意替诸位去羞辱他。"于是他出来对诸发说："大王有命：客人戴上帽子，就以礼相待；不戴帽子，不能以礼相待。"诸发说："越国也是天子的封地，不像冀州兖州那样的平原地带，而是地处海边，驱走了外族定居下来，但蛟龙又和我们相争，所以剪掉头发，在身上画上各种花纹，斑斓多彩，好像龙的子孙一样，为了躲避水神。现在贵国下令戴上帽子就以礼相待，不戴帽子就不能以礼相待。假使贵国的使者，有一天途经我国，我国君王也下命令，说：'来的客人一定要剪短头发，身体画上五彩花纹，然后才能进见。'那时候贵国将会如何？你们如果觉得心安，我愿意借顶帽子戴上去见你们的君王；如果你们不觉得心安，希望你们不要改变我国的风俗。"梁王听到这件事，披着衣服出来接见诸发，下令驱逐韩子。《诗经》上说："德才兼备的贤士供天子驱使，归顺爱戴着天子。"就是这个意思啊。

12-12晏子使吴，吴王谓行人曰[①]："吾闻晏婴盖北方之辩于辞、习于礼者也。"命傧者[②]："客见，则称天子（请见）[③]。"明日，晏子有事，行人曰："天子请见。"晏子愀然者三，曰："臣受命弊邑之君，将使于吴王之所，不佞而迷惑[④]，入于天子之朝，敢问吴王恶乎存？"然后吴王曰："夫差请见。"见以诸侯之礼。[⑤]

【注释】①行人：职官名，掌朝觐聘问，接待宾客之事。②傧者：迎接客人的人。③请见：原文二字脱，据向宗鲁《校证》引《晏子春秋》补。④不佞：不才，自谦之词。⑤此事时间为误，据《晏子春秋·内篇杂下》。夫差公元前495年立为吴王，而晏子卒于公元前500年。

【译文】晏子出使吴国，吴王对掌朝觐聘问的官员说："我听说晏婴是北方善于言辞、熟知礼节的人。"命令迎接客人的官吏说："有客人晋见，就说天子请见。"次日，晏子有事晋见吴王，掌朝觐聘问的官员说："天子请见。"晏子多次表现不悦的神色，说："我受我国君王之命，将要出使到吴王的国家，我迷乱不才，走进周天子的朝廷，请问吴王在哪？"然后吴王说："吴王请先生进见。"于是以拜见诸侯的礼节晋见吴王。

12-13晏子使吴，吴王曰："寡人得寄僻陋蛮夷之乡，希见教君子之行①，请私而毋为罪。"晏子愀然避位。吴王曰②："吾闻齐君盖贼以慢③，野以暴，吾子容焉，何甚也！"晏子逡巡而对曰："臣闻之：微事不通，粗事不能者，必劳；大事不得，小事不为者，必贫；大者不能致人④，小者不能至人之门者，必困。此臣之所以仕也。如臣，岂能以道食人者哉？"晏子出。王笑曰："今日吾讥晏子也，犹倮而訾高橛者⑤。"

【注释】①希：通"稀"，稀少，少有。②吴王：原文作"矣王"，据向宗鲁《校证》引《晏子春秋》改。③贼：残暴，狠毒。④致人：招致人才。⑤倮：同"裸"。橛：同"撅"。翘起，这里意为掀起衣服。

【译文】晏子出使吴国，吴王说："我住在偏僻简陋的蛮夷之地，很少能受到君子的教诲，私下的言行还请不要怪罪。"晏子不悦地离开座位。吴王说："我听说齐国君主狠毒傲慢，野蛮暴虐，你还包忍他，怎么如此过分啊！"晏子后退答道："我听说：一个人细致的事情不懂，粗糙的事情不会做，必定辛劳；大事不会做，小事不想做，必定贫穷；往大了说不能招致人才，往小了说不能登门求人，必定窘困。这是我之所以做官的缘故。像我这样，怎能用大道理去教导别人呢？"晏子出宫后。吴王笑着说："今天我讽刺晏子，好像一个裸体的人去讥笑那衣服撩得很高的人。"

12-14景公使晏子使于楚，楚王进橘置削①，晏子不剖而并食之。楚王曰："橘当去剖。"晏子对曰："臣闻之：赐人主前者，瓜桃不削，橘柚不剖。今万乘无教②，臣不敢剖。不（然）③，臣非不知也。"

【注释】①削：削皮刀。②万乘：这里指楚王。③不（然）：原文脱"然"，依向宗鲁《校证》引《晏子春秋》补。

【译文】齐景公派晏子出使楚国，楚王派人呈上橘子并放了削皮刀，晏子没有剥开就连皮一起吃了。楚王说："橘子应当剥开削皮。"晏子答："我听说：在君王面前接受赏赐，瓜桃不削皮，橘柚不剥开。现在您没有下令，我不敢剥开。要不然，我不是不知道啊。"

12-15晏子将使荆，荆王闻之，谓左右曰："晏子，贤人也,今方来,欲辱之,何以也?"左右对曰:"为其来也,臣请缚一人过王而行①,(王曰:'何为者也?'对曰:'齐人也。'王曰:'何坐②?'曰:'坐盗。'③)于是荆王与晏子立语,有缚一人过王而行,王曰:"何为者也?"对曰:"齐人也。"王曰:"何坐?"对曰:"坐盗。"王曰:"齐人固盗乎?"晏子反顾之曰:"江南有橘,齐王使人取之而树之于江北,生不为橘乃为枳。所以然者何?其土地使之然也。今齐人居齐不盗,来之荆而盗,得无土地使之然乎?"荆王曰:"吾欲伤子,而反自中也。"

【注释】①缚:捆绑。②坐:犯罪。③"王曰"八句:原文无,据向宗鲁《校证》引《晏子春秋》加。

【译文】晏子将出使楚国,楚王听闻了这件事,对左右的官员说:"晏子,是个贤德的人,现在要来我国,我想羞辱他,有什么办法?"答:"当他来之后,我请求绑一个人从大王面前经过,大王就问:'这是什么人?'我答道:'是齐国人。'大王问:'犯了什么罪?'我答道:'犯了盗窃罪。'"晏子来了之后,楚王和晏子站着说话,有一个被绑着的人从楚王面前经过,楚王说:"这是什么人?"答:"是齐国人。"楚王说:"犯什么罪?"答:"犯了盗窃罪。"楚王说:"齐国人原本就是盗贼吗?"晏子回头看了看楚王说:"江南有橘子树,齐王派人挖过来种在江北,长大不是橘子而是枳子。为什么会是这样呢?是江北的土地使它变成这样的。齐国人住在齐国不会盗窃,到了楚国反而会盗窃,这不是楚国的土地使他这样的吗?"楚王说:"我想伤害你,反而伤害了自己。"

12-16晏子使楚。晏子短,楚人为小门于大门之侧而延晏子①。晏子不入,曰:"使至狗国者,从狗门入。今臣使楚,不当从此门入。"傧者更(道)从大门入②。见楚王,王曰:"齐无人耶?"晏子对曰:"齐之临淄三百闾③,张袂成帷④,挥汗成雨,比肩继踵而在,何为无人?"王曰:"然则何为使子?"晏子对曰:"齐命使各有所主,其贤者使贤主,不肖者使不肖主。婴最不贤,故宜使楚耳。"

【注释】①延:假借为"引",引入,引见,迎接。②道:据向宗鲁《校证》引《晏子春秋》加。③临淄:齐国都城,今淄博市东北面。闾:中国古代以二十五家为闾。④袂(mèi):衣袖。

【译文】晏子出使楚国。晏子身高不高,楚国人在大门旁边开了个小门来迎接晏子。晏子不从小门进去,说:"只有出使到狗国,才从狗门进去。现在我出使的是楚国,不应该从这个门进去。"迎接宾客的官吏只好改道从大门引见。见到楚王,楚王说:"齐国没有人吗?"晏子答:"齐国的临淄有三百闾人家,张开衣袖可以连成帷幕,挥洒汗水就好像下雨,肩并肩脚挨脚,怎么说没有人呢?"楚王说:"既然这样,那么为什么派你出使我国呢?"晏子答:"齐国派遣的使臣各有各的君主,那些贤人出使贤明的君主,不贤的人出使不贤的君主。我晏婴最不贤,所以适合出使楚国。"

12-17秦楚毂兵①,秦王使人使楚。楚王使人戏之曰:"子来亦卜之乎?"对曰:"然。""卜之谓何?"对曰:"吉。"楚人曰:"噫!甚矣,子之国无良龟也!王方杀子以衅钟②,其吉如何!"使者曰:"秦楚毂兵,吾王使我先窥。我死而不还,则吾王知警戒整齐兵以备楚,是吾所谓吉也。且使死者而无知也,又何衅于钟?死者而有知也,吾岂错秦相楚哉③?我将使楚之钟鼓无声,钟鼓无声,则将无以整齐其士卒而理君军。夫杀人之使,绝人之谋,非古之通议也④,子大夫试熟计之。"使者以报楚王,楚王赦之。此之谓造命⑤。

【注释】①毂(gǔ)兵:构兵,交战。毂,通"构"。②衅钟:古代祭神时用牲血涂钟的仪式。③错:同"措",弃置,废置。④通议:同"通义",指普遍适用的道理与法则。⑤造命:掌握命运。

【译文】秦楚交战,秦王派人出使楚国。楚王命人戏弄使者说:"你来时有占卜过吗?"秦国使者答:"占卜过。""结果如何?"使者答:"吉。"楚人说:"哎!太离谱了,你的国家没有占卜用的好龟呀!我们君王要杀你去祭钟,怎会是吉呢!"使者说:"秦楚交战,我国君王派我先来查探情况。如果我死了回不去,那么我的君王就知道警戒,整顿军队,以防备楚国的进攻,这就是我所说的吉。而且假如尸体没有知觉,又何必祭钟?假如尸体有知觉,我怎会放弃秦国去帮助楚国呢?我要使楚国的钟鼓发不出声音,钟鼓没有声音,楚国就没法整齐士兵并修整军队。再说杀掉别国的使者,断绝别国的谋划,不是自古通行的道理与法则,大夫还是请好好想想吧。"楚国的使者把这些话上报楚王,楚王赦免了秦国的使者。这叫作掌握命运。

12-18楚使使聘于齐,齐王飨之梧宫①。使者曰:"大哉梧乎！"王曰："江汉之鱼吞舟，大国之树必巨，使何怪焉？"使者曰："昔燕攻齐，遵洛路，渡济桥，焚雍门，击齐左而虚其右，王歜绝颈而死于杜山，公孙差格死于龙门②，饮马乎淄、渑③，定获乎琅邪④，王与太后奔于莒⑤，逃于城阳之山⑥。当此之时，则梧之大何如乎？"王曰："陈先生对之。"陈子曰："臣不如刁勃⑦。"王曰："刁先生应之。"刁勃曰："使者问梧之年耶？昔者，荆平王为无道，加诸申氏⑧，杀子胥父与其兄，子胥被发乞食于吴，阖闾以为将相⑨。三年，将吴兵，复仇乎楚，战胜乎柏举⑩，级头百万⑪，囊瓦奔郑⑫，王保于随。引师入郢⑬，军云行乎郢之都。子胥亲射宫门，掘平王冢，笞其坟，数以其罪，曰：'吾先人无罪而子杀之！'士卒人加百焉，然后止。当若此时，梧可以为其枏矣⑭！"

【注释】①飨：设盛宴待宾客。梧宫：战国时期齐国的行宫，原文为"椿"，据下文及明钞改。②龙门：地名，今在山东临淄附近。③淄、渑（shéng）：指淄水和渑水。淄水源出莱芜县东北，流经临淄市东，渑水在今中国山东省临淄市一带。④琅邪（láng yá）：在今山东省诸城县东南。⑤莒（jǔ）：中国周代诸侯国名，在今山东省莒县一带。⑥城阳：地名，在莒国境内。⑦刁勃：齐国大夫。⑧申氏：即伍子胥，春秋吴国大夫。名员，楚伍奢之子。其父在楚被杀以后，辗转逃到吴国，吴国君赐予申地，故又名申胥。⑨阖闾（？—前496）：即吴王阖闾，一作阖庐，姬姓，名光，又称公子光，吴王诸樊之子（《左传》《世本》作吴王余眛之子），春秋末期吴国君主，军事统帅。公元前514年至公元前496年在位。⑩柏举：亦作"柏莒"，是古地名, 春秋楚地。⑪级头: 斩首。⑫囊瓦 (? —前506以后): 芈姓, 囊氏, 名瓦, 字子常, 春秋时期楚国令尹。⑬郢: 楚国都城, 在今湖北省江陵县附近。⑭柎 (fū): 花萼, 亦指草木子房, 这里比喻避难所。

【译文】楚国派遣使者拜访齐国, 齐王在梧宫设宴招待楚国使者。使者说: "好大的梧宫啊!" 齐王说: "长江和汉水的鱼可以吞没船只, 大国的建筑也一定是宏伟的, 使者何必惊讶呢?" 使者说: "以前燕国攻打齐国, 军队沿着洛路, 渡过济桥, 烧毁雍门, 攻打齐国的左面而避开右面, 王歜断颈死在杜山, 公孙差战死在龙门, 燕军在淄水、渑水上放马饮水, 在琅邪山获得胜利, 齐王和太后跑到莒国, 逃到城阳的山上。在这个时候, 梧宫宏伟高大那又如何?" 齐王说: 陈先生回答他。" 陈先生说: "我的辩才不如刁敦。" 齐王说: "那刁先生回答他。" 刁敦说: "使者问的是梧宫的年限吗? 从前, 楚平山做了荒淫无道的事, 凌驾于申胥之上, 杀了申胥的父亲和兄长, 申胥披头散发在吴国讨饭, 吴王阖闾请他做将相。三年后, 申胥率领吴国军队, 回到楚国报仇, 在柏举大获全胜, 斩首百万, 囊瓦逃到郑国, 楚王退守随邑。申胥带兵攻入郢都, 吴军像云涌一样前往郢都。申胥亲自向宫门放箭, 挖开楚平王的墓, 鞭打他的坟, 历数他的罪行, 说: '我的先人没有罪, 你却杀了他们!' 士兵每人多打一百鞭, 然后才停止。在那个时候, 梧宫就可以做楚王的依托!"

12-19 蔡使师强、王坚使于楚, 楚王闻之曰: "人名多章章者①, 独为师强、王坚乎? 趣见之, 无以次。" 视其人状, 疑其名,而丑其声,又恶其形。楚王大怒曰:"今蔡无人乎?国可伐也;有人不遣乎?国可伐也;端以此试寡人乎^②?国可伐也。"故发二使见三谋伐者,蔡也。

【注释】①章章:鲜明美好貌。②试:原文为"诚",据向宗鲁《校证》以卢文弨改。

【译文】蔡国派师强和王坚出使楚国,楚王听闻了这件事说:"人的名字多是为了表现自己的美好品德,只是叫师强、王坚吗?立刻召见他们,不要按次第顺序。"召见时,看到这两个人的相貌,怀疑他们的名字,而且声音很难听,相貌也使人讨厌。楚王大怒说:"难道当今蔡国没有人吗?那可以讨伐这个国家了;是有人故意不派遣吗?那可以讨伐这个国家了;是特意用这两个人来试探我吗?那可以讨伐这个国家了。"因为派遣两个使者却给楚国造就三种讨伐借口的,就是蔡国啊。

12-20赵简子将袭卫,使史黯往视之^①,期以一月,六月而后反^②。简子曰:"何其久也?"黯曰:"谋利而得害,由不察也。今蘧伯玉为相,史鳅佐焉^③;孔子为客,子贡使令于君前,甚听。《易》曰:'涣其群,元吉。'涣者,贤也;群者,众也^④;元者,吉之始也。'涣其群元吉'者,其佐多贤矣。"简子按兵而不动耳。

【注释】①史黯:春秋时期晋国太史,姓蔡,名墨,字黯。又称"史墨""蔡墨"。②六月:原文为"六日",据卢文绍引《北堂书钞》

改。③史鳅：字子鱼，亦称史鱼，春秋时期卫国史官，因卫灵公不用蘧伯玉，后以尸谏，灵公悔改。④众：原文为"象"，据向宗鲁《校证》改。

【译文】赵简子将要袭击卫国，先派史黯去探察情况，约定一个月，结果六个月以后才回来。赵简子说："为什么这么久？"史黯说："本想谋利反而受害，这是因为不了解情况。现在卫国任用蘧伯玉为相，史鳅辅佐卫国君主；孔子又在卫国做客，还有子贡在卫君面前听候差遣，很是顺从。《周易》上说：'涣其群，元吉。'涣，指的是贤明；群，指众多；元，是吉利的开始。'涣其群元吉'的意思，就是他的辅佐中大多是贤明的人。"赵简子于是就按兵不动了。

12-21魏文侯使舍人毋择献鹄于齐侯，毋择行道失之，徒献空笼。见齐侯曰："寡君使臣毋择献鹄，道饥渴，臣出而饮食之，而鹄飞冲天，遂不复反。念思非无钱以买鹄也，恶有为其君使轻易其币者乎①？念思非不能拔剑刎颈，腐肉暴骨于中野也，为吾君贵鹄而贱士也；念思非敢走陈、蔡之间也，恶绝两君之使。故不敢爱身逃死，来献空笼，唯主君斧质之诛。"齐侯大悦曰："寡人今者得兹言三，贤于鹄远矣。寡人有都郊地百里，愿献子大夫以为汤沐邑②。"毋择对曰："恶有为其君使而轻易其币，而利诸侯之地乎？"遂出不反。

【注释】①币：古人用作礼物的丝织品，这里指礼物。②汤沐邑：是周代供诸侯朝见天子时住宿并沐浴斋戒的封地，后指国君、皇后、公子等收取赋税的私邑。

【译文】魏文侯派舍人毋择进献天鹅给齐侯，毋择在半路上弄丢了天鹅，只能献上了空笼子。他拜见齐侯说："我的君王派我来进献天鹅，在半路上天鹅又饥又渴，我把它放出来喂水喂食，但是天鹅飞向天空，一去不复返了。仔细思考不是没有钱再买天鹅，哪有做使臣的随意变换君王的礼物呢？仔细思考不是不能拔剑自刎，曝尸荒野，这样会认为我的君王只重视天鹅而轻慢士人；仔细思考不是不敢逃到陈国、蔡国去，又担心断了两国的来往。所以我不敢爱惜自己的性命而逃避死罪，只能来献上空笼，听候君王处罚。"齐君非常高兴地说："我今天听到这些话，远远胜过得到天鹅。我在郊外有百里土地，愿意送给你作为你的私邑。"毋择答："哪有为自己的君主出使却随意变换君主的礼物，而贪图私利接受诸侯的土地呢？"他于是出宫不再回来。

卷十三　权谋

【题解】权谋，就是权衡利弊。本卷大多记载了预知兴衰祸福、审时度势的事例。

第一则"圣王之举事，必先谛之于谋虑，而后考之于蓍龟"。讲述了做事一定要有事前的计划，只要事先思虑周全，就可以"百举而不陷"。还提出谋划的两种途径：知命与知事。

第二至五则详述知命，即"天之与人，必报有德"。第六至十二则讲述预知国家的衰亡。第二十则是本卷中唯一一篇发生在汉朝时的事例，讲述了霍氏家族的衰亡。第二十一至二十九则讲述预知战争。第三十一至三十四则讲述为战争胜利而不择手段。

本卷大多是关于贤臣劝谏以及关于自身祸福、国家兴衰的预言。虽然有一些占卜、灵异等观点，但仍对当今有一定的借鉴意义。

13-1圣王之举事，必先谛之于谋虑①，而后考之于蓍龟②。白屋之士③，皆关其谋；刍荛之役④，咸尽其心。故万举而无遗筹失策。《传》曰："众人之智，可以测天。兼听独断，惟在一人。"此大谋之术也。谋有二端：上谋知命，其次知事。知命者，预见存亡祸福之原，早知盛衰废兴之始，防事之未萌⑤，避难于无形。若此人者，居乱世则不害于其身，在乎太平之世则必得天下之权。彼知事者亦尚矣，见事而知得失成败之分，而究其所终极，故无败业废功。孔子曰："可与适道，未可与权也。"夫非知命知事者，孰能行权谋之术？夫权谋有正有邪，君子之权谋正，小人之权谋邪。夫正者其权谋公，故其为百姓尽心也诚；彼邪者好私尚利，故其为百姓也诈。夫诈则乱，诚则平。是故尧之九臣诚而兴于朝⑥，其四臣诈而诛于野⑦。诚者隆至后世，诈者当身而灭。知命知事而能于权谋者，必察诚诈之原，而以处身焉，则是亦权谋之术也。夫知者举事也，满则虑溢，平则虑险，安则虑危，曲则虑直。由重其豫⑧，惟恐不及，是以百举而不陷也。

【注释】①谛：细察，详审。②蓍（shī）龟：古人以蓍草与龟甲占卜凶吉，因以指占卜。③白屋：古代指平民的住屋。因无色彩装饰，所以称为"白屋"。④刍荛（chú ráo）：割草打柴，也指割草打柴的人。⑤未萌：指事情发生以前。⑥尧之九臣：是指舜、契、大禹、后稷、夔、倕、伯夷、皋陶、益。⑦四臣：指"四凶"，分别为浑敦、穷奇、梼杌、饕餮。⑧豫：通"预"，预先，事先。⑨百举：指所有的行为。陷：

陷入,落在不利的境地,指失败,挫折。

【译文】圣明的君王做事,事先一定是深谋远虑,然后再占卜来考察吉凶。平民百姓,都关心他们的谋划;割草打柴的仆役,都尽心考虑。所以做什么事都没有失算失策的地方。古书上说"众人的智慧,可以推测天命。广泛听取意见,独自做出决定,全靠一人。"这是谋划大计的方法啊。计谋有两种:上等的计谋知晓天命,次等的计谋通晓事理。知晓天命的人,能预见存亡祸福的根源,能预知盛衰废兴的开始,防患于未然,避难于无形。像这样的人,处在乱世则能保全自己,处在太平时代就一定能执掌天下大权。通晓事理的人也算是可以的了,遇事能知道得失成败的分寸,从而研究事情的最终结局,所以不会有败业废功。孔子说:"可以与他共同追求道义,未必可以与他共同权衡利弊。"如果不是知道天命和通晓事理的人,又怎能运用权衡谋划之术呢?权衡谋划有正有邪,君子的谋划是正义的,小人的谋划是邪恶的。正义的人的权谋是为公,所以他为百姓忠诚尽心;那邪恶的人自私好利,所以他为百姓做事也是奸诈虚伪。奸诈会引起大乱,忠诚就会使得太平。因此尧的九位大臣忠诚而得到朝廷重用,四位大臣奸诈而处死在郊野。忠诚的人使得子孙后世兴旺,奸诈的人自取灭亡。知晓天命通晓事理又擅于权衡谋划的人,一定会观察忠诚奸诈的根源,并以此作为立身处世的原则,这也是权衡谋划之术啊。有智慧的人做事,满足时就想到溢出,平顺时就会考虑艰险,安定时就想到危急,曲折时就会考虑径直。由于重视事先的准备,生怕有考虑不周的地方,所以做任何事情都不会失败。

13-2 杨子曰^①："事之可以之贫，可以之富者，其伤行者也^②；事之可以之生，可以之死者，其伤勇者也。"仆子曰^③："杨子智而不知命，故其知多疑。"语曰："知命者不惑，晏婴是也。"

【注释】①杨子：即杨朱，杨姓，字子居，战国时期魏国人，中国战国初期伟大的思想家、哲学家。曾受学与老子，所以一般人说他是道家，但他的学说和道家有很大差别，他认为人生短暂，应当从心所欲，尽情享乐，主张不损人利己，亦主张"损一毛以利天下而不为"。②伤行：使品行受损害。③仆子：向宗鲁《校证》以为《汉书·艺文志》有《侔子》一篇，此"仆"疑为"侔"之误。

【译文】杨子说："一件事能让人致贫，也能致富，就会损害到人的品行；一件事可以使人致生，也可以使人致死，就会损害人的勇气。"仆子说："杨子有智慧但不知天命，所以他的智慧有很多疑惑。"古语说："知道天命不会疑惑的人，这样的人就是晏婴啊。"

13-3 赵简子曰："晋有泽鸣、犊犨^①，鲁有孔丘，吾杀此三人，则天下可图也。"于是乃召泽鸣、犊犨，任之以政而杀之。使人聘孔子于鲁。孔子至河^②，临水而观，曰："美哉水，洋洋乎！丘之不济于此，命也夫！"子路趋进，曰："敢问奚谓也？"孔子曰："夫泽鸣、犊犨，晋国之贤大夫也。赵简子之未得志也，与之同闻见；及其得志也，杀之而后从政。故丘闻之：刳胎焚夭^③，则麒麟不至；干泽而渔，（则）蛟龙不游^④；覆巢毁卵,则凤凰不翔。丘闻之:君子重伤其类者也。"

【注释】①泽鸣、犊犨(chōu):卢文弨校证云:"《新序》作'赵有犊犨,晋有泽鸣。'各不同,'泽'疑为'铎'。"《史记·孔子世家》作"窦鸣犊、舜华"。向宗鲁《校证》引《史记》《汉书》则认为二人都是晋国大夫。②河:指黄河。③刳胎焚夭:剖挖母胎,残害幼体。谓凶残不义。④则:据向宗鲁《校证》补。

【译文】赵简子说:"晋国有泽鸣和犊犨,鲁国有孔丘,我杀了这三人,就可以谋求天下了。"于是就召见泽鸣和犊犨,让他们处理政事后来又杀了他们。赵简子又派人到鲁国聘请孔子。孔子走到了黄河边,站在河边观望,说:"好壮观的黄河,奔腾不息!我不从这里过河,这是命啊!"子路疾步上前,说:"请问先生说的是什么意思呢?"孔子说:"泽鸣和犊犨,是晋国贤德的大夫。赵简子还没有得志的时候,他们的所见所闻相同;等到赵简子得志了,就杀了他们而后独自掌权。所以我听说:剖杀母胎,残害幼体,麒麟就不会来到;掏干湖水捕鱼,蛟龙不会在那里遨游;倾覆鸟巢,毁坏鸟蛋,凤凰就不会在那里飞翔。我听说:君子对同类的不幸而伤感啊。"

13-4孔子与齐景公坐。左右白曰:"周使来,言周庙燔①。"齐景公出,问曰:"何庙也?"孔子曰:"是釐王庙也②。"景公曰:"何以知之?"孔子曰:"《诗》云:'皇皇上帝,其命不忒③。天之与人,必报有德。'祸亦如之。夫釐王变文、武之制而作玄黄,宫室舆马奢侈,不可振也,故天殃其庙,是以知之。"景公曰:"天何以不殃其身?"曰:"天以文王之故也。若殃其身,文王之祀无乃绝乎?故殃其庙,以章其过也。"左右入报曰:"周釐王庙也。"景公大惊,起,再拜曰:"善哉!圣人之智,岂不大乎!"

【注释】①燔(fán):焚烧。②釐(xī)王(?—前677):即周僖王,姬胡齐,姬姓,名胡齐,周庄王姬佗长子,东周第四任君主,公元前682年至公元前677年在位。③不忒:没有差错。④章:通"彰"。彰明,显明。

【译文】孔子和齐景公对坐。左右的官吏报告说:"周天子的使者来了,说周室的宗庙烧掉了。"齐景公出去,问:"是哪个庙?"孔子说:"是釐王庙。"齐景公说:"你怎么知道是釐王庙?"孔子说:"《诗经》上说:'圣明的天帝,旨意不会出错。上天待人,一定会回报有德行的人。'祸患也是一样的。周釐王更改文王、武王的制度而崇黑色黄色,宫室车马非常奢华,不可挽救,所以上天降祸患给他的宗庙,因此我知道烧的是釐王庙。"齐景公说:"上天为什么不降祸患给釐王本人呢?"孔子说:"上天因为周文王的缘故。如果降祸患给釐王本人,文王的祭祀不就断绝了吗?所以降祸患给釐王的宗庙,来彰显他的罪过啊。"左右的官吏报告是周釐王的庙。"齐景公大为惊讶,起身,拜了两拜说:"太好了!圣人的智慧,怎能是不伟大呢!"

13-5齐桓公与管仲谋伐莒,谋未发而闻于国。桓公怪之,以问管仲。管仲曰:"国必有圣人也。"桓公叹曰:"嘻!日之役者, 有执柘杵而上视者①, 意其是邪?"乃令复役, 无得相代。少焉, 东郭垂至②。管仲曰:"此必是也。"乃令傧者延而进之, 分级而立。管仲曰:"子言伐莒者也?"对曰:"然。"管仲曰:"我不言伐莒, 子何故言伐莒?"对曰:"臣闻君子善谋, 小人善意。臣窃意之也。"管仲曰:"我不言伐莒, 子何以意之?"对曰:"臣闻君子有三色: 优然喜乐者③, 钟鼓之色; 愀然清净者④, 缞绖之色⑤; 勃然充满者, 此兵革之色也。日者, 臣望君之在台上也, 勃然充满, 此兵革之色也。君呀而不吟, 所言者'莒'也; 君举臂而指, 所当者莒也。臣窃虑小诸侯之未服者, 其惟莒乎? 臣故言之。"君子曰:"凡耳之闻以声也。今不闻其声, 而以其容与臂, 是东郭垂不以耳听而闻也。桓公、管仲虽善谋, 不能隐。圣人之听于无声, 视于无形, 东郭垂有之矣。"故桓公乃尊禄而礼之。

【注释】①柘(zhè)杵: 用柘木制的杵。②东郭垂: 春秋时期齐国人, 处士, 善察言观色。《管子·小问》为"东郭邮",《吕氏春秋·重言》为"东郭牙"。③优然: 安然。④愀(qiǎo)然: 形容神色变得严肃或不愉快。⑤缞绖(cuī dié): 丧服。

【译文】齐桓公和管仲商议攻打莒国, 计划还没有公布便在国内已经传开了。齐桓公感到奇怪, 便请教管仲。管仲说:"国中一定有圣人。"齐桓公感叹说:"嘻! 那天服劳役的人中, 有一个拿着柘杵往上看的人, 应该是那个人吧?"于是就下令召那些人来再来服役, 不得相互代替。一会儿, 东郭垂到了。管仲说:"一定是他了。"于是就叫接待宾客的人引他进来, 站在台阶的中间。管仲问:

"是你说攻打莒国的吗？东郭垂答："是的。"管仲问："我没有说要攻打莒国，你为什么要说攻打莒国呢？"答："我听说君子善于谋略，小人善于揣测。我是私自揣测的。"管仲说："我没有说过攻打莒国，你怎么揣测的？"答："我听闻君子有三种脸色：安然喜乐的时候，是好像听到钟鼓声时的脸色；凄清冷静的时候，是好像服丧时的脸色；振奋激动时，是好像要开战的脸色。那天，我远远看到您站在高台上，振奋激动，这是要开战的脸色。您发出'吁'而没有闭口，谈论的应该是莒国；您举起手臂指向的方向，应当指向的是莒国。我私下思考那些小诸侯国中还没有臣服的，不就只有莒国吗？所以我这样说。"君子说："但凡耳朵所听闻的事情是因为有声音。现在听不到声音，而仅以脸色和手臂的动作，说明东郭垂不用耳朵听就能知道事情。齐桓公和管仲虽然善于谋略，但是不能隐藏。圣人在无声中能听到声音，在无形中能看到事物，东郭垂就有这样的能力。"所以齐桓公便赐他丰厚的俸禄并礼敬他。

13-6晋太史屠馀见晋国之乱①，见晋平公之骄而无德义也②，以其图法归周③。周威公见而问焉，曰："天下之国，其孰先亡？"对曰："晋先亡。"威公问其说④，对曰："臣不敢直言，示晋公以天妖⑤、日月星辰之行多不当，曰：'是何能然？'示以人事多义、百姓多怨，曰：'是何伤？'示以邻国不服、贤良不兴，曰：'是何害？'是不知所以存，所以亡，故臣曰晋先亡。"居三年，晋果亡。威公又见屠馀而问焉，曰："孰次之？"对曰："中山次之。"威公问其故，对曰："天生民，令有辨。有辨，人之义也，所以异于禽兽麋鹿也，君臣上下所以立也。

中山之俗，以昼为夜，以夜继日，男女切踦^⑥，固无休息。淫昏康乐，歌讴好悲，其主弗知恶，此亡国之风也，臣故曰中山次之。"居二年，中山果亡。威公又见屠馀而问曰："孰次之？"屠馀不对，威公固请，屠余曰："君次之。"威公惧，求国之长者，得锜畴、田邑而礼之^⑦，又得史理、赵巽以为谏臣，去苛令三十九物。以告屠馀，屠馀曰："其尚终君之身。臣闻国之兴也，天遗之贤人，与之极谏之士；国之亡也，天与之乱人与善谀者。"威公薨，九月不得葬，周乃分而为二^⑧。故有道者言，不可不重也。

【注释】①屠馀：一名为黍，春秋时期晋国人，见晋幽公荒淫无道，国将有灾，乃以其图归周。一说系晋平公时太史。本篇所记与史实多有不合。②晋平公（？—前532）：姬姓，名彪，晋悼公之子，春秋时期晋国国君。日人关嘉曰："本文之'平公'恐'出公'之误。"③图法：图录和法典。原文为"国"，据向宗鲁《校证》依《吕氏春秋》改。④威公（？—前367）：西周威公，姓姬，名灶，谥号威，是中国战国时期小国西周的第二任国君，西周桓公之子。⑤天妖：天所显示的灾异现象。⑥切踦：指厮磨偎倚。⑦锜畴、田邑：二人均为周威公时贤者。⑧周乃分而为二：前367年周威公死，公子根叛乱，赵成侯遂"与韩分周为两"，周王畿于是分裂为东周、西周两个小国。

【译文】晋国的太史屠馀看到晋国国家混乱，又看到晋平公傲慢没有道德信义，因此就带着晋国的图录和法典回到周王室。周威公召见并问他，说："全天下的国家，哪个先灭亡？"答："晋国先灭亡。"周威公问他原因，答："臣不敢直说，只能用苍天的灾异现象、日月星辰的轨迹不正常来暗示，晋平公却说：'这能怎样？'臣提示他国中的许多人和事不合道义、许多百姓都怨声载道，晋平公却说：'这有什么妨碍？'臣又提示他邻国不顺服、贤良的人不兴旺，晋平公说：'这有什么危害？'这是不知道国家如何才能生存，如何就会灭亡，所以臣说晋国先灭亡。"过了三年，晋国果真灭亡了。周威公又召见屠馀并且问他，说："晋国之后，哪一国会灭亡？"答："之后是中山国。"周威公问他缘故，答："苍天创造了人，叫他们都有区别。有区别，这是做人的道理，所以这也是人和禽兽麋鹿不同的地方，这也是建立君臣上下关系的原则。中山国的风俗，以昼为夜，夜以继日，男女相互偎依亲近，就不能休息。他们荒淫昏乱，寻欢作乐，爱好歌唱悲哀的曲子，他们的国君不知道厌恶，这是亡国的风气啊，所以我说在晋国之后中山国会灭亡。"过了两年，中山国果真灭亡。周威公又召见屠馀并问他说："中山国之后，哪一国会灭亡？"屠馀不回答，周威公再三请教，屠馀说："是您的国家了。"周威公感到害怕，于是寻找国中德高望重的人，找到锜畴和田邑并且以礼相待，又得到了史理和赵巽让他们做谏臣，废除苛令三十九条。周威公把这些告诉屠馀，屠馀说："这样尚能坚持到您终身之后。我听说国家要兴盛时，上天就会馈赠他贤人，并给他极言进谏的人；国家要灭亡时，上天就给他作乱和善于奉承的人。"周威公死后，九个月不得安葬，周朝分裂成两国。所以有道德的人讲的话，不可以不重视啊。

13-7齐侯问于晏子曰："当今之时，诸侯孰危？"对曰：

"莒其亡乎!"公曰:"奚故?"对曰:"地侵于齐,货竭于晋,是以亡也。"

【译文】齐侯问晏子说:"当今之时,诸侯各国谁最危险?"答:"莒国将要灭亡了!"齐侯说:"为什么?"答:"齐国侵占莒国的土地,晋国取尽莒国的财物,所以将要灭亡了。"

13-8智伯从韩、魏之兵以攻赵①,围晋阳之城而溉之,城不没者三板②。絺疵谓智伯曰③:"韩、魏之君必反矣。"智伯曰:"何以知之?"对曰:"夫胜赵而三分其地。今城未没者三板,臼灶生蛙④,人为相食,城降有日矣,而韩、魏之君无喜志而有忧色,是非反何也?"明日,智伯谓韩、魏之君曰:"疵言君之反也。"韩、魏之君曰:"必胜赵而三分其地,今城将胜矣,夫二家虽愚,不弃美利而背约为难⑤,不可成之事,其势可见也。是疵必为赵说君,且使君疑二主之心,而解于攻赵也。今君听谗臣之言,而离二主之交,为君惜之。"智伯出,欲杀絺疵,絺疵逃。韩、魏之君果反。

【注释】①智伯(?—前453):又称智瑶、荀瑶、知瑶、知伯瑶,谥号"襄子",又称智襄子。春秋末年晋国四卿之一,智宣子荀申之子。曾联合韩、魏两氏攻击赵襄子。在即将获胜之际,却因他的一席话导致了韩、魏两氏倒戈,与赵氏联合反攻知氏阵地,荀瑶被擒并被杀,智伯家族全部屠灭,所有的领地被韩、魏、赵三家所瓜分。三晋分而七国之形立,中国从此进入战国时代。②三板:古代筑墙用的板。每块板二尺高，三板高六尺。③缔疵（chī cī）：春秋时晋国人，善谋，缔疵为智伯谋士。④白灶生蛙：灶没于水中，产生青蛙。形容水患之甚。白，原文为"曰"，据明钞本改。⑤美利：大利，丰厚的利益。

【译文】智伯率领韩、魏两家的军队攻打赵国，包围晋阳城又灌水淹城，城墙还差六尺没有淹没。缔疵对智伯说："韩、魏的君主一定会造反。"智伯说："你怎么知道？"答："战胜了赵氏，三家就可以平分赵氏的土地。现在晋阳城还差六尺就会淹没，城里的灶台都长出了青蛙，百姓饿得相互为食，晋阳城不久就要投降了，但是韩、魏的君主面无喜色反而面露忧愁，这不是造反又是什么？"次日，智伯对韩、魏的君主说："缔疵说你们要造反了。"韩、魏的君主说："我们一定会战胜赵氏三分他的土地，现在马上要胜利了，虽然我们两家愚笨，也不会放弃丰厚的利益而违背约定，去做困难不会成功的事情，这情势明了可见。一定是缔疵为赵氏游说您的，并且要您怀疑我们的忠诚，从而松懈进攻赵氏。现在您听信谗言，离间我们的交情，为您感到惋惜。"智伯离开后，要杀缔疵，缔疵已逃走了。后来韩、魏两家的君主果然造反。

13-9鲁公索氏将祭而亡其牲①。孔子闻之，曰："公索氏比及三年②，必亡矣。"后一年而亡。弟子问曰："昔公索氏亡牲，夫子曰：'比及三年必亡矣。'今期年而亡。夫子何以知其将亡也？"孔子曰："祭之为言，索也。索也者，尽也，乃孝子所以自尽于亲也。至祭而亡其牲，则余所亡者多矣。吾以此知其将亡矣。"

【注释】①亡：丢失，丧失。②公索氏：姓氏，是鲁国的一个非姬姓的氏族。

【译文】鲁国的公索氏在要祭祀时，却把祭祀用的牲畜弄丢了。孔子听说后，说："公索氏等到三年，必定灭亡。"只是过了一年公索氏就灭亡了。学生请教孔子以前公索氏弄丢了祭祀的牲畜，先生说：'等到三年必定灭亡。'现在刚过一年就灭亡了。先生是如何知道他要灭亡呢？"孔子说："祭祀的意思，是为了索取。索的意思就是尽，就是孝子向已去世的亲人尽孝心。但是在祭祀时却弄丢了祭祀用的牲畜，那么其余的东西一定失去的更多。所以我知道他要灭亡了。"

13-10蔡侯、宋公、郑伯朝于晋。蔡侯谓叔向曰："子亦奚以语我？"对曰："蔡支地计众①，不若宋、郑。其车马衣裘，侈于二国。诸侯其有图蔡者乎？"处期年，荆伐蔡而残之②。

【注释】①支地计众：丈量土地。计算人口。支，原文为"言"，据卢文弨校说改。②残：毁坏，这里指灭国。

【译文】蔡侯、宋公、郑伯朝见晋国。蔡侯对叔向说："你也有什么话对我说吗？"叔向答："蔡国的土地和百姓计算起来，不如宋、郑两国。但是车马服饰，要比两国奢侈。诸侯中会有人图谋蔡国吧？"过了一年，楚国攻打并灭掉了蔡国。

13-11白圭之中山①，中山王欲留之，固辞而去。又之齐，齐王亦欲留之，又辞而去，人问其辞，白圭曰："二国将亡矣！

所学者国有五尽：故莫之必忠^②，则言尽矣；莫之必誉，则名尽矣；莫之必爱，则亲尽矣；行者无粮，居者无食，则财尽矣；不能用人，又不能自用，则功尽矣。国有此五者，毋幸，必亡。中山与齐皆当此。"若使中山之与齐也，闻五尽而更之，则必不亡也。其患在不闻也，虽闻又不信也。然则人主之务在善听而已矣。

【注释】①白圭：战国时期中原（洛阳）人，名丹，字圭。有"商祖"之誉。在魏惠王属下为大臣。《汉书》中说他是经营贸易发展生产的理论鼻祖。他亦认为经商要按时机，就像孙子吴起用兵、商鞅行法。人们称其为"治生之祖"。

【译文】白圭到了中山国，中山国君主想挽留他，他再三请辞后离开了。他又到了齐国，齐王也想挽留他，他又推辞离开了。人们问他离开的缘故，白圭说："这两个国家将会灭亡！依我所学的知道一个国家有五种情形将会灭亡：没有一定的效忠，那就没有人会进谏了；没有一定的称誉，那么名声就没有了；没有一定的爱戴，那么就没有亲近的人；赶路的人没有粮食，居家的人没有食物，那么就是财物用尽了；不能任用其他人，又不能发挥自己的作用，那么功业就结束了。一个国家有这五种情形，不要感到庆幸，一定会灭亡。中山国和齐国都有这五种情形。"假使中山国和齐国，听过这五种情形并改正，那就一定不会灭亡。他们的祸患在于没有听过这五种情形，即便听了又不信。如此说来，君主的主要任务就是善于倾听别人的意见罢了。

13-12下蔡威公闭门而哭①，三日三夜，泣尽而继以血。旁邻窥墙而问之曰："子何故而哭，悲若此乎？"对曰："吾国且亡。"曰："何以知也？"应之曰："吾闻病之将死也，不可为良医；国之将亡也，不可为计谋。吾数谏吾君，吾君不用，是以知国之将亡也。"于是窥墙者闻其言，则举宗而去之楚。居数年，楚王果举兵伐蔡。窥墙者为司马，将兵而往，束虏甚众②，问曰："得无有昆弟故人乎？"见威公缚在虏中，问曰："若何以至于此？"应曰："吾何以不至于此？且吾闻之也：言之者，行之役也；行之者，言之主也。汝能行，我能言；汝为主，我为役。吾亦何以不至于此哉？"窥墙者乃言之于楚王，遂解其缚，与俱之楚。故曰："能言者未必能行，能行者未必能言。"

【注释】①下蔡：春秋时名州来。今安徽凤台县。春秋时为楚国侵占。威公，人名，非国君。②束：原文为"来"，据向宗鲁《校证》引《太平预览》改。

【译文】下蔡的威公关起门来痛哭，哭了三天三夜，眼泪流干了接着流出了血。邻居从墙上察看问他说："你为什么哭得这么悲伤？"答："我们的国家将要灭亡了。"邻居说："你怎么知道的？"答："我听说病人将要死亡的时候，良医也没办法；国家要亡，出谋划策也没用。我多次劝谏我的君主，君主不听，所以我知道国家将要灭亡了。"那位隔墙察看的人听了他的话，于是带领全族的人都搬往楚国。过了几年，楚王果真起兵攻伐蔡国。那个隔墙察看的人当了司马，率军前往，抓了很多俘虏，他问道："俘虏中有没有我的兄弟故人呢？"他看见威公绑在俘虏之中，就问他说："你怎么沦落到这种地步？"答："我为什么不会沦落到这种地步？我听说：说话的人，是做的人的仆役；做的人，是说话的人的主人。你能做，我能说；你是主人，我是仆役。我又为什么不会沦落到这种地步呢？"隔墙察看的人把这件事禀告了楚王，于是为威公松绑，同他一起到了楚国。所以说："能说的人未必能做，能做的人未必能说。"

13-13管仲有疾，桓公往问之曰："仲父若弃寡人，竖刁可使从政乎①？"对曰："不可！竖刁自刑以求入君，其身之忍，将何有于君？"公曰："然则易牙可乎②？"对曰："易牙解其子以食君，其子之忍，将何有于君？若用之必为诸侯笑。"及桓公殁，竖刁、易牙乃作难，桓公死六十日，虫出于户而不收。

【注释】①竖刁：春秋时期齐国宦官，为了表示对齐桓公的忠心，自行阉割。是掌管内侍及女官的戒令。善于揣摩人的心理，极尽阿谀迎逢之能事，深得齐桓公的宠爱。齐桓公病危时作乱，最终被埋伏的兵甲杀死。②易牙：春秋时期著名厨师，也作狄牙。是齐桓公宠幸的近臣，因杀子以献桓公。从此桓公宠信易牙。

【译文】管仲得了病，桓公去看望他说："仲父如果离开了我，竖刁可以参与政事吗？"答："不可以！竖刁自宫才求得在君王身边，他连自己的身体都这么狠心，将来对您还有什么狠不下心的？"桓公说："那么易牙可以吗？"答："易牙把自己的儿子煮了给君王吃，他连自己的儿子都这么狠心，将来对您还有什么狠不下心的？如果任用他们，一定会被诸侯耻笑。"等桓公死后，竖刁、易牙两人果然作乱造反，桓公死了六十天，蛆虫爬到门外，都没人收尸下葬。

13-14石乞侍坐于屈建①。屈建曰：“白公其为乱乎②？”石乞曰：“是何言也！白公至于室无营③，所下士者三人，与己相若臣者五人，所与同衣食者千人④。白公之行若此，何故为乱？”屈建曰：“此建之所谓乱也。以君子行则可，于国家行过礼则国家疑之。且苟不难下其臣，必不难高其君矣。建是以知夫子将为乱也。”处十月，白公果为乱。

【注释】①石乞（？—约前479）：春秋时期楚国人，曾助白公胜袭杀令尹子西，后白公胜败而自杀，因不说白公胜埋尸地而被烹。屈建（？—前545）：屈氏，名建，字子木。屈到之子。春秋时楚令尹。②白公（？—前479）：即白公胜，芈姓，熊氏，名胜，号白公，楚平王之孙，太子建之子。后白公胜兵败，自缢而死。③室：这里指朝廷。无营：无所谋求。④千人：孙诒让《札迻》曰：“‘千人’数太多，《渚宫旧事》二作‘十人’，近是。”译文从。

【译文】石乞陪坐在屈建身边。屈建说：“白公会叛乱吗？”石乞说：“怎么会这样讲！白公对于朝廷无所谋求，他所以礼相待的士人有三人，和他相似的臣子有五人，和他衣着饮食一样的有十人。像白公这样的行为，怎么会叛乱呢？”屈建说：“这就是我所说的叛乱啊。对于君子来说，白公所做是可以的，对于国家来说，白公所做是越礼的，国家就会怀疑他。况且认为低头称臣不是难事，就一定认为高居君主之上也不是难事了。因此，我知道他会叛乱。"过了十个月，白公果然叛乱。

13-15韩昭侯造作高门①。屈宜咎曰②："昭侯不出此门。"曰："何也？"曰："不时。吾所谓不时者，非时日也。人固有利不利，韩昭侯尝利矣，不作高门。往年秦拔宜阳③，明年大旱民饥，不以此时恤民之急也，而顾反益奢。此所谓福不重至，祸必重来者也。"高门成，昭侯卒。竟不出此门。

【注释】①韩昭侯（？—前333）：即韩武，姬姓韩氏，韩懿侯之子，亦称韩厘侯、韩昭厘侯、韩昭僖侯，战国时期韩国第6位国君。②屈宜咎：一作"屈宜白"。战国时楚国大臣。曾反对楚悼王、吴起的变法，以为"阴谋逆德，好用兵器"，是"逆天道"。③宜阳：战国时期属韩国，今在河南宜阳县西。

【译文】韩昭侯建造高大的宫门。屈宜咎说："韩昭侯不会走出这道门了。"有人问："为什么？"答："时机未到。我所说的时机未到，不是指日期。人本就有顺遂和不顺遂的时候，韩昭侯以前有顺遂的时候，不去建造高大的宫门。前年秦国攻克了宜阳，第二年又遭逢大旱，百姓饥饿，韩昭侯不在此时忧虑百姓的疾苦，反而更加奢侈。这就叫作福不重至，祸必重来啊。"高大的宫门建成，韩昭侯就死了，竟然真没有走出这道门。

13-16田子颜自大术至乎平陵城下①，见人子问其父，见人父问其子。田子方曰②："其以平陵反乎？吾闻行于内然后施于外，子颜欲使其众甚矣。"后果以平陵叛。

【注释】①平陵：地名，春秋时期属齐国，今在山东历城县东。②田子方：姓田，名无择，字子方，儒家学者，魏国人，拜孔子学生子贡为师，于道德学问闻名于诸侯。古代传言，魏文侯曾慕名聘他为师，执礼甚恭。

【译文】田子颜从大术到平陵城下，见到为人子的就询问他的父亲，见到为人父的就询问他的儿子。田子方说："他是要在平陵造反吧？我听说内心所想的事情会表现到外界来，田子颜非常想支使这里的百姓呀。"后来田子颜果然在平陵反叛。

13-17晋人已胜智氏^①，归而缮甲砥兵。楚王恐，召梁公弘曰^②："晋人已胜智氏矣，归而缮甲（砥）兵^③，其以我为事乎？"梁公曰："不患。害其在吴乎？夫吴君恤民而同其劳，使其民重上之令，而人轻其死以从上使。如旁之战，臣登山以望之，见其用百姓之信必也^④。勿已乎，其备之若何？"不听。明年，阖庐袭郢。

【注释】①"晋人"一句：指韩魏灭智，但时间存疑，灭智于公元前453年，吴王阖闾攻郢于公元前506年。②梁公弘：春秋时期楚国人，楚昭王时大夫。③缮甲（砥）兵：整治武器装备，磨利兵器。"砥"字原文脱，据上文补。④信必：谓诚实不欺，必定做到。

【译文】晋国已经战胜了智氏，班师回去整治军备。楚王感到害怕，召见梁公弘说："晋国已经战胜了智氏，班师回去整治军备，是为攻打我国做准备吗？"梁公说："不用担心。我国的祸害应该在吴国吧？吴君抚恤百姓，与百姓同辛劳，使得百姓尊重吴君的命令，人人不畏牺牲，听从吴君的差遣。在如房之战，我登上山远望他们，看见吴君役使百姓诚实不欺。不要停止警戒，我们要防备吴国啊，君王认为如何？"楚王不听。第二年，吴王阖庐就袭击了楚国都城郢。

13-18楚庄王欲伐陈，使人视之。使者曰："陈不可伐也。"庄王曰："何故？"对曰："其城郭高，沟壑深①，蓄积多，其国宁也。"王曰："陈可伐也。夫陈，小国也，而蓄积多。蓄积多则赋敛重，赋敛重则民怨上矣；城郭高，沟壑深，则民力罢矣②。"兴兵伐之，遂取陈。

【注释】①沟壑：意为护城河。②罢：同"疲"，累。

【译文】楚庄王想攻打陈国，派人先去探察情况。使者回来说："不可以攻打陈国。"楚庄王说："为什么？"答："陈国的城墙高大，护城河深邃，物质储存丰富，国家安宁。"楚庄王说："陈国可以攻打。陈国，是个小国，物质储存却很丰富。物质储存丰富那税收就严重，税收重了那百姓就怨恨君王；城墙高大，护城河深邃，那么民众的力量就匮乏了。"楚庄王起兵攻打陈国，果然攻克了陈国。

13-19石益谓孙伯曰："吴将广矣，吾子亦知之乎？"孙伯曰："晚矣，子之知之也！吾何为不知？"石益曰："然则子何不以谏？"孙伯曰："昔桀罪谏者①；纣焚圣人，剖王子比干之心；袁氏之妇，络而失其纪②，其妾告之，怒，弃之。夫亡者，岂斯人知其过哉！"

【注释】①桀罪谏者：是指大臣关龙逄劝谏夏桀，夏桀下令将关龙逄杀死。②络：指缠绕，络丝。纪：散丝的头绪。

【译文】石益对孙伯说："吴国马上要灭亡了，你知道吗？"孙伯说："晚啦，你知道得太晚了！我怎会不知道呢？"石益说："那你为什么不去进谏呢？"孙伯说："从前夏桀治罪进谏的人；纣王烧死圣人，剖出王子比干的心；袁氏的妻子，络丝的时候找不到散丝的头绪，他家的小妾告诉她，她勃然大怒，赶走了小妾。一个将要灭亡的人，怎么会知道自己的过错呢！"

13-20孝宣皇帝之时①，霍氏奢靡②。茂陵徐先生曰③："霍氏必亡！夫在人之右而奢④，亡之道也。孔子曰：'奢则不逊。'夫不逊者必侮上，侮上者，逆之道也。出人之右，人必害之。今霍氏秉权，天下之人，疾害之者多矣。夫天下害之，而又以逆道行之，不亡何待？"乃上书言："霍氏奢靡，陛下即爱之，宜以时抑制，无使至于亡。"书三上，辄报闻。其后霍氏果灭，董忠等以其功封⑤。人有为徐先生上书者，曰："臣闻客有过主人者，见灶直突⑥，旁有积薪。客谓主人曰：'曲其突，远其积薪，不者，将有火患。'主人默然不应。居无几何，家果失火。乡聚里中人哀而救之，火幸息。于是杀牛置酒，燔发灼烂者在上行⑦，余各用功次坐，而反不录言曲突者。向使主人听客之言，不费牛酒，终无火患。今茂陵徐福数上书言霍氏且有变,宜防绝之。向使福说得行,则无裂地出爵之费,而国安平自如。今往事既已,而福独不得与其功。惟陛下察客徙薪曲埃之策,而使居燔发灼烂之右。"书奏,上使人赐徐福帛十匹,拜为郎。

【注释】①孝宣皇帝(前91—前49):即刘询,原名刘病已,汉武帝刘彻曾孙,戾太子刘据之孙,史皇孙刘进之子,西汉第十位皇帝,公元前74年至公元前49年在位,是中国历史上有名的贤君。谥号孝宣皇帝,庙号中宗,葬于陕西省西安南郊的杜陵。②霍氏:指霍光的家族,霍光(?—前68),字子孟。河东平阳(今山西临汾)人。西汉权臣、政治家,大司马霍去病异母弟、汉昭帝皇后上官氏的外祖父、汉宣帝皇后霍成君之父。公元前68年,霍光去世,谥号"宣成"。两年后,霍家因谋反被族诛。霍光常被人与伊尹相提并论,称为"伊霍"。后世往往以"行伊霍之事"代指权臣摄政废立皇帝。③茂陵:地名,本为西汉武帝刘彻的陵墓。④右:古代崇右,故以右为上、为贵、为高。⑤董忠:谥号壮,汉宣帝四年,霍氏谋废宣帝,因告发有功,封高昌侯,后为长乐卫尉。包括张章、董忠、杨恽、金安上、史高等。⑥直埃(tū):直统统的烟囱。⑦燔(fán):焚烧。灼烂:烧灼至于糜烂。

【译文】汉朝孝宣皇帝时,霍氏生活奢靡。茂陵的徐先生说:"霍氏必定会灭亡!处在他人之上但生活奢靡,这是灭亡的道路。孔子说:'奢靡的人就不会谦恭。'不谦恭的人一定轻慢皇上,轻慢皇上的人,这是叛逆的道路啊。处在他人之上,其他人一定会妒忌他。当今霍氏执掌大权,天下的人,大多都嫉妒陷害他。天下人妒忌他，而他又逆道而行，再不灭亡又等什么呢？"于是上书说："霍氏生活奢靡，陛下即便宠爱他，也应该适时加以压制，不要让他向灭亡发展。"徐先生多次向皇上上书，每次都回复知道了。后来霍氏果然灭亡，董忠等人论功受赏。有人为徐先生向皇上上书，说："我听说有位客人去主人家拜访，见到主人家灶上的烟囱是直的，旁边有一堆柴火。客人对主人说：'烟囱应该是弯的，要把柴火搬远一点；否则，将会发生火灾。'主人沉默不语。过了没多久，主人家果然失火。乡邻同情他都去救火，幸好火扑灭了。于是主人杀牛设宴，请那些烧伤的人上座，其余人按功劳依次就座，反而没有请那个建议弯曲烟囱的人。假使主人听了客人的建议，就不用消耗牛和酒，最终也不会发生火灾。现在茂陵徐福多次上书说霍氏将会叛乱，应该防止杜绝他。假使徐福的话得以实行，就没有分割土地，分封爵位的消耗了，而且国家也会安定太平。现在往事已经结束，唯独徐福不能和他们一起论功受赏。希望陛下想想客人搬走柴火、弄弯烟囱的建议，要使这种人居烧伤的人之上。"奏折呈上去后，皇上派人赐给徐福布帛十四，任命为郎官。

13-21齐桓公将伐山戎、孤竹①，使人请助于鲁。鲁君进群臣而谋，皆曰："师行数千里，入蛮夷之地，必不反矣。"于是鲁许助之而不行。齐已伐山戎、孤竹，而欲移兵于鲁。管仲曰："不可！诸侯未亲，今又伐远而还诛近邻，邻国不亲，非霸王之道。君之所得山戎之宝器者，中国之所鲜也，不可以不进周公之庙乎？"桓公乃分山戎之宝，献之周公之庙。明年，起兵伐莒，鲁下令丁男悉发，五尺童子皆至②。孔子曰："圣人转祸为福，报怨以德。"此之谓也。

【注释】①山戎、孤竹：山戎是中国春秋时期北方草原的一支的少数民族。活动地区在今河北省北部，以林中狩猎和放牧为主的游牧民族。孤竹：商周时国名。国都在今河北唐山滦南。②五尺：古代一尺约23.1厘米，五尺之儿童身高，也泛指儿童。

【译文】齐桓公将要攻打山戎和孤竹，派人到鲁国请求派兵相助。鲁君召集群臣谋划，群臣都说："军队前行数千里，进入蛮夷之地，一定不能再返回了。"于是鲁君答应派兵相助但不行动。齐国已经攻打了山戎和孤竹，又想调兵攻打鲁国。管仲说："不可以！诸侯还没有与我们亲近，现在即攻打了边远国家又要回来诛杀邻国，邻国就不与我们亲近，这不是称霸的途径。君王所得到的山戎的宝物，是中原罕见的，不可以向周公的庙堂进献一些吗？"于是齐桓公就分出一些山戎的宝物，进献到周公的庙堂。第二年，齐国起兵攻打莒国，鲁国下令所有成年男丁都要出发，连五尺的儿童也都到了。孔子说："圣人转灾祸为福报，用恩德报答怨恨。"就说的是这个意思吧。

13-22中行文子出亡至边^①，从者曰："为此啬夫者^②，君人也，胡不休焉，且待后车者？"文子曰："异日吾好音，此子遗吾琴；吾好佩，又遗吾玉。是不非吾过者也，自容于我者也，吾恐其以我求容也。"遂不入。后车入门，文子问啬夫之所在，执而杀之^③。仲尼闻之曰："中行文子背道失义以亡其国，然后得之，犹活其身。"道不可遗也若此。

【注释】①中行文子：名寅，晋国贵族，中行氏卿族的最后一人，又作荀寅。公元前497年，赵简子杀了自己的族子邯郸大夫赵午，而赵午是中行寅的外甥。于是中行氏、范氏和邯郸赵氏一同攻打赵氏于晋阳。魏氏、韩氏也和中行氏和范氏不和，于是这三家取得晋定公的命令，率兵帮赵氏解了围。中行氏和范氏战败，逃往朝歌。②啬夫：古代官吏名。③"后车"三句：向宗鲁《校证》认为文有脱误，或当作"后车入门，问文子之所在，啬夫执而杀之"，所杀者应为"后车之人"。译文从之。

【译文】中行文子逃亡到晋国边境，他的随从说："这里任啬夫官的人，是您的属下，为什么不在这里休息一下，再等等后面的车子？"中行文子说："我以前喜欢音乐，此人就给我送琴；我喜欢佩饰，他又送美玉给我。这是不指出我过错，想留在我身边的人，我担心他会出卖我再以求晋君收留他。"于是没有进去。等后面的车进了门，中行文子问啬夫在哪里，然后抓起来杀了他。孔子听闻这件事说："中行文子背弃道义，所以从晋国逃亡，后来他知晓这个道理，还能保全自身性命。"道德不可遗弃的缘故就是这样啊。

13-23卫灵公襜被以与妇人游^①。子贡见公，公曰："卫其亡乎？"对曰："昔者夏桀、殷纣不任其过^②，故亡；成汤、文、武知任其过，故兴。卫奚其亡也！"

【注释】①襜：遮至膝前的短衣，即围裙。②任：负担，担当。
【译文】卫灵公穿着短衣同妇人一起游戏。子贡拜见他，卫灵公说："卫国会灭亡吗？"答："以前夏桀、殷纣不对自己的过错负责,所以会灭亡;成汤、文王、武王知道对自己的过错负责,所以会兴旺。(卫国假如能以他们为戒,)怎会灭亡呢!"

13-24智伯请地于魏宣子①,宣子不予。任增曰②:"何为不予?"宣子曰:"彼无故而请地,吾是以不予。"任增曰:"彼无故而请地者,无故而与之,是重欲无厌也。彼喜,必又请地于诸侯,诸侯不与,必怒而伐之。"宣子曰:"善!"遂与地。智伯喜,又请地于赵,赵不与,智伯怒,围晋阳。韩魏合赵而反智氏,智氏遂灭。

【注释】①魏宣子(?—前446):又称魏桓子,是中国春秋时期晋国魏氏的领袖,姬姓,魏氏,名驹,魏襄子魏侈之子。②任增:又称任章,战国初人,魏宣子家臣。

【译文】智伯向魏宣子要求割地,魏宣子不给。任增说:"为什么不给呢?"魏宣子说:"他无故让我割地,因此我不给他。"任增说:"他无故要求割地,您就无故给他,这样就会助长他的欲望,使他变得贪得无厌。他一高兴,一定又会向其他诸侯要求割地,如果其他诸侯不给他,他一定会发怒攻打其他诸侯。"魏宣子说:"非常好!"于是割地给智伯。智伯非常高兴,又向赵国要求割地,赵国不给,智伯大怒,围攻晋阳。韩魏联合赵国反攻智氏,智氏就灭亡了。

13-25楚庄王与晋战,胜之。惧诸侯之畏己也,乃筑为五仞之台①。台成而觞诸侯。诸侯请约,庄王曰:"我薄德之人也。"诸侯请为觞，乃仰而曰："将将之台②，窅窅其谋③。我言而不当，诸侯伐之。"于是远者来朝，近者入宾。

【注释】①仞：古代计量单位，周制八尺，汉制七尺。②将将：高大，壮硕的样子。③窅窅（yǎo yǎo）：隐晦貌，同"冥冥"。

【译文】楚庄王和晋国打仗，楚国获胜。他担心诸侯会畏惧自己，于是就建了一座五仞高的楼台。楼台筑成后宴请各国诸侯。诸侯请求楚庄王订立盟约，楚庄王说："我是品德浅陋的人啊。"诸侯向他敬酒，楚庄王仰头一干而尽说："高大壮观的楼台啊，高深莫测的计谋。假如我的话不恰当，诸侯可以征讨我。"于是远方的诸侯来朝见，近处的诸侯来归顺。

13-26 吴王夫差破越，又伐陈①。楚大夫皆惧，曰："昔阖庐能用其众，故破我于柏举。今闻夫差又甚焉。"子西曰："二三子恤不相睦也，无患吴矣。昔阖庐食不贰味②，处不重席③，择不取费。在国，天有灾，亲巡乏困而供之④；在军，食熟者半而后食；其所尝者，卒乘必与焉⑤。是以民不罢劳，死知不旷。今夫差，次有台榭陂池焉，宿有妃嫱嫔御焉；一日之行，所欲必成；玩好必从，珍异是聚。夫差先自败已，焉能败我！"

【注释】①又伐陈：原文为"又将伐陈"，据《左传·哀公元年》，吴王破越时，军队已在陈国，径删。②贰味：两种以上的菜肴。③重席：层叠的坐席。古人席地而坐，以坐席层叠的多少表示身份的高低。④亲巡：原文为"亲戚"，《左传·哀公元年》作"亲巡孤寡，而供其乏困"，于义为长，径改。⑤焉：原文为"为"，据明钞改。

【译文】吴王夫差打败了越国，又要攻打陈国。楚国大夫都恐慌，说："从前阖庐擅于用人，所以在柏举打败了我们。现在听说夫差比他更厉害。"子西说："诸位应当考虑的是相互不团结，不要怕吴国。从前阖庐吃饭用不着两样菜，住所不用层叠的坐席，衣食住行都不选择消耗大的。在国内，假如发生天灾，亲自巡访，遇到缺衣少食的人就救济他们；在军中，有一半的士兵吃到熟的饭菜，自己才吃；他所享用的，士兵也一定可以与他一起享用。所以百姓不会感到疲劳，也知道死后不会曝尸荒野。当今的夫差，住处有亭台楼阁和池塘，睡觉有妃嫔宫女侍奉；出行的时候，所有欲望都要达到；所爱好的东西一定带上，奇珍异宝都集聚在身边。夫差自己先腐败了，他怎能打败我们呢！"

13-27越破吴，请师于楚以伐晋。楚王与大夫皆惧，将许之。左史倚相曰①："此恐吾攻己，故示我不病。请为长毂千乘，卒三万，与分吴地也。"楚王听之②，遂取东国。

【注释】①左史倚相：楚国的左史倚相。左史，为周代官名，有左右之分：左史记事，右史记言。倚相：为倚氏祖先。熟知楚国历史，时常劝谏君王，称誉其为"良史""楚国之宝"。②楚王：原文为"庄王"，据《史记·楚世家》《韩非子·说林下》，此当为楚惠王，径改。

【译文】越国攻破了吴国，向楚国请求援兵攻打晋国。楚王和

大夫都感到害怕，马上要答应越国了。左史倚相说："这是害怕我
们去攻打越国，故意向我们表示他的军队还没有疲乏。请君王派
兵车千辆，军队三万，和越国一起瓜分吴国的土地。"楚王听从了他
的意见，于是就攻取了吴国东面的土地。

13-28阳虎为难于鲁^①，走之齐，请师于鲁，齐侯许之。鲍
文子^②曰："不可也！阳虎欲齐师破，齐师破，大臣必多死，于
是欲奋其诈谋。夫虎有宠于季氏，而将杀季孙，以不利鲁国，
而其求容焉^③。今君富于季氏，而大于鲁国，兹阳虎所欲倾覆
也^④。鲁免其疾，而君又收之，毋乃害乎？"齐君乃执之，免而
奔晋。

【注释】①阳虎：姬姓，阳氏，名虎，一名货。春秋时期鲁国
人，为季氏家臣。②鲍文子：姒姓，鲍氏，名国，谥文子。春秋时期齐
国大夫，鲍叔牙曾孙，鲍牵之弟。鲍国早年生活在鲁国，为鲁国施
孝叔的家宰。③而其求容焉：原文为"而容其求焉"，《左传·定公九
年》作"而求容焉"，义较顺，径改。④兹：原文为"滋"，据明钞本
改。

【译文】阳虎在鲁国作乱，逃到齐国，请求援兵攻伐鲁国，齐
侯答应了。鲍文子说："不可以！阳虎是要让齐国军队溃败。齐国军
队溃败，大臣一定会死的更多，于是他就可以施行他的阴谋诡计。
阳虎曾得到季孙氏的宠爱，反而还要杀掉季孙氏，并干不利于鲁国
的事，以求得容身之处。现在君王比季孙氏富有，比鲁国强大，这
是阳虎想要覆灭我国的原因。鲁国已经免去它的灾难，而君王又收

留他，这不是祸害吗？”齐侯就把阳虎抓起来，后来又放了他并逃到了晋国。

13–29汤欲伐桀。伊尹曰：“请阻乏贡职[①]，以观其动。”桀怒，起九夷之师以伐之。伊尹曰：“未可！彼尚犹能起九夷之师，是罪在我也。”汤乃谢罪请服，复入贡职。明年，又不供贡职。桀怒，起九夷之师，九夷之师不起。伊尹曰：“可矣！”汤乃兴师伐而残之，迁桀南巢氏焉[②]。

【注释】①贡职：贡赋，贡品。②迁：放逐，流放。南巢氏：夏、商时部落名。在今安徽寿县东南，巢湖北岸。焉：原文为“为”，据明钞本改。

【译文】汤想讨伐桀。伊尹说：“请先停止夏朝的贡品，以观察夏朝的行动。”桀大怒，调动各个氏族的军队来攻伐汤。伊尹说：“还不可以起兵！桀还能调动氏族的军队，是过失在于我们啊。”于是汤向桀谢罪表示顺服，恢复进贡。第二年，汤又停止进贡。桀大怒，调动各个氏族的军队，氏族的军队都不听了。伊尹说：“现在可以起兵了！”于是汤起兵讨伐并消灭了夏，把桀流放到南巢。

13–30武王伐纣，过隧斩岸[①]，过水折舟，过谷发梁[②]，过山焚莱[③]，示民无返志也。至于有戎之隧[④]，大风折旆[⑤]，散宜生谏曰[⑥]：“此其妖欤？”武王曰：“非也！天落兵也。”风霁而乘以大雨，水平地而啬[⑦]，散宜生又谏曰：“此其妖欤？”武王曰：“非也，天洒兵也[⑧]。”卜而龟熸[⑨]。散宜生又谏曰：“此其妖欤？"武王曰："不利以祷祠，利以击众，是燨之已。"故武王顺天地，犯三妖，而禽纣于牧野⑩，其所独见者精也。

【注释】①斩岸：削平水边高地。②发梁：拆毁或取下桥梁。③莱：草名，又名藜。④有戎：有，词头；戎，北方部落。⑤斾（pèi）：泛指旌旗。⑥散宜生：西周开国功臣，是"文王四友"之一，与姜尚、太颠等同救西伯姬昌。⑦奤：闭塞不通。⑧洒兵：洗涤兵器以备征战。⑨龟燨（jiān）：占卜时龟背灼毁，龟兆不成。燨：本意为熄灭，后引申为消遁，消失。⑩禽：通"擒"，捕捉。牧野：地名，其地在今新乡市北部。

【译文】周武王讨伐商纣王，通过要道就把河岸挖断，渡过河就把船只毁坏，走过山谷就把桥梁拆毁，翻过山坡就把莱草烧掉，向百姓表示不返回的志向。到了有戎国的要道，一阵大风刮断了旌旗，散宜生进谏说："这是不详的兆头吧？"武王说："不是！是上天降下兵器啊。"风停了又下大雨，水流遍地要道闭塞不通，散宜生又进谏说："这是不详的兆头吧？"武王说："不是的，是上天洗涤兵器。"占卜时龟背的痕迹消失。散宜生又进谏说："这是不详的兆头吧？"武王说："这种兆头不利于祈祷，而利于打败故军，这就是击败他们的意思。"所以，武王顺应天地，冒着不详的兆头，在牧野捉住商纣王，这是因为他精明的独到见解啊。

13-31晋文公与荆人战于城濮①，君问于咎犯。咎犯对曰："服义之君，不足于信；服战之君，不足于诈。（君其）诈之而已矣②。"君问于雍季③。雍季对曰："焚林而田④，得兽虽多，而明年无复也；干泽而渔，得鱼虽多，而明年无复也；诈犹可以偷利，而后无报。"遂与荆军战，大败之。及赏，先雍季而后咎犯。侍者曰："城濮之战，咎犯之谋也。"君曰："雍季之言，百世之谋也；咎犯之言，一时之权也。寡人既行之矣。"

【注释】①城濮：古地名，位于山东鄄城西南临濮集。公元前632年，晋文公和齐、宋、秦等国联军，战败楚国于此。②君其：二字原文脱，依向宗鲁《校证》据《韩非子》《淮南子》补。③雍季：春秋时期晋国大臣，楚有雍子，后为晋臣，恒庄时人，与此时代不符。④田：古同"畋"，打猎。

【译文】晋文公在城濮和楚国人交战，晋文公向咎犯请教计谋。咎犯答："遵行仁义的国君，不会摒弃信用；致力战争的国君，不会摒弃欺诈。君王用诈术取胜就好了。"晋文公又问雍季。雍季答："焚烧树林来打猎，得到的野兽虽然很多，但明年不会再有了；掏干池塘来捕鱼，得到的鱼虽然很多，但明年不会再有了；欺诈虽然一时获利，但之后就不会再有回报了。"后来晋文公和跟楚军交战，楚军大败。到行赏时，晋文公先赏雍季，后赏咎犯。侍者城濮之战，是咎犯的计谋取胜的。"晋文公说："雍季所说的，是百世长久的谋略；咎犯所说的，是一时权宜的计策啊。我都实施了。"

13-32城濮之战，文公谓咎犯曰："吾卜战而龟燋①；我迎岁，彼背岁；彗星见，彼操其柄，我操其标②；吾又梦与楚王搏，彼在上，我在下。吾欲无战，子以为何如？"咎犯对曰："卜战龟燋，是荆人也；我迎岁，彼背岁，彼去我从之也；彗星见，彼操其柄，我操其标，以扫则彼利，以击则我利；君梦与荆王搏，彼在上，君在下，则君见天而荆王伏其罪也。且吾以宋、卫为主，齐、秦辅我，我合天道，独以人事，固将胜之矣。"文公从之，荆人大败。

【注释】①岁：岁星，即木星。②标：末梢。

【译文】城濮之战，晋文公对咎犯说："我占卜这次战事，但龟背的痕迹消失了；我军面对着岁星，楚军背对着岁星；彗星出现，他们拿着柄把，我们拿着末端；我又梦到和楚王相搏，楚王在上方，我在下方。这仗我不想打了，你觉得如何？"答："占卜战事，龟甲的痕迹消失，这是表示楚军将会战败；我们面对岁星，他们背对岁星，这就表示他们将会逃跑，我们会追击他们；彗星出现，他们拿着柄把，我们拿着末端，假如是打扫就利于他们，假如是打仗就利于我们；君王梦到和楚王相搏，楚王在上，君王在下，那表示君王仰望上天而楚王伏低请罪。而且我们以宋、卫两军为主，还有齐、秦两军相辅，我们合乎天道，不仅只靠人的力量，一定可以战胜楚国。"晋文公听了咎犯的意见，楚军大败。

13-33越饥，勾践惧。四水进谏曰："夫饥，越之福也，而吴之祸也。夫吴国甚富而财有余，其君好名而不思后患。若我卑辞重币以请籴于吴①，吴必与我，与我，则吴可取也。"越王从之。吴将与之，子胥谏曰："不可！夫吴、越接地邻境，道易通，仇雠敌战之国也。非吴有越，越必有吴矣。夫齐、晋不能越三江五湖以亡吴、越，不如因而攻之，是吾先王阖庐之所以霸也。且夫饥，何哉？亦犹渊也。败伐之事，谁国无有？君若不攻而输之籴，则利去而凶至，财匮而民怨，悔无及也。"吴王曰："吾闻义兵不（攻）服^②，仁人不以饥饿而攻之，（今服而攻之^③，）虽得十越，吾不为也。"遂与籴。三年，吴亦饥，请籴于越，越王不与而攻之，遂破吴。

【注释】①卑辞重币：言辞谦恭，礼物丰厚。籴（dí）：买进粮食。②（攻）服："攻"字原文脱，依向宗鲁《校证》据《吕氏春秋》及元刊本补。③今服而攻之：此句原文无，今向宗鲁《校证》据《吕氏春秋》及元刊本补。

【译文】越国闹饥荒，勾践感到恐惧。四水进谏说："饥荒，是越国的福气，吴国的祸患。吴国非常富饶而且财物充足，他们的君王追求虚名而且做事不考虑后患。假如我们言辞谦恭，礼物丰厚，向吴国请求买粮，吴国一定会卖给我们。如果卖给我们，吴国就可以夺取了。"越王听从了他的建议。吴国将要给越国粮食时，伍子胥进谏说："不可以！吴国和越国是邻国，道路相通，是相互仇怨敌对的国家。不是吴国侵占越国，就是越国侵占吴国。齐国和晋国不能跨越三江五湖来灭亡吴国和越国。不如乘机攻伐越国，这是我们先王阖庐之所以成就霸业的缘故。况且饥荒是什么呢？它就像深渊。打败仗这种事情，哪个国家没有呢？君王若不进攻，反而向越国输送粮食，那么就会失去良机而祸患降临，财物匮乏并且民众生怨，懊悔都来不及了。"吴王说："我听说仁义的军队不会攻击臣服的人，仁厚的人不会因为饥荒而攻打别国，现在越国臣服而我们又去攻伐，即便能得到十个越国，我也不会这样做。"吴王于是卖粮给越国。三年后，吴国也发生饥荒，向越国请求买粮，越王不卖粮食反而攻伐吴国，终于攻破了吴国。

13-34赵简子使成何、涉他与卫灵公盟于郭泽①。灵公未喋血②，成何、涉他捘灵公之手而搏之③。灵公怒，欲反赵。王孙商曰④："君欲反赵，不如与百姓同恶之。"公曰："若何？"对曰："请命臣令于国曰：'有姑姊妹女者⑤，家一人质于赵。'百姓必怨，君因反之矣。"君曰："善！"乃令之。三日遂征之，五日而令毕，国人巷哭。君乃召国大夫而谋曰："赵为无道，反之可乎？"大夫皆曰："可。"乃出西门，闭东门。赵氏闻之，缚涉他而斩之⑤，以谢于卫。成何走燕。子贡曰："王孙商可谓善谋矣！憎人而能害之，有患而能处之，欲用民而能附之。一举而三物俱至，可谓善谋矣！"

【注释】①成何、涉他：均为春秋时期晋国大臣。②喋血：也称"歃血"，古人盟会时，微饮牲血，或含于口中，或涂于口旁，以示信守誓言的诚意。"血"原文为"盟"，依卢文弨校说改。③捘(zùn)：推。原文误作"梭"，形近讹字，径改。搏(zǔn)：压制，抑制。④王孙商：春秋时期卫国大夫。⑤姑：原文误作"如"，形近讹字，径改。⑤缚：原文误作"縳"，形近讹字，径改。

【译文】赵简子派遣成何、涉他和卫灵公在郭泽结盟。卫灵公还没有将牲血涂在嘴边，成何和涉他就要推着卫灵公的手按下去。卫灵公大怒，想背叛赵氏。王孙商说："君王想背叛赵氏，不如和百姓一同憎恶赵氏。"卫灵公说："要如何做呢？"答："请君王让我在全国下令说:'凡是家中有姑姐妹女儿的,每家要有一人到赵氏当人质。'百姓一定会心生怨恨,君王就可以借此背叛赵氏了。"卫灵公说:"非常好!"于是就下令。三天征召,五天结束,全国人民聚在巷中痛哭。卫灵公就召集国内大夫商议说:"赵氏做无道的事,背叛他可以吗?"大夫都说:"可以。"于是卫灵公下令从西门进出,关闭东门。赵简子听闻这件事,就把涉他绑起来杀了,以向卫国谢罪。成何逃到燕国。子贡说:"王孙商可谓是善于出谋划策的了!憎恶一个人就能想办法陷害他,有祸患又可以解决,要利用百姓又能使他们依附。一个办法达到三种目的了,真可以称得上善谋了!"

13-35楚成王薿属诸侯①,使鲁君为仆。鲁君致大夫而谋曰:"我虽小,亦周之建国也。今成王以我为仆,可乎?"大夫皆曰:"不可!"公仪休曰②:"不可不听,楚王身死国亡,君之臣,乃君之有也,为民君也。"鲁君遂为仆。

【注释】①楚成王薿属诸侯:原文为"楚成王赞诸属诸侯",意不通,据向宗鲁《校证》引孙诒让《札逢》改。楚成王(?—前626):芈姓,熊氏,名恽,春秋时期楚国国君,公元前626年,楚成王遭太子商臣和潘崇逼迫自杀,谥号成王。与下文公仪休,时间相距近两百年,向宗鲁《校证》怀疑此"楚成王"为"楚威王"之误。薿:聚会。②公仪休:公仪休,春秋时期鲁国人,鲁缪公时为鲁国宰相。

【译文】楚成王召集诸侯,要鲁君做附属国。鲁君召集大夫商议说:"我国虽小,也是周天子分封的国家。现在楚成王要把我国做附属国，可以吗？"大夫都说："不可以！"公仪休说："不可不听，楚王死后国家灭亡，君王的臣子，还是君王所有的，您仍是百姓的君王。"于是鲁君同意鲁国做了附属国。

13-36齐景公以其子妻阖庐，送诸郊。泣曰："余死不汝见矣！"高梦子曰："齐负海而县山①，纵不能全收天下，谁干我君？爱则勿行。"公曰："余有齐国之固，不能以令诸侯，又不能听，是生乱也。寡人闻之，不能令则莫若从。且夫吴若蜂虿然②，不弃毒于人则不静，余恐弃毒于我也。"遂遣之。

【注释】①县：同"悬"，系连，关联。②吴：原文误作"其"，据明钞本改。蜂虿（chài）：蜂和虿。都是有毒刺的螫虫，虿是蝎子一类的毒虫。

【译文】齐景公把女儿嫁给阖庐为妻，送女儿到郊外。哭着说："我至死都见不到你了！"高梦子说："齐国背靠大海连着高山，纵使不能取得全天下，谁又敢侵犯我们的君王呢？假如您疼爱女儿就不要让她走。"齐景公说："我虽有齐国的稳固江山，却不能以此号令诸侯，又不能听从于别人，必会引起祸乱。我听说，一个人不能命令别人就不如听命于人。而且吴国像蜂和虿一样，不毒害别人就不会安静，我担心吴国毒害我。"景公最终送女儿走了。

13-37齐欲妻郑太子忽①，太子忽辞。人问其故，太子曰："人各有偶，齐大，非吾偶也。《诗》云：'自求多福。'在我而已矣。"后戎伐齐，齐请师于郑。郑太子忽率师而救齐，大败

戎师。齐又欲妻之，太子固辞。人问其故，对曰："无事于齐，
吾犹不敢。今以君命救齐之急，受室以归^②，人其以我为师婚
乎？"终辞之。

【注释】①太子忽（？—前695）：姬姓，郑氏，名忽，郑庄公长
子，公元前701年，郑庄公去世，太子忽继位，是为郑昭公。②受室：
娶妻。

【译文】齐国想把女儿嫁给郑国的太子忽，太子忽推却不受。
别人问他的原因，太子说："每个人都有自己的配偶，齐国是大国，
他的女儿不是我的配偶。《诗经》上说：'自己祈求更多的福祉。'
都在我自身而已。"后来山戎攻打齐国，齐国向郑国请求援兵。郑国
太子忽率军援救齐国，大败山戎的军队。齐国又想把女儿嫁给他，
太子忽坚决推辞。别人问他的原因，答："对齐国没有帮衬时，我还
不敢答应娶他的女儿。现在我奉君王的命令解救齐国的急难，反
而娶妻回国，别人不就认为我率军来是为了娶妻吗？"最终还是拒
绝了齐国的亲事。

13-38孔子问漆雕马人曰^①："子事臧文仲^②、武仲^③、孺子
容，三大夫者孰为贤？"漆雕马人对曰："臧氏家有龟焉，名曰
蔡。文仲立，三年为一兆焉^④；武仲立，三年为二兆焉；孺子容
立，三年为三兆焉；马人见之矣。若大二大大之贤不贤，马人
不识也。"孔子曰："君子哉，漆雕氏之子！其言人之美也，隐
而显；其言人之过也，微而著。故智不能及，明不能见，得无数
卜乎？"

【注释】①漆雕马人：复姓漆雕氏。向宗鲁《校证》引卢文弨说，"马人"疑为"冯"字之讹。②臧文仲（？—前617）：姬姓，臧氏，名辰，曲阜（今山东曲阜市）人。春秋时期鲁国大夫。谥号文，又称臧文仲。③武仲：即臧孙纥（hé），又称臧孙、臧纥，臧文仲之孙，臧宣叔之子。鲁国大夫，谥号武。④兆：古代占验吉凶时灼龟甲所成的裂纹。

【译文】孔子请教漆雕马人说："你侍奉过臧文仲、武仲和孺子容三位大夫，哪一位是贤大夫呢？"漆雕马人答："臧氏家中有龟，名叫蔡。臧文仲为大夫时，三年占卜一次；武仲为大夫时，三年占卜两次；孺子容为大夫时，三年占卜三次；我见到的就是这些了。这三位大夫贤不贤，我就不知晓了。"孔子说："漆雕氏是位君子啊！他讲别人的优点，委婉但又很明显；他讲别人的过错，轻微但又很显著。所以智慧做不到，眼界又见不到，怎能不多次占卜呢？"

13-39 安陵缠以颜色美壮①，得幸于楚共王②。江乙往见安陵缠曰③："子之先人，岂有矢石之功于王乎④？"曰："无有。"江乙曰："子之身亦有乎？"曰："无有。"江乙曰："子之贵何以至于此乎？"曰："仆不知所以。"江乙曰："吾闻之，以财事人者，财尽而交疏；以色事人者，华落而爱衰。今子之华，有时而落，子何以长幸无解于王乎⑤？"安陵缠曰："臣年少愚陋，愿委质于先生⑥。"江乙曰："独从为殉可耳。"安陵缠曰："敬闻命矣。"江乙去。居期年，逢安陵缠，谓曰："前日所谕子者，通之于王乎？"曰："未可也。"居期年。江乙复见安陵缠曰："子岂谕王乎？"安陵缠曰："臣未得王之间也⑦。"江乙曰："子出与王同车，入与王同坐，居三年，言未得王之间，子以吾之说未可耳⑧！"不悦而去。其年，共王猎江渚之野⑨，野火之起若云蜺⑩，虎狼之嗥若雷霆。有狂兕从南方来⑪，正触王左骖，王举旌旄，而使善射者射之，一发，兕死车下。王大喜，拊手而笑⑫，顾谓安陵缠曰："吾万岁之后，子将谁与斯乐乎？"安陵缠乃逡遁而却，泣下沾衿，抱王曰："万岁之后，臣将从为殉，安知乐此者谁？"于是共王乃封安陵缠于车下三百户。故曰："江乙善谋，安陵缠知时。"

【注释】①安陵缠：又名坛，楚共王宠臣，因封于安陵，又称安陵君。②楚共王：据下文江乙，两者相差两百年，故向宗鲁《校证》认为"共"字必有误。③江乙：又名江一，魏国人，仕于楚国，活动于楚宣王期间。④矢石：箭和垒石，古时守城的武器，指战争，打仗。⑤解：古同"懈"，松弛，懈怠。⑥委质：原文为"委智"，疑音近致误。⑦间：同"闲"，合适的机会。⑧子：原文为"乎"，据别本改。⑨江渚：江中小洲，亦指江边。⑩云蜺：即云霓，云与虹，彩虹。⑪兕（sì）：古书中所说的雌犀牛。⑫拊手：拍手，表示喜悦或惊讶。

【译文】安陵缠因为外表美丽，身体强健，得到楚共王的宠信。江乙去拜访安陵缠说："你的祖上，难道有为楚共王立下战功吗？"答："没有。"江乙说："是你自己立下战功了吗？"答："没有。"江乙说："那你为何显贵到这种地步呢？"答："我也不知道原因。"江乙说："我听说，用钱财讨好别人的，钱财散尽交情就疏远了；以美貌服侍别人的，容貌衰退宠爱就会减少。如今你的美貌，到时就会衰退，你怎么能得到楚王长久不懈怠的宠信呢？"安陵缠说："我年少愚笨浅陋，愿请先生指教。"江乙说："你只要愿意为楚王殉葬就可以了。"安陵缠说："我敬受先生教诲。"江乙离开后。过了一年，遇到安陵缠，对他说："从前我和你讲的，你向楚共王说了吗？"答："没有。"过了一年。江乙又见到安陵缠说："你还没有向楚共王讲吗？"安陵缠说："我没有找到适合的时机。"江乙说："外出你与楚共王同车，回来又与楚共王同坐，经过三年，你说没有找到适合的时机，你是认为我所说的不可行吧！"然后不高兴地走了。有一年，楚共王在江中小洲上打猎，野火烧得像彩虹一样，虎狼的嗥叫像疾雷一样。有一只发狂的犀牛从南面冲来，刚好撞到王驾左边的马，楚共王举起旗子，并让善射的射手射杀它，只射一箭，就把犀牛射死在车下。楚共王非常高兴，拍手大笑，回头对安陵缠我百年之后，你将会和谁共享这样的快乐呢？"安陵缠于是徘徊退却，眼泪沾湿衣襟，抱着楚共王说："君王百年之后，我将会追随君王为您殉葬，怎能知道谁会享受这种快乐呢？"于是在车下，楚共王就在车前封赏食邑三百户给安陵缠。所以说："江乙善谋，安陵缠知晓时机。"

13-40太子商臣怨令尹子上也①。楚攻陈，晋救之，夹泜水而军②。阳处父知商臣之怨子上也③，因谓子上曰："少却，吾涉而从子。"子上却。因令晋军曰："楚遁矣！"使人告商臣曰："子上受晋赂而去之。"商臣诉之成王，成王遂杀之。

【注释】①太子商臣（？—前614）：姓芈，名商臣，也称楚商

臣，公元前626年，楚成王欲废掉太子商臣，商臣以太子甲兵围攻楚
成王，逼迫楚成王自缢。商臣即位，谥号为楚穆王。令尹子上：又称
斗勃，春秋时期楚国令尹。芈姓，斗氏，名勃，字子上。若敖氏之后
裔。②泜水：又名滍水，今为沙河，出河南鲁山县西，流经叶县北。
③阳处父（？—前621）：春秋时期晋国大夫，因封邑于阳地（今山西
省太谷县阳邑村），遂以阳为氏。

【译文】太子商臣痛恨令尹子上。楚国攻伐陈国，晋国出兵援
救陈国，双方在泜水两岸驻扎。阳处父知晓商臣痛恨子上，因此对
子上说："稍向后退，我们过了河和你交战。"子上往后退。因此阳
处父对晋军下令说："楚军跑了！"阳处父派人告诉商臣说："子上
是收受了晋国的贿赂而离开的。"商臣把这件事告诉了楚成王，楚
成王便杀了子上。

13-41智伯欲袭卫，故遗之乘马，先之一璧。卫君大悦，
酌酒诸大夫，皆喜；南文子独不喜①，有忧色。卫君曰："大国
礼寡人，寡人故酌诸大夫酒。诸大夫皆喜，而子独不喜，有忧
色者，何也？"南文子曰："无方之礼②，无功之赏，祸之先也。
我未有往，彼有以来，是以忧也。"于是卫君乃修津梁而拟边
城③。智伯闻卫兵在境上，乃还。

【注释】①南文子：即公孙弥牟，又称子南弥牟。②无方：没有
固定的方向、处所、范围，指没有理由。③津梁：渡口和桥梁。

【译文】智伯想突袭卫国，所以送给卫国车马，先送了一块美
玉。卫君大悦，宴请诸位大夫，大夫们都很喜悦，唯独南文子不高

兴，面露忧色。卫君说："大国向我送礼，所以我宴请诸位大夫。诸位大夫都很喜悦，唯独你不高兴，面露忧色，为什么？"南文子说："平白无故的礼物，没有功劳的奖赏，是祸患的开始。我们没有给他们送礼，对方却给我们送礼，这让我感到忧虑。"于是卫君就修整桥梁渡口并派军队戍守边城。智伯听闻卫军在边境上，就回去了。

13-42智伯欲袭卫，乃佯亡其太子颜①，使奔卫。南文子曰："太子颜之为其君子也，甚爱。非有大罪也，而亡之，必有故。然人亡而不受②，不祥。"使吏逆之③，曰："车过五乘，慎勿内也④。"智伯闻之，乃止。

【注释】①太子颜：为智伯长子智颜。②然：原文为"故"，据明钞本改。③逆：迎接。④内：同"纳"，收入，接受。

【译文】智伯想突袭卫国，就叫他的儿子智颜佯装逃亡，让他逃往卫国。南文子说："太子颜是晋国智氏君主的儿子，甚是疼爱。没有大错，但逃往卫国，必有原因。但是人家逃到卫国而我们不接待，是不吉利的。"就派官吏去迎接太子颜，说："车子要超过五辆，慎重不可接纳。"智伯听闻这些话，便停止了突袭卫国的计划。

13-43叔向之杀苌弘也①，数见苌弘于周，因佯遗书曰："苌弘谓叔向曰：'子起晋国之兵以攻周，吾废刘氏而立单氏②。'"刘氏请之君曰："此苌弘也。"乃杀之。

【注释】①苌弘（约前565—前492）：亦作苌宏，字叔，为中国古代著名学者、政治家、教育家、天文学家。周敬王时期大夫。②刘氏（？—前507）：即刘文公，姬姓，刘氏，名狄，刘献公庶子，春秋时期刘国第四君主。单氏：周敬王时期卿大夫。

【译文】叔向要杀苌弘，几次在周王室见到苌弘，佯装了一封丢失的信，信上说："苌弘告诉叔向说：'你率晋国军队攻伐周王室，我会废掉刘氏改立单氏。'"刘氏禀报周王说："这是苌弘的信。"于是周王杀掉了苌弘。

13-44楚公子午使于秦①，秦囚之。其弟献三百金于叔向。叔向谓平公曰："何不城壶丘②？秦、楚患壶丘之城。若秦恐而归公子午，以止吾城也，君乃止，难亦未构，楚必德君。"平公曰："善！"乃城之。秦恐，遂归公子午，使之晋。晋人辍城。楚献晋赋三百车。

【注释】①公子午（？—前552）：名午，字子庚。楚共王之弟，春秋时期楚国令尹。②壶丘：地名，今在河南新蔡东南。

【译文】楚公子午出使秦国，秦国把他囚禁起来。他的弟弟给叔向献上三百金。叔向对晋平公说："为什么不在壶丘修筑城墙呢？秦国和楚国就担心壶丘修筑城墙。如果秦国感到恐慌而释放公子午，以阻止我们修筑城墙，那么君王就可以停止，也不会构成灾难，楚国一定会感激君王。"晋平公非常好！"于是下令在壶丘修筑城墙。秦国感到恐慌，就释放了公子午，让他到晋国。晋国人停止修筑城墙。楚国向晋国进献田赋三百车。

13-45赵简子使人以明月之乘六①，先以一璧，为遗于卫。卫叔文子曰②："见不意可以生故，此小之所以事大也。今我未以往，而简子先以来，必有故。"于是斩林除围，聚敛蓄积，而后遣使者。简子曰："吾举也，为不可知也。今既已知之矣，乃辍围卫也。"

【注释】①月：原文误作"白"，据向宗鲁《校证》改。明月，宝马之名。②叔文子：即公叔文子，卫献公之孙，名拔，或名发，单谥号"文"，全谥为"贞惠文"，又称公叔发。春秋时期卫国大夫。

【译文】赵简子派人驾了六辆马车，先送给卫国一块美玉。卫国叔文子说："见到意料之外的事就察觉会有变故发生，这是小国服侍大国。如今我国没有向赵简子送礼，反而赵简子先送礼来，其中一定有原因。"于是砍伐林木，清理障碍，积蓄财物粮食，然后派遣使者。赵简子说："我的行为，原以为卫国不会知晓。如今他们既已知晓，便停止围攻卫国吧。"

13-46郑桓公将欲袭郐①，先问郐之辨智果敢之士，书其名姓，择郐之良田而与之②，为官爵之名而书之，因为设坛于门外而埋之，衅之以猳③，若盟状。郐君以为内难也，尽杀其良臣。桓公因袭之，遂取郐。

【注释】①郑桓公（？—前771）：姬姓，郑氏，名友，周厉王姬胡少子，周朝诸侯国郑国第一位第一任君主，公元前806年至公元前771年在位。郐：中国周代诸侯国名，在今河南省密县东北。②良田：原文为"良臣"，《韩非子·内储说下》正作"择郐之良田赂之"，此径改。③猳（jiā）：古同"豭"，公猪。

【译文】郑桓公将要突袭邻国，先询问了邻国明辨是非聪慧果敢的士人，记下他们的名字，挑选邻国的良田送给他们，把赏赐他们的官爵名称记下来，在门外设坛并埋起来，用猪血祭祀，如同结盟一样。郐君以为将要发生内乱，把这些贤良臣子都杀了。郑桓公乘机突袭，最终攻破郐国。

13-47 郑桓公东会封于郑，暮舍于宋东之逆旅①。逆旅之叟从外来，曰："客将焉之？"曰："会封于郑。"逆旅之叟曰："吾闻之，时难得而易失也。今客之寝安，殆非（会）封（者）也②？"郑桓公闻之，援辔自驾，其仆接淅而载之③，行十日夜而至。鳌何与之争封。以郑桓公之贤，微逆旅之叟，几不会封也。

【注释】①逆旅：客舍，旅店。②会、者：二字原文脱，据向宗鲁《校证》引卢文弨说补。③接淅：捧着已经淘湿的米。后指行色匆忙。载：原文为"战"，据明钞本改。

【译文】郑桓公向东走到郑地去接受封地，傍晚住在宋国东面的旅馆里。旅馆的老人从外面进来，说："客人将要到哪去？"答："要到郑地接受封地。"旅馆的老人我听说，时机难得却易失。现在客人在这里安睡，恐怕不是去接受封地的吧？"郑桓公听后，就手握缰绳亲自驾车，他的仆人将淘好的米装在车上，走了十天十夜才到达。鳌何和他争抢封地。以郑桓公的贤能，假如没有旅馆的老人，几乎不能得到封地了。

13-48晋文公伐卫，入郭①，坐士令食，曰："今日必傅大垣②。"公子虑俛③而笑之。文公曰："奚笑？"对曰："臣之妻归④，臣送之，反见桑者而助之。顾臣之妻，则亦有送之者矣。"文公惧，还师而归。至国，而貉人攻其地⑤。

【注释】①郭：外城。②傅：通"附"，附着。垣：城墙。③俛：低头。④归：返回，这里指回娘家。⑤貉（mò）人：指中国古代北方的外族，曾居山东半岛。

【译文】晋文公讨伐卫国，攻入外城，下令士兵坐下来吃饭，说："今天一定要攻入内城。"公子虑低头笑笑。晋文公说："为什么发笑？"答："我的妻子回娘家，我送她，回来时我见到采桑的姑娘就去帮她。想到我的妻子也会有人送她了。"晋文公感到害怕，调兵回国，回国后，就碰到貉人来攻打晋国的土地。

卷十四　至公

【题解】至公，是极其的公平。第一则开宗明义，引用《尚书》《周易》《诗经》阐明了本卷的总论，"治官事则不营私家，在公门则不言货利；当公法则不阿亲戚，奉公举贤则不避仇雠。"的理想社会。

之后以春秋战国时期至秦朝的事例，具体说明本卷的总论。第二至六则统治者应有心怀天下、大公无私、禅位亲贤的胸怀。广为后世所称颂的是第十五则，咎犯举贤不避亲，举贤不避仇的广阔胸襟。第十六至十九则讲述秉公执法以及"王子犯法与庶民同罪"的内容。第二十二则讲述了刖者以德报怨，对子羔施以援手，"善为吏者树德，不善者为吏者树怨。"的美好品德。

本卷所讲的公正，不私己身，是古代人追求的美好品德，同时也影响着现代社会，成为现代社会的一种价值观念。

14-1《书》曰："不偏不党，王道荡荡。"言至公也①。古有行大公者，帝尧是也。贵为天子，富有天下，得舜而传之，不私于其子孙也，去天下若遗躧②。于天下犹然，况其细于天下乎？非帝尧孰能行之？孔子曰："巍巍乎③！惟天为大，惟尧则之④。"《易》曰："无首吉⑤。"此盖人君之公也！夫以公与天下，其德大矣。推之于此，刑之于彼，万姓之所载⑥，后世之所则也。彼人臣之公，治官事则不营私家，在公门则不言货利；当公法则不阿亲戚，奉公举贤则不避仇雠；忠于事君，仁于利下；推之以恕道，行之以不党；伊、吕是也。故显名存于今，是之谓公。《诗》云："周道如砥⑦，其直如矢⑧；君子所履，小人所视。"此之谓也。夫公生明，偏生暗；端悫生达⑨，诈伪生塞；诚信生神，夸诞生惑，此六者。君子之所慎也，而禹、桀之所以分也。《诗》云："疾威上帝⑩，其命多僻。"言不公也。

【注释】①至公：最公正，极公正。②遗躧（xǐ）：抛弃破鞋子，形容毫不珍惜。躧，鞋。③巍巍：高大壮观的样子。④则：仿效，效法。⑤无首吉：《周易·乾卦》原文作："见群龙无首，吉。"⑥载：同"戴"，爱戴。⑦砥：磨刀石。⑧矢：箭。⑨端悫（què）：正直诚谨。⑩疾威：暴虐，威虐。

【译文】《尚书》中说："不偏袒不结党，王业的道路坦荡宽广。"这是说至高的公正。古代有做到至高公正的人，就是帝尧。他为贵天子，富有天下，得知舜后把帝位传给他，没有将帝位私下传于子孙，放弃天下大权好像丢弃鞋子一样。对待天下尚且如此，何

况比这天下更微细的事情呢? 除了帝尧谁能够这样做呢? 孔子说:
"高大雄伟啊! 只有天最伟大, 只有尧可以效仿天。"《周易》上
说:"不自居为首为吉。"这就是人君的公正! 以公正治理天下, 那
他的德行就会伟大。在这里推行德政, 在那里显露出来, 万民所
拥戴, 后世所效仿。那人臣的公正, 是处理公事不谋求私利, 在朝
为官就不谈财利; 判案执法不偏袒亲戚, 奉公举贤不避开仇家; 忠
心侍奉君王, 仁厚利益百姓; 以宽仁之道推己及人, 以不偏私结党
行事为人; 伊尹、吕望就是这样的人。所以流芳千古, 这种人做事
就叫作公正。《诗经》上说:"周朝王道犹如磨刀石一样平坦, 犹如
箭一样直顺; 君子所行, 百姓所见。"说的就是这个意思。公正产生
清明, 偏袒产生黑暗; 正直诚谨则会通达, 欺诈虚伪则会阻塞; 诚
实守信则会通灵, 夸大荒诞则会迷惑。这六点, 是君子所慎重的,
也是大禹和夏桀的区别。《诗经》上说:"威虐的天帝, 他的性子多
么邪僻。"这是说不公正的君主。

14-2吴王寿梦有四子①: 长曰谒②; 次曰馀祭③; 次曰夷
昧④; 次曰季札⑤, 号曰延陵季子。最贤, 三兄皆知之。于是王
寿梦薨, 谒以位让季子, 季子终不肯当。谒乃为约曰:"季子
贤, 使国及季子, 则吴可以兴。乃兄弟相继。"饮食必祝曰⑥:
"使吾早死, 令国及季子。"谒死, 馀祭立; 馀祭死, 夷昧立;
夷昧死, 次及季了。季子时使行, 不在。庶兄僚曰⑦:"我亦兄
也。"乃自立为吴王。季子使还, 复事如故。谒子光曰⑧:"以
吾父之意, 则国当归季子; 以继嗣之法, 则我适也, 当代之君。

僚何为也！”于是乃使专诸刺僚⑨，杀之，以位让季子。季子曰：
“尔杀吾君，吾受尔国，则吾与尔为共篡也。尔杀吾兄，吾又
杀汝，则是昆弟父子相杀无已时也。”卒去之延陵⑩，终身不入
吴。君子以其不杀为仁，以其不取国为义。夫不以国私身，捐
千乘而不恨，弃尊位而无忿，可以庶几矣！

【注释】①吴王寿梦（前620—前561）：姬姓，名乘，字寿梦。
春秋时期吴国国君吴侯去齐之子。②谒（？—前548）：即吴王诸樊，
姬姓，吴氏，名遏，一作谒，又称吴顺王，吴王寿梦长子，春秋时期
吴国国君，公元前548年，吴王诸樊在攻打楚国附庸国巢国时，中箭
身亡。③馀祭（前587—前544）：即吴王馀祭，姬姓，名馀祭，吴
王寿梦之子，诸樊之弟，又称吴安王，春秋时期吴国国君，公元前
548年至公元前544年在位。公元前544年，吴人伐越，获俘。④夷
昧（前563—前527）：即吴王夷昧，亦作余眛、夷末。吴王寿梦之
子，诸樊、馀祭之弟，春秋时期吴国君主，在位时间17年。⑤季札：
姬姓，吴氏，名札。吴王寿梦之子，封于延陵，史称“延陵季子”，
葬于江阴申港，墓前有传说为孔子所书的十字篆文碑，碑文是：“呜
呼有吴延陵季子之墓”，史称十字碑。⑥祝：祷告。⑦庶兄僚（？—
前514）：即吴王僚，姬姓，名僚，号州于，一说为吴王寿梦庶子，一
说为吴王夷昧之子。⑧谒子光（？—前496），即吴王阖闾，姓姬，
名光，吴王诸樊之子，故又称公子光。公元前514至公元前496年在
位，著名军事家，为“春秋五霸”之一。⑨专诸：春秋时期吴国棠邑
人，专诸是中国古代“四大刺客”（一说五大刺客）之一，鱼肠剑出于
专诸刺王僚。⑩延陵：古邑名，大约在今常州、江阴、丹阳等吴地沿
江一带地区。为春秋时期吴邑。

【译文】吴王寿梦有四子：长子名谒；次子名余祭；三子名夷昧；四子名季札，号延陵季子，他最贤能，三位兄长都知道。在吴王寿梦去世后，谒将王位让给季子，季子始终不肯接受。谒便立下约定说："季子贤能，把王位传给季子，那么吴国就可以兴旺。王位就按兄弟顺序继承。"每到吃饭时都会祷告说："让我早日死去，把王位传给季子。"谒死后，馀祭继立；馀祭死后，夷昧继立；夷昧死后，由季子继承。当时季子在外出使，不在国内。庶兄僚说："我也是兄长。"便自立为吴王。季子出使返回，侍奉吴王僚和过去侍奉吴王一样。谒的儿子光说："依我父亲的意思，国家应当由季子继承；根据继承的法则，我应该继承王位，为当代的君王。僚凭什么称王！"于是就派专诸刺僚，杀了他，把王位让给季子。季子说："你杀了我的君王，我继承王位，那我和你就是共同篡位了。你杀了我的兄长，我又杀了你，那就是兄弟父子自相残杀没有终了。"季子最终去了延陵，终身不入吴国。君子认为季子不杀是仁厚，认为他不要王位是道义。不把国家当作自己的私物，舍弃千乘的权力没有遗憾，放弃尊贵的地位没有愤恨，可以说是近似至公了！

14-3 诸侯之义死社稷，太王委国而去何也①？夫圣人不欲强暴侵陵百姓②，故使诸侯死国，守其民。太王有至仁之恩，不忍战百姓，故事勋育、戎氏③，以犬马珍币，而伐不止。问其所欲者，土地也。于是属其群臣耆老而告之曰："土地者，所以养人也。不以所以养而害其养也，吾将去之。"遂居岐山之下④。邠人负幼扶老从之⑤，如归父母。三迁而民五倍其初者，皆兴仁义趣上之事。君子守国安民，非特斗兵，罢杀士众而已⑥。不私其身，惟民足用保民，盖所以去国之义也，是谓至公耳。

【注释】①太王：周文王之祖古公亶父的尊号，他是黄帝的第15世孙、周祖后稷的第12世孙，一个上承后稷、公刘之伟业，下启文王武王之盛世的关键人物。其曾孙周武王姬发建立周朝时，追谥他为"太王"。"太"原文作"大"，二字古代可通。②陵：古同"凌"，侵犯，欺侮。③勋育、戎氏：是中国古代西北的部族。④岐山：今在陕西岐山县。⑤邠（bīn）：同"豳"。古代诸侯国名。周后稷的曾孙公刘由邠迁居于此。在今陕西省彬县。⑥罢：同"疲"，累。

【译文】诸侯的道义是为国而死，周太王为什么要舍弃自己国家而迁徙？圣人不希望有强暴的人霸凌百姓，所以让诸侯为国捐躯，守护百姓。周太王有极仁厚的恩惠，不忍心让百姓受战乱之苦，所以臣服于勋育、戎氏，并进献犬马珍宝，但是他们没有停止进攻。问他们想要的东西，他们想要土地。于是周太王嘱托群臣和长老们，告诉他们说："土地，是用来养人的。不能因为养人的土地反而害了所养的人，我将要离开这个地方。"于是周太王迁居到岐山之下。邠人携幼扶老追随他，如同回归到父母身边一样。周太王迁居三次而人民是当初的五倍，这都是周太王提倡仁义，百姓归顺。君子守国安民，不只靠战争，让士众疲乏伤亡。周太王不图私利，只希望人民富足，保卫人民，这是周太王离去的用意，这称得上是至公了。

14-4辛栎见鲁穆公曰①："周公不如太公之贤也②。"穆公曰："子何以言之？"辛栎对曰："周公择地而封曲阜③，太公择地而封营丘④。爵土等，其地不若营丘之美，人民不如营丘之众。不徒若是，营丘又有天固。"穆公心惭，不能应也。辛栎趋而出。南宫边子入⑤，穆公具以辛栎之言语南宫边子⑥。南宫边子曰："昔周成王之卜居成周也⑦，其命龟曰：'予一人兼有天下，辟就百姓，敢无中土乎？使予有罪，则四方伐之，无难得也。'周公卜居曲阜，其命龟曰：'作邑乎山之阳，贤则茂昌，不贤则速亡。'季孙行父之戒其子也，曰：'吾欲室之侠于两社之间也⑧，使吾后世有不能事上者，使其替之益速⑨。'如是，则曰'贤则茂昌，不贤则速亡'，安在择地而封哉？或示有天固也？辛栎之言，小人也，子无复道也！"

【注释】①辛栎：战国时期鲁国人。鲁穆公：本名姬显，《史记索隐》为不衍，战国时期鲁国国君，在位33年。鲁元公之子，是鲁国第二十九任君主。②周公：姬姓，名旦，是周文王姬昌第四子，周武王姬发的弟弟，西周时期杰出的政治家、军事家、思想家、教育家。太公：姜姓，吕氏，名尚，字子牙，号飞熊，因以其封地之名为姓，又称吕尚，是中国历史上著名的政治家、军事家和谋略家。也被尊称为太公望。③曲阜：今在山东曲阜。④营丘：今在山东临淄。⑤南宫边子：即南宫适（kuò），又称南宫子，西周时期的贤者、重臣。⑥具：古同"俱"，都，完全。⑦卜居：选择居处。成周：今在河南洛阳。⑧两社：春秋时期鲁国的周社和亳社的合称，两社之间是朝廷处理政务的地方。右为周社，左为亳社。⑨替：消亡，泯灭。

【译文】辛栎拜见鲁穆公说："周公不如太公贤能。"鲁穆公说："你为什么这样说？"答："周公选择在曲阜受封，太公选择在营丘受封。爵位和土地都一样，但是曲阜的土地不如营丘肥沃，人口数量不如营丘多。不只如此，营丘又有天然险固的地势。"鲁穆公心中惭愧，不能回应。辛栎快步离开，南宫边子进去，鲁穆公把辛栎所说的全都告诉了南宫边子。南宫边子说："从前周成王要选择在成周定居时，对龟甲说：'我一人拥有天下，亲近百姓，怎么能不在中原呢？假使我有过错，周围都能来攻伐我，这没有困难。'周公选择在曲阜定居，对龟甲说：'在山的南面建都吧，贤能的人则会兴旺昌盛，不贤的人则会飞快灭亡。'季孙行父告诫他的儿子，说：'我要在两社之间建筑居所，假如我的后代中有不能对上尽忠的人，让他们快点消亡。'像这样，说的是'贤能的人则会兴旺昌盛，不贤的人则会飞快灭亡'，怎么是选择受封的地方？或是有天然险固的地势呢？辛栎所说的，是小人的言语，请您不要再说了！"

14-5 秦始皇帝既吞天下，乃召群臣而议曰："古者五帝禅贤，三王世继，孰是？将为之。"博士七十人未对①。鲍白令之对曰②："天下官，则禅贤是也③；天下家，则世继是也。故五帝以天下为官，三王以天下为家。"秦始皇帝仰天而叹曰："吾德出自五帝，吾将官天下，谁可使代我后者？"鲍白令之对曰："陛下行桀、纣之道，欲为五帝之禅，非陛下所能行也。"秦始皇帝大怒曰："令之前！若何以言我行桀、纣之道也？趣说之，不解则死。"令之对曰："臣请说之。陛下筑台干云④，宫殿五里，建千石之钟⑤，（立）万石之簴⑥。妇女连百，倡优累千。兴作骊山宫室⑦，至雍相继不绝⑧。所以自奉者，殚天下，竭民力，偏駮⑨自私，不能以及人，陛下所谓自营仅存之主也，何暇比德五帝、欲官天下哉？"始皇暗然无以应之，面有惭色，久之，曰："令之之言，乃令众丑我。"遂罢谋，无禅意也。

【注释】①博士：古代官名，起源于战国。②鲍白令之：秦朝大臣，一说为博士。③禅：原文为"让"，依向宗鲁《校证》据卢文弨从《太平御览》改。④干云：高入云霄。⑤石：容量单位，十斗为一石。⑥立：此字原文脱，依向宗鲁《校证》据《太平御览》及《上林赋》补。簴（jù）：古代挂钟磬的架子上的立柱。⑦骊山：地名，今在陕西省西安市临潼区城南。⑧雍：指雍门，在秦朝咸阳城南。⑨駮（bó）：通"驳"，偏颇，不公正。

【译文】秦始皇统一天下，召集群臣议事说："古时五帝禅让给贤人，三王传位给子孙，哪一种对？我将用哪一种。"七十位博士不作答。鲍白令之答："天下是公众的，应该禅让给贤人；天下是私有的，应该传位给子孙。所以五帝认为天下是公众的，三王认为天下是私有的。"秦始皇仰天叹息说："我的德行来自五帝，我将认为天下是公众的，谁能来接替我呢？"鲍白令之答："陛下行的是桀、纣之道，想学五帝禅位，这不是陛下能做得到的。"秦始皇大怒说："令之上前！你为什么说我行的是桀、纣之道？赶紧说出原因，不出说原因就杀了你。"答："请允许我说出原因。陛下修建的楼台高入云霄，宫殿方圆五里，建造千石重的钟，建立万石重的钟架。宫中女子有上百人，歌舞优伶有上千人。兴造骊山宫室，一直到雍门相继不绝。自己所享用的，耗尽了天下财力，竭尽人民物力。偏颇自私，不能顾及别人。陛下是仅保存自己成就的君王，怎能和五帝的德行相比、想认为天下是公众呢？"秦始皇神情沮丧无言以对，面露愧色，很久才说："令之的话，是让我在众人面前出丑了。"于是放弃了这种打算，再没有禅位的意愿了。

14-6齐景公尝赏赐及后宫，文绣被台榭，菽粟食凫雁①。出而见殣②，谓晏子曰："此何为而死？"晏子对曰："此馁而死③。"公曰："嘻！寡人之无德也何甚矣！"晏子对曰："君之德著而彰，何为无德也？"景公曰："何谓也？"对曰："君之德及后宫与台榭；君之玩物，衣以文绣；君之凫雁，食以菽粟；君之营内自乐，延及后宫之族，何为其无德也！顾臣愿有请于君：由君之意，自乐之心，推而与百姓同之，则何殣之有？君不推此，而苟营内好私，使财货偏有所聚，菽粟币帛，腐于囷府④，惠不遍加于百姓，公心不周乎（万）国⑤，则桀、纣之所以亡也。夫士民之所以叛，由偏之也。君如察臣婴之言，推君之盛德，公布之于天下，则汤、武可为也，一殣何足恤哉！"

【注释】①凫雁：野鸭和大雁。②殣（jìn）：饿死的人，原文为"僅"，据明钞本改。③馁：饥饿。④囷（qūn）府：国家库藏钱粮物资的处所。⑤（万）国：原文"万"字脱，据向宗鲁《校证》引《太平御览》补。

【译文】齐景公曾经赏赐后宫，华丽的锦绣披在亭台楼阁上，用粮食喂养凫雁。齐景公外出看见有人饿死，就对晏子说："这人是怎么死的？"晏子答："是饿死的。"齐景公说："哎！我竟这么没有德行啊！"晏子答："君王的德行彰明昭著，为何说没有德行呢？"齐景公说："你说的是什么意思？"答："君王的德行遍及到后宫和亭台楼阁；君王的玩物，披着华丽的锦绣：君王的兔雁，吃的都是粮食；君王自己在宫中作乐，还扩大到后宫，怎能说君王没有德行呢！臣还有一点请求：按照君王的意愿，把自己享乐的心，推及百姓身上一同享乐，怎会有饿死的人？君王不推及这种恩惠，反而只为自己在宫中作乐，使钱财货物都聚集到这里，粮食和财物，都腐烂在仓库里，君王的恩惠不能遍及百姓，公正心不普及天下，这正是桀、纣之所以灭亡的原因。之所以士子百姓会背叛，是因为偏心引起的。君王如果仔细考虑我所说的，推及您的盛德，公布天下，则可以成为商汤、周武王那样的人，何止忧虑一个饿死的人呢！"

14-7楚共王出猎，而遗其弓，左右请求之。共王曰："止，楚人遗弓，楚人得之，又何求焉？"仲尼闻之曰："惜乎其不大，亦曰'人遗弓，人得之'而已，何必楚也？"仲尼所谓大公也。

【译文】楚共王出宫打猎，但他的弓丢了，左右官吏去寻找。楚共王说："不用了，楚人丢了的弓，楚人再捡到它，又何必去找呢？"仲尼听闻后说："可惜楚共王的心胸还不够宽广，也可以说'人丢了弓，还会有人捡到它'，为什么一定是楚人呢？"仲尼说的就是大公。

14-8万章问曰①:"孔子于卫主雍睢②,于齐主寺人脊环,有诸?"孟子曰:"否!不然。好事者为之也。于卫主颜雠由③。弥子之妻与子路之妻④,兄弟也⑤。弥子谓子路曰:'孔子主我,卫卿可得也。'子路以告。孔子曰:'有命!'孔子进之以礼,退之以义,得之不得,曰有命;而主雍睢与寺人脊环,是无命也。孔子不说于鲁、卫,将适宋,遭桓司马⑥,将要而杀之,微服过宋,是孔子当厄,主司城贞子⑦,为陈侯周臣。吾闻之:观近臣,以其所为之主;观远臣,以其所主,如孔子主雍睢与寺人脊环,何以为孔子乎?"

【注释】①万章:为孔子弟子,一生追随孔子。②主:动词,寄住在。③颜雠由:即颜浊邹,春秋时期卫国人,又名涿聚,孔子学生。④弥子:弥子瑕,名牟,字子瑕,一说名瑕,春秋时期卫国大夫。⑤兄弟:古代也可指姐妹。⑥桓司马:即桓魋(tuí),又称向魋,子姓,春秋时期宋国(今河南商丘)人。任宋国军事长官司马,他的弟弟司马牛是孔子的弟子。⑦司城贞子:春秋时期陈国人,为陈湣公大夫。谥贞子。

【译文】万章请教孟子说:"在卫国时孔子寄住在雍睢的家中,在齐国时寄住在寺人脊环的家中,有这件事吗?"孟子说:"不!并非如此。这是多事的人捏造出来的。孔子在卫国的时候是寄住在颜雠由家中。弥子瑕的妻子和子路的妻子,是姐妹。弥子瑕对子路说:'孔子寄住在我这里,在卫国可以得到卿的官职。'子路将这些话告诉孔子,孔子说:'富贵有命!'孔子进合退合乎礼义,是否得到官职,认为是有天命;如果在雍睢和脊环家中寄住,那就是命中没有罢了。孔子在鲁国和卫国不得志，要到宋国去，遇到桓司马，想要杀了孔子，孔子换便服经过宋国。那时孔子正困厄之中，寄住在司城贞子家中，做过陈侯周的臣子。我听闻：观察近臣，要看他接待什么样的客人；观察远臣，要看他寄住在什么样家中。如果孔子寄住在雍睢和脊环家中，怎么能够成为孔子呢？"

14-9夫子行说七十诸侯，无定处，意欲使天下之民各得其所，而道不行，退而修《春秋》。采毫毛之善，贬纤介之恶①，人事浃②，王道备，精和圣制③，上通于天而麟至，此天之知夫子也。于是喟然而叹曰："天以至明为不可蔽乎？日何为而食也？地以至安为不可危乎？地何为而动？天地而尚有动蔽，是故贤圣说于世而不得行其道，故灾异并作也。"夫子曰："不怨天，不尤人，下学而上达，知我者其天乎？"

【注释】①纤介：细微，细小。②浃：融洽。③圣制：古代圣人的法制。

【译文】孔子游说七十位诸侯国的国君，居无定所，他想让天下百姓都可以各如所愿，但是他的思想行不通，只能退隐编纂《春秋》。采用细微的善事，贬斥细微的恶事，人事融洽，王道齐备，精诚协调圣人的法制，上通于天而麒麟到来，这是上天知晓孔子。于是孔子叹气说："上天是最光明的难道是不能遮蔽的吗？为何会有日食？大地最安定的难道就没有危险吗？为何会有地震？天地尚且会有遮蔽和震动的时候，所以圣贤游说世间但思想行不通的时候，就会有灾害异相一并发生。"孔子说："不怨天，不尤人，从身边事物学起然后通晓德义，知晓我的只有上天了吧？"

14-10孔子生于乱世，莫之能容也，故言行于君，泽加于民，然后仕；言不行于君，泽不加于民，则处。孔子怀天覆之心，挟仁圣之德，悯时俗之污泥，伤纪纲之废坏；服重历远，周流应聘；乃俟幸施道^①，以子百姓^②，而当世诸侯，莫能任用。是以德积而不肆^③，大道屈而不伸，海内不蒙其化，群生不被其恩。故喟然而叹曰："而有用我者，则吾其为东周乎？"故孔子行说，非欲私身运德于一城，将欲舒之于天下，而建之于群生者耳。

【注释】①俟：等待。②子：通"慈"，爱护。③肆：放纵，任意行事。

【译文】孔子生活在乱世，没有人能够容纳他，所以君主采纳他的意见，恩惠施加在百姓身上，然后才出仕；如果君主不采纳他的意见，恩惠没有施加在百姓身上，就隐居不仕。孔子怀着仁德广被之心，具有仁慈贤明的道德；怜悯时俗的污浊，痛心纲纪的败坏；任重道远，周游列国，接受聘请；等候时机实施他的道义，以爱护百姓，但当世诸侯，没有人能任用他。所以积累德行而不放纵，正确的道理屈而不伸，海内的人不能承蒙他的教化，百姓不能感受他的恩德。所以孔子叹气说："只要有人任用我，我将会在东方复兴周的盛德？"所以孔子到处游说，并不为了自己而只在一座城市推行自己的道义，而是想把他的道义扩展到全天下，并立于百姓之中。

14-11秦、晋战，交敌。秦使人谓晋将军曰："三军之士皆未息，明日，请复战。"臾骈曰^①："使者目动而言肆^②，惧我，将遁矣。迫之河，必败之。"赵盾曰："死伤未收而弃之，不惠也；不待期而迫人于险，无勇也。请待。"秦人夜遁。

【注释】①臾骈：春秋时期晋国人，任上军佐，因无一次失信，赢得世人尊敬。②目动而言肆：谓神色不安，语调失常。

【译文】秦、晋两国交战。秦国派使者对晋国的将军说："两国军队都没有休息，明日再战。"史骈说："使者眼睛乱看，言辞随便，这是害怕了，将要逃跑了。把他们逼到河边，必定能够打败他们。"赵盾说："死伤的士兵还没有收治掩埋就抛弃不管，这是没有德行的；不等到约定的时间就逼人于险境，这不是勇敢。再等等吧。"秦国的军队在夜里就逃跑了。

14-12子胥将之吴，辞其友申包胥曰^①："后三年，楚不亡，吾不见子矣。"申包胥曰："子其勉之！吾未可以助子，助子是伐宗庙也，止子是无以为友^②。虽然，子亡之，我存之。"于是乎观楚一存一亡也。后三年，吴师伐楚，昭王出走。申包胥不受命，西见秦伯曰："吴无道，兵强人众，将征天下，始于楚。寡君出走，居云梦^③，使下臣告急。"哀公曰^④："诺，固将图之。"申包胥不罢朝，立于秦庭，昼夜哭，七日七夜不绝声。哀公曰："有臣如此，可不救乎？"兴师救楚。吴人闻之，引兵而还。昭王反复，欲封申包胥。申包胥辞曰："救亡，非为名也。

功成受赐，是卖勇也。"辞不受。遂退隐，终身不见。《诗》云：
"凡民有丧，匍匐救之。"

【注释】①申包胥：芈姓，蚡冒氏，名包胥，春秋时期楚国大
夫。是楚厉王后代，又称王孙包胥，因封于申邑，也称申包胥。②止：
原文为"二"，据明钞本改。③云梦：今在湖北省孝感市。④哀公
（？—前501）：即秦哀公，嬴姓，名籍。在位36年。

【译文】伍子胥将要去往吴国，辞别他的朋友申包胥说："三
年之后，楚国不灭亡，我不会再见你了。"申包胥说："你加油努
力！我不会帮你，帮你就是攻打自己的国家，阻止你又没有把你当
作朋友。即使这样，你要消灭楚国，我就保全楚国。"于是人们观
望着楚国一存一亡的趋势。三年之后，吴国军队攻打楚国，楚昭
王外逃。申包胥没有接到命令，就向西走求见秦哀公说："吴国无
道，士兵强壮人口众多，将征伐天下，始于楚国。我国君王外逃，居
住在云梦，派我向您告急。"秦哀公说："知道了，我本来就在考虑
这件事。"申包胥不离开朝廷，站在秦国朝廷上，昼夜不断地哭，
七天七夜都没有停止哭泣。秦哀公说："楚国有如此臣子，怎能
不去解救呢？"于是派兵救援楚国。吴国听说了这件事，就撤军回
国。楚昭王返回楚国复位，想封赏申包胥。申包胥推辞说："拯救国
家免遭灭亡，并非为了名誉。事情成功接受封赏，这是卖勇。"申包
胥推辞不肯接受。于是他便退隐，终身没有再露面。《诗经》中说：
"但凡人民有祸难，都要尽力相救。"

14-13楚令尹虞丘子①，复于庄王曰："臣闻奉公行法，可

以得荣；能浅行薄，无望上位；不名仁智，无求显荣；才之所不著，无当其处。臣为令尹十年矣，国不加治，狱讼不息，处士不升②，淫祸不讨③；久践高位，妨群贤路；尸禄素餐，食欲无厌；臣之罪当稽于理。臣窃选国俊下里之士曰孙叔敖④，秀羸多能⑤，其性无欲。君举而授之政，则国可使治，而士民可使附。"庄王曰："子辅寡人，寡人得以长于中国，令行于绝域，遂霸诸侯，非子如何？"虞丘子曰："久固禄位者，贪也；不进贤达能者，诬也；不让以位者，不廉也。不能三者，不忠也。为人臣不忠，君王又何以为忠？臣愿固辞。"庄王从之，赐虞丘子采地三百，号曰国老⑥。以孙叔敖为令尹。少焉，虞丘子家干法⑦，孙叔敖执而戮之。虞丘子喜，入见于王曰："臣言孙叔敖，果可使持国政。奉国法而不党，施刑戮而不骫，可谓公平。"庄王曰："夫子之赐也已。"

【注释】①虞丘子：《吕氏春秋·赞能》作"沈尹茎"，向宗鲁《校证》引诸说，认为即沈尹茎。②处士：本指有才德而隐居不仕的人，后亦泛指未做过官的士人。③讨：查究，处治。④俊：原文误作"浚"，形近而讹，径改。下里：乡野，偏僻的地方。孙叔敖（前630—前593）：芈姓，蔿氏，名敖，字孙叔，历史治水名人。春秋时期为楚国令尹。⑤羸（léi）：瘦弱。⑥国老：指告老退职的卿、大夫、士。⑦干：触犯，冒犯。

【译文】楚国的令尹虞丘子，对楚庄王说："我听闻奉公行法，可以得到荣耀；能力浅薄，品行粗鄙，没有希望得到高位；不明白仁和智，不要追求显赫荣华；自己的才能用不上，就不要处在那个位置上。我任令尹已经十年了，国家没有治理地更好，诉讼案件没有停止，有才之士没有得到任用，祸乱没有处治；长居高位，阻碍了许多贤人晋升的道路；空拿俸禄而不尽职，贪婪纵欲而不知足；我的罪过应当受到法理的审察。我私自选中一位国家英才，是一位乡野之士，名字叫孙叔敖，这个人相貌俊秀，文雅瘦弱，非常能干，性格清静无欲。君王任用他并将政事交给他，则国家可以得到治理，而士人百姓也会依附。"楚庄王说："你辅佐我，我才可以在中原成为霸主，命令可以在很远的地方实行，最终在诸侯中称霸，没有你该怎么办？"虞丘子说："长久占据官位的人，是贪婪的；不举荐贤达的人，是欺骗的做法；不能让位的人，是不廉洁的。有这三项不能的人，是不忠。做人臣不忠，君王又怎能认为他是忠臣呢？我坚决请求离开。"楚庄王应允了他，赏赐虞丘子采地三百户，尊称他为国老。楚庄王任用孙叔敖为令尹。不久，虞丘子的家人犯了法，孙叔敖抓住并杀了他。虞丘子非常高兴，进宫朝见楚庄王说："我说过的孙叔敖，果真可以让他执掌国政。奉执国法而不偏私，施加刑罚而不枉曲，可以说是公平了。"楚庄王说："这也是先生所赐予的啊。"

14-14赵宣子言韩献子于晋侯曰①："其为人不党，治众不乱，临死不恐②。"晋侯以为中军尉。河曲之役③，赵宣子之车干行，韩献子戮其仆。人皆曰："韩献子必死矣④，其主朝升之，而暮戮其仆，谁能待之？"役罢，赵宣子觞大夫，爵三行，曰："二三子可以贺我。"二三子曰："不知所贺。"宣子曰："我言韩厥于君，言之而不当，必受其刑。今吾车失次而戮之仆，可谓不党矣，是吾言当也。"二三子再拜稽首曰："不惟晋国适享之，乃唐叔是赖之⑤，敢不再拜稽首乎？"

【注释】①韩献子：姬姓，韩氏，名厥，因其谥号献，故亦称韩献子。韩厥始为晋国赵氏家臣，后位列八卿之一，至晋悼公时，升任晋国执政，战国时期韩国的先祖。一生侍奉晋灵公、晋成公、晋景公、晋厉公、晋悼公五朝，是位稳健的政治家。②恐：原文为"怨"据明抄本改。③河曲：今在陕西芮城县西南七十余里。④韩献子：韩献子为谥号，疑行文有误，或为后人追记。⑤唐叔：姬姓，名虞，字子于。周成王之弟，是周代晋国的始祖。

【译文】赵宣子向晋侯举荐韩献子说："这个人为人不偏私，管理众人不会混乱，面对死亡不会恐惧。"晋侯就任用韩献子为中军尉。在河曲之役中，赵宣子的车冲犯了军队的队列，韩献子把赵宣子的车夫杀了。人人都说："韩献子必死，他的主子早上才提升了他，晚上他就把主子的车夫杀了，谁能容忍他？"河曲之役结束后，赵宣子宴请大夫，酒过三巡后，说："诸位可以为我祝贺。"众人说："不知祝贺什么。"赵宣子说："我向君王举荐韩厥，如果举荐不得当，必会受到惩罚。如今我的车失了次序而韩厥处死我的车夫，可以称得上是不偏私了，这说明我举荐的人是得当的。"众位大夫听了再拜叩首说："这不仅是晋国可以享受这样的福气，就连祖先唐叔也要依赖这种人，哪敢不再拜叩首呢？"

14-15晋文公问于咎犯曰："谁可使为西河守者①？"咎犯对曰："虞子羔可也。"公曰："非汝之仇也？"对曰："君问可为守者，非问臣之仇也。"（子）羔见咎犯而谢之曰②："幸赦臣之过，荐之于君，得为西河守。"咎犯曰："荐子者，公也；怨子者，私也。吾不以私事害公义，子其去矣，顾吾射子也！"

【注释】①西河：地名，今在河南安阳汤阴县。守：古代官名，为郡的长官。②子：原文脱，据明钞本补。

【译文】晋文公问咎犯："谁可以去做西河守？"答："虞子羔可以。"晋文公说："他不是你的仇人吗？"答："君王问的是谁可以做西河守，没有问谁是我的仇人。"虞子羔去拜见咎犯并感谢他说："感谢您赦免我的罪过，向君王举荐我，让我担任西河守。"咎犯说："举荐你，是为公，怨恨你，是为私。我不能为了私事却损害公义，你走吧，不然你再回头我就会射死你了！"

14-16楚文王伐邓①，使王子革、王子灵共捃菜②。二子出采，见老丈人载畚③，乞焉，不与，搏而夺之。王闻之，令皆拘二子，将杀之。大夫辞曰："取畚信有罪，然杀之非其罪也，君若何杀之？"言卒，丈人造军而言曰："邓为无道，故伐之。今君公子搏而夺吾畚④，无道甚于邓。"呼天而号。君闻之，群臣恐。君见之，曰："讨有罪而横夺，非所以禁暴也；恃力虐老，非所以教幼也；爱子弃法，非所以保国也；私二子，灭三行，非所以从政也。丈人舍之矣⑤，谢之军门之外耳。"

【注释】①楚文王（？—前677）：芈姓，熊氏，名赀。楚武王之子。邓：周朝诸侯国，今在河南邓州。②捃（jùn）：拾取，摘取。③畚（běn）：用蒲草或竹篾编织的盛物器具，即畚箕。④今君公子搏而夺吾畚：原文为"今君公之子之搏而夺吾畚"，两"之"字为衍文，径删。⑤舍：通"赦"。免罪或免罚，这里指宽恕，原谅。

【译文】楚文王攻伐邓国，让王子革与王子灵一起去摘菜。二人外出摘菜时，见到一位老人拿着畚箕，他们就向老人讨要，老人不给，他们就殴打老人抢走畚箕。楚文王听闻了这件事，下令拘禁这两个儿子，将要杀了他们。大夫们进言说："抢走畚箕确实有罪，但是杀了他们不是他们应有的罪名，君王为何要杀了他们呢？"话音刚落，老人就到了军营说："邓国因为做事无道，所以要攻伐它。现在君王的公子打了我并抢走我的畚箕，这种行为比邓国更无道。"说完就对着天号啕痛哭。楚文王听了，群臣都感到恐惧。楚文王召见老人，说："征讨有罪的人而自己却无理夺取，不是停止暴行的方法；仗着有力气虐待老人，不是教育幼子的方法；庇护儿子而舍弃法律，不是保卫国家的方法；偏爱两个儿子，失去这三种德行，不是处理政务的方法。老人家请原谅我吧，我将把他们推到军营外处死，向您赔罪。"

14-17楚令尹子文之族有干法者①，廷理拘之②，闻其令尹之族也，而释之。子文召廷理而责之曰："凡立廷理者，将以司犯王令，而察触国法也。夫直士持法，柔而不挠，刚而不折。今弃法而背令，而释犯法者，是为理不端，怀心不公也。岂吾（有）营私之意也③？何廷理之驳于法也？吾在上位，以率士民，士民或怨，而吾不能免之于法。今吾族犯法甚明，而使廷理因缘吾心而释之④，是吾不公之心，明著于国也。执一国之柄，而以私闻，与吾生不以义，不若吾死也。"遂致其族人于廷理。曰："不是刑也，吾将死。"廷理惧，遂刑其族人。成王闻之⑤，不及履而至于子文之室，曰："寡人幼少，置理失其人，以违夫子之意。"于是黜廷理而尊子文，使及内政。国人闻之曰："若令尹之公也，吾党何忧乎？"乃相与作歌曰："子文之族，犯国法程。廷理释之，子文不听。恤顾怨萌⑥，方正公平。"

【注释】①子文：即斗子文，若敖族人，芈姓，斗氏，名縠於菟（gōu wú tù），字子文。春秋时期楚国名相。其父斗伯比与表妹私通生下子文，后弃于云梦泽北，由老虎抚养，楚人称乳为"縠"，称虎为"於菟"，故名縠於菟。②廷理：春秋时期楚国官名，掌刑狱。③有：原文此字无，据向宗鲁《校证》补。④因缘：同"夤缘"，这里指迎合。⑤成王（？—前626）：即楚成王，芈姓，熊氏，名恽，春秋时期楚国国君，公元前671年至公元前626年在位。谥号成王。⑥萌（máng），通"氓"，即民众。

【译文】楚国令尹子文的族人犯了法，廷理把他拘押起来，后来听闻是令尹子文的族人，又把他放了。子文就召见廷理责怪他说："但凡设立廷理，就是用来监察违背王令，审察触及国法的人。正直的人执法，温和但不会枉曲，刚强但不会屈服。现在你舍弃法律违背政令，释放犯法的人，这是担任廷理不正直，内心不公。难道我有谋求私利的意愿吗？为什么廷理的做法不同于法律呢？我在上位，是人民的表率，人民有了怨气，我也不能使他们免罪于法。如今我的族人很明显犯法了，假使廷理为了讨好我而释放了他，是使我的不公之心，明白地彰显在全国。执掌一国的大权，但以偏私闻名，与其让我不义地活着，还不如让我死去。"于是子文就把他的族人交给廷理。说："如果不处罚这个人，我就去死。"廷理害怕了，于是就处罚了子文的族人。楚成王听闻这件事，来不及穿上鞋子就去往子文家中，说："我年少，任人失当，违背了先生的意愿。"于是罢免了廷理而尊重子文，让他处理内政事物。国人听说了这件事说："像令尹子文这样公正，我们还担忧什么呢？"于是写了歌相互唱着："子文的族人，触犯了法律，廷理放了他，子文不答应。担忧百姓怨怒，做到方正公平。"

14-18 楚庄王有茅门者法曰①："群臣大夫、诸公子入朝，马蹄踩溜者②，斩其辀而戮其御③。"太子入朝，马蹄踩溜，廷理斩其辀而戮其御。太子大怒，入为王泣曰："为我诛廷理。"王曰："法者，所以敬宗庙、尊社稷。故能立法从令、尊敬社稷者，社稷之臣也，安可以加诛？夫犯法废令，不尊敬社稷，是臣弃君，下陵上也④。臣弃君则主失威，下陵上则上位危。社稷不守，吾何以遗子？"太子乃还走避舍⑤，再拜请死。

【注释】①茅门：指雉门，古王宫五门之一。②踩：践踏。溜：通"霤"（liù），屋檐滴水处。③辀（zhōu）：车辕。④陵：同"凌"，侵犯，欺侮。⑤还（xuán）：通"旋"，迅速。避舍：退避。

【译文】楚庄王立有茅门的法令："群臣大夫、诸位公子入宫朝见时，马蹄踩到屋檐下的人，要斩断他的车辕并杀了他的车夫。"太子入宫朝见，马蹄踩到了茅门的屋檐下，廷理斩断了他的车辕并杀死他的车夫。太子大怒，入宫向楚庄王哭诉说："为我杀了廷理。"楚庄王说："法令，是敬奉祖先、尊重社稷的。所以能设立法律服从政令、尊敬社稷的人，是社稷的忠臣，怎么能加以杀害？触犯法律背弃政令，不尊敬社稷，这是臣子离弃君王，下位欺侮上位。臣子离弃君王则君王就失去威严，下位欺侮上位则上位的地位危急。社稷不保，我留给你什么呢？"于是太子迅速退避，再拜请求治他死罪。

14-19 楚庄王之时，太子车立于茅门之内，少师庆逐之[①]。太子怒，入谒王曰："少师庆逐臣之车。"王曰："舍之。老君在前而不逾，少君在后而不豫，是国之宝臣也。"

【注释】 ①少师：官名，周朝设少师、少傅、少保辅佐天子。

【译文】 楚庄王的时候，太子的车子停在了茅门之内，少师庆驱逐太子的车子。太子十分生气，进宫拜见楚庄王说："少师庆驱逐我的车子。"楚庄王说："饶了他吧。老君主在位而他不逾越礼法，少君主后继而他不留退路，这是国家宝贵的臣子啊。"

14-20 吴王阖庐为伍子胥兴师，复仇于楚。子胥谏曰："诸侯不为匹夫兴师[①]。且事君犹事父也，亏君之义，复父之仇，臣不为也。"于是止。其后因事而后复其父仇也。如子胥可谓不以公事趋私矣。

【注释】①匹夫：指一个人。

【译文】吴王阖庐要为伍子胥出兵，向楚国报仇。伍子胥谏言说："诸侯不为个人出兵。而且侍奉君主犹如事奉父亲一般，损害君王的仁义，来为自己的父亲报仇，臣不会这么做。"于是吴王停止了这件事。后来因为其他事情伍子胥才为父亲报仇。像伍子胥这样的人，可以说是不会假公济私了。

14-21孔子为鲁司寇，听狱必师断①，敦敦然皆立②，然后君子进曰③："某子以为何若？"某子以为云云④。又曰："某子以为何若？"某子曰云云。辩矣，然后君子（曰）⑤："几当从某子云云乎？"以君子之知，岂必待某子之云云，然后知所以断狱哉？君子之敬让也。文辞有可与人共之者⑥，君子不独有也。

【注释】①师：众人。②敦敦：聚集貌。③君子：这里指孔子。④云云：如此，这样，代指所说的内容。⑤君子（曰）：原文脱"曰"，《孔子世家》作"孔子曰"，径补。⑥文辞：在《史记·孔子世家》中作："孔子在位听讼，文辞有可与人共者，弗独有也。"故指断案文书。

【译文】孔子在鲁国担任司寇，听理诉讼必定在众人面前审理，众人都站在一起，然后孔子上前说："某人认为应该如何？"某人认为是这样。又说："某人认为应该如何？"某人认为是这样。辩论之后，然后孔子说："应当听从某人的说法吧？"以孔子的智慧，难道一定要等待某人的说法，然后才知道如何裁决吗？这是孔子恭敬礼让的品德。只要文书中有可以与大家共同拟制的地方，孔子是不会独断专行的。

14-22子羔为卫政①，刖人之足②。卫之君臣乱，子羔走郭门，郭门闭，刖者守门，曰："于彼有缺。"子羔曰："君子不逾。"曰："于彼有窦③。"子羔曰："君子不遂。"曰："于此有室。"子羔入，追者罢。子羔将去，谓刖者曰："吾不能亏损主之法令，而亲刖子之足。吾在难中，此乃子之报怨时也，何故逃我？"刖者曰："断足固我罪也，无可奈何。君之治臣也，倾侧法令④，先后臣以法，欲臣之免于法也，臣知之。狱决罪定，临当论刑，君愀然不乐，见于颜色，臣又知之。君岂私臣哉，天生仁人之心，其固然也。此臣之所以脱君也。"孔子闻之曰："善为吏者树德，不善为吏者树怨。公行之也，其子羔之谓欤？"

【注释】①子羔：即高柴，姓高，名柴，字子羔，又称子皋、子高、季高，卫国人，一说是齐国人。在孔子门下受业，鲁哀公十五年，卫国政变，高柴急忙逃离卫国，并劝子路不要回宫里去，子路拒绝他的劝阻，结果回宫遇害。任卫国狱吏时，不徇私舞弊，为官清廉，执法公平，有仁爱之心，受到孔子和民众的赞扬。②刖(yuè)：古代的一种酷刑，把脚砍掉。③窦：孔，洞。④倾侧：倒向一侧，倾斜，这里指反复研究。

【译文】子羔在卫国任狱吏时，曾砍掉别人的脚。卫国发生君臣内乱，子羔逃往外城门，外城门已经关闭，恰巧守城门的是子羔砍掉脚的那个人，那个人说："那边有一道缺口。"子羔说："君子不从缺口走。"又说："那边有个洞。"子羔说："君子不走地洞。"又说："这里有房间。"子羔才进入，追他的人找不到便罢休了。子羔要离去时，对砍掉脚的人说："我不能违背君主的法令，而亲自砍掉你的脚。现在我遇到灾难，这正是你报仇的好机会，为什么要让我逃走？"断脚的人砍断我的脚本来就是因为我的罪过，这是无能为力的事。您在审判我时，反复研究法令，先后几次衡量我的罪过，想让我免于刑罚，这些事情我知道。当审判结束确定了罪名，临到判刑时，您神色忧愁，我也知道。您怎么会袒护我，天生具有仁人之心，自然会是这样。这是我之所以放过您的原因。"孔子听闻了这件事说："善于做吏官的人树立恩德，不善于做吏官的人树立仇怨。公正行事，说的大概是子羔吧？"

卷十五　指武

【题解】指武，是用武之道。本卷记载了春秋战国时期至汉朝初年使用武力征讨及除恶的事例。

第一则引用《司马法》讲述了用武的总则，第二至四则是采用具体事例对总则进行阐明。第六则中"内治未得，不可以正外；本惠未袭，不可以制末。"说明了攘外必先安内的根本条件。"立武以威众，诛恶以禁邪。"说明了树立军威，令行禁止的重要性。第二十四则讲述了"先文德后武力。""文化不改，然后加诛。"的观点。第二十六至二十八则主要讲述了"道非权不立，非势不行，是道尊然后行。""佞贼之人而不诛，乱之道也。"以及引用孔子杀少正卯和王满生见周公的事例来说明对内用武对于稳定社会、巩固政权的重要性。

本卷以先文后武、先礼后兵讲述了用武的原则，是政权稳固、社会安定、推行教化的重要工具，对后世治世以及当今治兵有着重要意义。

15-1《司马法》曰①:"国虽大,好战必亡;天下虽安,忘战必危。"《易》曰:"君子以除戎器②,戒不虞③。"夫兵不可玩④,玩则无威;兵不可废,废则召寇。昔吴王夫差好战而亡,徐偃王无武亦灭⑤。故明王之制国也,上不玩兵,下不废武。《易》曰:"存不忘亡,是以身安而国家可保也。"

【注释】①《司马法》:是春秋时期军事著作之一。《司马法》是现存最古老的军事思想,据唐朝宰相李靖所说,《司马法》本出自姜太公之手,而后世司马穰苴所写兵书名为《司马穰苴书》,并非《司马法》。据《史记·司马穰苴列传》记载:"齐威王使大夫追论古者司马兵法而附穰苴于其中,因号曰《司马穰苴兵法》。"说明《司马穰苴兵法》包含《司马法》,《司马法》流传至今已两千多年,亡佚很多,现仅残存五篇。②除:修治、修整。③不虞:出乎意料的事。④玩:轻视,忽视。⑤徐偃王:嬴姓,徐氏,名诞,字子孺,是西周时期徐国第32代国君。徐国统辖今淮、泗一带。建都下邳良城(今江苏省邳州市)。前512年,徐国被吴王阖闾所灭。

【译文】《司马法》中说:"国家虽大,喜好战争必定灭亡;天下虽然安宁,忘记备战必定危险。"《周易》中说:"君子修整兵器,以防不测。"军队不可轻视,轻视就会失去威力;军队不可废弃,废弃就会招致敌寇。从前吴王夫差因喜好战争而亡国,徐偃王因没有武力也同样灭亡。所以明君执掌国政,上不轻视军队,下不废弃军队。《周易》中说:"存在时不忘记灭亡,这样可以使自身安全也可以保全国家。"

15-2秦昭王中朝而叹曰①:"夫楚剑利,倡优拙。夫剑利,则士多悍;倡优拙,则思虑远也。吾恐楚之谋秦也。"此谓当吉念凶,而存不忘亡也,卒以成霸焉。

【注释】①秦昭王(前325—前251):又称秦昭襄王,即嬴稷,嬴姓赵氏,名则,一名稷。战国时期秦国国君,秦惠文王之子,秦武王异母弟,在位五十六年,是中国历史上在位时间最长的国君之一。中朝:临朝之时。

【译文】秦昭王在临朝感叹说:"楚国的刀剑锋利,但歌舞杂技艺人却非常粗劣。刀剑锋利,将士大多勇猛强悍;歌舞杂技艺人粗劣,说明楚国君主深思远虑。我担心楚国要图谋秦国了。"这就叫作在安全时想到危难,在存在时不忘记灭亡,最终秦国成就了霸业。

15-3王孙厉谓楚文王曰:"徐偃王好行仁义之道,汉东诸侯三十二国尽服矣。王若不伐,楚必事徐。"王曰:"若信有道,不可伐也。"对曰:"大之伐小,强之伐弱,犹大鱼之吞小鱼也,若虎之食豚也。恶有其不得理?"文王遂兴师伐徐,残之。徐偃王将死,曰:"吾赖于文德①,而不明武备;好行仁义之道,而不知诈人之心,以至于此。"夫古之王者,其有备乎!

【注释】①文德:指礼乐教化。与"武功"相对。

【译文】王孙厉对楚文王说:"徐偃王喜好施行仁义之道,汉水东面三十二个诸侯国都臣服于他。君王如果不攻伐徐国,楚国必会服从徐国。"楚文王说:"如果徐偃王确实有仁义之道,那徐国不可以攻伐。"王孙厉答:"大国攻伐小国,强国攻伐弱国,好像大鱼吞小鱼,老虎吃小猪。哪有不能的道理?"于是楚文王起兵攻伐徐国,消灭了徐国。徐偃王将死时,说:"我依赖于文德,而不加强军备;喜好施行仁义之道,却不懂得奸诈之人的心思,以至于落到这种地步。"古代的君王,都应该有军备!

15-4吴起为苑守①,行县②,适息③,问屈宜臼曰:"王不知起不肖,以为苑守,先生将何以教之?"屈公不对。居一年,王以为令尹,行县,适息,问屈宜臼曰:"起问先生,先生不教。今王不知起不肖,以为令尹,先生试观起为之也。"屈公曰:"子将奈何?"吴起曰:"将均楚国之爵,而平其禄;损其有余,而继其不足;厉甲兵,以时争于天下。"屈公曰:"吾闻昔善治国家者,不变故,不易常。今子将均楚国之爵而平其禄,损其有余而继其不足,是变其故而易其常也。且吾闻兵者,凶器也;争者,逆德也。今子阴谋逆德④,好用凶器,殆人所弃,逆之至也。淫泆之事也,行者不利。且子用鲁兵,不宜得志于齐,而得志焉;子用魏兵,不宜得志于秦,而得志焉。吾闻之曰:'非祸人不能成祸。'吾固怪吾王之数逆天道,至今无祸,嘻!且待夫子也。"吴起惕然曰:"尚可更乎?"屈公曰:"不可!"吴起曰:"起之为人谋。"屈公曰:"成刑之徒⑤,不可更已。子不如敦处而笃行之,楚国无贵于举贤。"

【注释】①吴起（前440—前381）：姜姓，吴氏，名起，卫国左氏（今山东曹县）人。战国初期军事家、政治家、改革家，兵家代表人物。在楚国时，辅佐楚悼王主持变法。著作有《吴子兵法》传于世，与兵圣孙武并称"孙吴"。前381年，因变法得罪守旧贵族，惨遭杀害。苑：这里指宛邑，属春秋时期楚国，今在河南南阳。守：官名，指郡守。②行县：巡行所主之县。③适息：到了息县。息，地名，今在河南信阳。④阴谋：暗中策划，这里指谋划战争。⑤刑：通"型"，法式，样子。

【译文】吴起在楚国宛邑做郡守，巡行各县，到了息县，请教屈宜臼说："君王不知道我不贤，任用我为宛邑郡守，先生对我有什么教导？"屈公没有作答。过了一年，楚王任命吴起为令尹，吴起巡行各县，又到了息县，他又请教屈宜臼说："我从前请教先生，先生没有教导我。现在君王不知道我不贤，任用我为令尹，请先生试看我是如何做的吧。"屈公说："你将会如何做？"吴起说："我准备均衡楚国的爵位，平衡他们的俸禄；减少多余的，补充不足的；磨炼士兵修整装备，等待时机争雄天下。"屈公说："我听闻以前善于治国的人，不改变旧制，不更换常规。现在你要均衡楚国的爵位而平衡他们的俸禄，减少多余的而补充不足的，这是改变旧制并更换常规了。而且我听说战争，是凶器；争斗，是违背道德的。现在你暗中策划违背道德，喜好动武，大概是人民所厌弃的，违逆到了极点。纵欲的事情，对实行的人了不利。而且你用鲁国的军队，不应该战胜齐国，但你战胜了齐国；你用魏国的军队，不应该战胜秦国，但你战胜了秦国。我听说过：'不是作乱的人就不会造成祸患。'我一直奇怪我们君王多次违背天道，至今还没有发生祸患，哎！原来是在等待你啊。"吴起惊恐地说："还能改变吗？"屈公说："不能！"吴起说："我会通过人为来改变。"屈公说："你已经定型了，不能再改变了。你不如谨慎处世，踏实行事，楚国没有再比举荐贤人更重要的了。"

15-5《春秋》记国家存亡，以察来世。虽有广土众民，坚甲利兵，威猛之将，士卒不亲附，不可以战胜取功。晋侯获于韩①。楚子玉得臣败于城濮②，蔡不待敌而众溃。故语曰："文王不能使不附之民，先轸不能战不教之卒③，造父、王良不能以弊车不作之马趋疾而致远④，羿、逢蒙不能以枉矢弱弓射远中微⑤。故强弱成败之要，在乎附士卒，教习之而已。"

【注释】①韩：指韩原，地名，公元前645年，秦国与晋国战于韩原。一说在今山西省河津市与万荣县之间，一说在今山西省芮城县北，一说在今陕西省韩城市南。②子玉得臣（？—前632）：即成得臣，芈姓，成氏，名得臣，字子玉，斗伯比之子，子文之弟。若敖氏后裔。春秋时期楚国令尹。城濮：地名，公元前632年，晋楚交战与城濮，即城濮之战。今在山东鄄城西南。③先轸（？—前627）：晋国原邑（今河南省济源市）人，春秋时期晋国名将、军事家，因采邑在原邑，故又称原轸。先轸曾辅佐晋文公、晋襄公两位霸主，并以中军主将的身份指挥城濮之战、崤之战，打败楚国和秦国，成为中国历史上第一位同时拥有元帅头衔和元帅战绩的军事统帅。④造父：嬴姓，赵氏始祖。造父祖先伯益为白帝少昊裔孙，伯益被帝舜赐姓嬴，造父为伯益的十四世孙。后受周穆王封于赵城（今山西洪洞），遂以赵为氏。王良:一说为邮无恤,春秋时期晋国人,食邑在邮,善御。

⑤羿:一说认为是有穷氏的首领,一说为唐尧时期人,一说为帝喾时期的射师。逢蒙:又作逢蒙,是后羿的徒弟。

【译文】《春秋》记录国家存亡,可以考察后世。《春秋》中讲国家虽然有辽阔的土地,众多的人民,精锐的兵力,威猛的将帅,但士兵们不亲近依附,就不能够取胜立功。在韩原擒获晋侯。楚国的成得臣在城濮失败,蔡军等不到与敌人交战就先溃败。所以俗语说:"文王不能差遣不依附的人民,先轸不能带领没有训练过的士兵作战,造父、王良不能驾着破车劣马跑得很快很远,羿、逢蒙不能用低劣的弓箭射到很远细微的地方。所以国家强弱成败的关键,就在于使士兵依附,教导训练他们罢了。"

15-6内治未得,不可以正外①;本惠未袭,不可以制末。是以《春秋》先京师而后诸夏②,先诸华而后夷③、狄。及周惠王④,以遭乱世,继先王之体,而强楚称王,诸侯背叛。欲申先王之命,一统天下,不先广养京师以及诸夏,诸夏以及夷狄;内治未得,忿则不料力,权得失,兴兵而征强楚,师大败,撙辱不行⑤,大为天下戮笑。幸逢齐桓公以得安尊。故内治未得,不可以正外;本惠未袭,不可以制末。

【注释】①正:通"征",征讨。②诸夏:周代分封的中原各个诸侯国。③诸华:即诸夏,中原诸国。④周惠王(?—前653或前652):姬阆,周厘王姬胡齐之子,东周第五任君主,谥号惠王。⑤撙(zǔn)辱:屈辱。

【译文】内政没有治理好，不可以对外征讨；根本的恩惠还没有施及，不可以制定末节的事。所以《春秋》的大义是先治理帝都而后是诸侯国，先治理中原而后是夷、狄。到了周惠王时，正逢乱世，周惠王要继承先王的体制，但是强楚称王，诸侯背叛。他想要申张先王的遗命，一统天下，但不先蓄养帝都的力量再扩展到诸侯国，再由诸侯国扩展到夷狄；内政还没有治理好，愤然作色就会不自量力，不会权衡得失，起兵征讨楚国，结果周朝的军队大败，遭受屈辱但王命又不能施行，受到天下人耻笑。幸而遇到齐桓公才得以国家安定，受到诸侯尊敬。所以内政没有治理好，不可以对外征讨；根本的恩惠没有施及，不可以制定末节的事。

15-7将师受命者①：将率入，军吏毕入，皆北面再拜稽首受命；天子南面而授之钺②，东行西面而揖之，示弗御也。故受命而出，忘其国；即戎③，忘其家；闻枹鼓之声④，唯恐不胜，忘其身，故必死。必死不如乐死，乐死不如甘死，甘死不如义死，义死不如视死如归，此之谓也。故一人必死，十人弗能待也；十人必死，百人弗能待也；百人必死，千人不能待也；千人必死，万人弗能待也；万人必死，横行乎天下；令行禁止，王者之师也。

【注释】①将：率领。②钺（yuè）：古代兵器，青铜或铁制成，形状像板斧而较大。③即戎：用兵，作战。④枹（fú）鼓：战鼓。

【译文】带领军队接受命令时：主将率先进宫，其他军官再随后进去，他们都朝向北面再拜叩头接受命令；天子朝向南面将钺斧授予主将，然后向东走面向西作揖，表示不再干涉主将对外作战。所以主将接受命令出征，就忘记了自己的国君；作战时，就忘记了自己的家人；听到战鼓声，唯恐不能胜利，舍生忘死，所以抱有必死的决心。必死不如乐于牺牲，乐于牺牲不如从容赴死，从容赴死不如为正义而死，为正义而死不如视死如归，说的就是这个意思。所以一人抱有必死的决心，十个人都抵御不了他；十人抱有必死的决心，百人都抵御不了；百人抱有必死的决心，千人也抵御不了；千人抱有必死的决心，万人也抵御不了；万人抱有必死的决心，就可以横行天下；令行禁止，这就是王者之师。

15-8 田单为齐上将军①，兴师十万，将以攻翟②。往见鲁仲连子③。仲连子曰："将军之攻翟，必不能下矣。"田将军曰："单以五里之城，十里之郭，复齐之国，何为攻翟不能下？"去，上车，不与言，决攻翟。三月而不能下。齐婴儿谣之曰："大冠如箕，长剑柱颐④；攻翟不下⑤，垒于梧丘⑥。"于是田将军恐骇，往见仲连子曰："先生何以知单之攻翟不能下也？"仲连子曰："夫将军在即墨之时⑦，坐则织蒉⑧，立则杖臿⑨，为士卒倡，曰：'宗庙亡矣，魂魄丧矣，归何党矣！'故将有死之心，士卒无生之气。今将军东有掖邑之封⑩，西有淄上之宝⑪，黄金横带⑫，驰骋乎淄、渑之间⑬，是以乐生而恶死也。"田将军明日结发径立矢石之所，乃引枹而鼓之⑭，翟人下之。故将者，士之心也；士者，将之枝体也⑮。心犹与则枝体不用，田将军之谓乎？

【注释】①田单：妫姓，田氏，名单，临淄（今山东省临淄区）人。战国时期齐国名将，齐国远房宗室。初任市掾，管理市场秩序。后以火牛阵大破燕军，收复失地七十余城，拜为相国，封为安平君。上将军：中国古代武将的官名。指军中的主帅。②翟：古同"狄"，中国北方的民族。③鲁仲连子：又名鲁连，尊称"鲁仲连子"或"鲁连子"，战国时期齐国人。后归隐于东海。④柱：通"拄"，支撑。颐：下巴。⑤攻翟不下：原文为"攻翟不能下"，"能"字衍文，径删。⑥梧丘：当路的高丘。⑦即墨：地名，春秋时期齐邑，今在山东省平度市。⑧篑（kuì）：盛土的竹筐。⑨臿（chā）：铁锹。⑩掖邑：又作夜邑，今在山东省莱州市。⑪淄：即淄水，流经山东省。⑫黄金横带：原文作"金银黄带"，于文未安，依向宗鲁《校证》据卢文弨校本引《太平御览》改。⑬渑：即渑水，今在山东省临淄市一带。⑭枹：鼓槌。⑮枝：通"肢"。

【译文】田单任齐国的上将军，率兵十万，将要进攻翟国。田单去见鲁仲连子。鲁仲连子说："将军进攻翟国，必定不能攻破。"田单说："我曾经凭着方圆五里的内城，十里的外城，恢复了整个齐国，为何不能攻破翟国？"于是说完就上车离开了，不再和鲁仲连子说话，田单决定攻打翟国。经过了三个月还没有攻破。齐国孩童唱着歌谣："高冠像簸箕，长剑撑下巴；攻不下翟国，扎营在高处。"于是田单感到惊惧，又去拜见鲁仲连子说："先生怎么知道我不能攻破翟国？"鲁仲连子说："之前将军在即墨城时，坐着就编织盛土的竹筐，站着就拿起铁锹，是士兵的表率，您说：'国家灭亡了，魂魄丢失了，我们要归向哪里！'所以将帅有必死之心，士兵无偷生之意。现在将军东有掖邑的封地，西有淄水的宝物，系着黄金的腰带，驰骋在淄水、渑水之间，因此将军贪生怕死。"次日，田单盘起头发，径直站在箭石交加的战场上，拿着鼓槌击鼓助威，最终攻破翟国。所以作为将帅，是士兵的心脏；作为士兵，是将帅的肢体。心中犹豫则肢体就没有作用，说的就是田单啊？

15-9晋智伯伐郑，齐田恒救之^①。有登盖^②，必身立焉；车徒有不进者^③，必令助之。垒合而后敢处，井灶成而后敢食。智伯曰："吾闻田恒新得国而爱其民，内同其财，外同其勤劳，治军若此，其得众也，不可待也。"乃去之耳^④。

【注释】①田恒：即田成子，因其家族出自陈国，也称为陈恒，为避讳汉文帝刘恒，改称"田常"。是齐国田氏家族第八任首领。谥号成子。②登盖：即笠盖，古代车顶有柄的笠。③车徒：兵车与步卒。④乃去之耳：卢文弨校曰："'耳'字衍。"

【译文】晋国智伯讨伐郑国，齐国田恒领兵救援郑国。车上有伞盖，他一定亲自站在上面；兵车和士兵有不能前行的，一定会下令派人去相助。堡垒建成后才敢驻扎，水井和锅灶修成后才敢吃饭。智伯说："我听闻田恒刚刚执掌国政就能爱护百姓，在国内可以和百姓分享财物，出外打仗可以和士兵同甘共苦，像这样治理军队，可以得到众人的拥戴，这里不可停留。"于是撤军离开郑国。

15-10《太公兵法》曰^①："致慈爱之心，立武威之战，以毕其众^②；练其精锐，砥砺其节，以高其气；分为五选，异其旗章，勿使冒乱；坚其行阵，连其什伍^③，以禁淫非。"垒陈之次，车骑之处，勒兵之势^④，军之法令，赏罚之数^⑤，使士赴火蹈刃、陷阵取将，死不旋踵者⑥，多异于今之将也。

【注释】①《太公兵法》：又称《六韬》《太公六韬》，据说是中国先秦时期典籍《太公》的兵法部分。据出土的文物资料、书中内容及文风等，可以断定《六韬》是战国时期典籍。全书有六卷，共六十篇。是中国古代军事思想精华的集中体现，中国古典军事文化遗产的重要组成部分。但本文所引不见今存《六韬》。②毕：尽，一本作"卑"字。③什伍：古代军队编制，五人为伍，十人为什，称什伍。亦泛指军队的基层建制。④勒兵：治军，操练或指挥军队。⑤数：方法，策略。⑥旋踵：后退畏缩。

【译文】《太公兵法》中说："主帅要表达慈爱之心，立下威武的军功，来使他的士兵尽心竭力；训练他们的精练勇锐，磨砺他们的气节，以提高他们的勇气；把军队分为五个队列，用不同的旗帜区别，不要导致军队混乱；军队行列要坚实稳固，士兵之间用什伍互相连接，以禁止非法之事。"有关堡垒和阵地的次序，兵车马匹的位置，指挥军队的气势，军中的法令，赏罚的方法，使将士赴汤蹈火、冲锋陷阵，擒获敌将，至死不畏的计策，大多不同于现在的将领。

15-11孝昭皇帝时①，北军监御史为奸②，穿北门垣以为贾区③。胡建守北军④，贫无车马，常步与走卒起居，所以慰爱走卒甚厚。建欲诛监御史，乃约其走卒曰："我欲与公有所诛，吾言取之则取之，斩之则斩之。"于是当选士马日⑤，护军诸校列坐堂皇上⑥，监御史亦坐。建从走卒趋至堂下拜谒⑦，因上堂，走卒皆上，建跪指监御史曰："取彼。"走卒前拽下堂。建曰："斩之。"遂斩监御史。护军及诸校皆愕惊，不知所以。建亦已有成奏在其怀，遂上奏以闻曰："臣闻军法，立武以威众，诛恶以禁邪。今北军监御史，公穿军垣以求贾利，（私）买卖以与士市⑧，不立刚武之心，勇猛之意，以率先士大夫，尤失理不公。臣闻黄帝《理法》曰⑨：'垒壁已具，行不由路，谓之奸人，奸人者杀。'臣谨以斩之，昧死以闻。"制曰："《司马法》曰：'国容不入军，军容不入国也。'建有何疑焉？"建由是名兴。后至渭城令死⑩，至今渭城有其祠也。

【注释】①孝昭皇帝（前94—前74）：即刘弗陵，汉武帝刘彻少子，母为钩弋夫人。在位十三年，前74年，刘弗陵因病驾崩，谥号孝昭皇帝，葬于平陵。与下文胡建，时间存疑，此处应为"孝武皇帝"，即汉武帝刘彻。②北军监御史：汉武帝时期禁卫军分为北军和南军。监御史，官职名。负责监察。③贾区：买卖物品的小屋。④胡建（？—前86）：字子孟，西汉河东（今晋南地区）人。汉武帝时期一位下级官吏。⑤选士马：挑选兵马，这里指检阅军队。⑥护军：中国古代的高级军事长官的官名，其中中都护、中领军、中监军、中护军等职位掌管禁军，主持选拔武官，监督管制诸武将。堂皇：官吏办事的大堂。⑦趋：同"趋"古代的一种礼节，小步快走，表示恭敬。⑧私：此字原文脱，据《汉书》及《四库全书》补。⑨《理法》：又称《李法》，于1972年在山东省临沂银雀山一号汉墓发现的汉简《守法守令等十三篇》中的一篇，是研究战国齐国的重要法律史料。⑩渭城：地名，今在陕西省咸阳市。

【译文】汉朝孝昭皇帝的时候，北军监御史胡作非为，打通军营北门的墙来建造商铺。胡建担任北军尉，穷得没有车马，常常步行与士兵们一同起居，所以特别慰勉关爱士兵。胡建想杀了监御史，于是就和士兵约定说："我想和你们杀一个人，我说抓住他，你们就抓住他，我说杀了他，你们就杀了他。"于是在检阅军队的当天，护军和诸位校尉都列坐在大堂之上，监御史也在场。胡建带领士兵趋进到堂下拜见，趁机走入大堂，士兵们都跟着进入，胡建跪地指着监御史说："抓住他。"士兵们上前将监御史拉下来。胡建说："杀了他。"于是士兵们就杀了监御史。护军和诸位校尉都很惊讶，不知所以然。胡建也已经拟好了奏书揣在胸口，于是向皇帝上奏说："臣听闻军法，是建立武德震慑大众，诛灭恶人禁止恶事。现在北军监御史，公然打通军营墙壁以谋私利，私自和士兵们做买卖，不树立刚武的精神、勇猛的思想，为士大夫做表率，更加失理不公。臣听《理法》中说：'围墙已经筑好，行走不按规定的道路，这种人就是奸邪的人，奸邪的人就要杀掉。'臣按照这个道理杀了他，冒死上奏。"皇帝下令说："《司马法》中说：'国家的礼制不适用于军中，军中的礼制不适用于国家。'胡建还有什么疑虑呢？"胡建因此声名鹊起。后来任渭城县令，死在任上，至今渭城还有他的祠堂。

15–12鲁石公剑，迫则能应，感则能动，昒穆无穷[①]，变无形像，优柔委从[②]，如影与响[③]，如龙之守户[③]，如轮之逐马，响之应声，影之像形也。阊不及鞈[④]，呼不及吸，足举不及集，相离若蝉翼，尚在肱北眉睫之微，曾不可以大息小，以小况大。用兵之道，其犹然乎！此善当敌者也，未及夫折冲于未形之前者⑤，揖让乎庙堂之上，而施惠乎百万之民。故居则无变动，战则不血刃，其汤、武之兵与！

【注释】①眒（wù）穆：同"眒穆"，深微貌。②优柔委从：原文作"复柔委从"，据孙诒让说径改，向宗鲁引诸说，亦认为当作"优柔委纵"。③如：原文作"知"，形近而讹，径改。④尨（máng）：多毛的狗。⑤阊（tāng）："镗"的借字，钟鼓声。鞳（tà）：古同"鞈"，鼓的回声。

【译文】鲁石公的剑，靠近时就会有反应，有感应时就会有行动，深微无穷，变化莫测，优柔顺从，如同影子和回声，如同狗看守门户，如同车轮跟随马蹄，如同回声与原声呼应，影子与原形相似。钟鼓声不及回声，呼气不及吸气，抬脚不及并拢，相距如蝉翼，仅在手臂和后背、眉毛与睫毛这样微小的空间，竟然不可以大止小，以小拟大。用兵之道，也像这样吧！这是善于抵御敌人的策略，在局势未明之前还不能进攻时，在朝廷上仍要敌人以礼相见，从而施恩给百万群众。所以在平常则没有变动，战时则不必流血，这就是汤、武的用兵之道吧！

15-13孔子北游，东上农山①，子路、子贡、颜渊从焉。孔子喟然叹曰："登高望下，使人心悲。二三子者，各言尔志，丘将听之。"子路曰："愿得白羽若月，赤羽若日；钟鼓之音，上闻于天；旌旗翻翻②，下蟠于地③。由且举兵而击之，必也攘地千里，独由能耳，使夫二子者为我从焉。"孔子曰："勇哉，士乎！愤愤者乎④！"子贡曰："赐也愿齐、楚合战于莽洋之野⑤，两垒相当，旌旗相望，尘埃相接，接战搆兵⑥。赐愿著缟衣白冠，陈说白刃之间，解两国之患，独赐能耳，使夫二子者为我从焉。"孔子曰："辩哉，士乎！仙仙者乎⑦！"颜渊独不言。孔子曰："回来，若独何不愿乎？"颜渊曰："文武之事，二子已言之，回何敢与焉！"孔子曰："若鄙心不与焉⑧，弟言之⑨。"颜渊曰："回闻鲍鱼、兰芷不同箧而藏，尧舜桀纣不同国而治。二子之言，与回言异。回愿得明王圣主而相之，使城郭不修，沟池不越⑩，锻剑戟以为农器，使天下千岁无战斗之患，如此，则由何愤愤而击，赐又何仙仙而使乎？"孔子曰："美哉，德乎！姚姚者乎⑪！"子路举手问曰："愿闻夫子之意。"孔子曰："吾所愿者，颜氏之计，吾愿负衣冠而从颜氏子也。"

【注释】①农山：山名，属战国时期的齐国，《汉书·地理志》中作"峱（náo）"，古同"猱"，今在中国山东省淄博市境内。②翩翩：飘忽摇曳貌。③蟠：遍及，充满。④愤愤：很生气的样子，也作忿忿。⑤莽洋：广大无垠的样子。⑥搆（gòu）兵：交兵，交战。搆，同"构"。⑦仙仙：飘逸貌。轻盈貌。形容善于言辞。⑧鄙心：犹言己心。谦辞。⑨弟：古同"第"，但。⑩沟池：护城河。⑪姚姚：美盛貌。

【译文】孔子去北方游历，向东登上农山，子路、子贡、颜渊跟随。孔子叹息说："登上高处向下望去，使人心悲。你们各自谈谈自己的志向，我来听听。"子路说："我希望得到如同月亮一样的白色羽毛，如同太阳一样的赤色羽毛；钟鼓的声音，上闻于天；旌旗飘扬，下遍插于地。我如果率军攻打敌国，必定可以夺得土地千里，这件事只有我能做到，让他们两位做我的侍从。"孔子说："真是勇敢的人啊！愤愤不平啊！"子贡说："我希望齐国和楚国在广大无垠的原野上激战，两军相互对峙，旌旗相互对望，扬尘相互连接，两军交战。我愿穿着白衣，戴着白帽，在刀光剑影中陈说利害，解除两国的灾祸，这件事只有我能做到，让他们两位做我的侍从。"孔子说："真是有辩才的人啊！神采奕奕啊！"唯独颜渊一言不发。孔子说："颜回，过来，为什么唯独你不愿说呢？"颜渊说："文武之事，两位都说过了，我怎敢表达意见！"孔子说："如果你内心想法与他们不同，但你可以说说。"颜渊说："我听闻鲍鱼和兰芷不能放在同一个箱子里，尧舜桀纣不能治理同一个国家。他们两位的言辞，和我不同。我愿遇到圣明君王而辅佐他们，使城墙不必修建，军队不必越过护城河，烧熔兵器来制造农具，使天下千年没有战争之患。这样，子路又何必愤愤不平地率兵出击，子贡又何必神采奕奕地出使游说呢？"孔子说："多么美好的德行啊！宏伟远大的样子！"子路举手请教孔子说："我们想听听先生的意见。"孔子说："我所希望的，就是颜回的志向。我愿背着衣帽追随颜回。"

15-14鲁哀公问于仲尼曰："吾欲小则守，大则攻^①，其道若何？"仲尼曰："若朝廷有礼，上下有亲，民众皆君之畜也^②，君将谁攻？若朝廷无礼，上下无亲，民众皆君之仇也，君将谁与守？"于是废泽梁之禁^③，弛关市之征^④，以为民惠也。

【注释】①大：原文作"夫"，据明抄本改。②民众：原文作"民之众"，据下文文例径删"之"字。畜：养育。③泽梁：在水流中用石筑成的拦水捕鱼的堰。④关市：关隘与市场。古代指设在交通要道的集市。后来专指设在边境同外族或外国通商的市场。

【译文】鲁哀公请教仲尼说："我想在国家力量小时则防守，力量大时则进攻，用什么方法呢？"仲尼说："如果朝廷的行为合乎礼法，国家上下亲近融洽，那么百姓都是君王所养育的，君王将要进攻谁呢？如果朝廷的行为不合礼法，国家上下不相亲近，那么百姓都是君王的仇人，君王将和谁一起保卫国家呢？"于是鲁哀公废除河流中捕鱼的禁令，放宽关卡和集市的赋税，以此施恩于百姓。

15-15文王曰："吾欲用兵，谁可伐？"（太公望曰①：）"密须氏疑于我②，可先往伐。"管叔曰："不可，其君天下之明君也，伐之不义。"太公望曰："臣闻之：先王伐枉不伐顺③，伐崄不伐易④，伐过不伐不及。"文王曰："善。"遂伐密须氏，灭之也。

【注释】①太公望曰：四字原文脱，据下文与《帝王世纪》补。②密须氏：即密须国，今在甘肃灵台，黄帝的后裔姞姓密须氏所建，后迁徙至河南新密。殷商武丁王时期，正式赐封密须国，前1057年，为周文王所灭。③枉：邪恶，不正。④崄：同"险"。

【译文】文王说："我想用兵，哪个国家可以攻打？"太公望说："密须国对我国怀有猜忌，可以先去攻打。"管叔说："不可，密须国的国君是天下明君,攻打他是不义的。"太公望说:"臣听说:先王攻打邪恶的国家,不攻打顺服的国家,攻打险要的国家,不攻打容易攻破的国家,攻打行事越界的国家,不攻打循规蹈矩的国家。"文王说:"好。"于是出兵攻打密须国,消灭了它。

15-16武王将伐纣,召太公望而问之,曰:"吾欲不战而知胜,不卜而知吉,使非其人,为之有道乎?"太公对曰:"有道。王得众人之心以图不道,则不战而知胜矣;以贤伐不肖,则不卜而知吉矣;彼害之,我利之,虽非吾民可得而使也。"武王曰:"善。"乃召周公而问焉,曰:"天下之图事者,皆以殷为天子,以周为诸侯。以诸侯攻天子,胜之有道乎?"周公对曰:"殷信天子,周信诸侯,则无胜之道矣,何可攻乎?"武王忿然曰:"汝言有说乎?"周公对曰:"臣闻之:攻礼者为贼,攻义者为残,失其民制为匹夫。王攻其失民者也,何攻天子乎?"武王曰:"善。"乃起众举师,与殷战于牧之野①,大败殷人。上堂见玉,曰:"谁之玉也?"曰:"诸侯之玉。"即取而归之于诸侯。天下闻之,曰:"武王廉于财矣。"入室见女,曰:"谁之女也?"曰:"诸侯之女也。"即取而归之于诸侯。天下闻之,曰:"武王廉于色也。"于是发巨桥之粟②,散鹿台之金钱③,以与士民;黜其战车而不乘,弛其甲兵而弗用;纵马华山④,放牛桃林⑤,示不复用。天下闻者,咸谓武王行义于天下,岂不大哉!

【注释】①牧之野：即牧野，今在河南省新乡市。②巨桥：粮仓名。今在河南省鹤壁市浚县，与古都朝歌临近。③鹿台：商纣王所建行官，今在河南淇县境内。④华山：又称太华山，位于陕西省华阴市。金钱：二字上原文衍"财"字，据向宗鲁《校证》删。⑤桃林：地名。在今河南灵宝以西，陕西潼关以东地区。

【译文】周武王将要讨伐纣王，召见太公望并问他，说："我想在没有开战前就知道是否可以胜利，在没有占卜前就知道是否吉利，指挥着不属于自己的百姓，有办法做到这些吗？"太公望答："有办法。君王能赢得人心去攻打无道国君，不必开战就知道可以胜利；以君王的贤能讨伐纣王的不贤，不用占卜就知道是吉利；纣王戕害百姓，我们利益百姓，虽然不是我国百姓但也可以指挥他们。"周武王说："很好。"周武王又召见周公并问他，说："天下图谋大事的人，都以殷纣为天子，以周为诸侯。以诸侯攻伐天子，有办法战胜他吗？"周公答："如果殷纣的确是天子，周的确是诸侯，则没有办法战胜他，怎么可以攻伐他呢？"武王大怒说："你的话有原因吗？"周公答："我听闻：攻伐守礼的国家叫作作乱的人，攻伐正义的国家叫作暴虐的人，失去人心的人叫作匹夫。君王攻伐的是失去人心的匹夫，怎么是攻伐天子呢？"周武王说："很好。"于是便出兵，和殷纣王交战于牧野，大败殷军。周武王走进朝堂看到玉石，问："这是谁的玉？"答："是诸侯的玉。"周武王当即把玉还给诸侯。天下人听闻了这件事，都说："周武王不贪图财物。"周武王走进宫中看到女子，说："这是谁家的女子？"答："是诸侯的女子。"周武王当即把她们还给诸侯。天下人听闻了这件事，都说："周武王不贪恋女色。"于是周武王发放巨桥粮仓里的粮食，分散鹿台里的钱财,把这些都分给士人百姓;闲置战车不再乘坐,废弃兵甲不再使用;马放归华山,牛放归桃林,表示不再使用。天下听闻这件事的人,都说武王施行仁义于天下,难道不伟大吗!

15-17文王欲伐崇①,先宣言曰:"余闻崇侯虎蔑侮父兄②,不敬长老,听狱不中,分财不均,百姓力尽,不得衣食。余将来征之,唯为民。"乃伐崇,令毋杀人,毋坏室,毋填井,毋伐树木,毋动六畜;有不如令者,死无赦。崇人闻之,因请降。

【注释】①崇:古地名。夏、商都有崇国。唐虞时期,尧把崇地(在河南登封市嵩山周围)封给了鲧,古时,嵩山名为"外方",夏商时称"崇高"。商灭夏之后,登封崇国部落西迁,今在陕西西安市户县一带,公元前1051年被周文王所灭,并在此建都作丰、镐两京。②崇侯虎:为有崇氏(今陕西户县)国君,侯爵,名虎。受商封为侯,是纣王的重要羽翼。

【译文】周文王想攻打崇国,先向众人宣布说:"我听闻崇侯虎轻慢侮辱父兄,不恭敬年长的人,听理讼狱不公正,分配财物不均匀,百姓精疲力竭,还没有衣食。我将去讨伐他,我只是为了百姓。"于是攻打崇国,下令不可杀人,不可毁坏房舍,不可填井,不可砍伐树木,不可动牲畜;有不听命令的,处死绝不赦免。崇人听到了这件事,因而请求归降。

15-18楚庄王伐陈①,吴救之,雨十日十夜,晴。左史倚相曰:"吴必夜至,甲列垒坏②,彼必薄我③,何不行列鼓出待之?"吴师至楚,见成陈而还④。左史倚相曰:"追之,吴行六十里而无功,王罢卒寝。"果击之,大败吴师。

【注释】①楚庄王伐陈:下文左史倚相,楚灵王称其"良史",而楚灵王于公元前540至公元前529年在位,楚庄王于公元前613年至公元前591年在位。故本则时代有误。②列:同"裂"分裂。③薄:通"迫",接近,迫近。④陈:战阵,行列。

【译文】楚庄王讨伐陈国,吴国出兵救援,大雨下了十天十夜,天才放晴。左史倚相说:"吴军必定夜袭,我军的盔甲断裂,堡垒损坏,他们一定向我军逼近,何不列队击鼓出营等待他们?"吴军到了楚营,见到楚国军队已列好阵势就回去了。左史倚相说:"继续追击,吴军走了六十里但没有战绩,吴王和士兵都很疲倦。"果然楚军追击,打败吴军。

15-19 齐桓公之时,霖雨十旬①。桓公欲伐澡陵②,其城之值雨也未合。管仲、隰朋以卒徒造于门。桓公曰:"徒众何以为?"管仲对曰:"臣闻之:雨则有事。夫澡陵不能雨,臣请攻之。"公曰:"善。"遂兴师伐之。既至,大卒间外③,士在内矣,桓公曰:"其有圣人乎?"乃还旗而去之。

【注释】①霖雨:连绵大雨。②澡陵:即巢陵,今在山东聊城东北五十里。因巢父之墓而得名。巢父是中国古代名士。他生活在尧舜之时,"山居不营世利",以树筑巢,居于其中,故称其为巢父。相传尧曾"以天下让之",他不肯接受。他死后葬于此地,人称其坟墓曰"巢陵"。③大卒:王之士卒。这里指大批的士卒。间:这里意为隐蔽。

【译文】齐桓公时,下了一百天的连绵大雨。齐桓公想要攻伐濮陵,濮陵的城墙正当久雨还没有闭合。管仲和隰朋率兵来到宫门前。齐桓公说:"这些士兵来干什么?"管仲答:"我听闻:下雨则会发生事情。濮陵城不耐久雨,臣请求攻打濮陵。"齐桓公说:"好。"于是便出兵攻伐濮陵。齐军到达濮陵,发现濮陵的步卒隐蔽在城外,士兵埋伏在城内。齐桓公说:"濮陵大概是有圣人吧?"于是便撤回了军队。

15-20 宋围曹①,不拔②。司马子鱼谓君曰③:"文王伐崇,军其城④,三旬不降,退而修教。复伐之,因垒而降。今君德无乃有所阙乎?胡不退修德,无阙而后动?"

【注释】①宋:周朝诸侯国,国都商丘(今河南商丘)。公爵,子姓,宋氏。共传三十四君,历七百五十三年,公元前286年,灭于齐。曹:周朝诸侯国。姬姓,伯爵。建都陶丘(今山东省菏泽定陶区),公元前487年,宋灭曹。②不拔:不可拔除,不可动摇。形容牢固。③司马子鱼:子姓,名目夷,字子鱼,因担任司马,故称司马子鱼,春秋时期宋国宗室、大臣。目夷是宋桓公庶长子,宋襄公异母兄,为鱼姓始祖。④军其城:原文"军"上衍"崇"字,据向宗鲁《校证》依卢文弨校删。

【译文】宋军围攻曹国,没有攻破,司马子鱼对宋君说:"周文王攻伐崇国时，进攻崇国的都城，三十天都没有投降，于是周文王撤兵而修整教化。再次攻伐崇国，刚刚筑好营垒，崇国人就投降了。如今君王的德行恐怕有缺失的地方吧？为何不退兵修养德行，等到德行没有缺失再出兵呢？"

15-21吴王阖庐与荆人战于柏举，大胜之，至于郢郊，五败荆人。阖庐之臣五人进谏曰："夫深入远报，非王之利也，王其返乎！"五（人）将锲头①，阖庐未之应，五人之头坠于马前。阖庐惧，召伍子胥而问焉。子胥曰："五臣者，惧也。夫五败之人者，其惧甚矣，王姑少进。"遂入郢。南至江，北至方城②，方三千里，皆服于吴矣。

【注释】①五人将锲头："五"之后原文脱"人"字，据卢文弨校补。锲：截断。②方城：春秋时期楚国长城，又称万城，为中国古代九塞之一。

【译文】吴王阖庐和楚军交战于柏举，大胜楚军，一直打到楚国郢都的郊外，五次打败楚军。阖庐的五位臣子进谏说："深入他国远处追击，对大王不利，大王还是返回吧！"这五人将要砍下自己的头，阖庐还没有回应，这五人的头就坠于马前。阖庐感到恐惧，召见伍子胥并问他。子胥说："那五位臣子是感到恐惧了。那些败了五次的楚人，会更加恐惧，大王暂且前进一点。"于是吴军攻入郢都。南到长江，北到方城，方圆三千里，都臣服于吴国。

15-22田成子常与宰我争①。宰我夜伏卒，将以攻田成子，令于卒中曰:"不见旌节毋起②。"鸱夷子皮闻之③,告田成子。田成子因为旌节,以起宰我之卒以攻之,遂残之也。

【注释】①宰我:一说为春秋时期鲁国人,即宰予,字子我,孔子弟子,后至齐,据《韩非子·难言》篇所述,宰予在齐国为田常所杀害:"宰予不免于田常"。一说为春秋时期齐国人,又名阚(kàn)止,字子我,与田成子任齐国的左右相。公元前481年,田成子发动政变,杀了阚止和齐简公,但《左传》中并未记载宰我参与田常之乱的事,参与叛乱的是阚止,阚止的字也是"子我"。②旌节:古代使者所持的节,以为凭信。借以泛指信符。③鸱(chī)夷子皮:此人非范蠡,属田常一党。

【译文】田成子常和宰我相争。宰我在夜间埋伏了士兵,将要杀了田成子,向士兵下令说:"见不到旌节不要行动。"鸱夷子皮听闻了这件事,告诉了田成子。田成子因此制作了旌节,来吸引宰我的士兵攻击宰我,最终灭了宰我。

15-23齐桓公北伐山戎氏,请兵于鲁,鲁不与,桓公怒,将攻之。管仲曰:"不可!我已刑北方诸侯矣,今又攻鲁,无乃不可乎?鲁必事楚,是我一举而失两也。"桓公曰:"善!"乃辍攻鲁矣。

【译文】齐桓公向北攻伐山戎氏,向鲁国请求援兵,鲁国不出兵,齐桓公大怒,打算攻伐鲁国。管仲说:"不可!我们已经讨伐了北方的诸侯,现在又要攻伐鲁国,这只怕不可以吧?如果这样,鲁国必定会臣服于楚国,我们就会因一次行动错失两个国家。"齐桓公说:"说的有道理!"便停止攻伐鲁国。

15-24圣人之治天下也,先文德而后武力。凡武之兴,为不服也,文化不改^①,然后加诛。夫下愚不移^②,纯德之所不能化,而后武力加焉。

【注释】①文化:文治教化。②下愚不移:比喻人愚蠢无知而又固执不化、不求上进。

【译文】圣贤治理天下,先以礼乐教化然后才施加武力。但凡动用武力,是因为有不肯服从的人,文化不能改变他们,然后再施加刑罚。愚昧无知的人顽固不化,用纯粹的德行都不能感化,而后才会施加武力。

15-25昔尧诛四凶以惩恶,周公杀管、蔡以弭乱^①,子产杀邓析以威侈^②,孔子斩少正卯以变众^③。佞贼之人而不诛,乱之道也。《易》曰:"不威小,不惩大,此小人之福也。"

【注释】①弭(mǐ)乱:消除祸端,平息战乱。②邓析(前545—前501):春秋时期郑国大夫,思想家,是"名辨之学"倡始人。他的主要思想倾向是"不法先王,不是礼义"。他第一个提出反对"礼治"思想。是名家学派的先驱人物。侈:夸大,吹牛。③少正卯(?—前496):春秋时期鲁国大夫,官至少正,能言善辩,被称为"闻人"。鲁定公14年,孔丘任鲁国大司寇,代理宰相,上任后7日就以"心达而险、行辟而坚、言伪而辩、记丑而博、顺非而泽"杀了少正卯。

【译文】从前尧流放四凶以惩治恶人，周公杀管叔、蔡叔以平定战乱，子产杀邓析以威震浮夸的人，孔子杀少正卯以改变大众。不惩治奸诈之人，这是祸乱之道。《周易》上说："不威震小恶，就不能惩治大恶，这是小人的福气。"

15-26 五帝三王教以仁义，而天下变也；孔子亦教以仁义，而天下不从者，何也？昔明王有绂冕以尊贤①，有斧钺以诛恶，故其赏至重而刑至深，而天下变。孔子贤颜渊，无以赏之；贱孺悲②，无以罚之，故天下不从。是故道非权不立，非势不行，是道尊然后行。

【注释】①绂（fú）冕：古代的官服，礼服，这里比喻高官。②孺悲：鲁国人，鲁哀公曾派他向孔子学礼，被孔子拒之门外。

【译文】五帝三王以仁义施教，而天下改变；孔子也以仁义施教，但是天下人却不听从，为什么？从前圣明的君王用达官显位来尊重贤能之人，用斧钺刑罚来诛灭恶人，所以赏赐最为贵重而刑罚也最为严苛，天下才得到改变。孔子虽然认为颜渊贤能，但没有奖赏他什么；虽然鄙视孺悲，但没有惩罚他，所以天下人不听从。因此道义没有权力不能建立，没有威势不能施行，这是道义得到尊重然后才能施行。

15-27 孔子为鲁司寇，七日而诛少正卯于东观之下①。门人闻之，趋而进，至者不言，其意皆一也。子贡后至，趋而进曰：
"夫少正卯者，鲁国之闻人矣②。夫子始为政，何以先诛之？"
孔子曰："赐也，非尔所及也。夫王者之诛有五，而盗窃不与
焉。一曰心辨而险③，二曰言伪而辩，三曰行辟而坚，四曰志愚
而博④，五曰顺非而泽⑤。此五者，皆有辨知聪达之名，而非其
真也。苟行以伪，则其知足以移众，强足以独立，此奸人之雄
也，不可不诛。夫有五者之一则不免于诛，今少正卯兼之，是
以先诛之也。昔者，汤诛蠋沐，太公诛潘阯，管仲诛史附里，子
产诛邓析，此五子未有不诛也⑥。所谓诛之者，非谓其昼则攻
盗，暮则穿窬也⑦，皆倾覆之徒也！此固君子之所疑，愚者之所
惑也。《诗》云：'忧心悄悄⑧，愠于群小。'此之谓矣。"

【注释】①观：古代天子、诸侯宫门前左右两座楼台。②闻人：
有名望的人。③"一曰心辨而险"后五句：在《荀子·宥坐》中作：
"一曰心达而险，二曰行辟而坚，三曰言伪而辩，四曰记丑而博，五
曰顺非而泽。"④志：记忆。⑤泽：通"怿"（yì），怡然自乐。⑥此五
子：此文实例四子，少一人。⑦穿窬（yú）：打洞穿墙行窃。⑧悄悄：
忧愁的样子。

【译文】孔子任鲁国司寇，第七天就在宫门外的东观下杀了少
正卯。门生听到了这件事，都急忙赶来见孔子，到了的人虽然不说
话，但心中的想法都一样。子贡后到，急行上前请教："少正卯是鲁
国有名望的人。老师刚刚从政，为什么要先杀了他？"孔子说："赐
啊，这不是你能明白的。君王要诛杀五种人，但是盗窃不在其中。
第一种人是内心奸诈而险恶，第二种人是言辞虚伪而善于申辩，第

三种人是行为邪僻但坚决不改，第四种人是所知愚昧而猎奇广博，第五种人是遵循错误但怡然自乐。这五种人，都有思辨、智慧、聪明、通达的名声，但并非是真实的。假使他们伪装自己的行为，那他们的智慧足以改变民众，势力强大足以独立于世，这种人是奸人中的枭雄，不可不杀。但凡是这五种人其中的一种就不能免于诛杀，如今少正卯全部都有，所以要先杀了他。从前，商汤诛杀蹢沐，太公诛杀潘阯，管仲诛杀史附里，子产诛杀邓析，这五人中没有不该杀的。该杀的人，不是白天抢劫，夜里盗窃的人，而是覆灭国家的一类人。这就是君子所疑虑的，愚人所困惑的。《诗经》上说：'内心忧愁重重，众多小人却愤恨我。'说的就是这个意思！"

15-28齐人王满生见周公，周公出见之，曰："先生远辱①，何以教之？"王满生曰："言内事者于内，言外事者于外，今言内事乎？言外事乎？"周公导入，王满生曰："敬从布席。"周公不导坐。王满生曰："言大事者坐，言小事者倚。今言大事乎？言小事乎？"周公导坐。王满生坐。周公曰："先生何以教之？"王满生曰："臣闻圣人不言而知，非圣人者，虽言不知。今欲言乎？无言乎？"周公俯念有顷不对。王满生藉笔牍书之曰②："社稷且危③。"傅之于膺④。周公仰视见书，曰："唯唯，谨闻命矣。"明日诛管、蔡。

【注释】①远辱：敬称他人从远方来临。②牍（dú）：古代写字用的木片，也称木简。③且：将要。④傅：通"附"，附着，贴近。膺

（yīng）：胸。

【译文】齐人王满生拜见周公，周公出来接见他，说："先生屈尊远道而来，有什么见教吗？"王满生说："在室内讨论国内的政事，在室外讨论国外的事。现在您要讨论国内的事？还是国外的事？"周公引他到室内，王满生说："我恭敬听从您安排的席位。"周公没有请他落座。王满生说："讨论大事坐着谈，讨论小事站着谈。现在是讨论大事？还是小事？"周公便指引他落座，王满生坐下后。周公说："先生有什么见教？"王满生说："我听闻圣人不用别人说话就能知道是什么事，如果不是圣人，即便对他说了他也不明白。现在是想让我说呢？还是我不说呢？"周公低头考虑了一会儿，没有回应。王满生拿笔在木简上写道："社稷将危。"把木简靠在胸前。周公抬头看见这些字，说："嗯，嗯，我恭敬接受您的见教。"次日就杀了管叔和蔡叔。

卷十六　谈丛

【题解】谈丛，就是汇聚众人的言论。本卷选取历史文献，各种语录，以及民间俗语编撰而成，文中没有夹杂一则传闻事例。

因为本卷是从不同的书中采集警示名言，所以较为简短。但在内容方面极为全面且意义完整。大多采集的是孔孟、庄子、老子等言论观点，也有从《礼记》《周易》《诗经》等经典中选取。

其中包含治国安邦的内容，比如"万物得其本者生，百事得其道者成""为人上者，患在不明"。还有关于人生哲理的内容，如"积善之家，必有余庆；积恶之家，必有余殃"。关于修身的警示名言最多，比如"义士不欺心，仁人不害生"。也有"士不以利移，不为患改，孝敏忠信之事立，虽死而不悔。"的伟大志向。

虽然本卷的内容纷繁复杂，但还是在强调君子修身，同时也是为人处世的智慧的结晶，是不可忽视的宝贵财富。

16-1 王者知所以临下而治众，则群臣畏服矣；知所以听言受事，则不蔽欺矣；知所以安利万民，则海内必定矣；知所以忠孝事上，则臣子之行备矣。凡所以劫杀者，不知道术以御其臣下也。

【译文】君王知道如何统管下属和治理民众，那群臣就会畏惧服从；知道如何听取谏言，处理政务，那就不会受人蒙骗欺诈；知道如何使百姓安居乐业，那国内就一定太平安宁；知道如何尽忠尽孝，侍奉长辈，那就具备了臣子的德行。但凡是被劫持和杀害的君王，都是不知道驾驭臣下的方法。

16-2 凡吏胜其职则事治，事治则利生；不胜其职则事乱，事乱则害成也^①。

【注释】①此则原文接上，现依卢文弨校另起一则。
【译文】凡是官吏能胜任他的职责则会处理好政事，政事处理好了则一切顺利；不能胜任他的职责则政事就会混乱，政事混乱则会造成祸患。

16-3 百方之事^①，万变锋出^②。或欲持虚，或欲持实；或好浮游^③，或好诚必；或行安舒^④，或为飘疾^⑤。从此观之，天下不可一,圣王临天下而能一之。

【注释】①百方:各地,万国。②锋出:纷纷出现。锋,通
"蜂"。③浮游:虚浮不实,与下文"诚必"相对。④安舒:安详,舒
缓。⑤飘疾:疾速。

【译文】天下各国之事,千变万化杂乱纷呈。有的主张务虚,
有的主张务实;有的喜欢夸诞,有的喜欢忠诚;有的行动舒缓,有
的做事迅速。由此看来,天下事物不是统一的,圣王治理天下则能
将它们统一起来。

16-4意不并锐,事不两隆。盛于彼者必衰于此,长于左者
必短于右,喜夜卧者不能蚤起也①。

【注释】①蚤起:起得早。蚤,通"早"。
【译文】心意不能同时专注两件事情,事物不会使两方面都
兴盛。这一方面兴盛必定在那一方面衰败,善于用左手,右手一定
不灵活。喜欢晚睡的人通常不能早起。

16-5鸾设于镳①,和设于轼②。马动而鸾鸣,鸾鸣而和
应,行之节也。

【注释】①鸾:古同"銮",铃铛。镳(biāo):马嚼子两端露出
嘴外的部分。②和:这里指车铃。
【译文】鸾铃系在马嚼子旁,和铃设在车前的横木上。马一

动而鸾铃就会响,鸾铃响了而和铃也会有回应,这是车马行走的节奏。

16-6不富无以为人^①,不予无以合亲。亲疏则害,失众则败。不教而诛谓之虐,不戒责成谓之暴也。

【注释】①人:通"仁",仁爱。原文为"大",据向宗鲁《校证》引《六韬》改。

【译文】不富有就无法施行仁爱,不施予就不能和睦亲族。亲族疏远则有祸患,失去人心则会失败。不先教育就加以惩罚,这叫残虐,不提前警告就责令完成,这叫贪暴。

16-7夫水出于山而入于海,稼生于田而藏于廪^①。圣人见所生,则知其所归矣。

【注释】①廪(lǐn):泛指粮仓。

【译文】水从高山上流出而流入大海,庄稼在田里生长而存进粮仓。圣人看到万物的生长,便能知道它的归宿。

16-8天道布顺,人事取予;多藏不用,是谓怨府^①。故物不可聚也。

【注释】①怨府:怨恨集中的对象。

【译文】天道的规律是顺其自然的,人情事理是有所取予的;

聚敛了过多的财物又不使用，就会成为众矢之的。所以财物不可聚
敛。

16-9一围之木①，持千钧之屋②；五寸之键③，而制开阖。
岂材足任哉，盖所居要也。

【注释】①围：量词，指两只胳膊合围起来的长度。②千钧：
三十斤为一钧，千钧即三万斤。形容器物之重。③键：竖着插的门
闩。

【译文】一围粗的木头，却能支撑千钧重的房子；五寸长的门
闩，却能控制大门的开关。难道是材料足够才能做到吗，是因为它
处于关键的位置。

16-10夫小快害义，小慧害道①；小辨害治②，苟心伤德③。
大政不险。

【注释】①小慧：小聪明。②小辨：在小事上辨别是非。③苟
心：向宗鲁《校证》认为当作"苛小"，译文从。

【译文】一时快意会妨害仁义，小聪明会损害正道；辩解琐
事会妨害统治，苛刻会损伤道德。施政不能严苛。

16-11蛟龙虽神，不能以白日去其伦；飘风虽疾，不能以
阴雨扬其尘①。

【注释】①此则原文接上，现依卢文弨校另起。

【译文】蛟龙虽然神异，但不能在白日离开同类；暴风虽然猛烈，但不能在阴雨天扬起尘土。

16-12邑名胜母，曾子不入；水名盗泉①，孔子不饮。丑其声也。

【注释】①盗泉：古泉名，故址在今山东泗水县东北。据说县内共有泉水87处，唯有盗泉不流，其余都汇入泗河。

【译文】城名叫胜母，曾子不会进去；水的名称叫盗泉，孔子不会喝那里的水。因为他们厌恶那样的名称。

16-13妇人之口①，可以出走；妇人之喙，可以死败。

【注释】①妇人之口：这里指妇人所说的谗言。与"妇人之喙"意同。

【译文】妇人的嘴，可以使人出逃；妇人的嘴，可以使人覆亡。

16-14不修其身，求之于人，是谓失伦；不治其内，而修其外，是谓大废。重载而危之，操策而随之，非所以为全也。

【译文】不修养自身德行，却一味要求别人，这叫失去伦常；不管理内在，只修整外表，这叫极度衰败。车子装得重就会很危险, 拿着鞭子跟随着, 也并不是保全它的方法。

16-15士横道而偃^①, 四支不掩, 非士之过, 有土之羞也^②。

【注释】①横道: 当道, 横在道上。偃: 仰卧。②有土: 指君主。

【译文】士人仰卧在当道, 四肢都没有遮蔽, 这不是士人的罪过, 而是君王的耻辱。

16-16邦君将昌^①, 天遗其道; 大夫将昌, 天遗其士; 庶人将昌, 必有良子。

【注释】①邦君: 诸侯国君主。

【译文】诸侯将要昌盛, 上天会赐给他方法; 大夫将要昌盛, 上天会赐给他贤士; 百姓将要昌盛, 必会有贤良的儿女。

16-17贤师良友在其侧, 诗书礼乐陈于前, 弃而为不善者, 鲜矣。

【译文】良师益友在自己身边, 诗书礼乐摆放在面前, 如果还能摒弃而去做恶事, 那就太少了。

16-18义士不欺心，仁人不害生。谋泄则无功，计不设则事不成。贤士不事所非，不非所事。愚者行间而益固①，鄙人饰诈而益野。声无细而不闻，行无隐而不明。至神无不化也，至贤无不移也。上不信，下不忠；上下不和，虽安必危。求以其道，则无不得；为以其时，则无不成②。

【注释】①行间：进行离间。固：鄙陋。②此则原文接上，现依向宗鲁《校证》另起。

【译文】正义之士不昧良心，仁爱之人不残害生灵。计谋泄露则没有成效，预先不计划则事情不会成功。贤士不会做错误的事情，也不会反对自己所做的事。愚蠢的人挑拨离间而更加鄙陋，粗鄙的人弄虚作假而更加野蛮。声音再细微也不会听不到，行为再隐蔽也不会看不出来。最神奇的事物是没有不能变化的，最贤明的人是没有不能改变的。上位的人不讲信用，下位的人不会忠诚；上下不和，虽然一时安定但也会发生危险。按照规律去追求事物，则没有不能得到的；按照时势去做事，则没有不能成功的。

16-19时不至，不可强生也；事不究①，不可强成也。

【注释】①究：谋划，研究，探求。

【译文】时机未到，不可强迫发生；事物没有研究，不可强迫成功。

16-20贞良而亡，先人余殃；猖蹶而活①，先人余烈②。权取重③，度取长④。才贤任轻则有名；不肖任大，身死名废⑤。

【注释】①猖蹷（jué）：也作"猖蹶"，凶恶而放肆。②余烈：遗留下来的功绩、功业。③权：秤，测定物体重量的器具。④度：计算长短的器具或单位，原文为"泽"，向宗鲁《校证》疑为"择"。但"权"与"度"相对，径改。⑤此则原文接上，现依卢文弨校另起。

【译文】忠贞善良的人死亡，是祖先遗留的祸患；专横跋扈的人活着，是祖先遗留的功绩。秤杆是称量物品的，尺度是测量长度的。贤能的人担任轻微的工作却会有名声；不贤的人虽然担当重任，但会身败名裂。

16-21士不以利移，不为患改，孝敬忠信之事立，虽死而不悔。智而用私，不如愚而用公，故曰巧伪不如拙诚①。学问不倦，所以治己也；教诲不厌，所以治人也。所以贵虚无者，得以应变而合时也。冠虽故，必加于首；履虽新，必关于足②，上下有分，不可相倍。一心可以事百君，百心不可以事一君③，故曰：正而心又少而言④。

【注释】①拙诚：虽然愚钝但却真诚。②关：通"贯"，穿。③百心：异心，杂念。④而：古同"尔"，代词，你或你的。

【译文】士人不会因为利益而转移，不会因为灾祸而改变，只要具备了孝敬忠信的品德，虽死不悔。智慧只用于自身，不如愚笨而用于公事，所以说虚伪不实不如笨拙忠诚。求学请教不知疲倦，是为了提高自己；教诲引导不会厌烦，是为了帮助别人。所以崇尚虚无的人，能够随机应变。帽子虽然陈旧，必定是戴在头上；鞋子虽然崭新，必定是穿在脚上。上下分别，不可违背。内心专一可以事奉众多君王，心怀杂念不可以事奉一位君王。所以说：你的心要正并且话要少。

16-22万物得其本者生，百事得其道者成。道之所在，天下归之；德之所在，天下贵之；仁之所在，天下爱之；义之所在，天下畏之。屋漏者，民去之；水浅者，鱼逃之；树高者，鸟宿之；德厚者，士趋之；有礼者，民畏之；忠信者，士死之。衣虽弊，行必修；头虽乱，言必治。时在应之，为在因之。所伐而当①，其福五之②；所伐不当，其祸十之。

【注释】①伐：通"阀"。功劳，功业。②五之：五倍。下文"十之"意同。

【译文】万物把握根本就可以生存，百事掌握方法就可以成功。道义所在，天下归服；德行所在，天下尊崇；仁慈所在，天下敬爱，正义所在，天下敬服。房屋漏水，人们会离去，池水太浅，鱼会逃离，树木高大，鸟会来栖息；德行宽厚的人，士人都归向他；彬彬有礼的人，民众都敬服他；忠心诚信的人，士人愿为他牺牲。衣服虽然破旧，但德行必须要修养；头发虽然脏乱，言辞必须要合理。顺应时势，做事要依靠它。所做的功业得当，就会有五倍的福泽；所做的功业不当，就会有十倍的祸患。

16-23贵必以贱为本①，高必以下为基。天将与之，必先苦之;天将毁之,必先累之。孝于父母,信于交友。十步之泽,必有香草;十室之邑,必有忠士。草木秋死,松柏独在;水浮万物,玉石留止。饥渴得食,谁能不喜?赈穷救急,何患无有?视其所以②,观其所使,斯可知已。乘舆马不劳致千里,乘船楫不游绝江海。智莫大于阙疑③,行莫大于无悔也。制宅名子④,足以观士。利不兼,赏不倍。忽忽之谋⑤,不可为也;惕惕之心⑥,不可长也。

【注释】①贵必:"必"字原文在"贵"之上,向宗鲁《校证》引《老子》《战国策·齐策》《淮南子·原道训》《文子》诸书,以为当在"贵"之下,此径乙。下文"高必"与此同。②所以:同"所与",指所结交的朋友。③阙疑:把疑难问题留着,不做主观推论。④名:与"命"通,教诲。⑤忽忽:草率,不经意。⑥惕惕(dàng):原文作"惕惕",向宗鲁《校证》以为当作"惕惕",此径改。惕:放荡。

【译文】尊贵一定是以卑贱为本,高上一定是以低下为基础。上天将赋予他重任,必先使他劳苦;上天将要毁灭他,必先使他遭受祸患。孝顺父母,诚信交友。十步大小的沼泽,必定会长有香草;十户人家的地方,必定会有忠诚之士。树木花草到秋天就枯死了,只有松柏四季常青;水使万物飘浮,只有玉石静止不动。饥渴时获得食物,谁会不高兴?救济穷苦解救急难的人,还担心什么呢?观察他交结什么样的朋友,观察他派遣什么样的人,这样就可以了解这个人。乘坐车马不必辛劳就可以到达千里之外,乘坐舟船不用游泳就可以横渡江海。没有什么比留着疑问不下断语更有智慧,没有什么比做事不会后悔更有德行。处理家事,教导子孙,就足以观察他的为人。好处不可兼得，奖赏不可加倍。草率的计谋，不可实施；放荡的心理，不可滋长。

16-24天与不取，反受其咎；时至不迎，反受其殃；天道无亲①，常与善人。天道有常，不为尧存，不为桀亡。积善之家，必有余庆；积恶之家，必有余殃。一噎之故，绝谷不食；一蹶之故②，却足不行。心如天地者明，行如绳墨者章③。

【注释】①道：原文作"地"，据向宗鲁《校证》引诸书径改。②蹶：跌倒。③绳墨：木工打直线的墨线，这里指正直。章，通"彰"，彰明，显著。

【译文】上天赐予却不接受，反而会遭受责备；时机到来却不把握，反而会遭受殃祸；天道没有偏爱哪个人，但常常帮助善人。天道有一定的常规，不因尧而存在，也不因桀而消失。积德行善的人家，必定会造福子孙；作恶多端的人家，必定会祸及子孙。噎住一次，就不再进食；跌倒一次，就不再行走。心胸像天地一样辽阔的人则光明磊落，行为像绳墨一样正直的人则德行昭彰。

16-25位高道大者从，事大道小者凶。言疑者无犯，行疑者无从。蠹蝝仆柱梁①，蚊虻走牛羊②。

【注释】①蠹蝝(dù yuán)：蠹，蛀虫。蝝，未生翅的蝗子。仆：倾倒。②虻(méng)：同"蝱"，昆虫，成虫像蝇，生活在草丛，吮吸人兽的血液，俗称"牛蝇"。

【译文】地位尊贵德行高尚的人和顺，责任重大德行狭隘的人凶恶。言辞猜忌的人不要冒犯，行为可疑的人不要跟随。蠹蠮可以使柱梁倾倒，蚊虻可以使牛羊走动不安。

16-26谒问析辞勿应①，怪言虚说勿称。谋先事则昌，事先谋则亡。

【注释】①谒问：求托之言，向宗鲁《校证》疑当作"楷问"。析辞：玩弄词句。

【译文】请教时玩弄词句的，不要回应，荒谬空虚的话，不要称赞。先计划再做事则会成功；先做事再计划则会失败。

16-27无以淫泆①弃业，无以贫贱自轻，无以所好害身，无以嗜欲妨生，无以奢侈为名，无以贵富骄盈。

【注释】①淫泆(yì)：泆，通"佚"。放荡。

【译文】不要因为恣纵逸乐而荒废正业，不要因为贫苦卑贱而轻视自己，不要因为爱好损害自身，不要因为嗜欲伤害生命，不要因为奢侈而出名，不要因为富贵而骄傲自满。

16-28喜怒不当，是谓不明；暴虐不得，反受其贼。怨生不报，祸生于福。

【译文】喜怒不适宜，这是不明事理；施加暴虐不能得逞，反而会受到伤害。怨愤因为没有得到报偿而产生，祸患来自于福泽。

16-29一言而非，四马不能追；一言而急^①，四马不能及。（雁）顺风而飞^②，以助气力；衔葭而翔^③，以备矰弋^④。

【注释】①而急：原文为"不急"，据《邓析子·转辞》径改。②雁：此字原文无，向宗鲁《校证》引《淮南子·修务训》以为"顺风"上应有"雁"字，径补。③葭（jiā）：初生的芦苇。④矰弋（zēng yì）：系有生丝绳以射飞鸟的短箭。

【译文】一句话说错了，四匹马也追不回来；一句话说得急促，四匹马也赶不上。大雁顺风飞翔，是为了节省体力；衔着芦苇滑翔，是为了防备猎人的箭矢。

16-30镜以精明^①，美恶自服；衡平无私，轻重自得。蓬生枲中^②，不扶自直；白砂入泥，与之皆黑。

【注释】①精明：纯洁光明。②蓬：草名，即蓬蒿。枲（xǐ）：不结果实的大麻。

【译文】镜子因为纯洁明亮，照映的美丑自然心服；秤杆公平无私，称出的轻重自会得知。蓬蒿生在大麻之中，不用扶持自然会长得笔直；白砂混入泥土之中，会和泥土一样都变成黑色。

16-31时乎时乎！间不及谋^①。至时之极，间不容息。劳而不休,亦将自息;有而不施②,亦将自得。

【注释】①间:空隙,这里指时间短暂。②有而不施:犹言"为而不舍"。施,通"弛"。

【译文】时间呀,时间呀!短暂得来不及思考。到了时间的尽头,都没有喘息的空隙。一直劳碌而不休息,自己也将会停息;做事不松懈,自己也将会有所收获。

16-32无不为者,无不能成也;无不欲者,无不能得也。众正之积,福无不及也;众邪之积,祸无不逮也。

【译文】没有什么不做的人,没有不能成功的事情;没有欲望的人,没有不能得到的东西。众多正人君子相聚,福泽不会不降临;众多邪恶小人相聚,祸患不会不到来。

16-33力胜贫;谨胜祸;慎胜害,戒胜灾。为善者天报以德,为不善者天报以祸。君子得时如水,小人得时如火。

【译文】勤劳可以战胜贫困,严谨可以战胜灾祸,谨慎可以战胜祸害,警戒可以战胜灾难。做善事的人,上天用福德报答他;做恶事的人,上天用祸患惩罚他。君子遇到机缘时平静如水,小人遇到机缘时像猛烈如火。

16-34谤道己者，心之罪也；尊贤己者，心之力也。心之得，万物不足为也；心之失，独心不能守也。子不孝，非吾子也；交不信，非吾友也。食其口而百节肥①，灌其本而枝叶茂。本伤者枝槁，根深者末厚。为善者得道，为恶者失道。恶语不出口，苟言不留耳②。务伪不长，喜虚不久。义士不欺心，廉士不妄取。以财为草，以身为宝。慈仁少小，恭敬耆老。犬吠不惊，命曰金城③。常避危殆，命曰不悔。富必念贫，壮必念老，年虽幼少，虑之必早。夫有礼者相为死，无礼者亦相为死。贵不与骄期，骄自来；骄不与亡期，亡自至。蹻人日夜愿一起④，盲人不忘视。知者始于悟，终于谐；愚者始于乐，终于哀。高山仰止，景行行止⑤。力虽不能，心必务为。慎终如始，常以为戒。战战慄慄⑥，日慎其事。圣人之正，莫如安静；贤者之治，故与众异。

【注释】①百节：指人体各个关节。②苟言：秽言。苟，通"诟"。③金城：如金属铸成的坚固城墙，这里比喻内心坚定。④蹻（wō）人：患风痹病的人，指瘫子。⑤景行（háng）：大道。⑥慄慄（lì）：畏惧貌。

【译文】别人诽谤议论自己，是因为心中的罪过；别人尊重赞叹自己，是因为心中的力量。心中有所收获，万事万物都满足不了；心中有所失去，一个意愿也守不住。儿女不孝，就不是我的儿女；朋友不守信，就不是我的朋友。进食里能使身体健壮；浇灌树根能使枝叶茂盛。根本损伤则分枝枯槁；根本深远则末梢丰厚。做善事的人得到道义，做恶事的人失去道义。不说恶毒之语，不听不实之言。专行欺诈不会长远，喜好虚伪不会长久。正义的人不昧良心，廉洁的人不擅自取用。把钱财当成草，把身体当作宝。慈爱幼小，恭敬老人。听到狗吠不惊慌，这叫"金城"。常常能避免危险，这叫不悔。富足时一定想到贫困，强壮时一定想到衰老。年龄虽然幼小，思虑一定要趁早。有礼的人可以相互牺牲，无礼的人也可以相互牺牲。显贵没有和傲慢约定，但傲慢自会到来；傲慢没有和灭亡约定，但灭亡自会到来。瘫痪的人日夜都希望有一天可以站起来，盲人不忘记看见事物。智者从觉悟开始，到和谐终了。愚者从享乐开始，终了于悲哀。高山只要仰望就可以看到，崇高的德行只要践行就可以达到。力量虽然达不到，但内心一定要努力。事情终了也要如同开始一样谨慎，常常以此为戒；战战兢兢，谨慎地处理每天的事情。圣人的政事，莫过于安静；贤人处理事情，因此与众人不同。

16-35好称人恶，人亦道其恶；好憎人者，亦为人所憎①。衣食足，知荣辱；仓廪实，知礼节。江河之溢，不过三日；飘风暴雨，须臾而毕。

【注释】①为：原文为"而"，据明钞本改。

【译文】喜欢说别人坏处，别人也会说他的坏处；喜欢厌恶憎恨别人，也会为人所厌恶憎恨。衣食丰足，才知晓荣辱；粮仓充实，才知晓礼节。江河涨潮，不会超过三日；狂风暴雨，很快就会结束。

16-36福生于微，祸生于忽。日夜恐惧，唯恐不卒。

【译文】福泽生于细微的事物，灾祸生于一时的疏忽。日夜谨小慎微，唯恐不能善终。

16-37已雕已琢，还反于朴①，物之相反，复归于本。循流而下易以至，倍风而驰易以远。兵不豫定②，无以待敌；计不先虑，无以应卒③。中不方，名不章；外不圜④，祸之门⑤。直而不能枉，不可与大任；方而不能圆，不可与长存。慎之于身，无曰云云。狂夫之言，圣人择焉。能忍耻者安，能忍辱者存，唇亡而齿寒。河水崩，其怀在山。毒智者莫甚于酒，留事者莫甚于乐⑥，毁廉者莫甚于色，摧刚者反己于弱。富在知足，贵在求退⑦。先忧事者后乐，先惇事者后忧⑧。福在受谏，存之所由也。恭敬逊让，精廉无谤；慈仁爱人，必受其赏。谏之不听，后无与争。举事不当，为百姓谤。悔在于妄，患在于唱⑨。

【注释】①朴：通"樸"，质朴。②豫定：事先决定。③应卒：应急。卒，通"猝"。④圜（yuán）：同"圆"，圆滑。⑤祸之门：从此句以下之文，原文另起一则，此依明钞本合之。⑥留事：积压的公务。⑦求退：引退，请求离去。⑧惇：古同"傲"。⑨患在于唱：原文"唱"之上有"先"字，依向宗鲁《校证》据文例删。唱，同"倡"，倡导。

【译文】停止雕琢，回归到质朴。事物相对，会回归到根本。顺流而下很容易到达目的地，借着风力奔跑很容易到达远方。军队不预先决策，就无法抵御敌人；计划不早作考虑，就无法应对突发情况。心不方正，名不显扬；处事不圆滑，这是祸患之门。正直而不能变通的人，不能委以重任；方正而不灵活的人，不能和他长期在一起。自己要谨慎，不要众说纷纭。狂妄的人说的话，圣人也在其中选择。能忍受羞耻的人得以安定，能忍受侮辱的人得以生存，嘴唇没有了，牙齿也会感到寒冷。河水奔腾，怀绕大山。荼毒智慧莫过于嗜酒，贻误事情莫过于玩乐，毁坏廉洁莫过于好色，摧毁刚强事物的人要使自己返归柔弱。富有在于知足，尊贵在于引退。先前担忧的人而后安乐，先前傲慢的人而后忧愁。福气在于接受谏言，这是生存的必要条件。恭敬谦逊，清正廉洁，没有诽谤；慈仁爱人，必定会受到称赞。不听谏言，后来就没有人再与他争论。做事情不得当，会遭到百姓的责备。后悔在于妄想，祸患在于事事带头。

16-38蒲且修缴①，凫雁悲噭②；逢蒙抚弓，虎豹晨嗥。河以委蛇故能远，山以陵迟故能高③，道以优游故能化④，德以纯厚故能豪。言人之善，泽于膏沐⑤；言人之恶，痛于矛戟。为善不直，必终其曲；为丑不释，必终其恶。一死一生，乃知交情；一贫一富，乃知交态⑥；一贵一贱，交情乃见；一浮一没，交情乃出。德义在前，用兵在后。初沐者必拭冠，新浴者必振衣。败军之将，不可言勇；亡国之臣，不可言智。

【注释】①蒲且（jū）：人名。相传是古代善于射鸟的人。缴（zhuó）：系在箭上的生丝绳。②悲噭：原文为"悲鸣"，孙诒让《札逐》认为"鸣"不与"噪"叶韵，乃"噪"字脱误，此说可从，径改。噪，古同"叫"。③陵迟：坡度缓。④优游：宽广，宽裕。⑤膏沐：古代妇女润发的油脂，借喻德政或恩泽。⑥交态：世态人情。

【译文】蒲且整理箭上的丝绳，野鸭与大雁会发出哀鸣；逢蒙抚摸弓箭，虎豹会在清晨吼叫。河水因为蜿蜒曲折所以长远，大山因为平缓的坡度所以高耸，道路因为宽阔所以能够变化，德行因为纯厚所以气度宽广。说别人的好处，比油膏还要润泽；说人家的坏处，比矛戟还要痛心。做善事却不直接，最终必会受到曲解；做恶事却不改正，最终必会酿成恶果。经历一死一生，才知道朋友之间的交情；经历一贫一富，才知道世态人情；经历一贵一贱，交情才能显露；经历一盛一衰，交情才能出现。施行恩德仁义在前，使用武力在后。刚洗过头的人一定会擦拭帽子，刚洗过澡的人一定会抖动衣服。败军的将军，不可谈论勇猛；亡国的臣子，不可谈论智慧。

16-39 坎井无鼋鼍者①，隘也②；园中无修林者，小也。小忠，大忠之贼也；小利，大利之残也。自请绝易③，请人绝难；水激则悍，矢激则远。人激于名，亦毁为声。下士得官以死，上士得官以生。祸福非从地中出，非从天上来，己自生之。

【注释】①坎井：废井。鼋鼍（yuán tuó）：大鳖和扬子鳄。②隘：原文为"益"，据明钞本改。③绝：气息终止，死亡。

【译文】废井中没有大鳖和鳄鱼，因为井中狭窄；园林中没有高大的树木，因为园子太小。小忠，是大忠的祸害；小利，损害了大利。自己求死容易，请求别人杀了自己却很难。水流湍急则来势凶猛，箭矢疾速则会射得很远。人能激求功名，也能毁于名声。品德低下的人为求取官禄不惜生命，品学高尚的人求取官禄是为了生存。祸福不是从地里生出来，也不是从天上掉下来的，都是自己造成的。

16-40穷乡多曲学，小辩害大知，巧言使信废，小惠妨大义。不困在于早虑，不穷在于早豫①。欲人勿知，莫若勿为；欲人勿闻，莫若勿言。

【注释】①不穷：不陷于困境。豫：通"预"，预先，事先。

【译文】偏僻的乡村多邪说，小辩会妨害大智慧，巧言令色会使信誉丧失，小恩小惠会妨碍大道义。不遭受窘困在于预先思虑，不陷于绝境在于早做预防。要想别人不知晓，不如自己不做；要想别人听不到，不如自己不说。

16-41非所言勿言，以避其患；非所为勿为，以避其危；非所取勿取，以避其诡；非所争勿争，以避其声。明者视于冥冥，（智者）谋于未形①，聪者听于无声，虑者戒于未成。世之溷浊而我独清②，众人皆醉而我独醒。

【注释】①智者谋于未形：原文脱"智者"二字，此依向宗鲁《校证》据《太公金匮》及文意补。②溷（hùn）浊：同"混浊"。

【译文】不是该说的话不要说，以避免灾祸；不是该做的事不要做，以避免危险；不是该取得的东西不要取，以避免欺诈；不是该争抢的不要争，以避免恶名。眼睛明亮的人可以在幽暗中看清事物，聪明智慧的人可以在事物未成前预先计划，听觉灵敏的人可以在不声不响中听到声音，深谋远虑的人可以防患于未然。世间混浊，唯独我清白，大众都沉醉其中，唯独我清醒。

16-42乖离之咎①，无不生也；毁败之端，从此兴也。江河大溃从蚁穴，山以小阤而大崩②。淫乱之渐，其变为兴，水火金木转相胜③。卑而正者可增，高而倚者且崩；直如矢者死，直如绳者称。

【注释】①乖离：抵触，背离。咎：灾祸，灾殃。②阤(zhì)：崩塌。③转相：递相，互相，表示一个轮递连续的动作或行为。

【译文】背离的灾殃，没有地方不发生；颓败的开端，从此兴起。江河大坝的决堤从蚁穴开始，高山因为小坍塌而引起大崩塌。淫乱之事渐渐发展，它会变得更加兴盛，水火金木相生相克。低下而中正的可以增高，高大而偏倚的终会崩塌；直如箭矢般的人会招致死亡，直如绳索般的人会受人称赞。

16-43祸生于欲得①，福生于自禁②。圣人以心导耳目，小人以耳目导心。

【注释】①欲得：贪得，想要，愿意得到。②自禁：控制自己的感情。

【译文】祸患产生于欲望，福运产生于自我克制。圣人用心性指引耳目，小人用耳目指引心性。

16-44为人上者，患在不明；为人下者，患在不忠。人知粪田，莫知粪心。端身正行，全以至今，见亡知存，见霜知冰。

【译文】为人君主，祸患在于不明察，为人臣子，祸患在于不忠诚。人人都知道给田地施肥，却不知道修养身心。一个人端正品行，才能始终保全自身。见到灭亡就知晓如何生存，见到冰霜就知晓寒冷。

16-45广大在好利①，恭敬在事亲，因时易以为仁，因道易以达人。营利者多患②，轻诺者寡信。

【注释】①广大在好利："广大"语意未明，补"财源"二字作译文。②营利：原文在二字之间衍"于"字，依向宗鲁《校证》据文例删。

【译文】财源广大在于贪图财利，待人恭敬在于侍奉父母，顺应时势就容易做仁爱的事，顺应正道就容易使人通达。谋求私利的人多有忧患，轻易允诺的人缺少信用。

16-46欲贤者莫如下人①，贪财者莫如全身②。财不如义高，势不如德尊。父不能爱无益之子，君不能爱不轨之民。君不能赏无功之臣，臣不能死无德之君。问善御者莫如马③，问善治者莫如民。以卑为尊，以屈为伸。圣人所因，上法于天。

【注释】①下人：在人下，这里指谦卑待人。②全身：保全身体。③问：询问，这里指了解。

【译文】想要成为贤人不如谦卑待人，贪财不如保全自身。财物不如正义高尚，权势不如德行受人尊敬。父亲不能疼爱没有进步的儿子，君王不能爱护不守法的百姓。君王不能奖赏没有功劳的臣子，臣子不能为无德的君王牺牲。了解善于驾车的人不如了解拉车的马，了解善于治理的人不如了解他所治理的百姓。以卑为尊，以屈为伸。圣人所依照的，就是效法上天。

16-47君子行德以全其身①，小人行贪以亡其身。相劝以礼，相强以仁②。得道于身，得誉于人。

【注释】①行德：实行德政。②强：劝勉。

【译文】君子推行仁德以保全自身，小人行为贪婪以丧失生命。用礼义相互勉励，用仁德相互劝勉。自身知晓了道义，从别人那里获得赞誉。

16-48知命者不怨天，知己者不怨人。人而不爱，则不能仁；佞而不巧①，则不能信。言善毋及身，言恶毋及人。上清而无欲，则下正而民朴。来事可追也，往事不可及。无思虑之心则不达，无谈说之辞则不乐。

【注释】①佞：有才智。巧：巧妙，精妙。

【译文】知晓天命的人不埋怨上天，深知自己的人不埋怨别人。不懂得慈爱别人，则不能成就仁义；有才智而不巧妙，则不能使人相信。谈论优点不要言及自己，谈论缺点不要言及别人。居上位的人清心无欲，则居下位的人便廉正而百姓淳朴。未来的事情还可以赶得上，但过去的事情不能挽回。做事没有深思熟虑的心则不能通达，交谈没有谈说的言辞则不会感到快乐。

16-49善不可以伪来，恶不可以辞去。近市无贾^①，在田无野^②，善不逆旅^③。非仁义刚武，无以定天下。

【注释】①贾：通"价"。价格，价值。②野：荒地。③逆旅：同据旅，违背，拒绝。

【译文】善不能以虚伪而来到，恶不能以巧言而隐去。靠近市场没有虚价，田地里没有荒地，善行不会遭受拒绝。不用仁义刚武，就无以安定天下。

16-50水倍源则川竭，人倍信则名不达。义胜患则吉，患胜义则灭。五圣之谋^①，不如逢时；辩智明慧，不如遇世。有鄙心者，不可授便势^②；有愚质者，不可予利器^③。多易多败，多言多失。

【注释】①五圣：五位圣人，指神农、尧、舜、禹、汤。②便势：便于谋利的权势。③利器：锋利的兵器，这里指兵权。

【译文】水离开源头则河流就会干涸，人背离信用则名声就不会通达。道义超过祸患则会吉利，祸患超过道义则会灭亡。五位圣人的谋略，不如遇到好时机；有辩才和聪明智慧，不如遇到好时世。有卑鄙之心的人，不可授予他便于谋利的权势；有愚钝本质的人，不可给予兵权。政令经常改变就会经常失败，多说话就会多过失。

16-51冠履不同藏，贤不肖不同位。官尊者忧深，禄多者责大。积德无细，积怨无大；多少必报，固其势也。

【译文】帽子和鞋子不放一起，贤人和不贤的人不会就任同等职位。官位尊贵的人担忧得深，俸禄优厚的人责任重大。积德不分细微，积怨不分大小，不论德怨一定会有回报，这是必然的趋势。

16-52枭逢鸠①，鸠曰："子将安之？"枭曰："我将东徙。"鸠曰："何故？"枭曰："乡人皆恶我鸣，以故东徙。"鸠曰：子能更鸣可矣。不能更鸣，东徙，犹恶子之声。"

【注释】①枭：猫头鹰。鸠：鸟名，鸠鸽科的鸟的泛称。

【译文】枭遇到鸠，鸠问道："你将要去哪？"枭说："我将要往东迁徙。"鸠问道："为什么？"枭说："乡里人都讨厌我的叫声，所以我要往东迁徙。"鸠说："你只要能改变你的叫声就可以了。不能改变叫声，就算往东迁徙，人们依旧讨厌你的叫声。"

16-53圣人之衣也，便体以安身，其食也，安于腹。适衣节食，不听口目。

【译文】圣人的衣服，只求身体轻便舒适而已，他们的饮食，只求吃饱而已。他们穿合适的衣服，克制饮食，不听任嘴巴和眼睛的欲望。

16-54曾子曰："鹰鹫以山为卑①，而增巢其上；鼋鼍鱼鳖，以渊为浅，而穿穴其中。卒其所以得者，饵也。君子苟不求利禄②，则不害其身。"

【注释】①鹰鹫：鹰和雕。②苟：如果，假使
【译文】曾子说："鹰鹫认为山太低，就在山顶上筑巢；鼋鼍鱼鳖，认为潭水太浅，就在潭水中钻洞。最终能捉到他们的人，是因为诱饵。君子如果不追求利禄，则不会危及自身。"

16-55曾子曰："狎甚则相简也①，庄甚则不亲。是故君子之狎，足以交欢②；庄，足以成礼而已。"

【注释】①狎：亲近而不庄重。简：怠慢。②交欢：结交朋友而相互欢悦。
【译文】曾子说："过分亲近则会相互怠慢，过分严肃则会不亲近。所以君子的亲近，足以互相欢悦；君子的严肃，足以使礼仪

完备了。"

16-56曾子曰："入是国也，言信乎群臣，则留可也；忠行乎群臣，则仕可也；泽施乎百姓，则安可也。"

【译文】曾子说："进入这个国家，言辞能让群臣相信，则可以在这个国家停留；忠信能在群臣中实行，则可以在这个国家做官；恩泽能够施加给百姓，则可以在这个国家安居。"

16-57口者关也^①；舌者机也^②；出言不当，四马不能追也。口者关也，舌者兵也；出言不当，反自伤也。言出于己，不可止于人；行发于迩^③，不可止于远。夫言行者，君子之枢机^④；枢机之发，荣辱之本也，可不慎乎！故蒯子羽曰："言犹射也；栝既离弦^⑤，虽有所悔焉，不可从而追已。"《诗》曰："白圭之玷^⑥，尚可磨也；斯言之玷，不可为也。"

【注释】①关：门闩。②机：弓弩上的发射机关。③迩：近处。④枢机：事物的关键。⑤栝（guā）：箭末扣弦处。⑥白圭：古代白玉制的礼器。玷：白玉上面的斑点，亦喻人的缺点、过失。

【译文】嘴就像开关，舌头就像机关；说的话不恰当，四匹马也追不回来。嘴就像关口，舌头就像兵器；说的话不恰当，反而会自伤。言语是自己说出来的，别人不能禁止；行为发生在近处，不能停止在远处。言行是君子的关键；关键的发端，是荣辱的根本，怎能不谨慎呢! 所以蒯子羽说:"言语就像射箭;箭的末端已经离弦,即使会后悔,也追不回来了。"《诗经》上说:"白圭上的斑点,尚且可以磨掉;言语上的过失,是无法改变的。"

16-58蠋欲类蚕①,鳝欲类蛇。人见蛇蠋,莫不身洒然②。女工修蚕,渔者持鳝,不恶,何也? 欲得钱也。逐鱼者濡③,逐兽者趋;非乐之也,事之权也④。

【注释】①蠋(zhú):蝴蝶、蛾等昆虫的幼虫。②洒然:惊异貌。③濡(rú):沾湿。④事之权:事情姑且这样,指谋生的需要。

【译文】蛾蛹像蚕,鳝鱼像蛇。人们见到蛇和蛾蛹,没有不浑身战栗的。女子养蚕,渔夫捕捉鳝鱼,不会讨厌它们,为什么? 因为想要获得钱财。捕鱼的人沾湿衣裳,打猎的人追赶猎物;不是他们喜欢这样,而是谋生的需要。

16-59登高使人欲望,临渊使人欲窥,何也? 处地然也。御者使人恭,射者使人端,何也? 其形便也。

【译文】站在高处使人想要眺望,面对深渊使人想要窥探,为什么? 因为所处的环境使然。驾车使人感到肃敬,射箭使人感到端正,为什么? 因为这样体态才会感到便利。

16-60民有五死,圣人能去其三,不能除其二。饥渴死者,可去也;冻寒死者,可去也;罹五兵死者①,可去也;寿命死者,不可去也;痛疽死者,不可去也。饥渴死者,中不充也②;冻寒死者,外胜中也;罹五兵死者,德不忠也;寿命死者,岁数终也;痛疽死者,血气穷也。故曰:中不正,外淫作;外淫作者多怨怪,多怨怪者疾病生。故清静无为③,血气乃平。

【注释】①罹(lí):遭受,遭逢。五兵:五种兵器。指戈、殳、戟、酋矛、夷矛。泛指战争。②中:指身体内。③清静无为:道家谓克制外欲,清神静心,顺应自然。后泛指一切事情听其自然,不强求。

【译文】人有五种死因,圣人可以避免其中三种,其中两种不可避免。饥渴而死的,可以避免;受冻而死的,可以避免;遭逢战乱而死的,可以避免;寿命终了而死的,不可避免;患病而死的,不可避免。饥渴而死的,因为肚子没有吃饱;受冻而死的,因为外寒进入体内;遭逢战乱而死的,因为品德不忠诚;寿命终了而死的,因为年限的终点到了;患病而死的,因为血气衰竭了。所以说:内心不正直,外面的邪气就会出现;外面的邪气出现就会多怨怪,多怨怪的人就会容易生病。所以清静无为,血气才会平和。

16-61百行之本①,一言也。一言而适,可以却敌;一言而得,可以保国。响不能独为声,影不能倍曲为直。物必以其类及,故君子慎言出己。负石赴渊,行之难者也,然申屠狄为之②,君子不贵之也。盗跖凶贪③,名如日月,与舜禹并传而不息，而君子不贵。

【注释】①百行：各种品行。②申屠狄：一作申徒狄，殷商末期人，相传不忍见纣乱，进谏纣王不听，抱石投河而死。③盗跖（zhí）：相传为春秋时期大盗。名跖，一作蹠，为春秋时期鲁国大臣柳下惠之弟，原名展雄，又称柳下跖。

【译文】各种品行的根本，都在一句话上。一句话说得合适，可以击退敌人；一句话说得得当，可以保卫国家。回声不能单独成声，影子不能离开弯曲的物体变成直的。事物一定是与同类相互聚集，所以君子要谨慎自己说的话。背着石头跳下深渊，做起来很难，然而申屠狄就做到了，但君子并不推崇他的行为。推崇盗跖为人凶暴贪婪，名声如同日月一样，和舜禹一并流传不息，然而君子并不看重他。

16-62君子有五耻：朝不坐，燕不与①，君子耻之；居其位，无其言，君子耻之；有其言，无其行，君子耻之；既得之，又失之，君子耻之；地有余而民不足，君子耻之。

【注释】①燕：同"宴"，宴饮。与：原文为"议"，《礼记·檀弓下》两句作"朝不坐，燕不与"此径改。

【译文】君子有五件可耻的事：上朝不能坐下，宴饮不能参与，君子感到可耻；担任官职，却没有相关的见解，君子感到可耻；有见解，却不实行，君子感到可耻；已经取得的东西，又失去了，君子感到可耻；土地有余而百姓不富足，君子感到可耻。

16-63君子虽穷，不处亡国之势；虽贫，不受乱君之禄。尊乎乱世，同乎暴君，君子耻之也。众人以毁形为耻，君子以毁义为辱。众人重利，廉士重名。

【译文】君子虽然窘困，但也不在亡国的形势下做官；虽然贫乏，但也不接受昏君的俸禄。在乱世中得到尊重，与暴君同流合污，这些事君子感到耻辱。众人认为损伤身体是可耻的，君子认为损伤道义是可耻的。众人重视利益，廉洁的人重视名声。

16-64明君之制：赏从重，罚从轻；食人以壮为量①，事人以老为程②。

【注释】①食人：供人食用。②程：限度，期限。
【译文】明君的制度：赏赐从重，惩罚从轻；饮食供给以壮年为准，用人以老年为限。

16-65君子之言寡而实，小人之言多而虚。君子之学也，入于耳，藏于心，行之以身。君子之治也，始于不足见，终于不可及也。君子虑福不及，虑祸百之。君子择人而取，不择人而与。君子实如虚，有如无。

【译文】君子的话少但真实，小人的话多但虚伪。君子求学，听进耳朵里，铭记在心，再身体力行。君子做事，开始时微不足道，结束时望尘莫及。君子考虑福运不能周全，但考虑祸患是考虑福运的百倍。君子选择对象获取财物，但不选择对象给予财物。君子所具备的品德和能力，如同虚无，也如同什么都没有一样。

16-66君子有其备则无事；君子不以愧食，不以辱得；君子乐得其志，小人乐得其事；君子不以其所不爱，及其所爱也。

【译文】君子做事情有所准备则没有意外发生；君子不为饮食而感到羞愧，不为取得而感到耻辱；君子因为实现他的志向而快乐，小人因为做好自己的事情而快乐；君子不会把他不喜爱的事物，施予他喜爱的人。

16-67君子有终身之忧，而无一朝之患。顺道而行，循理而言；喜不加易，怒不加难。

【译文】君子有终身的担忧，而没有一时的祸患。顺正道行事，依真理说话；欢喜时不会改变自己，愤怒时不会为难别人。

16-68君子之过，犹日月之蚀也①，何害于明？小人可也②，犹狗之吠盗，狸之夜见，何益于善？夫智者不妄为，勇者不妄杀。

【注释】①蚀：同"食"，日月食。②可：赞同，许可，同意。

【译文】君子的过错，如同日食、月食一样，怎会损害日月的光明？小人的称赞，如同狗对着盗贼吠叫，狸猫在夜里看见东西，怎会增益他们的善行？聪明的人不会胡作非为，勇敢的人不会胡乱杀人。

16-69君子比义^①，农夫比谷。事君不得进其言，则辞其爵；不得行其义，则辞其禄。人皆知取之为取也，不知与之为取之。政有招寇，行有招耻。弗为而自至，天下未有。猛兽狐疑，不若蜂虿之致毒也^②；高议而不可及，不若卑论之有功也。

【注释】①比：接近，亲近。②蜂虿（chài）：蜂和虿。都是有毒刺的螫虫。

【译文】君子亲近仁义，农夫亲近粮食。侍奉君王却不能进谏，则辞去官爵；不能施行自己的道义，则辞去俸禄。人们都知道索取便是取，但不知道给予也是取。政策有时会招来贼寇，行为有时会招来羞耻。不作为而收获自来的，天下没有这种事情。猛兽的狐疑，不如蜂虿给人的毒刺；高谈阔论不能实行，不如低调浅谈有成效。

16-70秦信同姓以王^①，至其衰也，非易同姓也，而身死国亡。故王者之治天下，在于行法，不在于信同姓。

【注释】①秦：向宗鲁《校证》疑为"周"之误。

【译文】秦朝信任同姓才称王，等到它衰落时，并没有改变姓氏，而是身死国亡。因此君王治理天下，在于依法治理，不在于信任同姓的人。

16-71高山之巅无美木，伤于多阳也；大树之下无美草，伤于多阴也。

【译文】高山的山顶上没有壮丽的树木，是因为阳光太大伤害了它；大树底下没有茂盛的青草，是因为过多的阴湿伤害了它。

16-72钟子期死，而伯牙绝弦破琴，知世莫可为鼓也；惠施卒，而庄子深瞑不言①，见世莫可与语也。

【注释】①深瞑：紧闭双目。

【译文】钟子期死后，俞伯牙毁琴断弦，知晓世上没有值得他为之弹琴的人了；惠施死后，庄子闭目不语，知道世上没有与他交谈的人了。

16-73修身者，智之府也①；爱施者，仁之端也；取予者，义之符也②；耻辱者，勇之决也③；立名者，行之极也。

【注释】①府：府库，府藏，这里引申为象征。②符：征兆。

③决: 决断, 决定, 判决。

【译文】修养身心是智慧的象征, 喜好施舍是仁爱的开端, 懂得取予是道义的表现, 知道耻辱是判定勇敢的标准, 成就名声是行为的最终目的。

16-74进贤受上赏, 蔽贤蒙显戮①, 古之通义也。爵人于朝, 论人于市②, 古之通法也。

【注释】①显戮: 明正典刑, 陈尸示众。②论人: 判罪, 判决。

【译文】举荐贤才会受到重赏, 埋没贤才会遭到处决, 这是自古通行的常理。在朝廷上授人爵位官职, 在集市中给人论罪, 这是自古通行的法则。

16-75道微而明①, 淡而有功。非道而得, 非时而生, 是谓妄成。得而失之, 定而复倾。

【注释】①微: 精深, 精妙。

【译文】道义深奥而又明显; 浅显而有功效。不按道义而得到的, 不合时宜而出现的, 这是虚妄的成功。得到也会失去, 安定也会倾覆。

16-76福者, 祸之门也; 是者, 非之尊也; 治者, 乱之先也。事无终始而患不及者, 未之闻也。

【译文】福是祸的大门；正确是错误的容器；治是乱的开端。做事没有终始却担忧来不及的，从未听说过。

16-77枝无忘其根，德无忘其报，见利必念害身。故君子留精神寄心于三者，吉祥及子孙矣。

【译文】枝叶不忘根本，恩德不忘报答，见到利益一定要想到是否会危及自身。所以君子留神注意这三点，吉祥便会延及子孙。

16-78两高不可重，两大不可容，两势不可同，两贵不可双。夫重、容、同、双，必争其功。故君子节嗜欲，各守其足，乃能长久。夫节欲而听谏，敬贤而勿慢，使能而勿贱。为人君能行此三者，其国必强大，而民不去散矣。

【译文】两方同高不可并重，两方等大不可相容，两方势力不可相同，两方同贵不可同双。它们并重、相容、相同、同双，一定会争抢功劳。所以君子克制欲望，各自知足，才能长久。克制欲望而听取谏言，敬重贤人而不会傲慢，差遣能人而不会轻贱。君王能做到这三点，他的国家一定会强大，而百姓也不会流散了。

16-79默无过言，恳无过事①。木马不能行，亦不费食；骐骥日驰千里②，鞭棰不去其背③。

【注释】①悫（què）：诚实，谨慎。②骐骥：千里马。③鞭棰：鞭子。

【译文】沉默就不会说错话，谨慎就不会做错事。木马不能行走，也不会消耗饲料；千里马一天能跑千里，鞭子依旧不离开它的背脊。

16-80寸而度之^①，至丈必差；铢而称之^②，至石必过。石称、丈量，径而寡失^③；简丝数米^④，烦而不察^⑤。故大较易为智^⑥，曲辩难为慧。

【注释】①度：计算，推测。②铢：古代重量单位，二十四铢等于旧制一两。③径：径直，直接，直截了当。④简丝数米：简择丝缕，查点米粒。比喻工作琐细。⑤烦：通"繁"。烦琐，繁多。⑥大较：大方面的计较或较量，这里是指大方面要明白正确，而不在琐碎的小事上纠缠。

【译文】一寸一寸地丈量，到了一丈长一定会有误差；一铢一铢地称量，到了一石重一定会有差错。用石称，用丈量，直接而又少失误；检查丝缕，查点米粒，烦琐而又不准确。所以在大的方面比较容易成为智者，总在细微处诡辩难以成为聪明的人。

16-81吞舟之鱼，荡而失水^①，制于蝼蚁者，离其居也；猿猴失木，禽于狐貉者^②，非其处也。腾蛇游雾而升，腾龙乘云而举，猿得木而挺^③，鱼得水而骛^④，处地宜也。

【注释】①荡：动，摇动。②禽：通"擒"，捕捉。③挺：挺拔，矫健。④骛（wù）：纵横奔驰。这里指任意游动。

【译文】可以吞下船只的大鱼，游乐翻腾离开了水，也会受制于蝼蚁，是因为离开了它生存的地方；猿猴离开了树木，狐貉也会捉到它，因为这不是它该处的地方。腾蛇驾雾而起，腾龙乘云而飞，猿猴在树上就非常灵活，鱼儿在水里就可以任意游动，因为所处的地方适合它们啊。

16-82君子博学，患其不习。既习之，患其不能行之。既能行之，患其不能以让也。

【译文】君子学识渊博，担心的是不能反复练习；已经反复练习了，又担心不能落实；已经落实了，还担心不能以此得到推举。

16-83君子不羞学，不羞问。问讯者，知之本；念虑者，知之道也。此言贵因人知而知之①，不贵独自用其知而知之。

【注释】①贵因人知而知之：原文"而"字下衍"加"字，据向宗鲁《校证》删。

【译文】君子不认为求学是羞耻，不认为向人求教是羞耻。向人求教，是获取知识的根本；遇事思考，是获取知识的方法。这是说要注重运用别人的知识来了解事物，而不注重只以自己的知识来了解事物。

16-84天地之道，极则反，满则损。五采曜眼^①，有时而渝^②；茂木丰草，有时而落。物有盛衰，安得自若？

【注释】①五采：指黄、赤、白、黑、青五种颜色。也泛指多种颜色。曜：同"耀"。②渝：改变。

【译文】天地之道，物极必反，盈满则损。五彩虽然耀眼，但有时也会改变；草木虽然茂盛，但有时也会凋零。事物都会有兴衰，怎能始终不变呢？

16-85民苦则不仁，劳则诈生。安平则教，危则谋，极则反，满则损。故君子弗满弗极也。

【译文】百姓贫苦则没有仁义，辛劳则会萌生欺诈。生活安定平稳时则要接受教育，危难时则会出谋划策，物极必反，盈满则损。所以君子不要自满也不要走向极端。

卷十七　杂言

【题解】杂言，内容纷繁复杂的言论。但本卷内容并不复杂，主要讲述了关于君子修身的事例。

第一则总述了"审乎人情，知所去就"。君子应知晓进退，审时度势的观点。第二至五则讲述了贤臣希望遇到明君以及"君子穷则善其身，达则利于天下"的美好理想。第七至九则主要说明了无论人或是物都是各有所长，各有所短的，即使是圣贤，也有他不能及的地方。第五十二至五十五则是讲述了贤与不贤，仁与不仁的区别。"君子居人间则治，小人居人间则乱。"突出了君子志于道的人生理想。

本卷大部分内容是关于孔子及弟子的言行，实际突出了以孔子为代表的儒家思想，更突出了"仁者好合人，不仁者好离人"。以"仁"为最高境界的毕生追求。

17-1贤人君子者，通乎盛衰之时，明乎成败之端，察乎治乱之纪，审乎人情，知所去就。故虽穷不赴亡国之势，虽贫不受污君之禄。是以太公七十而不自达，孙叔敖三去相而不自悔。何则？不强合非其人也。太公一合于周而侯七百岁，孙叔敖一合于楚而封十世。大夫种存亡越而霸勾践，赐死于前；李斯积功于秦①，而卒被五刑②。尽忠忧君，危身安国，其功一也。或以封侯而不绝，或以赐死而被刑，所慕所由异也。故箕子去国而佯狂③，范蠡去越而易名，智过去君弟而更姓，皆见远识微，而仁能去富势，以避萌生之祸者也。夫暴乱之君，孰能离絷以役其身④，而与于患乎哉？故贤者非畏死避害而已也，为杀身无益，而明主之暴也。比干死纣而不能正其行，子胥死吴而不能存其国。二子者强谏而死，适足明主之暴耳，未尝有益如秋毫之端也。是以贤人闭其智、塞其能，待得其人然后合。故言无不听，行无见疑，君臣两与，终身无患。今非得其时，又无其人，直私意不能已。闵世之乱，忧主之危，以无赀之身涉蔽塞之路⑤；经乎谗人之前，造无量之主，犯不测之罪，伤其天性，岂不惑哉？故文信侯⑥、李斯，天下所谓贤也。为国计，揣微射隐⑦，所谓无过策也；战胜攻取，所谓无强敌也；积功甚大，势利甚高；贤人不用，谗人用事；自知不用，其仁不能去。制敌积功，不失秋毫；避患去害，不见丘山⑧。积其所欲，以至其所恶，岂不为势利惑哉？《诗》云："人知其一，莫知其它。"此之谓也。

【注释】①李斯（？—前208）：战国时期楚国上蔡（今河南省

上蔡县芦岗乡李斯楼村）人。秦朝著名政治家、文学家和书法家。少为郡吏，是荀卿的弟子。战国末年入秦国，曾为秦并六国谋划，完成统一大业。秦始皇死后，与赵高逼迫扶苏自杀，立胡亥为帝。后被赵高诬为谋反，具五刑，腰斩于咸阳市。②五刑：我国古代的五种刑罚，通常指墨、劓、宫、大辟，也指笞、杖、徒、流、死。③箕子：名胥余，殷商末期贵族，是商纣王的叔父，文丁的儿子，帝乙的弟弟，官至太师，因其封地与箕，故称箕子，他与微子、比干齐名，史称"殷末三贤"。箕子因见到商朝的江山即将断送在纣王手中，心痛如割，便割发装疯，披发佯狂，纣王见此，以为箕子真疯，遂将他囚禁起来，贬为奴隶。④离：同"罹"，遭受。絷（zhí）：拘捕，拘禁。⑤无赀：无可估价；不可计算。⑥文信侯（约前290—前235）：即吕不韦，战国时期卫国濮阳（今河南濮阳南）著名商人，战国后期著名政治家，前249年，吕不韦为相国，封文信侯，前247年秦始皇嬴政即位，尊为"仲父"。吕不韦以"兼儒墨，合名法"为思想中心，编撰《吕氏春秋》，汇集先秦各派学说，为先秦杂家代表人物之一。执政时曾攻取周、赵、卫的土地，立三川、太原、东郡，对秦王政兼并六国的事业有重大贡献。因嫪毐叛乱牵连，免去相邦职务，出居河南封地。后流放至蜀地（今四川），吕不韦忧惧交加，在三川郡（今河南洛阳）自鸩而亡。⑦揣微：揣度隐微的事理。射隐：审察隐微难知的事情。⑧丘山：比喻重、大或多。

【译文】贤人君子，通晓盛衰的形势，明白成败的开端，深察治乱的纲纪，详审人情，知晓去留。所以即使穷困也不投身亡国之势，即使贫乏也不接受昏君的俸禄。因此姜太公年过七十而不能显达，孙叔敖三次离开相位而不会后悔。为什么？不勉强与不合适的人在一起。姜太公遇到了周王室而享受了七百年侯爵，孙叔敖遇到了楚王而十世受到封赏。大夫种保全了将要灭亡的越国并使勾践成就了霸业，勾践却把他赐死；李斯在秦国立下很多功劳，但最终遭受五刑。尽忠忧君，危身安国，他们的功绩是一样的。有的世代受到封赏，有的却最终赐死或遭受五刑，因为他们各自的追求和道路不同。所以箕子离开自己的国家而装疯卖傻，范蠡离开越国而更改姓名，智过不做君王的弟弟而改换姓氏，他们都是见识长远细微，而且仁厚可以放弃财富和权势，以躲避将要发生的祸害的人。遇到残暴荒乱的君王，谁能在遭受拘禁时奴役自己，而与他共患难呢？所以贤人不是怕死躲避祸患而已，是因为死了也没有益处，反而会表明君主的暴虐。比干为劝谏纣王而死都没能修正纣王的暴行，子胥为劝谏吴王而死都没能保存国家。这两人都是因强行谏劝而死，充分表明了君主的暴虐，未尝有微细的好处。因此贤人闭塞自己的智慧、掩藏自己的才能，等遇到合适他的人然后互相投合。就会言听计从，做事也不会猜疑，君臣志同道合，终身没有祸患。现在没有遇到恰当的时机，又没有遇上恰当的人，只凭自己的心意不愿罢休。怜悯世道混乱，忧虑君主安危，以无价的性命涉足蔽塞之路；经过谗人面前，拜见喜怒无常的君王，犯下不可预测的罪名，损伤天性，岂不糊涂？所以文信侯、李斯，是天下所谓的贤人。为国家考虑，揣度细微难知的事物，可以说是没有错误的计策；战胜敌人，攻取土地，可以说是没有强敌；立下的功劳很大，权势很高；君王不任用贤人，朝中坏人专权；自知不受重用，但仁厚的品性又使他不忍离去。制服敌人积累功劳，没有丝毫的过失；躲避祸患，远离灾难，却看不见重大危险。积累欲望，却得到自己所厌恶的结果，难道不是受到权势利益的迷惑？《诗经》上说："人们只知道一个方面,但不知其他方面。"说的就是这个意思。

17-2子石登吴山而四望①,喟然而叹曰②:"呜呼,悲哉!世有明于事情,不合于人心者;有合于人心,不明于事情者。"弟子问曰:"何谓也?"子石曰:"昔者,吴王夫差不听伍子胥尽忠极谏,抉目而辜③。太宰嚭④、公孙雒偷合苟容以顺夫差之志而伐齐⑤。二子沉身江湖,头悬越旗。昔者,费仲⑥、恶来革⑦、(飞廉)⑧、长鼻决耳崇侯虎⑨,顺纣之心,欲以合于意。武王伐纣,四子身死牧之野,头足异所。比干尽忠,剖心而死。今欲明事情,恐有抉目剖心之祸;欲合人心,恐有头足异所之患。由是观之,君子道狭耳。诚不逢其明主,狭道之中,又将危险闭塞,无可从出者。"

【注释】①子石:即公孙龙,孔子弟子,春秋时期卫国人,一说为楚人。吴山:又名胥山,今在浙江省杭州西湖东南。②喟然而叹:原文"叹"字下衍"息"字,据明钞本删。③抉目:挖掉眼睛。辜:肢解,分裂肢体。④太宰嚭(pǐ):本名伯嚭,一作帛喜、白喜,字子馀。春秋时期楚伯州犁之孙。楚诛伯州犁,伯嚭奔吴,吴以为大夫,后任太宰,故称太宰嚭。⑤公孙雒:又称王孙雒,王孙骆、公孙雄。吴国大夫。偷合苟容:苟且迎合以取悦于人。伐齐:原文作"伐吴",据卢文弨校说改。⑥费仲:亦作费中,纣王佞臣。⑦恶来革:一作"恶来",姓嬴,蜚廉(又作飞廉)的长子,商纣王宠信的大臣,以勇力而闻名。武王伐纣之时,他被周武王处死。⑧飞廉:此二字原文无,据下文"武王伐纣,四子身死牧之野"与卢文弨校说补。⑨决:通

"缺"。

【译文】子石登上吴山四面眺望，叹息说："唉，可悲呵！世上有明白事理，但不合人心的；有合于人心，但不明事理的。"弟子向他请教："为什么？"子石说："从前，吴王夫差不听伍子胥的忠言劝谏，挖了伍子胥的双眼，并把伍子胥肢解。太宰嚭、公孙雒苟且迎合，顺着夫差的意愿去攻伐齐国，后来把这两人抛入江湖，头颅挂在越国的旗杆上。从前，费仲、恶来革、飞廉、和长鼻缺耳的崇侯虎，顺着纣王的心思，想要合乎纣王的意愿。武王伐纣时，这四人都死在牧野，头脚异处。比干尽忠，结果剖心而死。现在想要明白事理，恐怕有挖眼剖心的灾祸；想要合于人心，恐怕有头脚异处的忧患。由此看来，君子的道路太狭窄啊。如果遇不到明君，狭道之中，将会危险闭塞，没有出路。"

17-3祁射子见秦惠王^①，惠王说之，于是唐姑谗之^②。复见惠王，怀怒以待之。非其说异也，所听者易也。故以徵为羽，非弦之罪也；以甘为苦，非味之过也。

【注释】①祁射子（前331—前288）：又称谢子，战国时期思想家、墨家弟子，山西省太原人。秦惠王（前356—前311）：即秦惠文王，嬴姓，赵氏，名驷，秦孝公之子，战国时期秦国国君，即位后车裂商鞅。公元前325年改"公"称"王"，成为秦国第一王。②唐姑：又作唐姑梁，墨家学者。

【译文】祁射子拜见秦惠王，秦惠王很看重他。于是唐姑就向秦惠王讲他的坏话。祁射子再次拜见秦惠王时，秦惠王怒气冲冲地接待他。不是祁射子说的话前后不同,而是听者改变了。所以把徵音听成羽音,不是琴弦的罪过;甜的当作苦的,不是味道的过错。

17-4 弥子瑕爱于卫君①,卫国之法,窃驾君车罪刖②。弥子瑕之母疾,人闻,夜往告之。弥子瑕擅驾君车而出。君闻之,贤之,曰:"孝哉!为母之故犯刖罪哉!"君游果园,弥子瑕食桃而甘,不尽而奉君。君曰:"爱我而忘其口味③。"及弥子瑕色衰而爱弛,得罪于君。君曰:"是故尝矫(驾)吾车④,又尝食我以余桃。"故子瑕之行,未必变初也,前见贤后获罪者,爱憎之生变也。

【注释】①弥子瑕:名牟,字子瑕,一说名瑕,春秋时期卫灵公宠臣。②刖(yuè):古代的一种酷刑,把脚砍掉。③味:品尝,这里指吃过,尝过。④矫(驾):原文脱"驾"字,据《四库全书》本补。矫:假托,诈称。

【译文】弥子瑕得到卫君的宠爱。按照卫国的法律,偷驾君主的车子,处以砍脚的刑罚。弥子瑕的母亲患病,有人知晓后,连夜告诉弥子瑕。弥子瑕就擅自驾驶君主的车子出宫了。卫君听说了这件事,称赞他贤德,说:"孝顺啊!为了母亲的缘故,宁愿犯砍脚的罪!"卫君在果园游玩,弥子瑕吃到桃子感觉很甜,把没吃完的桃子献给了卫君。卫君说:"爱我竟忘记了是自己吃过的。"等到弥子瑕色衰爱弛时,得罪了卫君。卫君说:"他曾经假借我的名义擅自驾驶我的车,又把吃剩的桃子给我吃。"弥子瑕的行为,未必和以前有什么不同，以前称赞贤德，后来受到惩罚，是因为卫君的爱憎改变了。

17-5舜耕之时，不能利其邻人；及为天子，天下戴之。故君子穷则善其身，达则利于天下。

【译文】舜在田间耕作时，不能利益到邻居；等他成为天子，天下人都爱戴他。所以君子穷困时独善其身，通达时利益天下。

17-6孔子曰："自季孙之赐我千钟①，而友益亲；自南宫颇叔之乘我车也②，而道加行。故道有时而后重，有势而后行。微乎二子之赐③，丘之道几于废也。"

【注释】①钟：量词，古以六斛四斗为一钟。②南宫颇叔：又作南宫敬叔，姬姓，名阅或说，一名绦，谥敬，是孟僖子之子，孔子弟子。③微：无，没有。

【译文】孔子说："自从季孙赏赐我千钟的粮食后，朋友对我更加亲近。自从南宫颇叔送给我车子后，我的学说便加快推行。所以一种学说遇到时机而后才能得到重视，拥有权势而后才能推行。没有这两人的赐予，我的学说几乎要废弃了。"

17-7太公田不足以偿种①，渔不足以偿网，治天下有余智。文公种米②；曾子架羊③；孙叔敖相楚三年，不知轭在衡后④。务大者固忘小⑤。智伯厨人亡炙箑而知之⑥，韩、魏反而不知；邯郸子阳园人亡桃而知之⑦，其亡也不知。务小者亦忘大也。”

【注释】①太公：即姜太公。②文公种米：指晋文公，晋文公曾以米下种，一方面说明他脱离劳动，另一方面说明成大事者不知小事。③架羊：以羊驾车。④轭（è）：驾车时搁在牛马颈上的曲木。衡：车辕前端的横木。⑤忘：原文作"恐"，据明钞本改。⑥炙箑：一种厨房内用来漉米或烧烤东西的竹器。⑦邯郸子阳：复姓邯郸，字子阳。

【译文】姜太公种田的收成不够收回种子的成本，打鱼的收入不够抵偿渔网钱，但是治理天下却有充足的智慧。晋文公以米下种；曾子以羊驾车；孙叔敖在楚国做了三年国相，都不知道车轭在车衡之后。专注做大事的人自然就会遗忘了小事。智伯都知道厨师丢了烤肉用的竹器，但韩、魏要造反他不知道；邯郸子阳都知道看园子的人丢了桃子，但自己要覆亡他不知道。专注做小事的人自然也会遗忘了大事。

17-8淳于髡谓孟子曰①："先名实者，为人者也；后名实者，自为者也。夫子在三卿之中，名实未加上下而去之，仁者固如此乎？"孟子曰："居下位不以贤事不肖者，伯夷也②；五就汤五就桀者，伊尹也③；不恶污君，不辞小官者，柳下惠也。三子者不同道，其趣一也④。一者何也？仁也。君子亦仁而已，何必同？"曰："鲁穆公之时⑤，公仪子为政⑥，子思⑦、子庚为臣，鲁之削也滋甚。若是乎，贤者之无益于国也。"曰："虞不用百里奚而亡，秦穆公用之而霸。故不用贤则亡，削何可得也。"曰："昔者王豹处于淇⑧，而河西善讴⑨；绵驹处于高唐⑩，而齐右善歌；华舟、杞梁之妻善哭其夫⑪，而变国俗。有诸内必形于外。为其事，无其功，髡未睹也。是故无贤者也，有则髡必识之矣。"曰："孔子为鲁司寇而不用，从祭膰肉不至⑫，不脱冕而行。其不善者以为为肉也，其善者以为为礼也。乃孔子欲以微罪行，不欲为苟去⑬，故君子之所为，众人固不得识也。"

【注释】①淳于髡（kūn）（约前386—前310）：战国时期齐国政治家、思想家，齐国黄县（今山东省龙口市）人，齐国赘婿，齐威王拜其为政卿大夫。他学无所主，博闻强识，能言善辩，多次用隐言微语的方式讽谏威王，使齐威王居安思危，革新朝政。身长不满七尺。淳于髡还多次以使节的身份周旋诸侯之间，不辱国格，不负君命。②伯夷：子姓，墨胎氏，名允，商末孤竹国人，商纣王末期孤竹国君亚微的长子，弟亚凭、叔齐。是殷商时期契的后代。起初，孤竹君欲以三子叔齐为继承人，叔齐让位于伯夷。两人隐居首阳山。后天下归周，伯夷、叔齐耻食周粟，饿死首阳山。③伊尹：己姓，伊氏，名挚，在商朝建立后。担任尹。历事成汤、外丙、仲壬、太甲、沃丁五代君主，辅政五十余年，为商朝兴盛富强立下汗马功劳。④趣：志趣。⑤鲁穆公：本名姬显，战国时期鲁国国君，鲁元公之子，他注重礼贤下士，曾隆重礼拜孔伋（子思）。咨以国事；容许墨翟在鲁授徒传道，组织学派，使鲁国一度出现安定局面。⑥公仪子：即公仪休，春秋时期鲁国人,官至鲁国宰相。因为清正廉洁、遵纪守法流传后世。
⑦子思(前483—前402):即孔伋,字子思,鲁国人,孔子的嫡孙、
孔子之子孔鲤的儿子。⑧王豹:春秋时期卫国人。淇:水名,源出中
国河南省淇山,流入卫河。⑨讴:歌唱。⑩绵驹:春秋时期齐国高唐
人。在音乐上的造诣极高,后世将他奉为十二音神之一。高唐:今属
于山东省聊城市。⑪善:原文作"吾"据明钞本改。⑫膰(fán)肉:
古代祭祀用的熟肉。⑬苟:随便,轻率。

【译文】淳于髡对孟子说:"注重名誉功业的人,是为了解救
众人;轻视名誉功业的人,是为了保全自身。先生位列三卿之中,
上辅君王下济万民的名誉功业都没有做到就离开,仁者本来就是
这样的吗?"孟子说:"居下位时不以自己的贤能去侍奉不贤的人,
是伯夷;五次投靠商汤,五次投靠夏桀的,是伊尹;不憎恶昏君,
不拒绝小官的,是柳下惠。三个人的行为不同,但他们的志向是一
致的。是什么呢?是仁义。君子只要做到仁义就可以了,行为为什么
要相同呢?"淳于髡说:"鲁穆公时,公仪子执掌国政,子思和子庚
为臣子,鲁国削弱得更加严重。如果这样,贤人对国家没有益处。"
孟子说:"虞国不任用百里奚而覆亡,秦穆公任用他而称霸。所以
不任用贤人则会覆亡,怎么可能只是削弱呢?"淳于髡说:"以前王
豹住在淇水边,而河西的人善于唱歌;绵驹住在高唐,而齐国西面
的人善于唱歌;华舟、杞梁的妻子悲哭她们的丈夫,而改变了国家
习俗。心中所想一定会表现在外表。做事却看不到成效,我未曾见
过。所以说没有贤人,如果有,我一定要认识他。"孟子说:"孔子
在鲁国任司寇而不得重用,跟随君主祭祀,祭肉也不曾送到,孔子
没有辞官就离开了鲁国。不了解的人以为他是因为祭肉而离开的,

了解他的人认为他是因为礼仪而离开的。孔子只想以微小的罪名而离开，不愿随意离开。所以君子所为，一般人当然是不了解的。"

17-9梁相死，惠子欲之梁①。渡河而遽②，堕水中，船人救之。船人曰："子欲何之而遽也？"曰："梁无相，吾欲往相之。"船人曰："子居船楫之间而困，无我则子死矣。子何能相梁乎？"惠子曰："子居船楫之间，则吾不如子；至于安国家、全社稷，子之比我，蒙蒙如未视之狗耳③！"

【注释】①惠子（前390—前317）：惠氏，名施，即惠子，战国中期宋国（今河南商丘）人。著名的政治家、思想家、哲学家，名家学派的开山鼻祖和主要代表人物，也是庄子的至交好友。魏惠王在位时，惠施因为与张仪不和而被驱逐出到楚国，后来又到宋国，公元前319年魏惠王死后，魏国改用公孙衍为相国，张仪离去，惠施重回魏国。梁：魏国曾迁都到大梁，又称梁。②遽（jù）：匆忙，仓促。③蒙蒙：迷茫不清的样子。

【译文】梁国的国相死了，惠子想到梁国去。过河时因为匆忙掉进河里，船夫救起他。船夫问："你这样匆忙想去哪？"惠子说："梁国没有了国相，我想去做他们的国相。"船夫说："你困在船上，没有我，你就淹死了。你怎能辅佐梁国？"惠子说："在船上，则我不如你；至于稳定国家、保全社稷，你与我相比，迷茫得就像一条未睁眼的狗！"

17-10西闾过东渡河，中流而溺，船人接而出之。问曰：

"今者子欲安之？"西闾过曰："欲东说诸侯王。"船人掩口而笑，曰："子渡河中流而溺，不能自救，安能说诸侯乎？"西闾过曰："无以子之所能相为伤也。子独不闻和氏之璧乎？价重千金，然以之间纺，曾不如瓦砖^①；随侯之珠^②，国之宝也，然用之弹（鹊）^③，曾不如泥丸；骐骥騄駬^④，倚衡负轭而趋^⑤，一日千里，此至疾也，然使捕鼠，曾不如百钱之狸；干将镆铘^⑥，拂钟不铮，试物不知，扬刃离金，斩羽契铁斧^⑦，此至利也，然以之补履，曾不如两钱之锥。今子持楫乘扁舟^⑧，处广水之中，当阳侯之波而临渊流^⑨，适子之所能耳。若试与子东说诸侯王，见一国之主，子之蒙蒙，无异夫未视之狗耳^⑩！"

【注释】①瓦砖：古代的纺锤。②随侯之珠：比喻珍贵的物品。西周时期，随国的诸侯见到一条巨蛇被砍伤，为其敷药治伤，后巨蛇以明珠报恩。故称随侯珠。③弹（鹊）：原文脱"鹊"字，据向宗鲁《校证》补。④骐骥騄駬（lù ěr）：古代两种骏马名，泛指良马。⑤倚衡负轭：指驾车。⑥镆铘（mò yé）：即莫邪，古代宝剑名。⑦契：通"栔"。用刀刻。⑧扁（piān）：原文作"偏"，据明钞本改。⑨阳侯：古代传说中的波涛之神，借指波涛。⑩此则原文接上，现依明钞本另起。

【译文】西闾过向东渡河，船到河流的中央时他掉进河里，船夫把他救起来。问他："现在你将去哪？"西闾过说："要去东方游说诸侯王。"船夫捂嘴而笑，说："你渡河掉进水中都不能自救，怎能游说诸侯王？"西闾过说："不要以你所擅长的来中伤别人。你难道没有听说过和氏璧吗？它虽然价值千金，但拿它纺纱，还不如纺锤；随侯珠虽然是国宝，但用它打鸟雀，还不如泥制的弹丸；骐骥騄駬虽然是良马，驾车奔跑可以日行千里，是最快的马，但让它捕鼠，还不如百钱的狸猫；干将莫邪虽然是宝剑，拂钟没有声响，试探物品没有知觉，挥动剑刃能使金属分离，可以斩断羽毛也可以削铁如泥，是最锋利的武器，但用它补鞋，还不如两钱的锥子。现在你在广阔的水面上持桨行船，迎着波涛，面临深渊，正适合你擅长的。如果你东去游说诸侯王，拜见一国之主，你的迷茫无知，与一条未睁眼的狗无异！"

17-11甘戊使于齐①，渡大河。船人曰："河水间耳②，君不能自渡，能为王者之说乎？"甘戊曰："不然，汝不知也。物各有短长。谨愿敦厚，可事主，不施用兵；骐骥騄駬，足及千里，置之宫室，使之捕鼠，曾不如小狸；干将为利，名闻天下，匠以治木，不如斤斧。今持楫而上下随流，吾不如子；说千乘之君、万乘之主，子亦不如戊矣。"

【注释】①甘戊：即甘茂，姬姓，甘氏，名茂，战国时期秦国下蔡（今安徽凤台）人，秦国名将。曾就学于史举，学百家之说，经张仪、樗（chū）里疾引荐于秦惠文王。公元前312年，逃到齐国，在齐国任上卿。公元前305年，为齐国出使楚国。秦王想让楚国送还甘茂，为楚所拒。后卒于魏国。②间：空隙，缝隙，这里指河面很窄。

【译文】甘戊出使齐国，渡过一条大河。船夫说："河水很窄，您自己都不能渡过去，怎能为君王去游说呢？"甘戊说："并非如此，你不明白。事物各有长短。谨慎忠厚的人，可以侍奉君王，但不

能带兵；骐骥骤駬，可以日行千里，把它们养在屋子里，让它们捉老
鼠，还不如一只小猫；干将是宝剑，名闻天下，木匠拿去做活，还不
如斧头。现在你划着船随波而行，我不如你；但游说千乘之君、万
乘之主，你便不如我了。"

17-12 今夫世异则事变，事变则时移，时移则俗易。是以
君子先相其土地而裁其器①，观其俗而和其风，总众议而定其
教。愚人有学远射者，参天而发②；已射五步之内，又复参天而
发。世以易矣，不更其仪③，譬如愚人之学远射。目察秋毫之
末者，视不能见太山④；耳听清浊之调者，不闻雷霆之声。何
也？唯其意有所移也。百人操觿⑤，不可为固结；千人谤狱，不
可为直辞；万人比非⑥，不可为显士⑦。

【注释】①裁：裁制。②参天：原文为"参矢"据向宗鲁《校
证》径改，下文同。③仪：法度，礼法。④太山：即泰山。⑤觿（xī）：
古同"觿"，古代一种解结的锥子。⑥非：通"诽"，诽谤，诋毁。⑦显
士：名士，名流。

【译文】现在世道不同则事理会有所改变，事理改变则会随
着时间推移，时间推移则民俗也会更改。所以君子要先观察土地
而后制造所需的工具，观察民俗而后才知道和合民风，收集众人
的意见而后决定施教的科目。有个学远射的愚人，对着天射箭；射
的箭在五步之内，又继续对着天射箭。世道已经变了，却不改变自
己的方法原则，就好比那愚人学习远射。眼睛能观察到细微的事
物，却看不到高大的泰山；耳朵能听清清音和浊音，却听不到雷霆

之声。为什么? 因为他的心思有所转移。百人拿着锥子,不能使绳结更加牢固;千人毁谤讼案,不会有公正的讼词;万人都一起诽谤某个人,这个人就不能成为名士。

17-13麋鹿成群,虎豹避之;飞鸟成列,鹰鸷不击;众人成聚,圣人不犯。腾蛇游于雾露,乘于风雨而行,非千里不止,然则暮托宿于鳅鳝之穴。所以然者何也? 用心不一也。夫蚯蚓内无筋骨之强,外无爪牙之利,然下饮黄泉,上垦晞土①。所以然者何也? 用心一也。

【注释】①晞土: 干土。

【译文】麋鹿成群,虎豹也要躲避;飞鸟成行,鹰鸷也不敢袭击;众人聚集,圣人也不会冒犯。腾蛇在雾露中遨游,乘风雨而飞,不飞千里不会停止,但夜晚却要在鳅鳝的洞穴中休息。为什么会是这样? 是因为用心不一。蚯蚓体内没有强健的筋骨,体外没有锐利的爪牙,但是它可以向下钻去饮地下的泉水,向上可以翻动干土。为什么会是这样? 是因为用心专一。

17-14聪者耳闻,明者目见。聪明形则仁爱著①,廉耻分矣。故非其道而行之,虽劳不至;非其有而求之,虽强不得。智者不为非其事,廉者不求非其有,是以远害而名章也②。《诗》云:"不忮不求③,何用不臧④?"此之谓也⑤。

【注释】①形：使之现形，显露，显示。②远害：原文为"远容"，《韩诗外传》作"远害"，"害"与"容"形近易误，径改。③忮（zhì）：嫉妒，忌恨。④臧：善，好。⑤此则原文接上，现依向宗鲁《校证》另起。

【译文】听力好的人是因为耳朵可以听到，视力好是因为眼睛可以看见。聪明显露则仁爱的品行就会显著，廉耻就会分明。所以不该走的道路而去走，即使辛劳也不能达到目的；不该拥有的东西而去追求，即使勉强也不会得到。聪明的人不去做不该做的事，廉洁的人不追求不该拥有的东西，因此可以远离灾祸而名声彰显。《诗经》上说："不嫉妒不贪求，什么行为会不吉利呢？"就是这个意思。

17-15 楚昭王召孔子①，将使执政，而封以书社七百（里）②。子西谓楚王曰③："王之臣用兵有如子路者乎？使诸侯有如宰予者乎④？长官五官有如子贡者乎⑤？昔文王处丰⑥，武王处镐⑦，丰镐之间，百乘之地，伐上杀主，立为天子，世皆曰圣王。今以孔子之贤，而有书社七百里之地，而三子佐之，非楚之利也。"楚王遂止。夫善恶之难分也，圣人独见疑，而况于贤者乎？是以圣贤罕合，谄谀常兴也。故有千岁之乱，而无百岁之治。孔子之见疑，岂不痛哉⑧！

【注释】①楚昭王（约前523—前489）：芈姓，熊氏，名壬，又名轸（珍），楚平王之子，公元前516年继位。②书社：古代二十五家为一社，将社内户口书于版籍，故称书社。七百里：原文无"里"字，据下文与《史记·孔子世家》补。③子西：即公子申，芈姓，熊氏，名申，楚平王庶子，任令尹。④宰予（前522—前458）：姬姓，宰氏，名予，字子我，春秋时期鲁国人，孔子弟子。⑤长官：掌管。五官：殷周时分掌政事的五个高级官职，分别为司徒、司马、司空、宗伯、司寇。子贡：即端木赐，字子贡，孔子的得意门生。⑥丰：西周国都，周文王建都于丰京，今在陕西长安西南沣河以西。⑦镐（hào）：周武王迁都至镐京，今在陕西长安西南沣河以东。⑧此则原文接上，现依明钞本另起。

【译文】楚昭王召见孔子，准备让他执政，并且封赏他七百里的土地。子西对楚王说，"大王的臣子中有打仗好比子路的人吗？出使诸侯有好比宰予的人吗？管理百官有好比子贡的人吗？从前文王建都于丰京，武王建都于镐京，丰京和镐京之间，只有百乘的土地，竟可以讨伐殷商杀死纣王，立为天子，世人都称为圣王。现在以孔子的贤德，又有七百里的土地，加上那三人辅佐他，不会对楚国有利。"楚王于是停止了这件事。善恶难以分辨，圣人还受人猜疑，更何况贤人呢？所以圣贤很少能遇到互相和合的人，谄媚阿谀却常常兴盛。因此世上有千年的祸乱，而没有百年的安宁。孔子遭受猜疑，怎不叫人悲痛呀！

17-16 鲁哀公问于孔子曰①："有智者寿乎？"孔子曰："然。人有三死而非命也者，人自取之。夫寝处不时，饮食不节，佚劳过度者②，疾共杀之；居下位而上忤其君，嗜欲无厌，而求不止者，刑共杀之；少以犯众，弱以侮强，忿怒不量力者，兵共杀之。此三死者非命也，人自取之。"《诗》云：'人而无仪，不死何为？'此之谓也。

【注释】①鲁哀公（？—前468）：姬姓，名将，鲁定公之子。
②佚劳：安逸与劳苦。

【译文】鲁哀公请教孔子说："有智慧的人会长寿吗？"孔子说："会。人有三种死因并不是命中注定的，而是自找的。不按时休息，不节制饮食，过度安逸和过度操劳，会死于各种疾病；在下位却忤逆君主，贪得无厌，不知满足的人，会死于各种刑罚；以少欺多，以弱辱强，愤怒又不自量力的人，会死于各种兵器。这三种死因都不是命中注定的，是自找的。"《诗经》上说："做人没有礼仪，不死还能做什么？"说的就是这个道理。

17-17孔子遭难陈、蔡之境，绝粮。弟子皆有饥色，孔子歌两柱之间，子路入见曰："夫子之歌礼乎？"孔子不应，曲终而曰："由，君子好乐为无骄也，小人好乐为无慑也。其谁知之子不我知而从我者乎？"子路不悦，援干而舞①，三终而出。及至七日，孔子修乐不休。子路愠见曰："夫子之修乐时乎？"孔子不应，乐终而曰："由，昔者，齐桓公霸心生于莒，勾践霸心生于会稽②，晋文公霸心生于骊氏③。故居不幽则思不远，身不约则智不广。庸知而不遇之？"于是兴，明日免于厄。子贡执辔曰："二三子从夫子而遇此难也，其不可忘已！"孔子曰："恶，是何（言）也④？语不云乎：三折肱而成良医。夫陈、蔡之间，丘之幸也。二三子从丘者，皆幸人也。吾闻人君不困不成王，列士不困不成行⑤。昔者，汤困于吕，文王困于羑里⑥，秦穆公困于殽⑦，齐桓困于长勺⑧，勾践困于会稽，晋文困于骊氏。夫困之为道，从寒之及暖，暖之及寒也。唯贤者独知，而难言之也。"《易》曰：'困，亨，贞，大人吉，无咎⑨。有言不信。'圣人所与人难言，信也。

【注释】①援干：援，原文误作"授"，据向宗鲁《校证》引卢文弨校改。干，盾牌。②会稽：古地名，绍兴的别称。③骊氏：即骊姬，或称丽姬，春秋时期骊戎国君之女，晋献公妃子，晋君奚齐的生母。她使计离间晋献公父子之间的感情，害死太子申生，又迫使重耳、夷吾逃亡，改立奚齐为太子，史称"骊姬之乱"。后被里克所杀。④何（言）："言"字原文脱，据卢文弨校补。⑤列士：烈士。有志于建功立业之士。⑥羑（yǒu）里：古地名，又称羑都，在今河南省安阳市汤阴县北，为商纣囚禁周文王的地方。⑦殽（yáo）：山名，今在河南新安至陕西潼关一带。⑧长勺：地名，在今山东莱芜东北。公元前684年，齐鲁两国交战于长勺，最后以齐国失败而告终，史称"长勺之战"。⑨无咎：无灾祸，无过失。

【译文】孔子在陈、蔡两国遭遇困厄，断了粮食。弟子都面带饥色。孔子却站在两根柱子之间唱歌，子路进去见到孔子说："先生在这时唱歌合乎礼法吗？"孔子没有回答，曲子结束才说："仲由啊，君子喜欢音乐是因为不会骄奢，小人喜欢音乐是因为没有敬畏。有谁知道你不了解我而跟随我呢？"子路不高兴，拿着盾牌舞蹈，三遍曲子结束才出去。到了第七天，孔子仍旧修习音乐没有停歌，子路带着怨气面见孔子说："先生在这时修习音乐合适吗？"

孔子没有回答，音乐结束才说："仲由啊，从前，齐桓公在莒地起了称霸的雄心，勾践在会稽起了称霸的雄心，晋文公因骊姬进谗起了称霸的雄心。所以不处在困境则思虑就不会深远，自身不受约束则智慧就不会广博。你怎么知道一定不会遇到时运呢？"于是就站起来，次日便脱离了困境。子贡手持缰绳说："我们跟随先生而遭受这场灾难，不能忘记啊！"孔子说："唉，这是什么话？俗语不是说吗：手臂多次骨折才能成为良医。陈、蔡之间的困厄，让我感到幸运。你们跟随我的人，都是幸运的人。我听闻君王不受困厄不能成就王道，有志于建功立业的人不受困厄不能成就自身的操行。从前，商汤困于吕邑，文王困于羑里，秦穆公困于崤山，齐桓公困于长勺，勾践困于会稽，晋文公受困于骊姬。至于困厄的道路，从寒到暖，又从暖到寒。只有贤者才会知晓，而难于言表。"《周易》上说："困卦，亨通，端方正直，这样的人终会吉祥，没有灾祸。但言论不会有人相信。"圣人的心里话有时也难以向人说明，也就可信了。

17-18孔子困于陈、蔡之间，居环堵之内^①，席三经之席^②，七日不食，藜羹不糁^③，弟子皆有饥色。读《诗》《书》，治《礼》不休。子路进谏曰："凡人为善者，天报以福；为不善者，天报以祸。今先生积德行，为善久矣。意者尚有遗行乎^④？奚居（之）隐也^⑤？"孔子曰："由，来！汝不知，坐，吾语汝。子以夫知者为无不知乎，则王子比干何为剖心而死？以谏者为必听耶，伍子胥何为抉目于吴东门？子以廉者为必用乎，伯夷、叔齐何为饿死于首阳山之下？子以忠者为必用乎，则鲍庄何为而肉枯？荆公子高终身不显⑥，鲍焦抱木而立枯⑦，介子推登山焚死⑧？故夫君子博学深谋，不遇时者众矣，岂独丘哉？贤、不肖者，才也；为、不为者，人也；遇、不遇者，时也；死、生者，命也。有其才不遇其时，虽才不用。苟遇其时，何难之有？故舜耕历山，而陶于河畔⑨，立为天子，则其遇尧也。傅说负壤土⑩，释板筑⑪，而佐天子⑫，则其遇武丁也。伊尹⑬，有莘氏媵臣也，负鼎俎⑭，调五味，而佐天子，则其遇成汤也。吕望行年五十，卖食于棘津⑮，行年七十，屠牛朝歌，行年九十，为天子师，则其遇文王也。管夷吾束缚胶目⑯，居槛车中，自车中起为仲父，则其遇齐桓公也。百里奚自卖取五羊皮，（为）伯氏牧羊⑰，以为卿大夫，则其遇秦穆公也。沈尹名闻天下，以为令尹，而让孙叔敖，则其遇楚庄王也。伍子胥前多功，后戮死，非其智益衰也，前遇阖庐，后遇夫差也。夫骥厄罢盐车，非无骥状也，夫世莫能知也。使骥行王良、造父，骥无千里之足乎？芝兰生深林，非为无人而不香。故学者非为通也，为穷而不困也，忧（而志）不衰也⑱，先知祸福之始而心不惑也⑲。圣人之深念，独知独见。舜亦贤圣矣，南面治天下，唯其遇尧也。使舜居桀纣之世，能自免于刑戮固可也，又何官得治乎⑳？夫桀杀关龙逢㉑，而纣杀王子比干，当是时，岂关龙逢无知而比干无惠哉？此桀纣无道之世然也。故君子疾学㉒，修身端行，以须其时也。"

【注释】①环堵：四周环着每面一方丈的土墙。形容狭小、简陋的居室。②三经：指《周易》《诗经》《礼记》等经典。③糁（sǎn）：米粒。④遗行：失检之行为，品德有缺点。⑤奚居（之）隐也：原文脱"之"，据卢文弨校本补。⑥荆公子高：姓沈，名诸梁，芈姓，沈尹氏，字子高。大夫沈尹戌之子，封地在叶邑（今河南省叶县南），又称叶公子高。⑦鲍焦：周朝时期隐士，因不满时政，廉洁自守，遁入山林，抱树而死。与介子推齐名。⑧介子推（？—前636）：又名介之推、介推，后人尊为介子，春秋时期晋国人，曾与重耳出逃，因没有粮食，他"割股奉君"，重耳即位后赏不及子推，于是隐绵山，重耳醒悟后，求人心切，为逼其下山，下令三面烧山。介子推抱树而死。⑨陶：原文误作"逃"，《史记·五帝本纪》："舜耕历山，渔雷泽，陶河滨，作什器于寿丘，就时于负夏。"此据以径改。⑩傅说：殷商时期著名政治家、军事家，辅佐殷商高宗武丁安邦治国。傅说本无姓或氏，因是在傅岩（今山西平陆东）筑墙的奴隶。所以赐姓傅。⑪板筑：在筑土墙时，用两版夹土，用杵把土捣结实。⑫而佐天子：原文"而"字下有"立"字，此由上文"立为天子"之"立"而衍，下文"而佐天子"正无"立"此据删。⑬伊尹：姒姓，伊氏，名挚，商朝开国功臣。用"以鼎调羹""调和五味"的理论治理天下。⑭鼎俎（zǔ）：鼎和俎。古代祭祀、燕飨时陈置牲体或其他食物的礼器。这里指炊具。⑮棘津：古代黄河津渡名。在今河南省延津县东北。相传周文王师吕望（姜子牙）未遇时曾卖食于此。⑯管夷吾（？—前645）：即管仲，名夷吾，字仲，又称管敬仲，颍上（今安徽颍上县）人。春秋时期齐国主政之卿，是我国古代著名的政治家、军事谋略家。⑰（为）伯氏牧羊：原文脱"为"字，据卢文弨校本引《韩诗外传》补。伯氏，指秦穆公。⑱忧（而志）不衰也："而志"二字原文脱，依卢文弨校据《韩诗外传》校改。⑲先：原文作"此"据卢文弨依

《韩诗外传》校改。⑳官：通"管"，管制，管理。㉑关龙逢：夏桀时期大臣。因为进谏忠言而被杀，是中国历史上第一位名相。㉒疾学：努力学习。

【译文】孔子在陈、蔡两国遭遇困厄，住在四面土墙的陋室里，睡在经典铺成的席子上，七天没有进食，藜菜羹里都没有米，弟子都面带饥容。但他依旧没有停止读《诗》《书》，研习《礼》。子路劝谏说："但凡人做了善事，上天会以福运回报他；做了恶事，上天会以殃祸回报他。如今先生积德行善很久了，或许品行上还有缺失吧？为什么还会这么穷困呢？"孔子说："仲由，过来！你不了解，坐下，我来告诉你。你认为聪明的人就是无所不知的吗，那王子比干为何会剖心而死？你认为劝谏别人就一定会听吗，那伍子胥为何会挖去眼睛挂在吴国东城门上？你认为廉洁的人一定会得到重用吗，那伯夷、叔齐为何会饿死在首阳山下？你认为忠心的人一定会得到重用吗，那鲍庄为何肉枯？为何荆公子高终生没有显达，鲍焦抱树而死，介子推登山自焚？所以君子博学深谋，不遇时机的人有很多，怎会只有我孔丘呢？贤或不肖，在于德才；做或不做，在于人为；遇或遇不到机会，在于时机；死或生，在于命运。有才学但不得机遇，即使有才也不能施展。如果遇到时机，施展才华怎会有困难？舜曾在历山耕种，在河边制作陶器，后来成为天子，那是因为遇到了尧。傅说背土筑墙，后来免除奴役而辅佐天子，那是因为遇到了武丁。伊尹原是有莘氏陪嫁的臣仆，背着炊具，调和味道，后来辅佐天子，那是因为遇到了成汤。吕望五十岁了，在棘津卖吃食，七十岁在朝歌宰牛，九十岁才做天子的老师，那是因为遇到了周文王。管夷吾蒙住眼睛绑在囚车里，在囚车中得到起用称为仲父，那是因为遇到了齐桓公。百里奚以五张羊皮把自己卖给别人，为伯氏放羊，后来任卿大夫，那是因为遇到了秦穆公。沈尹名闻天下，已经就任令尹，但让位给孙叔敖，那是因为遇到了楚庄王。伍子胥起初立下许多功劳，后来遭到杀害，不是他的智慧日益衰退，而是因为先遇到了阖庐，后遇到了夫差。千里马因拉盐车遭受困厄，不是没有千里马的外表，而是世人不知道啊。假如千里马遇到王良、造父，怎会没有奔驰千里的脚力呢？芝兰长在深林里，不会因为无人欣赏而没有芳香。所以读书人不是为了通达，而是为了在贫穷时不会困顿，在忧患时志向不会衰退，预知祸福的开端而内心就不会迷惑。圣人的深思熟虑，会有独到的见解。舜也是圣贤，可以在南面治理天下，只因他遇到了尧。假如舜生活在桀纣的时代，能够自保免于杀害就不错了，又怎会治理天下呢？桀杀了关龙逢，商纣王杀了王子比干，在当时，怎会是关龙逢无知，比干愚钝呢？这是桀纣的无道之世造成的。所以君子努力学习，修身正行，等待时机的到来。"

17-19 孔子之宋，匡简子将杀阳虎①，孔子似之，甲士以围孔子之舍。子路怒，奋戟将下斗。孔子止之，曰："何仁义之不免俗也？夫《诗》《书》之不习，《礼》《乐》之不修也，是丘之过也。若似阳虎，则非丘之罪也。命也夫！由歌，予和汝②。"子路歌，孔子和之，三终而甲罢。

【注释】①匡：《左传》《战国策》记载为春秋时期宋地，今在河南省睢县城西，《孔子家语》《庄子》记载为春秋时期卫地，今在河南省长垣西南。阳虎：姬姓，阳氏，名虎，一名货。为春秋时期鲁国季孙氏的家臣，之后逃到齐国，再投奔晋国。②和：应和，跟着唱。

【译文】孔子要到宋国去，匡地的简子要杀了阳虎，孔子长得像阳虎，于是军队包围了孔子的住所。子路大怒，奋起拿着长戟准备去决斗。孔子阻止他，说："为何仁义的人也不能免俗呢？《诗》《书》不学，《礼》《乐》不修，这是我的过错。至于长得像阳虎，这就不是我的过错了。这是命啊！仲由，你来唱歌，我来应和。"子路便唱起歌来，孔子应和着，唱了三遍，军队就撤走了。

17-20孔子曰："不观于高岸，何以知颠坠之患？不临深渊，何以知没溺之患？不观于海上，何以知风波之患？失之者其不在此乎？士慎三者，无累于人。"

【译文】孔子说："不站在高岸上观望，怎会知道坠落的灾祸？不临近深渊，怎会知道沉溺的灾祸？不在海上观望，怎会知道风浪的灾祸？失误的原因不就是这些方面吗？士人慎重对待这三点，就不会牵累他人了。"

17-21曾子曰："响不辞声，鉴不辞形①。君子正一②，而万物皆成。夫形非为影也③，而影随之。呼非为响也，而响和之。故君子功先成而名随之。"

【注释】①鉴：古代用青铜制成的镜子。②正一：纯真之一。道家认为"一"为世界万物之本，永恒不变。③形：原文误作"行"，乃音误，径改。

【译文】曾子说："回声离不开原声，镜子的影子离不开原形。君子纯真正心，万物皆会成功。原形不是为了影子，而影子总会跟随。呼唤不是为了回声，而回声自会应和。所以君子先成就事业而名声自会跟随。"

17-22 子夏问仲尼曰①："颜渊之为人也，何若？"曰："回之信，贤于丘也。"曰："子贡之为人也，何若？"曰："赐之敏，贤于丘也。"曰："子路之为人也，何若？"曰："由之勇，贤于丘也。"曰："子张之为人也②，何若？"曰："师之庄，贤于丘也。"于是子夏避席而问曰："然则四（子）者何为事先生③？"曰："坐，吾语汝。回能信，而不能反④；赐能敏，而不能屈；由能勇，而不能怯；师能庄，而不能同。兼此四子者，丘不为也⑤。"夫所谓至圣之士，必见进退之利、屈伸之用者也。

【注释】①子夏（前507—前420）：即卜子夏，姓卜名商，春秋时期晋国人（一说为卫国人），孔子的学生，"孔门十哲""七十二贤"之一。年少家贫，苦学而入仕，曾任鲁国太宰。②子张（前503—？）：即颛（zhuān）孙师，字子张，孔门弟子之一。春秋时期陈国阳城（今河南登封）人。③四（子）者：原文作"四者"，脱"子"字，据下文径改。④反：通"返"，这里指处世变通。⑤不为：不做，不干，这里意为不满足。

【译文】子夏请教仲尼："颜渊的为人如何？"仲尼说："颜回守信，比我要好。"子夏又请教："子贡的为人如何？"仲尼说："端木赐勤敏，比我要好。"子夏又请教："子路的为人如何？"仲尼说："仲由勇敢，比我要好。"子夏又请教："子张的为人如何？"仲尼说："颛孙师庄严，比我要好。"于是子夏离席请教仲尼说："这四人为什么会拜先生为师？"仲尼说："坐下，我来告诉你。颜回懂得诚信，却不懂变通；端木赐知晓勤敏，却不会谦逊；仲由虽然勇敢，却不知退怯；颛孙师虽然庄严，却不懂随众。同时具备这四人的长处，我也不知足啊。"所谓至圣的人，一定是知晓进退、能屈能伸的人。

17-23东郭子惠问于子贡曰："夫子之门，何其杂也？"子贡曰："夫隐括之旁多枉木①，良医之门多疾人，砥砺之旁多顽钝②。夫子修道以俟天下③，来者不止，是以杂也。"《诗》云："菀彼柳斯④，鸣蜩嘒嘒⑤；有漼者渊⑥，莞苇淠淠⑦。"言大者之旁无所不容。

【注释】①隐括：用以矫正邪曲的器具。②砥砺：磨刀石。顽钝：钝刀。③俟：等待。④菀：草木茂盛的样子。⑤蜩（tiáo）：蝉。嘒嘒（huì）：象声词。蝉鸣声。⑥漼（cuǐ）：水深的样子。⑦莞（guǎn）：长穗的芦苇。淠淠（pì）：茂盛貌。

【译文】东郭子惠请教子贡说："孔子的门下为什么会这么混杂？"子贡说："矫正邪曲的器具旁多有弯木，良医门前多有病人，磨刀石旁多有钝刀。先生修习学问等待天下人，来求学的人不会停止，所以门下混杂。"《诗经》上说："葱郁的柳树上，蝉嘒嘒地叫着。深邃的潭水边，长着茂盛的芦苇。"这是说广大事物的周围无所不容。

17-24昔者南瑕子过程本子^①，本子为烹鲵鱼^②。南瑕子曰："吾闻君子不食鲵鱼。"程本子曰："乃君子否，子何事焉？"南瑕子曰："吾闻君子上比，所以广德也；下比，所以狭行也。（比于善，自进之阶也；比）于恶^③，自退之原也。《诗》云：'高山仰止，景行行止。'吾岂敢以自为君子哉？志向之而已。"孔子曰："见贤思齐焉，见不贤而内自省。"

【注释】①程本子：姓程名本，字子华，春秋时期晋（今邢台市内丘县）人。自号程子。赵简子为政，许给他爵位，程本不肯就职，便离开去了齐国，更称子华子。后年老归晋，隐居不仕。程本思想以道家为主，兼以儒家的内容，著有《子华子》，在程本死后，编离简断，弟子门人把残简缀连起来，又写下自己的见闻，共二十四篇，经刘向校定，流传至今。本：原文误作"太"，据《韩诗外传》与卢文弨校改。下文同此。②鲵鱼：即娃娃鱼。③"比于"及后七字：原文脱此九字，据向宗鲁《校证》依卢文弨校引《韩诗外传》补。

【译文】从前南瑕子拜访程本子，程本子为他烹煮鲵鱼。南瑕子说："我听闻君子不吃鲵鱼。"程本子说："是君子不吃，你又何必学习君子呢？"南瑕子说："我听说君子向上比，则会德行宽厚；向下比，则会品行狭隘。与善相比，是自己前进的阶梯；与恶相比，是自己后退的根源。《诗经》上说：'高山是可以仰望到的，崇高的德行是可以做到的。'我怎么敢以君子自居？不过立志向往罢了。"孔子见到品行好的人就向他看齐，看见品行不好的人就要自我反省。"

17-25孔子观于吕梁①,悬水四十仞,环流九十里,鱼鳖不能过,鼋鼍不敢居。有一丈夫方将涉之。孔子使人并崖而止之曰:"此悬水四十仞,环流九十里,鱼鳖不敢过,鼋鼍不敢居,意者难可济也?"丈夫不以错意②,遂渡而出。孔子问:"子巧乎?且有道术乎?所以能入而出者何也?"丈夫对曰:"始吾入,先以忠信;吾之出也,又从以忠信。忠信错吾躯于波流③,而吾不敢用私。吾所以能入而复出也。"孔子谓弟子曰:"水而尚可以忠信义久而身亲之④,况于人乎?"

【注释】①吕梁:水名,也称吕梁洪。在今江苏省徐州市东南五十里。②错意:在意,注意。③错:通"措",安置。④义久:二字疑为衍文,义不可通。

【译文】孔子观赏吕梁洪,瀑布有四十仞高,流水环绕九十里,鱼鳖不敢游过去,鼋鼍不敢停留。有一男子正要涉水过去。孔子派人走到悬崖边阻止他说:"这瀑布有四十仞高,流水环绕九十里,鱼鳖不敢游过去,鼋鼍不敢停留,想来是难以渡过的?"男子并不在意,就这样渡过去了。孔子问他:"你有什么技巧吗?或是有什么道术?为什么能在水中出入呢?"男子答:"我开始入水,是以心中的忠信;我出来时,也是以心中的忠信。忠信使我置身在波涛之中,而我不敢有私心。所以我可以入水又可以出来。"孔子对弟子说:"在水里尚且能以忠信仁义而长久亲近它,何况人呢?"

17-26子路盛服而见孔子，孔子曰："由，是襜襜者何也①？昔者江水出于岷山②，其始也，大足以滥觞③。及至江之津也④，不方舟⑤，不避风，不可渡也。非唯下流众川之多乎？今若衣服甚盛⑥，颜色充盛，天下谁肯加若者哉⑦？"子路趋而出，改服而入，盖自如也。孔子曰："由，记之，吾语若：贲于言者⑧，华也；奋于行者，伐也⑨；夫色智而有能者⑩，小人也。故君子知之为知之，不知为不知，言之要也。能之为能（之）⑪，不能为不能，行之要也⑫。言要则知，行要则仁。既知且仁，夫有何加矣哉？"《诗》曰⑬："汤降不迟，圣敬日跻⑭。"此之谓也。

【注释】①襜襜（chān）：盛装貌。②岷山：中国西部大山。位于四川松潘县北，绵延于四川、甘肃两省边境。③滥觞：浮起酒杯。指水流极小，仅能浮起一个酒杯。④津：渡口。⑤方舟：两船相并。⑥若：你。⑦加：益处，好处。⑧贲（bì）：装饰。⑨伐：自夸。⑩色智：因有才智而流露的骄矜神色。⑪能之为能（之）：后一"之"字原文脱，依向宗鲁《校证》与文例及《韩诗外传》补。⑫行之要：原文作"行之至"，卢文弨以为当依下文例及《韩诗外传》作"行之要"，此径改。⑬《诗》：原文"诗"上原文有"由"字，向宗鲁《校证》以为衍文，其说可从，此径删。⑭跻（jī）：升。

【译文】子路衣着华丽去见孔子，孔子说："仲由，你衣着这样华丽做什么？从前长江发源于岷山，源头的水流仅能浮起酒杯。到了渡口，不能并列船只，不避风势，是渡不过去的。不仅仅是因为下游有众多的河流？现在你衣着如此华丽，颜色如此鲜艳，天下谁还会对你有益处呢？"子路连忙出去，换了衣服再进来，一幅很自在的样子。孔子说："仲由，你记住，我告诉你：修饰言辞的人，这是浮华；喜欢表现的人，这是自夸；把才智和能力流露在外的人，这是小人。所以君子知道就是知道，不知道就是不知道，这是言语的要领。能就是能，不能就是不能，这是行为的要领。言语的要领就是智，行为的要领就是仁。即有智又有仁，还有什么能增益的呢？"《诗经》上说："商汤的降生顺应天时，圣明恭敬的德行日益提升。"就是这个意思。

17-27子路问孔子曰："君子亦有忧乎？"孔子曰："无也。君子之修其行，未得，则乐其意；既已得，又乐其知。是以有终生之乐，无一日之忧。小人则不然，其未之得，则忧不得；既已得之，又恐失之。是以有终身之忧，无一日之乐也。"

【译文】子路请教孔子说："君子也会有忧虑吗？"孔子说："没有。君子修养他的德行，没有达到时，就为追求其中的意趣而高兴；已经达到时，就为自己所获得的知识而高兴。所以有终身的乐趣，而没有一天的忧虑。小人则不是这样，当他没有达到时，就担忧得不到；已经达到了，又害怕会失去。所以有终身的忧虑，而没有一天的乐趣。"

17-28孔子见荣启期①，衣鹿皮裘，鼓瑟而歌。孔子问曰："先生何乐也？"对曰："吾乐甚多：天生万物，唯人为贵，吾既已得为人，是一乐也；人以男为贵，吾既已得为男，是二乐也；人生（有）不免襁褓（者）②，吾年已九十五，是三乐也。夫贫者，士之常也；死者，民之终也。处常待终，当何忧乎？"

【注释】①荣启期（前595—前500）：字昌伯，春秋时期郕国（今山东宁阳县东北一带）人，因对孔子自言得三乐成为美谈：为人，又为男子，又行年九十五。后常为知足自乐之典。②人生有不免襁褓者：原文作"人生不免襁褓"，此据刘文典《说苑斠补》并《列子》《孔子家语》补。

【译文】孔子见到荣启期，衣着鹿皮做的外衣，弹着瑟唱歌。孔子问他说："先生为什么这样快乐？"答："我快乐的事有很多：天生万物，唯有人最为尊贵，我已得为人身，这是第一件快乐的事；人当中又以男子为最为尊贵，我已是男子，这是第二件快乐的事；有的人在襁褓时便会夭折，我已经九十五岁了，这是第三件快乐的事。贫穷，是士人的常事；死亡，是人生的终点。处在常事中等待着人生的终点，还有什么担忧的呢？"

17-29 曾子曰："吾闻夫子之三言，未之能行也。夫子见人之一善，而忘其百非，是夫子之易事也。夫子见人有善，若已有之，是夫子之不争也。闻善必躬亲行之，然后道之①，是夫子之能劳也。夫子之能劳也，夫子之不争也，夫子之易事也，吾学夫子之三言而未能行。"

【注释】①道：同"导"，引导。

【译文】曾子说:"我听闻老师的三句教诲,我还没有做到。老师看到别人一个善行,便忘了他所有的不是,这样老师很容易相处。老师看到别人做了善事,好像自己做过一样,这样老师不与人相争。听到善的道理一定会亲身力行,然后再去教导别人,这样老师能吃苦耐劳。老师的吃苦耐劳,老师的不与人相争,老师的容易相处,我学习老师的这三点却没能做到。"

17-30孔子说:"回①,若有君子之道四:强于行己②,弱于受谏③,怵于待禄④,慎于持身。"

【注释】①回:即颜回,孔子的弟子,字子渊。春秋时期鲁国人。②行己:立身行事。③弱:柔顺,柔弱,这里引申为容易。④待:通"持"。

【译文】孔子说:"颜回,你有君子的四种德行:严格要求自己的立身行事,易于接受劝谏,对做官感到害怕,谨慎对待自身言行。"

17-31仲尼曰:"史鱼酋有君子之道三①:不仕而敬上,不祀而敬鬼,直能曲于人。"

【注释】①史鱼酋:字子鱼,春秋时期卫国人,为人止直,生前没有说服卫灵公,死后还以尸谏卫灵公。

【译文】仲尼说:"史鱼酋有君子的三种德行:不做官但能尊敬长上,不祭祀但能敬重鬼神,正直又能承受委屈。"

17-32孔子曰："丘死之后,商也日益①,赐也日损。商也好与贤己者处,赐也好说不如己者②。"

【注释】①商:即卜商,字子夏,春秋时期晋国人(一说为卫国人),又称"卜子"或"子夏",孔子弟子。②说:同"悦"。

【译文】孔子说:"我死以后,卜商日渐进步,端木赐日渐退步。卜商喜欢和比自己贤德的人相处,而端木赐喜欢不如自己的人相处。"

17-33孔子将行,无盖。弟子曰:"子夏有盖,可以行。"孔子曰:"商之为人也,甚短于财。吾闻与人交者,推其长者,违其短者,故能久长矣。"

【译文】孔子将要出门,没有伞。学生说:"子夏有伞,借他的伞可以出门。"孔子说:"卜商的为人,在财物方面很吝啬。我听闻与人交往,要推举他的长处,避开他的短处,才能长久。"

17-34子路(将)行①,辞于仲尼,曰:"敢问新交取亲若何②?言寡可行若何?长为善士而无犯若何?"仲尼曰:"新交取亲,其忠乎?言寡可行,其信乎?长为善士而无犯,其礼乎!"

【注释】①(将)行:原文"将"字脱,据《孔子家语·子路初见》径补。②新交:新结交的朋友。

【译文】子路将要出门,辞别孔子,说:"请问如何在新交的朋友中获得信任呢? 如何少说话又能落实呢? 如何长久做好人而不犯错误呢? "孔子说:"在新交的朋友中获得信任,要看他是否忠诚? 少说话又能落实,看他是不是守信? 长久做好人而不犯错误,要看他做的是否合乎礼法!"

17-35子路将行, 辞于仲尼。曰①:"赠汝以车乎? 以言乎? "子路曰:"请以言。"仲尼曰:"不强不远, 不劳无功, 不忠无亲, 不信无复, 不恭无礼。慎此五者, 可以长久矣②。"

【注释】①曰:《孔子家语》正作"子曰"。译文从之。②此则原文接上, 现依明钞本另起。

【译文】子路将要出门, 向孔子辞行。孔子说:"以车相赠? 还是以言相赠呢? "子路说:"请以言相赠。"孔子说:"不自强就不能行远, 不勤劳就不会成功, 不忠诚就无人亲近, 不守信就没有回报, 不恭敬便是无礼。慎重对待这五件事, 便能长久了。"

17-36曾子从孔子于齐, 齐景公以下卿礼聘曾子①, 曾子固辞, 将行, 晏子送之, 曰:"吾闻君子赠人以财, 不若以言。今夫兰本三年②, 湛之以鹿醢③, 既成, 则易以匹马。非兰本美也, 愿子详其所湛, 既得所湛, 亦求所湛。吾闻君子居必择处, 游必择士。居必择处, 所以求士也; 游必择士, 所以修道也。吾闻反常移性者, 欲也, 故不可不慎也④。"

【注释】①齐景公(? —前490):姜姓, 吕氏, 名杵臼, 齐灵公之子,春秋时期齐国君主。②兰本:兰草的根。③湛(jiān):浸泡,浸渍。醢(hǎi):鹿肉酱。④不慎:原文误作"不惟",径改。

【译文】曾子跟随孔子到了齐国,齐景公以下卿的礼节聘用曾子,曾子坚决推辞,将要离开时,晏子送他,说:"我听说君子赠人以财,不如赠人以言。现在有一棵长了三年的兰花根,把它浸在鹿肉酱里,浸制成功后,可以换来一匹马。这不是兰花根很好,希望你能了解它是用什么浸制的,已经知道用什么浸制的,就要寻找浸制的方法。我听说君子在居住时必定要选择处所,交游时必定要选择贤士。居住时选择处所,是为了寻找贤士;交游时选择贤士,是为了修养德行。我听闻违反常理改变性格的,是欲望,所以不可不慎重。"

17-37孔子曰:"中人之情①,有余则侈,不足则俭;无禁则淫,无度则失②,纵欲则败。饮食有量,衣服有节,宫室有度,畜聚有数③,车器有限,以防乱之源也。故夫度量不可不明也④,善教不可不听也⑤。"

【注释】①中人:一般人,中等人。②失:通"佚"。淫佚,放荡,放纵。③畜聚:积储,积累。④度量:限度,法规,法则。⑤善教:原文作"善欲"语意不明,日人关嘉引太室曰:"善欲当作善教。"此说可从,径改。

【译文】孔子说:"一般人的性情,钱财有余就会奢侈,不足就会节俭;没有禁令就会淫乱,没有限度就会放纵,放纵欲望就会覆亡。饮食要有定量,穿衣要有节制,住所要有限度,积储财物要有定数，车马器具有限制，以杜绝祸乱的源头。所以法则不可不明确，好的教诲不可不听从。"

17-38孔子曰："巧而好度必工，勇而好同必胜，知而好谋必成。愚者反是。夫处重擅宠，专事妒贤，愚者之情也，志骄傲而轻旧怨。是以位尊则必危①，任重则必崩，擅宠则必辱。"

【注释】①位尊：二字原文倒，据《荀子·仲尼》乙正。

【译文】孔子说："灵巧又善于度量必定精工，勇敢又善于合作必定胜利，聪明又善于谋划必定成功。愚人则相反。处于重要的位置独受宠信，专权做事妒忌贤能，这都是愚人的本性。得志骄傲就会轻视仇怨。所以地位尊贵则必定会有危险，责任重大则必定会垮台，独受宠信则必定会遭到屈辱。"

17-39孔子曰："鞭扑之子①，不从父之教；刑戮之民，不从君之政。言疾之难行。故君子不急断，不意使，以为乱源。"

【注释】①鞭扑：用作刑具的鞭子和棍棒。也指用鞭子或棍棒抽打。

【译文】孔子说："挨打的孩子，不会听从父亲的教诲；受到刑罚的百姓，不会服从君王的政令。这是说心急则难以实行。所以君子不会急于判定，不会随意支使别人，以避免成为祸乱的根源。"

17-40孔子曰:"终日言,不遗己之忧;终日行,不遗己之患。唯智者有之。故恐惧所以除患也,恭敬所以越难也。终身为之,一言败之,可不慎乎①?"

【注释】①此则原文接上,现依明抄本另起。

【译文】孔子说:"终日言语,不给自己留下忧患;终日行事,不给自己留下灾祸。唯有聪明人才会这样,所以心怀恐惧是为了免除祸患,心存恭敬是为了度过灾难。一生在做的事情,一句话就可以失败,怎可不谨慎呢?"

17-41孔子曰:"以富贵为人下者,何人不与?以富贵敬爱人者,何人不亲?众言不逆,可谓知言矣。(言而)众向之①,可谓知时矣。"

【注释】①(言而)众向之:原文"言而"二字脱,现依《孔子世家·六本》补。

【译文】孔子说:"富贵但能屈居人下的人,谁不会和他结交?富贵但能敬爱他人的人,谁不会和他亲近?不会违逆众多的言论,可以说是知晓如何说话了。所说的言辞众人都能向着他,可以说是知晓时势了。"

17-42孔子曰:"夫富而能富人者,欲贫而不可得也。贵而能贵人者,欲贱而不可得也。达而能达人者,欲穷而不可得也。"

【译文】孔子说："自己富足也能富足别人的人，不可能贫困。自己尊贵也能尊贵别人的人，不可能低贱。自己通达也能通达别人的人，不可能穷苦。"

17-43仲尼曰："非其地而树之，不生也；非其人而语之，弗听也。得其人，如聚沙而雨之；非其人，如聚聋而鼓之。"

【译文】仲尼说："在不适合的土地上种植，是不会生长的；和不适合的人交流，是不会听的。遇到适合的人，如同聚集沙土而后再浇水；遇不到适合的人，如同集合聋子而后击鼓给他们听。"

17-44孔子曰："船非水不可行，水入船中则其没也，故曰君子不可不严也，小人不可不闲也①。"

【注释】①闲：防止，防备。此字原文作"闭"，依向宗鲁《校证》据程荣本改。

【译文】孔子说："船不在水中就不能行驶，但水进船里则会沉没，所以说君子不可不严谨，小人不可不提防。"

17-45孔子曰："依贤固不困，依富固不穷，马蚿斩而复行者何①？以辅足众也。"

【注释】①马蚿（yán）：即马陆，也叫千足虫、千脚虫、秤杆虫。属于无脊椎动物。

【译文】孔子说:"依靠贤能固然不会困顿,依靠富人固然不会穷乏,为什么马陆的身体斩断了还能继续爬行?因为辅助的脚有很多啊。"

17-46孔子曰:"不知其子,视其所友;不知其君,视其所使。"又曰:"与善人居,如入兰芷之室,久而不闻其香,则与之化(矣)①。与恶人居,如入鲍鱼之肆②,久而不闻其臭,亦与之化矣。故曰丹之所藏者赤③,乌之所藏者黑④。君子慎所藏。"

【注释】①化:感化,转变人心。矣:原文脱,据明抄本补。②鲍鱼之肆:卖咸鱼的店铺。③丹:朱砂。④乌:这里指煤炭。

【译文】孔子说:"不了解一个人,就看他交往的朋友;不了解某位君王,就看他任用的臣子。"孔子又说:"与善人在一起,如同进入了有兰芷的房间里,时间久了就闻不出香味,因为你受到它的转化。与恶人在一起,如同进入了卖咸鱼的店铺,时间久了就闻不出臭味,因为你也受到了它的转化。所以说放朱砂的地方是红色的,放煤炭的地方是黑色的。君子要谨慎对待自己身处的环境。"

17-47子贡问曰:"君子见大水必观焉,何也?"孔子曰:"夫水者,君子比德焉:遍予而无私,似德;所及者生,似仁;其流卑下,句倨皆循其理①,似义;浅者流行,深者不测,似智;其赴百仞之谷不疑,似勇;绰弱而微达②,似察;受恶不让,似

（贞）③；包蒙不清以入④，鲜洁以出，似善化；主量必平⑤，似正；盈不求概⑥，似度；其万折必东，似意。是以君子见大水观焉尔也。"

【注释】①句倨：弯曲，曲折。②绵：原文误作"绵"，此依卢文弨校语改。③贞：此字原文脱，依向宗鲁《校证》据《大戴礼记》补。④包蒙：包容，容纳。⑤主：灌入。通"注"原文作"至"，此从卢文弨校改。⑥概：量米粟时刮平斗斛用的木板。这里引申为刮平，不使过量。

【译文】子贡请教孔子说："君子见到大水一定会观赏，为什么？"孔子说："水，君子用来比喻德行：它普遍地施予而没有私心，好比恩德；所到之处万物生长，好比仁爱；它流向低处，蜿蜒曲折都遵循一定的规律，好比义理；它地处浅的地方则会流动，地处深的地方则不可测量，好比智慧；它流向百仞的峡谷却毫不犹豫，好比勇敢；它虽柔弱却无微不至，好比明察；接受污秽而不拒绝，好比坚贞；包容不干净的东西进来，又把洁净的东西送出去，好比善于教化；注入器具中表面一定是平的，好比公正；水满了则不需要刮平，好比自有分寸；百转千回一定流向东方，好比意志坚定。所以君子见到大水一定会观赏。"

17-48夫智者何以乐水也？曰：泉源溃溃①，不释昼夜，其似力者；循理而行，不遗小间，其似持平者；动而之下，其似有礼者；赴千仞之壑而不疑，其似勇者；障防而清②，其似知命者；不清以入，鲜洁以出，其似善化者；众人取平③，品类以正④，万物得之则生，失之则死，其似有德者；淑淑渊渊⑤，深不可测，其似圣者；通润天地之间，国家以成。是知（者）之所以乐水也⑥。《诗》云："思乐泮水⑦，薄采其茆⑧。鲁侯戾止⑨，在泮饮酒。"乐水之谓也。夫仁者何以乐山也？曰：夫山巃嵷嵝崪⑩，万民之所观仰。草木生焉，众木立焉，飞禽萃焉⑪，走兽休焉，宝藏殖焉，奇夫息焉⑫；育群物而不倦焉，四方并取而不限焉；出云风，通气于天地之间，国家以成。是仁者之所以乐山也。《诗》曰："太山岩岩⑬，鲁侯是瞻。"（乐）山之谓矣⑭。"

【注释】①溃溃：形容水流，潺潺。②障防：堤防，堤坝，这里指为堤防所阻挡。③取平：使同一平面上的物体高度相等。④品类：各种物体。⑤淑淑：清净，清澈。渊渊：深广，深邃。⑥知（者）：原文脱"者"字，据本文上下文例，此径补。⑦泮（pàn）水：古代学宫前的水池，形状如半月。另一说泮水为鲁国境内的河流名，"泮宫"为建造在泮水边的鲁侯之宫，并非学宫。⑧茆（mǎo）：莼菜。⑨侯：原文作"后"，据明钞本改。⑩巃嵷嵝崪（lóng zōng lèi zuì）：山高险俊貌。⑪萃：聚集，聚拢。⑫奇夫：奇人异士。⑬岩岩：高大，高耸。⑭（乐）山之谓矣：原文"乐"字脱，据文例径补。

【译文】智者为什么喜欢水呢？原因是：水流涓涓，日夜不息，如同毅力坚强的人；遵循一定的规律流动着，不会遗漏细小的缝隙，如同秉持公平的人；它向低下的地方流动，如同有礼的人；流向千仞的沟壑而毫不迟疑，如同勇敢的人；遇到堤坝则变得恬静，如同知晓天命的人；不干净的流进去，洁净的流出来，如同善于教化的人；众人拿它作为取平的标准，各种物体都以它进行校正，万物得到它则可以生存，失去它则会死亡，如同有仁德的人；清澈深邃，不可测量，如同一位圣人；普遍地润泽天地万物，国家以此形成。所以智者喜欢水。《诗经》上说："泮水令人快乐，轻轻采摘着莼菜。鲁侯来到了，在泮水边饮酒。"这说的就是喜欢水。仁者为什么喜欢山？原因是：大山高峻连绵，是众人观赏瞻仰的地方。草木在山上生长，万物在山上立足，飞禽在山上聚集，走兽在山上栖息，各种宝藏长在山上，奇人异士隐居在山上；孕育万物而不知疲倦，四方都来索取而不加限制；生出风云，使天地之气畅通，国家以此形成。所以仁者喜欢山。《诗经》上说："高耸的泰山，鲁君瞻仰它。"这说的就是喜欢山。

17-49玉有六美，君子贵之。望之温润，近之栗理^①；声近徐而闻远；折而不挠，阙而不荏^②，廉而不刿^③；有瑕必示之于外，是以贵之。望之温润者，君子比德焉；近于栗理者，君子比智焉；声近徐而闻远者，君子比义焉；折而不挠，阙而不荏者，君子比勇焉；廉而不刿者，君子比仁焉；有瑕必见于外者，君子比情焉^④。

【注释】①栗理：坚实有文理。②阙：毁坏。荏：柔弱，怯弱。③廉：棱角。刿（guì）：刺伤，划伤。④情：通"诚"。真诚，真实。

【译文】王有六种美德，君子很看重它。远望柔和润泽，近看坚实而有纹理；声响近听舒缓而远处也可以听到；把它折断但不会弯曲，毁坏它但不会柔弱，有棱角但不会伤人；有瑕疵一定会显露在外表，所以君子很看重它。远望柔和润泽，君子将它比作德

行；近看坚实而有纹理，君子将它比作智慧；声响近听舒缓而远处
也可以听到，君子将它比作道义；折断但不会弯曲，毁坏但不会柔
弱，君子将它比作勇敢；有棱角但不会伤人，君子将它比作仁厚；
有瑕疵一定显露在外表，君子将它比作真诚。

17-50道吾问之夫子[1]："多所知，无所知，其身孰善者
乎？"对曰："无知者死人属也，虽不死，累人者必众甚矣。然
多所知者，好其用心也。多所知者出于利人即善矣，出于害人
即不善也。"道吾曰："善哉！"

【注释】[1]问：原文作"闻"，形近而误，据向宗鲁《校证》及
《四库全书》本改。夫子：指孔子。

【译文】道吾请教孔子："知识渊博和无知，哪种对于自身更
好呢？"无知的人是属于死人的，虽然没有死亡，但必定会拖累更
多的人。然而知识渊博的人，喜欢工于心计。知识渊博的人目的出
于利益别人便是善，目的出于害人便是不善。"道吾说："先生讲
得好！"

17-51越石父曰[1]："不肖人自贤也，愚者自多也[2]，佞人者
皆莫相其心。口以出之，又谓人勿言也。譬之犹渴而穿井，临
难而后铸兵，虽疾从而不及也。"

【注释】[1]越石父：春秋时期齐国贤士，原为奴隶，后晏子为
他赎身，而越石父因为晏子对自己无礼而要求绝交，于是晏子道歉并

对他更加敬重，成为晏子的上客。②自多：自满，自夸。

【译文】越石父说："不贤的人自以为很贤能，愚人常常自满，善于花言巧语的人没人能观察到他的心思。自己说的话，又不让别人说。譬如口渴了才去挖井，面临急难才铸造兵器，即使速度再快也来不及了。"

17-52夫临财忘贫，临生忘死，可以远罪矣。夫君子爱口①，孔雀爱羽，虎豹爱爪，此皆所以治身法也。上交者不失其禄，下交者不离于患。是以君子择人与交，农人择田而田。君子树人，农夫树田。田者择种而种之，丰年必得粟；士择人而树之，丰时必得禄矣。

【注释】①爱口：说话慎重。

【译文】面对财富忘记贫困，面对生存忘记死亡，便可以远离罪罚。君子说话慎重，孔雀爱惜羽毛，虎豹爱惜爪子，这些都是修身的方法。与上位的人交往不会失去他的福禄，与下位的人交往不会脱离祸患。所以君子选择人交往，农夫选择田地耕种。君子培养人才，农夫种好田地。耕田的人选好种子再种下去，丰年时必定能收获粮食；士人选择人再加以培养，时运亨通时必定能得到福禄。

17-53天下失道，而后仁义生焉；国家不治，而后孝子生焉；民争不分①，而后慈惠生焉；道逆时反，而后权谋生焉。

【注释】①不分：不服气，不平。

【译文】天下失去道义，而后产生仁义；国家不得治理，而后产生孝子；百姓因纷争而不平，而后产生慈惠；世道颠倒时局反复，而后产生权谋。

17-54凡善之生也，皆学之所由①。一室之中，必有主道焉②，父母之谓也。故君正则百姓治，父母正则子孙孝慈。是以孔子家儿不知骂，曾子家儿不知怒③。所以然者，生而善教也。

【注释】①由：原文误作"里"，据明钞本径改。②主道：原文误作"王道"，据明钞本改。③怒：原文误作"路"，据吴勉学校本与《万有文库》本改。

【译文】但凡好的行为产生，都是经过学习的缘由。一个家庭之中，必定有主持家务的人，父母便是主持家务的人。所以君王正直则百姓就会得到治理，父母正直则子孙就会孝顺慈爱。因此孔子家的孩子不懂得骂人，曾子家的孩子不懂得发怒。之所以会是如此，是因为他们生来就得到了好的教育。

17-55夫仁者好合人，不仁者好离人，故君子居人间则治①，小人居人间则乱。君子欲和人，譬犹水火不相能然也②，而鼎在其间，水火不乱，乃和百味。是以君子不可不慎择人在其间③。

【注释】①居人间：处在人之间，这里指人际关系。②相能：彼此亲善和睦，这里指水火不相容。③此则原文接上，现依向宗鲁《校证》据卢文弨说另起一则。

【译文】仁德的人喜欢和睦他人，不仁的人喜欢离间他人，所以君子处在人们之中则社会得到修治，小人处在人们之中则社会混乱。君子想要与他人相处和睦，譬如水火本不能相融，而鼎在它们之间，水火就不会混乱，才能调和百味。所以君子不可不慎重在他们之中选择人。

17-56齐景公问晏子曰："寡人自以坐地，二三子皆坐地，吾子独搴草而坐之①，何也？"晏子对曰："婴闻之，唯丧与狱坐于地。今不敢以丧狱之事侍于君矣。"

【注释】①搴（qiān）：拔取。

【译文】齐景公问晏子说："我自己已经坐在地上，他们也都坐在地上，只有你拔草垫在地上坐，为什么？"晏子答："我听闻，唯有丧事和刑狱才会坐在地上。我不敢用丧事和刑狱的礼节来侍奉君王。"

17-57齐高廷问于孔子曰："廷不旷山①，不直地②，衣蓑，提执③，精气④，以问事君（子）之道⑤，愿夫子告之。"孔子曰："贞以干之，敬以辅之，待人无倦。见君子则举之，见小人则退之。去尔恶心，而忠与之。敏其行⑥，修其礼，千里之外，亲如兄弟。若行不敏，礼不合，对门不通矣。"

【注释】①不旷山：这里意为不以山为阻隔。旷，遥远，引申为阻隔。②不直地：不认为地是直的，这里意为不怕道路蜿蜒曲折。③提：携带，执持。这里指带上礼物。执，通"贽"，礼物。④精气：精诚心意。⑤君（子）：原文脱"子"，据卢文弨校与《孔子家语》补。⑥敏：勤勉。

【译文】齐国的高廷问孔子说："我不怕大山的阻隔，不惧道路遥远，穿着蓑衣，带着礼物，心怀精诚，来请教事奉君子的道理，希望先生可以告诉我。"孔子说："以忠贞的心去做事，以恭敬的心去帮助他。待人不要倦怠。遇到君子则推荐他，遇到小人则离开他。去掉你厌恶的心，而用忠诚与人相处。勤勉做事，修习礼仪，即便在千里之外，也能亲如兄弟。如果不勤勉做事，不合礼法，即便住在对门也不会往来。"

卷十八　辨物

【题解】辨物，就是辨别事物，通过对万事万物的分辨来引申到国之兴衰、人之祸福，本卷包括自然现象、鬼神灵异、梦境占卜等内容。

第一则为总述，讲述如何成为"成人"。"行躬以仁义，饬身以礼乐"，以仁义礼乐来修身正己，便能成为"成人"。第二至八则讲述了古代对山川河流，天文地理的认识。其次讲述了与人有关的各类事例。其中第十二则讲述了人一生的过程，第十三则记载了关于度量衡的内容，以及第三十二则中说明了要接近百姓的生活，才能更好地治理国家。

最典型的是第二十五则中晋平公一再自欺欺人不听师旷的劝谏，最终死亡。本卷大部分的内容讲了各种怪异事例。通过自然现象以及鬼神灾难告诫统治者应当心怀百姓，实行仁政方能长久。

18-1颜渊问于仲尼曰:"成人之行何若^①?"子曰:"成人之行,达乎情性之理,通乎物类之变,知幽明之故^②,睹游气之源^③。若此而可谓成人。既知天道,行躬以仁义,饬身以礼乐^④。夫仁义礼乐,成人之行也。穷神知化^⑤,德之盛也。"

【注释】①成人:完美无缺的人。②幽明:无形和有形的物像。③游气:浮动的云气。④饬身:警饬己身,使自己的思想言行谨严合礼。⑤穷神知化:穷究事物之神妙,了解事物之变化。

【译文】颜渊请教孔子完美无缺的人品行怎么样?"孔子说:"完美无缺的人的品行,通达本性的道理,通晓事物的变化,知晓无形和有形物象的原因,看到云气浮动的根源。像这样就能称为完美无缺的人。已经知道自然规律,就要以仁义来亲身力行,以礼乐来整饬自身。仁义礼乐,正是完美无缺的人的品行。穷究事物的道理,了解事物的变化,这是德行深厚啊。"

18-2《易》曰:"仰以观于天文,俯以察于地理,是故知幽明之故。"夫天文、地理、人情之效存于心,则圣智之府。是故古者圣王既临天下,必变四时^①,定律历,考天文,揆时变^②,登灵台以望气氛^③。故尧曰:"咨尔舜^④,天之历数在尔躬,允执其中^④。四海困穷,(天禄永终)^⑤。"《书》曰:"在璇机玉衡^⑥,以齐七政^⑦。"璇玑,谓北辰、勾陈、枢星也^⑧,以其魁杓之所指二十八宿为吉凶祸福^⑨。天文列舍,盈缩之占,各以类为验。夫占变之道,二而已矣;二者,阴阳之数也。故

《易》曰："一阴一阳之谓道。"道也者，物之动莫不由道也。是故发于一，成于二，备于三，周于四，行于五。是故玄象著明[10]，莫大于日月；察变之动，莫著于五星[11]。天之五星，运气于五行。其初犹发于阴阳，而化极万一千五百二十[12]。所谓二十八星者：东方曰角、亢、氐、房、心、尾、箕[13]，北方曰斗、牛、须女、虚、危、营室、东壁[14]，西方曰奎、娄、胃、昂、毕、觜、参[15]，南方曰东井、舆鬼、柳、七星、张、翼、轸[16]。所谓宿者，日月五星之所宿也。其在宿运外内者，以官名别[17]。其根荄皆发于地[18]，而华形于天。所谓五星者：一曰岁星，二曰荧惑，三曰镇星，四曰太白，五曰辰星。欃枪、彗孛、旬始、枉矢、蚩尤之旗[19]，皆五星盈缩之所生也。五星之所犯，各以金、木、水、火、土为占。

【注释】①必变四时：因夏商周的历法不同，四季的起始也不同，故云。②揆（kuí）：揆度，大致估量现实状况。③灵台：古代观察天文气象的台子。气氛：指显示吉凶的云气。④咨尔：用于句首，表示赞叹或祈使。⑤天禄永终：此四字原文脱，因此句引自《论语·尧曰》，故补。⑥璇机玉衡：这里指北斗七星。璇机：北斗星的第一星至第四星。玉衡：北斗星的第五星。⑦七政：说法不一，这里指日、月和金、木、水、火、土五星。⑧北辰：即北极星。勾陈：即钩陈，星官名。枢星：指北斗七星第一星。又称入枢星。⑨魁杓：北斗星七星中首尾两星的合称。⑩玄象：天象。⑪五星：指水、木、金、火、土五大行星，即东方岁星（木星）、南方荧惑（火星）、中央镇星（土星）、西方太白（金星）、北方辰星（水星）。⑫万一千五百二十：

据《周易》共64卦，每一卦为6爻（yáo），共384爻，其中阳爻与阴爻各占一半，其中阳爻每一爻的策数为36，共6912，阴爻每一爻的策数为24，共4608，两者相加共11520。⑬角、亢、氐、房、心、尾、箕：为东方青龙七宿。⑭斗、牛、须女、虚、危、营室、东壁：为北方玄武七宿。⑮奎、娄、胃、昴（mǎo）、毕、觜（zī）、参：为西方白虎七宿。⑯东井、舆鬼、柳、七星、张、翼、轸：为南方朱雀七宿。⑰官名：即宿名，二十八星宿又称二十八星官。⑱根荄（gāi）：本意为植物的根，这里比喻事物的根本，根源。⑲欃枪（chán chēng）：彗星的别名。彗孛：彗星和孛星。孛，古人指光芒四射的一种彗星。旬始：星名。位于北斗星之旁，状如雄鸡。枉矢：星名，如大流星。蚩尤之旗：星名。形似彗星，尾端上曲，象兵旗之状。

【译文】《周易》上说："抬头观看天文，低头详察地理，因此知道无形和有形物象的原因。"天文、地理、人情的经验放在心里，则是圣明智慧的仓库。所以古代的圣王即位后，必会改变四时，制定律历、考察天文、估量时节变化，登上灵台观察显示吉凶的云气。所以尧说："啊！舜呀，按天意帝位的顺序应该轮到你了，你要真诚地执守中正之道，如果天下百姓处于穷困之中，上天赐予你的福禄也会永远终结了。"《尚书》上说："观察北斗七星，以统一日月五星的运行。"璇玑，包括北极星、勾陈星、天枢星，以它的魁杓所指的二十八个星宿来表示吉凶祸福。天上的列星，以占卜盈缩的变化，各以出现的事类来验证。占卜异变的方法，只有"二"这个数；"二"就是阴与阳。所以《周易》上说："一阴一阳之谓道。"所谓道，万物的运转没有不围绕着道。所以万物始于一，成长于阴阳，全备于天地人三才，围绕着四季，运行于五行。所以天象中最显明的，没有什么能超过日月，观察变动的运行，没有什么比五星更显明。天上的五星，是随着五行的气数来运行。它开始还是出现于阴阳，而后转化成一万一千五百二十种事象。所谓二十八星宿：东方是角、亢、氐、房、心、尾、箕；北方是斗、牛、须女、虚、危、营室、东壁；西方是奎、娄、胃、昴、毕、觜、参；南方是东井、舆鬼、柳、七星、张、翼、轸。所谓宿，是日月五星停留的位置。在这些位置内外运行的，就以宿名进行区别，它的根本都是生发于地，而光辉形成于天。所谓五星，一叫岁星，二叫荧惑，三叫镇星，四叫太白，五叫辰星。至于欃枪、彗孛、旬始、枉矢、蚩尤旗等星，都是由五星在消长时产生的。五星所显现的，各以金、木、水、火、土来占卜。

春秋冬夏，伏见有时。失其常，离其时，则为变异；得其时，居其常，是谓吉祥。古者有主四时者：主春者，张昏而中①，可以种谷。上告于天子，下布之民。主夏者，大火昏而中②，可以种黍菽。上告于天子，下布之民。主秋者，虚昏而中③，可以种麦。上告于天子，下布之民。主冬者，昴昏而中④，可以斩伐、田猎、盖藏。上告之天子，下布之民。故天子南面视四星之中，知民之缓急。急则不赋籍，不举力役。《书》曰："敬授民时。"《诗》曰："物其有矣，维其时矣。"物之所以有而不绝者，以其动之时也。

【注释】①张：二十八宿之一，南方朱雀七宿的第五宿。②大火：星宿名，是东方苍龙中心宿的第二颗星。③虚：星宿名，二十八星宿之一，又名天节。④昴：星宿名，二十八宿之一，在金牛座内。

【译文】春夏秋冬，各有隐伏和出现的时间。失去常规，背离时节, 则会出现异象; 遵循时节, 按照常规, 这叫作吉祥。古时候有主持四季的星宿: 主持春季的是张星, 黄昏时出现在天空的正中, 这时可以种植稻谷。并且上报天子, 下告知百姓。主持夏季的是大火星, 黄昏时出现在天空的正中, 这时可以种植黍菽。并且上报天子, 下告知百姓。主持秋季的是虚星, 黄昏时出现在天空的正中, 这时可以种植麦子。并且上报天子, 下告知百姓。主持冬季的是昴星, 黄昏时出现在天空的正中, 这时可以砍伐、打猎、贮藏。并且上报天子, 下告知百姓。所以天子面向南方观察四星的运行变化, 便知道百姓劳作的轻重缓急。百姓农忙时则不征税, 不兴力役。《尚书》上说, "敬授民时。"《诗经》上说: "万物常有, 是因为遵照时令。"万物之所以常有而不断绝, 是因为它们的生长遵循时节。

18-3《易》曰: "天垂象, 见吉凶, 圣人则之①。"昔者高宗、成王感于雊雉②、暴风之变, 修身自改, 而享丰昌之福也。逮秦皇帝即位, 彗星四见, 蝗虫蔽天, 冬雷夏冻, 石陨东郡③, 大人出临洮④, 妖孽并见, 荧惑守心⑤, 星茀大角⑥, 大角以亡, 终不能改。二世立, 又重其恶。及即位, 日月薄蚀, 山林沦亡; 辰星出于四孟⑦, 太白经天而行; 无云而雷, 枉矢夜光⑧, 荧惑袭月; 孽火烧宫, 野禽戏庭, 都门内崩⑨。天变动于上, 群臣昏于朝, 百姓乱于下, 遂不察, 是以亡也。

【注释】①则: 效法。②雊(gòu)雉: 犹雉雊, 指变异之兆。③东郡: 地名, 今在河南濮阳市。④大人: 巨人。临洮: 地名, 今在甘肃岷县。⑤荧惑: 火星。心: 星座名, 二十八星宿之一。⑥星茀

(bèi)：即彗星。这里也包含"掠过"的意思。大角：星名。大，原文作"太"，据《史记·天官书》与卢文弨校改。⑦辰星：即水星。四孟：农历四季中每季头一个月的合称。⑧枉矢：星名。⑨都门：京都城门。

【译文】《周易》上说："上天出现各种天象，表示吉凶，圣人效法它。"从前殷高宗、周成王有感于野雉啼叫和暴风的异象，便修养身心，改正自己，而享受富足昌盛的福运。到了秦始皇即位，彗星出现四次，蝗虫遮天蔽日，冬天响雷，夏天冰冻，陨石落在东郡，临洮出现巨人，妖孽同时出现，火星在心宿之中，彗星掠过大角星，大角星就此亡失，秦始皇终究没有改过。秦二世立为皇帝，又加重了他的恶行。到即位时，日食月食出现，山林沦亡；辰星出现在四季中的第一个月，太白金星当空而行；没有云彩但有响雷，枉矢星在夜晚发光，火星袭月；邪火烧毁宫室，野鸟在朝廷游戏，都城的门从里崩塌。上天显出灾异，大臣在朝中昏愦无能，百姓在下面作乱。秦二世始终不能察觉，所以就亡国了。

18-4 八荒之内有四海，四海之内有九州。天子处中州而治八方耳①。两河间曰冀州②，河南曰豫州③，河西曰雍州④，汉南曰荆州⑤，江南曰扬州⑥，济、河间曰兖州⑦，济东曰徐州⑧，燕曰幽州⑨，齐曰青州⑩。山川汙泽⑪，陵陆丘阜，五土之宜⑫，圣王就其势，因其便，不失其性。高者黍，中者稷，下者秔⑬。蒲苇菅蒯之用不乏⑭，麻麦黍粱亦不尽，山林禽兽、川泽鱼鳖滋殖，王者京师四通而致之。

【注释】①中州：指中原，狭义指古豫州，今河南省一带，位于九州正中，广义指中原或全中国。②两河：战国秦汉时期，黄河在冀、鲁交界，与上游晋、陕交界形成两段南北流，这两段又东西相对，当时合称"两河"。冀州：包括河北省的西北地区、山西省全省、河南省黄河以北和辽宁省辽河以西的地区。③豫州：包括今河南省及山东省和湖北省的一部分。④雍州：今陕西省、甘肃省及青海省的一部分。⑤汉南：指汉水以南。荆州：今在湖北省、湖南省一带。⑥扬州：今在淮河以南、长江流域东南地区。⑦济：指济水，发源于河南省济源市王屋山。兖（yǎn）州：今在山东省。⑧徐州：地跨山东省、江苏省、安徽省的部分地区。⑨燕：西周诸侯国名。幽州：今河北北部及辽宁等地。⑩青州：今在山东省近渤海一带。⑪汙（wū）：同"污"⑫五土：山林、川泽、丘陵、水边平地、低洼地等五种土地。⑬秔（jīng）：同"粳"。一种黏性较小的稻类。⑭菅蒯（jiān kuǎi）：可以编绳的一种茅草。

【译文】八方之内有四海，四海之内有九州。天子处在中心而控制八方。两河之间叫冀州，黄河南面叫豫州，黄河西面叫雍州，汉水南面叫荆州，长江南面叫扬州，济水与黄河之间叫兖州，济水东面叫徐州，以往的燕地叫幽州，以往的齐地叫青州。山川沼泽，平原丘陵，各种土地的适宜情况，圣王依着它的地势，依靠它提供的便利，不违背它的本性。高处种黍，不高不低的地方种稷，低处种秔。香蒲、芦苇和菅蒯用不完，麻、麦、黍子和高粱也不会穷尽，山林中的禽兽、川泽里的鱼鳖滋生繁衍，君王的京师四通八达，各种物资都能送到。

18-5周幽王二年①，西周三川皆震②。伯阳父曰③："周将亡矣! 夫天地之气, 不失其序。若过其序, 民乱之也。阳伏而不能出, 阴迫而不能烝④, 于是有地震。今三川震, 是阳失其所而填⑤阴也; 阳溢而壮阴, 源必塞, 国必亡。夫水土演而民用足也⑥。土无所演, 民乏财用, 不亡何待? 昔伊雒竭而夏亡⑦, 河竭而商亡, 今周德如二代之季矣⑧。其川源塞, 塞必竭。夫国必依山川, 山崩川竭, 亡之征也。川竭山必崩, 若国亡不过十年, 数之纪也⑨。天之所弃不过纪。"是岁也, 三川竭, 岐山崩⑩。十一年, 幽王乃灭, 周乃东迁。

【注释】①周幽王(?—前771): 姬姓, 名宫湦(shēng), 一作宫生, 周宣王姬静之子, 母姜后, 西周第十二任君主, 公元前781年至公元前771年在位。公元前771年, 犬戎杀死周幽王, 西周灭亡。诸侯共同拥立其子姬宜臼继位, 是为周平王, 史称东周。②三川: 西周以泾、渭、洛为三川。③伯阳父: 西周宣王、幽王时的太史。④烝: 同"蒸", 热气上升。⑤填: 镇也。"填""镇"二字古通, 镇压、抑制义。⑥演: 湿润。⑦伊雒: 伊、洛二水的合称。雒, 同"洛"。⑧季: 末了, 一个朝代的末期。⑨数: 气数, 命运。纪: 法则, 准则。⑩岐: 底本作"歧", 径改。

【译文】周幽王二年, 三川流域都发生地震。伯阳父说: "周朝将要灭亡了! 天地之气, 不会违背它的次序。如果超越了次序, 百姓则会混乱。阳气低伏不能出来, 阴气受到压迫不能上升, 于是就有地震。现在三川发生地震, 是因为阳气失去了它的位置而去镇压阴气。阳气溢出而阴气变得强大, 水源必定会阻塞, 国家必定灭亡。水土湿润而百姓的财用才会富足。土地没有水源滋润, 百姓的财用就会匮乏，不亡国还等什么？从前伊水、洛水枯竭而夏朝灭亡，黄河枯竭而商朝灭亡，现在周朝的德治如同夏商两朝的末代了。河水的源头阻塞，阻塞必会枯竭。一个国家必定依着山川河流建立，大山崩塌，河水枯竭，这是灭亡的征兆。河水枯竭山必会崩塌，如果是亡国不会超过十年，因为数中的"纪"正是十二年。上天要舍弃周朝不会超过这个法则。"就在这一年，三川枯竭，岐山崩塌。周幽王十一年，周幽王灭亡，周朝东迁。

18-6五岳者，何谓也？泰山①，东岳也；霍山②，南岳也；华山③，西岳也；常山④，北岳也；嵩高山⑤，中岳也。五岳何以视三公？能大布云雨焉，能大敛云雨焉。云触石而出，肤寸而合⑥，不崇朝而雨天下⑦。施德博大，故视三公也。

【注释】①泰山：位于山东泰安境内。②霍山：一说为衡山别名。一说为安徽天柱山别名，汉武帝以衡山辽旷，移岳祠于天柱山，后呼之为南岳，故又名天柱山为霍山。③华山：位于陕西省华阴县渭河盆地南。④常山：即恒山，为避汉文帝刘恒讳改。⑤嵩高山：即嵩山。在今河南登封市北部，以其嵩高而大，故名。⑥肤寸：古代长度单位。一指宽度为寸，伸直四指的宽度为肤。⑦崇朝：从天亮到早饭的一段时间。犹言一个早晨。

【译文】五岳，包括什么？泰山是东岳；霍山是南岳；华山是西岳；常山是北岳；嵩高山是中岳。为什么把五岳比喻成三公？因为它们可以广布云雨，也可以收敛云雨。云气与山石触碰，很快就汇合成云层，不出一个早晨就可以普雨天下。施予的恩泽广大，所以比喻成三公。

18-7四渎者何谓也①? 江、河、淮、济也。四渎何以视诸侯? 能荡涤垢浊焉, 能通百川于海焉, 能出云雨千里焉。为施甚大, 故视诸侯也。

【注释】①四渎: 古代长江、淮河、黄河、济水的总称, 古代皆独流入海, 故称四渎。

【译文】四渎包括什么? 就是长江、黄河、淮水和济水。为什么把四渎比喻成诸侯? 因为它们可以洗涤污秽, 可以连通百川流入大海, 可以形成千里的云雨。四渎施予人们很大的恩惠, 所以比喻成诸侯。

18-8山川, 何以视子、男也①? 能出物焉, 能润泽物焉, 能生云雨。为恩多, 然品类以百数, 故视子、男也。《书》曰: "禋于六宗②, 望秩于山川③, 遍于群神矣。"

【注释】①子、男: 古代爵位名。共有公、侯、伯、子、男五等。②禋(yīn): 祭祀。六宗: 汉代伏胜、马融认为是天、地、春、夏、秋、冬之神。③望秩: 按等级望祭山川。望, 祭名。

【译文】山川, 为什么会比喻成子爵、男爵? 因为它们可以出产万物, 可以润泽万物, 可以形成云雨, 所施的恩惠很多, 但品类以百计, 所以比喻成子爵、男爵。《尚书》上说: "祭祀天地四时, 按等级望祭山川, 后普祭群神。"

18-9齐景公为露寝之台①，成而不通焉②。柏常骞曰③：
"为台甚急，台成君何为不通焉？"公曰："然。枭昔者鸣④，
其声无不为也。吾恶之甚，是以不通焉。"柏常骞曰："臣请禳
而去之⑤。"公曰："何具？"对曰："筑新室为置白茅焉⑥。"公
使为室，成，置白茅焉。柏常骞夜用事。明日，问公曰："今昔
闻枭声乎？"公曰："一鸣而不复闻。"使人往视之，枭当陛布
翼⑦，伏地而死。公曰："子之道若此其明也，亦能益寡人寿
乎？"对曰："能。"公曰："能益几何？"对曰："天子九、诸侯
七、大夫五。"公曰："亦有征兆之见乎？"对曰："得寿，地且
动。"公喜，令百官趣具骞之所求。柏常骞出，遭晏子于涂⑧，
拜马前，辞曰："骞为君禳枭而杀之，君谓骞曰：'子之道若
此其明也，亦能益寡人寿乎？'骞曰'能。'今且大祭，为君请
寿，故将往以闻。"晏子曰："嘻，亦善矣，能为君请寿也。虽
然，吾闻之，惟以政与德顺乎神，为可以益寿。今徒祭可以益
寿乎？然则福兆有见乎⑨？"对曰："得寿，地将动。"晏子曰：
"骞，昔吾见维星绝⑩，枢星散，地其动，汝以是乎？"柏常骞
俯有间，仰而对曰："然。"晏子曰："为之无益，不为无损也。
薄赋敛，无费民。且令君知之。"

【注释】①露寝：即路寝。露，通"路"。指古代天子、诸侯的
正厅。②不通：这里意为不上，不登。③柏常骞：春秋时期周朝太
史，后去齐国任太卜。④枭：一种与鸱鸺相似的鸟，又名猫头鹰。
⑤禳（ráng）：祭名。祈祷消除灾殃、去邪除恶之祭。⑥白茅：植物

名。多年生草本，花穗上密生白色柔毛，故名。古代用来包裹祭祀的物品。⑦陛：宫殿的台阶。布：铺开，张开。⑧涂：道路。⑨福兆：原文作"福名"，据卢文弨校语改。⑩维星：星名。

【译文】齐景公在正殿前修建一座高台，建成后又不上去。柏常骞说："修建高台时非常急迫，建成后君王为什么不上去呢？"齐景公说："是这样的。有枭鸟在夜里啼叫，那叫声很难听。我非常讨厌，所以没有上去过。"柏常骞说："请让我以祭祷除掉它。"齐景公说："需要做什么准备呢？"答："修建一座新房再放些白茅草。"齐景公下令修建新房，建成后，在里面放置了白茅草。柏常骞在夜里祭祷。次日，柏常骞问齐景公："现在夜晚能听到枭鸟的叫声吗？"齐景公说："只听到一声就再也听不到了。"派人前去察看，看到枭鸟在台阶上张开翅膀，伏地而死。齐景公说："你的法术这样高明，也能为我延长寿命吗？"答："能。"齐景公说："能延长多少年呢？"答："天子九年，诸侯七年，大夫五年。"齐景公问："也有预兆出现吗？"答："延长寿命，大地将会震动。"齐景公大喜，命令百官赶紧准备柏常骞所需的东西。柏常骞出宫后，在路上遇到晏子，在晏子的马前拜见，说："我为君王祭祷并且杀了枭鸟。君王对我说：'你的法术这样高明，也能为我延长寿命？'我说'能。'现在将要大祭，为君王祈求寿命，所以将这件事告诉你。"晏子说："哎呀，能为君王祈寿，真好呀。但是，我听闻，只有政令与德行顺应神灵，才可以延长寿命。现在只以祭祀就能延寿吗？那么有福兆出现吗？"答："延长寿命，大地将会震动。"晏子说："柏常骞，夜里我看到维星消失，天枢星散乱，大地将会震动，你想利用这一点吧？"柏常骞低头，好一会儿才抬起头回答道："是的。"

晏子说："这样做没有什么好处，不做没有什么坏处。应当减少赋税，不要浪费民力，而且要让君王知道这些道理。"

18-10夫水旱俱天地阴阳所为也①。大旱则雩祭而请雨②，大水则鸣鼓而劫社③。何也？曰：阳者，阴之长也。其在鸟，则雄为阳，雌为阴；其在兽，则牡为阳，而牝为阴；其在民，则夫为阳，而妇为阴；其在家，则父为阳，子为阴，其在国，则君为阳，而臣为阴。故阳贵而阴贱，阳尊而阴卑，天之道也。今大旱者④，阳气太盛，以厌于阴⑤。阴厌阳固，阳其填也⑥。惟填厌之太甚，使阴不能起也⑦，亦雩祭拜请而已，无敢加也。至于大水及日蚀者，皆阴气太盛，而上减阳精。以贱乘贵，以卑陵尊，大逆不义，故鸣鼓而慑之，朱丝萦而劫之⑧。由此观之，《春秋》乃正天地之位⑨，征阴阳之失。直责逆者，不避其难。是亦《春秋》之不畏强御也。故劫严社而不为惊灵，出天王而不为不尊上⑩；辞蒯聩之命而不为不听其父⑪，绝文姜之属而不为不爱其母⑫。其义之尽耶？其义之尽耶？

【注释】①天地：原文作"天下"，据卢文弨校与《春秋繁露》径改。②雩（yú）祭：古代求雨的祭祀。③劫：威逼，挟制，这里引申为压制。社：即土地神。④大旱：原文作"泰旱"，泰，同"太"，"太"同"大"此径改。⑤厌：同"压"，压制，抑制。⑥填：同"镇"，使安定。镇压。⑦"使阴"：此句疑为衍文，《春秋繁露》无。⑧萦（yíng）：缭绕，缠绕。⑨天地：原文作"天下"，据《春秋繁露》径改。⑩天王：这里指周襄王，周襄王继位后，戎军攻周，王子带为内应，周襄王出逃，向各国求援。⑪蒯聩（kuǎi kuì）：即卫后庄公，姬姓，卫灵公之子、卫出公之父，卫灵公驱逐太子蒯聩，立蒯聩之子姬辄继位，为卫出公，赵简子送蒯聩回国，遭到卫出公拒绝。⑫文姜（前720—前673）：姜姓，齐僖公之女，齐襄公异母妹，鲁桓公的夫人，鲁庄公之母。因与齐襄公乱伦被鲁桓公得知，齐襄公令公子彭生杀鲁桓公。鲁庄公继位后，断绝与文姜的母子关系。

【译文】水灾、旱灾都是天地间阴气和阳气所形成的。大旱时要举行雩祭求雨，大水时要击鼓压制社神。为什么呢？原因是：阳对于阴是长。对于鸟类，雄为阳，雌为阴；对于兽类，公为阳，母为阴；对于人类，男子为阳，女子为阴；对于家庭，父亲为阳，儿女为阴；对于国家，君王为阳，臣子为阴。所以阳贵而阴贱，阳尊而阴卑，这是自然规律。如今遭逢大旱，是因为阳气太盛，压制了阴气。阴气受到压制则阳气稳固，阳气镇压着阴气。只有压制得非常严重，使阴气不得舒展，只能以雩祭拜请而已，不敢再增添阳气了。至于大水和日食，都是因为阴气太盛，上升减损了阳气的精华。以贱犯贵，以卑侵尊，大逆不义，所以以击鼓来震慑它，以缠绕朱丝来压制它。由此看来，《春秋》可以修正天地的次序，验证阴阳的失误。直接指责违逆者，不避艰难。这也是《春秋》的不畏豪强。所以压制庄严的社神不算惊扰神灵，周天子出逃不算不尊上；拒绝蒯聩的命令不算不听父命，断绝与文姜的关系不算不爱母亲。大概是恩义已尽了吧？大概是恩义已尽了吧？

18-11齐大旱之时，景公召群臣问曰："天不雨久矣，民且有饥色。吾使人卜之，祟在高山广水。寡人欲少赋敛以祠灵山①，可乎？"群臣莫对。晏子进曰："不可，祠此无益也。夫灵山固以石为身，以草木为发，天久不雨，发将焦，身将热，彼独不欲雨乎？祠之无益。"景公曰："不然，吾欲祠河伯，可乎？"晏子曰："不可，祠此无益也。夫河伯以水为国，以鱼鳖为民，天久不雨，水泉将下，百川（将）竭②，国将亡，民将灭矣，彼独不用雨乎？祠之何益？"景公曰："今为之奈何？"晏子曰："君诚避宫殿暴露，与灵山、河伯共忧，其幸而雨乎？"于是景公出野暴露，三日，天果大雨，民尽得种树③。景公曰："善哉！晏子之言，可无用乎？其惟有德也！"

【注释】①灵山：指山神。②将：原文脱，据文例与卢文弨校补。③种树：这里指耕种，种植。

【译文】齐国遭受大旱时，齐景公召集群臣问："天很久都不下雨了，百姓都面带饥色。我派人占卜，说是鬼魅在高山河水中作祟。我想少征税来祭祀山神，可以吗？"群臣没有作答。晏子进言说："不可以，祭祀山神没有用。山神本来以石为身，以草木为发，天久不雨，毛发将会干枯，身体将会燥热，难道它不想下雨吗？祭祀它没有用处。"齐景公说："这样不行，我想祭祀河神，可以吗？"晏子说："不可以，祭祀河神没有用。河神以水为国，以鱼鳖为民，天久不雨，水量下降，百川将会枯竭，国家将会败亡，人民将会灭绝，难道它不想下雨吗？祭祀它有什么用？"齐景公说："现在应该如何呢？"晏子说："君王您真的能离开宫殿露宿野外，与山神、河神共患难,也许幸得下雨呢?"于是齐景公出宫殿露宿野外,三天后,天果真降下大雨,百姓都可以耕种了。齐景公说:"太好了!晏子的话,怎可不采纳呢?因为他有德啊。"

18-12夫天地有德合①,则生气有精矣;阴阳消息②,则变化有时矣。时得而治矣,时得而化矣③,时失而乱矣。是故人生而不具者五:目无见,不能食,不能行,不能言,不能施化④。故三月达眼⑤,而后能见;七月生齿⑥,而后能食;期年生膑,而后能行;三年囟合⑦,而后能言;十六精通,而后能施化。阴穷反阳⑧,阳穷反阴,故阴以阳变,阳以阴变。故男八月而生齿,八岁而毁齿⑨,二八十六而精(化)小通⑩。女七月而生齿,七岁而毁齿,二七十四而精化小通。不肖者精化始至矣,而生气感动⑪,触情纵欲,故反施乱化。故《诗》云:"乃如之人,怀婚姻也⑫,大无信也⑬,不知命也。"贤者不然,精化填盈,后伤时之不遇也⑭,不见道端⑮,乃陈情欲以歌。《诗》曰:"静女其姝⑯,俟我乎城隅。爱而不见,搔首踟蹰⑰。""瞻彼日月,遥遥我思。道之云远,曷云能来⑱?"急时之辞也。甚焉,故称日月也。

【注释】①德:此字《韩诗外传》无,向宗鲁《校证》引卢文弨说,以此字为衍文,译文从之。②消息:盛衰消长。③"时得":此句《韩诗外传》无,卢文弨说此句为衍文。④施化:生育。⑤达眼:精气达于眼。⑥七月:卢文弨依《大戴礼记》《孔子家语》校作"八月"，《韩诗外传》作"七月"，向宗鲁《校证》认为："此男子言，当据下文作'八'。"⑦囟（xìn）：婴儿头顶骨未合缝的地方。⑧穷：达到极点。⑨毁齿：更换乳齿。⑩精化：男女在青春期发育成熟。化：原文脱"化"字，据《韩诗外传》与本文文例径补。小通：生殖机能成熟。⑪生气感动：精气触动情感。生气，指精气，元气。感动，指触动。⑫怀：古通"坏"，败坏，破坏。⑬大：同"太"。⑭不遇：原文作"不可遇"，据明钞本改。⑮道端：事理的头绪。⑯姝：美好。⑰踟蹰（chí chú）：徘徊。⑱曷（hé）：何，什么。

【译文】天地有合，则生精气；阴气和阳气的盛衰，则事物变化有一定的时间。时间得当就会得到治理，时间得当就会发生变化，时间失当就会发生混乱。所以人生下来不具备五种能力：眼睛看不见，不能进食，不能走路，不能说话，不能生育。所以三个月后精气到达眼睛，而后才能看到；七个月后长出牙齿，而后才能进食；一年后髌骨长成，而后才能行走；三年后囟骨闭合，而后才能说话；十六岁以后精气畅通，而后才能生育。阴气到达极点转为阳气，阳气到达极点阴气生，所以阴以阳变，阳以阴变。因此男子八个月长牙，八岁换牙，十六岁发育成熟。女子七个月长牙，七岁换牙，十四岁发育成熟。不贤的人刚刚发育成熟时，就使精气触动情感，放纵欲望，结果打乱了正常的生育繁衍。所以《诗经》上说："像这种人，破坏婚姻，太没有贞信，不知天命。"贤德的人不是这样，他等到精气充实而后才会外泄，因为时机错过就遇不到了。理不清事理的头绪时，就以唱歌来抒情。《诗经》上说："娴静的少女多么美好，在城墙角等我。故意藏起来不见我，我只能搔头徘徊。""瞻仰日月，我的思念悠悠。路途这样遥远，何时才能到来?"这都是焦急盼望的言辞,因为非常思念,所以呼唤着日月。

18-13度量权衡,以黍生之。(一黍)为一分[1],十分为一寸,十寸为一尺,十尺为一丈。十六黍为一豆[2],六豆为一铢[3],二十四铢重一两,十六两为一斤,三十斤为一钧[4],四钧重一石。千二百黍为一龠[5],十龠为一合,十合为一升,十升为一斗,十斗为一斛[6]。

【注释】①一黍:原文脱二字,据《汉书·律历志》"一黍为一分",径补。②豆:古代重量单位。③铢:古代重量单位,二十四铢等于旧制一两。④钧:古代重量单位,合三十斤。⑤龠(yuè):古代容量单位,等于半合(gě)。⑥斛(hú):古量器名,也是容量单位,十斗为一斛,原文误作"石"据《汉书·律历志》径改。

【译文】度量长短,称量轻重,是由黍来产生的。一粒黍的长度是一分,十分长一寸,十寸长一尺,十尺长一丈。十六粒黍重一豆,六豆重一铢,二十四铢重一两,十六两重一斤,三十斤重一钧,四钧重一石。一千二百粒黍是一龠,十龠是一合,十合是一升,十升是一斗,十斗是一斛。

18-14凡六经帝王之所著[1],莫不致四灵焉[2]。德盛则以为畜,治平则时气至矣。故麒麟麐身牛尾[3],圆顶一角,含仁怀义,音中律吕,行步中规,折旋中矩。择土而践,位平然后处,不群居,不旅行[4],纷兮其有质文也[5]。幽闲则循循如也[6],动则有容仪。黄帝即位,惟圣恩承天,明道一修,惟仁是行,宇内和平。未见凤凰，维思影像，凤寐晨兴⑦。于是乃问天老曰⑧："凤像何如？"天老曰："夫凤，鸿前麟后，蛇颈鱼尾，鹤植鸳思⑨，丽化枯折所志⑩，龙文龟身，燕喙鸡喌⑪，骈翼而中注⑫。首戴德，顶揭义，背负仁，心信智。食则有质⑬，饮则有仪，往则有文，来则有嘉。晨鸣曰'发明'，昼鸣曰'保长'，飞鸣曰'上翔'，集鸣曰'归昌'。翼挟义，衷抱忠，足履正，尾系武，小声合金⑭，大音合鼓。延颈奋翼，五色备举⑮，光兴八风，气降时雨。此谓凤像。夫惟凤为能究万物，通天祉，象百状，达于道。去则有灾，见则有福，览九州，观八极，备文武，正王国，严照四方，仁圣皆伏。故得凤之像一者，凤过之；得二者，凤下之；得三者，则春秋下之；得四者，则四时下之；得五者，则终身居之。"黄帝曰："於戏⑯，盛哉！"

【注释】①六经：即《诗经》《尚书》《礼记》《周易》《乐经》《春秋》六部儒家经典。②四灵：指麟、凤、龟、龙四种灵畜。③麇（jūn）：兽名，即獐子。④旅行：远行。⑤纷兮：这里当作"彬彬"，文质兼备。质文：资质具有文德。⑥循循：遵循规矩貌。⑦寐：原文误作"夜"，依卢文弨据《韩诗外传》径改。⑧天老：相传为黄帝辅臣。⑨鹤植鸳思：原文作"鹤植鸳鸯思"，"鸯"字衍文，径删。植，指立着的腿。思，通"鰓"，多须的样子。⑩"丽化"一句：义不可解，向宗鲁《校证》引卢文弨校，以此句为衍文，译文从此说。⑪喌（zhòu）：鸟嘴。⑫注：聚集。⑬质：有一定的对象。⑭金：金属制的乐器，如钲。⑮五色：原文作"五光"，据向宗鲁《校证》径改。⑯於戏（wū hū）：同"於乎"，感叹词。

【译文】凡是《六经》中记载的帝王，没有不招来四种灵兽的。德行昌盛时它们则是家畜，国家太平时它们则以时节来临。所以麒麟长着獐身牛尾，圆头独角。它心怀仁义，叫声切合音律。行动和回转都中规中矩。选择土地才前行，地处平稳然后才居住。不群居，不远行，文质彬彬，具有文德。悠闲时循规蹈矩，行动时举止威仪。黄帝即位后，上承天意，明道修身，惟施仁政，天下太平。未曾见过凤凰，夙兴夜寐思念凤凰的样子。于是就问天老说："凤凰是什么样子？"天老说："凤凰，从前看像鸿鹄，从后看像麒麟，脖子像蛇，尾巴像鱼，腿像鹤，毛发像鸳鸯，花纹象龙，身体像龟，嘴像燕子和鸡，一对翅膀并列且靠拢。头戴着德行，顶揭示着道义，背负载着仁爱，心中知晓智慧。进食时有特定的对象，饮水时有威仪。离开时有礼节，来时有嘉瑞。清晨的鸣叫是'发明'，白天的鸣叫是'保长'，飞行时的鸣叫是'上翔'，聚集时的鸣叫是'归昌'。翅膀带着正义，内心怀抱着忠良，脚踏正道，尾系英武。小声啼叫切合钲锣，大声啼叫切合鼓声。伸长头颈振奋翅膀，张开五色的羽毛。光彩可以兴起八面的风，所聚集的云气可以降雨。这就是凤凰的样子。只有凤凰才能探求万物，带来上天的福祉，模仿各种形状，通晓自然规律。离去便会有灾殃，出现便会有福祥。凤凰可以俯瞰九州大地，观望八方边境，文武完备，匡正国家。威严遍照四方，仁人圣贤都拜伏。所以具备凤凰形象之一的，凤凰会经过那里；具备两点的，凤凰会降落在那里；具备三点的，凤凰会在春秋两季降临；具备四点的，凤凰会在四季降临；具备五点的，凤凰会终身栖息在那里。"黄帝说："啊，多么伟大啊！"

于是乃备黄冕①, 带黄绅②, 斋于中宫。凤乃蔽日而降。黄帝降自东阶, 西面启首曰③:"皇天降兹, 敢不承命?"于是凤乃遂集东囿, 食帝竹实④, 栖帝梧树, 终身不去。《诗》云:"凤凰鸣矣, 于彼高岗。梧桐生矣, 于彼朝阳。菶菶萋萋⑤, 雍雍喈喈⑥。"此之谓也。灵龟文五色, 似玉似金, 背阴向阳。上隆象天, 下平法地, 槃衍象山⑦, 四趾转运应四时, 文著象二十八宿。蛇头龙翅, 左精象日⑧, 右精象月, 千岁之化, 下气上通, 能知吉凶存亡之变。宁则信信如也⑨, 动则著矣。神龙能为高, 能为下, 能为大, 能为小, 能为幽, 能为明, 能为短, 能为长。昭乎其高也, 渊乎其下也, 薄乎天光, 高乎其著也。一有一亡, 忽微哉⑩, 斐然成章。虚无则精以和, 动作则灵以化。於戏, 允哉! 君子辟神也, 观彼威仪游燕幽闲⑪, 有似凤也。《书》曰:"鸟兽跄跄⑫, 凤凰来仪。"此之谓也。

【注释】①黄冕: 黄色之冠。为天子所服。②黄绅: 古代官员束腰的黄色大带。③启首: 稽首, 古时所行的跪拜礼。④竹实: 竹子所结的子实, 形如小麦。也称竹米。⑤菶菶(běng běng)萋萋: 都指草长得茂盛的样子。⑥雍雍喈喈(jiē jiē): 都指鸟鸣声, 形容声音和谐, 和洽。⑦槃衍: 盘曲延展貌。⑧精: 眼睛。⑨信(shēn): 同"伸", 舒展开。⑩忽微: 指极其微细。⑪游燕: 同"游宴", 游乐。⑫跄跄(cāng cāng): 一指象声词。金属撞击声。二指跳舞的样子, 跄, 通"跄"。

【译文】于是便准备好黄色的冕冠, 佩带好黄色的大带, 在中宫斋戒。凤凰便遮天蔽日地降下来。黄帝从东面的台阶走下来, 向西跪拜说："上天降下凤凰，我怎敢不顺承天命？"于是凤凰便聚集在东边的园囿里，吃黄帝园子里的竹米，栖息在梧桐树上，终身不肯离去。《诗经》上凤凰鸣叫，在高高的山冈上。梧桐树长起来了，面向东边的朝阳。梧桐树长得郁郁葱葱，凤凰的叫声和谐融洽。"说的就是这个意思。灵龟有五色的纹理，似玉似金，背阴向阳，后背上隆如同天，下腹平坦如同地，盘曲延展如同山丘。四脚的转动正应着四季，纹理显现如同二十八个星宿。头像蛇，翅像龙，左眼如同太阳，右眼如同月亮。千年的转化，下气上通，能感知存亡吉凶的变化。平静时自由舒展，活动时行为显著。神龙能高能低，能大能小，能潜藏能显现，能短能长。昭示便会出现在高空，下潜便可以沉入深渊，当它迫近天光时，便会高高地显形，它时现时隐，极其微妙，斐然成章。它隐没时精妙而和合，它活动时灵活而变化莫测。啊，确实！君子譬如神明。观察他的威仪庄严，悠闲游乐，如同凤凰。《尚书》上说："鸟兽鸣叫起舞，凤凰双双飞来。"说的就是这个意思。

18-15成王时，有三苗贯桑而生，同为一秀①，大几盈车。民得而上之成王。成王问周公："此何也？"周公曰："三苗同秀为一，意天下其和而为一乎？"后三年，则越裳氏重译而朝②，曰："道路悠远，山川阻深，恐一使之不通，故重三译而来朝也③。"周公曰："德泽不加，则君子不享其质④；政令不施，则君子不臣其人。"译曰："吾受命于吾国之黄发⑤：'久矣，天之无烈风淫雨，意中国有圣人耶？有则盍朝之⑥？'"然后周公敬受其所以来矣。

【注释】①秀：谷物抽穗扬花。②越裳氏：又作越常氏，位于今越南、老挝一带。重译：辗转翻译。③重三译：指将一种语言辗转译成另一种语言。与"重译"同。④质：同"贽"，礼物。⑤黄发：指老人。⑥盍：何不。

【译文】周成王时，有三棵谷苗贯穿桑树生长，共同长成一个谷穗，大得几乎可以装满一辆车子。百姓采摘下来献给成王。成王问周公说："这是什么？"周公说："这是三棵谷苗共同长的谷穗，大概是天下要和平统一吧？"过了三年，越裳氏通过辗转翻译前来朝见，说："路途遥远，山川阻隔，唯恐一个使者不能来到，所以经过多次辗转翻译前来朝见。"周公说："没有施予恩泽，则君子不会接受礼物；没有实施政令，则君子不会把别人当作臣下。"翻译的人说："我受我国长老之命：'很久了，上天没有降下狂风暴雨，大概是中国有圣人吧？中国有圣人那为何不去朝见呢？'"然后周公才恭敬接受了他们的朝觐。

18-16周惠王十五年①，有神降于莘②。王问于内史过曰③："是何故？有之乎？"对曰："有之。国将兴，其君斋明中正④，精洁惠和。其德足以昭其馨香⑤，其惠足以同其民人，神飨而民听⑥，民神无怨，故明神降焉，观其政德而均布福焉。国将亡，其君贪冒淫僻⑦，邪佚荒怠，芜秽暴虐。其政腥臊，馨香不登。其刑矫诬⑧，百姓携贰⑨。明神不蠲⑩，而民有远意。民神痛怨，无所依怀，故神亦往焉，观其苛慝而降之祸⑪。是以或见神而兴，亦有以亡。昔夏之兴也，祝融降于崇山⑫；其亡也，回禄信于亭隧⑬。商之兴也，梼杌次于丕山⑭；其亡也，夷羊在牧⑮。周之兴也，鸑鷟鸣于岐山[16]；其衰也，杜伯射宣王于镐[17]。是皆明神之纪者也[18]。"王曰："今是何神也？"对曰："昔昭王娶于房[19]，曰房后，是有爽德[20]，协于丹朱[21]，丹朱冯身以仪之[22]，生穆王焉。是监烛周之子孙而福祸之[23]。夫一神不远徙迁[24]，若由是观之，其丹朱耶？"王曰："其谁受之？"对曰："在虢。"王曰："然则何为？"对曰："臣闻之，道而得神，是谓丰福；淫而得神，是谓贪祸[25]。今虢少荒，其亡也？"王曰："吾其奈何？"对曰："使太宰以祝史率狸姓[26]，奉牺牲粢盛玉帛往献焉[27]，无有祈也。"王曰："虢其几何？"对曰："昔尧临民以五[28]，今其胄见[29]。鬼神之见也，不失其物。若由是观之，不过五年。"王使太宰己父率傅氏及祝，奉牺牲玉觞往献焉。内史过从至虢，虢公亦使祝史请土焉。内史过归告王曰："虢必亡矣。不禋于神[30]，而求福焉，神必祸之；不亲于民，而求用焉，民必违之。精意以享[31]，禋也；慈保庶民，亲也。今虢公动匮百姓，以盈其违[32]。离民怒神怨，而求利焉，不亦难乎？"十九年[33]，晋取虢也。

【注释】①周惠王：姓姬，名阆，周厘王姬胡齐之子，公元前676年继位，东周第五任君主，谥号惠王。周惠王十五年即公元前662年。②莘（shēn）：先秦古国名，夏禹之有莘氏。现位于陕西省合阳县洽川乡（原称东王乡）。后赐于虢（guó）。③内史：官名。西周始置，春秋时沿置。协助天子管理爵禄废置等事务。④斋明：又作"齐明"，明察而严明。⑤馨香：芳香。比喻名声、德化远播，而下文"馨香"是指贤德的人。⑥飨：接受酒食。⑦贪冒：贪得，贪图财利。⑧矫诬：假借名义以行诬罔，诬陷无辜。⑨携贰：离心，有二心。

⑩蠲（juān）：清洁。⑪苛慝（tè）：暴虐邪恶。⑫祝融：名重黎，颛顼（zhuān xū）的玄孙，死后为火神。崇山：即嵩山。⑬回禄：相传本为火神之名，后引申指火灾。信：住宿两夜。亭隧：地名。⑭梼杌（táo wù）：又名傲狠，神话中上古时期的四凶之一。次：停留。丕山：山名，大概位于今河南荥阳的大伾（pī）山。⑮夷羊：神兽。牧：即商郊牧野。⑯鸑鷟（yuè zhuó）：凤凰。⑰杜伯：周宣王时大夫，为周宣王枉杀。在周宣王游猎圃田（今河南省中牟西）时，杜伯的冤魂乘白马白车，射杀周宣王于镐京。⑱纪：通"记"，记录，记载。⑲房：今在河南遂平，为西周诸侯国之一。⑳爽德：失德。㉑丹朱：尧之子朱始封于丹水，又称丹朱。㉒冯：通"凭"，凭借，依靠。仪：匹配。㉓监烛：谓鉴察。监，通"鉴"。㉔一神：这里意为神明一直依附着人。㉕贪祸：取祸。贪，通"探"。㉖太宰：相传殷置太宰，周称冢宰，为天官之长，以佐王治邦国。祝史：祝官、史官的合称。狸姓：丹朱的后代。㉗粢（zī）盛：以供祭祀的谷物。㉘五：指五行中的土，这里意为土德。㉙胄：帝王或贵族的子孙。㉚禋（yīn）：诚心祭祀。下文"禋"意为祭名，升烟祭天以求福，泛指祭祀。㉛精意：专心一意，诚意。㉜违：邪恶，过失。㉝十九年：即周惠王十九年，公元前658年。

【译文】周惠王十五年，有神明降临莘邑。周惠王问内史过说："这是为什么？以前有这样的事吗？"答："有过这样的事。国家将要兴旺，它的君主明察正直，品行纯净，仁爱温和。他的德行足以德名远播，他的恩惠足以团结百姓。神明接受祭祀，百姓服从政令，百姓和神明都没有怨愤，所以神明降临，观察他的政治德行而遍布福泽。国家将要覆亡，它的君主贪财好利，放荡淫乱，邪僻荒怠，昏庸暴虐。他的政治败坏，不任用贤明。刑罚不实，诬陷无辜，百姓离心。神明认为祭祀不洁，百姓又有远去之意。百姓和神明都很痛恨，没有什么可以依靠，所以神明也去往那里，观察他的暴虐邪恶而降下灾殃。所以有的国家见到神明则会兴旺，有的国家见到神明则会覆亡。以前夏朝兴旺时，祝融在崇山降临；覆亡时，回禄在亭隧住了两夜。商朝兴旺时，梼杌在丕山停留；覆亡时，夷羊在牧野出现。周朝兴旺时，凤鸣岐山；衰败时，杜伯的鬼魂在镐京射杀周宣王。这都是有记载的神明。"周惠王问："如今是哪一位神明呢？"答："以前周昭王从房国娶亲，称为房后。房后失德，受到丹朱灵魂的胁迫，丹朱的灵魂附在她的身体上与周昭王匹配，生下周穆王。这是为了鉴察周朝的子孙，并降下福泽或灾殃。神明一直依附着人不愿迁徙到远处，从这样看来，应该是丹朱的灵魂吧？"周惠王问："谁要受祸呢？"答："是虢国。"周惠王问："这是为什么呢？"答："我听闻，有道义而遇到神明，则是迎福；邪淫而遇到神明，则是自取灾殃。现如今虢国的政治逐渐荒怠，这将会覆亡吧？"周惠王问："我该如何呢？"答："派太宰祝史带领狸姓的人民，敬奉牲畜、米谷、玉帛前去祭献神明，不要有所祈求。"周惠王问："虢国还能存在几年呢？"答："以前尧以土德治理百姓，现在他的子孙显灵。大凡鬼神显灵，不会舍弃它们所依托的事物。从这样看来，虢国覆亡不会超过五年。"周惠王派太宰己父带领傅氏及祝史，敬奉牲畜玉筋前去祭献神明。内史过也跟随到虢国，虢国君主也派祝史参加，向神明祈求土地。内史过归来告诉周惠王说："虢国必定覆亡。不诚心祭祀，反而向神明祈求福泽，神明必会降下灾殃；不亲近百姓，反而想役使百姓，百姓必会离开他。神明诚意享用的，叫作禋；仁慈保民的，叫作亲民。现在虢公使民力匮乏，来满足自己的欲望。受到民众愤恨、神明怨怼，却还在祈求利益，不是很难吗?"周惠王十九年,晋国攻克了虢国。

18-17齐桓公北征孤竹,未至卑耳溪中十里^①,闟然而止^②,瞠然而视,有顷,奉矢未敢发也,喟然叹曰:"事其不济乎? 有人长尺,冠冕,大人物具焉,左祛衣^③,走马前者。"管仲曰:"事必济,此人,知道之神也^④。走马前者,导也。左祛衣者,前有水也。从左方渡。"行十里,果有水,曰辽水。表之^⑤,从左方渡至踝,从右方渡至膝。已渡,事果济。桓公拜管仲马前,曰:"仲父之圣至如是,寡人得罪久矣。"管仲曰:"夷吾闻之,圣人先知无形。今已有形乃知之,是夷吾善承教,非圣也。"

【注释】①卑耳:溪谷名。一说为山名。②闟(xì)然:忽然。③祛(qū):撩起。④知道之神:知晓道路的神。⑤表:设立标记,标明。

【译文】齐桓公北伐孤竹国,离卑耳溪不到十里,突然止步不前,目视前方,好一会儿,手中的箭也不敢射出去,齐桓公叹气说:"战事不会成功吧? 有人身高一尺,头戴帽子,长得正常人的样貌,左手撩起衣服,从马前走过。"管仲说:"战事必会顺利,这个人是知晓道路的神明。走在马前,是在做引导。左手撩起衣服,是说明前方有水,应从左面过去。"前行十里,果真有条河,叫作辽水。测量并标明了水的深度,从左面过河水深至脚踝,从右面过河水深至膝盖。渡过辽水后,战事果真成功。齐桓公在管仲的马前行礼,说:"仲父的圣明到达这种程度,我冒犯您太久了。"管仲说:

"我听闻，圣人在无形中便能预知。现在事情已经形成后才知道，只是我善于接受教诲，并不是圣明。"

18-18吴伐越，隳会稽^①，得骨（节）专车^②，使使问孔子曰："骨何者最大？"孔子曰："禹致群臣会稽山，防风氏后至^③，禹杀而戮之^④，其骨节专车，此为大矣。"使者曰："谁为神？"孔子曰："山川之灵足以纪纲天下者^⑤，其守为神。社稷为公侯，山川之祀为诸侯，皆属于王者。"曰："防风氏何守？"孔子曰："汪芒氏之君守封嵎之山者也^⑥，其神为釐姓^⑦，在虞夏为防风氏，商为汪芒氏，于周为长狄氏^⑧，今谓之大人。"使者曰："人长几何？"孔子曰："僬侥氏三尺^⑨，短之至也；长者不过十，数之极也。"使者曰："善哉！圣人也！"

【注释】①隳（huī）：毁坏，崩毁，攻占。②骨（节）：原文脱"节"字，据下文径补。专车：满一车。③防风氏：古代部落首领，生活在尧舜禹时代，是上古时期神话传说中人物，传说是巨人族，有三丈三尺高。是远古防风国（今浙江德清县）的创始人，又称汪芒氏。④戮：杀死人后陈尸示众。⑤纪纲：网罟（gǔ）的纲绳，引申为纲领，这里指治理。⑥汪芒氏：防风氏在商朝的后裔。封嵎：封山和嵎（yú）山的并称。在浙江德清县莫干山附近。⑦釐（xī）：防风氏的后代。⑧长狄氏：春秋时期狄族的一支，身形高大，故称。⑨僬侥（jiāo yáo）氏：古代传说中的矮人，因以为其国名。

【译文】吴国讨伐越国，攻占了会稽，得到一节能装满一车的骨节，派使者去请教孔子："谁的骨节最大？"孔子说："大禹在会稽山召集群臣，防风氏最后到达，大禹杀了他并且陈尸示众，他的骨节可以装满一车，这是最大的了。"使者问道："那谁可以称为神呢？"孔子说："山川之灵足以治理天下的，那守护者就是神。土神和谷神相当于公侯，所祭祀的山川相当于诸侯，这都属于天子。"使者问道："防风氏掌管什么？"孔子说："汪芒氏的君主掌管封嵎山，山神姓釐。在虞夏时称为防风氏，在商朝称为汪芒氏，到了周朝称为长狄氏，现在称为巨人。"使者问道："这人有多高呢？"孔子说："僬侥氏仅高三尺，是最矮的了；最高不过十尺，这是身高是顶点了。"使者说："好！真是圣人呀！"

18-19仲尼在陈，有隼集于陈侯之廷而死①，楛矢贯之②，石砮③，矢长尺而咫④。陈侯使问孔子。孔子曰："隼之来也远矣，此肃慎氏之矢也⑤。昔武王克商，通道九夷百蛮，使各以其方贿来贡⑥，思无忘职业⑦。于是肃慎氏贡楛矢、石砮，长尺有咫。先王欲昭其令德之致（远也）⑧，故铭其楛曰'肃慎氏贡楛矢'⑨。以劳大姬⑩，配虞胡公⑪，而封诸陈。分同姓以珍玉，展亲也⑫；分别姓以远方职贡⑬，使无忘服也。故分陈以肃慎（氏）之矢⑭。"试求之故府⑮，果得焉。

【注释】①隼（sǔn）：一种凶猛的鸟。集：群鸟栖息。②楛（hù）矢：用楛木做杆的箭。③石砮（nǔ）：石制的箭头。④咫：古代长度单位，周代时为八寸。⑤肃慎氏：古部族名。大概位于东北地区。⑥方贿：土产，地方所有的财物。⑦思：用法同"使"。⑧令德之致（远也）：原文脱"远也"，据《国语·鲁语下》径补。⑨铭：雕刻。

栝（guā）：箭末扣弦处。⑩劳：慰劳，这里意为赏赐。大姬：即太姬。周武王的长女，陈国开国君主陈胡公妫（guī）满之妻。⑪虞胡公：亦称陈胡公、陈满、陈胡公满，妫姓，有虞氏，名满，字少汤，周武王灭商建周后，将长女大姬嫁于他为妻，封于陈地，建立陈国。⑫展亲：重视亲族的情分。⑬职贡：藩属或外国对于朝廷按时的贡纳。⑭氏：原文脱，据明抄本补。⑮府：府库，府藏。

【译文】孔子在陈国时，有隼鸟栖息在陈侯的宫廷中死了，是栝箭射穿了它，箭头是石制的，箭长一尺八寸。陈侯派人去请教孔子。孔子说："这只隼鸟的来历很久远了，这是肃慎氏的箭。过去周武王攻破商朝，开辟了通往各个部族的道路，让他们以当地的土产来朝贡，让他们不要忘记自己的本分。于是肃慎氏进贡了栝箭、石制的箭头，箭长一尺八寸。先王想昭示他的德行到达远方，所以在箭尾刻上'肃慎氏贡栝箭'。将这些箭赐予太姬，又将太姬许配给虞胡公，并且封于陈国。将珍玉赐给同姓诸侯，以表示重视亲情；将远方的贡品赐给异姓诸侯，使他们不要忘记服从。因此将肃慎氏的箭赐给陈侯。"陈侯到以前的仓库中查看。果真找到栝箭。

18-20季桓子穿井得土缶①，中有羊。以问孔子，言得狗。孔子曰："以吾所闻，非狗，乃羊也。木（石）之怪夔罔两②，水之怪龙罔象③，土之怪羵羊也④，非狗也。"桓子曰："善哉！"

【注释】①土缶（fǒu）：土罐。②木（石）：原文脱"石"，据卢文弨校补。夔（kuí）：传说中一条腿的怪物。罔两：传说中的一种精怪。③龙罔象：传说中水怪名。④羵（fén）羊：传说土中所生的精怪。

【译文】季桓子挖井时得到了一只土罐,罐里有羊。季桓子就此请教孔子,谎说得到了狗。孔子说:"以我听知的,不是狗,而是羊。木石中的精怪叫作夔、魍魉,水中的精怪叫作龙罔象,土中的精怪叫作羵羊,不是狗。"季桓子说:"说得好呀!"

18-21楚昭王渡江,有物大如斗,直触王舟,止于舟中。昭王大怪之,使聘问孔子。孔子曰:"此名萍实①,令剖而食之②,惟霸者能获之,此吉祥也。"其后齐有飞鸟,一足,来下,止于殿前,舒翅而跳。齐侯大怪之,又使聘问孔子。孔子曰:"此名商羊③,急告民,趣治沟渠,天将大雨。"于是如之,天果大雨。诸国皆水,齐独以安。孔子归,弟子请问。孔子曰:"异时小儿谣曰:'楚王渡江,得萍实大如拳④,赤如日,剖而食之,美如蜜。'此楚之应也。儿又有两两相牵,屈一足而跳,曰:'天将大雨,商羊起舞。'今齐获之,亦其应也。"夫谣之后,未尝不有应随者也。故圣人非独守道而已也,睹物记也,即得其应矣。

【注释】①萍实:萍蓬草的果实。后指吉祥之物。②令:当从《孔子家语》作"可"。③商羊:传说中一只脚的神鸟,每当大雨到来之前便会翩翩起舞。④拳:依上文及《孔子家语》当作"斗",译文从之。

【译文】楚昭王在渡江时,有个如斗大的东西直接撞了楚昭王的船,停息在船的中间。楚昭王大为诧异,派人向孔子请教。孔子说："这东西叫作萍实，可以把它剖开来吃，惟有霸主才能得到，这是吉祥的征兆。"后来齐国出现飞鸟，长着一只脚，飞下来停息在大殿前，舒展翅膀跳跃着。齐侯大为诧异，又派人向孔子请教。孔子说："这东西叫作商羊，马上告诉百姓，赶紧命他们修治沟渠，天将要下大雨。"于是齐国照做。天果然降下大雨。各国都遭遇水灾，只有齐国平安无事。孔子回来后，弟子们向孔子请教。孔子说："从前孩童的歌谣唱道：'楚王渡江，得到萍实大如斗，赤红如太阳。剖开来吃，甜如蜜。'这在楚国应验了。孩童们又有两两牵手，弯起一只脚跳着，唱道：'天将下大雨，商羊跳着舞。'现在齐国出现了商羊，这也应验了。"歌谣出现之后，还没有不应验的。所以圣人不仅是坚守道德而已，还要博闻强记，便能得知事物的应验。

18-22郑简公使公孙成子来聘于晋①。平公有疾②，韩宣子赞③，授馆客④。客问君疾，对曰："君之疾久矣，上下神祇，无不遍谕也，而无除。今梦黄熊入于寝门，不知人鬼耶⑤？意厉鬼耶？"子产曰："君之明，子为政，其何厉之有？侨闻之，昔鲧违帝命，殛之于羽山，化为黄熊，以入于羽渊⑥。是为夏郊⑦，三代举之。夫鬼神之所及，非其族类，则绍其同位⑧。是故天子祠上帝，公侯祠百神，自卿以下，不过其族。今周室少卑，晋实继之。其或者未举夏郊也？"宣子以告，祀夏郊，董伯为尸⑨，五日瘳⑩。公见子产，赐之莒鼎⑪。

【注释】①郑简公（？—前530）：姓姬，名嘉，是郑国第十七任君主。在位36年。公孙成子：名侨，字子产，谥号成。②平公：即晋平公，姬姓，名彪，晋悼公之子。③韩宣子（？—前514）：姬姓，韩氏，名起，谥号宣，史称韩宣子，春秋时期晋国六卿之一。赞：导引。④授馆：为宾客安排行馆。⑤人鬼：即"人煞"。⑥羽渊：池潭名。传说鲧（gǔn）死后化黄熊处。今在江苏东海西北。⑦夏郊：夏朝的郊祭。郊，古代祭天地的典礼。⑧绍：承继。⑨尸：祭祀时代表死者受祭的人。⑩瘳（chōu）：病愈。⑪莒鼎：莒国方鼎。

【译文】郑简公派子产去晋国访问。晋平公患病，韩宣子接见客人，为客人安排行馆。客人询问晋平公的病情，韩宣子答："君王得病很久了，天地神明，没有不禀告的，但病情还是没有消除。今天又梦到黄熊进入了寝门，不知是人煞？还是厉鬼呢？"子产说："晋平公为人圣明，你又执政，怎会有厉鬼？我听闻，以前鲧违背舜帝的命令，诛杀于羽山，化为黄熊，进入羽渊。后成为夏朝的郊祭，夏商周三朝都会举行祭祀。鬼神所到之处，不是同类，则要承继与他身份同等的灵位。所以天子祭祀天帝，公侯祭祀百神，自卿大夫以下，不能超越自己的族人。如今周王室逐渐衰微，晋国的实力承继了周王室。也许是没有举行夏朝郊祭的缘故吧？"韩宣子将这些话告诉晋平公。于是晋平公举行郊祭，董伯扮作受祭的神像，五天后晋平公便病愈了。晋平公召见子产，赐予他莒鼎。

18-23虢公梦在庙①，有神人面白毛、虎爪、执钺立在西阿②。公惧而走。神曰："无走！帝令曰使晋袭于尔门③。"公拜顿首。觉，召史嚚占之④。嚚曰："如君之言，则蓐收也⑤。天之罚神也，天事官成。"公使囚之，且使国人贺梦。舟之侨告其诸族曰⑥："虢不久矣，吾乃今知之。君不度而嘉大国之袭于己也⑦，何瘳⑧？（吾）闻之曰⑨：'大国道⑩，小国袭焉⑪，曰服；小国傲，大国袭焉，曰诛。'民疾君之侈也，是以由于逆命。今嘉其梦，侈必展。是天夺之鉴，而益其疾也。民疾其态，天又诳之，大国来诛，出令而逆，宗国既卑⑫，诸侯远己，外内无亲，其谁云救之？吾不忍俟，将行。"以其族适晋。三年，虢乃亡。

【注释】①虢公：即虢公丑，虢国的亡国之君。②西阿：即西荣，正屋西边的廊檐。③帝令曰：原文作"帝今日"，《国语·晋语二》作"帝命曰"，据向宗鲁《校证》径改。④史嚚（yín）：春秋时期虢国太史，名嚚。⑤蓐（rù）收：传说中掌理西方的神，负责掌管秋天。西方于五行中属金，故又为主金之神。⑥舟之侨（？—前632）：春秋时期晋国大夫。原本为虢国大夫，在"假虞伐虢"之战中看到虢国大势已去，遂由虢国入晋，为晋国大夫。在城濮之战中为晋文公戎右，因擅离职守被杀。诸族：原文误作"诸侯"，依卢文弨校，据《晋语》改。⑦度：推测，考虑。嘉：赞美，称道、颂扬事物的美好。⑧瘳（chōu）：减损，损失。⑨吾：原文脱此字，据明抄本补。⑩大国道：原文作"大国无道"，依卢文弨校，据《晋语》删"无"字。⑪袭：因袭，追随。下文"大国袭焉"则意为袭击，侵入。⑫宗国：同姓诸侯国。因与天子同宗，为其支庶，故称。

【译文】虢公梦到自己在庙里，见到有一位神人脸长白毛、手长着像虎爪，拿着钺站在西边的廊檐下。虢公吓得得要跑。神人说："不要跑！天帝下令让晋国袭击你的城门。"虢公跪地叩头。醒来以后，召见史官嚚来占卜吉凶。嚚说："如君王所言，这位神便是蓐收了，是上天主管刑罚之神，上天安排的事情，是由神来完成。"虢公派人将嚣囚禁起来，并且让国人祝贺他做的梦。舟之侨告诉他的族人说："虢国不会长久了，我现在才知晓。君主不思量神的意旨而让国人祝贺大国袭击自己，这对大国有什么损失？我听闻：'大国有道，小国归顺，叫作臣服；小国傲慢，大国袭击，叫作诛罚。'百姓厌恶君主奢侈，所以才会违抗政令。如今又认为这是好梦，必会更加奢侈。这是上天夺取了他引以为戒的事，而增加他的过失。百姓厌恶他的所为，上天又来迷惑他，大国前来诛伐，发出的命令又有人违抗，宗国已经衰败，诸侯远离他，内外无亲，谁会来援救他呢？我不忍心等待国家灭亡，我打算离开了。"他带领他的族人去了晋国。过了三年，虢国便灭亡了。

18-24 晋平公作虒祁之室①，石有言者。平公问于师旷曰："石何故言？"对曰："石不能言，有神冯焉②。不然，民听之滥也③。臣闻之，作事不时，怨讟动于民④，则有非言之物而言。今宫室崇侈，民力屈尽，百姓疾怨，莫安其性，石言不亦可乎？"

【注释】①虒（sī）祁：一说在山西侯马虒祁遗址，一说在山西新绛。是春秋时期晋国君主晋平公于公元前534年建造的一座宫殿，是晋国三大宫殿（虒祁宫、铜鞮宫、灵公台）之一，与同时期楚灵王建造的章华宫齐名。虒，是传说中似虎而带角之兽，水路两栖。虎是兽中之王，可见虒比虎还要凶猛。祁，是大的意思。晋平公以此命名是以盟主称霸中原，虎视天下的意思。②冯：通"凭"，依仗，倚托。③滥：虚妄不实。④怨讟（dú）：怨恨诽谤。

【译文】晋平公建造虒祁宫，有石头会讲话。晋平公问师旷石头为何会讲话？"答："石头是不能讲话的，是有神灵附在石头上讲话。不是这样，就是百姓听错了。我听闻，不合时节做事，百姓会心生怨怼，便有不会讲话的东西讲出话来。现在虒祁宫高大奢华，民力竭尽，百姓怨恨，本性不得安定，石头会讲话不也可以吗？"

18-25晋平公出畋①，见乳虎伏而不动，顾谓师旷曰："吾闻之也，霸王之主出，则猛兽伏不敢起。今者寡人出，见乳虎伏而不动，此其猛兽乎？"师旷曰："鹊食猬，猬食骏蟻②，骏蟻食豹，豹食驳③，驳食虎。夫驳之状有似驳马④。今者君之出，必骖驳马而出畋乎？"公曰："然。"师旷曰："臣闻之，一自诬者穷⑤，再自诬者辱，三自诬者（死⑥。今夫虎所以不动者，为驳马也，固非主）君之德义也。君奈何一自诬乎？"平公异日出朝，有鸟环平公不去，平公顾谓师旷曰："吾闻之也，霸王之主凤下之。今者出朝，有鸟环寡人，终朝不去。是其凤鸟乎？"师旷曰："东方有鸟名谏珂⑦，其为鸟也，文身而朱足，憎鸟而爱狐。今者吾君必衣狐裘，以出朝乎？"平公曰："然。"师旷曰："臣已尝言之矣，一自诬者穷，再自诬者辱，三自诬者死。今鸟为狐裘之故，非吾君之德义也，君奈何而再自诬乎？"平公不悦。异日，置酒虒祁之台，使郎中马章布蒺藜于阶上⑧，令人召师旷。师旷至，履而上堂。平公曰："安有人臣履而上人主堂者乎？"师旷解履刺足，伏刺膝⑨，仰天而叹，公起引之曰:"今者与叟戏,叟遽忧乎?"对曰:"忧。夫肉自生虫,而还自食也⑩;木自生蠹⑪,而还自刻也⑫;人自兴妖,而还自贼也。五鼎之具⑬,不当生藜藿⑭。人主堂庙,不当生蒺藜。"平公曰:"今为之奈何?"师旷曰:"妖已在前,无可奈何。入来月八日⑮,修百官,立太子,君将死矣。"至来月八日平旦⑯,谓师旷曰:"叟以今日为期,寡人如何?"师旷不乐,谒归。归未几,而平公死。乃知师旷神明矣。

【注释】①出畋(tián):出外打猎。②䴏䴈(jùn yí):鸟名。锦鸡,似山鸡而小。③驳(bó):传说中能食虎豹的猛兽,形状如马。④驳马:毛色斑驳之马。与驳相似。⑤自诬:自欺。⑥诬者死:"死"字及以下15字原文脱,据下文及明钞本补。⑦谏珂:上古神兽之一,文身朱足,喜狐。⑧郎中:官名,始于战国,秦汉时期掌管宫廷侍卫。蒺藜:植物名,有刺。⑨刺:原文作"别"据明抄本改。⑩还:通"旋",迅速。⑪蠹(dù):蛀虫。⑫刻:本以为雕刻,这里指蛀蚀。⑬五鼎:古代行祭礼时,诸侯用五个鼎,分别盛羊、豕、肤(切肉)、鱼、腊五种供品。⑭藜藿:粗劣的饭菜。⑮入来:来到,进入。⑯平旦:清晨。

【译文】晋平公外出打猎,见到乳虎趴在地上不动,转头对师旷说:"我听闻,霸主外出,则猛兽趴在地上不敢起来。今天我出宫,见到乳虎趴在地上不动,这是猛兽吗?"师旷说:"喜鹊吃刺猬,刺猬吃䴏䴈,䴏䴈吃豹子,豹子吃驳,驳吃虎。驳长得像驳马。今天君王出宫,必定是驾着驳马外出打猎?"晋平公说:"是。"师旷说:"我听闻,一次自欺的人会遭受窘困,两次自欺的人会遭受侮辱，三次自欺的人便会死亡。今天乳虎之所以不动，是因为害怕驳马，并非是因为君王的德义。怎么君王也开始自欺了呢？"过了几天晋平公上朝，有鸟围绕着晋平公没有离去。晋平公转头对师旷说："我听闻，霸主出现会有凤凰降临。今天上朝，有鸟围绕着我飞，整个早晨都没有离去。这是凤凰吗？"师旷说："东方有一种鸟叫作谏珂，这种鸟身上有花纹，还有红色的脚，讨厌鸟类而喜欢狐狸。今天君王必定是穿着狐裘上朝的吧？"晋平公说："是。"师旷说："我曾经说过，一次自欺的人会遭受窘困，两次自欺的人会遭受侮辱，三次自欺的人便会死亡。今天这只鸟是因为狐裘的缘故，并非是因为君王的德义，君王怎么一再的自欺呢？"晋平公不悦。过了几天，晋平公在虒祁宫设宴，让郎中马章在台阶上放满蒺藜，命人去召见师旷。师旷到了后，穿着鞋子往厅堂里走。晋平公说："哪有臣子穿着鞋子就进入君主的厅堂呢？"师旷脱了鞋，蒺藜会扎脚，伏身又会扎膝盖，师旷仰天长叹。晋平公起身扶起他，说："今天和老先生开个玩笑，老先生竟这样忧愁吗？"师旷说："忧愁。肉生了虫，虫子会迅速地吃掉肉；木头生了蛀虫，蛀虫会迅速蛀蚀木头；人自己兴事，很快便会害了自己。诸侯的祭鼎，不应烹煮粗劣的饭菜。君主的庙堂，不应生长蒺藜。"晋平公说："那如今该怎么办？"师旷说："妖变已经在眼前了，无可奈何。到了下月初八，要整治百官，册立太子，君王将要死去。"到了下月初八的早晨，晋平公对师旷说："老先生认为今天是我的死期，现在我会如何？"师旷不高兴，拜请回家。回家没有多久，晋平公便死了。这才知道师旷的圣明呀！

18-26赵简子问于翟封荼曰:"吾闻翟雨谷三日^①,信乎?"曰:"信。""又闻雨血三日,信乎!"曰:"信。""又闻马生牛,牛生马,信乎?"曰:"信。"简子曰:"大哉!妖亦足以亡国矣。"对曰:"雨谷三日,寈风之所飘也^②。雨血三日,鸷鸟击于上也^③。马生牛、牛生马,杂牧也。此非翟之妖也。"简子曰:"然则翟之妖奚也?"对曰:"其国数散,其君幼弱,其诸卿货^④,其大夫比党以求禄爵^⑤,其百官肆断而无告,其政令不竟而数化^⑥,其士巧贪而有怨,此其妖也。"

【注释】①翟;同"狄",古代北方的民族。雨谷:指下谷雨,天降谷如雨。②寈(méng)风:疾风,盲风。寈,通"盲",迅疾。③鸷(zhì)鸟:凶猛的鸟,如鹰、雕、枭等。④货:贿赂。⑤比党:结党,拉帮结派。⑥竟:完全,整个,从头到尾。

【译文】赵简子问翟封荼说:"我听闻翟国连下三天谷雨,这是真的吗?"答:"真的。""又听闻连下三天血雨,这是真的吗?"答:"真的。""还听闻马生牛、牛生马,也是真的吗?"答:"真的。"赵简子说:"这么明显的异象足以亡国了。"答:"连下三天谷雨,是大风刮来的。连下三天血雨,是因为鸷鸟在天上搏击。马生牛、牛生马,是因为混杂放牧。这都不是翟国的妖祸。"赵简子说:"那翟国的妖祸是什么?"答:"国家数次散乱,君主年幼弱小,诸卿收受贿赂,大夫结党以求爵禄,百官肆意独断而没有上报,政令没有贯彻终始而中途多次改变,士人伪诈贪婪并且心生怨怼,这才是翟国的妖祸。"

18-27哀公射而中稷，其口疾，不肉食。祠稷而善，卜之巫官。巫官变曰①："稷负五种，托株而从天下，未至于地而株绝，猎谷之老人张衽而受之。何不告祀之？"公从之而疾去。

【注释】①变：通"辩"，辨别。

【译文】哀公射箭，却射中了稷神，他的嘴生疮，不能吃肉。祭祀稷神便好些了，让巫官卜。巫官辨别结果后说："稷神背着五样种子，托着禾苗从天而降，但没到地面禾苗便断了，猎谷的老人张开衣襟便接住了它。为什么不向他祷告祭祀呢？"哀公照做，嘴上的病便好了。

18-28扁鹊过赵①，赵王太子暴疾而死。鹊造宫门曰："吾闻国中卒有壤土之事②，得无有急乎？"中庶子之好方者应之曰③："然。王太子暴疾而死。"扁鹊曰："入言郑医秦越人能活太子。"中庶子难之曰："吾闻上古之为医者曰苗父④。苗父之为医也，以菅为席⑤，以刍为狗⑥，北面而祝，发十言耳，诸扶而来者、舆而来者⑦，皆平复如故。子之方能如此乎？"扁鹊曰："不能。"又曰："吾闻中古之为医者曰俞柎⑧，（俞柎）之为医也，搦脑髓⑨，束肓莫⑩，炊灼九窍⑪，而定经络，死人复为生人，故曰俞柎。子之方能若是乎？"扁鹊曰："不能。"中庶子曰："子之方如此，譬若以管窥天，以锥刺地，所窥者甚大，所见者甚少⑫。钧若子之方⑬，岂足以变骇童子哉？"扁鹊曰："不然。物故有昧揥而中蚊头⑭，掩目而别白黑者。太子之疾，所谓尸厥者也^⑮。以为不然，入诊之，太子股阴当温，耳中焦焦如有啸者声^⑯，然者皆可治也。"中庶子入报赵王。赵王跣而趋出门^⑰，曰："先生远辱幸临寡人，先生幸而有之，则粪土之息^⑱，得蒙天覆地^⑲，而长为人矣。先生不有之，则先犬马填沟壑矣^⑳。"言未已，涕泣沾襟。扁鹊遂为诊之，先造轩光之灶^㉑，八成之汤。砥针砺石，取三阳五输^㉒。子容捣药^㉓，子明吹耳，阳仪反神，子越扶形，子游矫摩^㉔。太子遂得复生。天下闻之，皆曰："扁鹊能生死人。"鹊辞曰："予非能生死人也，特使夫当生者活耳。"夫死者犹不可药而生也，悲夫！乱君之治不可药而息也。《诗》曰："多将熇熇^㉕，不可救药。"甚之之辞也。

【注释】①扁鹊：姬姓，秦氏，名越人（秦越人），因出生在卢国，又号卢医，战国时期医学家，渤海莫人（今河北任丘）。少时学医于长桑君，尽传其医术禁方，一生游历四方，后遭秦太医李醯（xī）术嫉妒被杀。相传《难经》为扁鹊所著。②壤土：凿地挖土，即人死后挖土造坟的避讳说法。③中庶子：职官名。掌管诸侯、卿大夫的庶子的教育工作。方：药方，指医术。④苗父：传说中的神医，又称弟父。⑤菅（jiān）：茅草。⑥刍：喂牲畜的草。⑦辇（niǎn）：古时用人拉或推的车，也指拉车，乘车，运送。原文作"举"，据卢文弨校语改。⑧俞柎：传说中黄帝时期的良医。此下句原文脱"俞柎"二字，据明钞本补。⑨搦（nuò）：用力按压。⑩肓（huāng）：心脏与横隔膜之间的部位。中医认为这是药力达不到的部位。肓，原文误作"盲"依向宗鲁《校证》据卢文弨校改。莫：通"膜"。⑪炊灼：烧灼，熏灼。九窍：指耳、目、口、鼻及尿道、肛门的九个孔道。⑫"所见"一句：此句以下似有脱文，《韩诗外传》中作："所窥者大，所见者小，所刺者巨，所中者少。"译文从之。⑬钧：敬辞，用于对尊长或上级。⑭眛揥（dì）：暗中抛出。蛟：原文作"蛟"，据卢文弨校改。⑮尸厥：病症名，突然昏倒不省人事。状如昏死。⑯焦焦：象声词。啼声之细微者。啸：鸟兽等的长声鸣叫，原文作"肃"据明抄本改。⑰跣（xiǎn）：光着脚。⑱粪土：指卑贱，谦辞。息：子女。⑲覆：原文误作"履"，据向宗鲁《校证》改。⑳犬马：谦辞，卑幼者对尊长的自谦之称。㉑轩光之灶：义未详。轩光，指轩辕星的光辉。㉒三阳：中医谓太阳、少阳、阳明三经脉为三阳。五输：即"五会"，古代医家术语。百会、胸会、听会、气会、臑（nào）会的合称。㉓子容：以及下文"子明""阳仪""子越""子游"均为扁鹊弟子。㉔矫摩：按摩。㉕熇熇（hè）：炽盛的样子，多指恶政。

【译文】扁鹊路过赵国，赵王的太子突发疾病而亡。扁鹊来到宫门前问："我听说国中突发掘土之事，恐怕是有什么急难吧？"喜欢医术的中庶子回应说："是的。太子突发疾病而亡。"扁鹊说："请进去禀告，说郑国医生秦越人可以救活太子。"中庶子为难他说："我听闻上古时期有位医者叫苗父。苗父在为人医治时，用菅草做成席子，用刍草扎成狗的样子，向北方祝祷，只说十句话，那些挽扶而来的病人、坐着车而来的病人，都可以恢复如常。你的医术也能如此吗？"扁鹊说："不能。"中庶子又说："我听闻中古时期有位医者叫俞拊。俞拊在为人医治时，按压脑髓，收紧横隔膜，烧灼九窍，而定经络，使人死而复生，所以叫作俞拊。你的医术也能如此吗？"扁鹊说："不能。"中庶子说："你的医术既然这样，譬如以管子看天，以锥子刺地，要看的东西很大，但所见到的很少。所刺的东西很大，但刺中的位置很小。像你这样的医术，大概只能哄骗孩童吧?"扁鹊说:"不是这样。事物本来就能在暗中抛出而投中蚊子头部的,遮住眼睛而能辨别黑白的。太子的病,叫做作尸厥症。如果不相信,你们可以进去看诊,太子的大腿之间应当还是温暖的,耳中有焦焦的长鸣声,这样的症状都可以治好。"中庶子入宫向赵王报告。赵王赤脚急行到了门外,说:"先生从远方而来,有幸来到敝国,先生幸而有救人之心,我那卑贱的儿子,可以在天地之间,长久为人了。先生如果没有救人之心,那他会先我死去。"话没说完,便涕泪沾襟。扁鹊于是为太子诊治。先造了轩光之灶,熬煮增减八次的汤药。打磨金针和砭石,针灸三阳五输。子容捣药,子明吹耳,阳仪使太子恢复精神,子越扶着太子的身体,子游按摩。太子终于复生。天下人听闻此事,都说:"扁鹊能使人死而复生。"扁鹊推辞说:"我并非能使人死而复生,只能使应当活着的人活过来。"死人是不能用药救活的,悲痛呀!昏君的政令是不能用药而止息的啊!《诗经》上说:"多施恶政,不可救药。"的确是感慨甚深的言辞。

18-29孔子晨立堂上,闻哭者声音甚悲。孔子援瑟而鼓之,其音同也。孔子出,而弟子有吒者①。问:"谁也?"曰:"回也。"孔子曰:"回何为而吒?"回曰:"今者有哭者,其音甚悲,非独哭死,又哭生离者。"孔子曰:"何以知之?"回曰:"似完山之鸟②。"孔子曰:"何如?"回曰:"完山之鸟生四子,羽翼已成,乃离四海,哀鸣送之,为是往而不复返也。"孔子使人问哭者,哭者曰:"父死家贫,卖子以葬之,将与其别也。"孔子曰:"善哉,圣人也!"

【注释】①吒（zhà）：同"咤"，本指愤怒声，此处指叹息。②完山：山名。

【译文】孔子早晨站在厅堂上，听到有人哭得很悲伤。孔子拿起瑟弹奏着，瑟音和哭声相同。孔子从厅堂出来，有弟子在叹息。孔了问："谁在叹息？"回答说："是颜回。"孔子说："你为什么会叹息？"颜回说："今天有个痛哭的人，哭声非常悲伤，不仅哭死去的人，还哭会生离的人。"孔子说："你如何知晓？"颜回说："哭声如同完山之鸟。"孔子说："为什么？"颜回说："完山的鸟生下四子，小鸟羽翼长成，便要离家飞向四方，大鸟发出哀鸣送别它们，因为它们一去不复返。"孔子派人去询问痛哭的人，那哭的人说："父亲去世，家中贫穷，只能卖子葬父，将要与他别离了。"孔子说："说得好啊，颜回真是位圣人啊！"

18-30景公畋于梧丘，夜犹蚤①，公姑坐睡，而梦有五丈夫，北面倖卢②，称无罪焉。公觉，召晏子而告其所梦。公曰："我其尝杀不辜而诛无罪耶？"晏子对曰："昔者先君灵公畋③，五丈夫罟而骇兽④，故杀之。断其首而葬之，曰'五丈夫之丘⑤'。其此耶？"公令人掘而求之，则五头同穴而存焉。公曰："嘻！"令吏葬之。国人不知其梦也，曰："君悯白骨，而况于生者乎？"不遗余力矣，不释余智矣，故曰：人君之为善易矣。

【注释】①蚤：通"早"。②倖（xìng）卢：义不可解。结合上下文，认为齐景公的行营。③灵公（？—前554）：即齐灵公。姜姓，吕氏，名环，公元前581年至公元前554年在位。④罟（gǔ）：用网捕捉。⑤丘：坟墓。

【译文】齐景公在梧丘打猎，夜色尚早，齐景公姑且坐着打瞌睡，梦到有五位男子，向北面对着齐景公的营帐，声称他们无罪。齐景公醒来，召见晏子并告诉他所梦到的。齐景公说："我曾经杀过无罪无辜的人吗？"晏子答："以前先王齐灵公打猎时，有五位男子用网捕兽时吓跑了野兽，所以杀了他们。砍掉他们的头葬在了一起，名'五丈夫之墓'。或许就是这个地方吧？"齐景公命人掘地寻找，挖到五颗头骨埋在同一墓穴里。齐景公说："哎！"命令官吏把这些头骨埋葬了。国人不知齐景公做了这个梦，说："君王怜悯白骨，更何况活着的人？"对待国事会不遗余力，竭尽心思。所以说：君王做好事非常容易。

18-31子贡问孔子："死人有知无知也？"孔子曰："吾欲言死者有知也，恐孝子顺孙妨生以送死也；欲言无知，恐不孝子孙弃不葬也。赐欲知死人有知将无知也，死徐自知之，犹未晚也。"

【译文】子贡请教孔子："人死后是有知觉还是无知觉？"孔子说："我要说死者是有知觉的，恐怕孝子顺孙会不惜性命而殉葬；说人死后无知，又恐怕不孝子孙会抛弃遗体而不安葬。你想知道人死后是有知觉还是无知觉，死后自己就慢慢知道了，那时也不晚啊。"

18-32王子建出守于城父^①，与成公乾遇于畴中^②。问曰：
"是何也？"成公乾曰："畴也。""畴也者，何也？"曰："所
以为麻也。""麻也者，何也？"曰："所以为衣也。"成衣乾曰：
"昔者庄王伐陈^③，舍于有萧氏，谓路室之人曰^④：'巷其不善
乎？何沟之不浚也^⑤？'庄王犹知巷之不善，沟之不浚，今吾子不
知畴之为麻，麻之为衣，吾子其不主社稷乎？"王子果不立。

【注释】①王子建（？—前522）：芈姓，熊氏，名建，字子木，
春秋时期楚平王的嫡长子。因费无极挑唆，被迫离楚都，出守城父。
后又遭诬陷谋反，出奔齐、郑等国。城父：地名，今在河南省平顶山
市。②畴：本义为已耕作的田地，这里特指种麻的田。③庄王：即楚
庄王。④路室：客舍。⑤浚（jùn）：疏通。

【译文】王子建出守城父，与成公乾在田地里相遇。王子建问
成公乾："这是什么？"成公乾说："这是麻田。""麻田是用来做
什么的？"答："麻田是用来种麻的。""麻又是用来做什么？"答：
"麻用来做衣服。"成公乾说："从前楚庄王攻伐陈国，在有萧氏
那里借住，对客舍里的人说：'这条巷子是不好吗？为什么水沟没
有疏通呢？'楚庄王尚且知道巷子不好，水沟没有疏通，现在你不
知道麻田里种麻，麻用来做衣服。你恐怕主掌不了国政吧？"王子
建果真没有立为君主。

卷十九　修文

【题解】修文，就是修治典章制度，提倡礼乐教化。此卷主要讲述关于夏商周时期的礼乐制度以及文治教化。

前两则讲述了推行礼乐的重要性，"移风易俗，莫善于乐；安上治民，莫善于礼。"突出体现了礼乐在教化百姓中的重中之重，也说明了"爱"与"仁"是文治的基础。第三至六则讲述了文质之间的关系以及社会中的每个人，不管是贵为天子，还是平民百姓，都应以遵守礼仪，克己复礼。第七至三十则是关于服饰以及各方面的仪制，包括古代冠礼、亲迎、丧礼、祭祀、会面、以及巡守的礼节。第三十一至三十四则所述的是君子习礼。"去尔外厉，与尔色胜，而心自取之。"这是君子习礼的原则。最后第三十五至四十四则专讲音乐与政治统治、国家兴衰、民众教化的关系。"其移风易俗，故先王著其教焉。""声音之道，与政通矣。"说明音乐与教化以及社会彼此互通。

礼乐与文治互通，是统治者巩固政治统治的重要途径。"礼乐刑政，其极一也。所以同民心而立治道也。"这说明礼乐对于治国教化的重要作用。

19-1 天下有道①，则礼乐征伐自天子出。夫功成制礼，治定作乐。礼乐者，行化之大者也。孔子曰："移风易俗，莫善于乐；安上治民，莫善于礼。"是故圣王修礼文，设庠序②，陈钟鼓。天子辟雍③，诸侯泮宫④，所以行德化。《诗》云："镐京辟雍，自西自东，自南自北，无思不服。"此之谓也。

【注释】①有道：政治清明，有德政，引申为天下太平。②庠（xiáng）序：泛指学校。殷代叫庠，周代叫序。③辟（bì）雍：本为西周天子所设大学，校址圆形，围以水池，形如环璧。辟，通"璧"。④泮宫：周代诸侯的学宫，三面环水，形如半璧。

【译文】天下太平时，关于礼乐制定和出兵攻伐由天子决定。功成名就则制礼，天下平定则作乐。礼乐是施行教化的大事。孔子说："移风易俗，没有什么比音乐更好；安国治民，没有什么比礼仪更好。"所以圣王修治礼乐仪制，建设学校，陈设钟鼓。天子的学校称为辟雍，诸侯的学校称为泮宫，以此来推行德义教化。《诗经》上说："镐京设立辟雍，从西到东，从南到北，没有人不顺服的。"就是这个意思。

19-2 积恩为爱，积爱为仁，积仁为灵①。灵台之所以为灵者，积仁也。神灵者，天地之本，而为万物之始也。是故文王始接民以仁，而天下莫不仁焉，文德之至也。德不至，则不能文。

【注释】①灵：假借为"良"。善，美好。

【译文】积累恩惠为慈爱，积累慈爱为仁德，积累仁德为良善。灵台之所以称为灵，是因为积累仁德。神灵是天地之本，也是万物之始。所以周文王一开始就以仁德对待百姓，因而天下没有不仁德的，这是文德教化的最高境界。德治没有达到最高境界，则不能推行文教。

19-3商者，常也。常者，质；质主天①。夏者，大也。大者，文也；文主地。故王者一商一夏②，（一质一文，文质）再而复者也。正色③，三而复者也。味尚甘，声尚宫，一而复者④。故三王术如循环。故夏后氏教以忠⑤，而君子忠矣，小人之失野。救野莫如敬，故殷人教以敬，而君子敬矣，小人之失鬼⑥。救鬼莫如文，故周人教以文，而君子文矣，小人之失薄。救薄莫如忠，故圣人之与圣也，如矩之三杂⑦，规之三杂。周则又始，穷则反本也。《诗》曰："雕琢其章⑧，金玉其相⑨。"言文质美也⑩。

【注释】①主：这里是效法，效仿的意思。②一商一夏：向宗鲁《校证》疑"一商一夏"后脱"一质一文"四字，及下句脱"文质"二字，此据补。③正色：犹言"正朔"，一年中的第一天，后也指帝王新颁的历法。④一而复者：此句难解，疑有脱误，向宗鲁《校证》以为当作"一而不复者也"，译文从此说。⑤夏后氏：指禹建立的夏王朝。⑥鬼：阴险，诡诈。⑦杂：通"匝"，一圈。⑧章：花纹。⑨相：本质。⑩此则原文接上，现依文意与卢文弨校另起。

【译文】商的意思就是常规。常规就是本质；本质效仿上天。夏的意思就是广大。广大就是讲究文饰；文饰效仿大地。所以君王一商一夏，一质一文，文饰与本质是一再反复的。正朔，是要多次反复的。味道喜好甘甜，声音喜好宫调，这是变化了就不会再反复的。所以夏、商、周三朝治国的方法周而复始。夏朝教人以忠诚，则君子忠诚，小人迷失而野蛮。挽救野蛮莫过于尊敬，所以殷人教人以恭敬，则君子恭敬，小人迷失而阴险。挽救阴险莫过于礼乐，所以周人教人以礼乐，则君子有礼，小人迷失而鄙薄。挽救鄙薄莫过于忠诚，所以圣人之所以称为圣人，如同多次画矩形，多次画圆圈一样。周而复始，到达极点再返回源头。《诗经》上说："雕琢它的花纹，金玉是它的本质。"这是说文质兼美。

19-4 传曰："触情从欲①，谓之禽兽。苟可而行②，谓之野人。安故重迁③，谓之众庶④。辨然（否）⑤，通古今之道，谓之士。进贤达能，谓之大夫。敬上爱下，谓之诸侯。天覆地载⑥，谓之天子。是故士服黼⑦，大夫黻⑧，诸侯火，天子山龙⑨。德弥盛者文弥缛⑩，中弥理者文弥章也。"

【注释】①从：同"纵"。②苟：随便，轻率。③安故重迁：安于旧俗，不轻易改变。④众庶：众民，百姓。⑤然否：是与非，是与不是。"否"字原文脱，依向宗鲁《校证》据卢文弨校补。⑥天覆地载：天之所覆，地之所载，赞颂帝王仁德广布。⑦黼（fǔ）：古代礼服上绣的半黑半白的花纹。⑧黻（fú）：古代礼服上黑与青相间的花纹。⑨山龙：绣有山、龙图案的衮服。⑩弥：更加，越发。

【译文】古书上说："触动情感，放纵欲望，这是禽兽。行为轻率，这是野人。安于旧俗，不轻易改变，这是平民百姓。能分辨是非，通达古今道理，这是士人。能推荐任用贤能之人，这是大夫。能敬上爱下，这是诸侯。德泽广布，这是天子。所以士人穿着黑白两色花纹的礼服，大夫穿着黑青两色花纹的礼服，诸侯穿着火焰图案的礼服，天子穿着山龙图案的衮服。德行越发盛大而文饰越发繁密，心中越发有条理而文采越发显著。"

19-5《诗》曰："左之左之，君子宜之。右之右之，君子有之。"《传》曰[1]："君子者，无所不宜也。"是故韠冕厉戒[2]，立于庙堂之上，有司执事[3]，无不敬者；斩衰裳苴绖杖[4]，立于丧次[5]，宾客吊唁，无不哀者；被甲缨胄[6]，立于桴鼓之间[7]，士卒莫不勇者。故仁足以怀百姓，勇足以安危国，信足以结诸侯，强足以拒患难，威足以率三军。故曰："为左亦宜，为右亦宜，为君子无不宜者。"此之谓也。

【注释】①《传》：是指《鲁诗传》之文。②韠（bì）冕：指官员朝觐的衣饰。韠，蔽膝，古代一种遮蔽在身前的皮制服饰。厉：带，衣带的下垂部分。戒：戒具。③有司执事：各级主管官吏。有司，古代设官分职，各有专司，故称。执事，掌管事务的人。④斩衰（cuī）：古代五种丧服中最重的一种。用粗麻布制成，左右和下边不缝。苴绖（jū dié）：丧服中麻布制的无顶冠与腰带。杖：居丧时所执的丧棒。⑤丧次：停灵治丧的地方。⑥缨：缠绕，系牵。胄：头盔。⑦桴（fú）鼓：战鼓。

【译文】《诗经》上说："左边有人辅佐，君子很适宜，右边有人相佑，君子可以拥有。"《传》上说："君子没有不适宜的事。"所以当他穿好朝服，衣带垂下，手持戒具，站在庙堂上，文武百官无不敬畏；当他身披斩衰，腰系麻带，手执丧杖，站在停灵治丧的地方，前来吊唁的宾客，无不哀伤；当他身穿铠甲，头戴缨盔，站在战鼓之间，士兵无不勇猛。所以他的仁爱足以感怀百姓，勇猛足以安定危亡的国家，忠信足以结交诸侯，坚强足以抵抗患难，威严足以统率三军。所以说："在左也很适宜，在右也很适宜，作为君子没有不适宜的。"就是说的这个意思。

19-6齐景公登射①，晏子修礼而待。公曰："选射之礼，寡人厌之矣。吾欲得天下勇士，与之图国。"晏子对曰："君子无礼，是庶人也；庶人无礼，是禽兽也。夫臣勇多则弑其君，子力多则弑其长，然而不敢者，惟礼之谓也②。礼者，所以御民也；辔者，所以御马也。无礼而能治国家者，婴未之闻也。"景公曰："善。"乃饬射更席，以为上客，终日问礼。

【注释】①登：选拔，进用。射：指射礼，天子诸侯常以射箭从诸侯、卿、大夫、士中选出优胜者，成为射礼或选射礼。②谓：通"为"。

【译文】齐景公进行选射礼，晏子修整好礼仪等待着。齐景公说："选射之礼，我感到厌倦。我想要得到天下的勇士，与他们一同谋划国家大事。"晏子答："君子无礼，便是庶人；庶人无礼，便是禽兽。臣子多勇猛则会弑杀君主，子孙力气大则会弑杀长辈，然而不敢这么做，只是礼仪的约束。礼仪，是统治百姓的；缰绳，是驾驭马匹的。没有礼仪而能治理国家的，我从未听过。"齐景公说："讲得好。"于是修整射礼，更换席位，以晏婴为上客，终日向他请教礼仪。

19-7《书》曰："五事，一曰貌。"貌者，男子之所以恭敬，妇人之所以姣好也。行步中矩，折旋中规①，立则磬折②，拱则抱鼓。其以入君朝，尊以严；其以入宗庙，敬以忠；其以入乡曲③，和以顺；其以入州里族党之中④，和以亲。《诗》曰："温温恭人，惟德之基。"孔子曰："恭近于礼，远耻辱也。"

【注释】①折旋：曲行，古代行礼时的动作。②磬折：弯腰，表示谦恭。③乡曲：乡里，亦指穷乡僻壤。④州里：古代二千五百家为州，二十五家为里。后泛指乡里或本土。族党：聚居的同族亲属。

【译文】《尚书》上说："人生五件事，第一便是仪容。"仪容，是男子之所以恭敬，女子之所以貌美的原因。行走合乎曲尺，转折合乎圆规，站立则弯腰如磬，拱手则如抱鼓。以这样的仪容走进君王的朝廷，会显得庄重威严；以这样的仪态走进宗庙，会显得恭敬忠诚；以这样的仪态走进乡里，会显得平和柔顺；以这样的仪态走进同乡亲族之中，会显得温和亲近。《诗经》上说："温和恭谨对待人，是德行的根基。"孔子说："为人恭敬合乎礼节，便会远离耻辱。"

19-8衣服容貌者，所以悦目也。声音应对者，所以悦耳也。嗜欲好恶者，所以悦心也。君子衣服中，容貌得，则民之目悦矣。言语顺，应对给^①，则民之耳悦矣。就仁去不仁，则民之心悦矣。三者存乎心，畅乎体，形乎动静，虽不在位，谓之素行^②。故忠心好善，而日新之^③。独居乐德，内悦而形^④。《诗》曰："何其处也？必有与也^⑤。何其久也？必有以也^⑥。"惟有以者为能长生久视^⑦，而无累于物也。

【注释】①给（jǐ）：敏捷，口齿伶俐。②素行：不在位而行其道。③日新：指日日进步。④"独居"及下一句：向宗鲁《校证》以为当依《韩诗外传》作："则独居而乐，德充而形"，译文从此。形，显露，显示。⑤与：交往，交好，亲近。⑥以：原因，缘故。⑦长生久视：长久地活着。

【译文】衣服容貌，是为了悦目的。声音回应，是为了悦耳的。嗜欲好恶，是为了使心情愉悦的。君子衣服合适，容貌得体，则百姓看着就喜欢。言语顺从，应对灵敏，则百姓听着就高兴。亲近仁义，远离不仁，则百姓就内心愉悦。这三件事放在心上，畅通于全身，表现在行为中，虽身不在其位，但行其道。所以忠心好善，就会日日进步。独居时乐于修养品德，德行纯备就会显露。《诗经》上为什么在这里定居？必定有人可以相处。为什么可以长久？必定有原因。"唯有具备了这些品德的人才能长久地活着，而不会受到外界的牵累。

19-9 知天道者冠鉥^①，知地道者履蹻^②，能治烦决乱者佩觿^③，能射御者佩韘^④，能正三军者搢笏^⑤。衣必荷规而承矩，负绳而准下⑥。故君子衣服中而容貌得，接其服而象其德⑦。故望五貌而行能有所定矣。《诗》曰："芄兰之枝⑧，童子佩觿。"说行能者也。

【注释】①鹬(shù)：与"鹬"通，这里是指绣着鹬鸟图形的帽子。又称"术氏冠"，是古代掌天文者戴的帽子。②蹻(jué)：草鞋。③觿(xī)：象骨制成的解绳结的角锥。亦用为饰物。象征有才干。④韘(shè)：射箭时戴在右手拇指上用以钩弦的工具。以象骨、玉石制成，俗称"扳指"。原文误作"韘"，依明抄本径改。⑤搢笏(jìn hù)：又称插笏。古代君臣朝见时均执笏，用以记事备忘，不用时插于腰带上。引申为朝见。⑥负绳：指衣裳的背缝上下相当。引申为裁衣时所划的线。⑦接：承接，这里指穿上。⑧芄(wán)兰：植物名，即"萝藦"。蔓生，有果实。

【译文】知晓天文的人戴着有鹬鸟花纹的帽子，知晓地理的人穿着草鞋，能解决烦乱事情的人佩带着角锥，会骑射的人佩带着扳指，能整肃三军的人要插笏板。衣服一定要合乎尺寸，依着画的线再下料。所以君子的衣服合适容貌得体，穿上这样的衣服象征着他的德行。所以观察他的外貌就可以判定他的品行能力。《诗经》上说："芄兰的嫩枝，像童子佩带的角锥。"这是说有品行能力的人。

19-10 冠者，所以别成人也。修德束躬①，以自申饬②，所以检其邪心，守其正意也。君子始冠必祝，成礼加冠，以厉其心。故君子成人必冠带以行事，弃幼少嬉戏惰慢之心，而衎衎于进德修业之志③。是故服不成象，而内心不变。内心修德，外被礼文，所以成显令之名也④。是故皮弁素积⑤，百王不易。既以修德，又以正容。孔子曰："正其衣冠，尊其瞻视，俨然人望而畏之，不亦威而不猛乎？"

【注释】①束躬：检点约束自己。②申饬：告诫。③衎衎（kàn）：执着刚直貌。④显令：彰显美好。⑤皮弁（biàn）：古冠名，用白鹿皮制成，上朝常服。素积：腰间有褶裥的素裳。是古代的一种礼服。

【译文】戴冠，是为了区别成人。修养德行，约束自身，自我检点，以此检点自己邪恶的心思，保持自己正直的意念。君子在冠礼开始时一定要祝祷。礼成后才会加冠，以勉励自己。因此君子成年后一定会戴冠束带再去做事，摒弃年幼时嬉戏懒散的心态，坚持不懈地立志于增益德行、修习学业。所以衣服不成图像，而内心不变。内心修养德行，外表显示出礼仪，才能成就彰显美好的名声。所以皮弁素裳，是历代帝王都不会改变的。既可以修养德行，又可以端正仪容。孔子说："端正衣冠，目光稳重，庄重严肃使人望而生畏，这不是有威严而不凶恶吗？"

19-11 成王将冠，周公使祝雍祝王①，曰："达而勿多也②。"祝雍曰："使王近于民，远于佞，啬于时，惠于财，任贤使能。"于此始成之时，祝辞四加而后退③。公冠④，自以为主，卿为宾，飨之以三献之礼⑤，公始加玄端与皮弁⑥，皆必朝服玄冕⑦，四加。诸侯太子、庶子冠，公为主，其礼与士同⑧。冠于祖庙,曰:"令月吉日⑨,加子元服⑩。去尔幼志,顺尔成德。"冠礼:十九见正而冠,古之通礼也。

【注释】①祝雍:名雍的祝官。祝,西周官名。②达:将意思表达出来。③四加:指读诵四次。④公:这里指诸侯国君。⑤三献:古代祭祀时献酒三次,即初献爵、亚献爵、终献爵,合称"三献"。⑥玄端:古代的一种黑色礼服。可用于祭祀,也可用于冠礼。⑦玄冕:古代天子、诸侯祭祀的礼服。⑧士:原文作"上",依卢文弨据《大戴礼记·公冠》校改。⑨令月:吉月。⑩元服:古称行冠礼为加元服。

【译文】周成王将要行冠礼,周公命祝雍为周成王致祝词,说:"祝词要简洁明了。"祝雍说:"使君王亲近百姓,远离奸佞,爱惜时间,惠施财物,任贤用能。"在刚礼成时,祝雍读诵四遍祝词而后退下。诸侯行冠礼时,由自己主持,卿大夫为宾客,以三献之礼祭祀,诸侯才穿上玄端戴上皮弁,朝臣都必须身着朝服玄冕,要祝祷四次。诸侯太子、庶子行冠礼时,由诸侯主持,礼仪与士人相同。在祖庙中举行,祝词说:"吉月吉日,为你加冠。除去幼时的想法,顺应成就成人的德行。"冠礼:十九岁逢正月就可以行冠礼,这是自古通行的礼节。

19-12 "夏,公如齐逆女①。""何以书?亲迎②,礼也。"其礼奈何?曰:诸侯以屦二两加琮③,大夫、(士)④、庶人以屦二两加束修二⑤。曰:"某国寡小君⑥,使寡人奉不珍之琮⑦、不珍之屦,礼夫人贞女。"夫人曰:"有幽室数辱之产⑧,未谕于傅母之教⑨，得承执衣裳之事⑩，敢不敬拜祝⑪。"祝答拜。夫人受琮，取一两屦以履女、正笄、衣裳，而命之曰："往矣，善事尔舅姑，以顺为宫室，无二尔心，无敢回也。"女拜，乃亲引其手，授夫乎户。夫引手出户。夫行，女从。拜辞父于堂，拜诸母于大门⑫。夫先升舆执辔⑬，女乃升舆。毂三转⑭，然后夫下，先行。大夫、士、庶人，称其父，曰："某之父，某之师友，使其执不珍之屦、不珍之束修，敢不敬礼某氏贞女。"母曰："有草茅之产，未习于织纴纺绩之事，得奉执箕帚之事⑮，敢不敬拜。"

【注释】①公：指鲁庄公。即鲁庄公二十四年，娶齐女哀姜。如：到，往。逆女：迎娶女子。②亲迎：古代婚嫁六礼的最后一礼。结婚时新郎亲自去女家迎娶的仪式。③屦（jù）：古代用麻葛制成的一种鞋。④士：此字原文脱，据卢文弨校补。⑤束修：干肉。束，捆在一起的东西。⑥寡小君：古代臣子对外谦称本国国君的夫人。也是国君夫人对诸侯的自称。⑦使寡人：卢文弨校认为"使寡人"当作"使某"，译文从此说。琮（cóng）：古代一种玉器。⑧幽室：这里指深闺内院。辱：谦辞，表示承蒙。⑨傅母：古代负责辅导、保育贵族子女的老年妇人。⑩衣裳之事：这里指做妻子的义务。⑪祝：这里是对下聘的来使的尊称。⑫诸母：庶母。⑬升舆：登车，上车。⑭毂（gǔ）：车轮中心，有洞可以插轴的部分，借指车轮或车。⑮箕帚之事：洒扫的事情，这里指嫁人为妻。

【译文】"二十四年夏，鲁庄公去齐国迎娶齐女。""如何记载这件事呢？亲迎，是礼仪。"亲迎的礼仪如何呢？内容是：诸侯准备两双麻制的鞋子和一块琮玉，大夫、士人、平民准备两双麻制的鞋子和两捆干肉。来使说："我国君主夫人，命我奉上粗陋的琮玉和鞋子，当作聘礼送给夫人和贞淑女儿。"女方夫人说："我有个养在内院，数次承蒙眷顾的女儿，没有受到傅母的教导，能够承担侍奉之类的事情，怎敢不恭敬拜谢来使。"来使回拜。夫人接过琮玉，取出一双鞋子给女儿穿上、为女儿插正发簪、整理衣裳，然后嘱咐她说："去吧，要好好侍奉公婆，要和顺家庭，不要怀有二心，不要被遣回。"女儿拜别，母亲亲自牵着她的手，在屋内交给她的丈夫。丈夫牵着她的手出门。丈夫走在前边，女子跟在后边。到堂上拜别父亲，在大门口拜别庶母。丈夫先上车接过缰绳，女子后上车。车轮转三圈，然后丈夫下车，走在前面。大夫、士子、平民娶亲，声称是受男方父亲之命，说："某人的父亲和师友，让我带上粗陋的鞋子和干肉，怎敢不敬献给某家贞淑的女儿。"女方母亲说："我有个长在乡野的女儿，对纺纱织布之事还不熟练，能够做洒扫之类的事情，怎敢不恭敬拜谢。"

19-13《春秋》曰："壬申，公薨于高寝①。"《传》曰②："高寝者何？正寝也③。曷为或言高寝，或言路寝④？曰：诸侯正寝三：一曰高寝，二曰左路寝，三曰右路寝。高寝者，始封君之寝也。二路寝者，继体之君寝也。其二何？曰：子不居父之寝，故二寝。继体君世世不可居高祖之寝，故有路寝名也⑤。高寝、路寝其立奈何？高寝立中，路寝左右。"《春秋》曰："天王入于成周⑥。"《传》曰："成周者何？东周也。"然则天子之寝奈何？曰：亦三。（受命之天子之寝曰）承明⑦，继体守文之君之寝曰左右之路寝⑧。谓之承明何？曰：承乎明堂之后者也⑨。故天子诸侯三寝立而名实正，父子之义章，尊卑之事别，大小之德异矣。

【注释】①公：指鲁定公，死于公元前495年五月二十二日。当时为壬申日。高寝：古代最初受封君王的寝宫。②《传》：此指《公羊传》之文。③正寝：古代帝王诸侯治事的宫室。后泛指房屋的正厅或正屋。④路寝：古代天子、诸侯的正厅。⑤"故有"三句：原文作："故有高寝，名曰高也。路寝其立奈何？"文意不达，此从卢文弨、左松超之说及下文径改。⑥天王：指周敬王。成周：古地名。即西周的东都洛邑。今在河南省洛阳市东北。周平王东迁后定为国都。⑦承明：古代天子左右路寝称承明，因承接明堂之后，故称。"承明"以上八字，据左松超说径补。⑧守文：本为遵循文王法度。后泛指遵循先王法度。⑨明堂：古代帝王宣明政教、举行大典的地方

【译文】《春秋》上记载："壬申日，鲁定公薨逝于高寝。"《传》上说："什么是高寝？就是正寝。为何有的称为高寝，有的称为路寝？原因是：诸侯有三种正寝：一是高寝，二是左路寝，三是右路寝。高寝，是初封君王的寝宫。两种路寝，是后继君王的寝宫。后继君王的寝宫为何是两种呢？原因是：儿子不能住在父亲的寝宫，所以才有两种寝宫。继位君王世代不可住在高祖的寝宫，所以才有路寝。高寝、路寝是如何设立的？高寝设在中央，路寝设在左右两边。"《春秋》上说："天子进入成周。"《传》上说："什么是成周？就是东周。"那么天子的寝宫如何？回答是：也是三种。承明是继位守法的国君的正室，也叫左右路寝。为什么称为承明？原

因是：是连在明堂的后边。所以天子诸侯设立三种寝宫而名分和实质就确定了，父子间的义理就明显了，尊卑之事就有区别，德行大小就有不同。

19-14天子以鬯为贽①。鬯者，香草之本也②。上畅于天，下畅于地，无所不畅，故天子以鬯为贽。诸侯以圭为贽。圭者，玉也。薄而不挠，廉而不刿③。有瑕于中，必见于外，故诸侯以玉为贽。卿以羔为贽。羔者，羊也。羊群而不党，故卿以为贽。大夫以鴈为贽④。鴈者，行列有长幼之礼，故大夫以为贽。士以雉为贽。雉者，不可指食笼狎而服之⑤，故士以雉为贽。庶人以鹜为贽⑥。鹜者，鹜鹜也⑦，鹜鹜无他心，故庶人以鹜为贽。贽者，所以质也⑧。

【注释】①鬯（chàng）：古代祭祀用的酒，用郁金草酿黑黍而成。贽：古时初次求见人时所送的礼物，即见面礼。②香：原文作"百"，下注"一作香"。作"香"是，径改。③廉：棱角。刿（guì）：刺伤。④鴈：同"雁"，鸿雁。⑤指食：美食。笼狎：将动物畜养于笼中加以戏弄。⑥鹜：鸭子。⑦鹜鹜：形容鸭子质朴，行动舒缓。⑧质：朴实，朴素。

【译文】天子以鬯酒作为见面礼。鬯酒是由香草的根制成。上通畅于天，下通畅于地，没有不通畅的，所以天子以鬯酒作为见面礼。诸侯以圭玉作为见面礼。圭由玉制成。虽然薄但不会弯曲，虽然有棱角但不会伤人。内有瑕疵，必会表现于外，所以诸侯以圭玉作为见面礼。卿以羔羊作为见面礼。羔羊就是小羊。羊会成群但不结党，所以卿以羔羊作为见面礼。大夫以鸿雁作为见面礼。鸿雁的排列有长幼的礼数，所以大夫以鸿雁作为见面礼。士人以野鸡作为见面礼。野鸡是不能用美事诱惑并且不能养在笼子里赏玩而驯服它，所以士人以野鸡作为见面礼。百姓以鸭子作为见面礼。鸭子淳朴，淳朴没有异心，所以百姓以鸭子作为见面礼。见面礼，是用来表示朴实的心意。

19-15诸侯三年一贡士①。一适谓之好德②，再适谓之尊贤，三适谓之有功。有功者天子一赐以舆服弓矢③，再赐以鬯，三赐以虎贲百人④，号曰命诸侯⑤。命诸侯者，邻国有臣弑其君、孽弑其宗⑥，虽不请乎天子，而征之可也。已征而归其地于天子。诸侯贡士，一不适谓之过，再不适谓之傲⑦，三不适谓之诬⑧。诬者，天子黜之。一黜以爵，再黜以地，三黜而地毕。诸侯有不贡士，谓之不率正⑨。不率正者，天子黜之。一黜以爵，再黜以地，三黜而地毕。然后天子比年秩官之无文者而黜之⑩，以诸侯之所贡士代之。《诗》云："济济多士，文王以宁。"此之谓也。

【注释】①贡士：指诸侯向朝廷荐举人才。②一：原文此字前有"士"字，卢文弨《校补》以为衍文，左松超《集证》以为"无义。当删"。今考下文并《尚书大传》《汉书·武帝纪》《潜夫论·考绩》诸书，皆无"士"字，故删。③舆服：车舆与冠服。古代车舆与冠服都有定式，以表尊卑等级。④虎贲（bēn）：勇士。⑤命诸侯：古代因贡士之功而受天子赐命得以专征的诸侯。⑥孽：庶子。宗：宗子，即嫡子。⑦傲：同"傲"。⑧诬：欺骗。⑨率：顺服，顺从。⑩比：考核，考校。秩官：常设之官。无文：卢文弨校疑"文"当为"效"，译文从此说。

【译文】诸侯每三年向天子举荐一次士人。一次举荐得当称为好德，两次举荐得当称为尊贤，三次举荐得当称为有功。有功之人天子第一次赏赐车舆衣服和弓箭，第二次赏赐鬯酒，第三次赏赐勇士百人，并称为"命诸侯"。命诸侯，如果邻国有臣子弑杀君王、庶子弑杀宗子，即使不请示天子，也可以征讨。结束后将征讨而得的土地归还天子。诸侯举荐士人，一次举荐不当称为过错，两次举荐不当称为持傲，三次举荐不当称为欺骗。有欺骗天子的，天子会罢免他。第一次免除爵位，第二次削减封地，第三次收回所有封地。诸侯有不举荐士人的，就是不顺服正统。不顺服正统的，天子会罢免他。第一次免除爵位，第二次削减封地，第三次收回所有封地。然后天子每年考核官员，没有功绩的人也会罢免，用诸侯所举荐的士人代替他们。《诗经》上说："众多贤人济济一堂，文王得以安宁。"说的就是这个意思。

19-16古者必有命民①。民能敬长怜孤②，取舍好让，居事力者，命于其君。命然后得乘饰舆骈马。未得命者不得乘，乘者皆有罚。故其民虽有余财侈物，而无仁义功德者，则无所用其余财侈物。故其民皆兴仁义而贱财利。贱财利则不争，不争则强不凌弱，众不暴寡。是唐、虞所以兴象刑③，而民莫敢犯法，而乱斯止矣。《诗》云："告尔民人，谨尔侯度④，用戒不虞⑤。"此之谓也⑥。

【注释】①命民：平民受帝王赐爵者。②民：原文此字前有"命"字，向宗鲁《校证》以为衍文，《尚书大传》《韩诗外传》亦无，据文意亦不当有，径删。③象刑：上古时期无肉刑，仅用与众不同的服饰代替犯人接受惩罚，成为象刑。④侯度：为君之法度。⑤不虞：出乎意料的事。⑥此则原文接上，现依卢文弨校另起。

【译文】古代一定有受君王赐爵的百姓。能恭敬长上，怜悯孤苦，取舍礼让，做事尽力的人，就会受到君王赐爵。得到赐爵后才能乘坐两马并驾有装饰的车子。没有得到赐爵就不能乘坐，乘坐了都会受罚。因此这些百姓虽然有多余的钱物，但是没有仁义功德，那么多余的钱物也没有用处。所以百姓都崇尚仁义而轻视财利。轻视财利则没有争端，没有争端则不会以强凌弱，以多欺少。这就是尧、舜实行象刑，而百姓没人敢犯法，祸乱止息的原因。《诗经》上说："告诉你的百姓，谨慎遵守君王的法度，防止意料之外的事情发生。"说的就是这个意思。

19-17天子曰巡狩①，诸侯曰述职②。巡狩者，巡其所守也。述职者，述其所职也。春省耕③，助不给也；秋省敛，助不足也。天子五年一巡狩，岁二月，东巡狩，至于东岳，柴而望祀山川④，见诸侯，问百年者；命太师陈诗以观民风⑤；命市纳贾以观民之所好恶⑥，志淫好僻者；命典礼考时月⑦、定日，同律⑧、礼乐制度、衣服，正之；山川神祇有不举者为不敬，不敬者君黜以爵；宗庙有不顺者为不孝⑨，不孝者君削其地；有功泽于民者，然后加地。入其境，土地辟除⑩，敬老尊贤，（俊杰在位）⑪，则有庆，益其地；入其境，土地荒秽，遗老失贤，掊克在位⑫，则有让⑬，削其地。一不朝者黜其爵，再不朝者黜其地，三不朝者以六师移之⑭。岁五月，南巡狩，至于南岳，如东巡狩之礼；岁八月，西巡狩，至于西岳，如南巡狩之礼；岁十一月，北巡狩，至于北岳，如西巡狩之礼。归，格于祖祢⑮，用特⑯。

【注释】①巡狩：天子出行，视察邦国州郡。②述职：古时诸侯向天子陈述职守。③省（xǐng）：察看，视察。④柴：烧柴祭天。后又写作"祟"。⑤太师：古代掌管乐律的官员。陈诗：采集并进献民间诗歌。⑥市：市官，管理市场的官吏。贾：通"价"，这里指记载价格之书。⑦典礼：掌管礼仪及历法的官员。⑧同律：即律吕。古代校正乐律的器具。后亦用以指乐律或音律。⑨不顺：这里指宗庙的灵位的位序颠倒。⑩辟除：开垦荒地。⑪"俊杰"一句：此一句原文无，据下文之例与《孟子·告子下》径补。⑫掊（póu）克：聚敛，搜括，指搜括民财之人。⑬让：责备，谴责。⑭六师：周天子所统六军之师。⑮格：来到，到达。祖祢（mí）：祖庙与父庙。祢，古代对已在宗庙中立牌位的亡父的称谓。⑯特：本指公牛，后泛指牛。

【译文】天子巡狩，诸侯述职。巡狩，就是巡视诸侯所掌管的土地。述职，就是向天子陈述自己的职守。春季视察耕种的情况，帮助衣食匮乏的人；秋季视察收成的情况，帮助缺少劳力的人。天子五年巡狩一次。那年的二月，向东巡狩，到达东岳，烧柴祭天并且望祭山川，召见诸侯，问候长寿老人；命令太师采集并进献民间的诗歌以了解民风；命令市吏进献物价名目以观察百姓的好恶和喜欢恣纵邪僻的人；命令典礼官员考定时节、月令、定下日历，修订音律、礼乐制度、服饰，使它们统一；诸侯有不祭祀山川神祇的，就是不敬，不敬的诸侯，天子会罢免他的爵位；宗庙中的牌位颠倒，就是不孝，不孝的诸侯，天子会削减他的封地；对百姓有功劳恩德的，之后天子会加封土地。天子进入到诸侯的国境，看到土地开垦，敬老尊贤，杰才在位，则会庆贺，增加他的土地；天子进入到诸侯的国境，看到土地荒芜，遗弃老人，失去贤能，搜刮民财之人在位，则会受到责备，削减他的土地。一次不朝见天子的诸侯就罢免他的爵位，两次不朝见天子的就削减他的封地，三次不朝见天子的就派军驱逐。这一年五月，向南巡狩，到达南岳，与东巡的礼仪相同；八月，向西巡狩，到达西岳，与南巡的礼仪相同；十一月，向北巡狩，到达北岳，与西巡的礼仪相同。巡狩回来后，要到祖庙祭祀先祖，祭品要用一头牛。

19-18《春秋》曰："正月，公狩于郎①。"《传》曰②："春曰苗，秋曰蒐，冬曰狩③。"苗者奈何？曰：苗者，毛也④。取之不围泽，不掩群⑤。取禽不麛卵⑥，不杀孕重者。秋蒐者⑦，不杀小麛及孕重者，冬狩皆取之。百姓皆出，不失其驰。不抵禽⑧，不诡遇⑨，逐不出防⑩，此苗⑪、蒐、狩之义也。故苗、蒐、狩之礼，简其戎事也⑫。故苗者，毛取之；蒐者，搜索之；狩者，守留之。夏不田何也？曰：天地阴阳盛长之时，猛兽不攫⑬，鸷鸟不搏，蝮虿不螫⑭，鸟、兽、虫、蛇且知应天，而况人乎哉？是以古者必有豢牛⑮。其谓之田何⑯？圣人举事必反本。五谷者，以奉宗庙，养万民也。去禽兽害稼穑者，故以田言之。圣人作名号而事义可知也。

【注释】①公：指鲁恒公。郎：地名，今在山东滋阳西北。②《传》：以下三句引《公羊传·恒公四年》。③"春曰"三句：原文作"春曰蒐，夏曰苗，秋曰狝，冬曰狩"，与《公羊传》原文不和合，与下文"夏不田"抵触，当系后人误据《周礼》《左传》妄改此文，现依向宗鲁《校证》引卢文弨校说删改。④毛：同"覒（mào）"，择取。⑤掩群：捕捉兽群。⑥麛（mí）卵：幼鹿和鸟卵。泛指幼小的禽兽。⑦秋：原文作"春"，据卢文弨校改。⑧不抵禽：这里指不从正面攻击禽兽。⑨诡遇：指违背礼法，驱车从侧面横射禽兽。⑩防：这里指猎场的范围。⑪此苗：原文"苗"下有"狝"字，据卢文弨校删，下文同此。⑫简：检阅。⑬攫：（jué）：抓取，攫夺，夺取。⑭蝮虿（chài）：蝮蛇和蝎子。螫（shì）：蜇人，毒虫或毒虫咬刺。⑮豢（huàn）牢：兽圈，圈养牲畜的地方。⑯田：原文作"畋"，据文意当作"田"，据卢文弨校改。

【译文】《春秋》上说："正月，鲁桓公在郎地打猎。"《传》上说："春季打猎称为苗，秋季打猎称为蒐，冬季打猎称为狩。"为什么称为苗？原因是：苗就是有选择。猎取禽兽时不围着沼泽，不猎杀成群的禽兽，猎取禽兽不杀幼小的，不杀有孕的。秋季打猎不杀幼兽和有孕的。冬季打猎就都可以猎取。那时百姓全部出来打猎，不违反驾车驰骋的规矩。不从正面猎杀禽兽，不从侧面击杀禽兽，追击禽兽不超出猎场的范围，这就是苗、蒐、狩的意义。所以苗、蒐、狩的礼法，是为了检阅军队。所以苗是选择猎取；蒐是搜索猎取；狩是留守猎取。夏季为什么不打猎？回答是：夏季正是天地阴阳最盛的时候，猛兽不攫夺，鸷鸟不搏斗，蝮虿不咬人，鸟兽虫蛇尚且知道顺应天时，何况是人呢？因此古时候一定有豢养禽兽的地方。为什么打猎叫作田呢？圣人做事必会追溯本源。五谷是用来供奉宗庙，养育百姓的。打猎是除掉损害庄稼的禽兽，所以称为田。从圣人拟定名称就可以知道事物的义理。

19-19天子、诸侯无事，则岁三田①：一为干豆②，二为宾客，三为充君之庖。无事而不田曰不敬，田不以礼曰暴天物。天子不合围，诸侯不掩群③。天子杀则下大绥④，诸侯杀则下小绥，大夫杀则止佐舆⑤，佐舆止则百姓畋猎。獭祭鱼⑥，然后渔人入泽梁⑦；鸠化为鹰，然后设罝罗⑧；草木零落，然后入山林。昆虫不蛰⑨，不以火田。不麛，不卵，不殀夭⑩，不覆巢。此皆圣人在上，君子在位，能者在职，大德之发者也。是故皋陶为大理⑪，平民各服得其实；伯夷主礼⑫，上下皆让；倕为工师⑬，百工致功⑭；益主虞⑮，山泽辟成；弃主稷⑯，百谷时茂；契主司徒⑰，百姓亲和；龙主宾客⑱，远人至。十二牧行⑲，而九州莫敢僻违。禹陂九泽⑳，通九道，定九州，各以其职来贡，不失厥宜。方五十里，至于荒服㉑。南抚交趾、大发㉒，西析支、渠搜、氐、羌㉓，北至山戎、肃慎㉔，东至长夷、岛夷㉕。四海之内，皆戴帝舜之功。于是禹乃兴《九韶》之乐㉖，致异物，凤凰来翔，天下明德也。

【注释】①田：同"畋"，打猎。②干豆：放在祭器中供祭祀用的干肉。干，干肉。豆，祭器。③掩（yǎn）群：捕取兽群。④绥（ruí）：古代旌旗的一种，后泛指旌旗或旗帜的垂游。⑤佐舆：即佐车。追逐禽兽进入猎场的副车。⑥獭祭鱼：獭常捕鱼陈列水边，如同陈列供品祭祀。这里代指春季。⑦泽梁：在水流中用石筑成的拦水捕鱼的堰。⑧罻(wèi)罗：捕鸟的网。⑨蛰：动物冬眠。⑩殀(yāo)夭：原文作"夭殀"，据卢文弨校依《礼记·王制》互乙。⑪皋陶(gāo yáo)：偃姓，另一说为嬴姓，皋氏，名繇，出生地一说为山西洪洞县皋陶村，一说为山东曲阜。在舜、禹时期担任掌管刑法的士师（理官）一职，后世尊为"中国司法始祖"，死后葬于六(lù)地。大理：掌刑法的官。⑫伯夷：尧时礼官，非周武王时期的伯夷。⑬倕：又名垂。人名。相传为上古尧舜时代的一名巧匠，善作弓、耒、耜等。工师：古官名。上受司空领导，下为百工之长。专掌营建工程和管教百工等事。⑭致功：把精力和功夫专用于某一方面。⑮益：即伯益。又作伯翳，嬴姓，又称大费，大业之子，嬴姓各族的祖先。虞：古代掌管山泽的官。⑯弃：即后稷，姬姓，名弃，为其母姜嫄踩巨人脚印而生，后弃。善种谷物，教民耕种与稼穑之术。尧舜时，为司农之神。⑰契(xiè)：子姓，名契，又名卨，帝尧异母兄。帝尧封其于商（今河南省商丘市）主管火正，其部族以地为号称"商族"，契为商族始祖，是商汤的先祖。司徒：掌理教化。另一说掌土地和人民。⑱龙：相传为舜时纳言龙之后。⑲牧：古代州的长官。⑳陂(bēi)：池塘，这里用做动词。㉑荒服：古"五服"之一。指离京师二千到二千五百里的边远地方。亦泛指边远地区。古代五百里为一服，由近及远为侯、甸、绥、要、荒五服。㉒交趾：古地区名，大约在今广东、广西大部和越南的中北部。大发：今云南、广西一带。㉓析支：亦作"析枝"。古代西戎族名之一。又称鲜支、赐支、河曲羌。分布在今青海积石山至贵德县河曲一带。渠搜：古西戎国名，分布于今甘肃酒泉迤西至鄯善一带。氐：古代的少数民族，在今我国西北部一带。羌：古代西部的游牧民族，分布在今甘肃、青海、四川一带。㉔山戎：古代北方的民族，又称北戎，匈奴的一支。活动地区在今河北省北部。

肃慎：古民族名。在今我国东北地区。㉕长夷、岛夷：古代东方部族名。㉖《九韶》：古代音乐名，周朝雅乐之一，简称《韶》。为舜时的所作，另一说为喾（kù）时所作。

【译文】天子、诸侯在安定无事时，一年会狩猎三次：一为了祭祀，二为了迎接宾客，三为了充足君王的厨房。在安定无事时不狩猎则是不敬，狩猎不依照礼法则是暴殄天物。天子不从四面合围狩猎，诸侯不猎尽兽群。天子狩猎时会降下大旗，诸侯狩猎时会降下下小旗，大夫狩猎时会停下马车，马车停下则百姓可以打猎。春季后见到獭祭鱼，然后渔民才会在河中设下泽梁；鸠长成鹰，然后才会设下捕网；草木凋零，然后才会进入山林。昆虫没有冬眠时，不以火烧山林而狩猎。不猎杀幼兽，不捣毁鸟卵，不猎杀未长大的野兽，不倾覆鸟巢。这都是因为圣人在上，君子在位，能者在职，大德的发挥。所以皋陶任司法官，平民都各自信服可以了解实情；伯夷主掌礼法，国家上下都会礼让；倕任工师，百工都会专注于自己的职责；伯益主掌山林川泽，山林川泽得以开辟；弃主掌农业，作物都遵循时令繁茂成长；契任司徒，百姓亲和；龙主掌接待宾客，会有远方的客人到来。十二州牧外出，而天下没有敢作邪僻之事的人。禹管理九州湖泊，开辟九州道路，定立九州，各守一方前来纳贡，不会错失时宜。方圆五千里，到达边远地区。南达交趾、大发，西到析支、渠搜、氐、羌，北至山戎、肃慎，东至长夷、岛夷。四海之内，都拥戴帝舜的功绩。于是禹创制《九韶》之乐，招致异象，凤凰飞来，天下之德彰明。

19-20 射者必心平体正，持弓矢，审固①，然后射者能以中。《诗》云："大侯既抗②，弓矢斯张。射夫既同，献尔发功。"此之谓也。射之为言③，豫也④；豫者，豫吾意也。故古者儿生三日，桑弧蓬矢六⑤，射天地四方。天地四方者，男子之所有事也。必有意其所有事，然后敢食谷。故曰："不素飧兮⑥。"此之谓也。

【注释】①审固：瞄准固定的目标。审，审察。固，固定的。②大侯：古代贵族的一种箭靶。抗：举起。③射：原文作"弧"，向宗鲁《校证》以为当作"射"，据此径改。④豫：通"预"，预备，准备。⑤桑弧蓬矢：桑木作弓，蓬梗为箭。是古代男子出生后所举行的一种仪式，象征男儿应有志于天下。⑥素飧（cān）：不劳而食，多指无功受禄。

【译文】射箭的人一定要心态平和，端正身体，手持弓箭，瞄准目标，然后发射才能射中。《诗经》中说："箭靶已经立好，弓已拉开，箭在弦上。射手已准备好，请献出你们的射技。"说的就是这个意思。射的含义，是准备；准备就是自己做好心理准备。所以古时男儿出生三天后，用桑木弓和蓬梗箭六支，射往天地四方。天地四方，是男子成就事业的地方。一定是他对事业有意愿，然后才会有粮食吃。所以说："无功不受禄。"就是这个意思。

19-21 生而相与交通①，故曰留宾。自天子至士各有次，赠死不及柩尸②，吊生不及悲哀，非礼也。故古者吉行五十里，奔丧百里。赠赗及事之谓时③。时，礼之大者也。《春秋》曰："天王使宰咺来归惠公④、仲子之赗⑤。"赗者，何？丧事有赗者，盖以乘马束帛。与马曰赗，货财曰赙[6]，衣被曰襚[7]，口实曰晗[8]，玩好曰赠。知生者赙、赗，知死者赠、晗。赠、晗所以送死也，赙、赗所以佐生也。与马、束帛、货财、衣被、玩好，其数奈何？曰：天子乘马六匹，诸侯四匹，大夫三匹，元士二匹[9]，下士一匹。天子束帛五匹，玄三，纁二[10]，各五十尺；诸侯玄三，纁二，各四十尺[11]；大夫玄一，纁二，各三十尺；元士玄一，纁一，各二丈；下士彩、缦各一匹；庶人布、帛各一匹。天子之赗，乘马六匹，乘车；诸侯四匹，乘舆[12]；大夫曰参舆[13]；元士、下士不用舆。天子文绣衣各一袭，到地；诸侯覆跗[14]；大夫到踝，士到髀[15]。天子晗实以珠，诸侯以玉，大夫以玑[16]，士以贝，庶人以谷实。位尊德厚及亲者，赙、赗、晗、襚厚，贫富亦有差。二三四五之数，本之天地而制奇偶，度人情而出节文[17]，谓之有因，礼之大宗也[18]。

【注释】①交通：交往。②赠死：向死者赠送东西。柩尸：灵柩。③赗（fèng）：送财物助人办丧事。④天王：指周平王。宰咺（xuǎn）：名咺的宰官。宰，周代官名。归：通"馈"（kuì）。赠送。惠公：即鲁惠公。姬姓，名弗湟。公元前768年至公元前723年在位。⑤仲子：鲁惠公之妾，鲁桓公之母。⑥赙（fù）：拿钱财帮助别人办理丧事。⑦襚（suì）：向死者赠衣被。⑧晗（hàn）：古代殡葬时放在死者口中的珠、玉等物。⑨元士：周代称天子之士为元士。⑩纁（xūn）：浅红色。⑪各四十尺：原文作"各三十尺"，据卢文弨校与向宗鲁《校证》改。⑫舆：车厢，指小型的车。⑬参舆：三匹马驾的车。⑭跗（fū）：脚背。⑮髀（bì）：大腿。⑯玑：不圆的珠子。⑰节文：制定礼仪，使行之有度。⑱大宗：事物的本源。

【译文】死者生前相互交好的，称为"留宾"。从天子到士人各有次序，向死者赠送财物，却不到灵柩前，吊慰生者，却不感到悲哀，这都是不合礼节。所以古代前去恭贺吉事便日行五十里，前去奔丧便日行百里。赠送车马赶上丧事称为及时。及时，是最重要的礼节。《春秋》中说："周天子派宰咺向鲁惠公和仲子赠送助丧的财物。"这些财物是什么？丧事有赠物的，大概有车马束帛。赠车马称为赗，赠货财称为赙，赠衣被称为襚，含在口中的称为晗，赠赏玩之物称为赠。知道扶助生者要送车马财物，知道陪葬的要送赏玩之物和衣被。赏玩之物和含珠是用来陪葬的，货财和车马是用来扶助生者的。车马、束帛、货财、衣被、赏玩之物，赠送的数量是多少？应该是：赠送天子的马是六匹，诸侯四匹，大夫三匹，元士二匹，下士一匹。赠送天子的束帛是五匹，黑色三匹，红色两匹，各五十尺；诸侯黑色三匹，红色两匹，各四十尺；大夫黑色一匹，红色两匹，各三十尺；元士黑色一匹，红色一匹，各两丈；下士彩帛和素帛各一匹；平民布和帛各一匹。所赠天子的财物，是六匹马和一辆车；诸侯是四匹马和一辆车；大夫是三匹马拉的车；元士和下士不用车。天子陪葬的刺绣衣物各一套，衣长到地；诸侯的陪葬衣物盖到脚背；大夫到脚踝，士到大腿。天子含在口中的陪葬品用宝珠，诸侯用玉，大夫用玑，士人用贝壳，平民用粮食。德高望重和亲近的人，所赠送的钱财、车马束帛、口含的陪葬品、衣被，会丰厚一些，贫富之间也会有差别。这类二三四五的数字，是依循天地而制定出奇偶，揣度情感而制定出礼仪，这是有原因的，这是礼的根本。

19-22《春秋》曰："庚戌，天王崩①。"《传》曰②："天王何以不书葬？天子记崩，不记葬，必其时也。诸侯记卒，记葬，有天子在，不（得）必其时也③。"必其时奈何？天子七日而殡，七月而葬。诸侯五日而殡，五月而葬。大夫三日而殡，三月而葬。士庶人二日而殡，二月而葬。皆何以然？曰：礼不豫凶事④，死而后治凶服⑤。衣衰饰⑥，修棺椁，作穿窆宅兆⑦，然后丧文成，外亲毕至，葬坟集。孝子忠臣之恩厚备尽矣。故天子七月而葬，同轨毕至⑧；诸侯五月而葬，同会毕至⑨；大夫三月而葬，同朝毕至⑩；士庶人二月而葬，外姻毕至也。

【注释】①天王：即周平王。死于公元前720年三月十三日，时为庚戌日。②《传》：指《公羊传·隐公三年》。③不（得）：原文脱"得"字，据卢文弨校依《公羊传·隐公三年》补。④凶事：丧事。⑤凶服：丧服。⑥衰（cuī）：同"缞"，古代用粗麻布制成的毛边丧服。⑦穿窆（biǎn）：墓穴，引申为下葬。宅兆：墓地。⑧同轨：本意为车辙宽度相同。这里指古代华夏诸侯国。⑨同会：与会结盟之诸侯。⑩同朝：同僚。

【译文】《春秋》中记载："庚戌日，周天子逝世。"《传》上说："天子逝世为何不记录下葬的日期？天子只记录逝世，不记录葬期，因为葬期有固定规定的日期。诸侯记录逝世，也记录葬期，因为有天子在，不能有固定葬礼的日期。"固定的葬期是怎么确定的？天子停灵七天，七个月以后埋葬。诸侯停灵五天，五个月以后埋葬。大夫停灵三天，三个月以后埋葬。士人和百姓停灵两天，两个月以后埋葬。为什么都要这么做呢？回答是：按照礼法不预先准备丧事，死后才会置办丧服。穿好丧服，做好棺椁，确定墓地埋葬棺椁，然后丧礼完成，外亲全部到来，在埋葬时聚集在坟前，忠臣孝子的深恩厚德才完全尽到了。所以天子死后七个月埋葬，列国诸侯都会来祭奠；诸侯死后五个月埋葬，与之结盟的诸侯都会来悼念；大夫死后三个月埋葬，同朝的僚属都会来吊唁；士人百姓死后两个月下葬，姻亲也都会来吊问。

19-23延陵季子适齐，于其反也，其长子死于嬴①、博之间②，因葬焉。孔子闻之，曰："延陵季子，吴之习于礼者也。"使子贡往而观之，其穿深不至泉，其敛以时服；既葬（而）封圹坟掩坎③，其高可隐也④；既封，左袒右旋其封，且号者三。言曰："骨肉归复于土，命也。若魂气则无不之也⑤，无不之也！"而遂行。孔子曰："延陵季子于礼其合矣。"

【注释】①嬴：地名，在今山东省莱芜县西北。②博：地名。今在山东泰安南。③而：原文此字脱，据卢文弨校与《礼记·檀弓下》径补。圹（kuàng）：墓穴，亦指坟墓。坎：墓穴，墓坑。④隐：隐没。这里指高度不高。⑤之：往，到。

【译文】延陵季子去往齐国，在返回时，他的长子死在了嬴、博两地之间，因而就地埋葬。孔子听闻这件事，说："延陵季子是吴国熟知礼法的人。"便派子贡前往观礼。季子在挖墓穴时，深度没有挖到地下的泉水，季子在收殓时，用的是当时的衣服；下葬之后埋好墓穴，高度不高；埋好之后，季子袒露左臂，向右围绕着坟墓走动，并痛哭三次后。说："骨肉回归到土里，这是命。但你的灵魂是无所不到的,无所不到啊!"而后就离开了。孔子说:"延陵季子这样做合乎礼法。"

19-24子生三年,然后免于父母之怀,故制丧三年,所以报父母之恩也。期年之丧通乎诸侯,三年之丧通乎天子。礼之经也①。

【注释】①经:常行的义理、准则。

【译文】孩子出生三年,然后才能离开父母的怀抱,所以要为父母守丧三年,为的是报答父母的养育之恩。诸侯要守丧一年,天子要守丧三年,这是礼法的常规。

19-25子夏三年之丧毕,见于孔子。孔子与之琴,使之弦。援琴而弦,衎衎而乐①。作而曰:"先王制礼,不敢不及也。"子曰:"君子也。"闵子骞三年之丧毕,见于孔子。孔子与之琴,使之弦。援琴而弦,切切而悲②。作而曰:"先王制礼,不敢过也。"孔子曰:"君子也。"子贡问曰:"闵子哀不尽,子曰'君子也';子夏哀已尽,子曰'君子也'。赐也惑,敢问何谓?"孔子曰:"闵子哀未尽,能断之以礼,故曰君子也;子夏哀已尽,能引而致之(于礼)③,故曰君子也。夫三年之丧,固优者之所屈④,劣者之所勉⑤。"

【注释】①衎衎:和乐貌。②切切:深切貌。③于礼:此二字原文无，依刘文典《说苑斠补》据诸书补。④优：本意为美好充足，这里指过于悲伤的人，与下文"劣者"相对。屈：屈服，这里指抑制。⑤劣：本意为低劣不足，这里指悲伤不足的人。

【译文】子夏守丧三年结束后，前去见孔子。孔子给他琴，让他弹琴。子夏接过琴弹奏，声音和乐欢愉。子夏弹着琴说："先王制定礼法，不敢不做到。"孔子说："是位君子啊。"闵子骞守丧三年结束后，前去见孔子，孔子给他琴，让他弹琴。闵子骞接过琴弹奏，声音哀伤悲切，闵子骞弹着琴说："先王制定礼法，不敢越界。"孔子说："是位君子啊。"子贡请教孔子说："闵子骞哀伤未尽，先生说'是位君子'；子夏哀伤已尽，先生也说'是位君子'。我感到疑惑，想请教这是为什么？"孔子说："闵子骞哀伤未尽，但能以礼克制自己，所以说是君子；子夏哀伤已尽，但能修身守礼，所以说也是君子。三年丧期，本来就是对过分哀伤的人的抑制，对顽劣之人的勉励啊！"

19-26齐宣王谓田过曰①："吾闻儒者丧亲三年，丧君三年，君与父孰重？"田过对曰："殆不如父重②。"王忿然怒曰："然则何为去亲而事君？"田过对曰："非君之土地，无以处吾亲；非君之禄，无以养吾亲，非君之爵位，无以尊显吾亲。受之君，致之亲。凡事君，所以为亲也。"宣王邑邑而无以应③。

【注释】①齐宣王：妫姓，田氏，名辟疆，战国时期齐国国君，齐威王之子。公元前319年至公元前301年在位。田过：战国时期齐国大夫。②殆：表推测。大概，几乎，应该。③邑邑：通"悒悒"。忧郁不乐貌。

【译文】齐宣王对田过说："我听闻儒者为双亲守丧三年，为君王守丧三年，君王和双亲谁更重要？"田过答："君王应该不如父母重要。"齐宣王非常愤怒地说："既然这样，为什么会离开父母而去侍奉君王呢？"田过答："没有君王的土地，双亲就无处居住；没有君王的俸禄，就不能奉养双亲；没有君王的爵位，就不能使双亲尊贵显扬。从君王这里得到爵位俸禄，然后奉养双亲。但凡侍奉君王，都是为了双亲。"齐宣王闷闷不乐没有回应。

19-27古者有菑者谓之厉①。君一时素服，使有司吊死问疾，忧以巫医②。匍匐以救之③，汤粥以方之④，善者必先乎矜寡孤独⑤，及病不能相养。死无以葬埋，则葬埋之。有亲丧者，不呼其门。有齐衰、大功、五月⑥，不服力役之征。有小功之丧者，未葬，不服力役之征。其有重尸多死者，急则有聚众童子，击鼓苣火⑦，入官宫里用之⑧；各击鼓苣火，逐官宫里。家之主人，冠，立于阼⑨，事毕，出乎里门，出乎邑门，至野外。此匍匐救厉之道也。师大败亦然。

【注释】①菑（zāi）：同"灾"。厉：同"疠"，瘟疫。②忧：这里指治病。③匍匐：尽力。④方：周遍，遍及。⑤矜（guān）：同"鳏"，无妻或丧妻的人。⑥齐衰（zī cuī）：丧服名。为五服之一。用粗麻布制成，以其缉边缝齐，故称"齐衰"。大功：丧服五服之一。用熟麻布做成，较齐衰稍细，较小功为粗。为期九个月。五月：即小功，丧服名，五服第四等。以熟麻布制成，视大功为细，较缌麻为粗。服期五月。⑦苣（jù）：用苇杆扎成的火炬。⑧官：通"馆"。房舍，馆舍。⑨阼（zuò）：大堂前东面的台阶。

【译文】古代有灾难叫作瘟疫。倘若发生了灾疫，君王一段时间要穿上素服，派遣官员吊慰死者，慰问病人，派遣巫医为人诊病。尽力救人，遍施汤粥，好的君王一定先关心鳏寡孤独，以及患病无法生活的人。死了没有下葬的，便安葬他们。有亲人死亡的人家，不要上门打扰。家中有齐衰、大功、小功丧事的，不要让他们去服劳役。有小功的丧事但还没有下葬的，不要让他们去服劳役。如果死亡很多，疫情紧急就聚集很多儿童，敲着鼓，拿着苇杆扎成火把，走进房舍中举行祭祀；其他人各自敲着鼓，拿着火把，追到房舍中。这家的主人，要衣帽整齐，站在堂前东边的台阶上。等祭祀的事完成以后，人们才走出里门，再走出城门，直到野外。这就是尽力防治瘟疫的方法。军队打了败仗也是如此。

19-28斋者，思其居处也，思其笑语也，思其所为也。斋三日乃见其所为斋者。祭之日，将入户，傻然若有见乎其容①。盘旋出户，喟然若有闻乎叹息之声。先人之色不绝于目，声音咳唾不绝于耳②；嗜欲好恶，不忘于心。是则孝子之斋也。

【注释】①傻（ài）然：仿佛，隐约貌。②咳唾：本意为咳嗽和吐唾液。这里引申为说话、言辞。

【译文】斋戒，是追思先人的日常起居，追思先人的言谈笑貌，追思先人的举止行为。斋戒三天就可以看见自己所斋戒的先人。祭祀当天，将要入门时，仿佛看见先人的容貌。在屋内徘徊一会出去时，仿佛听到叹息声。先人的容貌不断地在眼前出现，声音言辞不断地在耳边回响；生前的嗜欲好恶，记在心中不会忘记。这是孝子的斋戒。

19-29春祭曰祠，夏祭曰禴①，秋祭曰尝，冬祭曰蒸②；春荐韭卵③，夏荐麦鱼，秋荐黍豚，冬荐稻鴈④。三岁一祫⑤，五年一禘⑥。祫者，合也。禘者，谛也。祫者，大合祭于祖庙也。禘者，谛其德而差优劣也。圣主将祭，必洁斋精思，若亲之在。方兴未登⑦，愚愚憧憧⑧，专一想亲之容貌仿佛，此孝子之诚也。四方之助祭，空而来者满而反，虚而至者实而还。皆取法则焉。

【注释】①禴(yuè)：同"礿"。祭名，夏商两代在春天举行，周代在夏天举行。②蒸：同"烝"，特指古代冬季的祭祀。③荐：进献，祭献。④鴈(yàn)：鹅。⑤祫(xiá)：古代天子诸侯所举行的集合远近祖先神主于太祖庙的大合祭。⑥禘(dì)：古代帝王或诸侯在始祖庙里对祖先的一种盛大祭祀。⑦方兴：刚兴起尚未停止。登：古代祭器名。这里指进献祭品。⑧愚愚(yú)：恍惚貌。憧憧：心神不定。

【译文】春季祭祀称为祠，夏季祭祀称为禴，秋季祭祀称为尝，冬季祭祀称为蒸；春季祭献韭菜和蛋，夏季祭献麦子和鱼，秋季祭献黍子和小猪，冬季祭献稻谷和鹅。三年举行一次祫祭，五年举行一次禘祭。祫是会聚。禘是详审。祫祭是将祖先集合在祖庙中祭祀。禘祭是详审德行以区分优劣。圣王将要祭祀的时候，一定会沐浴斋戒，精进思考，犹如先人在世一样。刚开始祭祀还没有进献祭品时，神情恍惚，专注回想亲人生前的依稀容貌，这是孝子的赤诚。四方来助祭的人，来时不知所以，返回时满怀收获，来时心中空虚，返回时内心充实。都是从这里学习到的规矩。

19-30韩褐子济于河，津人告曰^①："夫人过于此者，未有不快用者也^②，而子不用乎？"韩褐子曰："天子祭海内之神，诸侯祭封域之内，大夫祭其亲，士祭其祖祢。褐也，未得事河伯也。"津人申楫，舟中水而运^③，津人曰："向也^④，役人固已告矣^⑤，夫子不听役人之言也。今舟中水而运，甚殆。治装衣而下游乎^⑥？"韩子曰："吾不为人之恶我而改吾志，不为我将死而改吾义。"言未已，舟洸然行^⑦。韩褐子曰："《诗》云：'莫莫葛藟^⑧，施于条枚^⑨。恺悌君子^⑩，求福不回^⑪。'鬼神且不回，况于人乎？"

【注释】①津人：渡船的船夫。②快用：犹"禬（guì）祭"，古代为消灾祈福而举行的祭祀。③运：转动，旋转。④向：刚才。⑤役人：这里指船夫的自称。⑥治装：备办行装，整装。⑦洸（yì）然：舒缓安闲貌。⑧莫莫：同"漠漠"，茂盛，浓郁。葛藟（lěi）：植物名，长有藤蔓。⑨条枚：枝干。⑩恺悌：亦作"恺弟"，和乐平易。⑪回：奸邪，邪僻。

【译文】韩褐子要过河时，船夫告诉他说："人们从这儿过河，没有人不进行禬祭，先生不祭祀吗？"韩褐子说："天子祭祀天下神明，诸侯祭祀封地内的神明，大夫祭祀亲族，士人祭祀祖先。我没有资格祭祀河神。"船夫摇桨行船，船到了河中间开始打转。船夫说："刚才我本来告诉过您了，先生不听我的话。现在船在河中间打转，非常危险。先生还是整理行装下水游过去吧？"韩褐子说："我不会因为别人讨厌我而改变我的意志，不会因为我要死了而改变我奉行的义理。"话没说完，船就平稳前行。韩褐子说："《诗经》上说：'繁茂的葛藤，缠绕着树枝。平易近人的君子，求福有道不会邪僻。'鬼神尚且不会变得邪僻，何况是人呢？"

19-31孔子曰："无体之礼①，敬也；无服之丧，忧也；无声之乐，欢也。不言而信，不动而威，不施而仁，志也。钟鼓之声，怒而击之则武，忧而击之则悲，喜而击之则乐。其志变，其声亦变。其志诚，通乎金石②，而况人乎？"

【注释】①体：形体，体态。②金石：钟磬一类的乐器，也指钟磬发出的乐声。

【译文】孔子说："没有表现到形体的礼仪，是心中的礼敬；没有穿戴丧服的丧期，是心中的哀伤；没有声音的愉悦，是心中的欢愉。不言语而有诚信，不行动而有威严，不施舍而有仁慈，这是心志的反映。钟鼓的声音，愤怒时敲击而声音威武，哀伤时敲击而声音悲哀，欢喜时敲击而声音愉悦。心志变化，声音也会有变化。心志赤诚，可以通达于金石，何况是人呢？"

19-32公孟子高见颛孙子莫曰①："敢问君子之礼何如？"

颛孙子莫曰："去尔外厉，与尔色胜^②，而心自取之^③，去三者而可矣。"公孟不知，以告曾子。曾子愀然逡巡曰："大哉，言乎！夫外厉者必内折；色胜而心自取之者，必为人役。是故君子德行成而容不知^④，闻识博而辞不争，知虑微达而能不愚。"

【注释】①公孟子高：即公明高，春秋晚期人，儒家代表之一，源于姬姓，属于以先祖名字为氏。颛孙子莫：鲁国贤士。姓颛孙。②色胜：原文作"内色胜"，向宗鲁《校证》以为"内胜"与"外厉"相对，认为"色"字衍，但依下文曾子言"色胜"句，疑衍"内"字，据删。③心自取之：内心认为某物可取，可以意为自以为是。④知：同"智"。

【译文】公孟子高见到颛孙子莫说："敢问君子的礼仪是什么？"颛孙子莫说："去除你外表的严厉，与你好胜的神情，还有心中的自以为是，去掉这三样就可以了。"公孟子高不明白，将这些话告诉了曾子。曾子听后神情严肃地说："这话非常重要啊！外表强硬的人一定内心受挫；神情好胜并且自以为是的人，一定会受人利用。所以君子的德行修成后可以包容不理智的人，学识广博而不与别人争论，智谋细微深远而不会受人愚弄。"

19-33 曾子有疾，孟仪往问之^①。曾子曰："鸟之将死，必有悲声。君子集大辟^②，必有顺辞^③。礼有三，仪知之乎？"对曰："不识也。"曾子曰："坐，吾语汝。君子修礼以立志，则贪欲之心不来；君子思礼以修身，则怠惰慢易之节不至^④；君子修礼以仁义，则忿争暴乱之辞远。若夫置尊俎^⑤，列笾豆^⑥，此有司之事也，君子虽勿能可也。"

【注释】①孟仪：姬姓，名捷，世称仲孙捷，谥号敬。②集：会合。引申为面对，面临。大辟：古代五刑之一，死刑。③顺辞：逊顺的言辞。④易：轻慢，轻视。⑤尊俎：古代宴席盛酒肉的器皿。也是代指宴席。⑥笾（biān）豆：古代祭祀及宴会时常用的两种礼器。竹制为笾，木制为豆。

【译文】曾子患病，孟仪去看望他。曾子说："鸟儿将死时，必会有悲啼。君子面对死刑时，必定会有逊顺的言辞。礼仪有三种作用，你知道吗？"答："不知道。"曾子说："坐下，我来告诉你。君子修习礼仪为了树立志向，那么贪欲之心就不会出现；君子思虑礼仪为了修养身心，那么懈怠、懒惰、散漫、轻视的行为就不会出现；君子修习礼仪为了推行仁义，那么愤怒纷争暴乱的言辞就会远离。至于布置宴席，摆放礼器，这是有关官员的职责，君子即便不懂也是可以的。"

19-34孔子曰："可也，简。"简者，易野也①。易野者，无礼文也。孔子见子桑伯子②，子桑伯子不衣冠而处。弟子曰："夫子何为见此人乎？"曰："其质美而无文，吾欲说而文之。"孔子去，子桑伯子门人不说，曰："何为见孔子乎？"曰："其质美而文繁，吾欲说而去其文。"故曰：文质修者，谓之君子；有质而无文，谓之易野。子桑伯子易野，欲同人道于牛马，故仲弓曰"太简"③。上无明天子，下无贤方伯④，天下为无道。臣弑其君，子弑其父，力能讨之，讨之可也。当孔子之时，上无明天子也, 故言"雍也, 可使南面"⑤。南面者, 天子也。雍之所以得称南面者, 问子桑伯子于孔子, 孔子曰:"可也, 简。"仲弓曰:"居敬而行简, 以道民⑥, 不亦可乎? 居简而行简, 无乃太简乎?"子曰:"雍之言然。"仲弓通于化术⑦, 孔子明于王道, 而无以加仲弓之言⑧。

【注释】①易野: 简易粗鲁。②子桑伯子: 又名子桑户, 鲁国隐士。③仲弓: 冉雍, 字仲弓, 孔子弟子, 与冉耕、冉求皆在孔门十哲之列, 世称"一门三贤"。④方伯: 殷周时代分封诸侯, 委任王室功臣等为诸侯之长, 故称"方伯"。⑤南面: 古代天子、诸侯的位置为坐北朝南, 为尊位, 这里代指称帝。⑥道: 同"导", 引导, 指导。⑦化术: 教化之道。⑧加: 增加, 添加, 引申为指点, 指导。

【译文】孔子说:"可以简单一些。"简就是简易粗鲁。简易粗鲁就是没有礼节仪式。孔子去拜访子桑伯子, 子桑伯子却没有穿戴衣帽自居。孔子的弟子说:"先生为何要见这样的人?"孔子说:"这个人本性美好, 但没有礼节, 我想劝说他注重礼节仪式。"孔子离去后, 子桑伯子的门生不高兴, 说:"为何要面见孔子呢?"子桑伯子说:"他的本性美好, 但他的礼节烦琐, 我想劝说他去掉繁文缛节。"所以说: 礼节和本质兼修的人, 才称为君子; 有本性而没有礼节, 就称为简易粗鲁。子桑伯子简易粗鲁, 想要使人道与牛马一样。所以仲弓说"太简单了"。上没有圣明的天子, 下没有贤能的为首诸侯, 那么就会天下无道。臣弑君, 子弑父, 有力量能征讨他们, 那就可以去征讨。在孔子的时代, 上没有圣明的天子, 所以说:"冉雍, 可以让他居南面"。南面, 就是天子。冉雍之所以尊称为可以居南面的人，是因为他向孔子请教过子桑伯子如何，孔子说："可以，为人简单。"仲弓说："为人恭敬但行事简单，这样引导百姓，不也可以吗？为人简单行事也简单，不会过于简单了吗？"孔子冉雍的话说得对。"仲弓通晓教化之道，孔子明白圣王之道，却不能给仲弓说的话再添加点什么。

19-35孔子至齐郭门之外，遇一婴儿①，挈一壶相与俱行②。其视精③，其心正，其行端。孔子谓御曰："趣驱之，趣驱之，《韶》乐方作"孔子至彼闻《韶》，三月不知肉味。故乐非独以自乐也，又以乐人；非独以自正也，又以正人矣哉！于此乐者，不图为乐至于此。

【注释】①婴儿：这里指儿童，并不是婴儿。②挈（qiè）：用手提着。③精：纯洁，纯净。

【译文】孔子来到齐国的城门外，遇见一个孩童，手提一只水壶和他一起走。他的目光纯净，内心正直，行为端正。孔子对车夫说："赶快驾车，赶快驾车，前面正在演奏《韶》乐。"孔子到了那儿听到了《韶》乐，三个月不知肉的味道。所以音乐不只是独自娱乐，也可以娱乐别人；不只是端正自己，也能端正别人！对于这种音乐，没想到使人愉悦会到这样的境界。

19-36黄帝诏伶伦作为音律①。伶伦自大夏之西②，乃之昆仑之阴③，取竹于解谷④。以生窍厚薄均者，断两节间，其长九寸而吹之，以为黄钟之宫⑤，曰"含少"⑥。次制十二管，以昆仑之下,听凤之鸣,以别十二律⑦。其雄鸣为六,雌鸣亦六,以比黄钟之宫,适合黄钟之宫,皆可生之,而律之本也。故曰:黄钟微而均,鲜全而不伤,其为宫独尊,象大圣之德,可以明至贤之功,故奉而荐之于宗庙,以歌迎功德,世世不忘。是故黄钟生林钟,林钟生大吕,大吕生夷则,夷则生太簇,太簇生南吕,南吕生夹钟,夹钟生无射,无射生沽洗,沽洗生应钟,应钟生蕤宾。三分所生⑧,益之以一分以上生;三分所生,去其一分以下生。黄钟、大吕、太簇、夹钟、沽洗、仲吕、蕤宾为上(生)⑨,林钟、夷则、南吕、无射、应钟为下(生)。大圣至治之世,天地之气合以生风。日至则日行其风⑩,以生十二律。故仲冬短至,则生黄钟,季冬生大吕,孟春生太簇,仲春生夹钟,季春生沽洗,孟夏生仲吕,仲夏生蕤宾,季夏生林钟,孟秋生夷则,仲秋生南吕,季秋生无射,孟冬生应钟。天地之风气正,十二律至也。

【注释】①伶伦:又作泠伦。是古代传说中的人物,相传为黄帝时代的乐官,是发明律吕以制乐的始祖。②大夏:湖泽名,今在青海湖一带。③阴:北面。④解(xiè)谷:山谷名,又作嶰谷,是昆仑山的北谷。⑤黄钟:乐律十二律中的第一律。又作黄钟宫,黄钟律和冬至相应,代表十一月。⑥含少:意义未晓,可能比拟声音。⑦十二律:是从黄钟律标准音起,按照三分损益法,将一个八度分为十二个不完全相等的半音的一种律制。十二律分为阴阳两类,阳律为:黄钟、太簇、沽洗(xiǎn)、蕤(ruí)宾、夷则、无射(yì)。阴律为:大吕、夹钟、仲吕、林钟、南吕、应钟。共为十二律。十二律又与月份对应,分别为：黄钟代表十一月、大吕代表十二月、太簇代表正月、夹钟代表二月、沽洗代表三月、仲吕代表四月、蕤宾代表五月、林钟代表六月、夷则代表七月、南吕代表八月、无射代表九月、应钟代表十月。⑧三分：指三分损益法。是古代制定音律时所用的生律法。三分损益包含"三分损一""三分益一"两层含义。是以一段圆径绝对均匀的发声管为基数，将原有长度作3等分而减去其1份为"三分损一"，将原有长度作3等分而增添其1份则是"三分益一"。⑨上（生）："生"字原文脱，依上文例与向宗鲁《校证》引《太平御览》增。下文"下生"同此。⑩日至：即冬至和夏至。

【译文】黄帝下令让伶伦制定音律。伶伦从大夏的西面，到达昆仑山的北面，在解谷中获得竹子。选取竹身厚薄均匀的竹子，从两节之间截断，长九寸，吹出来的声音作为黄钟的宫调，称作"含少"。然后制作了十二根律管。在昆仑山下听凤凰鸣叫，来区分十二律。其中雄凤鸣叫六声，雌凤鸣叫六声，以此对比黄钟的宫调。适合黄钟宫调的，都可以产生其他的音律，这是音律的根本。所以说：黄钟的音色悠远而和谐，洪亮圆润而不悲伤。是宫调中最尊贵的，象征大圣人的品德。可以彰明贤人的功劳，所以把它进献给宗庙，用来歌颂功德，世世不忘。因此黄钟生林钟，林钟生大吕，大吕生夷则，夷则生太簇，太簇生南吕，南吕生夹钟，夹钟生无射，无射生沽洗，沽洗生应钟，应钟生蕤宾。以三分损益而生，音律增加一分产生上一音律，减少一分产生下一音律。黄钟、大吕、太簇、夹钟、沽洗、仲吕、蕤宾是向上产生，林钟、夷则、南吕、无射、应钟是向下产生。大圣人治理的盛世，天地之气和合生风，到了冬至、夏至，太阳在风中运行，就产生了十二律。所以仲冬的日长最短，则生出黄钟, 季冬生出大吕, 孟春生出太簇, 仲春生出夹钟, 季春生出沽洗, 孟夏生出仲吕, 仲夏生出蕤宾, 季夏生出林钟, 孟秋生出夷则, 仲秋生出南吕, 季秋生出无射, 孟冬生出应钟。天地间的风气平正, 十二音律便定下来了。

19-37圣人作为鞀、鼓、椌、楬、埙、篪①, 此六者德音之音②, 然后钟、磬、竽、瑟以和之③, 然后干戚旄狄以舞之④。此所以祭先王之庙也, 此所以献酢酳酬也⑤, 所以官序贵贱各得其宜也⑥, 此可以示后世有尊卑长幼之序也。

【注释】①鞀(táo): 古代有长柄的摇鼓, 俗称拨浪鼓。多用于祭祀。椌(qiāng): 又名"柷", 古代一种木制的打击乐器, 像方匣子, 敲击则表示开始奏乐。原文作"控", 此据《礼记·乐记》改。楬(jiē): 又名"敔(yǔ)", 古代打击乐器, 奏乐将终时, 击之使演奏停止。原文作"揭", 据《礼记·乐记》改。埙(xūn): 古代用陶土烧制的一种吹奏乐器, 六孔。亦称"陶埙"。篪(chí): 古代一种竹制的乐器, 横吹, 似笛。②德音: 指朝廷所定的正统音乐。③竽: 古代吹奏乐器, 像笙, 有三十六簧。瑟: 弦乐器, 似琴。古有五十根弦, 后为二十五根或十六根弦。④干戚: 古代武舞所执, 干为盾, 戚为斧。旄狄: 又称旄羽, 是牦牛尾和雉羽, 为古代文舞所执。⑤献: 古代特指主人向宾客敬酒。酢(zuò): 客人回敬主人。酳(yìn)酬: 相互劝酒。⑥各得其宜: 人或事物都得到适当的安置。

【译文】圣人制作鞀、鼓、椌、楬、埙、篪, 这六种乐器演奏正统音乐。然后以钟、磬、竽、瑟伴奏, 然后用干戚和旄狄跳舞。这是用来祭祀先王宗庙，这也是用来在酒宴上相互敬酒，这也是使官阶高低贵贱都适宜的音乐，也可以告诉后世要有尊卑长幼的顺序。

19-38钟声铿①，铿以立号，号以立横②，横以立武。君子听钟声则思武臣。石声磬，磬以立辩③，辩以致死。君子听磬声则思死封疆之臣。丝声哀④，哀以立廉，廉以立志。君子听琴瑟之声则思志义之臣⑤。竹声滥⑥，滥以立会⑦，会以聚众。君子听竽笙箫管之声则思畜聚之臣⑧。鼓鼙之声欢⑨，欢以立动，动以进众⑩。君子听鼓鼙之声则思将帅之臣。君子之听音，非听其铿锵而已，彼亦有所合之也。

【注释】①铿：象声词。②横：充满，遮盖。③辩：通"辨"，分别，辨别。这里指有分辨能力，节义分明。④丝：指弦乐器。⑤志义：志节。志气和节操。⑥竹：管乐器。滥：流水漫溢，引申为乐声悠扬。⑦会：会同，聚合。⑧畜聚：节用爱人，容民畜众。⑨鼓鼙（pí）：大鼓和小鼓。鼙，同"鼙"。⑩进众：激励群众。

【译文】钟声铿铿作响，铿铿可以树立号令，号令可以使士气饱满，士气饱满可以树立军威。君子听到钟声就会想到武将。石声磬磬作响，磬磬可以使节义分明，节义分明就可以不惧牺牲。君子听到磬声就会想到死守边疆的大臣。弦乐凄哀，声音凄哀可以使人廉洁，廉洁就可以立志。君子听到琴瑟的声音就会想到有志节之臣。管乐声滥滥，声音滥滥可以会同，会同可以聚众。君子听到竽笙箫管的乐声就会想到容民聚众之臣。鼓声活跃，活跃可以鼓动人心，鼓动人心可以激励大众。君子听到鼓声就会想到将帅之臣。君子听到的音乐，不仅是听它的声音铿锵，也是听它与自己心志相合的地方。

19-39乐者，圣人之所乐也，而可以善民心，其感人深，其移风易俗（易）①，故先王著其教焉。夫民有血气心知之性②，而无哀乐喜怒之常。应感起物而动，然后心术刑焉③。是故感激憔悴之音作，而民思忧；啴奔慢易繁文简节之音作④，而民康乐；粗厉猛奋广贲之音作⑤，而民刚毅；廉直劲正庄诚之音作，而民肃敬；宽裕肉好顺成和动之音作⑥，而民慈爱；流僻邪散狄成涤滥之音作⑦，而民淫乱。是故先王本之情性，稽之度数⑧，制之礼义。含生气之和⑨，道五常之行⑩。使阳而不散，阴而不密⑪，刚气不怒，柔气不慑。四畅交于中⑫，而发作于外，皆安其位，不相夺也。然后立之学等，广其节奏，省其文彩，以绳德厚，律小大之称⑬，比终始之序，以象事行⑭。使亲疏贵贱长幼男女之理，皆形见于乐。故曰："乐，观其深矣。"土弊则草木不长，水烦则鱼鳖不大⑮，气衰则生物不遂，世乱则礼慝而乐淫⑯。是故其声哀而不庄，乐而不安，慢易以犯节，流漫以忘本⑰。广则容奸，狭则思欲。感涤荡之气，而灭平和之德，是以君子贱之也。凡奸声感人，而逆气应之，逆气成象，而淫乐兴焉。正声感人，而顺气应之。顺气成象，而和乐兴焉。唱和有应，回邪曲直⑱，各归其分，而万物之理，以类相动也。

【注释】①移风易俗（易）：后一"易"字原文无，据王念孙《经义述闻》说径补。②心知：即心智。③刑：通"形"。④啴（chǎn）奔：舒缓奔放。慢易：舒缓和平。下文"慢易"则指怠忽，轻慢。简节：谓节奏简单舒缓。⑤广贲：洪亮激昂，贲，通"愤"。⑥肉好：比喻乐音洪润悦耳。⑦狄成：往来疾速而成。涤滥：音乐节奏疾速短促。⑧稽：考核，核查。⑨生气：指元气、阴阳二气。⑩五常：即五行。⑪密：封闭，闭藏。⑫四畅：阴、阳、刚、柔四气协调通畅。⑬律：遵循。⑭事行：社会伦理关系。⑮烦：搅扰，烦扰。⑯慝（tè）：差错。⑰流漫：流连缠绵。⑱回邪：不正，邪僻。

【译文】音乐，是圣人喜欢的，它可以使民心向善，感人肺腑，它很容易就可以移风易俗，所以先王提倡以音乐施教。人生来就有情感心智，而没有一成不变的喜怒哀乐。感受外物而发生变化，然后表现在心意上。所以演奏感慨哀戚的音乐，人们会感到悲伤忧愁；演奏舒缓奔放平和、音调繁复而节奏简单的音乐，人们会感到安乐；演奏粗犷振奋激昂的音乐，人们会心境刚毅；演奏廉洁刚正、庄严虔诚的音乐，人们会肃然起敬；演奏宽广洪润、流畅柔和、委婉灵动的音乐，人们会心怀慈爱；演奏放荡邪僻、散漫淫邪、急躁短促的音乐，人们会淫乱放荡。所以先王遵循本性，核准音律，制定礼仪，汇聚调和阴阳二气，引导五行的运转，使阳气不散，阴气不闭，阳刚之气不会过盛，阴柔之气不会畏惧，阴阳刚柔四气协调畅通，交融在心中，而后表现在外表，都安于本位，互不争夺。然后制定学习的顺序，拓宽音乐的节奏，修习音律，用来衡量品德的薄厚。遵循音律大小的名称，排列先后的次序，以此象征伦理次序。使亲疏贵贱长幼男女的伦理，都表现在音乐上。所以说：

"音乐，可以观察到深妙奥义啊。土地贫瘠则草木不长；水流迅急则鱼鳖不大；生气衰微则生物不能顺利生长；世道动乱则礼仪错乱而音乐放荡。所以乐声就悲哀而不庄严，欢乐而不安。轻慢且违背礼节，流连缠绵且忘本。乐声宽和则会涵容奸邪，乐声狭隘则会思虑欲望。感受到动荡不安的气氛，就会隐没了平和的德行。所以君子鄙视这种音乐。凡是人们受到奸邪乐音的影响，就会有违逆的风气来回应。违逆的风气形成后，淫靡的音乐就会兴起。人们受到正义乐音的影响，就会有平顺的风气来回应。平顺的风气形成后，和谐的音乐就会兴起。唱和互有回应，邪恶曲直各归本分，万物的道理，都是同类相互作用。

是故君子反情以和其志，比类以成其行。奸声乱色，不习于听；淫乐慝礼，不接心术；惰慢邪僻之气，不设于身体。使耳目鼻口心知百体①，皆由顺正，以行其义。然后发以声音，文以琴瑟，动以干戚，饰以羽旄，从以箫管，奋至德之光，动四气之和②，以著万物之理。是故清明象天，广大象地，终始象四时，周旋象风雨。五色成文而不乱③，八风从律而不奸④，百度得数而有常⑤。小大相成，终始相生，唱和清浊，代相为经⑥，故乐行而伦清。耳目聪明，血气和平，移风易俗，天下皆宁。故曰："乐者，乐也。"君子乐得其道，小人乐得其欲。以道制欲，则乐而不乱；以欲忘道，则惑而不乐。是故君子反情以和其意，广乐以成其教。故乐行而民向方⑦，可以观德矣。德者，性之端也⑧。乐者，德之华也。金石丝竹，乐之器也。诗言其志，歌咏其声，舞动其容。三者本于心，然后乐气从之。是故情深而文明⑨，气盛而化神。和顺积中，而英华发外。惟乐不可以为伪。乐者，心之动也；声者，乐之象也；文采节奏，声之饰也。君子之动本，乐其象也，后治其饰。是故先鼓以警戒⑩，三步以见方，再始以著往，复乱以饰归⑪。奋疾而不拔⑫，极幽而不隐，独乐其志，不厌其道；备举其道，不私其欲。是故情见而义立，乐终而德尊。君子以好善，小人以饬听过⑬。故曰：生民之道⑭，乐为大焉。

【注释】①百体：人体的各个部分。②四气：指春夏秋冬四时的温、热、冷、寒之气。③五色：古代以青、黄、赤、白、黑五色为正色。④八风：指八音。古代根据制作材料将乐器分为金、石、土、革、丝、木、匏（páo）、竹八类。⑤百度：即百刻，指昼夜时间。⑥代：更迭，代替。相：交互，互相。经：常道。指常行的义理、准则、法制。⑦向方：归向正道。方，义方。⑧端：流露。⑨文明：光明，有文采。⑩"是故"及以下三句：是《武乐》中描写武王伐纣的功绩。武王伐纣未开战前，士卒出阵向前三步，表示勇猛将战。结束后鸣铙（náo），班师回朝。⑪乱：古代乐曲的最后一章。⑫不拔：不可动摇，形容牢固。⑬以饬听过：向宗鲁《校证》引卢文弨校语，认为"听"为衍文。译文文从。饬过，整饬过失。⑭生民：教养百姓。

【译文】所以君子回归本性来平和自己的心志，对比同类来成就自己的德行。耳目不沉溺在奸邪的乐声和纷繁的色彩中，内心不接近淫靡的音乐和错乱的礼仪，自身没有懒惰傲慢邪僻的习气，身体夫人各个部位都依循和顺正直，行为都合乎正义。然后用声音表达，用琴瑟弹奏，用干戚跳舞，用羽毛牛尾装扮，用箫管伴奏，发扬至德的光辉，调和四季的气候，以彰显万物的规律。所以乐声清朗明快象征上天，宽广宏大象征大地，周而复始象征四季运转，委婉回旋象征风雨，五色形成条理而不乱，八音合乎音律而互不干扰，昼夜依照定数而有常规。大小相成，终始往复相生。唱和与清声浊音，循环变换形成规律。所以正乐推行而人伦分明，能使人耳聪目明，血气平和，可以移风易俗，天下太平。所以说："音乐，使人快乐。"君子为获得道义而感到快乐，小人为满足欲望而感到快乐。以道义压制欲望，则会快乐而不昏乱；因为欲望忘记道义，则会迷乱而不快乐。所以君子回归本性来平和自己的心意，推行音乐来完成教化。所以正乐推行而百姓心向正道，就可以来考察品德了。品德是人性的流露。音乐是品德的精华。金石丝竹是演奏的工具。诗表达人的意志，歌曲咏唱人的心声，舞蹈使人容貌飞动。这三者都发自内心，然后用乐声来伴奏。所以情感深切而乐声明快，气势强盛而乐声出神入化。平和柔顺聚集在心中，而英气光彩表现于外。唯有音乐不能弄虚作假。音乐，是内心的变化，声音，是音乐的表象。文辞节奏，是声音的内容。君子内心有所改变以音乐表现，而后创造内容。所以《武乐》要先击鼓作为警戒，向前三步表示即将开始，第二次向前才正式开始，结束后舞者后退。舞蹈快速但步伐稳当，乐音幽微但不隐晦。只是人们喜欢它所表现的志向，而不讨厌它其中的意义，要体现它其中的意义，就不会偏袒自己的私欲。因此情感得以表露而义理得以树立；乐舞结束而德行受到尊重。君子因为音乐会更加好善，小人因为音乐也会改过。所以说：教化百姓的方法，最重要的就是音乐。

19-40乐之可密者,琴最宜焉。君子以其可修德,故近之。凡音之起,由人心生也。人心之动,物使之然也。感于物而后动,故形于声。声相应,故生变,变成方^①,谓之音。比音而乐之,及干戚羽旄,谓之乐。乐者,音之所由生也。其本在人心之感于物。是故其哀心感者,其声噍以杀^②;其乐心感者,其声啴以缓^③;其喜心感者,其声发以散;其怒心感者,其声壮以厉;其敬心感者,其声直以廉;其爱心感者,其声和以调。人之善恶^④,非性也,感于物而后动。是故先王慎所以感之。故礼以定其意,乐以和其性,政以一其行,刑以防其奸。礼乐刑政,其极一也^⑤。所以同民心而立治道也^⑥。

【注释】①方:规律,道理。②噍(jiào)以杀:即噍杀,声音急促,不舒缓。杀,阴森的。③啴(chǎn):和缓。④人之善恶:《礼记·乐记》《史记·乐书》皆作"六者",译文从。⑤极:最终,最后。⑥治道:治理国家的方针、政策、措施等。

【译文】乐器中可以与之亲近的,琴是最合适的。君子用琴可以修养德行,所以与它亲近。凡是音律的出现,都是由人心所产生。人心的变动,是外物所造成的。人心感受外物而后发生变化,因此表现在声音上。声音相互呼应,就会发生变化,变化会形成规律,称为音律。对照音律演奏,并且拿着干戚羽旄跳舞,就称为乐。乐是由音律产生的。它的根本在于人心对外物的感受。所以心中感到哀伤,乐声就急促阴郁;心中感到欢乐,乐声就柔和舒缓;心中感到喜悦,乐声就开朗欢快;心中感到愤怒,乐声就粗犷猛烈;心中感到敬畏,乐声就端直庄严;心中感到慈爱,乐声就温柔和谐。这六种心情，不是本性所具有的，是感受外物而后发生变化。所以先王特别谨慎对待外物的感受。因此以礼仪稳定人们的意志，以音乐调和人们的性情，以政令统一人们的行为，以刑罚防治人们的奸邪。礼仪、音乐、政令、刑罚，最终的目标是一样的。是为了统一民心、建立统治国家的政策。

19-41凡音生人心者也。情动于中，而形于声，声成文谓之音。是故治世之音安以乐，其政和；乱世之音怨以怒，其政乖；亡国之音哀以思，其民困。声音之道，与政通矣。宫为君，商为臣，角为民，徵为事，羽为物。五音乱则无法，无法之音：宫乱则荒，其君骄；商乱则陂①，其官坏；角乱则忧，其民怨；徵乱则哀，其事勤②；羽乱则危，其财匮。五者皆乱，代相凌③，谓之慢。如此，则国之灭亡无日矣。郑、卫之音④，乱世之音也，比于慢矣。桑间濮上之音⑤，亡国之音也，其政散，其民流，诬上行私而不可止也⑥。

【注释】①陂（pō）：倾斜不正。②其事勤：指百姓的徭役劳苦。③凌：侵犯，欺压。④郑、卫之音：春秋时期的郑卫两国，因民间音乐不同于雅乐，曾被儒家斥为"乱世之音"。后代指淫靡的音乐。⑤桑间濮上：皆为卫国地名，为当时青年男女幽会、谈情说爱之地。后代指淫靡风气盛行的地方。⑥行私：怀着私心行事。

【译文】音乐是由心而生。感情发于内心，而表现为声音，声音形成乐章就称为音乐。所以太平盛世的音乐安适愉悦，政治祥和；乱世的音乐怨怒愤恨，政治混乱；亡国的音乐哀愁悲伤，百姓困苦。音乐的道理与政治是相通的。宫音好比君王，商音好比臣子，角音好比百姓，徵音好比政事，羽音好比财物。五音混乱则没有法纪，没有法纪的音乐：宫音混乱则荒淫无节，好比君王骄奢；商音混乱则背乱不正，好比官吏腐败；角音混乱则忧愁，好比百姓心生怨怼；徵音混乱则哀伤，好比徭役辛劳；羽音混乱则危险，好比财物短缺。五音混乱，相互逾越，就是散漫放纵。如果这样，那么亡国也就不远了。郑卫之音，是乱世之音，是散漫放纵的一类。桑间濮上之音，是亡国之音，政治散乱，百姓流亡，欺瞒君王谋求私利的事情就不可止息。

19-42凡人之有患祸者，生于淫泆暴慢。淫泆暴慢之本，生于饮酒，故古者慎其饮酒之礼。使耳听雅音，目视正仪，足行正容，心论正道①，故终日饮酒而无过失。近者数日，远者数月，皆人有德焉，以益善。《诗》云："既醉以酒，既饱以德②。"此之谓也。

【注释】①论：按照，依照。②饱以德：饱享恩德。

【译文】凡是人有祸患灾难的，都是因为放纵逸乐、凶暴骄慢的产生。放纵逸乐、凶暴骄慢的源头，是由于饮酒，所以古代很慎重饮酒的礼节。假使耳听雅正的音乐，眼看端庄的仪容，脚行端正的步伐，内心依循正道，即便终日饮酒也没有错失。短则数天，长则数月，每个人都可以具有美德，会更加完美。《诗经》上说："既让我醉酒，又让我饱受恩惠。"说的就是这个意思。

19-43凡从外入者，莫深于声音，变人最极^①。故圣人因而成之以德，曰乐。乐者，德之风^②。《诗》曰："威仪抑抑^③，德音秩秩^④。"谓礼乐也。故君子以礼正外，以乐正内。内须臾离乐^⑤，则邪气生矣；外须臾离礼，则慢行起矣。故古者天子、诸侯听钟声未尝离于庭，卿大夫听琴瑟未尝离于前，所以养正心而灭淫气也。乐之动于内，使人易道而好良^⑥；乐之动于外，使人温恭而文雅。雅颂之声动人^⑦，而正气应之；和成容好之声动人，而和气应之；粗厉猛贲之声动人，而怒气应之；郑卫之声动人，而淫气应之。是以君子慎其所以动人也^⑧。

【注释】①极：通"亟"，快。②风：本意为风气，风俗。这里引申为外在表现。③抑抑：美好貌，轩昂貌。④德音：朝廷所定的正统音乐。秩秩：清明貌。⑤须臾：片刻。⑥道：通"导"。⑦雅颂：盛世之乐，庙堂之乐。⑧此则原文接上，现依卢文弨校另起。

【译文】凡是外物进入人心的，没有比声音更深入的，声音是使人转变最快的。所以圣人因而以此成就品德，称为音乐，音乐是品德的体现。《诗经》上说："威仪庄重美好，德音清澈明净。"说的就是礼乐。所以君子以礼修正外表，以乐修正内心。内心有片刻离开音乐，则邪气便会产生；外表有片刻离开礼节，则慢怠的行为便会出现。所以古代天子、诸侯听钟声但从未离开宫中，卿大夫听琴瑟但从未离开面前，这样为了培养正确的心念并消除淫邪之气。音乐打动人心，使人容于教导而爱好良善；音乐影响外表，使人温和有礼。用雅正的乐声去感染人，就会有正气来回应；用和谐美妙的乐声去感染人，就会有和气来回应；用粗犷激愤的乐声去感染人，就会有怒气来回应；用郑卫之音感染人，就会有淫邪之气来回应。所以君子谨慎对待那些感染人心的音乐。

19-44子路鼓瑟，有北鄙之声①。孔子闻之曰："信矣，由之不才也。"冉有侍②，孔子曰："求来，尔奚不谓由：夫先王之制音也，奏中声为中节③。流入于南，不归于北。南者，生育之乡；北者，杀伐之域。故君子执中以为本，务生以为基。故其音温和而居中，以象生育之气也。忧哀悲痛之感不加乎心，暴厉淫荒之动不在乎体。夫然者，乃治存之风，安乐之为也。彼小人则不然，执末以论本，务刚以为基。故其音湫厉而微末④，以象杀伐之气。和节中正之感不加乎心，温俨恭庄之动不存乎体。夫杀者，乃乱亡之风，奔北之为也。昔舜造《南风》之声⑤，其兴也勃焉⑥，至今王公述而不释⑦。纣为北鄙之声，其废也忽焉，至今王公以为笑。彼舜以匹夫积正合仁，履中行善，而卒以兴。纣以天子，好慢淫荒，刚厉暴贼，而卒以灭。今由也，匹夫之徒、布衣之丑也⑧。既无意乎先王之制，而又有亡国之声，岂能保七尺之身哉？"冉有以告子路，子路曰："由之罪也，小人不能，自陷而入于斯⑨。宜矣，夫子之言也。"遂自悔，不食，七日而骨立焉⑩。孔子曰："由之改，进矣。"

【注释】①北鄙之声：殷纣时的音乐，后世视为亡国之声。北鄙，北方边境地区。②冉有（前522—？）：字子有，通称"冉有"，又称"冉子"，春秋时期鲁国人。著名学者，孔子弟子。孔门七十二贤之一，受儒教祭祀。以政事见称。擅长理财，曾担任季氏宰臣。冉，原文讹作"毋"，径改。③中声：中和之声。中节：合乎节奏。④湫厉：凄厉。⑤《南风》：古代乐曲名，相传为虞舜所作。⑥勃：突然，忽然。⑦王公：天子诸侯。不释：不能消除，不能忘掉。⑧丑：同"侪"，类，辈。⑨自：原文作"耳"，屈守元案："耳，疑'自'字讹。"译文从此。⑩骨立：形容人形貌极为消瘦。

【译文】子路弹瑟，弹出北方边地的音调。孔子听到了说："仲由的确不才啊。"冉有侍奉在旁，孔子说："冉求，你过来，你为何不告诉仲由：先王制订音乐，弹奏中和之声才是合乎节奏。传入南方，不传入北方。南方是个生育之乡；北方是个杀伐之地。所以君子以保持中正为根本，以致力生息为基础。因此音乐温和中正，象征着生育之气。内心没有忧愁悲痛的感情，身上没有粗暴荒淫的行为。这样，才是治世的风气，安乐所为的。小人就不是这样了，抓着末节来议论根本，追求刚慢以为基础。因此音乐凄厉微细，象征着杀伐之气。内心没有和谐中正的感情，身上没有温良庄重的行为。杀伐是乱亡的风气，败逃所为的。从前舜创作《南风》的乐声，他很快便兴盛起来，至今天子诸侯依旧会称述。纣王作出北方边地的乐声，他很快就灭亡了，至今天子诸侯还会嘲笑他。舜身为平民，积累正义聚合仁爱，秉持中正并且行善，最终能够兴盛。纣王身为天子，喜欢骄慢荒淫，暴厉凶残，最终灭亡。现在仲由，只是个平民百姓，既没有留意先王的遗制，又弹奏着亡国之声，怎能保全七尺之身呢？"冉有将这些话告诉了子路。子路说："是我的过错，是我无知，以至于陷进里面，先生的话非常恰当。"于是自悔，不吃东西，七天后瘦得只剩一把骨头。孔子说："仲由如此改过，很努力了。"

卷二十　反质

【题解】反质，意为万物归其本质，恪守质朴。本卷共采集先秦至汉初二十六则轶事、诗传、论说，在上卷《修文》的基础上辩证地看待"质"与"文"的关系，对比强调"修文"的限度与"反质"对于国家与个人的必要性与关键所在。即经纬天下，君王需切中要害抓住本质，摒弃流于外表与形式浮华奢靡，以民为本务实民生；此外君王更要以身作则，实践勤俭禁奢、忠孝仁义、仁民爱物，才能上行下效，以至政通人和、民康物阜。节俭克己、先质后文、淡泊明志、返璞归真的"反质"，是先贤总结下来保障华夏民族千百年基业的哲理。删华就素、恪守本心的精神值得我们借鉴学习。

20-1孔子卦得《贲》[1]，喟然仰而叹息，意不平。子张进[2]，举手而问曰："师闻《贲》者吉卦，而叹之乎[3]？"孔子曰："《贲》非正色也，是以叹之。吾思夫质素，白当正白，黑当正黑。夫质又何(好)也④? 吾亦闻之: 丹漆不文, 白玉不雕, 宝珠不饰。何也? 质有余者, 不受饰也。"

【注释】①卦得《贲(bì)》: 占卜得《贲》卦。《贲》, 卦名。②子张: 颛孙师(前503—?), 姓颛孙, 名师, 字子张, 后文简称师, 孔门弟子之一, 创始"子张之儒"。③而: 同"何"。④夫质又何(好)也: 原文脱"好"字, 意译不明, 此处依据《吕氏春秋·壹行》补"夫贲又何(好)乎"。

【译文】孔子占得《贲》卦, 仰头长叹, 心绪激荡。子张上前, 举手发问:"我听闻《贲》是吉卦, 您为何叹息?"孔子回:"《贲》的颜色不纯, 所以叹息。我想本色素洁的, 白该当是纯白, 黑该当是纯黑。所以《贲》卦有什么好的? 我也听过: 红漆不必文饰, 白玉不必雕刻, 宝珠不必点缀。为什么呢? 本色卓越, 不必修饰。"

20-2 信鬼神者失谋, 信日者失时①。何以知其然? 夫圣贤周知, 能不时日而事利。敬法令, 贵功劳, 不卜筮而身吉。谨仁义, 顺道理, 不祷祠而福。故卜数择日, 洁斋戒, 肥牺牲, 饰珪璧, 精祠祀, 而终不能除悖逆之祸。以神明有知而事之, 乃欲背道妄行, 而以祠祀求福, 神明必违之矣。天子祭天地、五岳、四渎, 诸侯祭社稷②, 大夫祭五祀, 士祭门户, 庶人祭其先祖。圣王承天心, 制礼分也。凡古之卜日者, 将以辅道稽疑, 示有所先, 而不敢自专也③。非欲以其颠倒之恶, 而幸安全之④。孔子曰:"非其鬼而祭之, 谄也。"是以泰山终不享季氏之旅⑤。《易》称"东邻杀牛, 不如西邻之禴祭。"盖重礼不贵物也，敬实而不贵华。诚有其德而推之，则安往而不可？是以圣人见人之文，必考其质。

【注释】①日者：古代专职观察天象测算人事的人。②社稷：土神谷神。社，土神。稷，谷神。③自专：原文为"专自"，乃倒误，此处依据向宗鲁《校证》乙正。④安全之：原文为"安之全"，乃倒误，此处依据卢文弨校说乙正。⑤季氏之旅：季氏的祭祀。季氏，此处为季康子，即季孙肥。旅，祭名，用来祭祀山川。

【译文】人相信鬼神会谋算失败，相信占卜会错失时机。如何得知呢？圣贤通晓一切，能不借天时成事。敬畏法令，重视贡献，无须占卜自会吉庆。恭敬仁义，顺应道理，无须祈祷自有福瑞。就算占卜吉时，清洁斋戒，充实贡品，进献美玉，尽心祭祀，最终也不能逃脱违反谋逆的灾祸。因为神明有知供奉它，却欲图不轨之事，就算祭祀求福，神明也会背离他的愿望。天子祭天地、五岳、四河，诸侯祭土神谷神，大夫祭五神，士祭门神，庶人祭祖先。圣王秉持上天意愿，规定礼法分化阶级。古时大凡卜算时辰，都用以辅助正道考量难疑，结合先例，不敢独断。从未企图违反常理，来谋求自保。孔子说："祭祀不该祭的鬼神，是谄谀。"正所谓泰山山神无论如何不能享有季氏的等级。《周易》上书"东邻杀牛，不比西邻的禴祭。"意为礼制重于祭品，心诚礼敬而不浮夸奢侈。倘若真的德行高尚并传扬它，哪会有行不通的？所以圣人看见别人的礼仪文辞，会究其本质。

20-3历山之田者善侵畔，而舜耕焉。雷泽之渔者善争陂^①，而舜渔焉。东夷之陶器窳^②，而舜陶焉。故耕、渔与陶，非舜之事而舜为之，以救败也。民之性皆不胜其欲，去其实而归之华，是以苦窳之器、争斗之患起。争斗之患起，则所以偷也。所以然者何也？由离诚就诈，弃朴而取伪也，追逐其末而无所休止。圣人抑其文而抗其质，则天下反矣^③。

【注释】①陂（bēi）：池塘、水域。②窳（yǔ）：粗糙、粗陋。③反：同"返"，意为返璞归真。

【译文】历山农户喜欢侵占田界，舜就在那耕作。雷泽的渔民喜欢争抢水域，舜就在那打鱼。东夷的陶器粗糙，舜就在那制陶。耕作、打鱼与制陶，不是舜的职责但舜做了，是为了以身作则拯救衰败的风气。人的本性难克制欲念，朴实无存日益奢华，粗陋的器具、争斗的灾患随之产生。争斗的灾患渐起，懒惰随之发生。是何原因呢？背弃诚实就会趋向奸诈，抛弃质朴就会选择伪装，追逐蝇头小利是无休无止的。圣人先抑制奢靡推崇朴实无华，天下就能洗尽铅华。

20-4《诗》云："尸鸠在桑，其子七兮。淑人君子，其仪一兮^①。"《传》曰："尸鸠之所以养七子者，一心也。君子所以理万物者，一仪也。以一仪理物，天心也。五者不离，合而为一，谓之天心。在我能因自深结其意于一，故一心可以事百君，百心不可以事一君。是故诚不远也。夫诚者，一也；一者，质也。君子虽有外文，必不离内质矣。"

【注释】①《诗》云：以下四句出自《诗经·曹风·尸鸠》。尸鸠，布谷鸟。

【译文】《诗经》上书："布谷鸟在桑树上，有七个孩子。贤君子，礼仪一以贯之。"《传》上说："布谷鸟之所以能养七个孩子，是因为一心无二。君子之所以能管理万物，是因为统一的礼仪法度。用统一的礼仪法度管理万物，这是天道。仁义礼智信五者，相辅相成归为整体，就是天道。于自身而言能将自己的意志结为一体，可侍奉无数君王，但朝三暮四就一个都侍奉不好。所以不要远离诚实。诚实，就是专心；专心，就是恪守本质。君子即便外有文饰，也不能抛弃内在本质。"

20-5卫有五丈夫，俱负缶而入井，灌韭，终日一区①。邓析过②，下车为教之曰："为机，重其后，轻其前，命曰桥。终日灌韭百区，不倦。"五丈夫曰："吾师言曰：'有机知之巧，必有机知之败。'我非不知也，不欲为也。子其往矣，我一心溉之，不知改已。"邓析去，行数十里，颜色不悦怿，自病。弟子曰："是何人也？而恨我君，请为君杀之。"邓析曰："释之。是所谓真人者也。可令守国。"

【注释】①一区：一块土地。②邓析：春秋时郑国大夫，所属名家。

【译文】卫国有五名男子，一同背着瓦罐下井取水，浇灌韭菜，一天只能浇一块地。邓析路过，下车教他们："制造一种机器，后重，前轻，名叫桔槔。一天能浇上百块地，不觉得累。"那五人说：

"我们的老师说：'有机智的巧思，也一定有诡诈的心计。'我们不是不知道用机器，是不愿意用。您走吧，我们专心浇灌，不想改变。"邓析离开，走了十里，面色难看，引咎自责。弟子说："这是何人？竟让老师抱憾，让我们为您杀了他。"邓析说："罢了。他们是所谓的真人。是国之栋梁。"

20-6禽滑釐问于墨子曰①："锦绣絺纻②，将安用之？"墨子曰："恶③！是非吾用务也。古有无文者，得之矣。夏禹是也。卑小宫室、损薄饮食，土阶三等，衣裳细布。当此之时，（鼺）黻无所用④，而务在于完坚。殷之盘庚⑤，大其先王之室，而改迁于殷。茅茨不翦，采椽不斫，以变天下之视。当此之时，文采之帛，将安所施？夫品庶非有心也，以人主为心。苟上不为，下恶用之⑥？二王者以身先于天下⑦，故化隆于其时，成名于今世也。且夫锦绣絺纻，乱君之所造也，其本皆兴于齐。景公喜奢而忘俭，幸有晏子，以俭镌之，然犹几不能胜。夫奢安可穷哉？纣为鹿台、糟丘、酒池、肉林，宫墙文画，雕琢刻镂，锦绣被堂，金玉珍玮，妇女倡优，钟鼓管弦，流漫不禁，而天下愈竭，故卒身死国亡，为天下戮。非惟锦绣絺纻之用耶？今当凶年，有欲予子隋侯之珠者，曰⑧：'不得卖也，珍宝而以为饰。'又欲予子一钟粟者，曰⑨：'得珠者不得粟，得粟者不得珠。'子将何择？"禽滑釐曰："吾取粟耳，可以救穷。"墨子曰："诚然，则恶在事夫奢也。长无用，好末淫，非圣人之所急也。故食必常饱，然后求美；衣必常暖，然后求丽；居必常安，然后求乐。为可长，行可久，先质而后文，此圣人之务。"禽滑釐曰：
"善。"

【注释】①禽滑釐（qín gǔ xī）：春秋时期魏国人，墨子弟子，字慎子。墨子，名翟，墨家学说创始人。②绨纻（chī zhù）：麻织物细葛布。③恶（wū）：叹词，如"哎"。④（黼）黻（fǔ fú）：古代礼服、官服，饰有黑白相间花纹。（黼），原文脱字，此处依据向宗鲁《校证》引用卢文弨校增补。⑤盘庚：子姓，名旬，殷商帝王之一。⑥恶（wū）：同"乌"，疑问词，怎能。⑦身：原文"身"上有"化"字，此处依据卢文弨校订为衍文，遂删。⑧曰：原文无此字，此处依据向宗鲁《校证》依据《太平御览》《事类赋注》引补。⑨曰：同⑧。

【译文】禽滑釐问墨子："细丝锦缎，怎么用？"墨子答："哎！我们不必用这些。古时有不加文饰的人，他们明白这个道理。夏禹就是其一。他居室狭小、饮食简单，门前只有土阶三级，穿着简朴。在那时，绣花礼服没有用处，衣服力图完整耐用。殷商的盘庚，扩大先王屋室，迁都殷地。不修缮茅草屋顶，不削砍栎木房椽，借此改变世人眼光。在那时，刺绣的彩色绸缎，有什么用呢？庶民缺少见地，将君主的意志当主见。如果君主在上不亲自示范，子民在下怎能主动做呢？夏禹盘庚两位君主以身作则，所以那时染化而迁兴盛，美名流传至今。再说细丝锦缎，是昏君的产物，原本从齐国兴起。齐景公喜好奢靡忘记俭朴，幸亏有晏子，用节俭来劝诫他，但几乎无用。奢靡哪有尽头？商纣王筑造鹿台、酒糟成山、美酒成池、肉食成林，彩绘宫墙，雕梁画栋，锦绣绸缎覆满厅堂，金玉宝器，歌舞艺人，钟鼓管弦，流转无止，进而天下资源日益枯竭，所以身死国破，被天下人耻笑。这不正由于细丝锦缎的滥用吗？如果正值荒年，有人要给你隋侯之珠，说：'不能卖，珍宝只能作装饰。'又要给你一锺粮，说：'如果要了珍宝就不能要粮食，要了粮食就不能要珍宝。'你怎么选？"禽滑釐答："我选粮，用来赈灾。"墨子问："果真如此，那还追求什么浮华。重视虚无的东西，喜爱奇技淫巧，这绝非圣人的当务之急。饮食先日常饱腹，再求精美；衣着先日常暖身，再求华丽；居处先日常稳定，再求欢乐。行事要考虑持久，先看本质再看文饰，这是圣人的追求。"禽滑釐说："有道理。"

20-7秦始皇既兼天下，大侈靡。即位三十五年，犹不息。治大驰道①，从九原抵云阳，堑山堙谷②，直通之。厌先王宫室之小，乃于丰、镐之间，文、武之处，营作朝宫渭南上林苑中③，作前殿阿房，东西五百步，南北五十丈④，上可以坐万人，下可建五丈旗。周为阁道⑤，自殿直抵南山之岭⑥。以为阙，为复道，自阿房渡渭水，属咸阳，以象天极⑦，阁道绝汉抵营室也⑧。又兴骊山之役，锢三泉之底。关中离宫三百所，关外四百所，皆有钟磬帷帐，妇女倡优。立石阙东海上朐山界中，以为秦东门。于是有方士韩客侯生、齐客卢生相与谋曰⑨："当今时不可以居。上乐以刑杀为威，下畏罪持禄⑩，莫敢尽忠。上不闻过而日骄，下慑伏以慢欺而取容。谏者不用，而失道滋甚。吾党久居，且为所害。"乃相与亡去。始皇闻之，大怒曰："吾异日厚卢生，尊爵而事之，今乃诽谤我。吾闻诸生多为妖言以乱黔首⑪。"乃使御史悉上诸生。诸生传相告，犯法者四百六十余人，皆坑之。卢生不得，而侯生后得。始皇闻之，召而见之。升东阿之台，临四通之街，将数而车裂之。始皇望见侯生，大怒曰："老虏不良，诽谤而主，乃敢复见我！"

【注释】①大驰道：我国史上最早的国道，又称"直道"。②堑（qiàn）山堙（yīn）谷：挖山填谷。③上林苑：原文为"山林苑"，此处依据《史记》径改。④五十丈：原文为"五千丈"，此处依据《史记》径改。⑤阁道：又称"天桥""复道"，楼阁间联通上下两层的架空通道。⑥岭：《史记·秦始皇本纪》为"颠"。⑦天极：北极星。⑧阁道绝汉抵营室也：阁道，星名，属于室宿，与上文"阁道"不同。汉，天河。营室，室宿。全句大意，整体布局模仿天象，渭水为天河，阿房宫为阁道，对岸咸阳为营室星。⑨方士：古时修道炼丹以求长生的术士。⑩下：原文"下"上有"天"，此处依据《群书治要》删改。⑪黔首：秦时对百姓的称呼。平民用黑色头巾裹头，故称。

【译文】秦始皇兼并天下，穷奢极欲。在位三十五年，从未停止。修建国道，从九原直通云阳，挖山填谷，畅通无阻。不满先王宫室狭小，就在丰、镐之间，周文王、武王旧址，渭河南边上林苑内修造朝廷宫殿，正殿阿房宫，东西长五百步，南北宽五十丈，上方能容纳数万人，下方能竖五丈高旗。四周环架空廊道，从殿下直通终南山顶峰。建双阙，修阁道，从阿房宫通渭水，接咸阳，按阁道跨天河对营室星的天象建造。又动用劳役兴建骊山墓，熔化铜铁浇铸堵塞众多地下泉。关中有三百所行宫，关外有四百所，钟磬帷帐，侍姬歌舞艺女都齐备。在东海郡朐山上建石阙，作为秦东大门。于是术士韩人侯生、齐人卢生一同商议:"如今的事态不能再发展下去了。皇上喜欢严刑肃物,臣下怕获罪且为了俸禄,无人敢效忠。皇上听不到自己的过失日益骄横,臣下忌惮屈从用敷衍欺骗来讨好皇上。谏臣不被信用,因此日益背离正道。我们久住在这,迟早被害。"于是一同逃离。秦始皇听闻后,大怒:"过去我厚遇卢生,给他崇高的爵位并礼敬他,如今他却污蔑我。听说过这些士人常造妖言惑众。"于是命御史将所有士人拘审。众士人互相告发,有四百六十多人违法,都被活埋了。卢生没被抓,后来抓到侯生。秦始皇知道后,召见侯生。他登上东阿台,面对十字街口,细数侯生罪过后处以车裂。秦始皇看着侯生,大怒说:"老奴居心叵测,污蔑你的君主,竟敢再见我!"

侯生至,仰台而言曰:"臣闻知死必勇,陛下肯听臣一言乎?"始皇曰:"若欲何言?言之。"侯生曰:"臣闻禹立诽谤之木,欲以知过也。今陛下奢侈失本,淫泆趋末,宫室台阁,连属增累;珠玉重宝,积袭成山;锦绣文采,满府有余;妇女倡优,数巨万人;钟鼓之乐,流漫无穷;酒食珍味,盘错于前;衣服轻暖,舆马文饰,所以自奉,丽靡烂熳,不可胜极。黔首匮竭,民力单尽①,尚不自知。又急诽谤,严威克下。下暗上聋,臣等故去。臣等不惜臣之身,惜陛下国之亡耳。闻古之明王,食足以饱,衣足以暖,宫室足以处,舆马足以行。故上不见弃于天,下不见弃于黔首。尧茅茨不剪,采椽不斫,土阶三等,而乐终身者,以其文采之少,而质素之多也。丹朱傲虐②,好慢淫,不修理化，遂以不升。今陛下之淫，万丹朱而千昆吾、桀、纣③，臣恐陛下之十亡也，而曾不一存。"始皇默然久之，曰："汝何不早言？"侯生曰："陛下之意，方乘青云，飘摇于文章之观。自贤自健，上侮五帝④，下凌三王，弃素朴，就末技。陛下亡征见久矣。臣等恐言之无益也，而自取死，故逃而不敢言。今臣必死，故为陛下陈之。虽不能使陛下不亡，欲使陛下自知也。"始皇曰："吾可以变乎？"侯生曰："形已成矣，陛下坐而待亡耳。若陛下欲更之，能若尧与禹乎？不然，无冀也。陛下之佐又非也，臣恐变之不能存也。"始皇喟然而叹，遂释不诛。后三年，始皇崩，二世即位，三年而秦亡。

【注释】①单尽：竭尽。单：通"殚"，尽。②丹朱：尧之子，不肖。③昆吾：颛顼后人，吴回之孙，陆终长子，己姓。黄帝时期陶正。④帝：原文笔误为"常"，此处依据向宗鲁《校证》改。

【译文】侯生到后，抬头说："我听闻人之将死定有奋不顾身之勇，你肯听我一言吗？"秦始皇说："想说什么？说吧。"侯生说："我听闻大禹立了块木头让子民批评他，想借此知道自己的过错。现在你奢侈无度迷失根本，淫靡放浪趋向穷途，亭台楼阁，与日俱增；珠玉宝器，累积成山；绫罗绸缎，溢出府库；美姬艺人，不计其数；歌舞管弦，无休无止；美酒珍馐，层叠堆积；衣服轻便暖和，车马美轮美奂，这些供自己享乐，实属颓靡散漫穷奢极欲。百姓穷苦，民力耗竭，你还不知道。而且怕人批评你，严刑肃物。臣民像哑巴一样缄默你什么都听不到成了聋子，我们为此离去。我等不吝惜性命，只可惜您国之将亡。听闻古代明君，吃只求饱腹，穿只求暖和，住只求安稳，车马只求代步。所以能上不被天唾弃，下不被臣民唾弃。尧住茅屋茅草不加修剪，屋椽不加刨削，只有土阶三级，却安乐终身，正由于他不讲究奢靡，追求俭朴。丹朱倨傲蛮暴，荒淫无度，无视礼教，因此无法承袭帝位。现在你的荒淫，远超丹朱万倍、远超昆吾、桀、纣千倍，恐怕国运已行将就木，你曾经的伟业将荡然无存。"秦始皇沉默良久，说："你为何不早说？"侯生说："你自鸣得意，青云之上铺张扬厉，飘摇自得，沉浸在表面浮华中自以为贤德。上欺瞒五帝，下凌辱三王，背弃本质，追求淫巧。国之将亡的征兆已出现很久了。我们恐多说无益，反而自寻死路，所以才逃走不敢明说。现在我难逃一死，讲给你听。虽然无法挽救国运，但能让你知道亡国的缘由。"秦始皇说："我还有办法改变吗？"侯生说："木已成舟，你坐等灭亡吧。倘若你想改变，能像尧和禹那样吗？如果做不到，就没希望了。你左右近臣所用非人，恐怕再改变也无力回天。"秦始皇哀叹，释放侯生。三年后，秦始皇逝世，秦二世即位，再过三年秦朝就灭亡了。

20-8魏文侯问李克曰①："刑罚之源安生？"李克曰："生于奸邪淫泆之行②。凡奸邪之心，饥寒而起；淫泆者，久饥之诡也③。雕文刻镂，害农事者也；锦绣纂组，伤女工者也。农事害，则饥之本也；女工伤，则寒之原也。饥寒并至，而能不为奸邪者，未之有也。男女饰美以相矜，而能无淫泆者，未尝有也。故上不禁技巧，则国贫民侈；国贫（民侈，则贫）穷者为奸邪④；而富足者为淫泆，则驱民而为邪也。民以为邪⑤，因以法随（而）诛之⑥，不赦其罪，则是为民设陷也。刑罚之起有原，人主不塞其本而督其末⑦, 伤国之道乎? "文侯曰: "善。以为法服也。"

【注释】①魏文侯(?—前396): 姬姓, 魏氏, 名斯。战国时期魏国开国国君。李克, 李悝(kuī), 战国时期政治家, 曾任魏相主持变法改革。②淫泆: 亦作"淫佚", 行为放荡, 沉迷逸乐。③久饥之诡: 译意不明。《群书治要》引作"文饰之耗", 译文从之。④国贫(民侈, 则贫)穷者为奸邪: 原文脱"民侈, 则贫"四字, 此处依据向宗鲁《校证》依据《群书治要》补。⑤以: 通"已"。⑥(而): 原文脱此字, 此处根据《群书治要》补。⑦督: 原文为"替", 译意不明。此处根据《群书治要》改。

【译文】魏文侯求问李克: "刑罚源自哪里? "李克说: "源于奸佞邪恶恣纵逸乐的行为。通常奸佞邪恶的心思, 是饥寒引发的; 恣纵逸乐的行为, 是追求文饰引发的。大兴土木, 妨碍农事; 锦衣华服, 妨碍女子制衣纺纱。农业生产受阻, 是饥饿的源头; 女子制衣纺纱受阻, 是寒冷的源头。饥寒交切, 能不做奸邪之事, 前所未有。男女修饰外表互相称赞, 能不恣纵逸乐, 也前所未有。所以君王在上不禁止奇技淫巧, 将会国家穷困百姓奢靡; 国家穷困百姓奢靡, 穷人就会做奸邪之事; 富人就会淫佚放荡恣纵逸乐, 这无异于驱使百姓做奸邪之事。百姓做了奸邪之事, 随之而来的是法律的惩戒, 不赦免他们, 就是构陷百姓。刑罚的起点有根源, 君王不解决犯罪根源只追究罪责, 不就是走上危害国家的道路吗? "文侯说: "说得对。将此作为准则。"

20-9秦穆公问由余曰①："古者明王圣帝，得国失国，常何以也②？"由余曰："臣闻之，当以俭得之，以奢失之。"穆公曰："愿闻奢俭之节。"由余曰："臣闻尧有天下，饭于土簋，啜于土铏③。其地南至交阯，北至幽都，东西至日所出入，莫不宾服。尧释天下，舜受之。作为食器，斩木而裁之。销铜铁，修其刃，犹漆黑之以为器。诸侯侈，国之不服者十有三。舜释天下，而禹受之。作为祭器，漆其外而朱画其内。缯帛为茵褥，觞勺有彩，为饰弥侈。而国之不服者三十有二。夏后氏以没，殷人受之④。作为大辂，而建九旒。食器雕琢，觞勺刻镂。四壁四帷，茵席雕文。此弥侈矣，而国之不服者五十有二。君好文章，而服者弥侈。故曰：俭其道也。"由余出，穆公召内史廖而告之，曰："寡人闻邻国有圣人，敌国之忧也。今由余圣人也，寡人患之。吾将奈何？"内史廖曰⑤："夫戎辟（陋）而辽远⑥，未闻中国之声也。君其遗之女乐，以乱其政，而厚为由余请期⑦，以疏其间。彼君臣有间，然后可图。"君曰："诺。"乃以女乐三九遗戎王⑧，因为由余请期。戎王果见女乐而好之，设酒听乐，终年不迁，马牛羊半死。由余归谏，谏不听，遂去入秦。穆公迎而拜为上卿，问其兵势与其地利，既以得之矣，举兵而伐之，兼国十二，开地千里。穆公奢主，能听贤纳谏，故霸西戎。西戎淫于乐，诱于利，以亡其国，由离质朴也。

【注释】①秦穆公（？—前621）：又称秦缪公，嬴姓，名任好。春秋时期秦国国君。由余，春秋时晋人，降秦，秦穆公拜为上

卿。问，原文为"闲问"，卢文弨校为衍文，遂删。②常：原文笔误
"当"，此处依据《韩非子·十过》改，下文同此。③土鉶（xíng）：
原文为"土瓶"，此处依据卢文弨校与向宗鲁《校证》引诸书改。
④殷人：原文为"殷周"，此处依据《韩非子》改。⑤廖：王子廖，春
秋时名将、兵法家。⑥辟（陋）：偏远。辟，同"僻"，偏僻。原文脱
"陋"，此处依据《韩非子·十过》补。⑦厚：同"后"。⑧戎王：西
戎国王。

【译文】秦穆公问由余："古代明君，有的江山稳固有的却国
家覆灭，为什么呢？"由余答："我听闻，应该是勤俭以保江山稳
固，奢靡以致国家覆灭。"穆公问："我想听听奢靡与勤俭的关窍所
在。"

由余答："我听闻尧坐拥天下，用土碗吃饭，用土锅喝汤。他
的疆土南到交阯，北到幽都，东西到太阳升落的地方，诸侯没有不
归顺他的。尧禅位，舜承袭。砍树做食器。用铜铁铸刀具，漆上黑
漆。诸侯认为他奢靡，不臣服的有十三个。舜禅位，禹承袭。制作
祭器，外壁上漆内壁描画朱红纹样。垫褥用丝帛制成，酒杯汤勺
都有彩饰，装饰越发奢靡。因此不臣服的诸侯有三十二个。夏朝灭
亡，殷商掌权。制作天子专乘马车，规定天子仪制。雕刻食器，酒
具汤勺。四壁挂帷幕，垫褥绣彩色图纹。相较过去越发奢侈了，因
此不臣服的诸侯增至五十二个。君王好奢侈，臣服的国家更胜。所
以说：勤俭是稳固江山的方法。"由余退下后，穆公召内史廖，对他
说："我听闻邻国有圣贤，令敌国忧患。现在由余，就是让我心生忧
惧的圣人。我该如何是好？"内史廖答："西戎偏远，从未见识过
中原歌舞。君王可送歌舞艺伎过去，来扰乱政事，再替由余商定归

期，离间他们君臣。君臣有了间隙，就能图谋大业。"穆公说："可行。"秦穆公就送了二十八名歌舞艺伎到西戎，趁机为由余申请迟返。果然戎王看到歌舞艺伎十分喜欢，设宴赏乐，整年未曾游牧，马牛羊半数死亡。由余归国进谏，不被采纳，就离开西戎到秦国。秦穆公迎接他拜他为上卿，询问他西戎军情和地况，万事俱备，举兵伐戎，兼并十二国，扩张千里疆土。穆公也是奢靡的君王，因能任贤纳谏，所以称雄西戎。西戎的君王耽于歌舞，贪图小利，所以葬送了他的国家，因为远离了质朴。

20-10经侯往适魏太子，左带羽玉具剑^①，右带环佩。左光照右，右光照左。坐有顷，太子不视也，又不问也。经侯曰："魏国亦有宝乎？"太子曰："有。"经侯曰："其宝何如？"太子曰："主信臣忠，百姓戴上^②，此魏之宝也。"经侯曰："吾所问者，非是之谓也，乃问其器而已。"太子曰："有徒师沼治魏，而市无豫贾^③；郄辛治阳，而道不拾遗；芒卯在朝，而四邻贤士无不相因而见。此三大夫，乃魏国之大宝。"于是经侯默然不应，左解玉具，右解环佩，委之坐，愆然而起，默然不谢，趋而出，上车驱去。魏太子使骑操剑、佩逐与经侯，使告经侯曰："吾无德所宝，不能为珠玉所守。此寒不可衣，饥不可食，无为遗我贼。"于是经侯杜门不出，愧死^④。

【注释】①羽玉具剑：向宗鲁《校证》依据《艺文类聚》《北堂书钞》《太平御览》认为"羽"为衍文。②戴上：原文笔误"上戴"，此处依据卢文弨引《太平御览》乙正。③豫贾：定位高价，亦作"预贾"。④愧死：原文为"传死"，卢文弨以为衍文，向宗鲁《校证》案谓范本作"愧死"。

【译文】经侯拜会魏太子，左佩玉石饰剑，右挂玉石环佩。左右宝光，相互掩映。坐了会儿，太子不看也不问他。经侯问："魏国也有宝物吗？"太子答："有。"经侯问："什么样的宝物呢？"太子答："君王坦诚臣子忠义，百姓爱戴君王，这是魏国的宝物。"经侯说："我问的不是这个，而是器物。"太子说："魏国有徒师沼理政，市集上就没有商人欺价于民；郆辛管治阳邑，人民道不拾遗；芒卯在朝，邻国贤士相互举荐。三位大夫，就是魏国重宝。"经侯默然无言，解下左边玉剑，右边环佩，丢在座位上，自愧不如地起身，默然不辞，仓促走出门驾车离去。魏太子派骑使带玉剑、环佩赶上经侯归还给他，并告诉他："我不感激你的宝物，不愿抱守珠玉。这些东西寒冷时不可当衣穿，饥饿时不可当饭吃，别留祸害给我。"事后经侯杜门不出，羞愧致死。

20-11晋平公为驰逐之车①，龙旃众色，挂之以犀象，错之以羽芝②。车成，题金千镒，立之于殿下，令群臣得观焉。田差三过而不一顾。平公作色大怒，问田差："尔三过而不一顾，何为也？"田差对曰："臣闻说天子者以天下，说诸侯者以国，说大夫者以官，说士者以事，说农夫者以食，说妇姑者以织。桀以奢亡，纣以淫败。是以不敢顾也。"平公曰："善。"乃命左右曰："去车！"

【**注释**】①晋平公（？—前532）：姬姓，名彪，春秋时晋国国君。②错：通"措"，代指装饰。

【**译文**】晋平公建造赛马用的车，插着各色龙纹旗帜，挂着犀角象牙，覆着羽盖。建成后，标价千金，放在殿下，命群臣欣赏。田差三次经过车前却没看一眼。平公勃然大怒，责问田差："你三次经过不看一眼，为什么？"田差答："我听闻用天下评论天子，用国事评论诸侯，用职责评论大夫，用操行评论士，用收成评论农民，用织造评论女子。桀因奢靡覆国，纣因淫佚覆国。因此我不敢看。"平公说："说得有理。"命左右侍臣："撤掉车！"

20-12魏文侯御廪灾①。文侯素服辟正殿五日②。群臣皆素服而吊，公子成父独不吊。文侯复殿，公子成父趋而入贺，曰："甚大善矣，夫御廪之灾也。"文侯作色不悦，曰："夫御廪者，寡人宝之所藏也。今火灾，寡人素服辟正殿，群臣皆素服而吊，至于子大夫而不吊。今已复辟矣，犹入贺，何为？"公子成父曰："臣闻之：天子藏于四海之内，诸侯藏于境内，大夫藏于其家，士庶人藏于箧椟。非其所藏者，不有天灾，必有人患。今幸无人患，乃有天灾，不亦善乎？"文侯喟然叹曰："善。"

【**注释**】①御廪（lǐn）：天子、诸侯藏宝的仓库。②辟：通"避"，躲避，这里指不上朝。

【**译文**】魏文侯藏宝的仓库走水。文侯穿白衣服避离主殿五天。群臣也穿白衣服吊唁，唯独公子成父不吊唁。文侯恢复上朝，公子成父上前道贺，说："仓库走水是件大好事。"文侯勃然大怒，说："仓库，我藏宝的地方。如今不幸走水，我穿白衣避离主殿哀悼，群臣穿白衣吊唁，只你没有。现在我恢复上朝，你还来道贺，意欲何为？"公子成父答："我听闻：天子的藏宝在寰宇，诸侯的藏宝在国内，大夫的藏宝在家中，士人和百姓的藏宝在箱里。藏了不该藏的，不遇天灾，定遇人祸。如今幸得没有人祸，只是天灾，不值得庆幸吗？"文侯感喟："说得有理。"

20-13齐桓公谓管仲曰："吾国甚小，而财用甚少，而群臣衣服舆驾甚汰。吾欲禁之，可乎？"管仲曰："臣闻之，君尝之，臣食之；君好之，臣服之。今君之食也，必桂之浆；衣练紫之衣，狐白之裘。此群臣之所奢大也。《诗》云：'不躬不亲，庶民不信。'君欲禁之，胡不自亲乎？"桓公曰："善。"于是更制练帛之衣、大白之冠朝①。一年，而齐国俭也。

【注释】①白：通"帛"。

【译文】齐桓公问管仲："我国疆土小，资产少，但群臣服饰车马太过奢靡。我想禁绝这种行为，可行吗？"管仲答："我听闻，君王稍加品尝，臣子就会大肆享用；君王喜爱的服饰，臣子就都会穿戴。现在您的饮食，定是肉桂、丹桂制的汤等珍馐美馔；穿着定是紫色绸缎，纯白狐皮。这才是群臣过度奢靡的缘由。《诗经》上书：'不以身作则，百姓不会信服。'您想禁绝，何不自己带头呢？"桓公说："好的。"于是改做素色衣帽穿着上朝。一年后，齐国国风俭朴。

20-14季文子相鲁^①，妾不衣帛，马不食粟。仲孙它谏曰^②："子为鲁上卿，妾不衣帛，马不食粟，人其以子为爱，且不华国也。"文子曰："然乎？吾观国人之父母衣粗食蔬，吾是以不敢。且吾闻君子以德华国，不闻以妾与马。夫德者，得于我，又得于彼，故可行。若淫于奢侈，沉于文章，不能自反，何以守国？"仲孙它惭而退。

【注释】①季文子（？—前568）：姬姓，季氏，又称季孙行父，春秋时任鲁正卿。②仲孙它：一名子服，春秋时鲁大夫。

【译文】季文子为鲁国宰相，妾不穿丝，马不吃谷。仲孙它进谏："您贵为鲁国上卿，妾不穿丝，马不吃谷，他人以为您吝啬，这样国家也不体面。"文子说："真是如此吗？我看子民的父母穿粗布吃蔬菜，因此我不敢挥霍。况且我听闻君子用德行给国家增色，没听过用妾和马。德，我能拥有，他人也能，所以行得通。如果骄奢淫逸，耽于文饰，不能抚躬自问，怎能治国？"仲孙它惭愧地告退。

20-15赵简子乘敝车瘦马^①，衣羖^②羊裘。其宰进谏曰："车新则安，马肥则往来疾，狐白之裘温且轻。"简子曰："吾非不知也。吾闻之：君子服善则益恭，细人服善则益倨。我以自备，恐有细人之心也。传曰：'周公位尊愈卑，胜敌愈惧，家富愈俭。'故周氏八百余年，此之谓也。"

【注释】①赵简子（？—前476）：原名赵鞅，又称赵孟，赵武之孙，春秋时晋国赵氏首领。腴：同"瘦"。②羖（gǔ）：黑色的公羊。

【译文】赵简子乘旧车瘦马，穿黑羊皮衣。家臣劝说："车新才安稳，马壮才迅捷，白狐皮衣暖和轻巧。"简子说："我不是不知。我听闻：君子穿华服会愈加谦逊，小人穿华服会愈加倨傲。我常自省，唯恐有小人之心。传说上记载：'周公身居高位越发谦卑，打胜仗后越发忧虑，家境富足越发俭朴。'正因如此周朝绵延八百多年，就是这个道理。"

20-16鲁筑郎囿，季平子欲速成①。叔孙昭子曰②："安用其速成也？以虐其民，其可乎？无囿尚可乎？恶闻嬉戏之游，罢其所治之民乎③？"

【注释】①季平子（？—前505）：季孙意如，姬姓，季氏，史称季平子，春秋时鲁大夫。②叔孙昭子（？—前517）：姬姓，名婼（chuò），史称叔孙昭子，春秋时鲁大夫。③罢：同"疲"。

【译文】鲁国在郎建园，季平子想迅速建成。叔孙昭子说："怎能急于事成？借此劳役子民，怎能呢？可以没有园子，哪有贪图玩乐，劳累自己下属的子民呢？"

20-17卫叔孙文子问于王孙夏曰①："吾先君之庙小，吾欲更之，可乎？"对曰："古之君子，以俭为礼。今之君子，以汰易之。夫卫国虽贫，岂无文履一奇，以易十稷②之绣哉？以为非礼也。"文子乃止。

【注释】①卫叔孙文子问于王孙夏：卫孙文子问王孙夏。孙文子，姬姓，孙氏，名林父，春秋时卫国人，叔为排行。王孙夏，又作王孙贾，春秋时卫大夫。②十稷：比喻极小之数。稷，谷子。

【译文】卫孙文子问王孙夏："我祖上祭庙太小，我想改建，可行吗？"王孙夏答："古时君子，将俭朴作礼制。现在君子，却替换成奢靡。卫虽贫困，难道没有一只纹绣的鞋，来换一小块绣布吗？我认为这不合礼制。"文子听后放弃了。

20-18晋文公合诸侯而盟曰："吾闻国之昏，不由声色，必由奸利。好乐声色者，淫也；贪奸者，惑也。夫淫惑之国，不亡必残。自今以来，无以美妾疑妻，无以声乐妨政，无以奸情害公，无以货利示下。其有之者，是谓伐其根素，流于华叶。若此者，有患无忧，有寇勿弭。不如言者，盟示之。"于是君子闻之曰："文公其知道乎？其不王者，犹无佐也①。"

【注释】①犹：通"由"，缘由。

【译文】晋文公聚集诸侯盟约："我听闻国君的昏聩，不因歌舞女色，就因奸诈贪利。沉溺声色，是淫佚；奸诈贪利，是惑乱。淫佚惑乱的国君，即便不亡国定会祸国。从今往后，切勿轻信美妾谗言疑心妻子，切勿耽于歌舞妨害政事，切勿以奸诈私心败坏公务，切勿利诱臣民。如果这样做，就是砍去根茎，追求花叶华美。这么做的人，遭遇祸患不必替他担忧，被侵犯不必替他平定。谁不依约行事，将盟书出示给他。"君子听后说："文公是知晓何以治国的吧？他不能称王天下，是由于缺人辅佐。"

20-19晏子饮景公酒。日暮，公呼具火。晏子辞曰："《诗》曰：'侧弁之俄'，言失德也；'屡舞傞傞①'，言失容也；'既醉以酒，既饱以德'，'既醉而出，并受其福'，宾主之礼也②；'醉而不出，是谓伐德'，宾主之罪也。婴以卜其日，未卜其夜。"公曰："善。"举酒而祭之，再拜而出，曰："岂过我哉③？吾托国于晏子也。以其家贫善寡人，不欲其淫侈也，而况与寡人谋国乎？"

【注释】①傞（suō）傞：醉舞不止貌。②宾主：《晏子春秋·内篇杂上》无"主"字，译意不通，遂补。③岂过我哉：《诸子平议》卷七以为当作"我岂过哉"，译文依此。

【译文】晏子请景公喝酒。天色渐晚，景公命人点灯。晏子推辞"《诗经》上书：'头上歪戴着帽子'，说的是酒醉失了德行；'醉后手舞足蹈'，说的是酒醉失态；'饱尝美酒，饱受恩惠'，'醉了就离去，主客同享福泽'，说的是宾客对主人的礼节；'醉了却不离去，这就叫德行有失'，说的是宾客的过失。我只占卜了白天，没占卜夜里。"景公说："好。"举杯祭天地，再拜出门，说："难道是我的过错？我将国事托付给他。他虽家穷却厚待我，不想酒宴淫佚奢侈，更何况同我共谋国事呢？"

20-20杨王孙病且死①，令其子曰："吾死欲倮葬②，以返吾真。必无易吾意。"祁侯闻之③，往谏曰："窃闻王孙令葬必倮而入地。必若所闻，愚以为不可。令死人无知则已矣；若死有知也，是戮尸于地下也，将何以见先人？愚以为不可。"王孙曰：“吾将以矫世也。夫厚葬诚无益于死者，而世竞以相高，靡财殚币，而腐之于地下。或乃今日入而明日出，此真与暴骸于中野何异？且夫死者，终生之化而物之归者。归者得至，而化者得变，是物各返其真。其真冥冥，视之无形，听之无声，乃合道之情。夫饰外以夸众，厚葬以鬲真④，使归者不得至，化者不得变，是使物各失其然也。且吾闻之：精神者，天之有也；形骸者，地之有也。精神离形，而各归其真，故谓之鬼。鬼之为言，归也。其尸块然独处，岂有知哉？厚裹之以布帛⑤，多送之以财货，以夺生者财用。古圣人缘人情不忍其亲，故为之制礼，今则越之。吾是以欲倮葬以矫之也。昔尧之葬者，空木为椟，葛蔂为缄。其穿地也，下不乱泉，上不泄臭。故圣人生易尚，死易葬。不加于无用，不损于无益。谓今费财而厚葬死者，不知生者不得用，谬哉！可谓重惑矣。”祁侯曰：“善。”遂倮葬也。

【注释】①杨王孙：西汉人，修黄老之术，居长安，家境优渥，厚生薄死，提倡简葬。②倮：同"裸"。③祁侯：姓缯，名它，杨王孙好友。④厚葬以鬲真：厚葬以隔绝真情。原文作"厚外以矫真"，此处依据《汉书·杨王孙转》改。鬲，通"隔"，隔开。⑤布帛：衣服绸缎。原文作"币帛"，此处依据文意改。

【译文】杨王孙大病将死，嘱咐他儿子："我死后想裸葬，以求返璞归真。切勿忤逆我的心意。"祁侯听说后，劝他："私下听闻您的嘱咐要求裸葬。如果真是那样，我觉得不行。如若死后无知就罢了；若死后有知，裸葬让尸身在地下受辱，如何面对先祖？我觉得不行。"

王孙说："我打算借裸葬矫正世风。厚葬于死者实属没丝毫益处，但世人借此攀比铺张浪费，耗尽钱财，在地下腐败。或者今日埋明日就被挖出，这与抛尸荒野有何区别？况且死仅是生命最终的变幻与肉体的回归。肉体得以回归，变幻顺利发生，万物返璞归真。本真缥缈，看着无形，听着无声，这才符合道的情理。装饰外在于人前自吹，用厚葬隔绝本真，肉体无处可归，变幻无法发生，万物与本真背道而驰。且我听闻：上天赋予精神；土地赋予肉体。精神与肉体分离，各自回归本真，所以称鬼。鬼谐音为归。尸体木然无觉单独存放，怎会有知觉？用厚重的布帛包裹，用众多财物送葬，占用活人资产。古代圣人源于亲情对亲者不忍心，所以制订礼法，如今世人却歪曲了。所以我要用裸葬匡正。从前尧的葬礼，不过是挖空木头作棺，用葛藤捆扎。向下挖掘墓穴，不影响水源，于上只抑制尸臭。圣人生前被尊崇，死后葬礼也简便。圣人不徒增无用之事，不损失无益之财。说到现在浪费财物厚葬的死者，不知厚葬无益于生者，实在荒谬！可以说是迷惑重重了。"祁侯说："有道理。"于是杨王孙死后裸葬。

20-21 鲁有俭者，瓦鬲①煮食，食之而美，盛之土塯②之器，以进孔子。孔子受之，欢然而悦，如受太牢之馈。弟子曰："瓦甊，陋器也；煮食，薄膳也。而先生何喜如此乎？"孔子曰："吾闻好谏者思其君，食美者思其亲。吾非以馔为厚也，以其食美而思我亲也③。"

【注释】①瓦鬲（lì）：陶制鼎锅。②土甂（biān）：陶制瓦盆。
③亲：卢文弨疑此字为衍文，译文从此。

【译文】鲁国有位节俭的人，用陶锅煮食物，吃起来味道很
美，盛在瓦盆，送给孔子。孔子欣然接受，就像受到三牲馈遗。弟
子说："瓦盆，是简陋的餐具；烹煮的食物，是简陋的膳食。先生缘
何如此高兴？"孔子答："我听闻爱说谏言的人事事为君主考量，吃
到美食的人常挂念他的亲者。我并非为食物高兴，而是为他吃到美
食挂念的是我而高兴。"

20-22晏子病，将死，斫楹内书焉①。谓其妻曰："楹语
也②，子壮而视之。"及壮发书，书之言曰："布帛不穷，穷不可
饰；牛马不穷，穷不可服；士不可穷，穷不可任。穷乎，穷乎，穷
也。"

【注释】①斫楹内书焉：把堂柱剖开放入遗书。斫，原文为"斲
（断）"，《晏子春秋·内篇杂下》为"凿"，由于"斫"（繁体"斲"
与"斷"形似），遂改。内，同"纳"。②楹语也：柱里的话。原文为
"楹也语"，此处依据《晏子春秋·内篇杂下》改。

【译文】晏子大病，将死，把堂柱剖开放入遗书。对他妻子
说："柱里的话，儿子大了给他看。"儿子长大拿出遗书，上面写着：
"布帛不可匮乏，匮乏就没穿的；牛马不可匮乏，匮乏就没用的；
士人的气节不可匮乏，匮乏就不被任用。要提防这三穷。"

20-23仲尼问老聃曰①："甚矣，道之于今难行也。吾比执

道委质以当世之君，而不我受也。道之于今难行也。"老子曰："夫说者流于听，言者乱于辞②。如此二者，则道不可委矣。"

【注释】①老聃：老子，姓李名耳，字聃，又字伯阳。②夫说者流于听，言者乱于辞：此二句译意不明，此处依据《孔子家语·观周》"夫说着流于辩，听着乱于辞"译。

【译文】仲尼求教老聃："如今推广道实在太难了。我捧着道敬献君王，竟无人接受我。如今推广道实在太难了。"老子说："宣讲的人偏重诡辩，听讲的人被言辞蛊惑。这两种情形，不能将道交付。"

20-24子贡问子石："子不学《诗》乎①？"子石曰："吾暇乎哉？父母求吾孝，兄弟求吾悌，朋友求吾信。吾暇乎哉？"子贡曰："请投吾《诗》，以学于子。"

【注释】①子石：春秋时期楚国人，姓公孙，名龙，字子石，孔子弟子。

【译文】子贡求问子石："你不研习《诗》吗？"子石答："我哪有空啊？父母需要我孝敬，兄弟需要我和善，朋友需要我诚实。我哪有空啊？"子贡说："我愿放下《诗》，向你学习。"

20-25公明宣学于曾子①，三年，不读书。曾子曰："宣，而居参之门，三年不学，何也？"公明宣曰："安敢不学？宣见夫子居宫庭，亲在，叱咤之声未尝至于犬马；宣说之②，学而未能。宣见夫子之应宾客，恭俭而不懈惰；宣说之，学而未能。宣见夫子之居朝廷，严临下而不毁伤；宣说之，学而未能。宣说此三者，学而未能。宣安敢不学，而居夫子之门乎？"曾子避席谢之，曰："参不及宣，其学而已。"

【注释】①公明宣：公明仪，春秋时期鲁国人，曾参弟子。②说：同"悦"，这里表"敬羡"之意。

【译文】公明宣求学于曾子，三年，未曾读书。曾子说："你向我求学，为何三年不学？"公明宣说："哪敢不学？我看到您在家，如果亲长在，牛马都不会被呵斥；我敬羡这种行为，尽力学习还未学成。我看到您招待宾客，恭敬俭朴从未懒怠；我敬羡这种行为，尽力学习还未学成。我看到您在朝上，对下正颜厉色却不伤人；我敬羡这种行为，尽力学习还未学成。我敬羡这三样，尽力学习却未学成。怎敢不学，就栖身您门下？"曾子起身道歉，说："我不如你，我只一味读书罢了。"

20-26鲁人身善织屦①，妻善织缟②，而徙于越。或谓之曰："子必穷。"鲁人曰："何也？"曰："屦为履，缟为冠也，而越人徒跣③剪发。游不用之国，欲无穷，可得乎？"

【注释】①屦（jù）：麻鞋。②缟（gǎo）：原文为"纺"，此处依据明钞本改。③跣（xiǎn）：赤脚。

【译文】鲁国有个人自己擅长编鞋，妻子擅长织丝，所以想搬到越国。有人劝他："你定会穷困。"他问："为何？"答："鞋穿在脚上，丝绢做帽子戴在头上，但越国人赤足短发。你去用不着这些的国家，想不穷困，怎么可能呢？"

谦德国学文库丛书

（已出书目）

弟子规·感应篇·十善业道经

三字经·百家姓·千字文·德育启蒙

千家诗

幼学琼林

龙文鞭影

女四书

了凡四训

孝经·女孝经

增广贤文

格言联璧

大学·中庸

论语

孟子

周易

礼记

左传

尚书

诗经

史记

汉书

后汉书

三国志

道德经

庄子

世说新语

墨子

荀子

韩非子

鬼谷子

山海经

孙子兵法·三十六计

素书·黄帝阴符经

近思录

传习录

洗冤集录

颜氏家训	智囊全集
列子	酉阳杂俎
心经·金刚经	商君书
六祖坛经	读书录
茶经·续茶经	战国策
唐诗三百首	吕氏春秋
宋词三百首	淮南子
元曲三百首	营造法式
小窗幽记	韩诗外传
菜根谭	长短经
围炉夜话	虞初新志
呻吟语	迪吉录
人间词话	浮生六记
古文观止	文心雕龙
黄帝内经	幽梦影
五种遗规	东京梦华录
一梦漫言	阅微草堂笔记
楚辞	说苑
说文解字	竹窗随笔
资治通鉴	